LE COSTUME FRANÇAIS

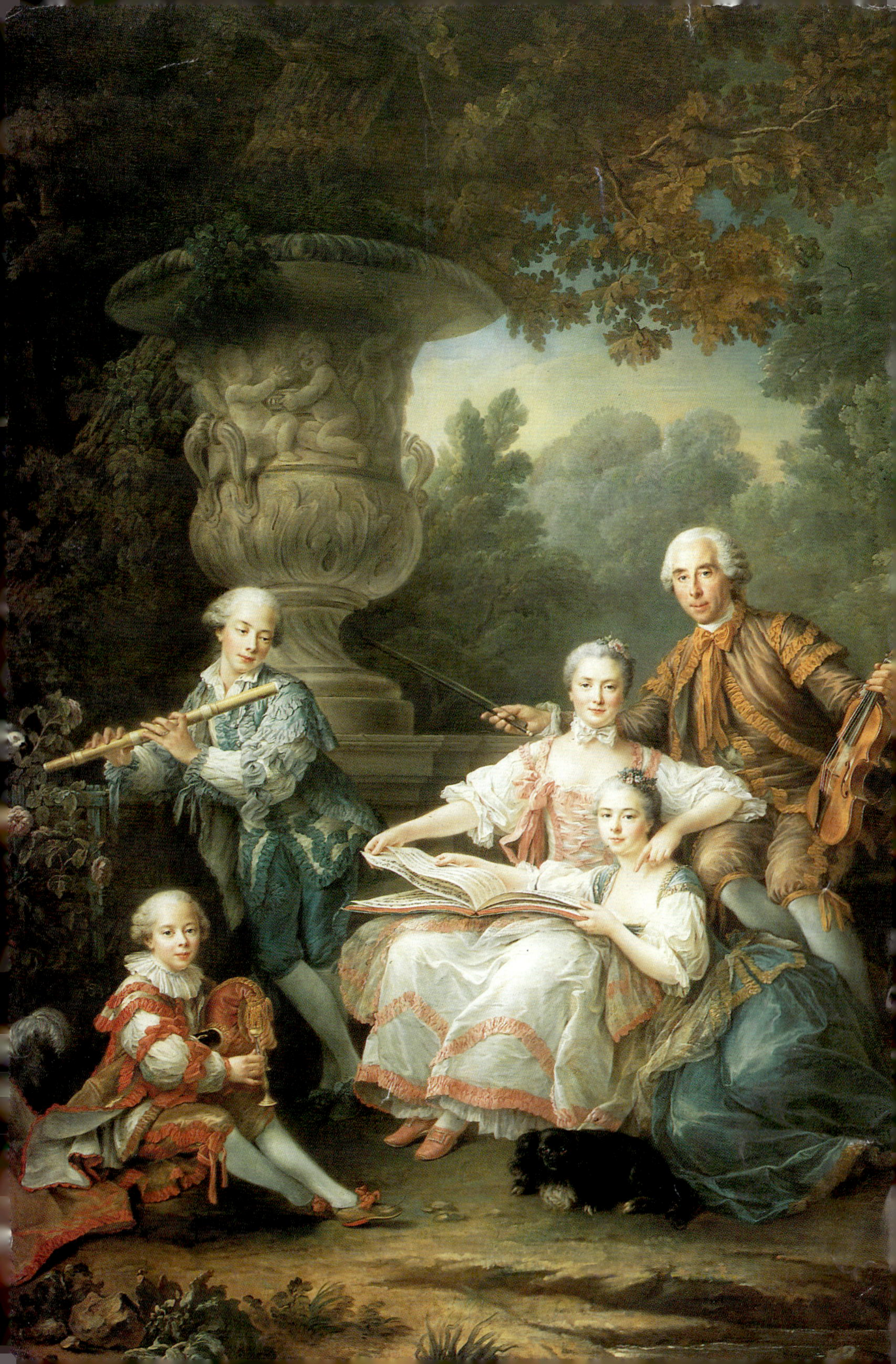

TOUT L'ART Encyclopédie

LE COSTUME FRANÇAIS

JACQUES RUPPERT
MADELEINE DELPIERRE
RENÉE DAVRAY-PIÉKOLEK
PASCALE GORGUET-BALLESTEROS

Flammarion

Pour cette nouvelle édition en un volume de la « Grammaire des styles - Costume » ont été repris les textes de Jacques Ruppert (de la Renaissance à Louis XVI) et Madeleine Delpierre (XIXe et XXe siècles). La révision de l'iconographie, les commentaires des illustrations et la Bibliographie sont dus à Renée Davray-Piékolek et Pascale Gorguet-Ballesteros, qui ont en outre introduit des textes inédits. Pour la première : Introduction, « Le beau XVIIe siècle » (p. 81-86), « 1815-1914, d'une guerre à l'autre » (p. 245-249), « Les années 90, années de crise » (p. 426-431), Conclusion ; pour la seconde : « Le Moyen Âge » (p. 19-53), « La fin du grand habit » (p. 123-130).

Nous remercions Mme Tétart-Vittu de ses précieux conseils dans l'élaboration de cet ouvrage.

Frontispice : F.-H. Drouais, *Le Marquis de Sourches et sa famille*, 1756. Versailles, musée national du Château.

ISBN : 2-08-012266-5
N° d'édition : 1138
Dépôt légal : mai 1996
Achevé d'imprimer en mai 1996,
sur les presses de l'Imprimerie Canale
Imprimé en Italie

PRÉFACE

Depuis sa première édition en 1931, le succès de l'*Histoire du costume*, parue en fascicules dans la collection « La grammaire des styles », ne s'est jamais démenti. L'ambition déclarée de Jacques Ruppert, né en 1872, était de proposer un manuel du costume pratique et pédagogique aux artistes, costumiers et élèves des écoles parisiennes d'arts appliqués où il était professeur.

Vice-président de la Société de l'histoire du costume, dont Maurice Leloir (1853-1940), peintre et costumier, était le président-fondateur, Jacques Ruppert, comme ce dernier, était sensible aux lacunes de la diffusion de la connaissance du costume ancien auprès des artistes qu'il côtoyait, tant pour la peinture académique que dans les milieux du théâtre et du cinéma naissant. En 1928, Maurice Leloir effectuait d'ailleurs un séjour de plusieurs mois à Hollywood à la demande de Douglas Fairbanks, pour veiller à l'exactitude historique du film *Le Masque de fer* et en réaliser les costumes dans un esprit d'authenticité.

Désireux d'asseoir un discours débarrassé des scories littéraires du siècle précédent, Maurice Leloir et Jacques Ruppert prônaient un retour aux sources qui passerait par l'analyse du vêtement ancien. Cette préoccupation de vérité historique incita Jacques Ruppert à publier ces brochures maniables, au texte illustré de patrons anciens, souvent repris des dessins de Maurice Leloir parus dans la revue mensuelle de la Société de l'histoire du costume.

La donation de la collection de la Société de l'histoire du costume, faite par Maurice Leloir à la Ville de Paris en 1920, constituait l'embryon du futur musée de la Mode et du Costume qui n'ouvrira qu'en 1956. Elle s'inscrivait dans ce courant didactique qui s'appuie sur des documents originaux pour offrir une histoire du costume, vivante et juste, à la délectation des chercheurs et du public.

En 1990, Madeleine Delpierre (1920-1994), premier conservateur du musée de la Mode et du Costume jusqu'en 1985, avait revu et complété le texte de Jacques Ruppert pour le XIXe siècle. Elle y avait ajouté deux fascicules relatifs au XXe siècle : *De 1914 aux Années folles* et *La Haute Couture de 1940 à nos jours.*

La présente édition reprend l'ensemble de ces textes, enrichis d'une mise à jour critique et d'une actualisation des courants de mode jusqu'en 1995. Pour l'iconographie, renouvelée et largement commentée, n'ont été sélectionnés que les documents strictement contemporains de la période traitée ; dans le même esprit, seuls ont été retenus les patrons de vêtements anciens existant encore de nos jours et non ceux établis d'après tableaux ou gravures. Une bibliographie sommaire a paru indispensable pour que, avec ce *guide*, le lecteur, curieux du costume ancien et de son histoire, ait entre les mains un premier instrument de travail et de recherche efficace.

Décembre 1995
Renée Davray-Piékolek
Pascale Gorguet-Ballesteros

INTRODUCTION

Alors que tout paraît déjà avoir été dit et écrit sur les beaux-arts, peinture ou sculpture, l'étude du costume n'a pas su éviter certains écueils, le principal consistant dans la difficulté à lui trouver une juste place dans les sciences humaines : histoire de l'art ou histoire des mentalités, histoire des techniques ou bien arts décoratifs ? Force est de constater qu'on ne saurait traiter du costume sans avoir à l'esprit ces multiples points de vue. Le costume est l'un des protagonistes du jeu social ; il obéit à ses règles, il précède ou subit son évolution ou ses révolutions. Produit des échanges culturels et commerciaux, il est le reflet des sensibilités de son temps.

Le costume occidental

Depuis le haut Moyen Âge, l'originalité du costume occidental, par-delà les différences nationales ou régionales qui n'ont pas manqué d'apparaître dans une histoire de plus de dix siècles, réside dans l'assemblage de pièces textiles coupées et cousues. Le passage du costume drapé, spécifique au vêtement gréco-romain depuis l'Antiquité classique, au costume coupé et cousu s'effectue sous l'influence des Barbares venus des steppes asiatiques ou des confins européens au moment des grandes invasions (IIIe-VIIIe siècles). Si le costume antique semble avoir atteint très tôt une quasi-perfection, qui à l'exception de détails lui permet de se fixer dans sa forme, le costume coupé des envahisseurs réserve à terme des potentialités d'évolution que ne possédaient pas le précédent : tout changement de coupe ou de matière entraîne des modifications profondes transformant le vêtement dans sa structure même. Avec le triomphe des Barbares, leurs vêtements s'imposent définitivement, bien que le haut Moyen Âge voie la persistance parallèle des costumes drapés réservés aux classes supérieures : roi, clergé… Ces transformations contrastent avec l'immobilisme apparent du costume antique. Passant de la longue durée du costume antique à la plus courte durée du costume médiéval et des Temps modernes, le rythme des modifications s'emballe définitivement à partir du XIXe siècle pour atteindre la frénésie de la seconde moitié du XXe siècle, artificiellement entretenue par de puissants intérêts commerciaux. Ces transformations continues créent le phénomène de mode.

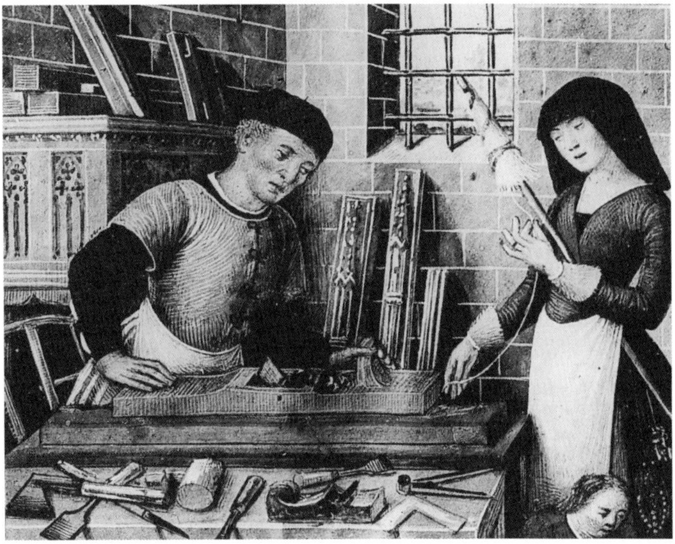

2. Jean Bourdichon, *Les Quatre états de la vie de l'homme*, *l'artisan*. Paris, bibliothèque de l'École des beaux-arts.

Sur des vêtements simples, le menuisier et sa femme ont mis des tabliers. Le vêtement est un capital que l'on protège et qui doit durer longtemps.

L'histoire du costume occidental se limite au costume civil, qui ne concerne qu'une petite partie de la population : l'aristocratie et la bourgeoisie urbaine. Les costumes religieux (ill. 3, 7), militaires, régionaux ou populaires, qui sont tous, malgré leur diversité, des branches issues du même tronc, sont du domaine d'autres spécialistes. C'est le cas du costume régional (ill. 4), sur lequel seuls les folkloristes se sont penchés au XIXe siècle, les ethnologues et les anthropologues au XXe siècle, créant ainsi une césure regrettable dans l'analyse des influences croisées entre costume populaire citadin et costume des provinces. Il en est de même du costume de travail (ill. 2), dépourvu du prestige du costume d'apparat, qui ne suscite pas encore autant d'intérêt. Ce n'est qu'à partir de la révolution industrielle du XIXe siècle que la population des villes, jusque-là minori-

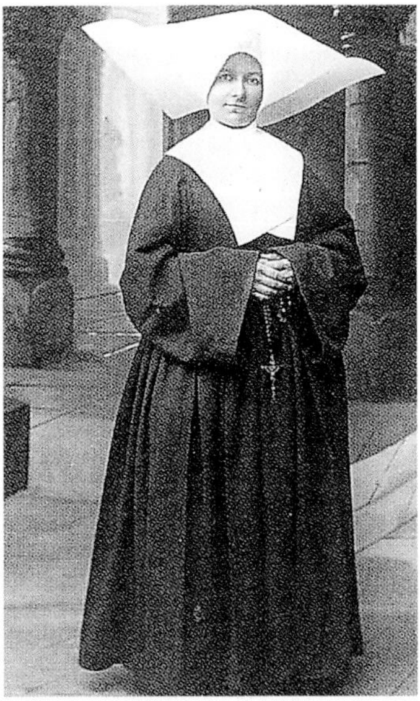

3. Sœur de la Compagnie des Filles de la Charité de Saint-Vincent-de-Paul, 1920.

Créé au XVIIe siècle, l'ordre a conservé un costume hérité du passé. La silhouette générale rappelle celle des années 1630-1640, avec la guimpe, les grandes manches et la vaste jupe, la cornette.

taire dans une Europe essentiellement rurale, s'accroît durablement pour représenter plus de 80 % de la population d'aujourd'hui. Encore faut-il distinguer, dans la cité, les « personnes de qualité » des autres, cette distinction fondamentale étant subordonnée, outre à la naissance, à la fortune. Le costume civil occidental n'a donc été pendant des siècles que le costume d'une minorité. Ce concept, créé au siècle dernier par les historiens, est une construction purement intellectuelle et artificielle, mais commode. Il tient à ce qu'en matière de costume, bien peu de choses subsistent, nos principales connaissances résultant surtout de la représentation iconographique. Comme toute source historique, costumes et iconographie doivent être soumis à la critique. La représentation presque exclusive des classes sociales supérieures, et donc celle des costumes d'apparat ou de circonstance, induit une méconnaissance du costume quotidien, porté jusqu'à usure complète, taillé dans des matières de moindre valeur et dont seuls quelques rares spécimens nous sont parvenus. Bien plus nombreux sont les vêtements réalisés dans des étoffes somptueuses que nous conservons encore, ainsi que des accessoires de prix. Leurs propriétaires successifs leur ont fait subir bien des avatars : recoupés, recousus, remis au goût du jour, ils ne sont pas toujours les témoins fiables qu'on aimerait pouvoir citer en référence. Les costumes populaires (ill. 5), rarement représentés pour eux-mêmes, se rencontrent plutôt au détour d'une scène de genre,

4. Anonyme, *Grisette en tenue de cérémonie*, v. 1850-1860. Niort, musée ethnographique du Donjon.

Le XIXe siècle est l'âge d'or du costume régional. Mais si la coiffe est spécifique d'une province donnée, la coupe de la robe et le port du châle viennent de la ville.

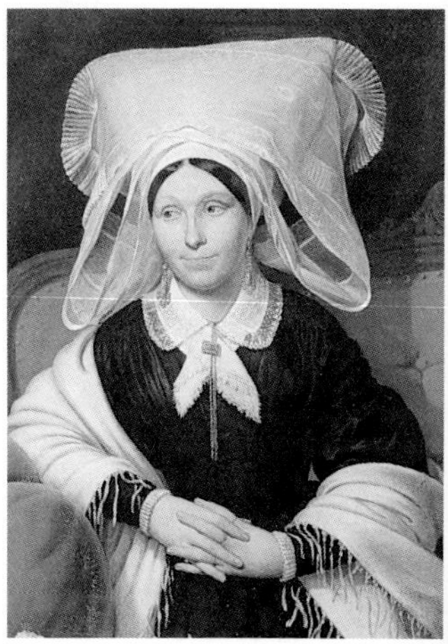

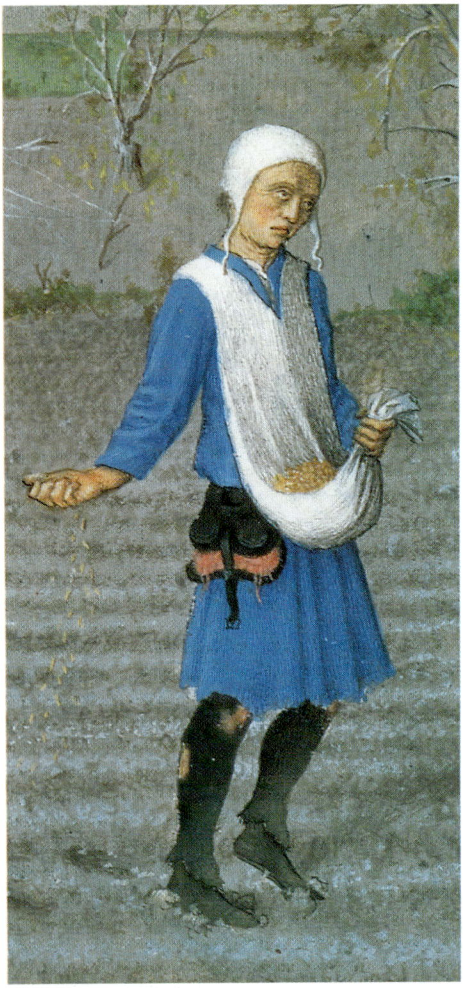

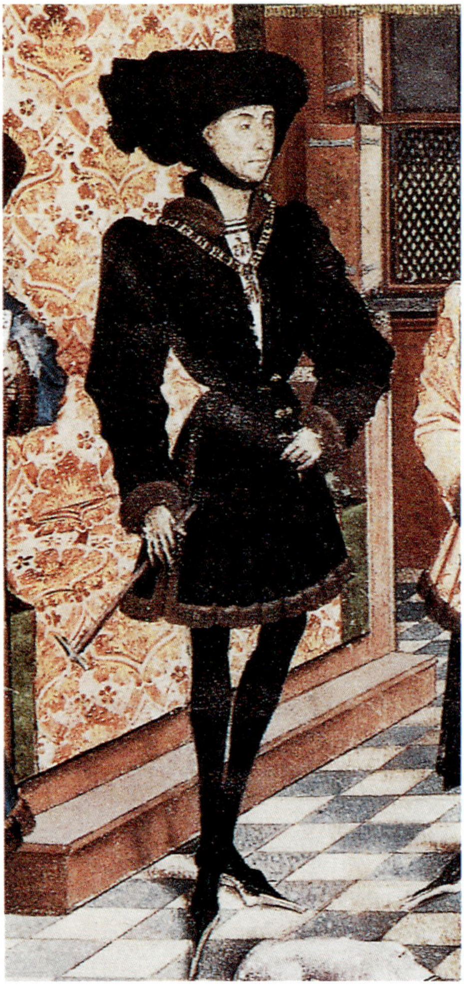

5. Les frères Limbourg, *Les Très Riches Heures du duc de Berry*, le mois d'octobre, v. 1413-1416 : détail d'un paysan. Chantilly, musée Condé.

La modestie de la classe sociale se lit dans les vêtements du semeur, sans ornements et hors de toute préoccupation d'élégance.

alors que les gens de qualité (ill. 6) qui ont passé commande de leur portrait renforcent et justifient leur statut social par le luxe de leur costume représenté avec soin. Les conventions graphiques, elles aussi, peuvent entraîner des erreurs d'interprétation ; la perception de la troisième dimension, le rendu des étoffes, l'habileté de l'artiste, les désirs des commanditaires, la tradition, doivent être pris en considération pour toute analyse iconographique.

À partir de la seconde moitié du XIXe siècle, la photographie, qui se répand rapidement dans toutes les classes sociales, devient un témoin irremplaçable. Avant le règne des instantanés familiaux, se faire photographier est une décision prise pour garder le souvenir d'un

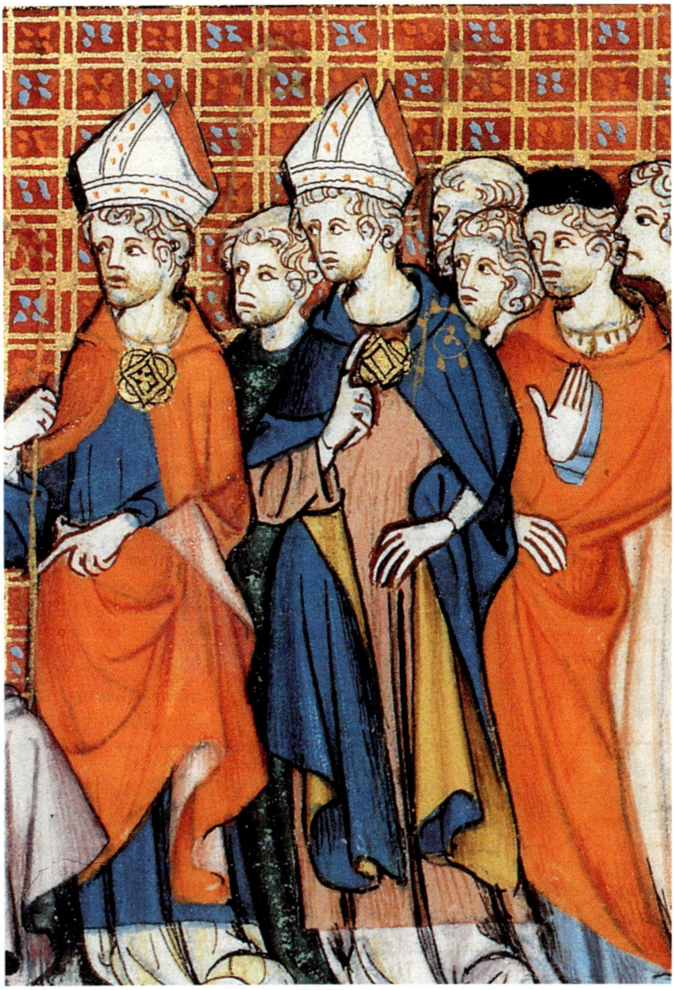

6. Rogier van der Weyden, *Remise d'un manuscrit à Philippe le Bon*, v. 1448, détail du duc. Bruxelles, Bibliothèque royale Albert Ier.

La cour de Bourgogne est la plus brillante d'Europe pendant la première moitié du XVe siècle. Le luxe et la recherche de la toilette sont des éléments politiques. La sévérité du noir sera reprise par la branche espagnole de la maison d'Autriche, héritière de celle de Bourgogne.

7. Guillaume de Saint-Pathus, *Vie et miracles de Saint Louis*, 1320 : détail d'un évêque et de sa suite. Paris, Bibliothèque nationale.

Rois et évêques portent encore le costume long que les autres hommes abandonnent peu à peu pour le remplacer par un costume court, moins encombrant.

événement important (mariage, baptême, service militaire, ill. 8) et la personne qui pose pour la postérité est certainement parée de ses plus beaux atours, le modèle aristocratique de représentation, devenu stéréotype, restant le modèle de référence.

Économie et costumes

Jusqu'à l'orée du XXe siècle, le vêtement constitue un capital important. De tout temps, tissus ou costumes ont été des objets d'échange très appréciés. Le maître en fait cadeau à ses serviteurs, le roi à ses vassaux ; ils sont vendus, légués, apportés en dot ou gagés, et cir-

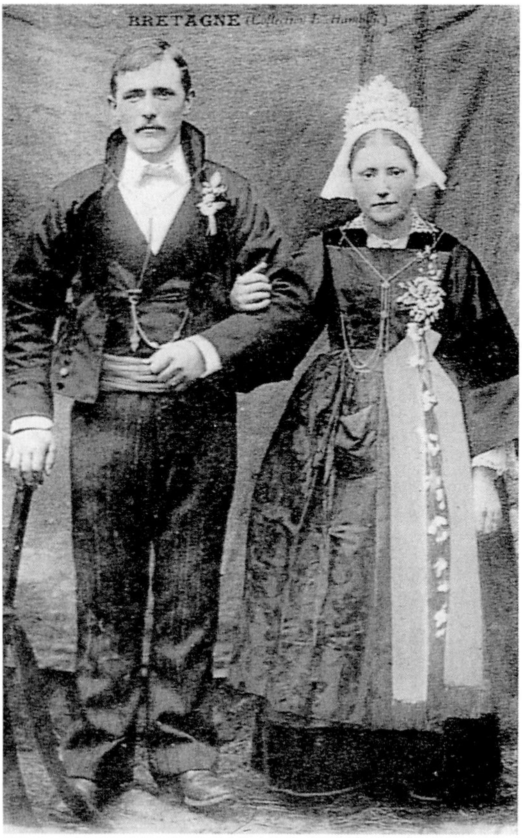

8. Mariés de Sainte-Anne d'Auray, début du XXe siècle, carte postale.

La guerre, en 1914, vient mettre un terme à l'apogée du costume breton qui avait commencé dans la dernière moitié du XIXe siècle. Rien ne vient rappeler une quelconque influence de la mode contemporaine.

culent ainsi lentement du haut au bas de l'échelle sociale. C'est ainsi que les modes aristocratiques atteignent, avec un certain retard, toute la population.

Une économie active prospère autour des costumes de seconde main, retaillés et revendus par les fripiers. Couturières et tailleurs travaillent à façon, mais leurs tarifs sont trop élevés pour le salaire des journaliers. Jusqu'à l'avènement de la confection bon marché, les classes laborieuses n'ont, pour se vêtir, d'autre solution que les vêtements d'occasion ou la couture domestique. Les grandes villes, où siègent la cour ou le gouvernement, deviennent le foyer d'un artisanat de qualité pourvoyant aux besoins somptuaires. Paris centralise dès le Moyen Âge gouvernement et industries du luxe. Capitale puissante, même si le roi préfère, selon les époques, les châteaux de la Loire ou Versailles, elle attire toute une multitude qui se place comme ouvrier ou domestique, et qui, de retour dans sa province, rapporte l'air et les modes de Paris.
Au XVIIIe siècle, marchands ambulants et colporteurs (ill. 12) parcourent la France. Cette pratique se renforce au XIXe siècle avec l'utilisation des chemins de fer. Les grands magasins installés à Paris font prévaloir le goût parisien par l'envoi de leurs catalogues (ill. 9), s'assurant une vente par correspondance florissante. Les provinciaux n'hésitent plus à passer quelques jours dans la capitale, séjours consacrés à la culture, mais aussi au renouvellement des garde-robes.

Les révolutions techniques

Les révolutions techniques influent profondément sur l'évolution du costume. Il nous est difficile d'imaginer un monde habillé de laine, de lin et de chanvre. Cependant, à l'exception de la soie réservée à une élite, ce sont les seules matières textiles longtemps utilisées. À partir du XVIIe siècle la diffusion des tissus de coton, puis à la fin du XIXe siècle les fils artificiels, et de nos jours les synthétiques bouleversent les habitudes vestimentaires occidentales.

10. Couverture de la *Revue de la mode*, 30 mai 1886.

Après 1870, catalogues et journaux féminins diffusent la mode parisienne dans toute la France, grâce à l'extension du chemin de fer.

Facilité d'entretien, abaissement des prix du tissu et de la façon ont transformé notre attitude vis-à-vis de l'habillement. La technique de l'impression sur étoffe, qui se développe progressivement de la fin du XVIIe au XXe siècle, permet la diversification sans fin des motifs décoratifs. Depuis le XIXe siècle, les colorants chimiques ont considérablement élargi la gamme des coloris accessibles à tous. Ce siècle voit aussi la baisse continue des prix : métiers à tisser, métiers à dentelle et machines à coudre accroissent la production à moindre coût, relayée efficacement par la diffusion la plus large de ce qu'on nomme alors la confection, le prêt-à-porter d'aujourd'hui. Les cours de coupe et de couture dispensés aux jeunes filles dans les écoles élémentaires participent à l'amélioration de la couture domestique, comme les patrons et les modèles normalisés édités par la presse féminine (ill. 10). Tout cela incite à plus de fantaisie dans la toilette de tous les jours.

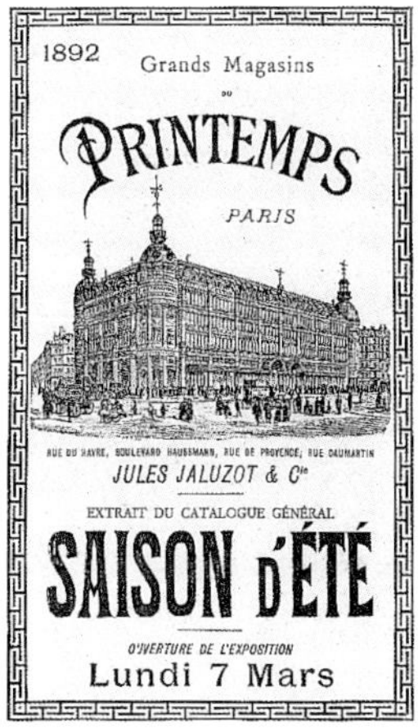

9. Couverture de catalogue de vente par correspondance : *Grands Magasins du Printemps*, 1882.

Le rôle social du costume

L'Occident chrétien a toujours rejeté la nudité. Le costume la dissimule avant de protéger des variations climatiques. En s'habillant, l'homme passe de l'état de nature à celui d'être social, maître de ses pulsions animales. Le costume, choisi librement ou imposé par la société (uniformes…), est avant tout signe d'appartenance sociale. On s'habille selon son rang ou sa classe d'abord, selon son mode de vie et ses possibilités financières ensuite. Les édits somptuaires constamment renouvelés du Moyen Âge au XVIIe siècle viennent rappeler cette horreur de la confusion sociale : la bourgeoisie enrichie ne doit pas s'habiller comme la noblesse, la servante (ill. 11) ne doit pas singer sa maîtresse ni l'homme de robe l'homme d'épée. Quant à la confusion des sexes par l'emprunt du costume, elle est abominée. Au contraire, on tend à accentuer le dimorphisme sexuel. Corps à baleine, corset, panier (ill.13), crinoline ou talons hauts composent une silhouette féminine à la sexualité exacerbée.

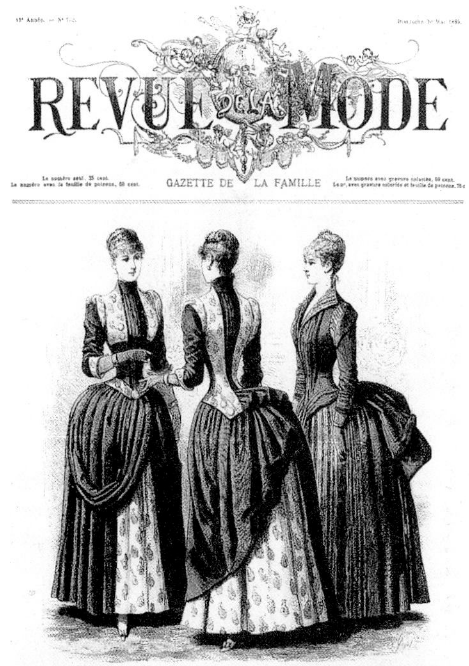

Enveloppant étroitement le corps, le costume évolue souvent en tentant de conquérir son autonomie par rapport à celui-ci ; il peut devenir alors coercitif, imposant des attitudes antinaturelles allant jusqu'à la douleur. La rapidité des transformations de la silhouette, le passage du long au court, d'une silhouette étriquée à une autre, épanouie grâce à des corsages rembourrés et à des jupes en corolle, marquent profondément les esprits des contemporains pour lesquels tout changement de forme est d'abord ressenti comme une agression et une atteinte inadmissible à la morale établie.

Un continent disparu

Bien peu de costumes ont traversé les siècles. La France a connu guerres et révolutions : restent de rares pièces du haut Moyen Âge, du XVe siècle, presque rien des XIIe et XIIIe siècles, les XVIe et XVIIe siècles n'étant guère plus favorisés. En revanche, les XVIIIe, XIXe et le début du XXe siècle sont très bien représentés, encore qu'inégalement, dans les collections publiques ou privées ; on peut aussi incriminer ce penchant pour la nouveauté qui taille dans les costumes démodés pour les mettre au goût du jour.

Encore plus défavorisée, la lingerie nous est souvent *terra incognita*. Cachée sous les vêtements de dessus, elle apparaît peu dans l'iconographie. Chemise, caleçon ou jupon, à peu près rien ne subsiste d'antérieur au XVIIIe siècle. Un tel déficit documentaire ne

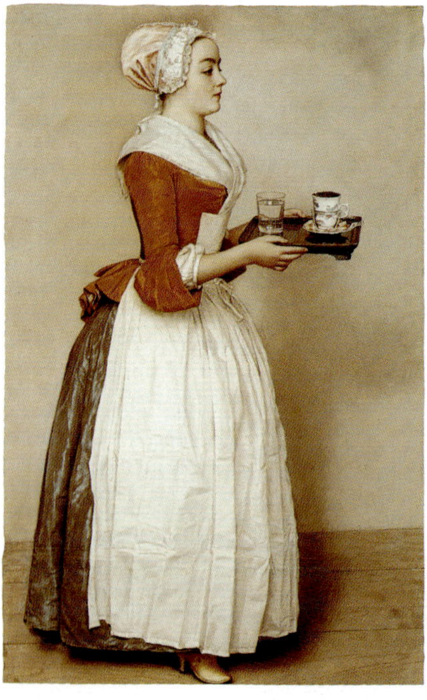

11. Jean-Étienne Liotard, *Servante servant du chocolat*, 1744. Dresde, Gemäldegalerie.

La condition économique, améliorée au XVIIIe siècle, a des répercussions sur l'habillement du peuple qui accède à la mode.

12. Henri Valton, *Un colporteur de châles*, v. 1840. Troyes, musée des Beaux-Arts.

Le colporteur fait le lien entre la ville et la campagne.

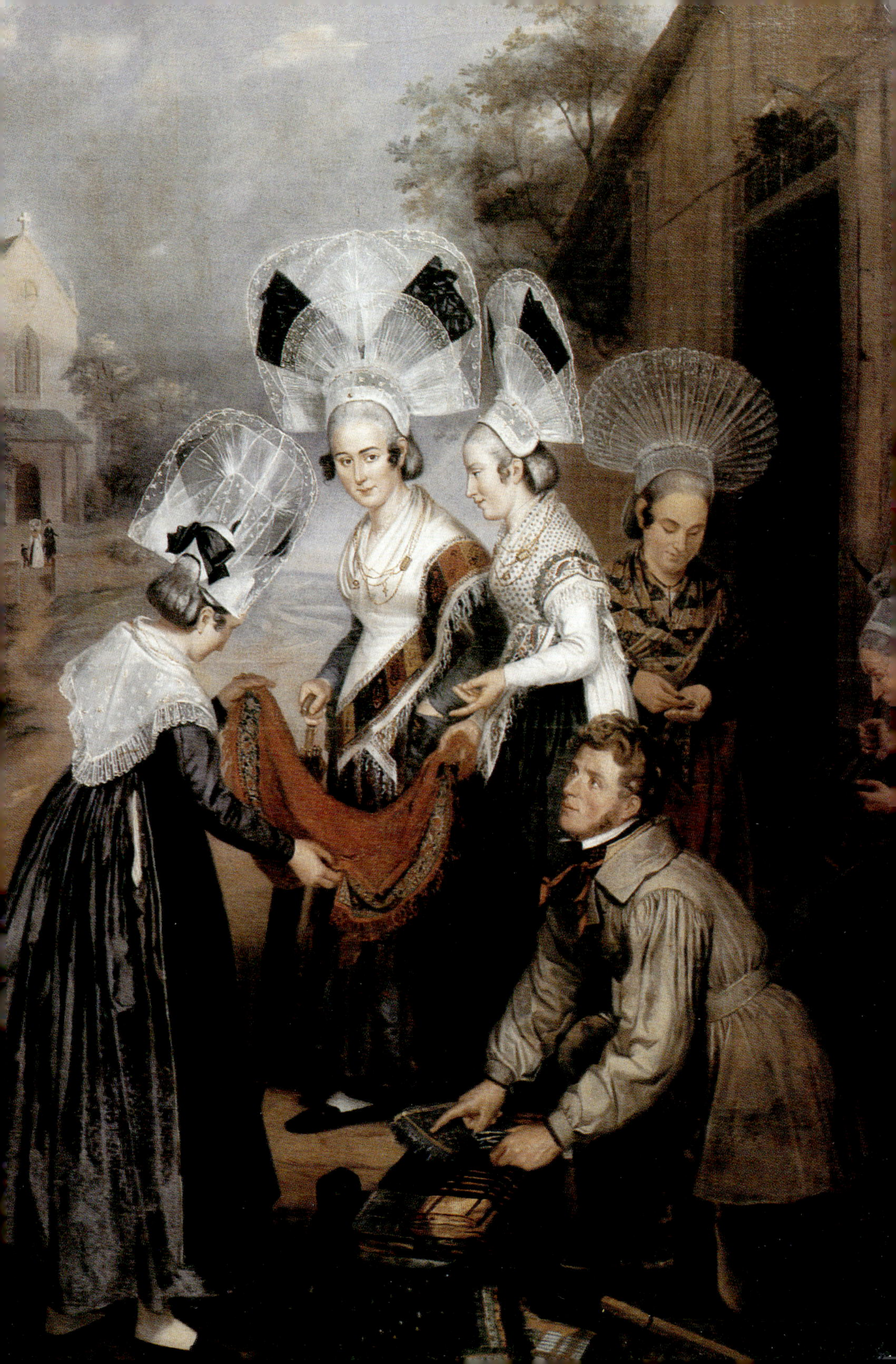

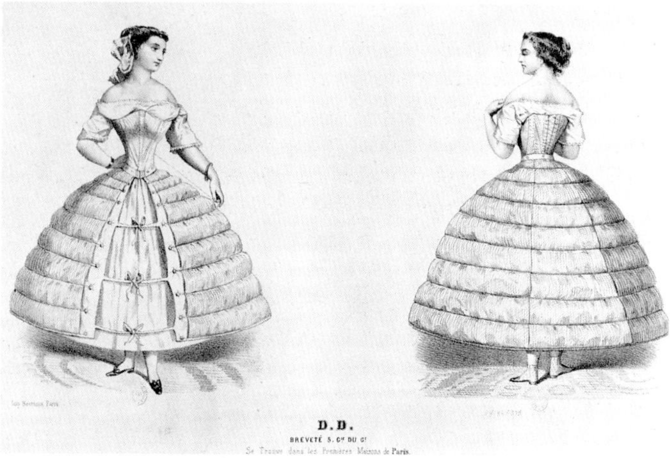

13. Jupon D.D., 1859.
Le Second Empire profite de l'industrialisation de la France qui touche immédiatement le domaine de la mode et produit des milliers d'articles à bas prix, telles les crinolines à cerceaux métalliques.

permet pas de pallier toutes les lacunes. Les historiens en sont réduits à des hypothèses qu'ils étayent par les inventaires après décès dressés par les notaires, les descriptions littéraires et autres documents d'archives que le vocabulaire lui-même ne permet pas toujours d'éclaircir.

Problèmes sémantiques

Outre les questions liées directement à la disparition des objets, nous devons affronter le problème de l'exactitude des dénominations employées. En matière de vocabulaire, les erreurs et les approximations anciennes sont encore trop souvent répétées faute de réflexion critique.

Paradoxalement, nous ne sommes guère plus sûrs de la signification des termes désignant les pièces du costume ancien que du vocabulaire plus récent, qui correspond quelquefois à des dénominations de fantaisie, sans souci de rigueur sémantique. Nous nous trouvons encore en quête d'une nomenclature précise définissant des typologies dont les définitions seraient universellement admises.

La France, la mode et les femmes

Grâce à sa puissance économique, son poids politique et son rayonnement culturel, la France apparaît comme l'arbitre des modes. Son génie tient à ce qu'elle parvient à faire siennes les idées des autres et à les renvoyer dans leur pays d'origine auréolées du prestige de la mode française. Par la rapidité et l'habileté des ses artisans, mais aussi par la maîtrise des circuits de diffusion, poupées de mode dès la Renaissance, figurines et presse de mode aux XVIIIe et XIXe siècles, le goût français s'impose dans toutes les capitales, en s'opposant à celui de ses deux grandes rivales de toujours, l'Angleterre et l'Italie, la première cultivant le côté pratique, la seconde rivalisant dans le raffinement, le goût et la parure.

Le costume a besoin de la durée pour s'épanouir. L'empire de la mode s'étend sur l'éphémère, la création, la nouveauté pour la nouveauté, toutes valeurs suspectes aux yeux de l'Église qui a dirigé les consciences. Œuvre du Diable, la mode est indissociable de la femme, sa fidèle servante. Dans ces conditions, faut-il s'étonner que, la critique morale de la mode et la misogynie traditionnelle de l'Église se renforçant l'une l'autre, l'idée de mode dans l'inconscient collectif s'attache uniquement à la femme ? L'adoption au XIXe siècle de l'habit noir, triste uniforme du bourgeois triomphant qui renvoie couleurs et chamarrures aux militaires et aux femmes, ignore le dandysme, phénomène typiquement masculin qui élève la mode à une ascèse et le vêtement à une œuvre d'art.

« Qui ne voit que la mode dans la mode est un sot », écrit Balzac, lequel ne juge pas indigne de consacrer une brochure entière à l'art de nouer sa cravate.

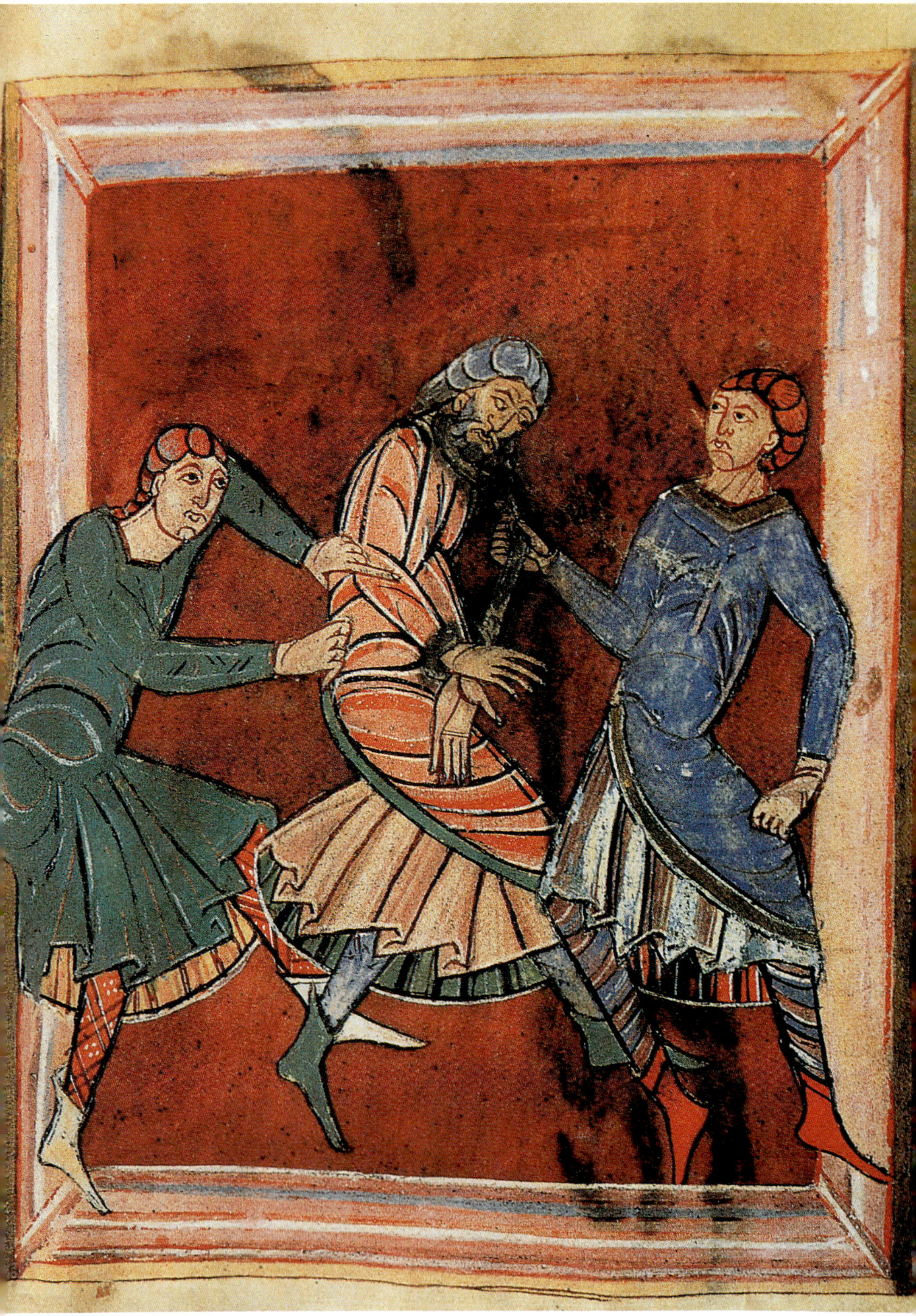

LE MOYEN ÂGE

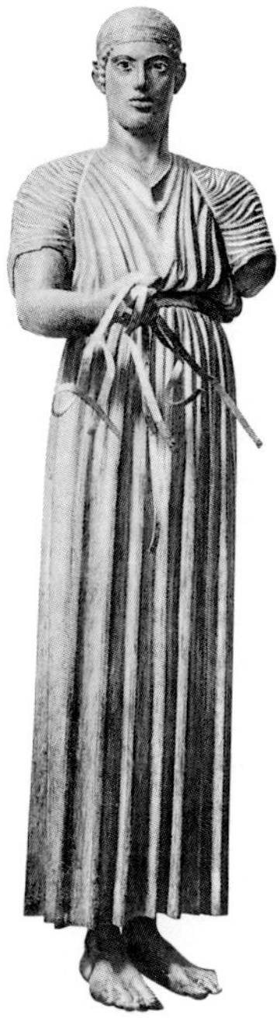

15. *L'Aurige de Delphes*,
v. 475 av. J.-C.
Bronze. Musée de Delphes.

La tunique de cérémonie du jeune aurige témoigne du caractère souple et mobile du vêtement antique.

ORIGINES DU COSTUME MÉDIÉVAL

L'importance de l'héritage antique et gallo-romain dans les composantes du vêtement médiéval impose d'en détailler brièvement ici les traits principaux.

Le costume antique

Les formes vestimentaires antiques sont fondées sur le principe général d'un rectangle d'étoffe drapé autour du corps. Elles ne diffèrent que par les dimensions, le nombre d'agrafes ou de points de couture, la présence ou non d'un lien autour de la taille, ainsi que par les matériaux utilisés, la laine parfois mélangée au coton, le lin et les soieries légères. Leur histoire se caractérise par une stabilité relative qui n'exclut cependant pas des variations de mode, sensibles dans le choix des tissus et dans la manière d'ajuster les drapés (ill. 15).

Le costume grec classique se compose de deux pièces principales : une tunique et un manteau. Les hommes (ill. 16) portent couramment une tunique courte ceinturée, le *chiton*, pièce rectangulaire pliée et cousue sur un côté, et retenue aux épaules par deux broches métalliques ou *fibules*. Pour les cérémonies, ils adoptent une tunique longue. La *chlamyde* est le manteau des cavaliers : assez courte, elle

14. *Vie de saint Omer* : scènes de la vie de saint Omer, fin du XIe siècle. Saint-Omer, Bibliothèque municipale.

Les personnages arborent des chausses bariolées et des souliers montants.

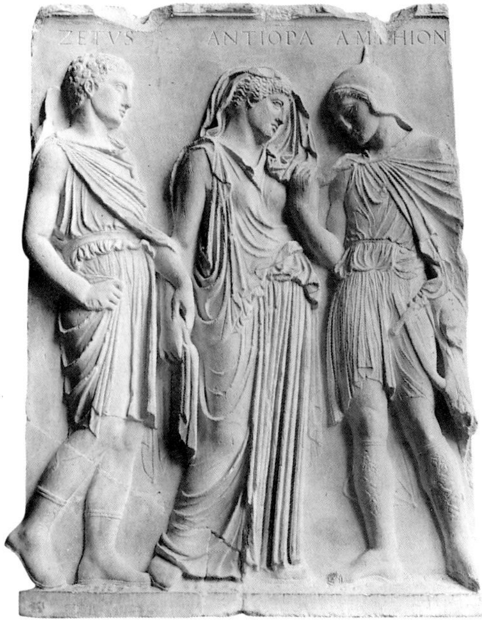

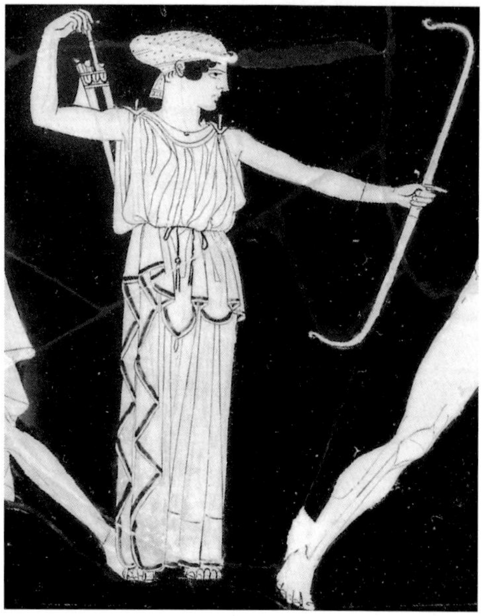

16. Relief représentant Hermès, Orphée et Eurydice, fin du ve siècle av. J.-C. Paris, musée du Louvre.

Hermès et Orphée sont vêtus du chiton et de la chlamyde, Eurydice est coiffée du rabat de son péplos.

17. Cratère du peintre des Niobides (détail), v. 460 av. J.-C. Paris, musée du Louvre.

Artémis porte le péplos attaché sur les épaules par deux longues épingles et ouvert sur le côté. Il est resserré par un lien passé sur le rabat extérieur.

est ramenée autour du cou et maintenue par une fibule de manière à couvrir les épaules (ill. 16). L'*exomide* est un rectangle d'étoffe qui forme une tunique ou devient un manteau court selon qu'il est ceinturé et fixé par une agrafe sur l'épaule ou simplement drapé.

Le costume féminin est constitué de deux types de tunique : le *péplos* (ill. 17) et le chiton. Le premier est un rectangle d'étoffe de laine plié par le milieu et agrafé sur chaque épaule, ce qui laisse un des côtés ouvert. Le bord supérieur rabattu à l'extérieur permet d'ajuster sa hauteur et il est également ceinturé. Le second est vraisemblablement formé par deux rectangles de toile de lin cousus latéralement. Les bords supérieurs sont, de part et d'autre d'une ouverture centrale, réunis par des points de couture ou de petites fibules, ce qui ménage des passages étroits éventuels pour les bras. Le chiton (ill. 19) se porte généralement avec une ou deux ceintures. L'*himation*, manteau civil mixte, est un rectangle de grande dimension qui se drape sur les épaules, un pan toujours rejeté sur la gauche.

Influencé par le costume oriental, le costume romain est plus diversifié que le costume grec. La laine et le lin restent les matières textiles principales. La soie, coûteuse, souvent mélangée au lin ou au coton, est également fort prisée, et la mode des tissus légers fait apprécier la mousseline de coton importée de l'Inde. On utilise également des tissus colorés et ornementés. La pourpre et l'or sont des

18. Diane de Gabies,
vers 346-345 av. J.-C.
Paris, musée du Louvre.

Les deux rectangles d'étoffe du chiton, cousus, agrafés sur les épaules et ceinturés deux fois, forment des manches sans que ces dernières aient été taillées. La déesse agrafe, sur son épaule droite, un manteau passé sous l'aisselle gauche.

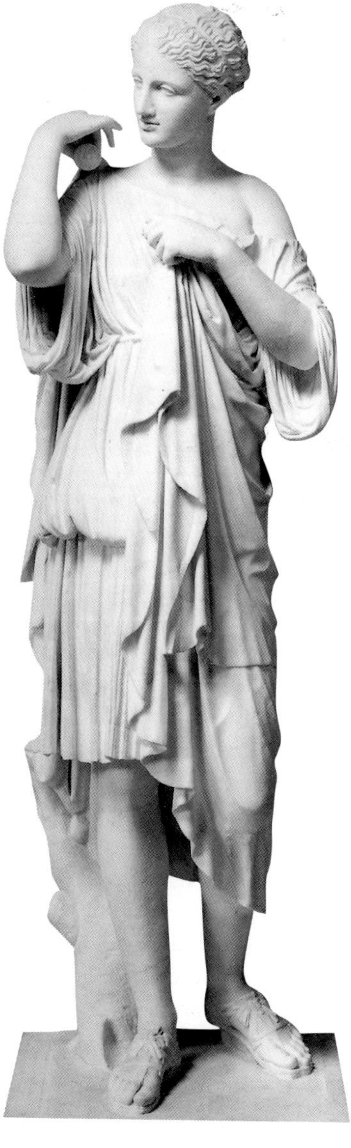

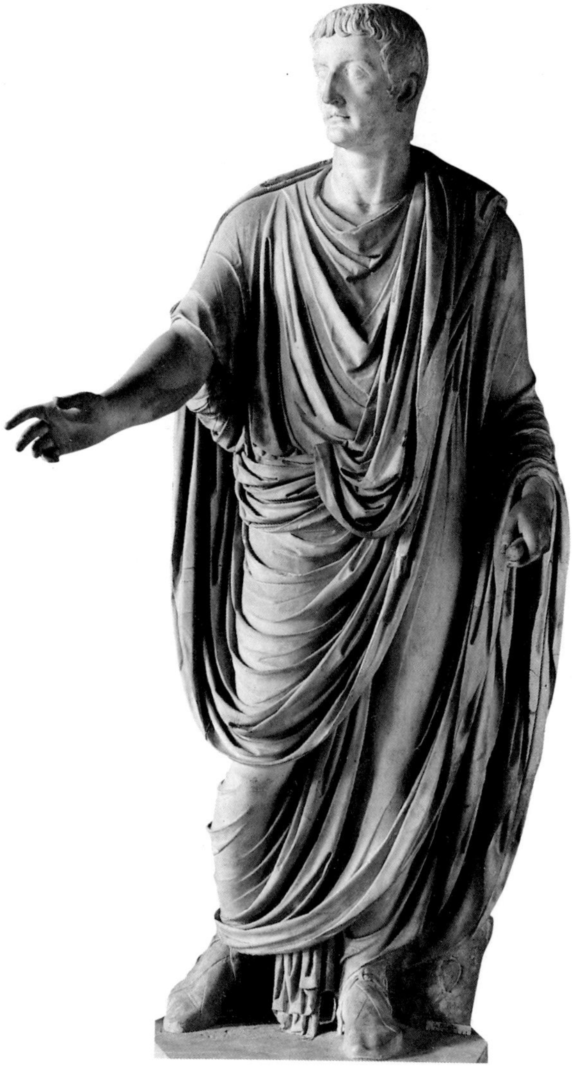

19. Tibère (v. 42 av. J.-C. - 37 apr. J.-C.). Paris, musée du Louvre.

À la fin de la République et au début du haut Empire, la toge atteint sa dimension maximale : 5,6 m de long pour 2 m dans sa plus grande largeur.
Elle enveloppe le corps en formant de nombreux plis conventionnels, tel le sinus, qui permettent une grande liberté de mouvement.

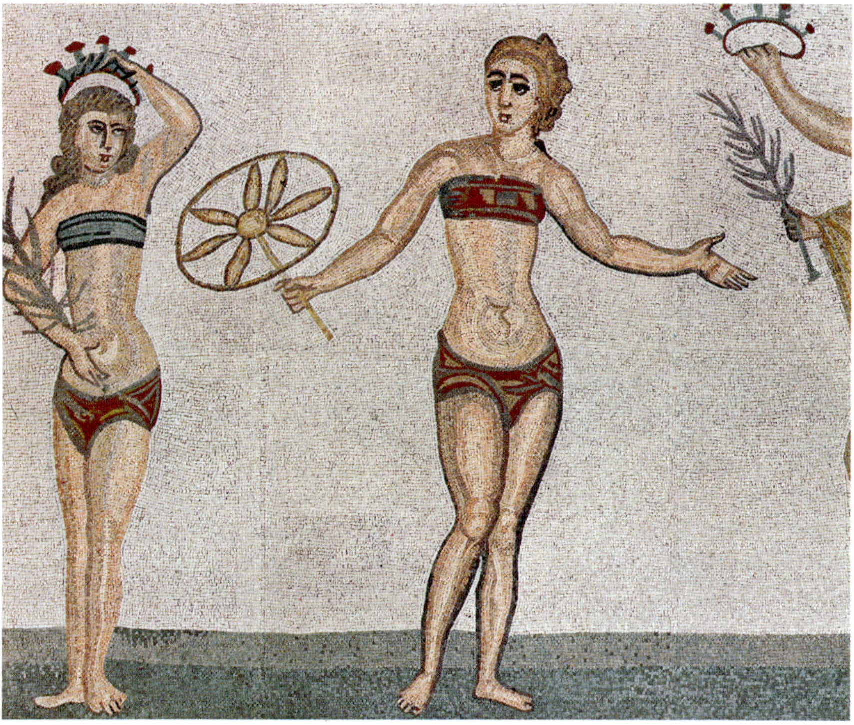

20. Mosaïque de la villa de Piazza Armerini, Sicile, IIIe-IVe siècle apr. J.-C.

Ces jeunes femmes portent le pagne et le strophium, ancêtre du soutien-gorge.

produits de très grand luxe dont l'aristocratie est friande. Des galons, franges et passementeries, bandes d'étoffes cousues ou *clavi*, indices de position sociale, rehaussent les vêtements.

Le vêtement masculin comprend un pagne, puis une à deux tuniques superposées. Des caleçons mi-longs, les *femoralia*, sont d'abord portés par les militaires, puis par les civils à partir du Ier siècle apr. J.-C. Les jambes sont protégées par des fourreaux d'étoffe maintenus par des cordons et des bandelettes. La *toge* (ill. 19) est le manteau par excellence du citoyen romain. De dessin certainement rectangulaire à l'origine, elle se différencie ensuite du manteau grec par sa forme semi-circulaire. À la fin de la République et au premier siècle de l'Empire (Ier siècle av. J.-C. - Ier siècle apr. J.-C.) elle atteint une dimension telle qu'elle ne peut être drapée en une seule fois. Savamment enroulée autour du corps, elle forme un repli au-dessus du bras et du genou droit, puis une série de plis arrondis et étagés sur la jambe ou *sinus*. Jugée encombrante, elle est ensuite réservée à l'usage officiel. Elle est remplacée par le *pallium*, dérivé de l'himation grec, drapé sur l'épaule gauche, passé sous l'aisselle droite et souvent ceinturé, ou par un manteau court et agrafé au col.

Le costume féminin se compose principalement d'un pagne et d'un bandeau destiné à soutenir la poitrine, le *strophium* (ill. 20), d'une tunique de dessous et de la *stola* (ill. 21), longue tunique à manches, ceinturée, adoptée jusqu'à la fin du IIIe siècle apr. J.-C. par les matrones. La mode s'exprime à travers de nouveaux modèles de tuniques raccourcies, colorées, frangées ou brodées. La *palla* est un manteau drapé, parfois agrafé, qui peut aussi servir de voile.

La présentation extérieure se veut soignée. La chevelure masculine longue d'avant la République devient ensuite courte et plate. Cette coiffure ne sera jamais tout à fait remplacée par les boucles et les frisures à la mode à partir du Ier siècle av. J.-C. Les femmes se coiffent simplement en bandeaux, les jeunes filles en tresses et chignons jusqu'à la fin de la République. Elles déploient ensuite une grande variété de coiffures sophistiquées qui deviennent au IVe siècle apr. J.-C. des chignons compliqués rehaussés de postiches.

Le *calceus*, soulier masculin, montant et à lanières entrecroisées, accompagne la toge. Les femmes ont des souliers envelop-

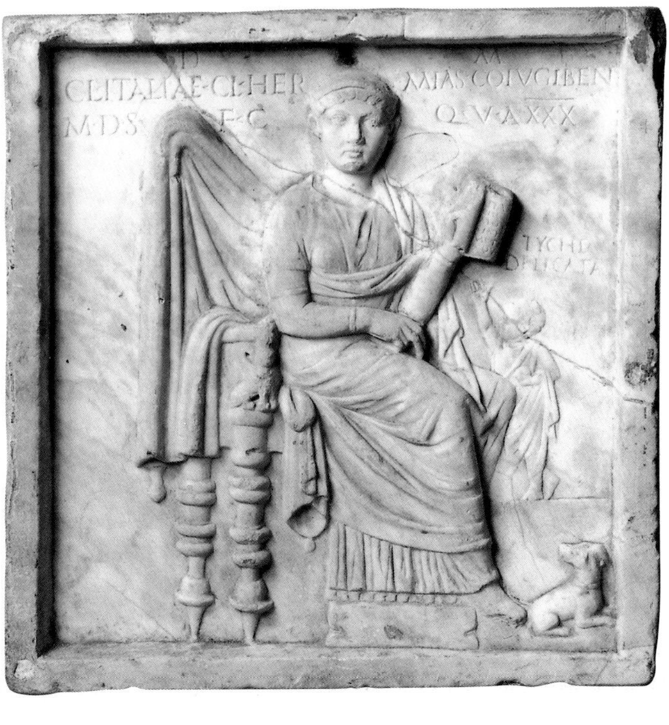

21. Stèle de Claudia Italia, seconde moitié du IIe siècle apr. J.-C. Paris, musée du Louvre.

La stola, longue tunique à demi-manches, et la palla, manteau drapé et ramené sur le bras gauche, composent la toilette de cette Romaine.

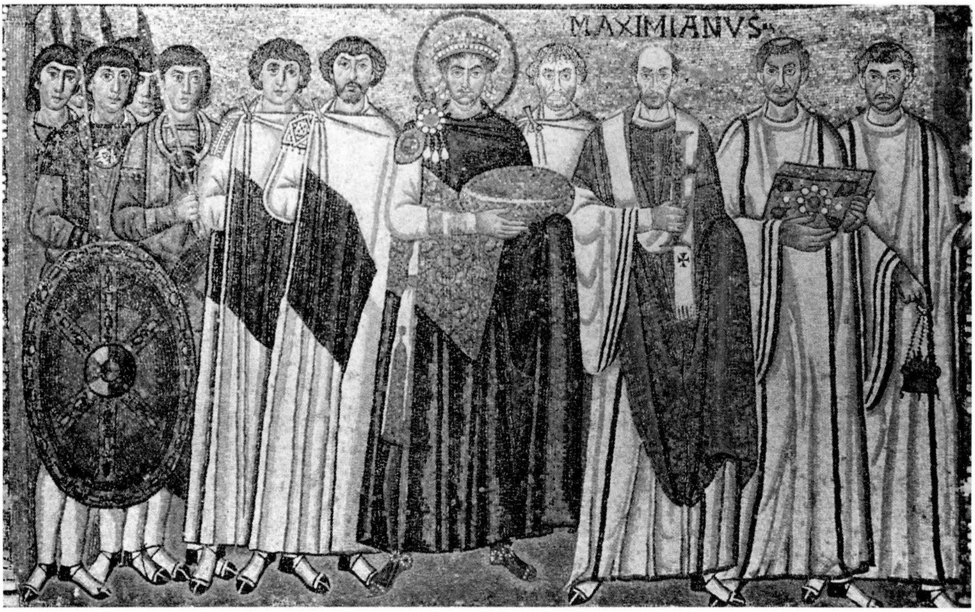

22 et 23. Ravenne, San Vitale, chœur : l'empereur Justinien et sa suite, l'impératrice Théodora et sa suite, VIe siècle apr. J.-C.

Entouré des dignitaires et des dames de sa suite, le couple impérial apporte ses offrandes à l'église. La tunique et les manteaux agrafés ou drapés sur l'épaule forment leurs costumes de cour. Les étoffes de soie, alourdies de motifs tissés ou brodés, tombent en plis raides : le manteau de Théodora est orné d'une bordure de personnages. Le goût des joyaux est commun aux deux sexes.

pants, de cuir souple blanc ou coloré. Les sandales de modèles divers sont réservées à l'intérieur des demeures.

Enfin les bijoux sont appréciés des deux sexes et les pendants d'oreille accompagnent fréquemment les toilettes féminines. Sous l'Empire, le goût orientalisant tend vers une surcharge décorative.

Le costume byzantin conserve les caractéristiques du vêtement antique, mais emprunte à l'Orient son goût de la couleur et du luxuriant. C'est le costume d'apparat des empereurs (ill. 22-23) et des dignitaires qui est le mieux connu : hommes et femmes superposent des tuniques à hauts poignets ajustés et brodés, courtes pour les uns, longues pour les autres et des manteaux lourdement enrichis de motifs tissés ou appliqués. L'empereur revêt la *chlamyde* de pourpre agrafée sur l'épaule droite. Les hommes enfilent sur leurs jambes des fourreaux ajustés complétés de souliers à lanières ou de bottes. Des ornements, couronnes, gorgerins, fibules chargés de pierreries, complètent les tenues impériales.

Le costume en Gaule romaine (Ier-Ve siècles apr. J.-C.)

Les vêtements gallo-romains sont proches de ceux de l'Europe du Centre et du Nord. Ils reprennent le principe de la tunique cousue

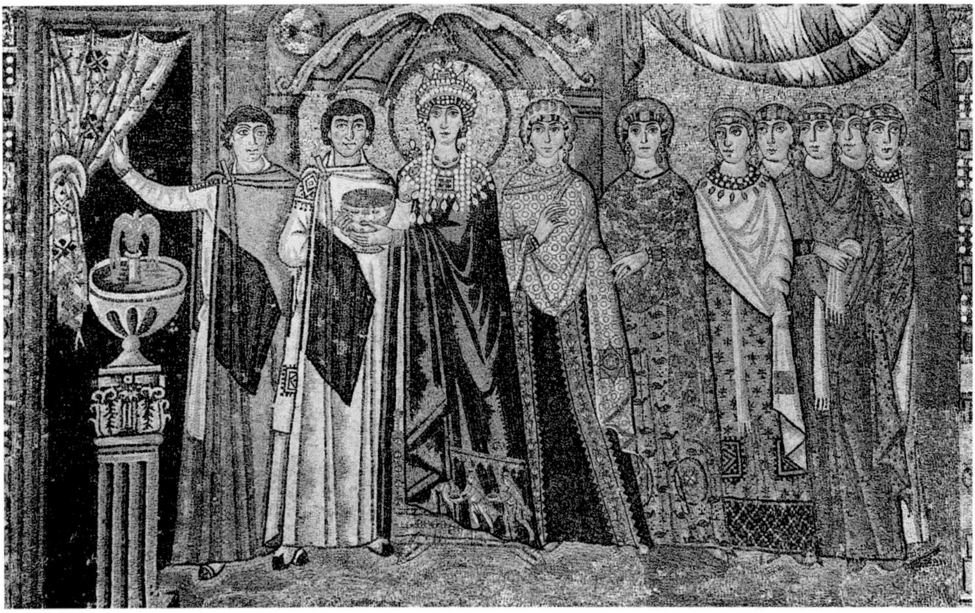

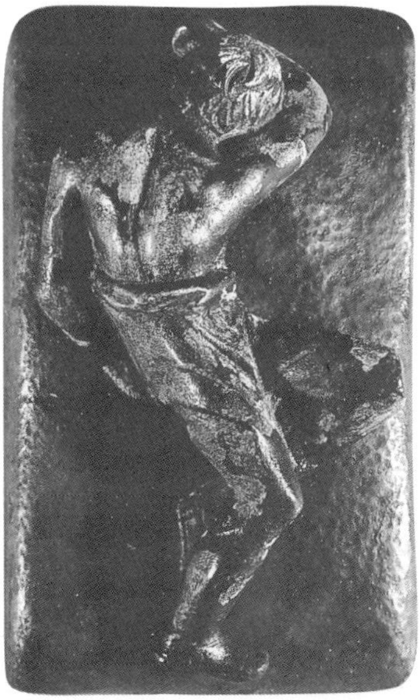

24. Gaulois mort, figurine découverte à Alésia, Ier siècle apr. J.-C. Saint-Germain-en-Laye, musée des Antiquités nationales.

Les braies forment une sorte de pantalon maintenu à la taille par une ceinture dissimulée sous un repli d'étoffe.

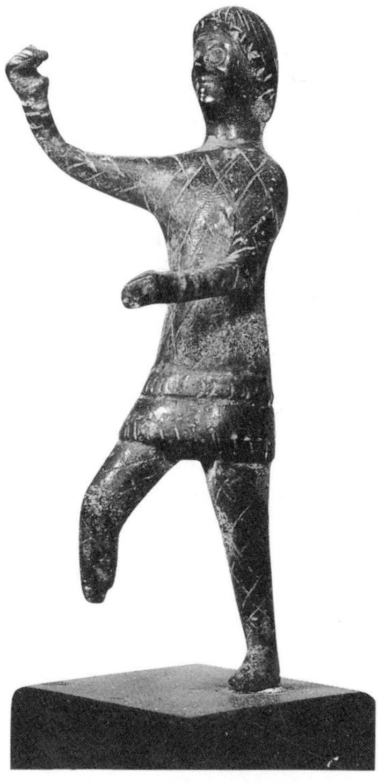

25. Statuette masculine. Orléans, musée historique de l'Orléanais.

Les braies et la tunique sont taillées dans cette étoffe à carreaux si appréciée par les Gaulois.

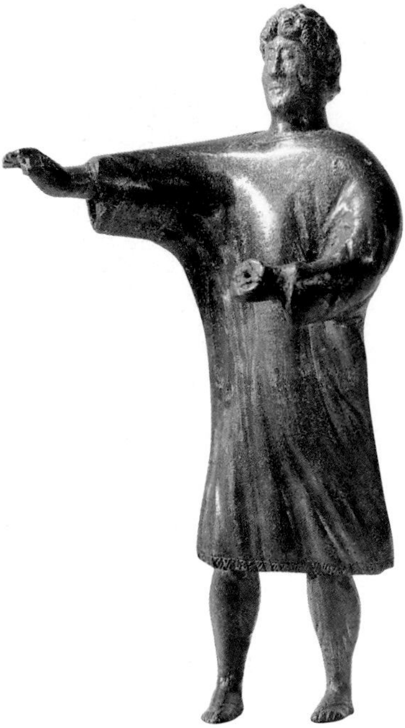

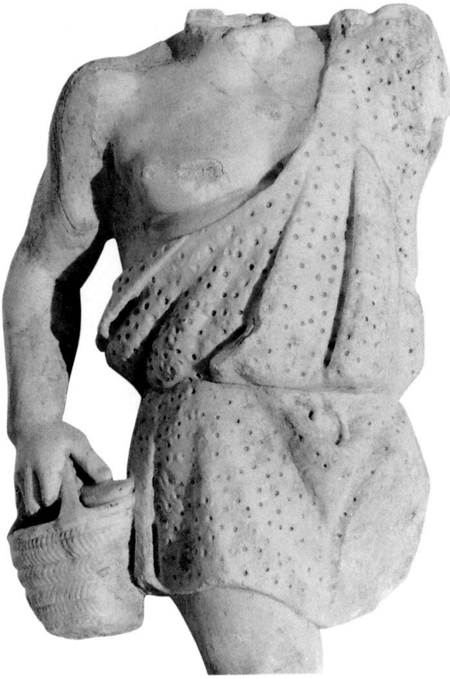

26. Statuette masculine.
Orléans, Musée historique de l'Orléanais.

La tunique gauloise est d'une forme simple, en T. Celle-ci est ornée à l'ourlet d'une rangée de triangles brodés ou tissés.

27. Poissonnier.
Lyon, musée de la Civilisation gallo-romaine.

L'exomide, rectangle d'étoffe passé sous l'aisselle droite et agrafé sur l'épaule gauche, reste utilisé comme vêtement de travail.

et du pantalon long des peuplades nomades venues des steppes. En revanche, les costumes d'apparat sont calqués sur l'habit officiel romain.

Laine et lin sont les principales fibres utilisées, ce qui n'exclut pas l'usage ponctuel de la soie. Témoignages et découvertes archéologiques attestent un goût prononcé pour les tissus ornés : décors brochés, bandes de couleurs tissées, emploi de fils d'or, et surtout étoffes à carreaux dont le succès perdurera durant tout le Moyen Âge.

Les *braies* (ill. 24, 25) constituent l'élément le plus caractéristique du costume masculin. Mêmes adoptées et raccourcies par la légion romaine occupante, elles restent un vêtement national. Elles forment un pantalon plus ou moins large, resserré à la taille par une ceinture et parfois prolongé par des chaussons rapportés. La tunique gallo-romaine (ill. 26) est d'un dessin simple en T, qui assemble deux rectangles cousus latéralement, prolongés de manches cousues ou prévues lors du tissage. Mi-longue et ceinturée, elle se porte sans les braies, à la différence de son homologue purement gauloise. Artisans et bergers apprécient l'exomide (ill. 27) empruntée au monde gréco-romain, plus pratique pour l'exercice de leurs activités. Il existe deux types de manteaux : ceux qui se drapent et ceux qui s'enfilent.

La *saie*, agrafée sur les épaules par une fibule, appartient au premier genre. *Paenula* et *caracalla* désignent une forme à capuchon (ill. 29), ample, longue et sans manches. En dérive le *cucullus* à capuchon qui s'arrête aux épaules ou à la taille.

Le costume féminin, peu diversifié, superpose des tuniques de longueur variable, souvent ceinturées et blousantes. Comme pour les hommes, les manteaux s'enfilent ou sont drapés et agrafés.

Les chaussures sont plates comme dans l'Antiquité. Ce sont des sandales à lanières ou des souliers enveloppants, plus ou moins montants. Les hommes au travail enroulent des bandes molletières autour de leurs jambes.

Diverses sortes de ceintures, cordelettes, bandes d'étoffe, ceintures de cuir, ainsi que des châles et des écharpes complètent les toilettes. Le respect des conventions chrétiennes impose aux femmes mariées le port d'un voile. Les objets de parure sont très appréciés. Le métal, l'or, l'argent, gravés ou émaillés, sont largement employés en anneaux, fibules, bracelets de cheville ou *torques*, colliers qui désignent l'autorité du chef.

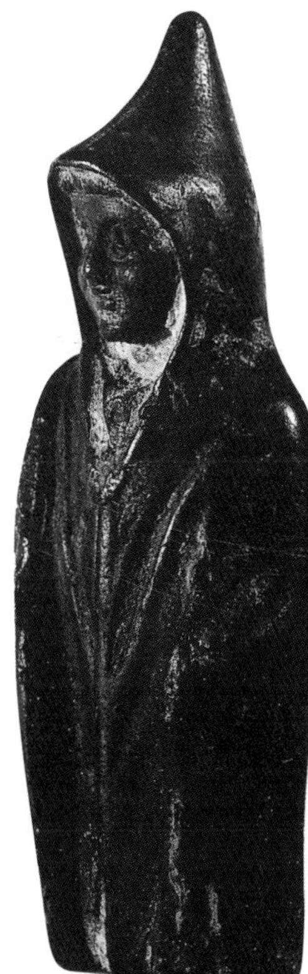

29. Statuette, IIe au Ve siècle apr. J.-C. Saint-Germain-en-Laye, musée des Antiquités nationales.

Le manteau gaulois typique est ample, sans manches et à capuchon.

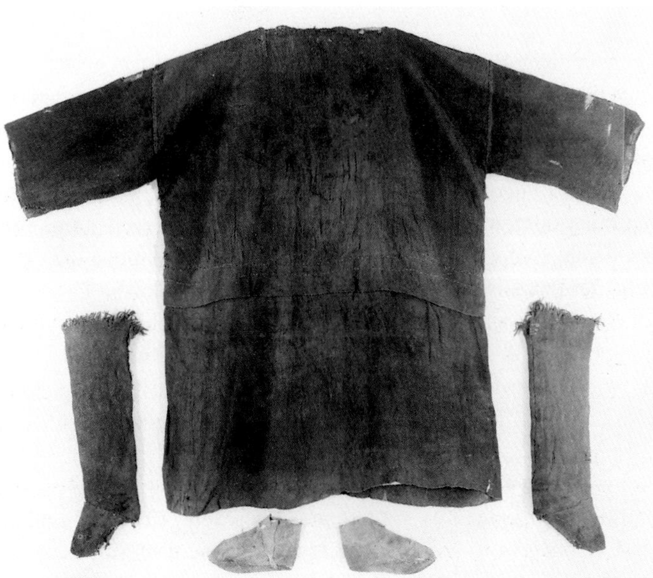

28. Ensemble des vêtements de Martres-de-Veyre, Ier siècle apr. J.-C. Clermont-Ferrand, musée Bargoin.

Cet ensemble, constitué d'une tunique, d'une ceinture frangée, de bas et de chaussons, est en tissu de laine.

LE COSTUME MÉDIÉVAL DU Ve AU XVe SIÈCLE

Le costume médiéval connaît une évolution lente, scandée par deux temps forts aux XIIe et XIVe siècles. Le XIIe siècle se singularise par un allongement des formes ainsi que par un premier élan donné aux industries textiles. Le XIVe siècle s'articule autour d'une période charnière, aux alentours de 1340, où s'opère une véritable mutation vestimentaire caractérisée, d'une part par la naissance du costume masculin court qui se distingue désormais nettement du costume féminin, d'autre part par une nouvelle conception du vêtement, désormais sensible aux formes du corps.

En effet, au cours des premiers siècles, les vêtements masculins et féminins sont peu différenciés. Ce sont principalement des tuniques aux bords cousus qui flottent autour du corps et dont la longueur arrêtée aux genoux atteint la cheville au XIIe siècle. Vers 1340, le raccourcissement spectaculaire du vêtement de l'homme met en relief ses jambes gainées de chausses et crée un costume en deux parties (ill. 31). Dans le même temps, le vêtement devient ajusté et met le buste en valeur grâce à un jeu de coutures et de laçages qui témoigne des progrès acquis dans les techniques de la coupe et de l'assemblage. Cet ajustement définit également la silhouette féminine contemporaine. Ainsi, au XIVe siècle, le costume civil occidental rompt définitivement avec le costume antique qui, avec celui des envahisseurs barbares, servit à sa formation.

Si, jusqu'au XIIe siècle, le costume médiéval observe un relatif immobilisme, il se complique, se diversifie et se raffine par la suite, au niveau tant des formes que des matières, traduisant un goût du luxe croissant. Il en résulte une différenciation vestimentaire forte qui reproduit l'ordre social contemporain. À partir du XIIIe siècle, armoiries et emblèmes singularisent leur propriétaire, tandis que les premières ordonnances somptuaires cherchent à hiérarchiser les garde-robes. Au XVe siècle, la noblesse déploie dans sa mise toute une fantaisie créatrice fastueuse et déjà transformée par l'esprit nouveau de la Renaissance. Les bourgeois suivent la mode aristocratique en fonction de leurs droits. Le costume long distingue les fonctions – clercs, universitaires, fonctionnaires – ou l'âge. Les paysans mènent leurs activités en vêtements courts (ill. 30) et leurs compagnes troussent leurs longues jupes.

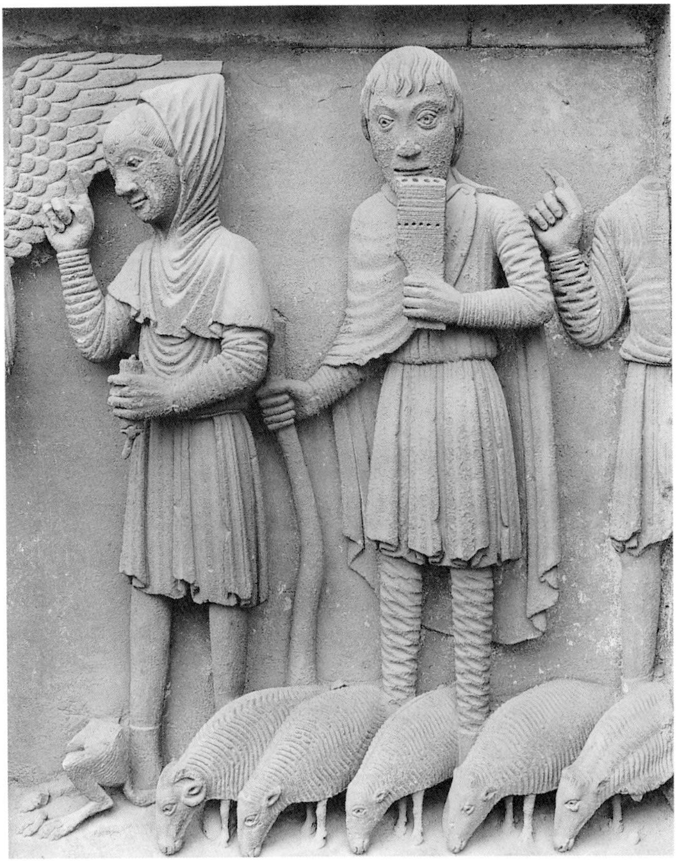

30. Bergers du portail royal de la cathédrale de Chartres, v. 1150.

Bergers et travailleurs des champs portent une tunique ou une robe courte, voire parfois une chemise pour plus de commodité. Ce costume populaire varie peu jusqu'à la fin du Moyen Âge.

Les matériaux

Les matériaux en usage sont la laine, le lin et la soie. L'emploi du coton associé à une autre matière se généralise progressivement à partir du XIIe siècle. La toile de lin ainsi que la futaine, étoffe commune de coton mélangé à du lin ou de la laine, servent principalement pour les vêtements de dessous. Les draps de laine émanent d'ateliers locaux ou sont fabriqués en Flandre, au nord de la France, en Picardie et dans le Languedoc. Les étoffes de soie, de plus en plus recherchées, sont d'abord d'origine orientale, puis italienne. Ces textiles sont utilisés pour les vêtements de dessus. Le raffinement du goût et un désir d'ostentation se révèlent dans la faveur grandissante des beaux draps de couleur franche, des soieries, en particulier des velours à partir du XIVe siècle (ill. 32), et des fourrures, générale-

31. Rogier van der Weyden, *Remise d'un manuscrit à Philippe le Bon*, v. 1448. Bruxelles, Bibliothèque royale Albert-Ier.

Le duc et ses courtisans sont vêtus de robes de longueur variable suivant leur âge et leur fonction. La robe courte du duc, associée à des chausses moulant ses jambes, forme un costume en deux parties.

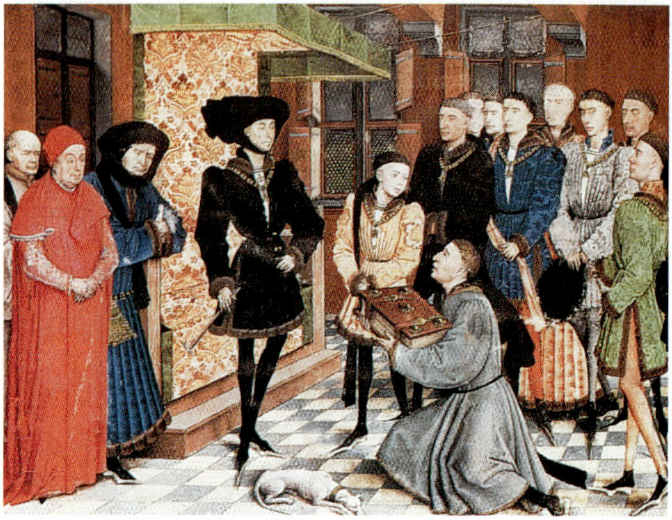

ment utilisées le poil au-dedans. La vogue des ornements brodés et des accessoires, bijoux, gants, chapeaux, bourses de soie ou de cuir souple, culmine dans les cours princières à la fin du XIVe et au XVe siècle.

Les sources

Les documents disponibles consistent, pour l'ensemble du Moyen Âge, en enluminures, peintures, sculptures, vitraux, tapisseries, broderies, textes épigraphiques et littéraires, inventaires et livres de comptes, matériel funéraire – en particulier pour le haut Moyen Âge –, textiles et quelques costumes conservés. Malgré cette abondance relative, les sources sûres sont peu nombreuses et souvent brouillées par des traditions historiques héritées du XIXe siècle et perpétuées d'écrits en écrits. Ainsi, la terminologie du vêtement médiéval est abondante mais souvent incertaine, voire contradictoire. Ce sont donc les termes les mieux connus qui ont été adoptés pour cette histoire.

32. Simon Marmion, *La Fleur des histoires* : mariage de Charles V, v. 1460. Bruxelles, Bibliothèque royale Albert-Ier.

Velours italiens, draps de laine garnis de fourrures, hauts couvre-chefs féminins et poulaines effilées traduisent ce goût du faste vestimentaire caractéristique de la mode du XVe siècle.

À partir du Ve siècle, l'évolution du costume s'est effectuée en trois grandes étapes : un immobilisme relatif aux époques mérovingienne et carolingienne, une transformation lente des formes associée à un goût du luxe de plus en plus fort du XIe siècle aux années 1340, suivie d'une succession de chan-

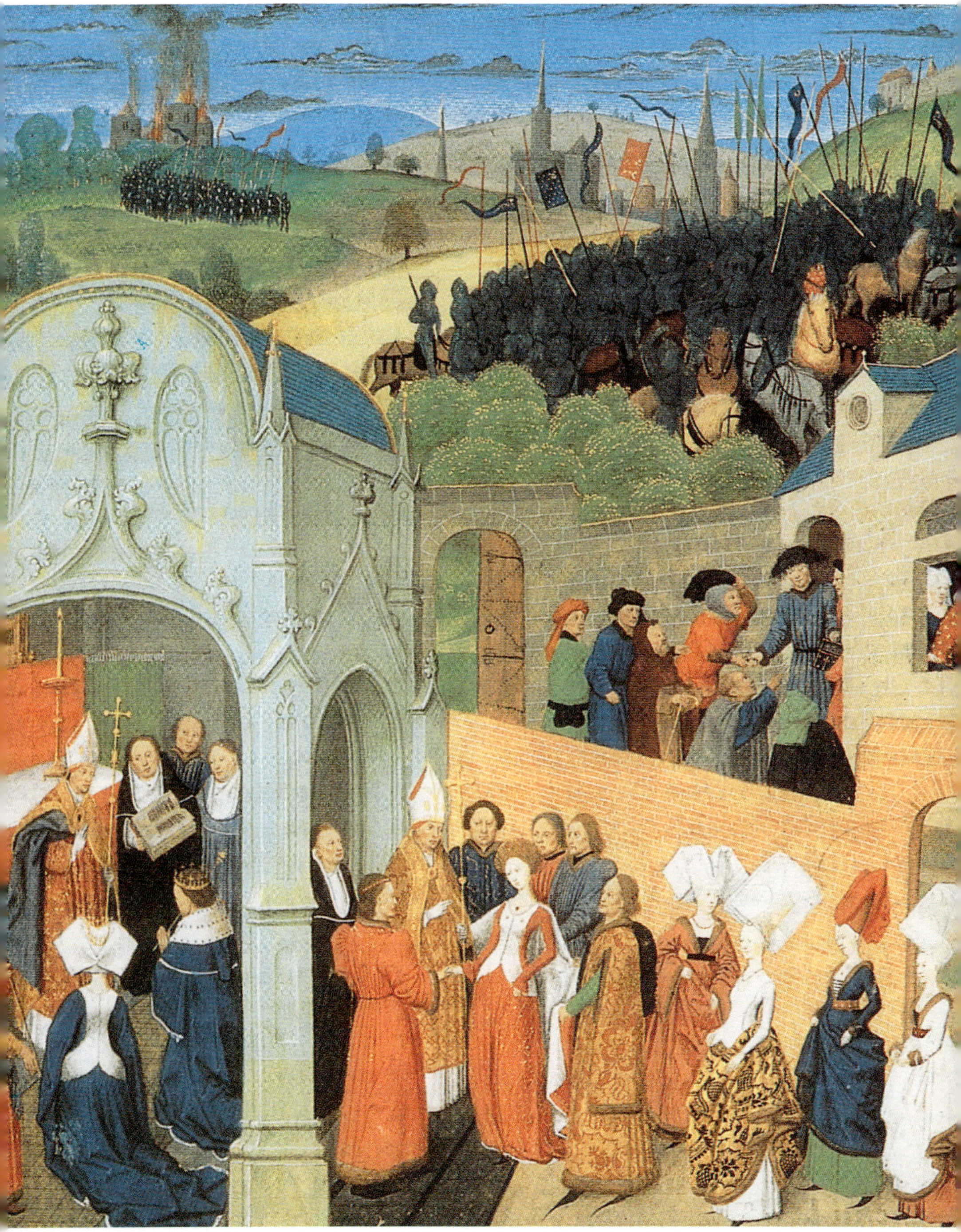

gements plus au moins durables aux XIVe et XVe siècles, témoins d'un vif désir d'élégance et d'originalité. La fin du Moyen Âge est marquée par l'affirmation de la spécificité du costume occidental, au sein duquel se font jour des particularismes nationaux qui s'affirmeront aux siècles suivants.

Le costume mérovingien et carolingien (481-752 et 752-987)

Peuplade germanique installée sur la rive droite du Rhin, les Francs pénètrent en Gaule au début du Ve siècle. Sous Childéric (mort en 481-482), au service de l'armée romaine, ils s'implantent durablement au nord de la Loire et confirment leur position sous le règne de Clovis (vers 481-511), qui fait de Paris sa capitale. La conversion de ce dernier au catholicisme, l'adoption de la langue latine et du modèle administratif romain leur permettent de s'intégrer à la population. Le costume mérovingien est donc constitué d'une forte composante romaine et gallo-romaine à laquelle s'ajoute l'influence des cours germaniques orientales en contact avec les Byzantins.

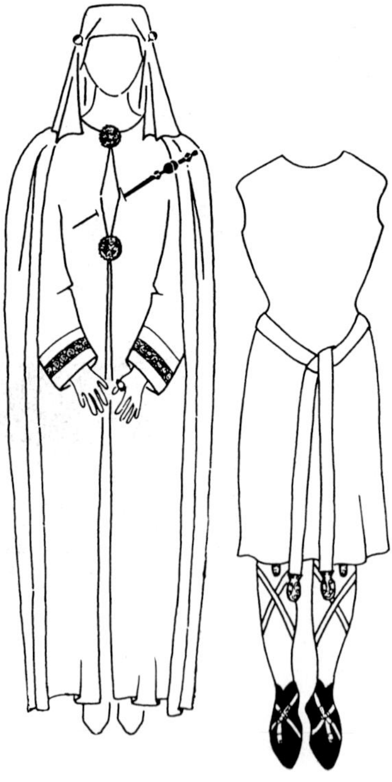

33. Reconstitution des vêtements d'Arégonde, VIe siècle.

La tenue de la reine est d'une grande simplicité mais traduit bien le goût de l'ornement, galons brodés, bijoux, caractéristique des peuplades germaniques et fortifié par l'exemple byzantin.

Le costume mérovingien se compose essentiellement de tuniques et de manteaux drapés ou enfilés. Les hommes revêtent des tuniques ceinturées plus ou moins longues, aux manches souvent bordées de galons. Ils continuent à porter soit la culotte courte des Romains soit les braies gauloises plus longues, prolongées par des *chausses* maintenues par des liens au genou ou par des bandes molletières. Rois et dignitaires adoptent la pompe des habits officiels romains : tunique et chlamyde de pourpre.

Les femmes mérovingiennes portent des tuniques amples, en soie pour les plus élégantes, rehaussées de galons ou de broderies. Châles ou manteaux agrafés couvrent leurs épaules. Leur tête est voilée. Ainsi, la sépulture de la reine Arégonde (morte vers 565-570), mise au jour en 1957 dans la basilique de Saint-Denis, a révélé que la défunte portait (ill. 33) une chemise de fine toile de laine, une tunique de soie violette arrêtée aux genoux et ceinturée, une seconde tunique de soie rouge sombre, longue, fendue devant et fermée par deux

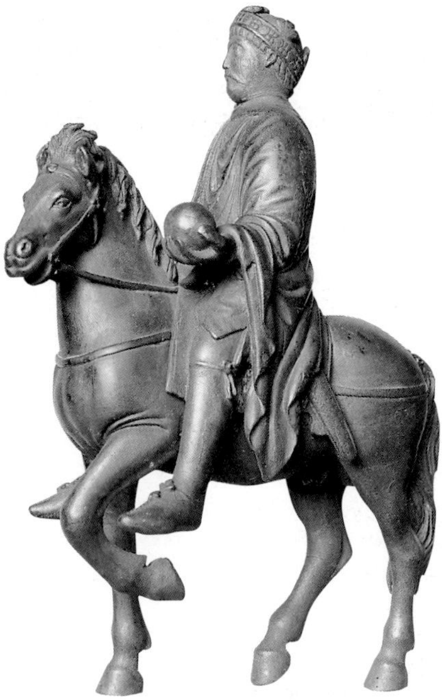

34. Statue équestre dite de Charlemagne. Cavalier, IXe siècle, cheval, Bas-Empire ou IXe siècle. Paris, musée du Louvre.

Le cavalier est vêtu d'une tunique et d'un manteau court agrafé sur l'épaule droite. Des bandes molletières et des souliers montants complètent sa tenue.

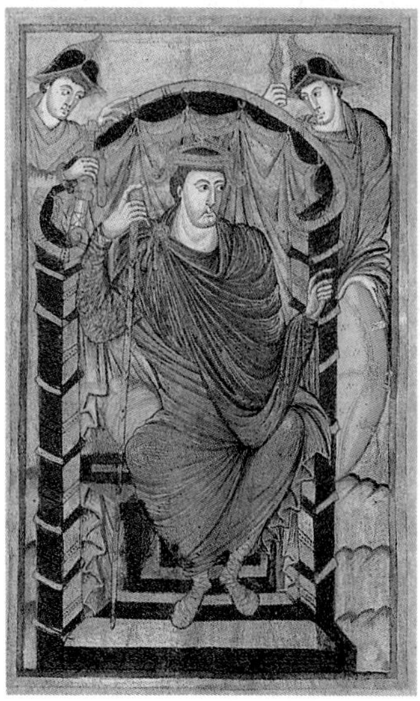

35. Évangiles de Lothaire : Lothaire sur son trône, entouré de deux gardes. 849-851. Paris, Bibliothèque nationale.

La chlamyde de pourpre, les bandes molletières rouges, les chaussures à longues lanières dorées composent cette tenue d'apparat qui emprunte sa pompe aux tenues officielles antiques.

fibules et une épingle d'or, une cape de laine rouge clair et un voile de soie maintenu par des épingles d'or. Des bas de laine et des bottillons de cuir à lanières montantes complétaient sa tenue.

C'est dans le domaine de la parure que les Mérovingiens se sont véritablement exprimés en renouvelant le décor – entrelacs, figures zoomorphes – et les techniques, filigrane, gravure, damasquinage (ill. 37). Un style particulier d'origine orientale, le style coloré, se définit par l'insertion de grenats ou de verroteries de couleur, soit dans un réseau cloisonné soudé sur un fond du même métal soit dans de petits boîtiers aux contours géométriques (ill. 38).

Le 25 décembre 800, Charlemagne (768-814) est sacré empereur à Rome. Il succède à son père, Pépin le Bref (741-768), premier roi carolingien. Le nouvel empire suscite une renaissance culturelle qui marque durablement l'Occident. Grand admirateur de l'Antiquité, il y puise des références qui le légitiment. Mais il s'ouvre également aux autres cultures occidentales et orientales.

Le costume carolingien n'évolue guère par rapport aux époques antérieures. Les étoffes utilisées – la laine, le lin et la soie venue d'Orient ou de Sicile – sont fréquemment ornées de motifs divers, rinceaux, pois, palmettes, et le goût des couleurs et de leur emploi

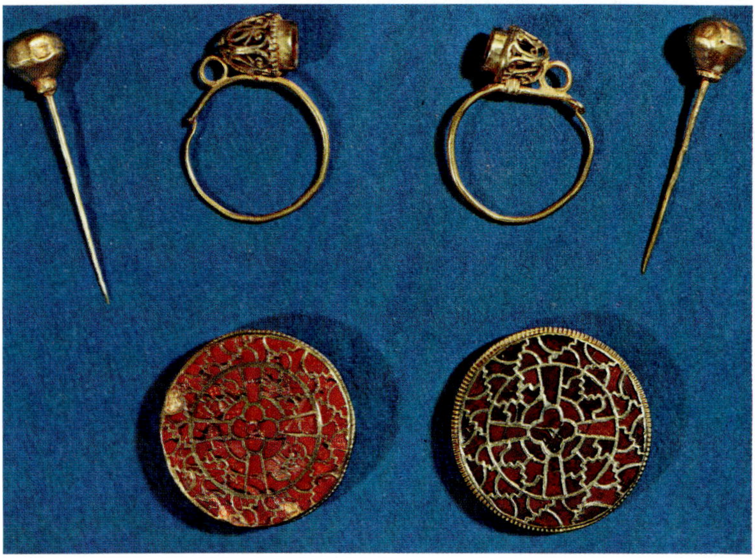

36. Boucles d'oreilles, épingles et fibules provenant de la sépulture de la reine Arégonde, VIe siècle. Basilique de Saint-Denis.

Les fibules illustrent la technique du décor cloisonné d'origine orientale.

37. Plaque-boucle de ceinture, fer damasquiné d'argent, VIIe siècle, provenant du cimetière de Saint-Germain-des-Prés, Paris. Paris, musée Carnavalet.

La damasquinure se développe véritablement en Gaule à la fin du VIe siècle et devient très populaire. La feuille d'argent plaquée sur le fer est incrustée de fils de laiton qui forment les entrelacs.

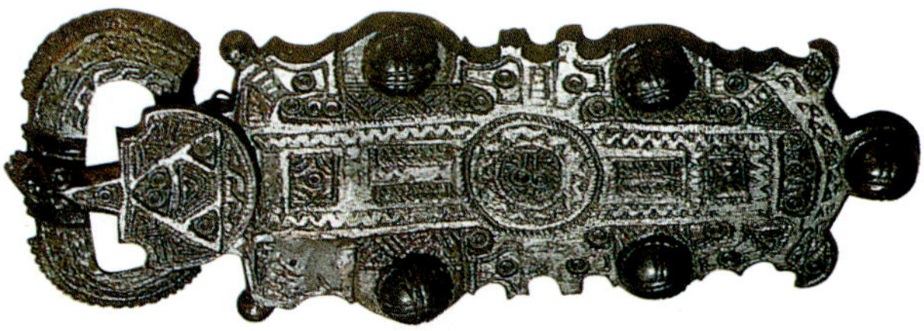

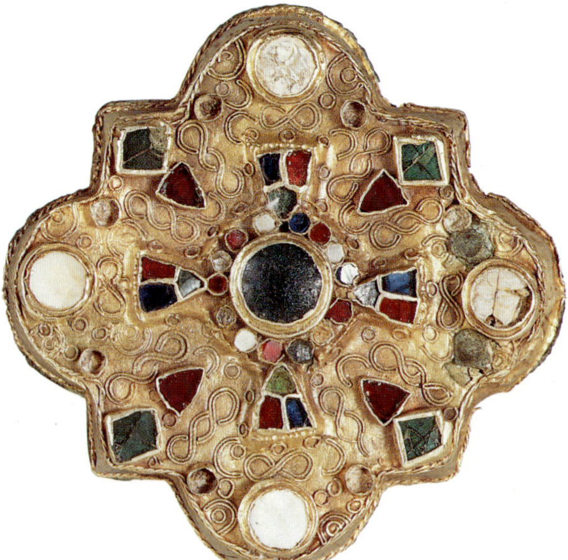

38. Fibule d'orfèvrerie, décor de pierres en bâtes et filigranes, VIIe siècle. Saint-Germain-en-Laye, musée des Antiquités nationales.

Autre exemple de style coloré, les pierres sont disposées dans de petits boîtiers. Des filigranes complètent le décor de ce bijou.

contrasté s'y affirme. La vogue des broderies et des galons évince presque celle des bijoux. Leur nombre et leur disposition sur le vêtement distinguent les positions sociales comme à Rome et à Constantinople.

L'habillement masculin combine des braies longues (ill. 39), des chaussures montantes lacées et des bandes molletières. Celles-ci, les *tibiales*, se portent également sur jambes nues ou maintiennent des chausses enfilées ou non sur les braies. Au Xe siècle, les chausses dépassent le jarret. La chemise en toile de lin est recouverte d'une tunique arrêtée au genou, ceinturée et blousante, la *gonelle*. Les manteaux comme la saie et le *rheno* en peau fourrée

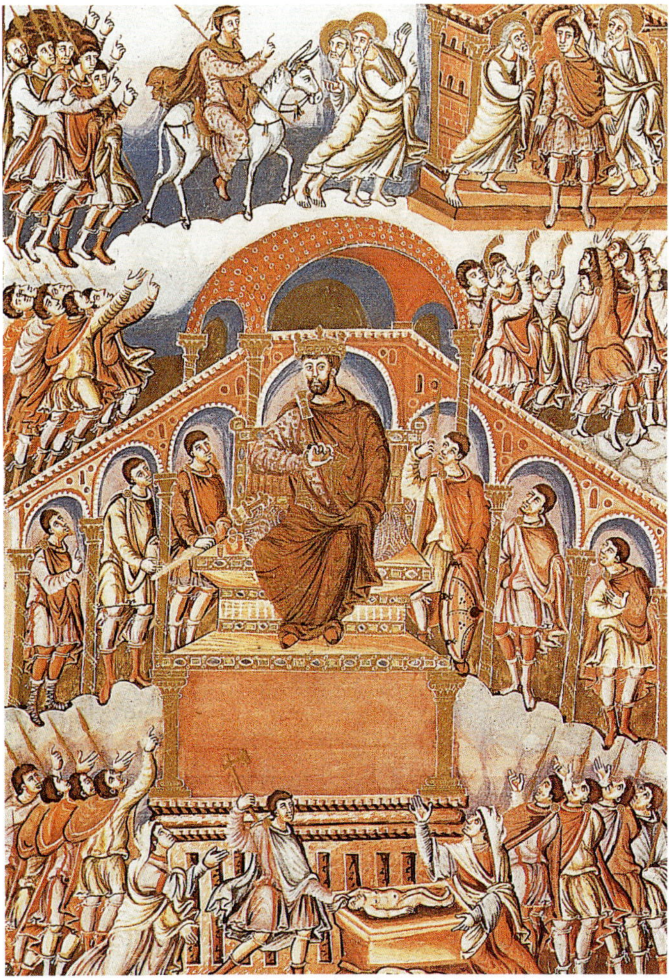

39. Bible de Saint-Paul-hors-les-Murs. Frontispice du livre des Proverbes, v. 870. Rome, Saint-Paul-hors-les-Murs.

Le roi Salomon, auteur des Proverbes, porte la chlamyde de pourpre et sa tunique est rehaussée de motifs d'or. Ses compagnons sont vêtus de la gonelle, de braies, de chausses arrêtées au mollet, maintenues par des bandes molletières pour un des personnages. Les deux femmes au bas de la scène portent des tuniques superposées et un voile long.

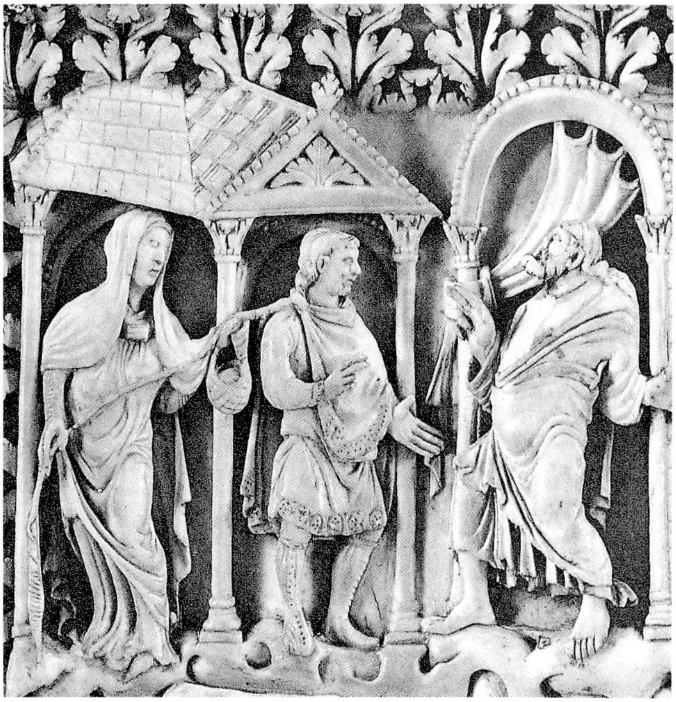

40. Plat de reliure du psautier de Charles le Chauve (détail) : Nathan reproche à David et à Bethsabée le meurtre d'Urie. Ivoire, av. 869. Paris, Bibliothèque nationale.

Le prophète Nathan porte une tunique longue et un manteau drapé ramené sur l'épaule gauche, David, plus jeune, une gonelle et une saie agrafée sur l'épaule droite.

extérieurement, sont agrafés, les formes à capuchon s'enfilent. Pour les représentations officielles, l'empereur adopte la tunique et la chlamyde de pourpre antique (ill. 39), le tout enrichi de galons et de broderies. Ses jambes sont revêtues de braies, de bandes molletières rouge vif et de bottes ou brodequins.

Le costume féminin continue à superposer des tuniques longues. La tunique de dessus, dérivée de la *stola* romaine, est ceinturée, parfois ornée à l'encolure et devant d'une bande brodée, et retenue aux épaules par une fibule. Chape agrafée, chasuble à capuchon, écharpe ou voile long complètent les garde-robes.

La coiffure masculine officielle est courte, souvent ceinte d'une bandelette nouée à l'arrière à la manière antique. Les jeunes filles montrent leurs longs cheveux, au contraire des femmes, qui sont voilées.

Le costume long : du XIe siècle au deuxième tiers du XIVe siècle

Après les bouleversements des invasions normandes et la chute des Carolingiens, l'avènement des Capétiens, en 987, annonce une ère de stabilité favorable à un nouvel essor économique et artistique. C'est une société profondément religieuse qui s'élabore, marquée par l'expansion du christianisme et des grands ordres religieux, les expéditions des croisades et les pèlerinages, et symbolisée par l'édification de vastes édifices romans, puis gothiques.

À partir du VIe siècle, le costume liturgique se codifie et adopte définitivement le vêtement long hérité de l'Antiquité et jamais totalement abandonné dans la mode civile. Le rallongement du costume civil n'intervient donc pas brutalement au XIIe siècle. Mais il se généralise alors, certainement sous l'emprise de l'atmosphère religieuse contemporaine, mais aussi sous l'influence des modes orientales, mieux connues grâce à une intensification des échanges avec la Méditerranée (ill. 42).

Le goût du luxe vestimentaire se développe et bénéficie d'une industrie textile en pleine expansion. La fabrication de draps de laine se développe considérablement en Flandre, Picardie, Champagne et Languedoc. Les motifs quadrillés, héritage gaulois, ont toujours un grand succès. La consommation de soieries s'accroît, bénéficiant du développement du commerce en Méditerranée et en Orient. L'usage du coton, implanté en Italie au XIIe siècle, se généralise pour les futaines, étoffes communes de coton mélangé, et les mousselines des voiles féminins. Conséquence des relations commerciales avec l'Asie Mineure, les fourrures, hermine, gros et menu vair ou écureuil du Nord, martre foncée ou zibeline, deviennent à la mode.

41. Chapiteau provenant du cloître de la cathédrale de Saint-Étienne de Toulouse : Salomé offre à sa mère la tête de saint Jean Baptiste, v. 1140. Toulouse, musée des Augustins.

L'étoffe finement plissée des chainses et des bliauds évoque les fines soieries orientales de mieux en mieux diffusées en Occident. Jointe aux nombreux galons brodés qui ornent les vêtements, elle témoigne de cette recherche de préciosité vestimentaire qui s'affirme à partir du XIIe siècle. Les femmes ont de longs cheveux lissés dans le dos, les hommes portent des cheveux mi-longs ceints d'un cercle simple.

Le costume masculin, long, se compose d'une tunique de dessous à manches longues, ou *chainse,* recouverte d'une tunique de dessus, le *bliaud* ceinturée et parfois ornée d'une fente galonnée à l'encolure, l'*amigaut* (ill. 43). Les manches de cette dernière sont d'abord évasées, puis ajustées au poignet. Les braies disparaissent sous les chausses.

Les femmes portent également un chainse (ill. 41) et un bliaud étroit à traîne. Ce dernier, taillé dans un tissu fin, souvent de soie, gaufré ou plissé, moule le buste et est en-

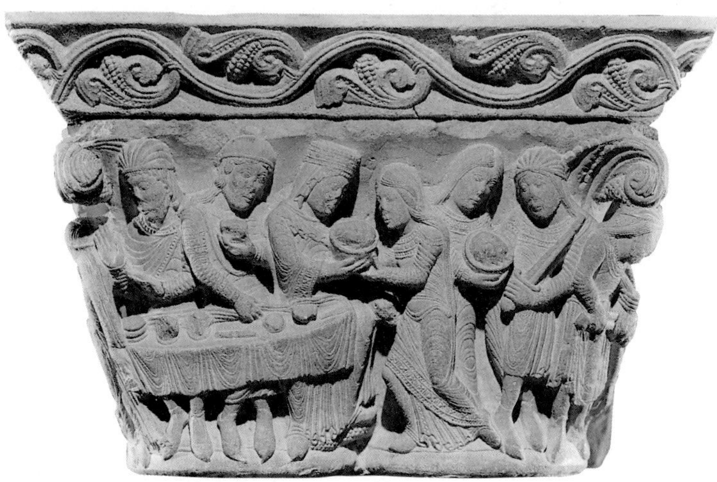

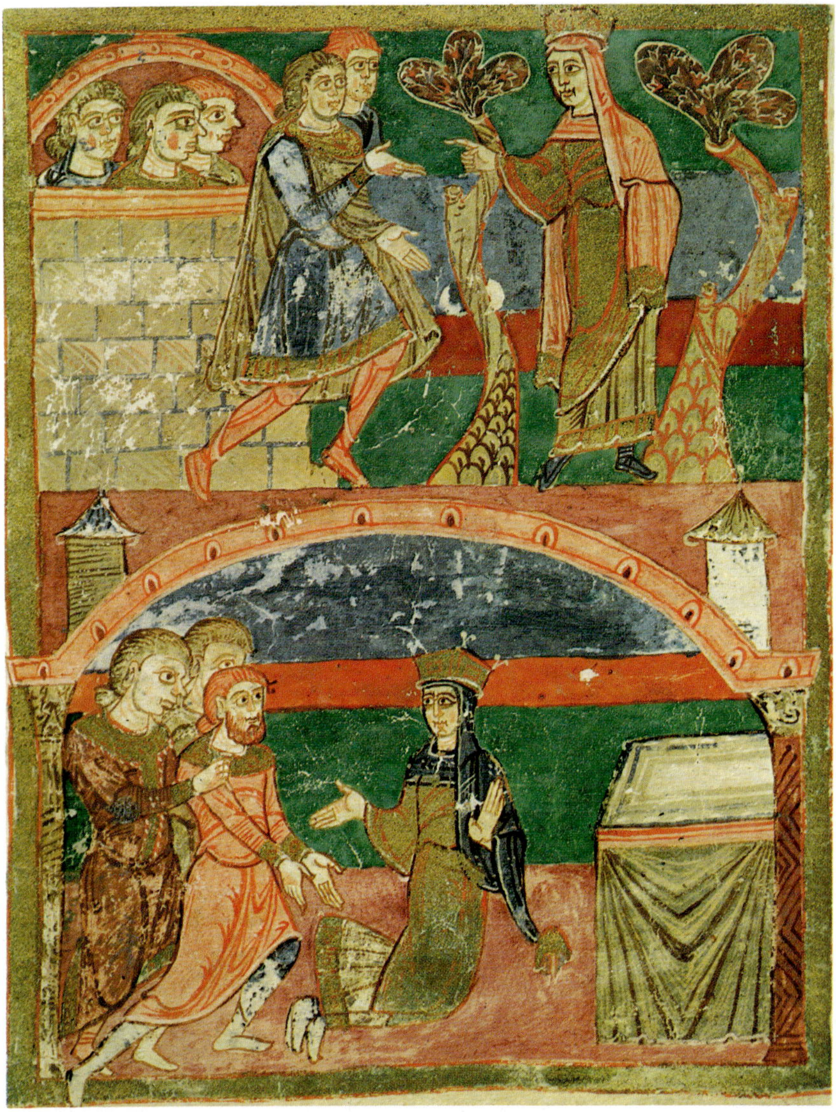

42. *Vie de sainte Radegonde*, fin du XIe siècle. Poitiers, Bibliothèque.

Les tuniques de différentes longueurs attestent que l'usage du costume long commence à se généraliser à côté de la tunique arrêtée aux genoux.

43. Saint-Aignan-sur-Cher, *Miracle de saint Gilles*, fin du XIIe siècle. Paris, musée des Monuments français.

Saint Gilles tend un bliaud, bordé de galons et fendu d'un amigaut à l'encolure, à un pauvre vêtu de braies et de guêtres. Son propre bliaud a des manches plus étroites.

core serré sous la taille par une ceinture aux longs pans enroulée deux fois. Les manches sont très évasées, en forme d'entonnoir. Galons et broderies ornent l'encolure et les poignets parfois à fins bouillonnés.

Des vêtements chauds s'intercalent entre le chainse et le bliaud, témoins d'une première diversification vestimentaire : le *doublet* fait d'une double épaisseur de toile, le *peliçon* de fourrure ou le *gippon* court, ajusté, ouaté et piqué. Chapes agrafées et courts manteaux à capuchon sont toujours en usage.

Les hommes ont les cheveux mi-longs ondulés ou frisés, souvent coiffés d'un cercle simple ou orfévré, et leur barbe bouclée est parfois nouée de fils d'or. Le port de bonnets et de chapeaux de feutre se généralise. À la fin du XIIe siècle, le chaperon (ill. 45), ou capuchon à pèlerine, se détache des manteaux. Les femmes arborent de longs cheveux nattés, partagés par une raie médiane et voilés, ou également ornés d'un cercle d'orfèvrerie.

Les « cordouanniers », devenus maîtres dans l'art de travailler le cuir, à l'instar de leurs homologues espagnols fabriquent des chaussures plus ou moins montantes et des *pigaches*, souliers à pointe re-

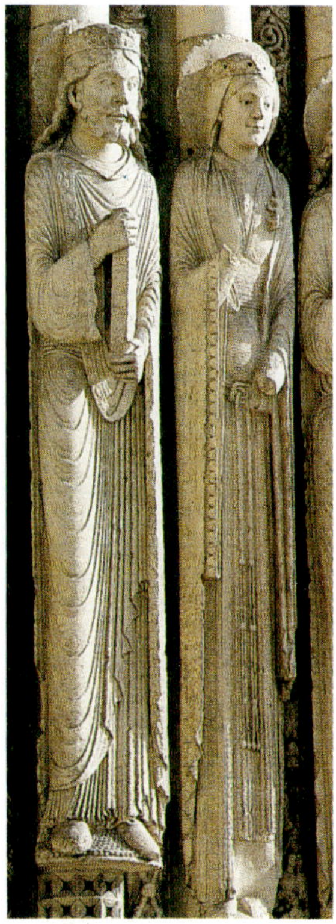

44. Cathédrale de Chartres, portail royal, statues-colonnes : personnages de l'Ancien Testament, milieu du XIIe siècle.

Les bliauds longs ont de larges manches en particulier pour la version féminine dont l'encolure fendue laisse entrevoir le chainse. Les manteaux posés sur les épaules s'agrafent.

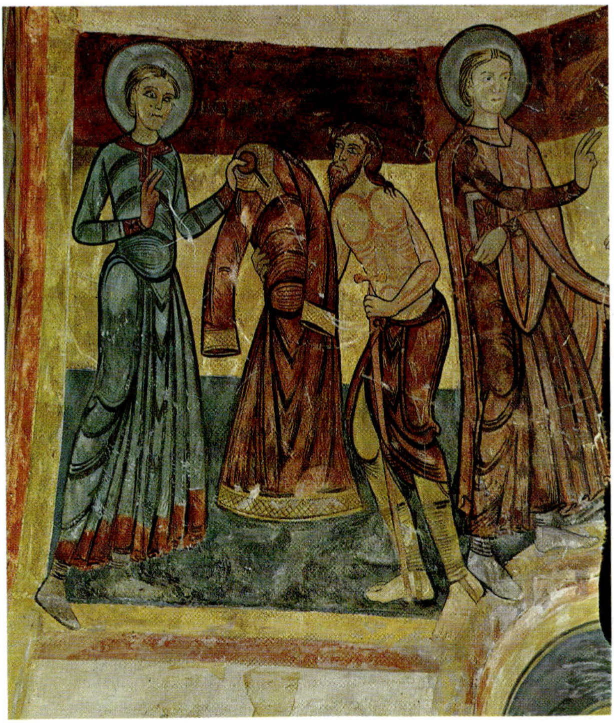

courbée, à la mode au début du XIIe siècle. L'usage de patins de bois semble apparaître à cette époque.

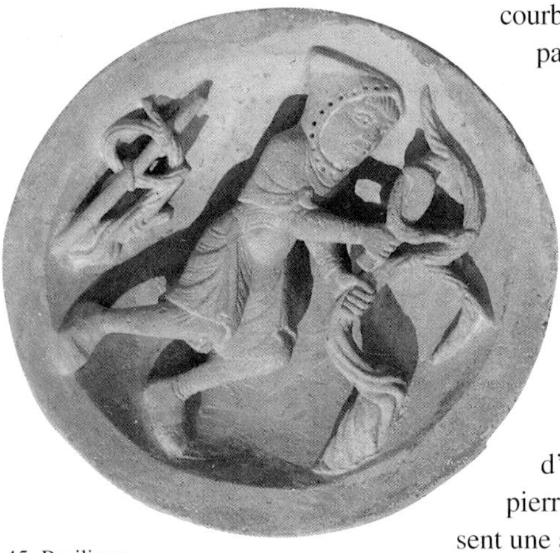

45. Basilique de Vézelay, tympan : Figure des mois, XIIe siècle.

La courte pèlerine à capuchon préfigure le chaperon dont l'usage se répandra surtout à partir du XIVe siècle.

Au XIIIe siècle, le costume se caractérise avant tout par une envie générale d'élégance. Il prend une importance grandissante dans une société urbanisée où prospère une bourgeoisie industrieuse aux côtés d'une noblesse de cour rassemblée sous l'autorité royale. Draps de laine, lourds ou légers, à motifs divers, verts ou écarlates – coloris les plus à la mode –, soieries, tissées à Paris ou importées d'Italie, toiles fines, broderies, fourrures, or et pierres précieuses de plus en plus demandés traduisent une aspiration collective au luxe, freinée par les premières lois somptuaires de 1279 et 1294 et l'apparition des habits armoriés comme marques de distinction sociale.

Jusqu'au début du XIVe siècle, le costume en général reste long, puis il commence à raccourcir. Il se différencie toujours peu suivant les sexes : seuls le port des braies, peu visibles, et une longueur moindre du vêtement identifient la silhouette masculine. Il est constitué de *robes à garnements* ou ensemble de pièces vestimentaires. Trois à six garnements composent une robe, cette dernière catégorie étant réservée au roi. Les manches ouvertes ou fermées, ajustées, flottantes ou pendantes apportent leur variété à un vêtement d'une coupe assez uniforme.

Le costume masculin est d'abord formé par la chemise courte et fendue et les braies devenues une sorte de pantalon large, long et ample de fond, dont le tour de taille est resserré par un cordon à coulisse. À partir de 1250, les braies raccourcissent, tandis que les chausses séparées s'allongent et parviennent au haut des cuisses où elles s'accrochent aux braies par des cordons boutonnés, leur entournure ronde bâillant et découvrant le séant. Les vêtements intermédiaires de la période précédente s'augmentent de nouvelles pièces piquées et matelassées. La *cotte* et le *surcot* se substituent au chainse et au bliaud (ill. 46). La cotte est une robe ajustée sur le buste, puis évasée, aux manches longues et étroites du coude au poignet. Le surcot, robe de dessus, parfois ceinturée, a des manches courtes ou longues, enfilées ou flottantes, voire en est dénué. Son encolure est ronde et fendue, boutonnée ou agrafée par une broche, le *fermail*. Le costume d'apparat des souverains, composé de la cotte, d'une *dalmatique* fendue sur les côtés et du manteau royal agrafé sur l'épaule droite, varie peu.

Les femmes superposent également chemise et vêtement intermédiaire. Leur cotte est large et longue avec une fente à l'encolure. Elle comporte plusieurs paires de manches, amovibles en raison de l'étroitesse des avant-bras. Le surcot, souvent à traîne, est ceinturé dans un premier temps. Les manches sont d'une grande variété, ajustées ou flottantes derrière le bras, pendantes, évasées ou ouvertes sous le bras (ill. 47). Au XIVe siècle, les manches du surcot disparaissent parfois, laissant de larges emmanchures, souvent garnies de fourrure, qui révèlent la cotte ceinturée aux hanches. Il existe des variantes de vêtements de dessus, difficiles à définir. Ainsi la *sorquenie*, d'origine méridionale, qui semble avoir été une cotte au buste ajusté largement décolletée.

Les manteaux sont toujours de deux sortes, à agrafer ou à enfiler. Le *mantel* dit *à parer* (ill. 46) est un grand rectangle d'étoffe muni d'une cordelière retenue par la main ou engagée sous le fermail de la cotte ou du surcot. Les manteaux à enfiler, *housse* ou *garnache*, de forme ronde, ont de larges manches.

Le visage masculin, glabre, est encadré de cheveux mi-longs, ondulés, et d'une petite frange bouclée, le *dorelot*. Le cercle galonné ou orfévré est toujours en usage. Différents types de bonnets et chapeaux se posent sur la *cale*, bonnet de toile de lin blanc ou de gaze de soie transparente, souvent à brides nouées sous le menton. Le chaperon et sa pèlerine se portent sur la cale ou sous un chapeau : à partir de 1300, le visage s'inscrit dans une ouverture, la *visagière*, et l'étoffe de la pèlerine se drape autour du cou et sur la tête.

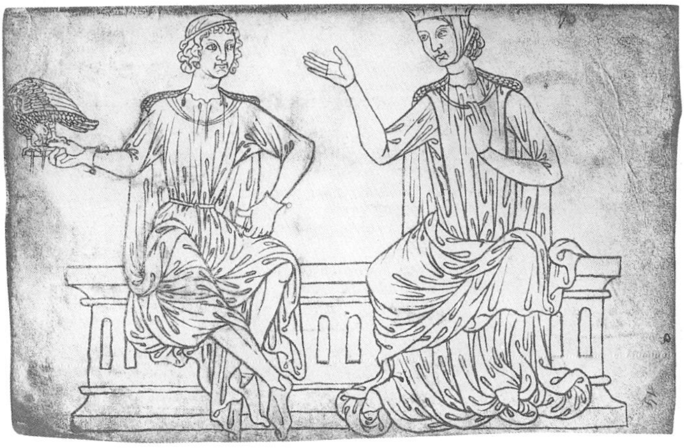

46. Villart de Honnecourt, XIIIe siècle.
Paris, Bibliothèque nationale.

Le jeune homme porte une cotte ample aux manches étroites du coude aux poignets. Un cercle est posé sur ses cheveux mi-longs et ondulés. Sa compagne a superposé un surcot sans manches sur sa cotte et est coiffée d'un touret. Un mantel dit à parer est retenu par une cordelière sur leurs épaules.

Les jeunes filles ont les cheveux épars ou nattés. Un chapeau ou un voile, le *couvre-chef*, surmonté d'un bandeau droit, le *touret*, en vogue jusque vers 1280, surmonte le chignon des femmes. À partir de 1280, les cheveux relevés en nattes sur les oreilles ou massés sur les tempes sont recouverts d'un voile léger. Une pièce de linge, ou *touaille*, attachée par des épingles à ce voile, enveloppe parfois le bas du visage, formant ainsi une *guimpe*.

Les chaussures basses, plus ou moins montantes pour les hommes, couvrantes ou non, se ferment par lacets ou boucles. Les chausses à semelles de cuir souple les remplacent souvent. Des galoches ou des patins de bois à brides de cuir les protègent du sol.

1340-1500 : vers le costume moderne

Cette période de grands troubles, témoin de la guerre de Cent Ans et du passage fulgurant de Jeanne d'Arc, voit l'affermissement de la royauté française et la naissance d'une prise de conscience nationale. Le faste des cours et de leurs princes, tels les ducs de Bourgogne et de Berry, stimule une production artistique empreinte d'un goût du plaisir et de l'apparat qui s'assagit à la fin du XVe siècle, sensible à l'esprit d'équilibre de la Renaissance. L'émergence de l'individu favorise la recherche de l'originalité et l'expression de particularismes nationaux.

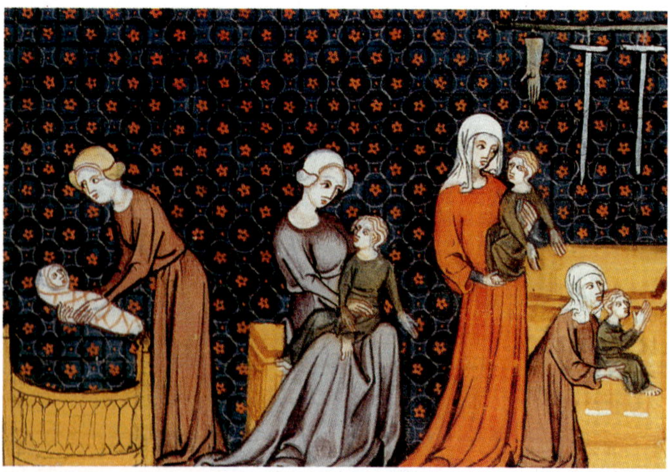

47. Guillaume de Saint-Pathus, *Vies et Miracles de Saint Louis*, guérison miraculeuse d'enfant sur la tombe de Saint Louis, Paris, v. 1330.
Paris, Bibliothèque nationale.

Deux jeunes femmes sont vêtues de cottes ; les deux autres ont passé un surcot à longues manches sur leur cotte. Leurs cheveux sont massés sur les tempes. Deux d'entre elles les dissimulent sous un voile, une troisième sous un linge ajusté.

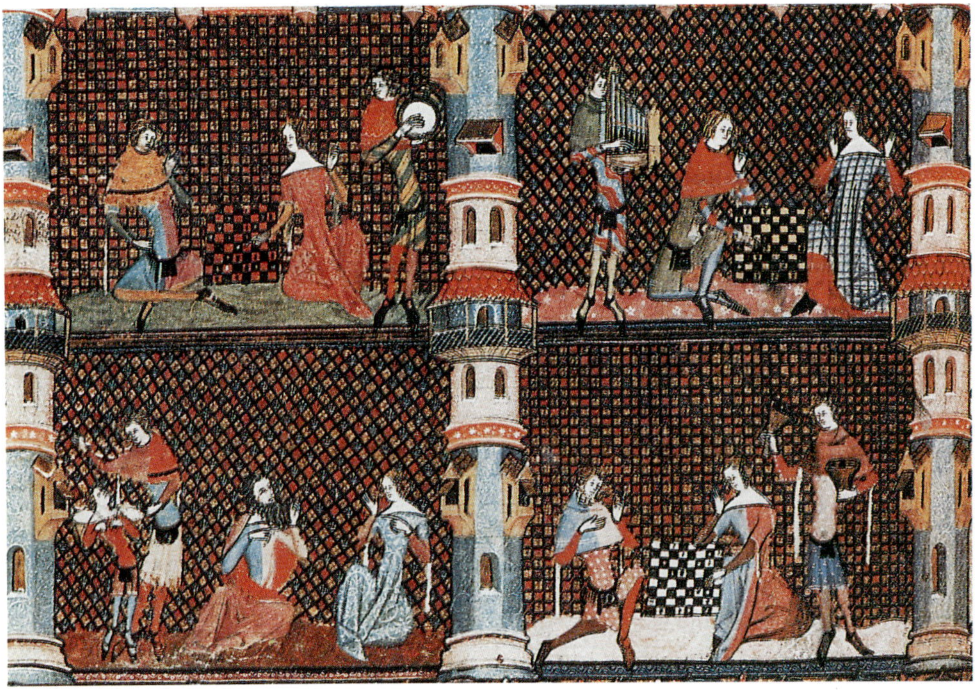

48. *Roman d'Alexandre*, Tournai (?), 1338-1344. Oxford, Bodleian Library.

Le costume masculin est mi-long et ajusté, maintenu sur les hanches par une ceinture pourvue d'une bourse. Les manches de certains surcots sont prolongées par une longue bande d'étoffe à l'arrière du bras. Des pèlerines à capuchon, des chausses parfois mi-parties et des chaussures ouvertes complètent les tenues. Les dames portent des cottes et des surcots aux manches évasées. Leurs cheveux sont tressés et rassemblés le long des joues. L'ajustement des vêtements rompt avec l'ampleur des formes observée au siècle précédent.

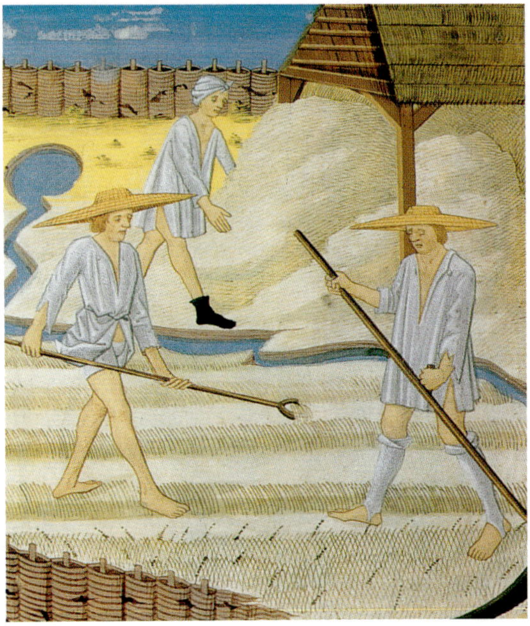

49. Pietro de' Crescenzi, *Rustican du cultivement et labeur champestre* : la fenaison, Poitou, v. 1480-1490. Paris, Bibliothèque nationale.

Chemises, braies devenues une sorte de caleçon, chausses rabattues et chaussures montantes habillent ces paysans.

Les draps de laine restent les étoffes les plus employées, mais les tissus de soie, les satins, damas, et surtout les velours dont la technique s'est développée au XIVe siècle sont employés pour les costumes les plus luxueux. Broderies, perles, paillettes, clochettes, plaques de bijouterie, dites *affiquets*, rehaussent les vêtements de leur brillant. Boutons et fermaux décoratifs se multiplient (ill. 52). Vers 1430 se répand la mode allemande des découpures dentelées pratiquées principalement sur les manches, sur les chaperons et au bas des robes. La fourrure est toujours en vogue et vers 1400 commence à garnir l'extérieur des vêtements. La martre zibeline est la plus appréciée, mais l'hermine, le castor ou bièvre, l'écureuil du Nord ou gris ont également un vif succès. La *letice* ou fourrure blanche est plutôt réservée aux habits féminins.

Le XIVe siècle connaît deux changements radicaux : l'abandon des formes flottantes (ill. 48) et l'avènement du costume court masculin. Vers 1340, le vêtement masculin raccourcit aux cuisses, donnant une importance nouvelle aux jambes. Cette transformation résulte peut-être de l'évolution du costume militaire qui prévoit le port à l'intérieur de l'armure d'un vêtement rembourré, ajusté et assez court. Ce gippon ou *pourpoint* est adopté par les civils. D'abord le fait d'une jeune noblesse guerrière, le costume court se généralise progressivement. Il n'évince néanmoins jamais le costume long et n'apparaît pas dans le costume royal (ill. 50) avant le règne de Charles VII. Les costumes professionnels aux couleurs distinctives restent longs.

La chemise et les braies (ill. 49) restent les vêtements de dessous masculins. Ces dernières ne sont plus à la fin du XVe siècle qu'une sorte de caleçon resserré par un cordon de coulisse. Les chausses, un peu trop révélatrices sous un costume court, s'allongent à l'intérieur du tour de jambe jusqu'à former deux saillies postérieures qui, réunies par une aiguillette (ou lacets ferrés), sont reliées au bas du pourpoint. Vers 1400, elles sont jointes par une couture au centre des reins et leur ouverture frontale est dissimulée par une pièce d'étoffe, dite *braye* puis *braguette*. À la fin du XVe siècle, elles montent jusqu'à la taille et se divisent au siècle suivant en haut-de-chausses descendant jusqu'aux genoux et bas-de-chausses maintenus par des jarretières.

Le pourpoint, autrefois vêtement intermédiaire, devient apparent vers 1340. Arrêté aux bas des hanches, il est devenu si moulant qu'il doit être boutonné ou agrafé. L'aménagement d'une couture à la taille lui permet de mieux épouser le haut du corps auquel son rembourrage confère un profil bombé. Le *pourpoint à*

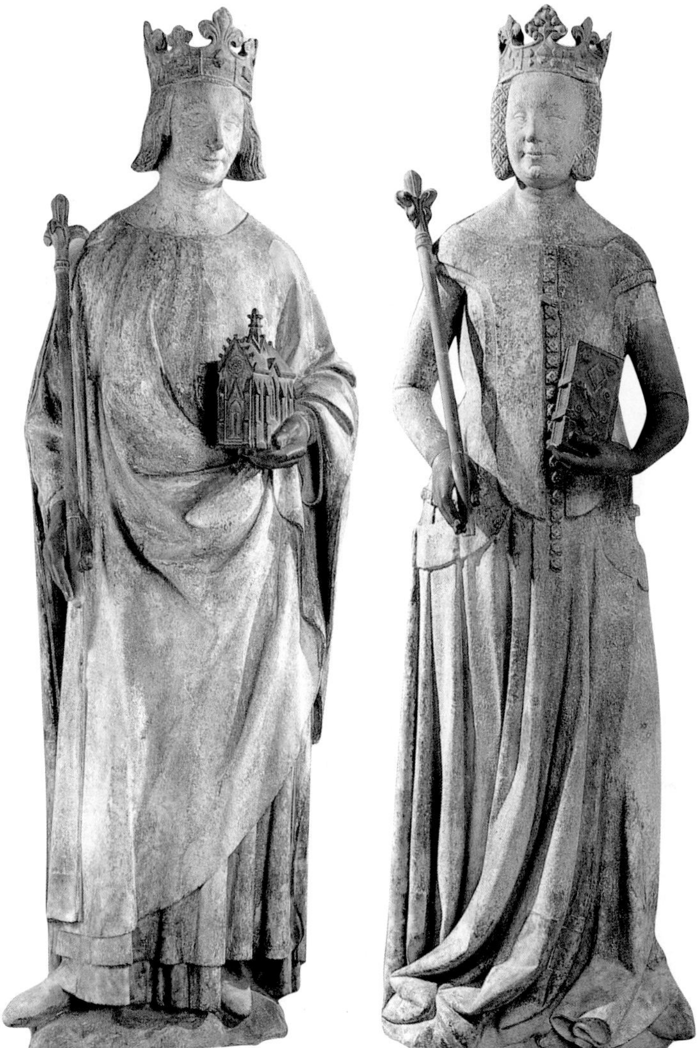

50. Charles V, Jeanne de Bourbon. Statues provenant du portail des Célestins, Paris, 1365-1370. Paris, musée du Louvre.

Le roi est vêtu à l'ancienne mode, cotte, surcot, manteau royal agrafé sur l'épaule droite. La reine porte une cotte ceinturée et un surcot ouvert, orné de gros boutons ou fermaux décoratifs. Ses cheveux sont enserrés dans une résille.

grandes assiettes (ill. 51-52) illustre l'habileté grandissante des tailleurs : l'emmanchure ou *assiette* est considérablement élargie, de façon à assurer une grande aisance de mouvement, alors que la manche moule étroitement l'avant-bras. À la fin du XIVe siècle, le pourpoint, alors rehaussé d'un col, disparaît fréquemment sous le *jaque* de forme analogue et ceinturé aux hanches, la *houppelande* ou la *robe*.

Vers 1360, le surcot ajusté, concurrent du pourpoint, est supplanté par la houppelande, très à la mode jusque vers 1425. De lon-

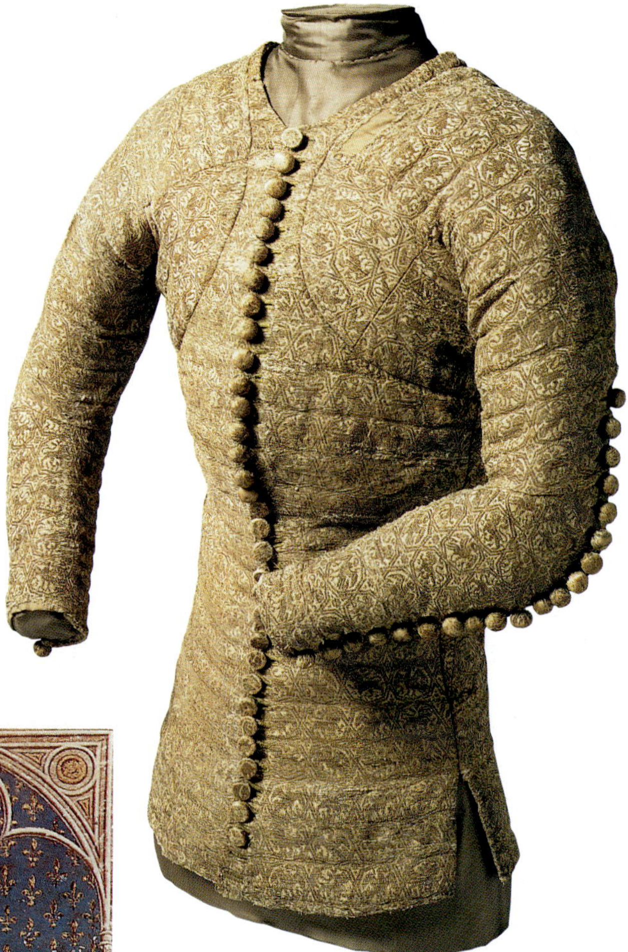

51. Pourpoint de Charles de Blois. France, milieu du XIVe siècle, pour l'étoffe, Sicile, XIVe siècle. Soie, lampas, fils d'or. Lyon, Musée historique des tissus.

Il s'agit d'un pourpoint à grandes assiettes, l'assiette étant l'emmanchure. La mode est aux vêtements ajustés et toute démarcation à l'épaule est proscrite : l'emmanchure est alors élargie de façon à permettre le mouvement tout en laissant la manche mouler le bras. Ce pourpoint, assemblage de trente-deux pièces, est fermé par trente-deux boutons. Il atteste le savoir-faire des tailleurs au XIVe siècle.

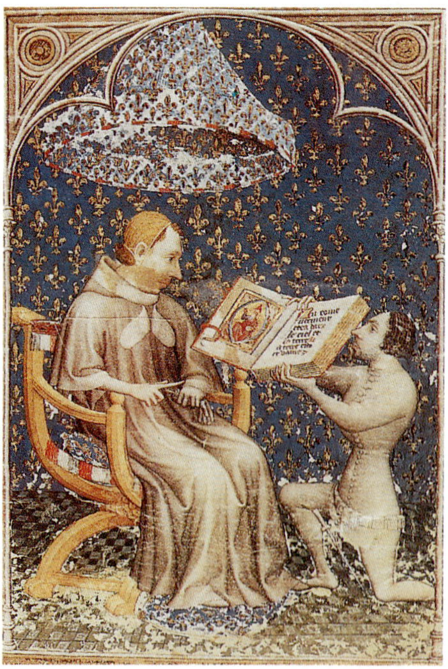

52. *Bible historiale* : Jean de Vaudetar offrant son œuvre au roi Charles V, Paris, 1371. La Haye, Rijksmuseum Meermanno-Westreenianum.

Jean de Vaudetar est vêtu d'un pourpoint à la mode, ajusté et ceinturé, très proche de celui de Charles de Blois. Le roi porte l'habit de maître des arts de l'université de Paris et est coiffé d'un bonnet d'étoffe transparente.

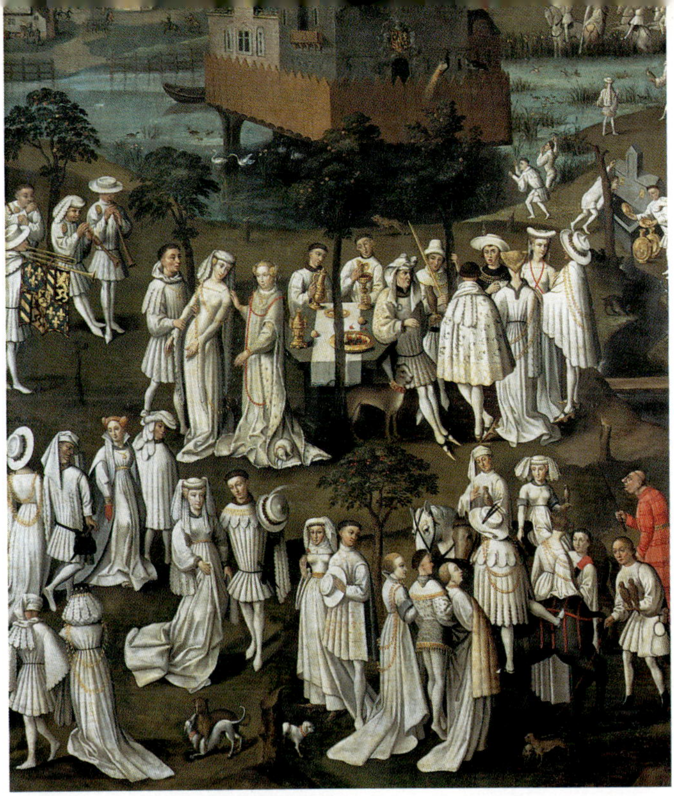

53. École française,
La Chasse au vol à la cour de Philippe le Bon,
v. le milieu du XVe siècle.
Versailles,
musée national du Château.

Tous les personnages de cette scène sont vêtus de blanc, ce qui laisse penser qu'il s'agit là d'une réunion princière en tenue déguisée. Un manteau, des manches et certains chaperons sont terminés par des découpes dentelées à la façon d'Allemagne, deux dames ont un décolleté carré, trait de mode italien apparu vers 1450. Ces emprunts témoignent de l'élaboration de modes étrangères et contribuent à la création d'un costume bourguignon original.

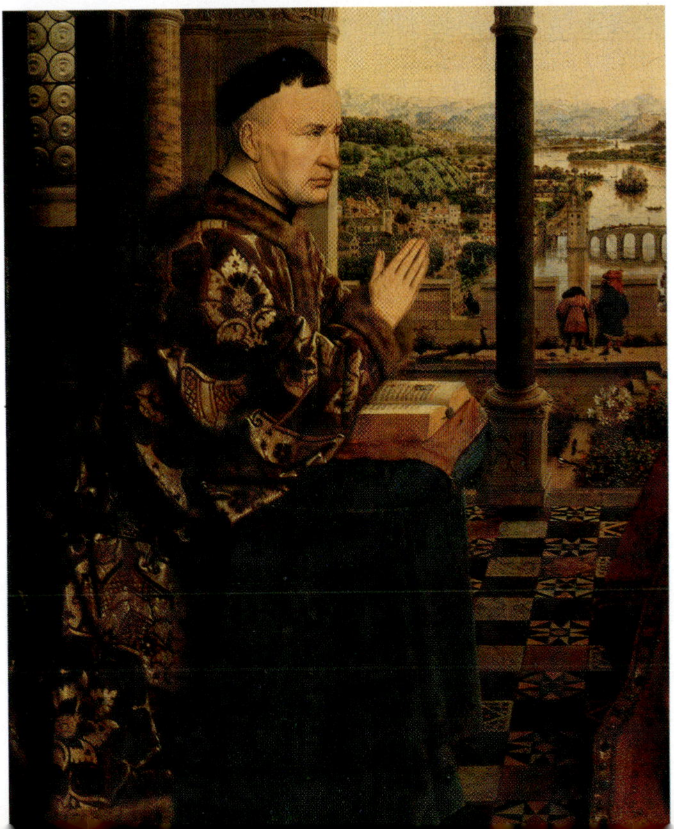

54. Jan Van Eyck,
La Madone au chancelier Rolin (détail), v. 1430.
Paris, musée du Louvre.

Le chancelier porte une robe d'apparat en velours coupé italien, sans doute vénitien, et fourrée. La forme ample de cette robe, ses larges manches closes, son tissu étranger particulièrement coûteux révèlent qu'il s'agit d'un très grand seigneur dont la fortune et le rang autorisent la possession d'un tel habit.

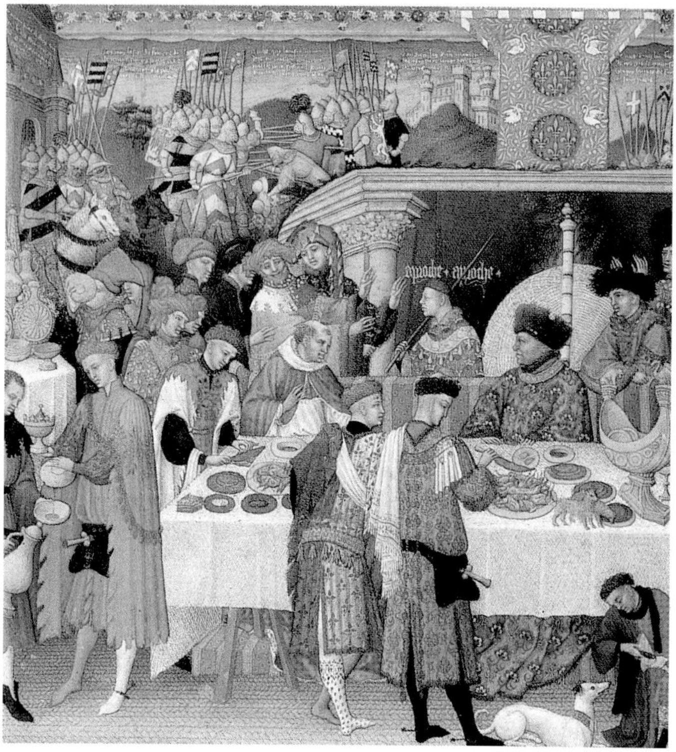

55. Les frères Limbourg, *Les Très Riches Heures du duc de Berry*, le mois de janvier, Paris, 1413-1416. Chantilly, musée Condé.

Robes à chevaucher en drap ou velours, fourrées ou ornées de découpures, sur des pourpoints aux manches ballonnées et des chausses semellées mi-parties, broderies d'or, longs colliers et ceintures d'orfèvrerie d'où pendent affiquets et clochettes, chaperons entortillés et chapeaux de fourrure témoignent du raffinement du luxe vestimentaire recherché dans les cours princières.

gueur variée et de forme évasée, celle-ci est ouverte jusqu'à la taille. Son ampleur resserrée par une ceinture forme des plis ronds – en tuyaux d'orgue – à la disposition régulière. Ses manches sont larges et évasées et elle est terminée par un haut col souvent réchauffé de fourrure. Vers 1410-1420, la robe (ill. 54) – terme ne désignant alors plus que le vêtement de dessus – lui succède. De coupe similaire, elle varie suivant les longueurs, les formes de manche, les combinaisons de plis, les types d'encolure et la qualité des matériaux employés. Les *robes déguisées* (ill. 53), vêtements d'apparat liés à des cérémonies festives, se distinguent des robes d'usage courant dites *de commune et ancienne guise*. La vogue de la manche ouverte et évasée dure jusqu'au début du XVe siècle où la supplante, sans l'évincer complètement, celle de la manche close, parfois en forme de sac ballonné suivant le goût allemand. La manche *pertuisée*, fantaisie à la mode, est percée d'une fente ou *pertuis* au niveau de la saignée qui laisse sortir le bras. Entre 1440 et 1460-1470, les épaules s'élargissent, soutenues par des rembourrages sphériques ou *mahoîtres*. Cette silhouette nouvelle, épaulée, met en valeur l'étroitesse de la taille et la minceur des jambes. Les robes à chevaucher (ill. 55) sont nécessairement fendues devant et derrière. La *huque*, portée sur le pourpoint, l'armure ou la robe, est un vêtement sans manches, souvent bordé de fourrures ou de découpures.

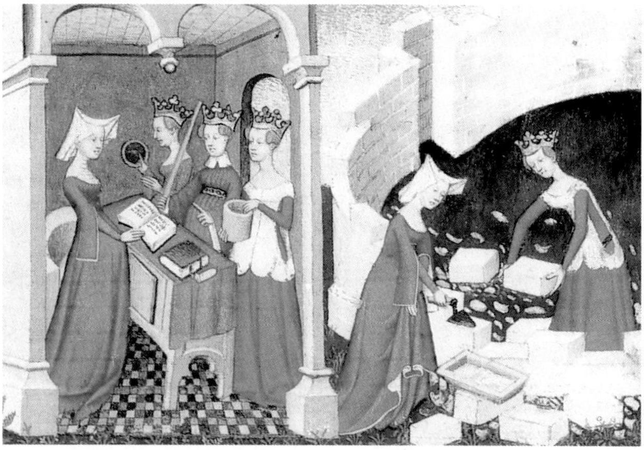

Avec l'apparition de la houppelande et des robes en drap, le port du manteau est moins fréquent. Celui du roi et des dignitaires, toujours dérivé de la chlamyde antique, est agrafé sur l'épaule et agrémenté d'un collet d'hermine. Les voyageurs portent une cloche en forme de chasuble.

56. Maître de la Cité des Dames, *La Cité des Dames* : apparition de Raison, Droiture et Justice à Christine de Pisan, v. 1410-1412. Paris, Bibliothèque nationale.

Surcots ouverts, houppelande ceinturée et robes ajustées ici aux manches largement ouvertes sont les trois formes principales du costume féminin au début du XVe siècle.

L'évolution du costume féminin est moins spectaculaire que celle du costume masculin mais suit la même tendance : allongement de la silhouette, et goût du précieux et du pittoresque. La chemise décolletée, les chausses courtes, parfois complétées d'un bandeau de soutien pour la gorge, constituent les vêtements de dessous. Un corset, robe longue ouverte par une fente lacée devant (ill. 57), aux manches courtes sur celles de la chemise, peut se porter en vêtement de dessus ou à la place de la cotte.

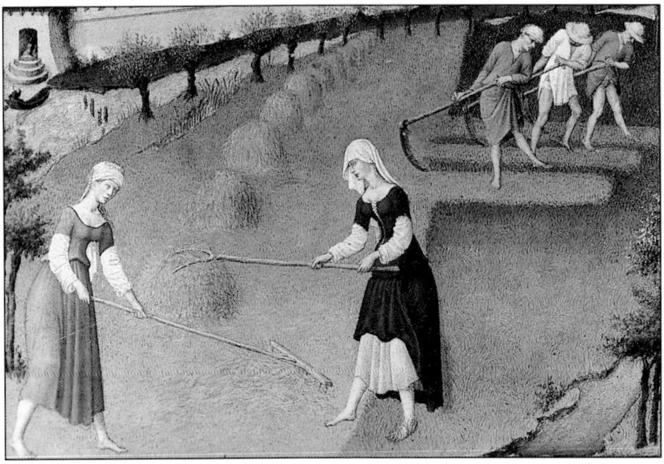

57. Les frères Limbourg, *Les Très Riches Heures du duc de Berry* (détail), le mois de novembre, Paris, 1413-1416. Chantilly, musée Condé.

Ces jeunes paysannes sont vêtues de corsets lacés sur une chemise.

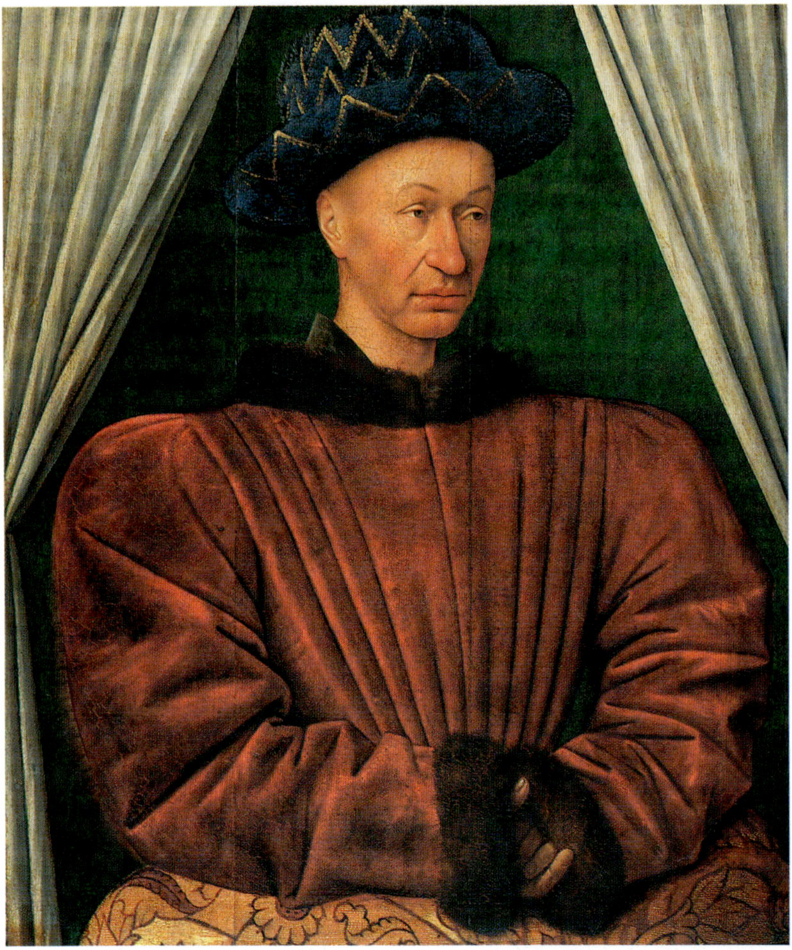

58. Jean Fouquet, *Portrait de Charles VII*, v. 1444. Paris, musée du Louvre.

Le roi est vêtu d'une robe en velours coupé, fourrée, aux larges manches soutenues aux épaules par des mahoîtres. L'ampleur de la robe est visible aux six plis ronds qui épaississent le corsage. Son chapeau à bords ronds est rehaussé de galons d'or.

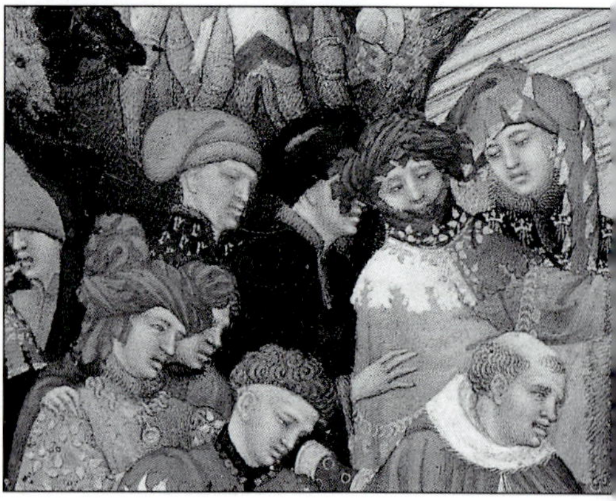

59. Les frères Limbourg, *Les Très Riches Heures du duc de Berry* (détail), le mois de janvier, Paris, 1413-1416. Chantilly, musée Condé.

Ces chaperons façonnés sont ornés de découpures à la façon d'Allemagne.

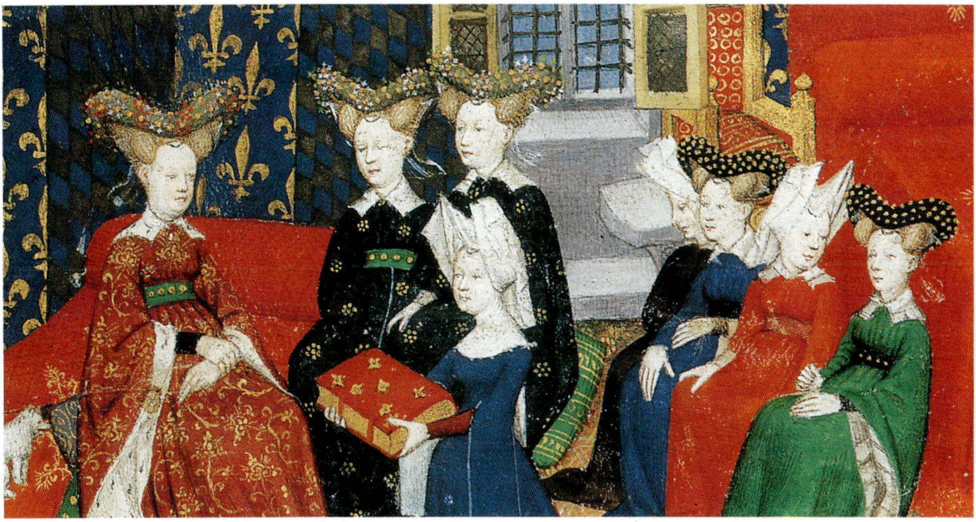

60. Maître de la Cité des Dames, *La Cité des Dames*, Christine de Pisan offre son livre à la reine Isabeau de Bavière (détail), v. 1410-1412. Londres, British Library.

Ces coiffures à cornes déclenchèrent le courroux des prédicateurs. Les cheveux massés et relevés de chaque côté des tempes supportent un bourrelet constellé de perles qui accentue leur forme. Des couvre-chefs de voile blanc enserrent certaines coiffures.

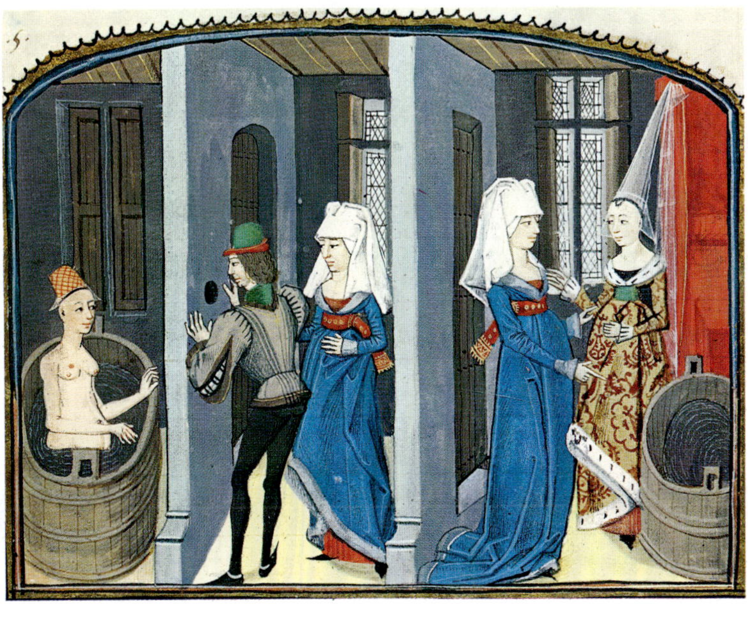

61. *Roman de la Violette*, milieu du xve siècle. Paris, Bibliothèque nationale.

Les femmes portent des robes à traîne au décolleté garni du tassel. Elles sont coiffées du hennin ou d'un couvre-chef drapé à l'arrière de la tête. Les pourpoints des hommes, à nouveau apparents, sont très courts sur les chausses et leurs épaules sont rembourrées de mahoîtres. Certaines manches sont pertuisées. Draps et velours italiens contribuent à ce déploiement de faste vestimentaire particulièrement poussé à la cour bourguignonne.

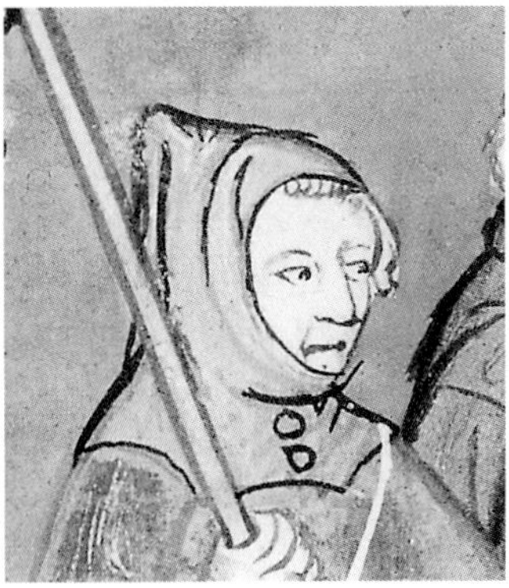

62. *Le Livre du roi Modus et de la reine Ratio*, 1379. Paris, Bibliothèque nationale.

La visagière du chaperon à enformer épouse le visage et le guleron dissimule le haut du cou. Le départ de la cornette se laisse deviner à l'arrière du capuchon.

Les formes vestimentaires prolongées par une traîne étirent la silhouette tout en accentuant sa féminité, épaules menues, seins ronds et ventre bombé. Le surcot ouvert reste très en vogue. Son corsage aux emmanchures de plus en plus échancrées finit par former deux bandes centrales qui laissent voir la cotte ajustée par des laçages et ceinturée sur les hanches. Il est souvent bordé de fourrure blanche, rehaussé par des boutons ou des fermaux décoratifs. Une autre forme de robe, très ajustée, au nouveau décolleté large et arrondi, souligne la cambrure de la taille et la rondeur du ventre, parfois accentuée par de petits sacs postiches. Ses manches, étroites vers 1370, prennent ensuite de l'importance, s'évasent, se prolongent en manchettes ou se ferment et se gonflent jusqu'à former un sac pertuisé. Au début du XVe siècle, les femmes revêtent également des houppelandes très longues, à haut col, boutonnées jusqu'à la ceinture placée très haut. Au cours du XVe siècle, le décolleté des robes s'accentue et devient pointu. Il est alors voilé par une bande de tissu, souvent noir, le *tassel*. Une ceinture, placée sous les seins, fait la taille haute. À la fin du XVe siècle, la robe a supplanté les autres types de vêtement de dessus sauf le surcot ouvert, encore usité pour les cérémonies. La ligne tend à se simplifier sous l'influence italienne : décolleté carré, taille qui retrouve sa place, plis fluidifiés, manches droites et amples en une ou deux parties reliées au coude par des aiguillettes (ill. 56).

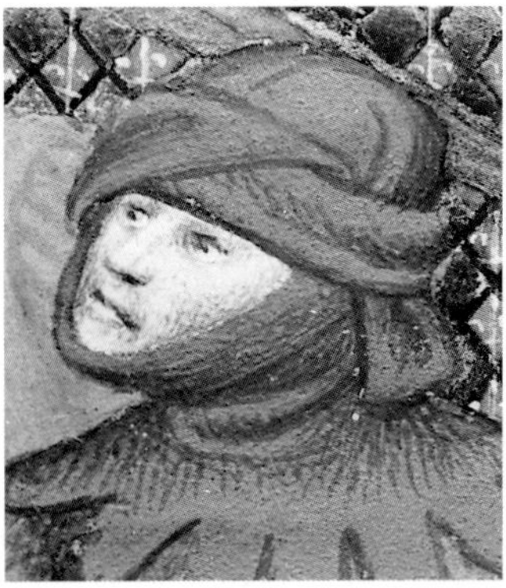

63. Boccace de Jean sans Peur, v. 1410. Paris, bibliothèque de l'Arsenal.

La cornette de ce chaperon à enformer est enroulée en turban autour de la visagière.

Après avoir porté des cheveux longs et bouclés et une barbe pointue au XIVe siècle, l'homme retrouve au siècle suivant un visage glabre et une coiffure courte en calotte qui s'allonge et se gonfle à la fin de la période. Le couvre-chef caractéristique du bas Moyen Âge, le *chaperon*, est constitué d'une pèlerine courte, le *guleron*, d'un capuchon à visagière et d'une longue bande cousue, la *cornette* (ill. 62). Le chaperon dit *à enformer* se dispose autour de la tête, la visagière rabattue et le guleron flottant ou en tour de cou (ill. 63). Le chaperon *façonné* du XVe siècle, déjà mis en forme, s'apparente à un chapeau (ill. 59). Un bourrelet lisse ou entortillé d'un biais d'étoffe entoure souvent la visagière. Le guleron se drape alors sur la nuque, tombe sur le côté du visage ou encore se dispose en une crête plus ou moins plissée et haute. Le chapeau est très à la mode et il en existe diverses formes à calottes plus ou moins hautes, hémisphériques, évasées, en forme de ballon, à bec ou tronconiques en particulier à la fin du XVe siècle. Tous ces chapeaux sont en feutre, le plus souvent de castor, ou en paille et souvent doublés ou fourrés (ill. 58).

Une grande fantaisie se déploie dans la coiffure féminine, souvent vilipendée par les chroniqueurs et les prédicateurs. Les femmes ont les cheveux nattés ou massés au niveau des tempes. À la fin du XIVe siècle, ils prennent du volume et dégagent un front haut et bombé. Les cornes de la chevelure peuvent être emprisonnées dans une résille perlée et couverte d'un voile, ou surmontées d'un bourrelet qui épouse leur forme. Un voile de toile fine ou *couvre-chef* se fixe alors au bourrelet et retombe sur les épaules (ill. 60). Cette coiffure à cornes reste en vogue de la fin du XIVe siècle jusque vers 1470. Le *hennin* (ill. 61), apparu vers 1450, consiste en une coiffe en forme de long cornet agrémentée d'un voile fixé à son extrémité ou disposé en plis soutenus par des fils d'archal.

Les chaussures sont plates. Pointues au XIVe siècle, elles s'arrondissent au début du XVe siècle pour s'allonger à nouveau vers 1420-1430 et prendre alors le nom de *poulaines*. Vers 1460, elles sont parfois si effilées que leur pointe doit être baleinée. À la fin du XVe siècle, le bout large et épaté revient à la mode, et il se généralise au siècle suivant. Les souliers d'homme sont à tige plus ou moins montante, ceux des femmes seulement couvrants. Fendus, ils se ferment tous par boucle ou par laçage. Les chausses à semelles sont d'un usage fréquent, associées à des patins de bois effilés.

La ceinture est un accessoire essentiel qui caractérise les toilettes de cette période. De cuir ou de tissu de soie, orfévrée, rehaussée de ferrures ou constituée de plaques de métal ciselées ou émaillées, elle supporte souvent une bourse de cuir, d'étoffe ou de tricot. Le gant est également indispensable à toute tenue élégante.

Les bijoux sont d'une grande importance et reflètent le goût du somptueux et du coloré de la période. Fermaux, colliers et chaînes, bagues, pendants d'oreille et patenôtres, ancêtres du chapelet, sont réalisés en or ou en argent. L'émail, en particulier blanc, rehaussé de pierreries et de perles fines, appliqué sur des reliefs ciselés crée des bijoux précieux et compliqués (ill. 64).

64. Broche, couple de mariés. Or, émail et perles. Pays-Bas, v. 1450. Vienne, Kunsthistorisches Museum.

Les figurines suivent la mode contemporaine. L'ensemble est à la fois précieux et coloré.

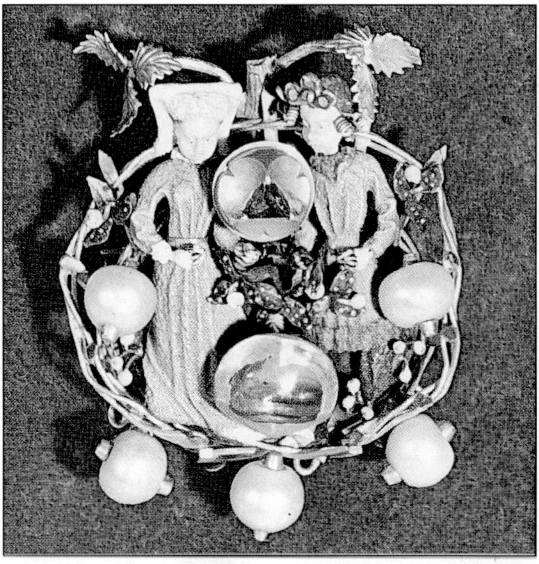

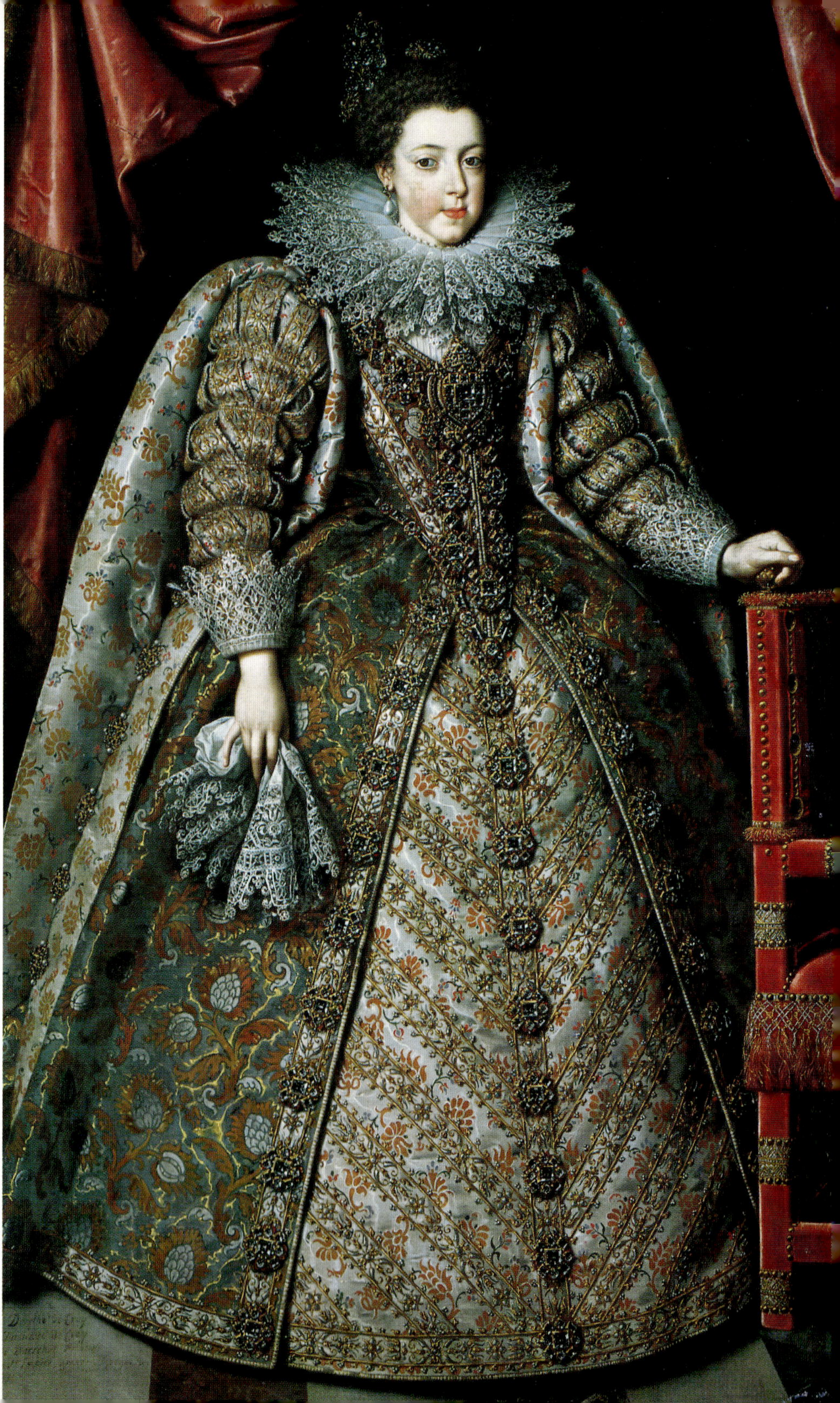

LA RENAISSANCE LE STYLE LOUIS XIII

65. Frans Pourbus II, *Élisabeth de France*, 1615. Valenciennes, musée des Beaux-Arts.

La prédominance politique de Charles Quint (1516-1556) et le prestige de la cour d'Espagne expliquent l'influence étonnante du costume espagnol sur les modes occidentales durant tout le XVIe siècle et jusque dans les années 1615-1620. La silhouette féminine, rigidifiée par le corps et le vertugadin, est encore alourdie par une fraise à deux rangs maintenue par une armature de fil de fer et de longues manches pendantes, d'où sortent d'autres manches non moins volumineuses. La richesse de l'étoffe, peut-être d'origine italienne, l'abondance des joyaux, la préciosité des dentelles composent un portrait de très grand apparat qui fut peint l'année du mariage d'Élisabeth de France avec Philippe, prince des Asturies et futur roi d'Espagne.

On ne peut nier l'importance de l'influence de la Renaissance italienne dans l'histoire de l'art ; on sait qu'elle a précédé la Renaissance française de près d'un siècle. En ce qui concerne le costume, jamais peut-être l'influence de l'Italie n'a été aussi grande, et le costume du XVIe siècle en France est très visiblement inspiré des modes italiennes de la fin du XVe siècle. Lorsque les armées de Charles VIII et de Louis XII franchirent les Alpes, ce fut un étonnement émerveillé pour ces rudes guerriers du Moyen Âge de voir le luxe et la grâce des costumes italiens.

Sans doute, la France du XVe siècle connaissait le luxe des costumes ; mais elle ignorait le raffinement, la fantaisie dans le vêtement. Il manquait surtout cette liberté d'allure que le costume du XVe siècle donnait aux hommes en Italie, et aux femmes la magnificence et la somptuosité des riches étoffes et des bijoux italiens.

Il est de notoriété que Venise, à la fin du XVe siècle, donnait le ton dans toute l'Italie, et ce sont les modes vénitiennes qui ont inspiré celles de la France au début du XVIe siècle (ill. 66). Si on excepte les excès de la cour d'Henri III, les modes françaises sont en général d'un goût plus calme, d'une élégance plus sobre que les modes italiennes. À l'Italie, les Françaises empruntèrent plus d'un élément de costume ; cependant, le plus généralement, elles restèrent assez fidèles aux jupes traînantes, ainsi qu'aux tailles longues. François Ier succéda à Louis XII : sous ce roi jeune, galant, aimant le faste, une grande attention est donnée au côté plastique. Il faut être beau, ou du moins s'efforcer de le paraître ; le roi donne l'exemple, on l'imite. Sous l'influence de l'Italie et de l'Espagne, les tailleurs créeront des modes somptueuses : les déchiquetages, les taillades, les crevés feront fureur. Le pourpoint, de simple gilet, deviendra une pièce importante de l'habillement ; il sera tailladé, brodé, aura des manches plissées, il dessinera la taille. Le haut-de-chausses de soie sera recouvert jusqu'à mi-cuisse par un retroussis d'étoffe plissée, nommé *trousse,* couvert de larges bandes d'une couleur différente de celle du haut-de-chausses. Un riche manteau (*saie*, *chamarre*, *casaque*, *robe*) doublé d'une étoffe de soie tranchante, un chapeau plat à larges bords et à plumes, des souliers de velours à bouts arrondis avec des crevés, tel sera le costume en vogue.

Dans la première moitié du XVIe siècle, les premières dentelles (passement), les galons, passementeries, rubans, orneront le vêtement. L'usage du masque commun aux deux sexes facilitera les intrigues et les drames. Ce masque, ou loup de velours noir doublé de satin blanc, se ployait en deux et n'était pas attaché ; une simple tige de fil d'archal terminée par un bouton de verre s'introduisait dans la bouche et procurait l'avantage de changer le son de la voix.

Sous Henri II, le costume ne vit pas de changements importants ; cependant, c'est sous ce règne que parurent les premiers bas de soie et que commença la mode des fraises de toile empesées et plissées. Enfin, le règne de Charles IX voit le début de l'usage des culottes serrées aux genoux par un nœud de ruban.

Henri III créa le code de l'étiquette de cour ; la mode devint alors extravagante : le pourpoint, très collant, fut déformé par la *panse-du-devant*, sorte de bosse de polichinelle ; les *fraises,* dites *plateaux de saint Jean,* furent immenses.

Au temps du Béarnais Henri IV, le costume était représenté par les pièces suivantes : la trousse bouffante s'attachant à la veste et recouvrant le pantalon jusqu'à mi-cuisse ; le pourpoint à crevés se terminant par de petites manchettes de mousseline ou de dentelle plissée. Le règne du sombre Louis XIII apporta des modifications importantes à la forme du costume. Aux *fraises* succédèrent les *rabats*, les *collets* bordés de dentelles et les *cravates* qui s'introduisirent vers 1639. Le chapeau à grands bords et panaché ombragea la tête ; le pourpoint s'ouvrit sur la poitrine, laissant la chemise étaler sa finesse ; ses manches, tailladées et bouffantes jusqu'au coude, étroites à l'avant-bras, sont couvertes par des manchettes rabattues. Une écharpe, jetée en sautoir sur l'épaule droite, porte l'épée. Les hauts-de-chausses furent remplacés par une culotte flottante serrée au-dessus du genou par un *canon*, cercle ou jarretière d'étoffe. La *petite oie*, boucles de rubans superposées en triangle, apparut et remplaça la braguette qui était une sorte d'étui. On portait des bottes molles à ouverture évasée en forme d'entonnoir ornée de velours et de dentelles, armées de longs et bruyants éperons.

Le costume du bourgeois ne différait de celui de la noblesse que par le choix des étoffes et par leur simplicité. Les bourgeois ne pouvaient porter ni galons, ni plumets, ni bottes, ni éperons, et leur pourpoint était de couleur foncée sans crevés. Les manches étaient simplement ouvertes par-devant depuis l'épaule jusqu'au milieu de l'avant-bras. La vogue si grande de la dentelle dans les costumes Louis XIII fut la conséquence de l'interdiction de Richelieu de porter des « passements milanais ». Le costume féminin sous Louis XIII est du meilleur goût ; on adopte en général des étoffes de tons neutres, et on renonce aux tissus chamarrés.

Les influences de la Renaissance italienne

Le costume italien est d'une élégance très raffinée au XVe siècle et au début du XVIe siècle. Le pourpoint (ill. 66) a ses manches (souvent amovibles) tailladées ou bien fendues de haut en bas laissant

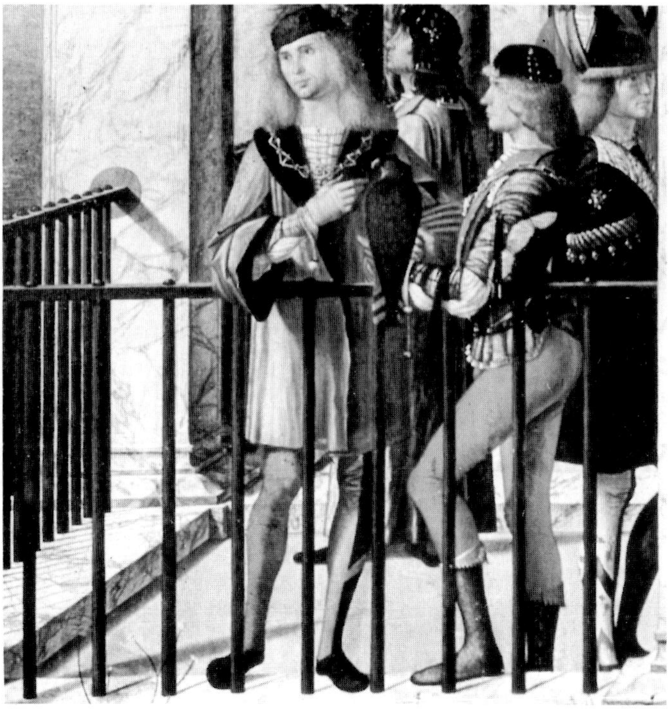

66. Vittore Carpaccio, *Histoire de sainte Ursule, l'arrivée des ambassadeurs* (détail), 1490-1496. Venise, Académie.

Le vêtement masculin est désormais constitué de deux parties : chausses très moulantes et pourpoint ajusté qui dessinent une silhouette élancée. Ce dernier, ouvert sur la poitrine et à l'arrière des bras par de larges fentes lacées, dévoile largement la chemise. Chaînes de cou, gants alourdis de perles, petites toques ornées de broches ou de plumes et bottes souples à revers contribuent au raffinement des tenues.

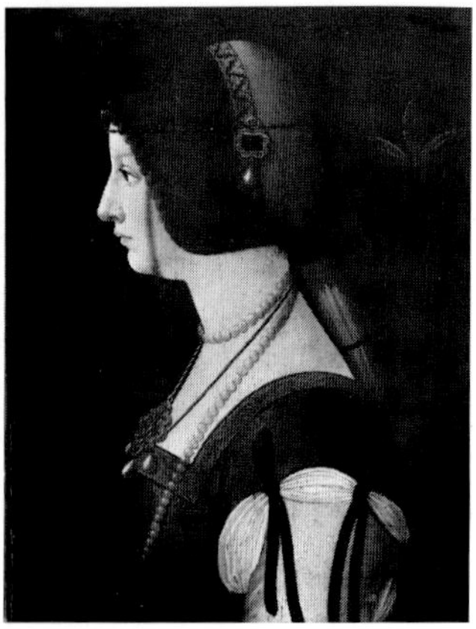

67. Ambrogio da Predis, *Bianca Maria Sforza*, v. 1490. Paris, musée du Louvre.

voir la chemise ; des lacets retiennent les bords. Cette mode, qui commença vers 1450 en Italie, durera en France jusqu'au milieu du XVIIIe siècle. Le pourpoint, souvent ouvert en forme de V, est lacé de haut en bas. Sur ce pourpoint, on portait divers surtouts : le *justaucorps*, largement décolleté, la *saie* munie de larges manches, la robe devenue un manteau à collet, la *casaque à manches* fendues parfois boutonnées. Les *chausses* sont fréquemment *parties*, c'est-à-dire chacune d'une couleur différente.

La coiffure consiste en une petite toque ornée de plumes ou du *berrettino*, petit bonnet à revers. Le bonnet ducal (*corno*) réservé aux doges de Venise se pose toujours sur une coiffe.

Le costume féminin est un assemblage de toile d'or et de point de Venise, d'épais velours et de ganse d'or. Les perles, répandues à profusion, bordent les corsages, forment des doubles et triples colliers ou maintiennent la chevelure. Pour certains costumes de cour, un effet des plus heureux s'obtenait en les employant en rayons concentriques transformant les manches en ailes de papillon.

En général, les manches n'étaient pas attenantes mais s'attachaient aux épaules des robes par des *aiguillettes* (ill. 67), cordons terminés par une fermeture métallique, le *ferret*, ce qui facilitait l'introduction du lacet dans les œillets. La forme des manches, très variée, présentait parfois une sorte de *brassard* enserrant assez haut l'avant-bras, et s'arrêtant au coude pour laisser bouffer la manche de chemise. Souvent elles sont à *crevés* (ill. 68), c'est-à-dire avec des ouvertures verticales ou horizontales par lesquelles s'échappe la chemise.

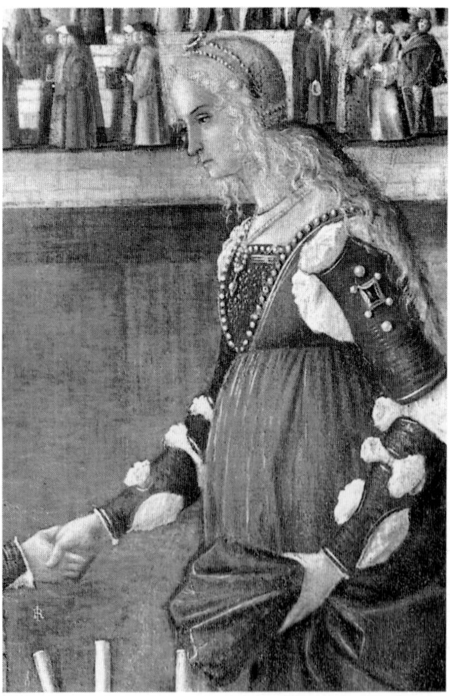

68. Vittore Carpaccio, *Histoire de sainte Ursule, la rencontre des fiancés* (détail), 1490-1496. Venise, Académie.

Colliers de perles et pendentifs ornent les décolletés carrés et les chevelures.

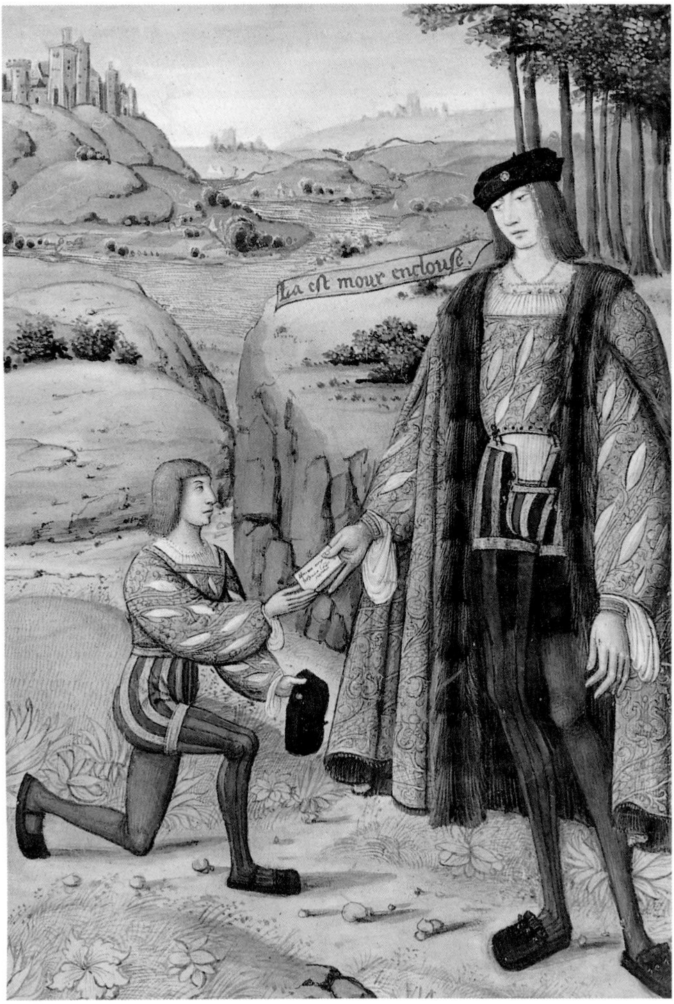

69. *Épître d'Ovide*, fin du XVe siècle. Paris, Bibliothèque nationale.

Le raccourcissement du pourpoint entraîne la division des chausses en deux éléments, bas-de-chausses collant, ici mi-partie, et haut-de-chausses ou culotte à pont reliés au pourpoint par des aiguillettes. La chemise est mise en évidence : ample et finement plissée, elle bouffe au poignet. La richesse des matières, le manteau lourdement façonné garni de fourrure et les coiffures flottantes témoignent d'une vive influence italienne.

LE COSTUME SOUS LOUIS XII (1498-1515)

À l'avènement de Louis XII, le costume s'inspire des modes de la Renaissance italienne. Les hommes portent les chausses collantes. La grande innovation fut celle des *hauts-de-chausses*, sorte de petit caleçon collant venant recouvrir la partie supérieure des chausses et s'attachant au bord du pourpoint par des aiguillettes (ill. 69). Ce haut-de-chausses se fermait par un pan mobile, la *braguette* ou *brayette*. Les chausses étaient *parties* ou *écartelées*, c'est-à-dire *parties* avec couleurs alternées dans le sens vertical et horizontal. Les chaussures (*escafignons*) furent coupées carrément au bout du pied et le bout renflé. Les manteaux présentaient deux principales formes : l'une flottante, très ouverte et venant au-dessous du genou ; l'autre longue, décolletée en pointe avec revers de fourrure. Pour cette dernière, les manches fendues au milieu pour passer le bras laissent pendre les extrémités.

Vers 1500, les crevés ne sont plus réservés uniquement aux manches, mais se placent à différents endroits du vêtement. On constate dans le costume féminin deux courants différents : celui des modes italiennes, et celui de la tradition française. Ce dernier est favorisé par Anne de Bretagne qui s'oppose fortement à l'influence italienne. Les *robes à l'italienne* ont des manches à *brassards* composées de deux parties : la *manchette* (couvrant l'avant-bras) et le *mancheron* (partant de l'épaule) reliées par des aiguillettes comme en Italie. La *robe à la française* a de larges manches souvent à parements de fourrure (ill. 70) ; quant aux jupes, elles sont si étoffées et traînantes devant et derrière qu'on les relève par un crochet, le *troussoir*. Les princesses de la suite d'Anne de Bretagne vêtues à la mode française portent encore, comme au XVe siècle, le surcot ouvert avec plastron et bordure d'hermine. La coiffure d'Anne de Bretagne consiste en un chaperon de satin noir tombant sur la nuque et posé sur un béguin de soie blanche.

70. Jean Bourdichon, *Les Quatre états de la vie de l'homme, la bourgeoisie*.
Paris, bibliothèque de l'École des beaux-arts.

La robe française est de forme simple et équilibrée : modeste décolleté carré sur une chemise fine, manche arrêtée à mi-bras, taille soulignée par une chaîne légère ou une ceinture perlée.

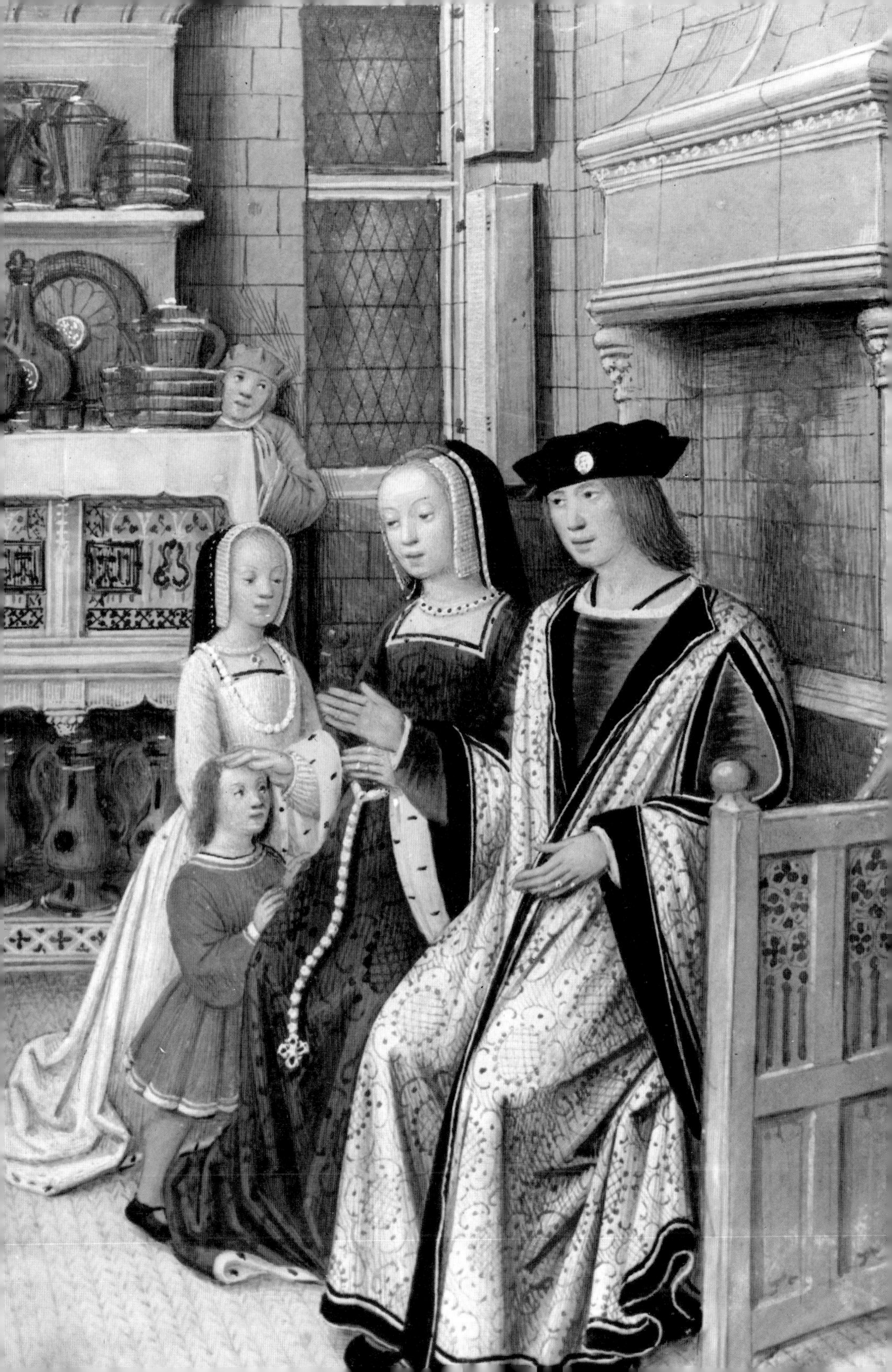

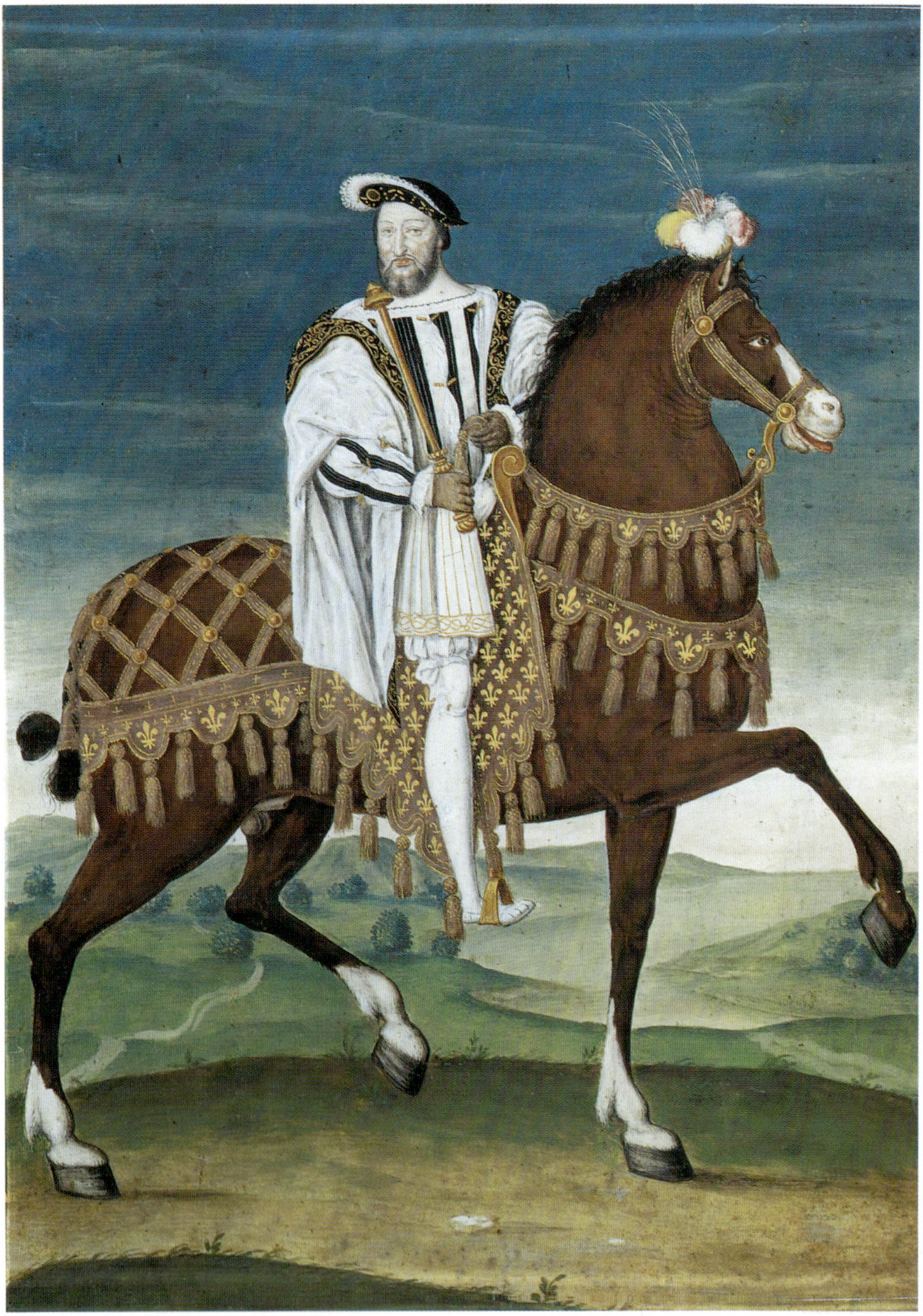

L'ÉPOQUE FRANÇOIS Ier ET LE XVIe SIÈCLE

Avec le nouveau roi (ill. 71) se termine le temps de la féodalité, une véritable cour se constitue ; elle sera brillante à l'image des cours italiennes.

Le *pourpoint* décolleté laisse apparaître la chemise plissée ; c'est une véritable cuirasse, couverte d'appliques, de *crevés en ellipses* à travers lesquels passe une étoffe de couleur et tissu différents. Les manches de ce riche pourpoint sont tailladées et justes aux poignets. Le manteau court (ill. 72), ou *casaque*, a de courtes manches ouvertes ; elles sont bouffantes pour laisser voir les riches manches du pourpoint.

Les *hauts-de-chausses* sont également à crevés ; ils sont *parties*, c'est-à-dire chacun d'un dessin et d'une couleur différents ; on les dit « en tonnelets » lorsqu'ils moulent les cuisses jusqu'au genou. Les *bas-de-chausses* sont collants et *parties* ; ils se rattachent au vêtement de dessous par *deux jarretières*. La *braguette* est très proéminente, en forme d'étui et s'attache par deux liens (aiguillettes) ou deux agrafes. Le *pourpoint*, tantôt arrêté aux hanches et collant, s'allonge parfois, notamment en Angleterre, d'une jupe flottante à plis droits, ouverte devant et laissant paraître la braguette. Le pourpoint n'était en réalité qu'un riche gilet.

71. Anonyme, *François Ier à cheval*. Chantilly, musée Condé.

72. Anonyme, *Allégorie du mariage d'Henri d'Albret et de Marguerite d'Angoulême*. Paris, bibliothèque de l'Arsenal.

L'apparition de la vertugade

L'époque François Ier a joué un rôle très important dans l'histoire du costume féminin par l'adoption d'un accessoire de toilette qui, durant trois siècles, avec des variantes, sera une source d'inspiration : la *vertugade*. Elle créera la mode du *vertugadin*, des *paniers* et de la *crinoline*. La *vertugade* ou *vertugale*, plus tard *vertugadin*, était un jupon de gros canevas empesé recouvert d'un bas de jupe de taffetas épais et parfois cerclé d'un anneau d'osier dans le bas, ce qui élargissait la jupe dans sa partie inférieure. Sa forme était conique et elle s'attachait à la taille sur les pans de la basquine ; elle donnait au bas de la robe la forme cloche. Cette mode si peu pratique durera plus de cent ans.

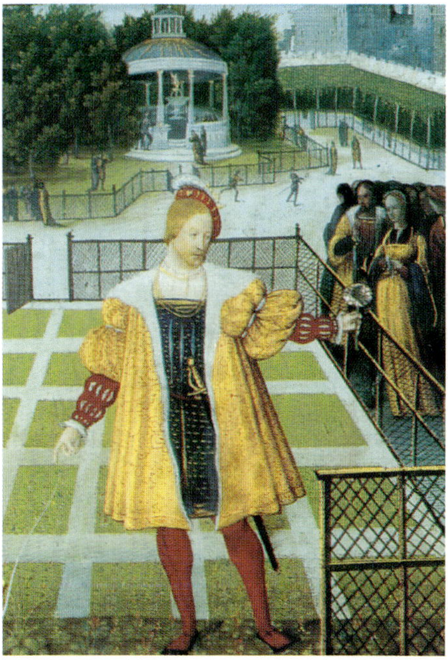

La robe, largement décolletée en carré, s'ouvrait en triangle sur le devant pour laisser voir la

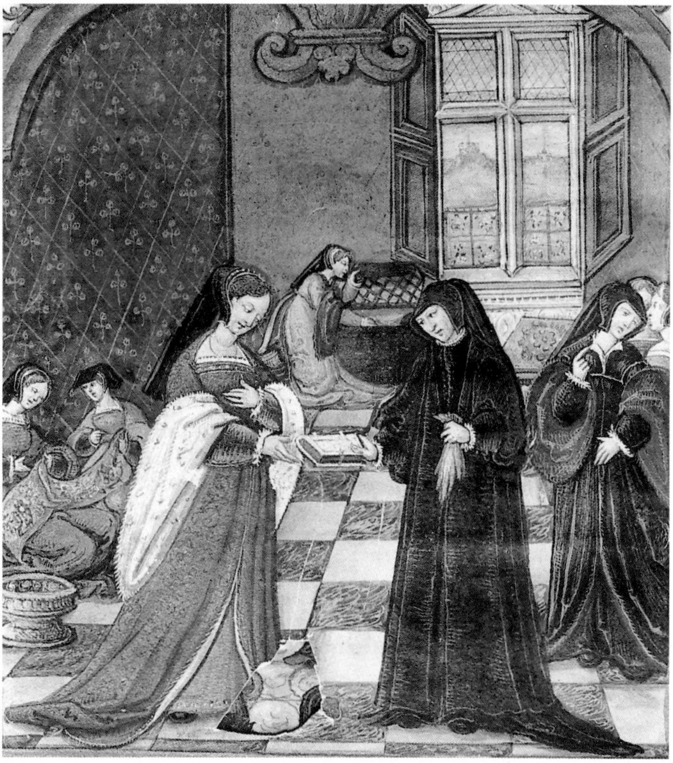

73. Anonyme, *Marguerite d'Angoulême offrant le « Coche d'amour » à la duchesse d'Étampes*, 1540. Chantilly, musée Condé.

La robe de dessus aux larges manches à revers de fourrure est relevée en une échancrure triangulaire qui laisse apparaître la jupe de dessous.
Cette conception de la robe ouverte sous-tendra l'évolution des formes féminines jusque dans le quatrième quart du XVIIIe siècle.
Marguerite d'Angoulême est en habit de veuve.

cotte ; on recouvrait ses manches énormes, démesurément ouvertes, par de la fourrure (ill. 73).

Les manches de la cotte, *tailladées* depuis le poignet jusqu'à l'épaule, consistaient en une série de lanières entre lesquelles bouffait la manche de chemise, et ces bandes étaient rattachées entre elles à intervalles égaux. Les manches, justes aux poignets, étaient garnies de manchettes fraisées. Les manches tailladées ne furent point une règle absolue : témoin la statue d'Antoinette de Fontette, au musée de Dijon, qui porte des manches unies. Le second grand élément nouveau du costume fut la *basquine* ou *vasquine*, corsage ou buste sans manches, piqué, rembourré, décolleté, lacé très serré à la taille, parfois baleiné en attendant l'armature d'acier qu'il aura plus tard. Il fut l'ancêtre du corset qui fit tant souffrir, mais qu'on abandonna difficilement. Ajoutez à ce fond de costume les patenôtres et pendants de ceinture, anneaux, jaserans, carcans ou colliers de pierres fines.

Pour les chaussures, on maintint la mode des souliers d'étoffe de soie, principalement de satin, de large encolure, et ne contribuant pas, il faut en convenir, à l'élégance du pied. Quelques dames préféraient les souliers avec crevés.

Bonnets et chapeaux

La mode, pendant la première moitié du XVIe siècle, fut au port du *chapeau de feutre à fond plat* ; il était souvent orné d'une plume blanche qui en faisait le tour et retombait en formant panache sur le côté. Ce chapeau se confectionnait en feutre ras ou velu, en velours, satin ou taffetas ; le fond en était tout à fait plat ; tel était le chapeau élégant. Pour l'usage commun, on employait ordinairement le *bonnet de velours* ou de drap *à bords relevés* (ill. 76). La partie antérieure de ce *bonnet* ou *barrette* interrompue permettait de réunir les deux extrémités des bords relevés par des rubans ou des cordons. On pouvait ainsi, en cas de mauvais temps, baisser les bords et protéger la nuque. On portait également le *béret*, bonnet rond et plat, fait de feutre, drap ou velours.

On faisait pour l'été des chapeaux en paille (estrain), en jonc, en écorce de tilleul, appelée *til*. À la fin du XVe siècle, l'usage des chapeaux de paille se répandit et leurs formes furent très variées ; leurs bords se relevaient, non sur les côtés, mais devant et derrière ; les uns ont la forme de nos chapeaux melons, les autres ont le fond plat, d'autres sont à petite pointe.

Les chapeaux de til, ou écorce blanche de tilleul, continuent leur vogue au XVIe siècle ; ils se doublent de satin ou taffetas orné de franges et passementerie.

Toutes ces coiffures s'ornent de plumail de paon ou d'autruche véritable ou d'imitation en laine ; la couleur préférée fut le blanc. On frisait ces plumes ; on givrait leurs barbes de clinquant ; on y entremêlait des paillettes et des branlants et l'on fixait la tige dans un chaton.

Pour maintenir le bord relevé du bonnet ou de la barrette, outre le cordon, on se servait de l'*affiquet*, petite broche s'épinglant sur la coiffure. Enfin on y plaçait des *enseignes* de caractère religieux ou profane.

Dès le début du XVIe siècle, les femmes commencent à montrer leurs cheveux qui forment deux bandeaux ondulés et un chignon souvent haut. Une des coiffures les plus en vogue est celle de Claude de France, première femme de François Ier ; elle est un peu différente de la coiffure Louis XII et consiste en une *résille formant bonnet* et enrichie de perles (ill. 74) ; elle couvre le dessus de la tête et les oreilles et se termine en poche assez large. Le *bonnet-chaperon*

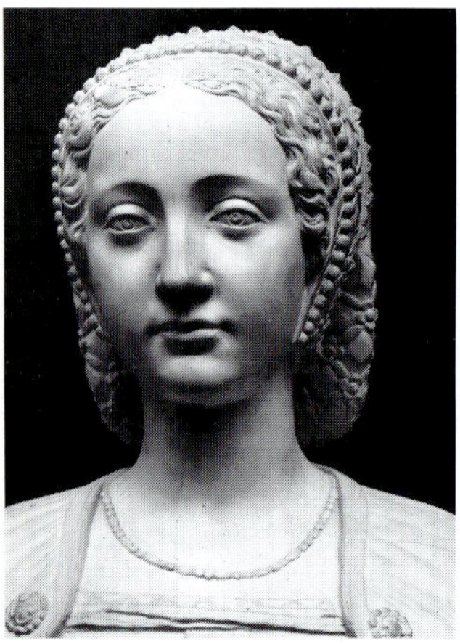

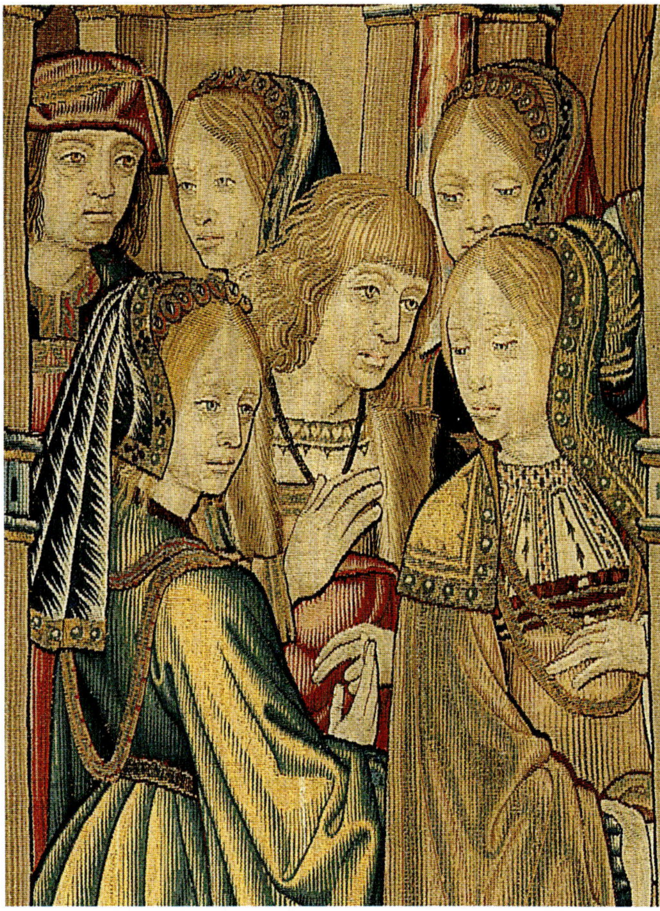

74. Charlotte de France,
fille de Claude
et de François Ier, marbre.
Saint-Denis,
basilique Saint-Denis.

était souvent encerclé d'un rang de perles et un large voile tombait sur les épaules. Le joli buste qui décore une maison de Riom est le témoin de l'influence italienne, toscane (tusque). On remarque sur le front un joyau, sorte de frontal très mince qu'on appelait la *ferronnière* et qui fut mis à la mode en France par la maîtresse de François Ier, connue sous le nom de la belle Ferronnière. On remarquera également les cheveux tressés tombant de chaque côté du visage : ces tresses passent à travers un bijou circulaire qui, tout en servant d'ornement, maintient droites les deux tresses sans leur donner la raideur des « templettes » des coiffures du XVe siècle. Enfin, de chaque côté du buste, la chevelure tombe en grosses mèches séparées par des rubans.

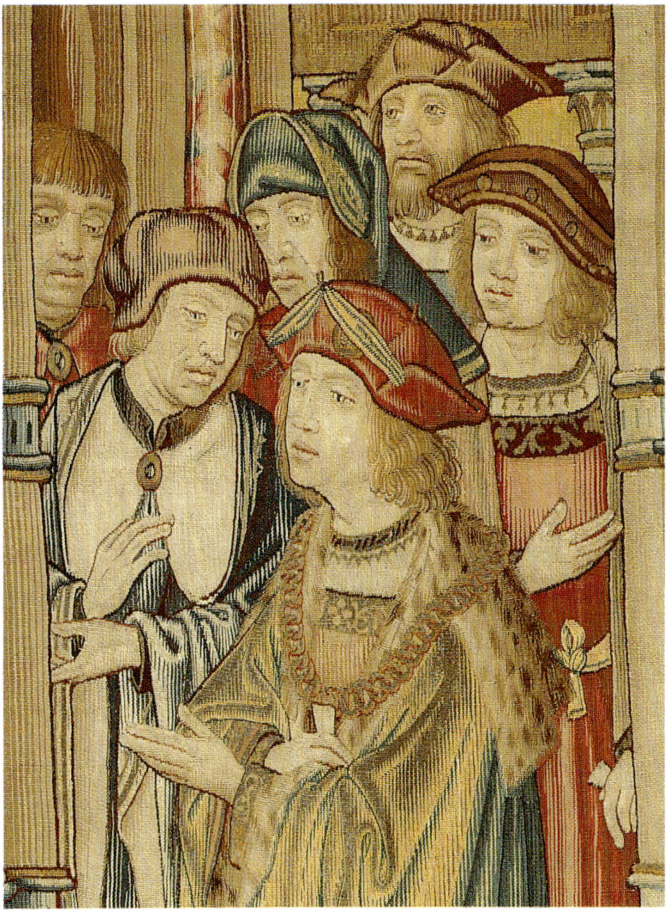

75-76. Tenture de l'*Histoire de David et Bethsabée* (détails), v. 1510-1515. Écouen, musée de la Renaissance.

Sur les cheveux partagés par une raie médiane, les femmes portent soit une résille perlée soit une coiffe retenue par un cercle orfévré et surmontée d'une coiffe qui épouse la forme de la tête ou tombe en plis. La coiffure masculine emprunte à l'Italie la toque aux bords relevés.

La mode des *résilles*, déjà en usage aux époques précédentes, tend à disparaître. Elles consistent en un filet entremêlé de perles ou bien en une calotte ronde de velours rouge treillagée de fil ou de ruban d'or et parsemée de perles ; un fleuron s'épanouissait au bord médian. On donnait à cette espèce de coiffure le nom de *coquille* ou *crespino*, si elle n'était qu'un simple filet.

LA SECONDE MOITIÉ DU XVIe SIÈCLE

Le costume sous Henri II (1547-1559)

L'austérité est le caractère principal du costume Henri II, surtout à la fin du règne de celui-ci ; plusieurs édits très sévères restreignirent le luxe des modes. Cette austérité, cet emploi du noir et des couleurs sombres sont en grande partie le résultat de l'influence protestante.

Le *pourpoint* n'est plus décolleté comme au règne précédent, mais il a, au contraire, un col montant que dépasse le col de la chemise. En outre, il descend en basques sur la partie supérieure des hauts-de-chausses qu'il cache en grande partie. À cet endroit, il est fendu le plus souvent au milieu, laissant apparaître une proéminente braguette. Les manches justes, serrées aux poignets, sont bouffantes en la partie supérieure. À la ceinture pendent escarcelle et épée. Les *hauts-de-chausses* sont plus courts que sous François Ier et forment une petite culotte bouffante qu'on rembourrait de crin. Les *chausses* sont collantes, les *bas* en tricot de laine ou de soie sont des nouveautés.

Parmi les principales innovations, il faut retenir la mode des *vêtements tracés*, c'est-à-dire décorés de lacets ou d'étroits galons de soie ou d'or formant des raies. On en trouve un exemple dans le costume d'Henri II qui est tracé d'or (ill. 77). L'usage des poches dans les trousses (hauts-de-chausses) date de la fin du règne. Enfin les premières *collerettes* plissées, godronnées, en linge apprêté, font leur apparition.

Comme *surtouts*, nous retrouvons *casaque* et *casaquin*, mais principalement la *cape*, petit manteau tracé sur les bords et à col rabattu sur les épaules. Sur le pourpoint on portait aussi la *saie* ou *sayon* sans manches, tracé et muni de basques appelées *bas de saie*. À signaler la modification de la chaussure qui abandonne la forme dite *pied d'ours* pour adopter celle du pied lui-même ; elle sera toujours tailladée. Une autre mode sera celle de la *babouche* ne couvrant que l'extrémité des orteils.

77. Atelier de François Clouet, *Henri II*, v. 1550.
Paris, musée du Louvre.

Sous l'influence espagnole, le costume français atteint un certain dépouillement et se rigidifie.
Cette évolution amorcée du temps de François Ier se développe sous Henri II.
Les chausses à braguette sont bouffantes et tailladées, le pourpoint accentue la largeur du buste qui semble serré dans une cuirasse.
La cape courte convient au port de l'épée, désormais associée au costume d'apparat.

Le règne de Charles IX (1560-1574)

Aucune modification importante ne se produisit dans le costume sous Charles IX, cependant le luxe allait croissant jusqu'à l'ordonnance de 1561 qui le restreignit.

Le *pourpoint* avait un col haut et « avalé » par-devant (ill. 78). Le col et les devants étaient souvent doublés d'hermine, de même

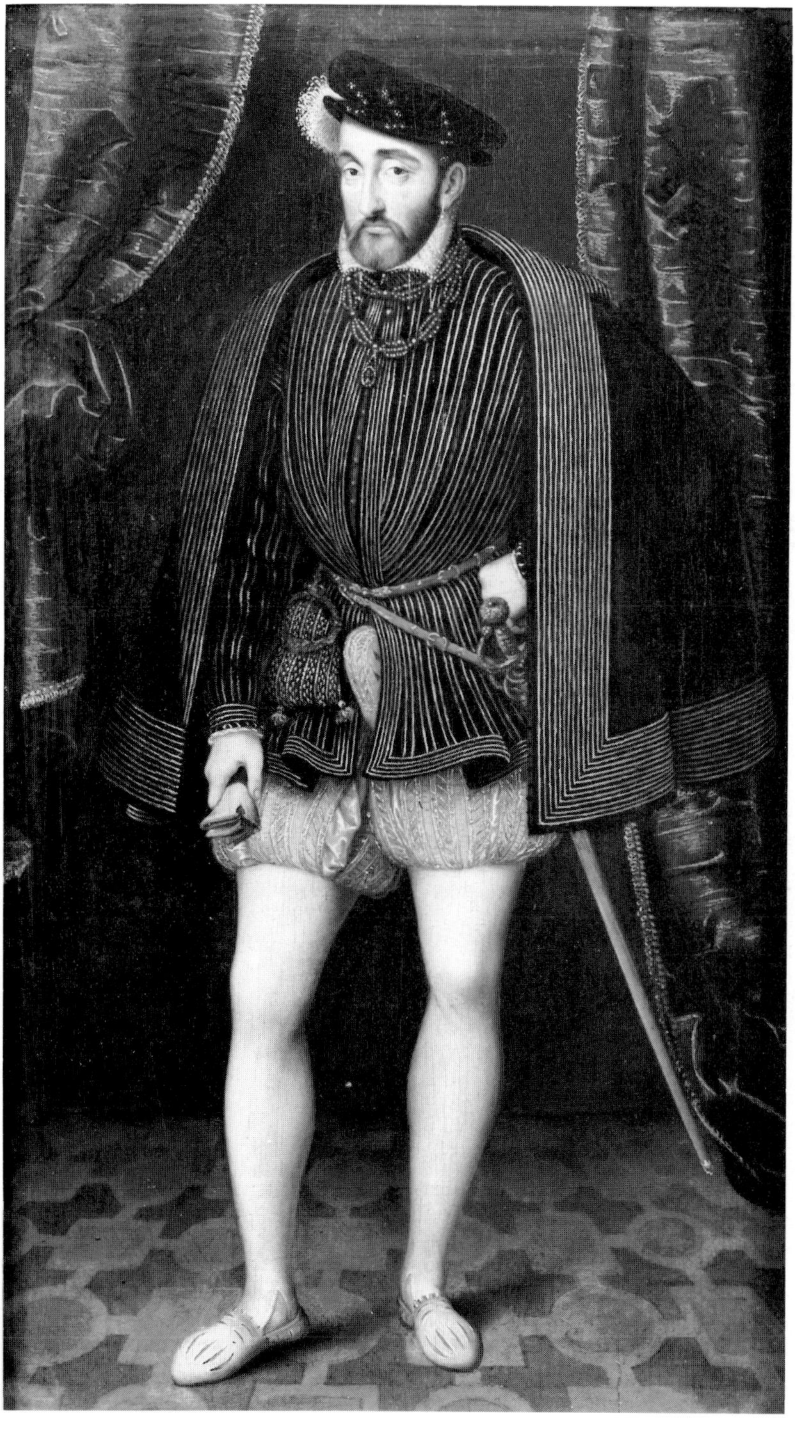

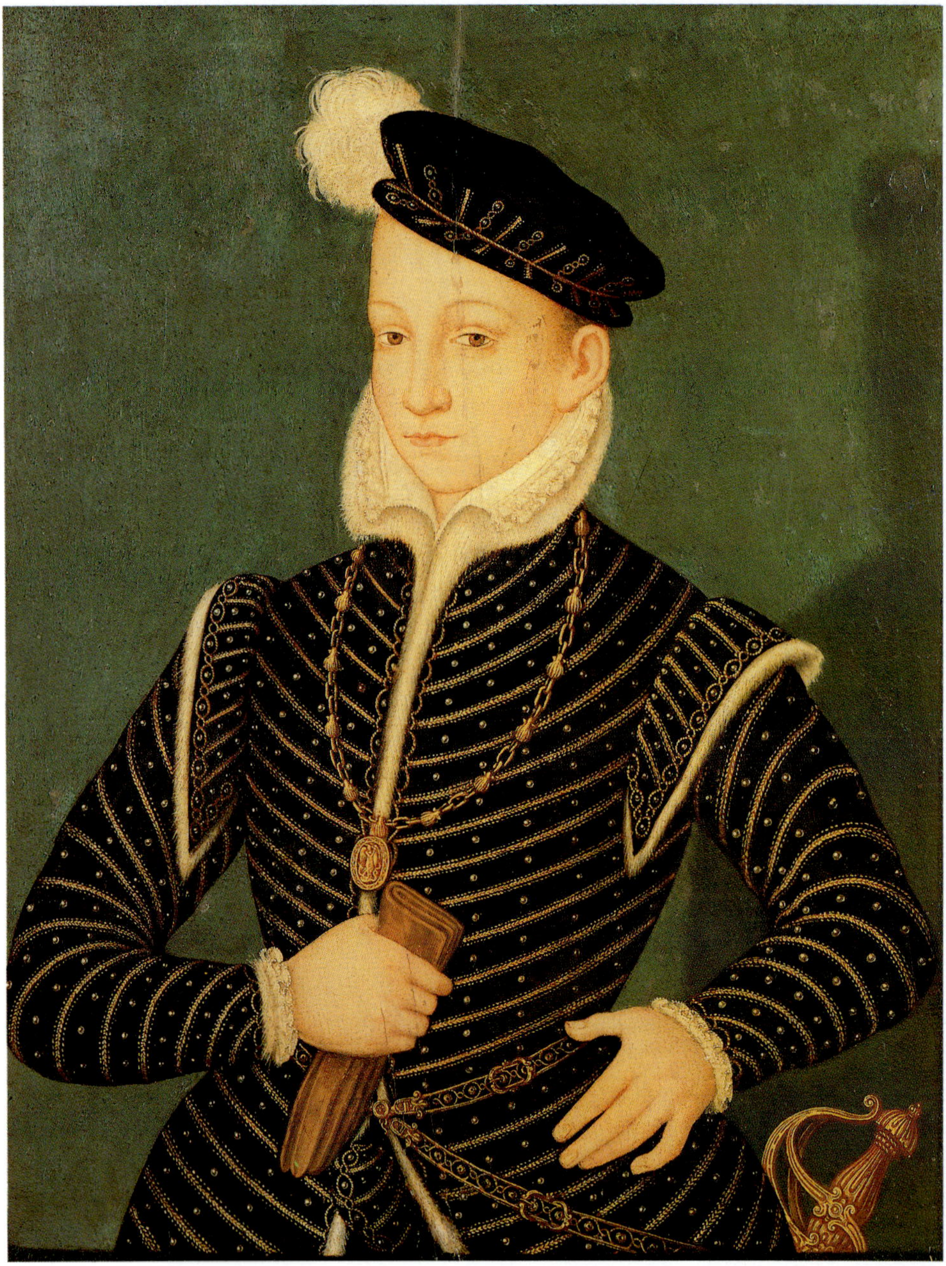

que les poignets. Le pourpoint ne se boutonnait pas toujours, mais alors il s'agrafait en dessous ; le portrait de Charles IX en est un exemple.

78. Attribué à François Clouet, *Charles IX*.
Chantilly, musée Condé.
Le pourpoint à col haut oblige la tête à se tenir droite, hiératisant les attitudes.

Les hauts-de-chausses étaient de formes variées, et les chausses collantes comme un maillot. La braguette était tracée d'or et ornée de pierreries ; cette mode disparaîtra sous Henri III. Les bas étaient longs ou courts ; longs, des aiguillettes les maintenaient aux chausses ; bas, des jarretières les attachaient sous le genou. En ce cas, l'espace entre le bas et les chausses était couvert par des genouillères qui devinrent les *canons*.

La coiffure consistait en une *toque de velours* ornée de pierreries et de plumes blanches qui ressemblait à la toque de Florence (ill. 78). Il y eut également un chapeau de feutre ou de velours, forme melon à bords étroits.

L'apparition du « corps »

Les deux éléments du costume féminin sous François Ier : la *basquine* et la *vertugade* qui donnaient au corps l'aspect d'une clochette subsistent dans la seconde moitié du XVIe siècle ; mais un élément nouveau intervient, c'est le *corps piqué*, plus simplement le *corps*, qui correspond à peu près au corset.

Le *corps piqué* était maintenu par-devant la poitrine à l'aide d'un busc apparent ; c'était une lame de buis, d'ivoire, de nacre gravée ou bien d'acier, ou même d'argent damasquiné. Ce *busc* était destiné à maintenir raide et droit le corps piqué, recouvert et caché par la *basquine*.

Marie Stuart, femme de François II, montre dans certains portraits un costume composé d'un *corps* et d'une *cotte* ; le devant ouvert dans toute la hauteur, sauf au cou et à la ceinture, laissait voir l'habit de dessous d'une couleur différente ; le corps et les manches étaient tailladés ainsi que les épaules. Des épaulettes surmontaient les manches et de longs mancherons pendaient derrière les bras.

La *basquine* était très ajustée ; mais la *robe* était ample, plissée, soutenue par la *vertugade*. Une cape d'étoffe légère dont le collet godronné était soutenu par des fils d'archal ou des baleines accompagnait souvent la robe.

Comme le pourpoint des hommes, la robe était montante avec un haut collet d'où émergeait une collerette de linge plissé appelée *fraise*, importée d'Italie par Catherine de Médicis. Cette fraise d'étoffe godronnée, tuyautée, était maintenue par un collier nommé *carcan* (ill. 79). La fraise (désignée ainsi à cause de sa ressemblance avec le viscère : fraise de veau) fut en vogue jusqu'à la fin du règne

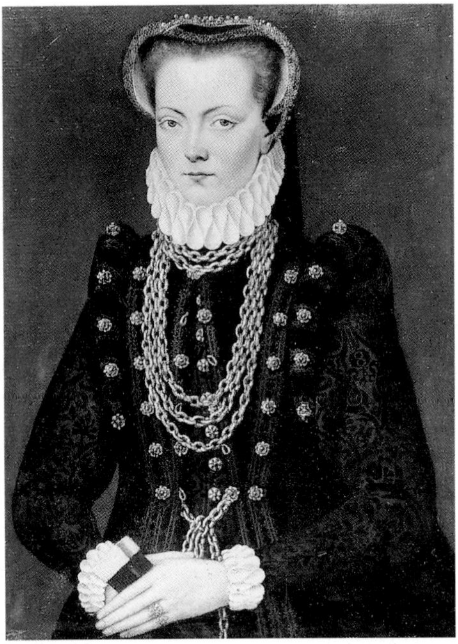

79. François Quesnel, *Portrait de femme*, 1570. Oslo, Kunstindustrimuseet.

d'Henri IV. D'abord de dimension raisonnable, elle finit par atteindre des dimensions ridiculement exagérées et se composa de plusieurs rangs de tuyaux parfois superposés. Les *manches* dites à *gigots* apparurent ; taillées d'un seul morceau, elles ballonnaient aux épaules, tandis qu'elles étaient unies aux poignets. De ces bas de manches justes sortaient des manchettes en batiste blanche godronnées (ill. 79).

Avant les *manches à gigots*, on portait des sortes d'*épaulettes en demi-cercles* rappelant les *mahoîtres* de l'ancien temps.

Le luxe sous Henri III (1574-1589)

Le règne d'Henri III, comme on le sait, fut une époque de dépravation : les hommes efféminés rivalisaient de luxe avec les femmes ; comme elles, ils portaient bijoux et boucles d'oreilles et abusaient des fards et des parfums. Le pourpoint fut dénaturé par un nouvel appendice, la *panse*, sorte de bosse de polichinelle rembourrée de crin, de laine, d'étoupe ; on l'appela *pourpoint à panseron*, ou *à la poulaine*, ou encore *à la polonaise*, parce qu'on le prétendait importé de Pologne par Henri III. La taille, la ceinture étaient fortement inclinées en avant. La largeur des manches, la façon des mancherons variaient à l'infini et l'ensemble était tout balafré de crevés. Dans l'armée on adopta le *panseron*, qui formait une excellente protection contre les balles.

La mode fut d'abord d'orner le pourpoint d'un col droit et rabattu comme sous Henri II ; mais, à partir de 1578, les hommes

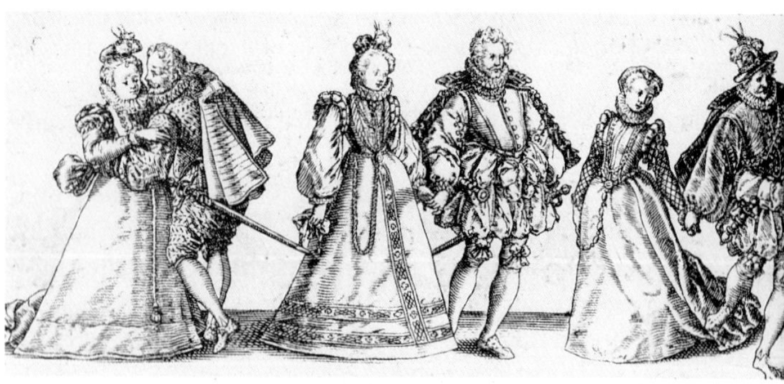

80. Théodore de Bry, *Danse*, XVIe siècle.
Paris, Bibliothèque nationale.

Le costume féminin subit également l'influence des modes espagnoles. Le corps baleiné et le vertugadin conique donnent à la silhouette une forme générale de triangle accentuée par l'ampleur des manches, encore élargies par des épaulettes.

adoptèrent la fraise qui jusqu'alors était portée par les femmes.

Les hauts-de-chausses bouffants tomberont en désuétude et la cour adopta les *hauts-de-chausses à lodiers*. Les *lodiers* consistaient en une garniture rembourrée et piquée qui entourait les hanches et qui couvrait une partie des hauts-de-chausses.

Les *hauts-de-chausses à lodiers* sont de différentes formes, tantôt descendant jusqu'au genou, et, dans ce cas, on leur donne le nom de *canons* ; tantôt ils sont minuscules comme dans le portrait de Saint-Mégrin au musée du Louvre (ill. 81). Parfois ils s'arrêtent à mi-cuisse, ils prennent alors le nom de *hauts-de-chausses à la gréguesque*, c'est-à-dire *à la grecque* ; on finit par les appeler des *grègues*. La *braguette* fut complètement supprimée.

Le manteau de reître et le *tabarre* se portaient peu ; ils furent remplacés par le très court manteau (la *cape*) attaché sur les épaules, laissant à découvert la poitrine et descendant à peine aux hanches (ill. 80).

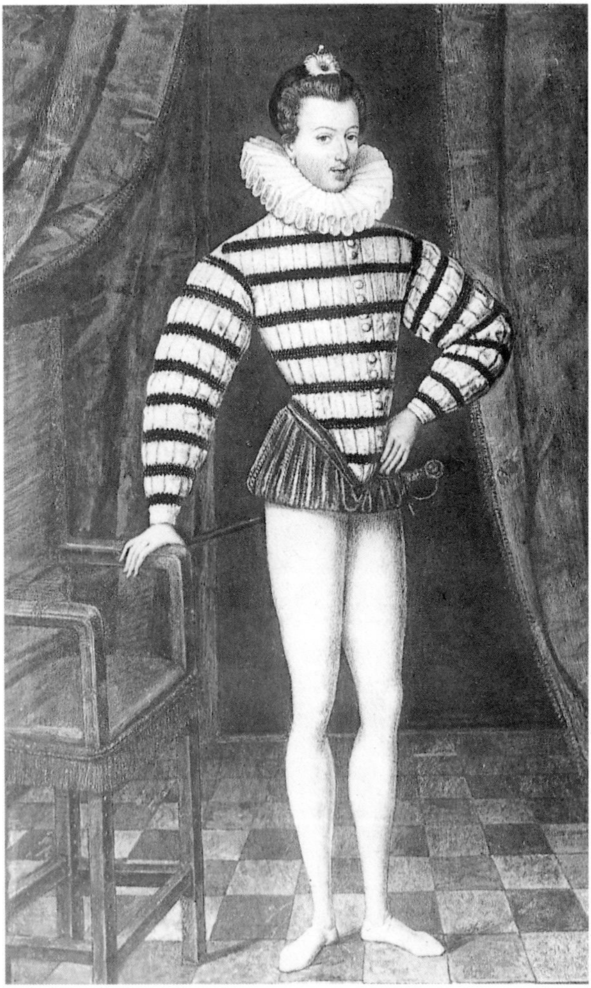

81. Anonyme, *Saint-Mégrin*, v. 1575-1578. Paris, musée du Louvre.

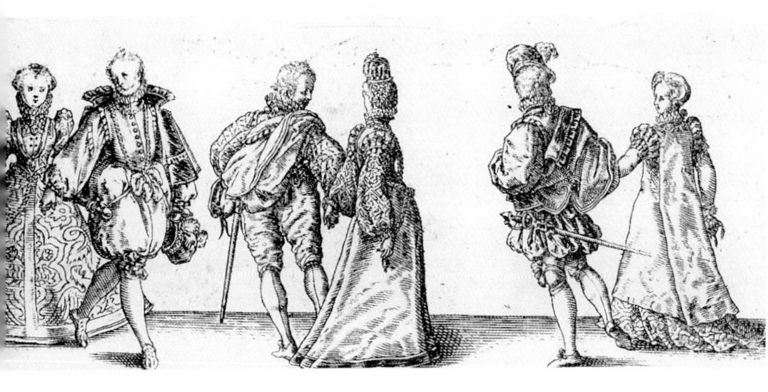

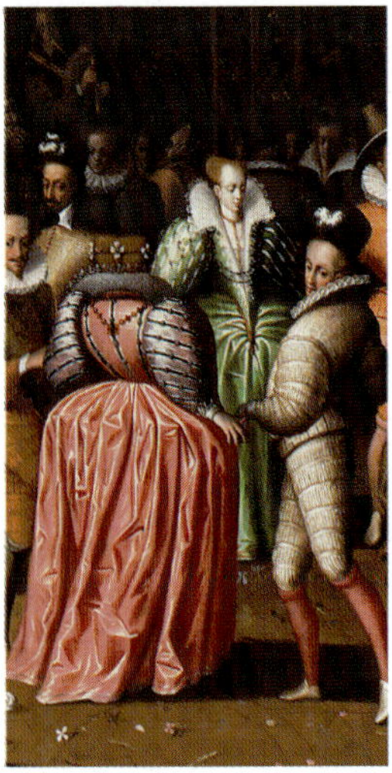

La chaussure ordinaire était toujours le *patin* (sandale avec clou central ou un talon à chaque bout pour éviter l'humidité).

Le panseron du costume masculin descendait en pointe aiguë ; le *corps piqué* du corsage des dames fera de même. En formant un cône très allongé, il amincira la taille que soulignera le développement du *vertugadin*. Cet ajustement s'appelait alors « un corps bien espagnolé », c'est-à-dire conforme à la mode espagnole. Bientôt le *vertugadin en tambour* (ill. 82) succéda au *vertugadin à entonnoir* ; le vertugadin en tambour était formé par un gros bourrelet qui se plaçait sous la jupe pour la relever autour des hanches et la faire retomber en tuyaux. Les manches sont souvent ballonnées jusqu'aux poignets et ont des revers rabattus ; ces revers ont des parements de dentelles. Les mancherons, ou fausses manches, étaient doublés de riche brocart et, dans leur tiers environ, se fermaient d'une agrafe au niveau de l'articulation du coude.

Collerettes et accessoires

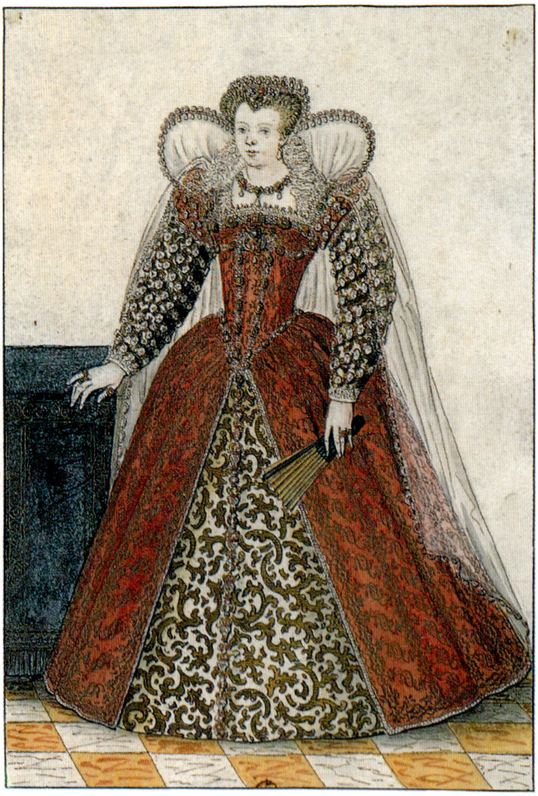

La mode des fraises est toujours en faveur, mais, à partir de 1576, elles deviennent des *collerettes fraisées*. Enfin on adopta les collerettes minces, fortement empesées, qui s'épanouissaient en éventail sur une armure de fil d'archal.

Une autre mode, dont la vogue fut grande, consistait à attacher au dos des robes d'énormes *conques* (ill. 83) en tissu léger, et qu'une armature métallique maintenait sur les épaules.

Le masque de velours était toujours porté, même par les bourgeois.

Les oreilles se garnirent de pendeloques en pierreries d'Amérique. On porta des gants la nuit et le jour, on les parfuma, on les frangea, déchiqueta, et, pour se livrer au travail, les dames mirent des mitaines. Le manchon fit son apparition, il était en velours ou en satin doublé de fourrure ; mais on ne lui trouva pas de nom propre et il fut désigné du même nom que les manches qui n'allaient pas jusqu'aux coudes.

L'escarpin français fut abandonné, on lui préféra les chaussures à l'italienne, *pianella* et *mules*, même le haut patin vénitien.

82. Anonyme, *Bal à la cour d'Henri III* (détail), v. 1582. Paris, musée du Louvre.
Vers la fin du siècle, le vertugadin s'arrondit et se porte à la hauteur des hanches.

Les manteaux de femme

Durant une période de cinquante années, c'est-à-dire la seconde moitié du XVIe siècle, le manteau fut adopté en France, en Angleterre, en Flandre, en Espagne et en Bavière sans grandes modifications dans chacun de ces pays.

Ce manteau tombait en forme de cloche sur la robe et les manches étaient en *maheutres* ou *mahoïtres* (ill. 84), c'est-à-dire des manches très gonflées aux épaules et en usage depuis le XVe siècle. Ces manches étaient ouvertes sous l'aisselle, ainsi que sous les bras, où les poignets se rattachaient par en dessous et s'ajustaient sur les manches de la robe par des liens. Les deux devants s'écartaient en triangle pour laisser voir la cotte. Ajusté sur les côtés, ce manteau était vague dans le dos et tom-

83. *Catherine de Clèves*, v. 1570, collection Gaignères. Paris, Bibliothèque nationale.

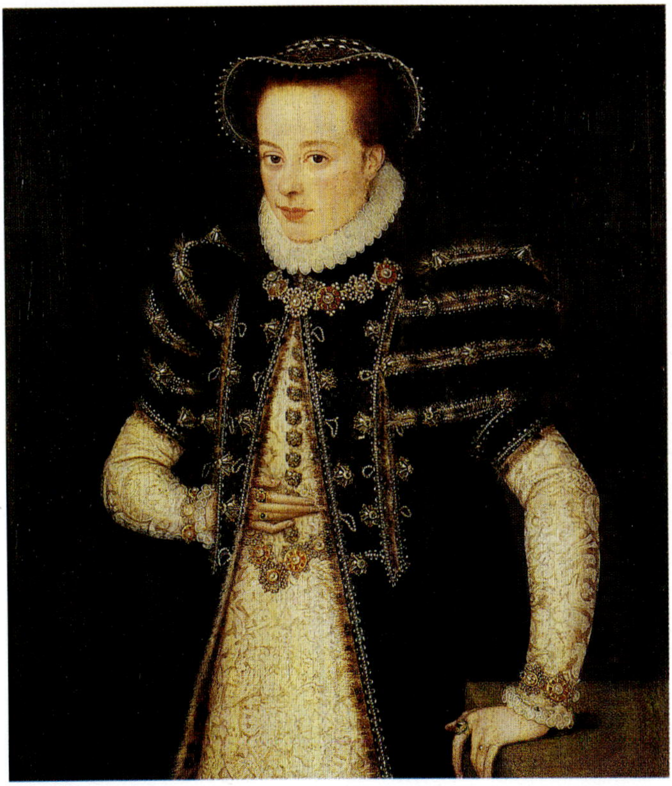

84. École des Clouet, *Portrait de jeune femme*, v. 1561. Lille, musée des Beaux-Arts.
La *ropa* espagnole, sorte de grand manteau aux manches rembourrées aux épaules, non ajusté à la taille, est également adoptée en France. Elle respecte le principe du vêtement de dessus ouvert sur une jupe de dessous.

bait d'une seule venue depuis le col et les coutures d'épaule. On portait habituellement sur ce manteau des joyaux de chaînes orfévrées.

Les coiffures

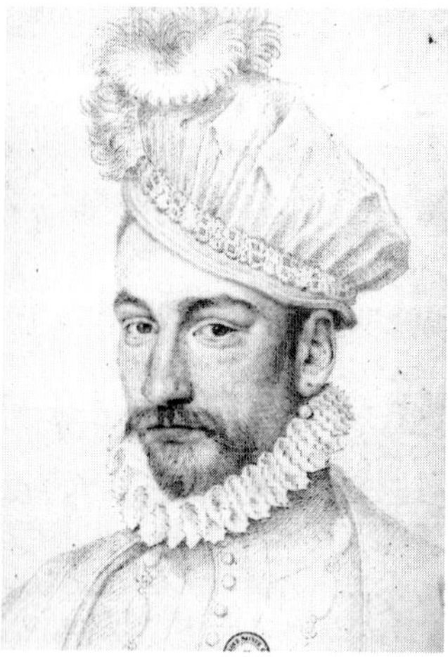

85. Anonyme, *Charles IX*, s.d. Paris, Bibliothèque nationale.

Les *toques rondes* portées à l'époque de Henri II, François II et Charles IX ont un point commun : elles sont à fronces cousues et ont une touffe de plumes à droite. Le *toquet*, mode Henri II, est campé sur l'oreille ; la *toque* François II est aplatie, tandis qu'avec Charles IX la toque est plus petite, plus élégante, plus élevée (ill. 85). Les toques à petits bords eurent une grande vogue en France, en Espagne et en Italie où Vecellio les appelait : *beretta a tozo*.

Avec les portraits de Charles IX et d'Henri III on peut suivre l'évolution de l'entourage du cou ; la fraise, de dimension raisonnable avec Charles IX, atteint sous Henri III de telles dimensions que la tête donne l'impression d'être sectionnée et posée sur un plat, d'où le nom de « plateau de saint Jean » donné à ces fraises.

Les *casquettes plates* semblent avoir été assez répandues ; la visière est découpée en croissant, parfois en bavolet pendant derrière où une cale se place dessous. Comme les toques, on les portait inclinées sur l'oreille (ill. 86).

La mode du couvre-chef, à l'époque d'Henri III, variait et allait d'une forme conoïde, semblable à un pain de sucre, à une largeur exagérée et à forme plate dite *cul d'assiette*. Mais le goût préféré fut pour le petit bonnet à fond avec rebords taillés en croissant, qu'une aigrette et des bijoux (ill. 88) décoraient devant ; sous ce bonnet la chevelure était ramenée en arrière et, comme celle des femmes, maintenue par *arcelets* ou encore fixée au *passe-filon* et poudrée de violette musquée ; mais c'était la coiffure des mignons, les hommes virils coiffaient le haut chapeau tronconique soit en feutre, soit en drap ou en velours avec plumail devant. Le tableau du musée du Louvre, *Bal du duc de Joyeuse*, nous montre ces différentes coiffures (ill. 90).

Les *toquets* à petits bords et peu élevés de forme étaient d'un usage commun (ill. 87), ils étaient ceinturés d'une ganse, cordon ou chaînette entremêlée de bijoux.

À partir de 1565, la coiffure plate est réservée aux bourgeois et aux artisans, comme, encore récemment, la casquette.

La coiffure des cheveux la plus prisée fut la coiffure en *raquette*, que les Méridionaux appelaient *en ratepenade*, *en chauve-souris*. Elle comportait une raie au milieu, et était relevée sur les

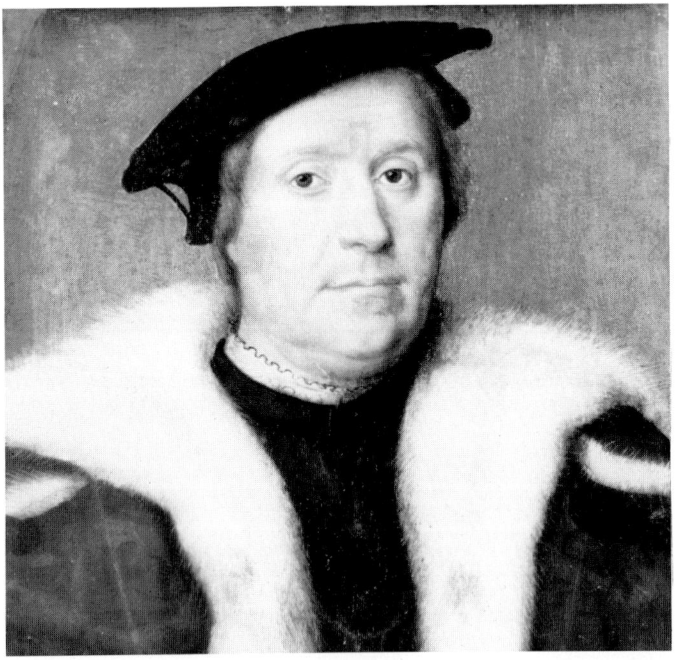

86. Atelier de Corneille de Lyon, *Jean d'Ablon*, 1552. Paris, musée du Louvre.

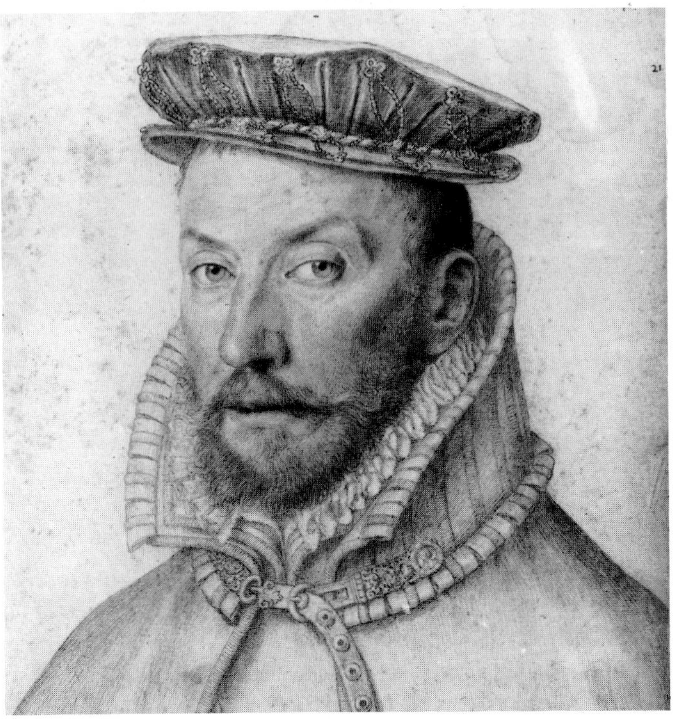

87. François Clouet, *François de Coligny, seigneur d'Andelot*, s.d. Paris, Bibliothèque nationale.

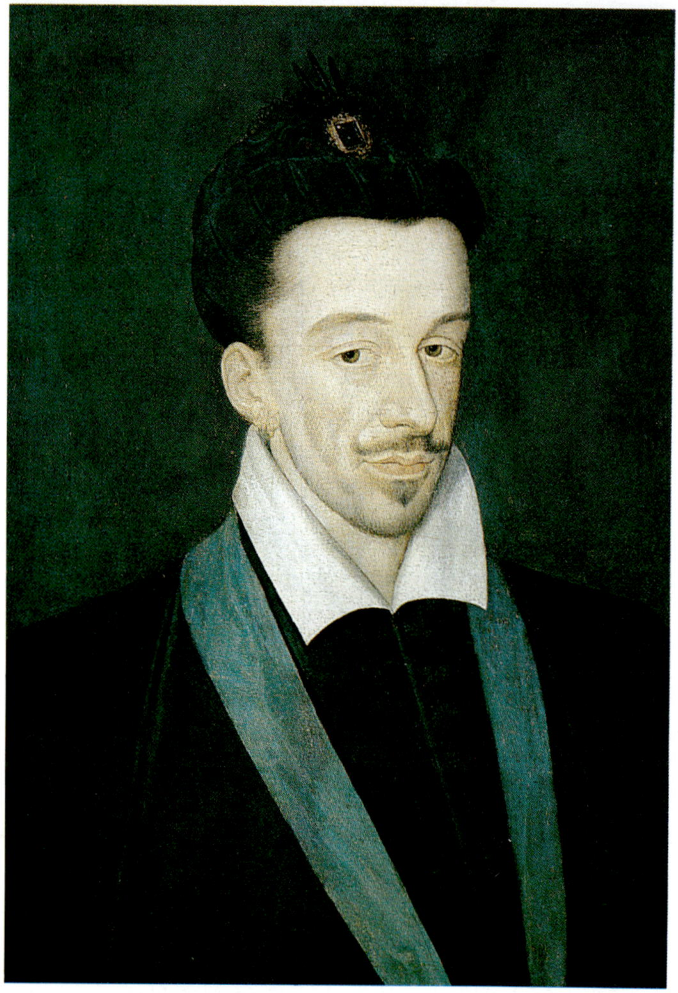

88. François Quesnel, *Henri III*, v. 1582-1586. Paris, musée du Louvre.

Grand amateur d'excentricités vestimentaires, Henri III rapporte de son voyage en Pologne la mode du toquet rond à bords étroits orné de bijoux ou d'une aigrette.

tempes ; sur l'occiput, un large chignon, le plus souvent de faux cheveux, retenu par un peigne et recouvert d'une légère coiffe de linon, ou de l'*atifet*, de l'*escofion* ou du *chaperon.*

Catherine de Médicis a rendu célèbre la *coiffure de veuve* qu'elle adopta après la mort d'Henri II (ill. 89) : elle consistait en un bonnet avec une pointe aiguë s'avançant sur le front ; ce bonnet était recouvert par un long voile tombant dans le dos. Cette coiffure eut une vogue considérable qui s'est prolongée jusqu'à la fin du XVIe siècle. Souvent les cheveux étaient tendus sur des bourrelets qui formaient de hauts bandeaux en forme de croissants se rejoignant par leurs pointes au milieu du front : pour les maintenir on

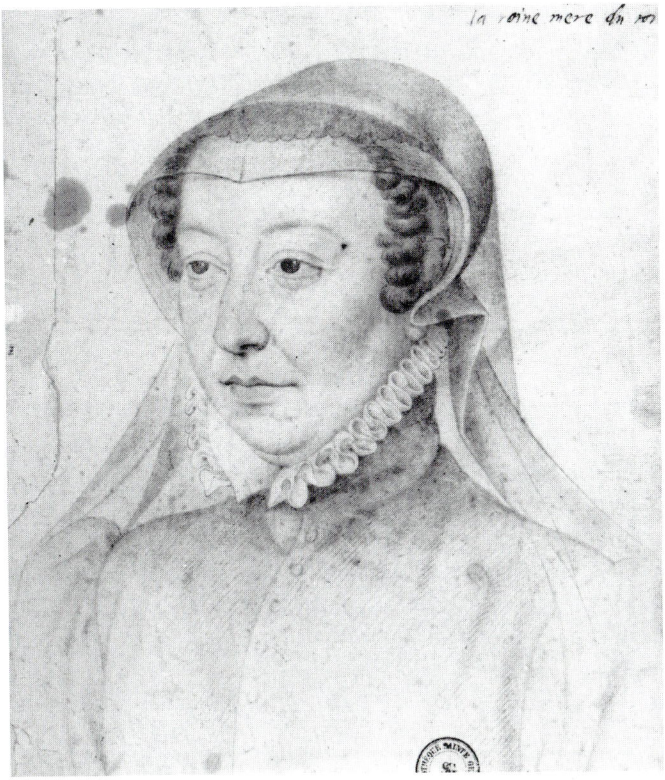

89. François Clouet, *Catherine de Médicis en veuve*, 1561. Paris, Bibliothèque Sainte-Geneviève.

La reine porte le chaperon rigide aux bords arqués approprié aux coiffures de deuil.

90. Anonyme, *Bal du duc de Joyeuse*, v. 1582. Paris, musée du Louvre.

Ce bal en l'honneur du mariage du mignon du roi, Anne de Joyeuse, et de la sœur de la reine, Marguerite de Lorraine, se tient en présence du roi, assis à gauche aux côtés de sa mère, Catherine de Médicis en coiffe de veuve, et de sa femme aux cheveux relevés soutenus par des arcelets de métal. Les nouveaux mariés arborent une même petite toque ornée d'aigrettes.

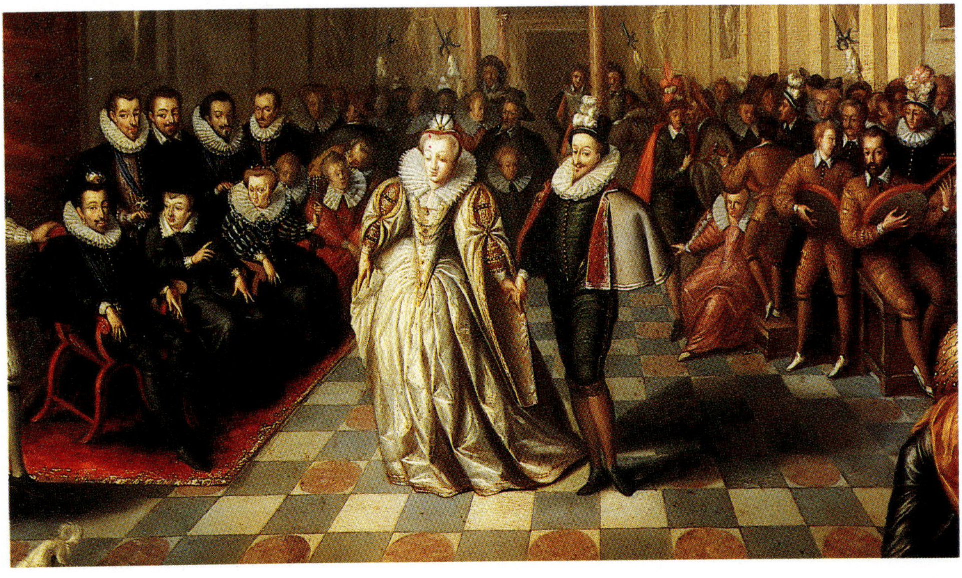

employait des cercles de fer, les *arcelets*, qui allaient d'une tempe à l'autre.

Sous Henri II, la *toque* des femmes (ill. 91) ou *atifet* de velours surmonté d'une aigrette a beaucoup d'analogie avec celle des hommes : on la posait droite sur les cheveux *en raquette*, c'est-à-dire relevée sur les tempes, et souvent une garniture de joyaux l'entourait. Pendant presque toute la durée de la seconde moitié du XVIe siècle, les cheveux étaient poudrés. La teinte noire faisant ressortir le teint pâle était très prisée ; les blondes se teignaient.

Au temps de la Ligue, durant le règne d'Henri III, les dames adoptèrent un chapeau d'allure masculine. Ce chapeau, d'origine albanaise, était en forme bombée pas très éloignée du chapeau melon moderne ; ces bords étaient plats.

Une coiffure assez répandue, dont l'apparition date du début du XVIe siècle – un vitrail de la cathédrale de Beauvais le prouve –, consiste en un *chaperon à bavolet pendant* (ill. 92), large et plat, que communément on relève sur le dessus de la tête ; ce repli abrite la tête sous une sorte de pan carré. C'est l'origine de la coiffure des *Ciociare*, paysannes des Romagnes et de la Calabre. À noter la disparition du *touret de nez*, ou *cache-nez* ; le masque de velours le remplaça.

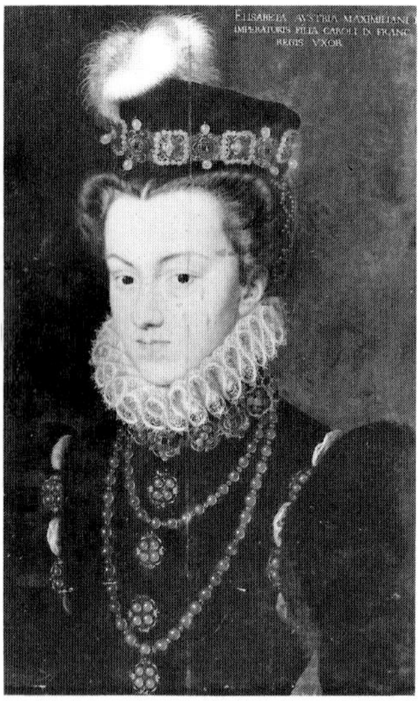

91. François Clouet (?), *Élisabeth d'Autriche*, v. 1575. Paris, musée du Louvre.

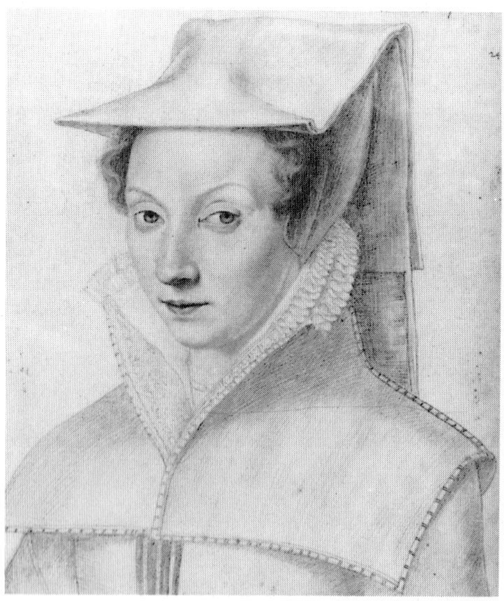

92. Anonyme, *Madame Lyebault*, s.d. Paris, Bibliothèque nationale.

LE BEAU XVIIe SIÈCLE

Si le costume italien influence la première Renaissance française, le costume espagnol marque de son empreinte la France et l'Europe de la seconde moitié du XVIe siècle. Son hégémonie accompagne l'hégémonie politique des Habsbourg, champions du catholicisme et de la Contre-Réforme. La France, au centre des courants d'échanges culturels et économiques, est partagée entre protestants et catholiques. Sévérité calviniste et raideur habsbourgeoise se rejoignent dans

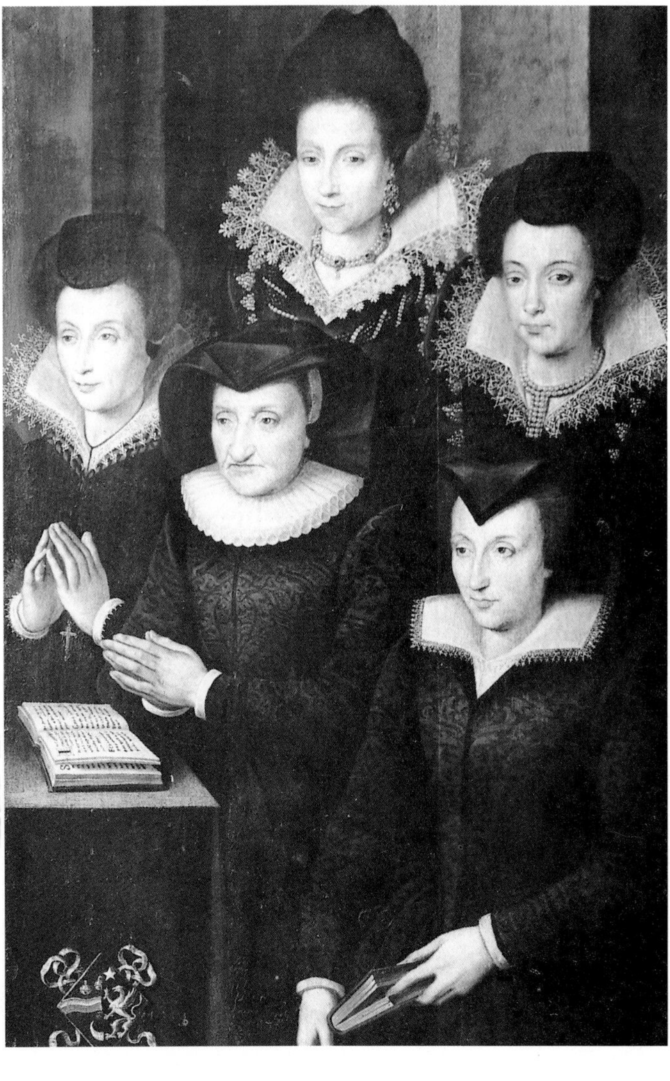

93. Nicolas de Hoey, *Denise Barjot et ses filles*, 1607. Dijon, musée des Beaux-Arts.

La rigueur espagnole est toujours très forte en ce début de siècle. Les robes sombres sont éclairées de lingerie blanche, fraise ou plus souvent grand col bordé de dentelle.

une prédilection certaine pour le noir et un engoncement des corps dissimulés sous des vêtements qui, en accentuant sa majesté, dessinent une silhouette que la nature ne connaît pas (ill. 93). Mais, même au plus fort de la mode espagnole, on continue de préférer les jeux de couleurs contrastées, et les femmes ne renoncent pas à leur décolleté, qui adoucit ainsi la rigueur de cette mode.

La fin de la rigueur

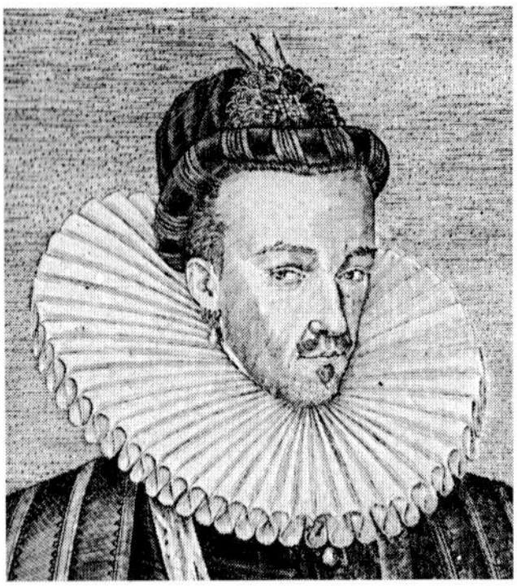

94. L. Gaultier, *Henri III*, 1588. Paris, Bibliothèque nationale.

Avec Henri IV et la fin des guerres de Religion, la France retrouve la prospérité. Dans le domaine de l'histoire du costume, le règne d'Henri IV (1594-1610) fait encore partie du XVIe siècle finissant. Les formes ne se télescopent pas brutalement, mais se succèdent par glissements progressifs, presque invisibles aux yeux des contemporains, conduisant inéluctablement d'une mode à la suivante. C'est ainsi que les fraises en *meule de moulin* ou en *roue de charrette* (ill. 94), ayant atteint leurs plus grandes dimensions, s'amollissent en fraises *à la confusion* (ill. 95) et s'étalent insensiblement sur les épaules en collerettes, puis en grands collets rabattus, pour devenir sous Louis XIV des *rabats* (ill. 96), sans jamais perdre leurs dentelles.

Avec la disparition du panseron, le pourpoint s'affine, les trousses des hauts-de-chausse s'élargissent et s'allongent sous les genoux, préfigurant pantalons et culottes à la française. Les manches raccourcissent, laissant apparaître la chemise, jusque-là invisible, ornée de dentelles et de rubans malgré les interdictions des édits. Le décolleté féminin s'approfondit, modestement dissimulé par les

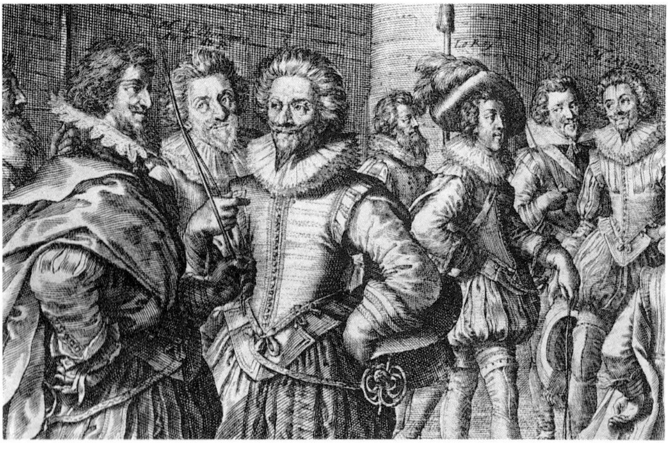

95. Crispin de Passe, *Le Manège royal de M. de Pluvinel* (détail), 1618. Paris, Bibliothèque nationale.

C'est sous le règne d'Henri III que la fraise atteint sa plus grande dimension. À la fin du siècle lui succèdent les fraises à la confusion constituées de plusieurs rangs de tuyaux non empesés et les grands collets.

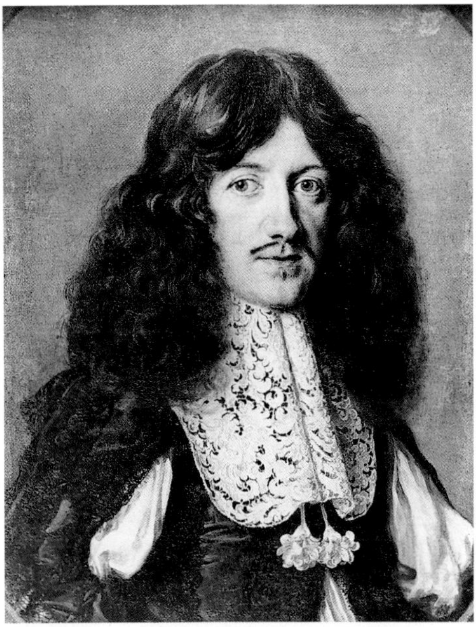

96. Laurent Fauchier,
Portrait d'homme, v. 1665.
Nantes, musée des Beaux-Arts.

collerettes, et la taille, libérée de la basquine et du vertugadin, remonte lentement vers sa place naturelle (1610-1630). Bien que l'art du tailleur se soit bonifié au XVIe siècle, la silhouette des années 1615-1640 nécessite une coupe moins savante. Plus fluide, en réaction à l'austérité passée, elle abandonne ses armatures internes et demande des tissus unis aux armures simples mais aux coloris chatoyants, dont les superpositions, au tombé parfait, font toute la richesse.

L'émergence d'un costume français

Sous l'impulsion des Bourbons, la culture du mûrier se développe, les soieries françaises concurrencent les italiennes, les draps français ceux de Flandre ou d'Angleterre. Sully, Richelieu et Colbert, conscients de l'enjeu économique de la mode, créent des manufactures : Lyon et Tours deviennent les premières villes soyeuses, les dentelles d'Alençon rivalisent avec celles de Venise et vont faire l'objet d'un engouement extraordinaire du XVIIe au XIXe siècle.

Ces conditions favorables servent à l'émergence d'un costume français, malgré l'absence d'une brillante vie de cour avant l'installation de Louis XIV à Versailles, l'abaissement des autres capitales

97-98. Abraham Bosse,
La Dame suivant l'édit ;
Philandre suivant l'édit de l'État, 1633.
Paris, Bibliothèque nationale.

Les édits de 1601, 1606, 1613 et 1620 prohibent l'usage de l'or, l'argent, les broderies et la passementerie sur le costume.
La dentelle connaît alors un véritable engouement réprouvé par les édits qui suivent, en particulier celui de 1633.
Les gravures d'Abraham Bosse montrent des sujets du roi respectant – temporairement – la loi par la modestie de leur toilette. De simples cols, rabats et manchettes de lingerie sans dentelle garnissent leur toilette de couleur sombre.

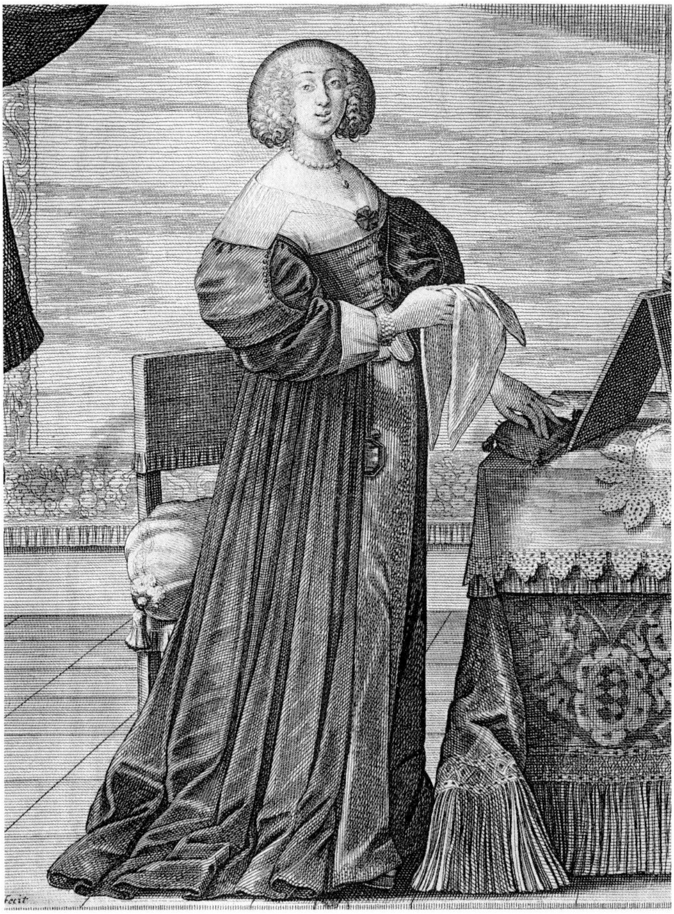

rendant à Paris tout son lustre en matière de costume et de mode. L'influence de la bourgeoisie qui fréquente les salons concurrence celle de la noblesse, et les sept édits somptuaires qui se succèdent de 1613 à 1634 ne peuvent empêcher l'instauration de nouvelles pratiques vestimentaires (ill. 97-98).

Le costume du temps de la maturité de Louis XIII cristallisera des acquis dont certains subsisteront jusqu'à la Révolution : cheveux masculins plus longs, goût des deux sexes pour dentelles et rubans, charme d'un certain négligé et d'une nouvelle liberté d'allure, proprement française, qui traverse les siècles (ill. 98). La chemise est mise en valeur sous le pourpoint laissé entrouvert ou sous le décolleté du corsage. Cravate, feutre à panache, bottes molles, talons sous les chaussures de cuir fermées s'imposent pour près de cent cinquante ans.

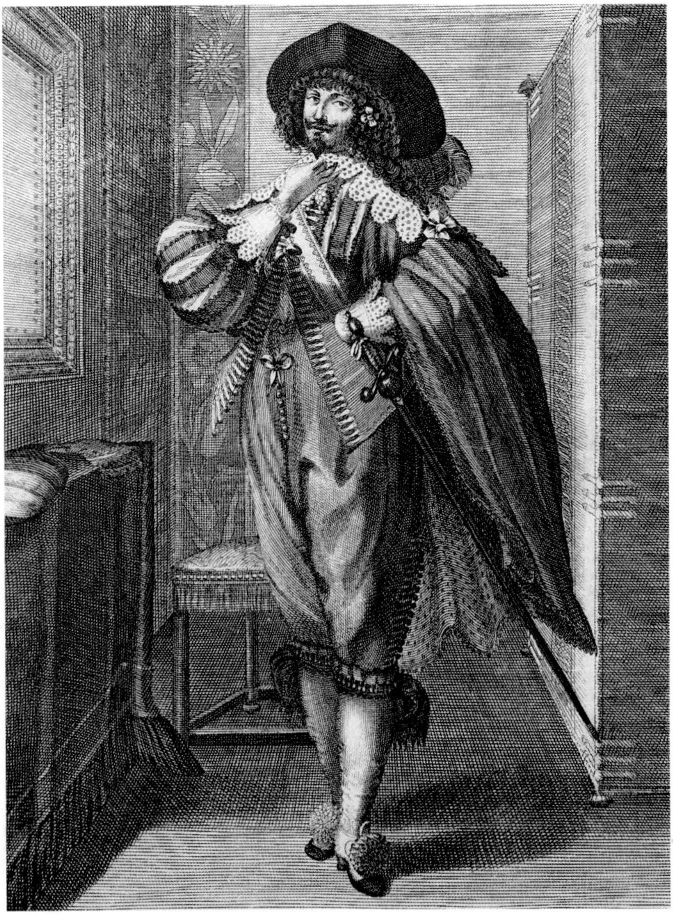

Après la période difficile de la régence d'Anne d'Autriche et de la Fronde qui ruine en partie l'économie, la jeunesse de Louis XIV s'épanouit dans les excès du baroque jusque vers 1675. Le pourpoint et les culottes *en rhingrave* sont surchargés de rubans, la chemise déborde d'étoffe, de dentelles et de bouillons, les cheveux naturellement longs s'allongent encore grâce à la perruque. Le costume féminin change peu mais ne résiste pas non plus au luxe ambiant, et les lourdes étoffes au tissage techniquement plus complexe reviennent en faveur (ill. 99). De même qu'en architecture où les tendances baroques sont remplacées par le classicisme, goût français par excellence, le roi se lasse des outrances vestimentaires masculines et impose le justaucorps dont la coupe, d'une grande sobriété, doit tout à l'armée. Avec le justaucorps, le costume masculin entre de plain-pied dans le XVIIIe siècle. Le costume féminin aussi tend

99. Henri et Charles de Beaubrun, *Mademoiselle de Montpensier*, 1655. Madrid, musée du Prado.

À partir de 1635-1640, l'abandon du vertugadin permet au costume féminin de retrouver une silhouette naturelle et souple. La taille est de nouveau à sa place, et le décolleté mis en valeur par un collet de lingerie qui entoure les épaules. Les étoffes sont souvent unies ; les bijoux, devenus discrets, sont souvent de simples rangs de perles.

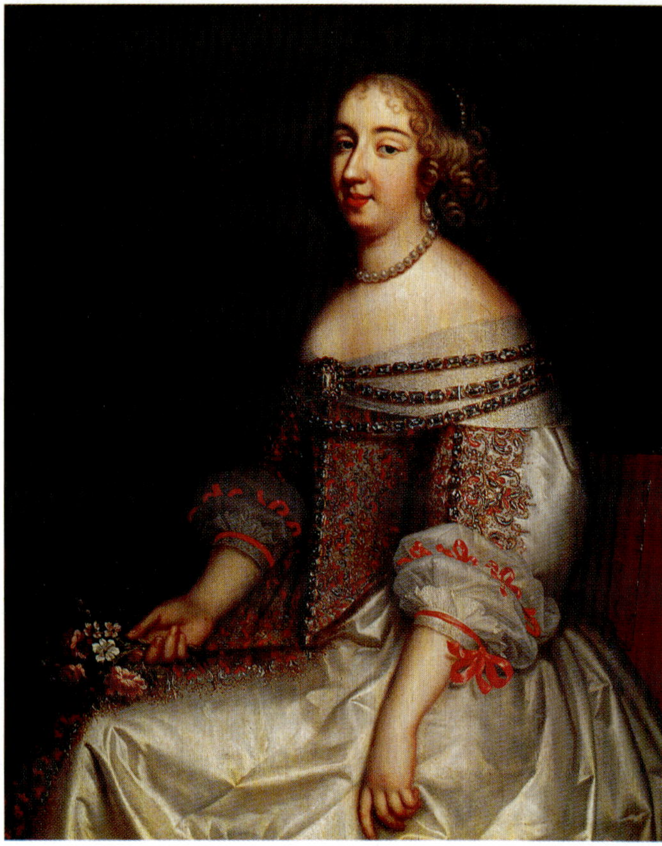

vers une plus grande rigueur, qui se traduit dans la rigidité retrouvée du corps de jupe long et étroit, préfiguration du *corps piqué* du XVIIIe siècle, qui subsiste jusqu'à la Révolution.

100. Frans Pourbus le Vieux, *Henri IV*, 1610. Paris, musée du Louvre.

Le roi porte un ensemble sobre, pourpoint serré terminé en pointe sur le ventre et chausses bouffantes ou trousses, en satin noir tailladé. Les souliers ouverts sur les côtés et ornés d'une rose en dentelle noire sont légèrement surélevés par une semelle

LE COSTUME SOUS HENRI IV

Le règne d'Henri IV fut une période de transition. Le ridicule *panseron* disparut, ainsi que toutes les extravagances du temps d'Henri III. Le costume des hommes se composa d'un pourpoint court, d'un haut-de-chausses renflé (ill. 100) ; ou bien de *bourses* descendant jusqu'aux genoux où parfois un nœud de ruban garni de dentelles les arrête, de chausses collantes, d'un manteau court à collet renversé, de souliers à bouts carrés, à pont et à haut de talon, et

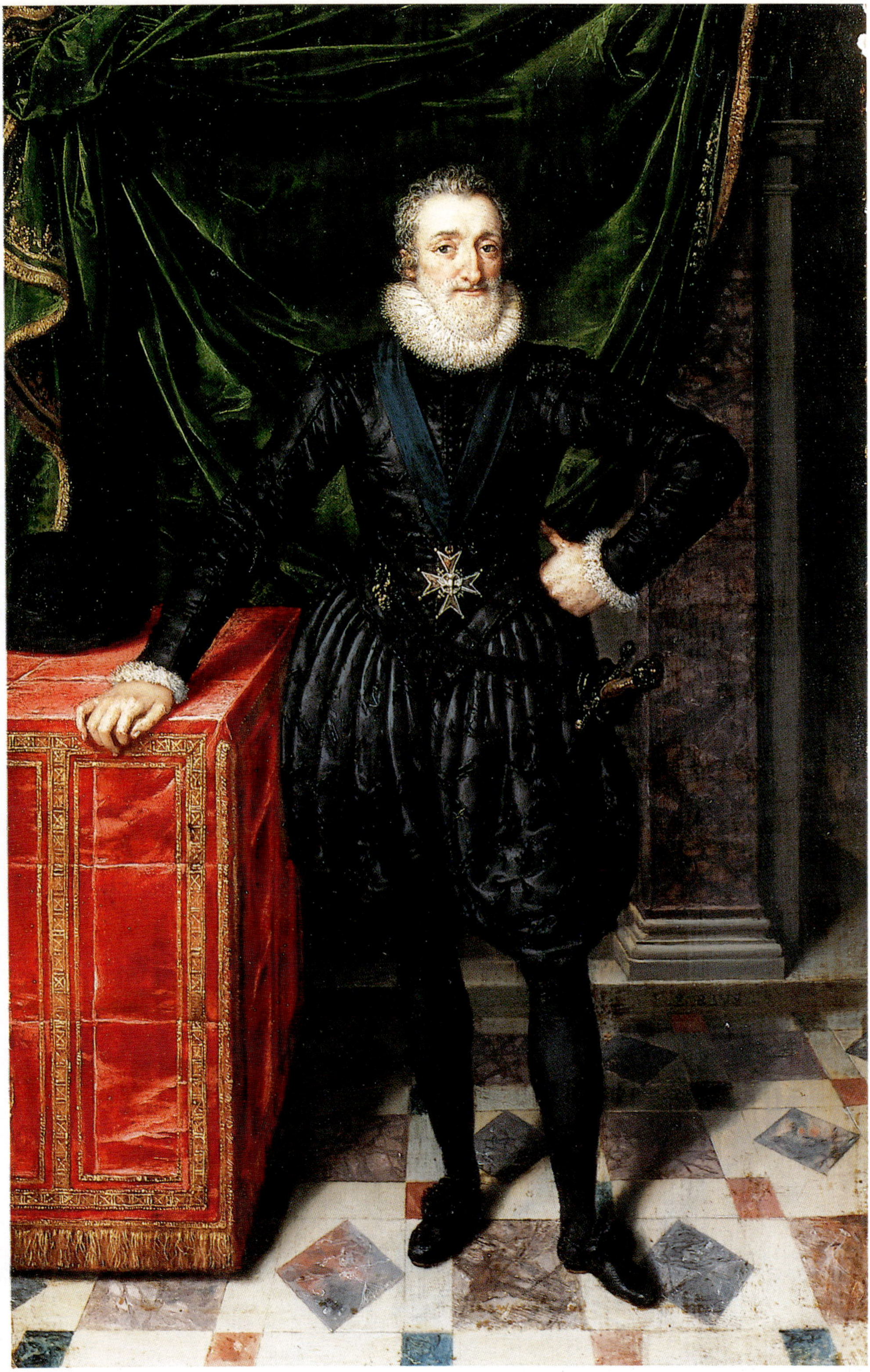

enfin d'une fraise énorme que remplaça plus tard le col rabattu. Avant 1600, on porte les *grègues* ou hauts-de-chausses bouffants et froncés sur un bourrelet ; après 1600, les grègues sont raides et empesées.

Jamais le *vertugadin* n'avait atteint d'aussi grandes dimensions. Il est fait de larges cerceaux de bois ou de fer sur lesquels est cousue la jupe faite de gros canevas. La taille disparaît dans ce bouillonnement monumental. Les manches, souvent démontables, se terminent par des manchettes à *rebras de dentelles*, ainsi nommées parce qu'elles recouvraient une partie de l'avant-bras. Les robes sont souvent ouvertes jusqu'à la taille et les collerettes énormes, dites *collets débordés*, forment un cercle sur les épaules. Les fraises ont tendance à disparaître depuis que Marie de Médicis a mis à la mode la grande collerette bordée de dentelles qui porte son nom (ill. 101). Elles étaient à triple rangs de godrons bordés de passements de dentelle.

LE COSTUME SOUS LOUIS XIII

Sous le règne de Louis XIII, le vêtement masculin aussi bien que le vêtement féminin vont prendre une allure vraiment distincte de celle gardée jusqu'ici, et marqueront une des plus brillantes époques de l'histoire du costume. Au début, le costume féminin témoigne encore d'une certaine lourdeur, mais celui des hommes est d'une rare séduction ; jamais ils ne se sont habillés avec plus de distinction, plus de noblesse, avec une grâce plus négligée, avec une sorte de déshabillé galant qui semble un défi et qui exprime admirablement les mœurs de cette époque de bravoure française et de jactance gasconne (ill. 102). Il ne faut pas oublier que la politesse française, qui plus tard sera célèbre dans toute l'Europe, est née sous Louis XIII, dans les salons de la marquise de Rambouillet à Paris. Il s'y tenait un véritable aréopage de bon ton dont l'influence fut considérable ; on y enseignait la courtoisie et les bonnes manières. Il n'est pas douteux que le costume fut l'expression des sentiments de cette cour.

On peut distinguer deux périodes dans l'histoire du costume sous Louis XIII : une première qui va de 1610 à 1624, qu'on pourrait appeler l'époque du clinquant, et une seconde allant de 1625 à 1643, qui est au contraire l'époque de la richesse discrète et du bon goût.

Durant la première période, époque de transition, on fait succéder à l'austère simplicité huguenote du costume sous Henri IV le luxe des étoffes et l'abus des accessoires. En 1625, Richelieu publie un édit contre le luxe, interdisant l'importation des passements et des broderies dans le but de protéger les fabriques françaises. À partir de cette date, le costume gagnera en beauté des lignes et en simplicité élégante ce qu'il perdra en richesse, et les étoffes de ton uni remplaceront les tissus chamarrés.

La peinture de portraits et la gravure sont des auxiliaires très précieux dans l'étude du costume sous Louis XIII ; elles permettent de constater que les modes d'alors diffèrent très peu entre la France, l'Angleterre, la Hollande, l'Espagne et l'Italie.

Parmi les grands peintres de la première moitié du XVIIe siècle dont on consultera les portraits avec fruit, il faut d'abord citer ceux de Van Dyck (1599-1641) dont l'œuvre est considérable, puis ceux de Frans Hals (1580-1666). Certains tableaux de Rembrandt, comme *La Leçon d'anatomie* qui date de 1632, réunion de véritables portraits, méritent l'attention au même titre que certaines œuvres de Rubens (1577-1640).

Les peintres de genre nous permettent d'étudier la petite bourgeoisie et les paysans, tels les frères Le Nain, dont le musée du Louvre conserve plusieurs œuvres.

Mais la mine la plus riche de renseignements sur les costumes de tout genre portés par les diverses classes de la société consiste dans l'œuvre des graveurs. Les plus connus sont Jacques Callot, Abraham Bosse, Wenzel Hollar et Saint-Igny.

Jacques Callot (1592-1635), peintre-graveur, créateur de la gravure à l'eau-forte, nous a laissé mille cinq cents pièces qui, la plupart, sont des scènes de mœurs. Avec une verve un peu mordante il reproduit les gentilshommes, les soldats, les mendiants en France et en Italie, surtout de Florence où il vécut quelques années.

Abraham Bosse (1602-1676) fut à la fois peintre et graveur. Les neuf cent quarante pièces qu'il nous a laissées sont encore plus précieuses au point de vue de l'histoire du costume que les œuvres de Callot ; Bosse en effet, ayant moins d'imagination, reproduit avec fidélité et une rare conscience les scènes de la vie bourgeoise, les types populaires, etc.

Wenzel Hollar (1607-1677), né à Prague et mort à Londres, nous a laissé des recueils importants sur le costume en Angleterre et en Allemagne dans la première moitié du XVIIe siècle.

On peut citer enfin Jean de Saint-Igny, mort en 1645, qui était sculpteur, peintre et graveur, et dont l'œuvre mérite l'attention.

101. Frans II Pourbus, *Marie de Médicis*, v. 1609-1610. Paris, musée du Louvre.

Le buste de la reine est comprimé par un corps rigide sur lequel s'ajuste la pièce d'estomac et le corsage, et le vertugadin en tambour qui soutient les plis de la jupe. Le décolleté est encadré par la collerette Médicis, disposée en éventail autour des épaules. La lourdeur de l'étoffe, velours bleu à fleurs de lys, l'abondance des ornements, perles, pierres précieuses, fourrure, dentelles, témoignent d'une recherche de faste caractéristique d'un portrait officiel du début du XVIIe siècle.

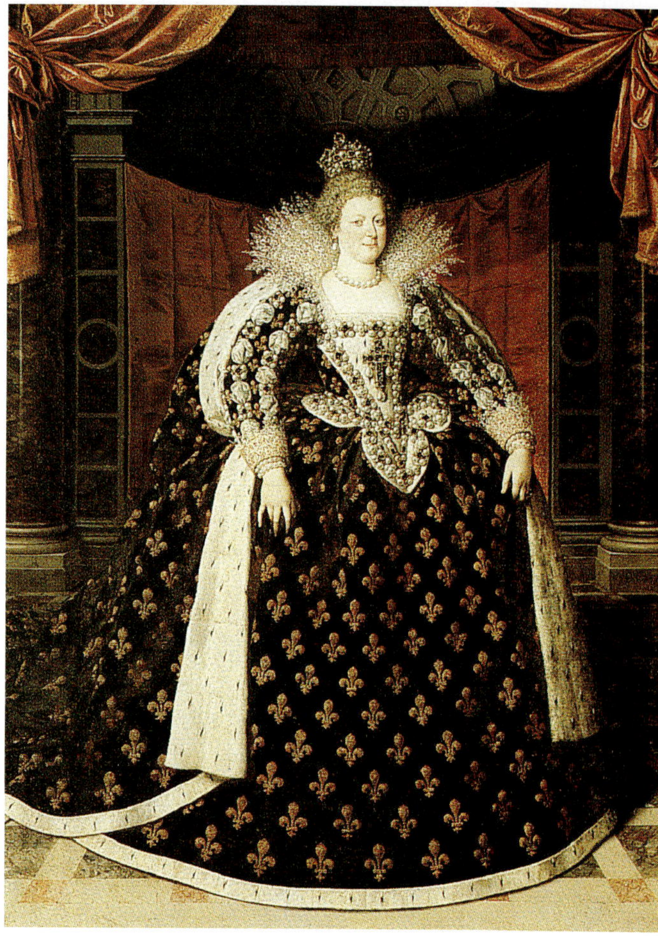

Une simplicité élégante

Le règne de Louis XIII apporta des modifications importantes à la forme du costume.

Le *pourpoint* cesse d'être une cuirasse matelassée comme en portaient les « mignons » ; les raffinés adoptent au début du règne le pourpoint à la Henri IV, garni d'épaulettes et d'ailerons, mais descendant en pointe à la ceinture. Il était tailladé menu sur toute sa superficie, ou à grande fente sur les bras et la poitrine. On désignait ces *fenestrations* sous le nom de *grande* et *petite chiquetade*. Le collet, de renversé devint droit, d'où l'abandon des cols rabattus.

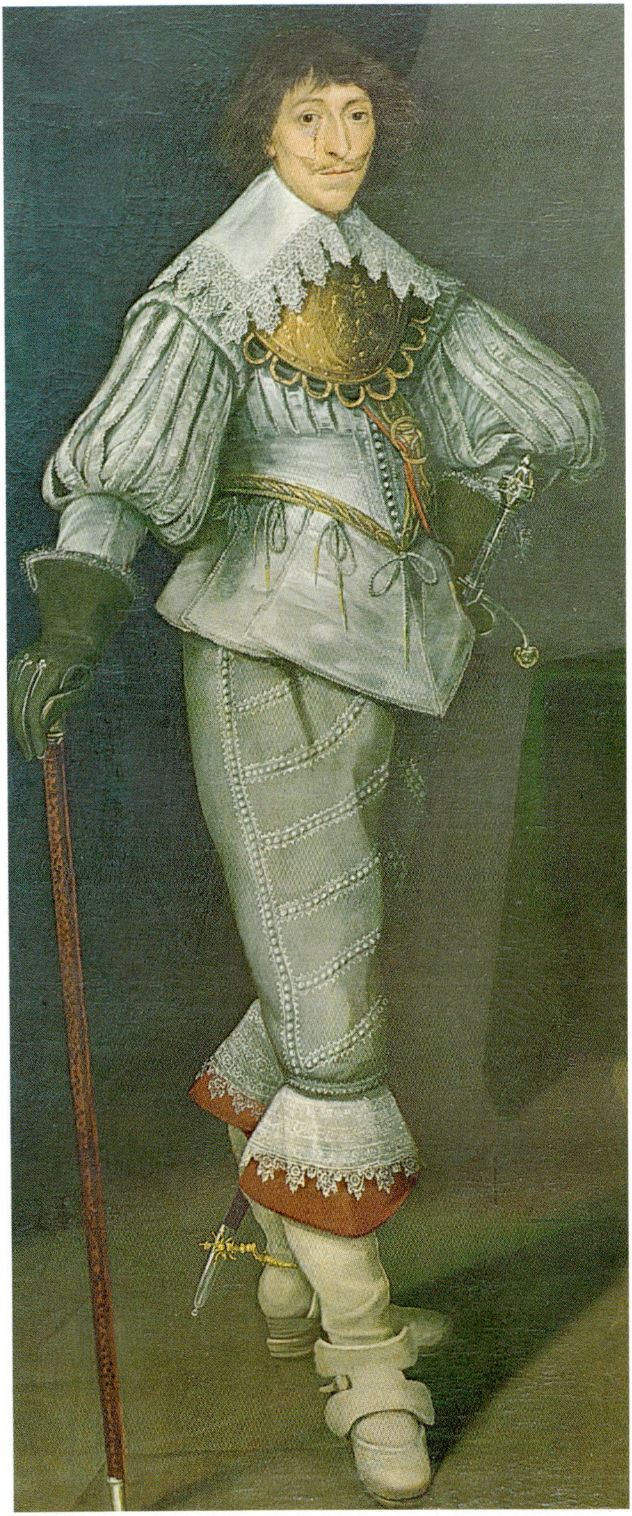

102. Ferdinand Elle, *Henri II de Lorraine*, 1631.
Reims, musée des Beaux-Arts.

Le pourpoint, ajusté et boutonné, se termine par des basques. Le haut du buste et les manches sont ouverts par des découpes verticales qui laissent voir la chemise. Les hauts-de-chausses forment un pantalon droit, long jusqu'au mollet, attaché au pourpoint par des aiguillettes ferrées. La botte est très en vogue. Ses grands revers rouges sont agrémentés de bas de botte en lingerie (bas de toile de lin portés sur le bas de soie). Depuis les années 1620, le grand col bordé de dentelles remplace les autres types de col. Le costume masculin atteint ce point d'équilibre qui particularise la mode sous Louis XIII.

Vers 1620, le costume prend son véritable caractère de simplicité élégante, l'étoffe unie est de ton neutre. La coupe du pourpoint devient charmante ; il consiste en une *veste ajustée* sur le haut du buste, boutonnée depuis le cou jusqu'au sternum. Plus de ceinture, les pans s'écartent et laissent paraître un plissé de la chemise : le *jabot* ; la chemise apparaît également par les fentes des manches. Les hauts-de-chausses deviennent longs et légèrement flottants.

Les fraises, progressivement diminuées, deviennent les *fraises à la confusion*, et, finalement, cèdent la place au large *col rabattu* sur le pourpoint : le *rabat*, qui bien souvent est entouré de dentelles. Des *rebras* (manchettes recouvrant le bas des manches du pourpoint) furent aussi ornées de dentelles. La *croate*, d'où est venue *cravate*, petite pièce de mousseline, entoure le cou. Une écharpe, jetée en sautoir sur l'épaule droite, porte l'épée. Le manteau ou *cape* couvre l'épaule. Comme *surtouts*, outre le manteau, les *casaques* reviennent à la mode sous le nom de *calabres*. Les *chausses* sont allongées au point de descendre au-dessous du genou ; elles deviennent, à l'imitation des Italiens, le *pantalon* qui rejoint les bottes demi-montantes et les *lazzarines*, ou bottes courtes, que l'on agrémente d'un revers souple souvent orné de velours et dentelles. Sur les bottes basses *à revers épanoui*, on enfile de petites pantoufles ou *socques*. On quitte ces socques en entrant chez soi. Pour chausser les bottes, on met des *bas à botter*, bas spéciaux en drap ou en cuir et retombant sur le repli de la botte dans le but de donner une apparence négligée.

L'illustration 103 nous montre le costume Louis XIII de la bonne époque, il est entièrement virilisé ; ce personnage porte un costume au luxe discret. Le pourpoint fendu de quatre *chiquetades* (taillades courtes s'arrêtant au sternum) est ajusté au buste, ce qui lui donne de l'élégance. Les *basques* s'élargissent et tombent devant en pointe pour allonger le torse et élargir les hanches ; les *aiguillettes* sont réduites à la fonction d'ornement. En réalité, le *pourpoint* devient un gilet à manches et à basques qui, logiquement, eût sa place directement sur la chemise. Le *rabat*, très large, garni de dentelles, étale son ampleur sur le haut du pourpoint dont les manches tailladées laissent paraître le linge de la chemise et sur la manchette, le *rebras* recouvre le poignet du pourpoint. Le *manteau*, décoré d'une croix qui marque une distinction, repose sur une épaule et flotte derrière. Les *hauts-de-chausses*, légèrement bouffants, tombent au-dessous du genou, il n'y a plus de jarretières. Le décor du pantalon consiste en galons transversaux et en passementerie décorés de boutons ou de perles ; on les appelait *écussons*. La couture verticale extérieure reçoit également un décor de galon ou passementerie orné de boutons ou de perles.

103. Jacques Callot, *Claude Deruet*, 1630. Paris, Bibliothèque nationale.

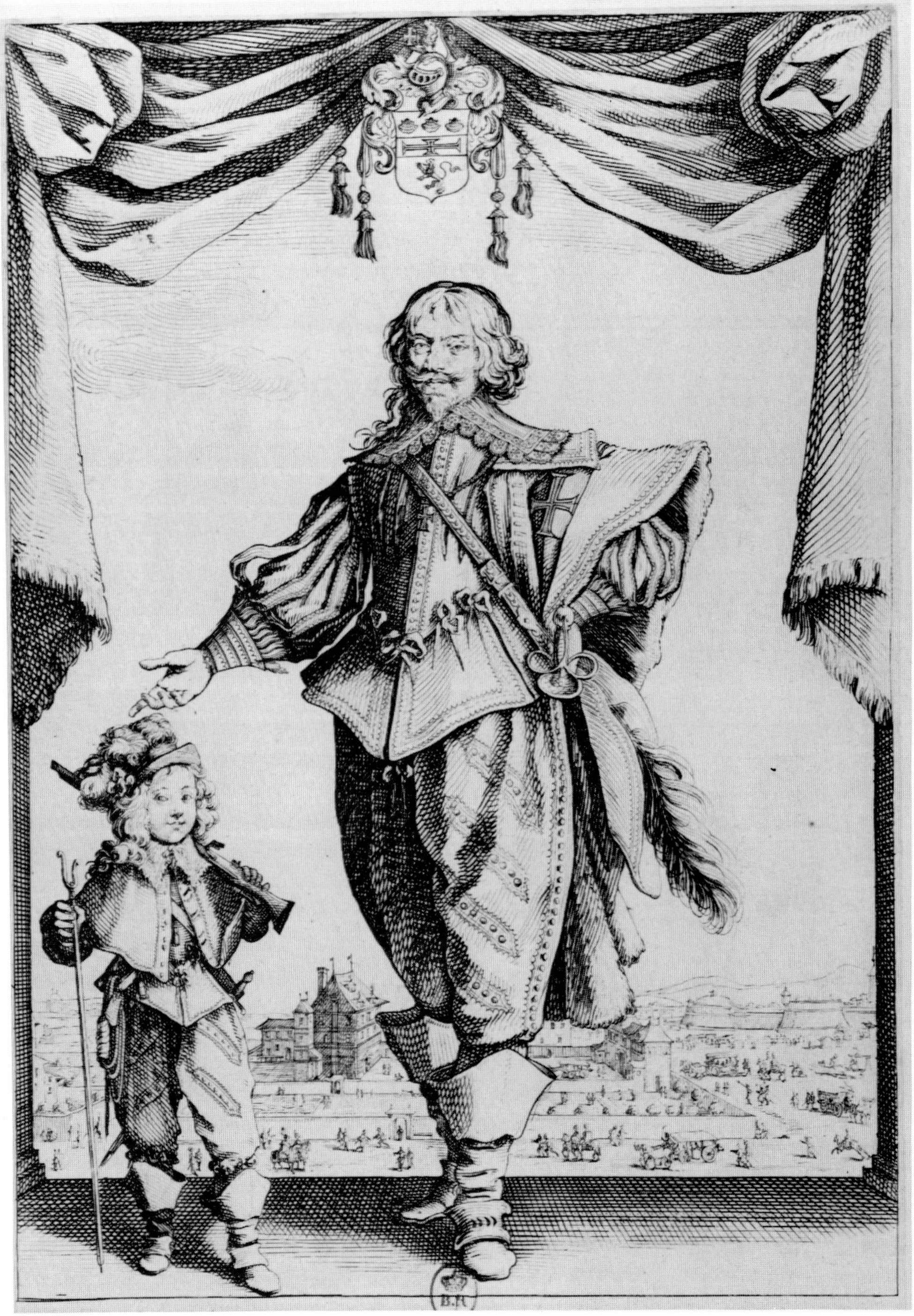

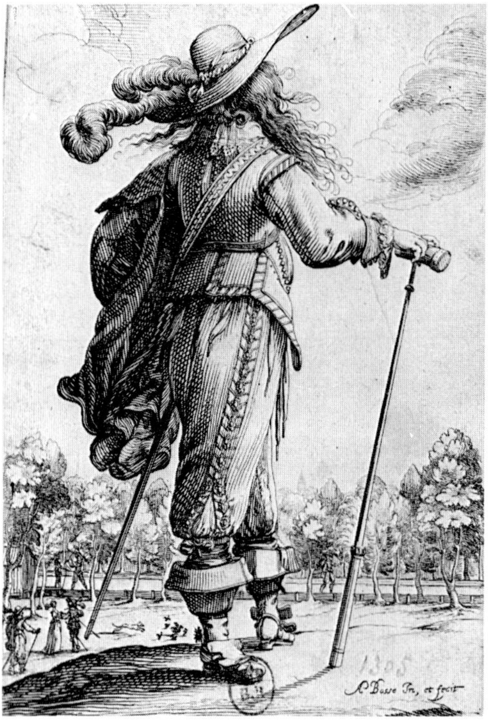

La *botte à entonnoir simple* chausse le pied ; l'éperon, large est haut placé et maintenu par un *devant-de-pied* (sorte d'écusson de cuir auquel l'éperon est attaché). L'épée, assez simple, est maintenue par un étroit baudrier ouvragé.

Les chaussures furent très variées ; on en distinguait plusieurs types :

- les grandes et étroites *bottes de chasse*, qu'on passait quelquefois dans des socques (pantoufles) ;
- les *lazzarines* ou bottes courtes, *à revers épanoui*, faites pour se combiner avec les chausses en long pantalon ;
- les bottes *à entonnoir simple*, qu'on adopte vers 1625 ;
- les *souliers* avec une large rosette décorant le pied.

Comme le soulier obligeait d'aller la jambe découverte, il fallait de riches bas ; ils furent en tricot de soie rouge, dits *bas milanais* ou *de Milan*.

Le port du manteau

Les élégants du règne de Louis XIII ne disaient plus la *cape*, mais le *manteau*. Ce *manteau*, au lieu d'être raide sur les épaules, fut souple et put se draper sur un bras ou autour du buste (ill. 104-107). Savoir donner de l'élégance et la distinction voulue au drapé du manteau était une véritable science. On croit souvent à tort que le manteau tenait par des agrafes placées l'une sur l'épaule, l'autre sous l'omoplate ; ou bien qu'il était muni de cordelières et qu'on l'attachait de biais. Pour le faire tenir en lui conservant son libre jeu, les cordons étaient cousus sous le col, à quelque distance des extrémités et étaient passés autour des épaules soit en dessous, soit au-dessus, le long du bourrelet du pourpoint pour se rejoindre dans le dos sous les omoplates où ils se nouaient. Parfois les deux cordons se nouaient autour d'une seule épaule, et ainsi le manteau, resté flottant, pouvait être drapé à volonté ; en ce cas, les cordons étaient visibles. Un seul bout de cordon était rejeté par-dessus l'épaule, ou les deux bouts étaient visibles. Parfois les deux cordons se nouaient au-dessus de l'épaule gauche et au-dessous de l'épaule droite. Les bourgeois les liaient autour du cou sous le col.

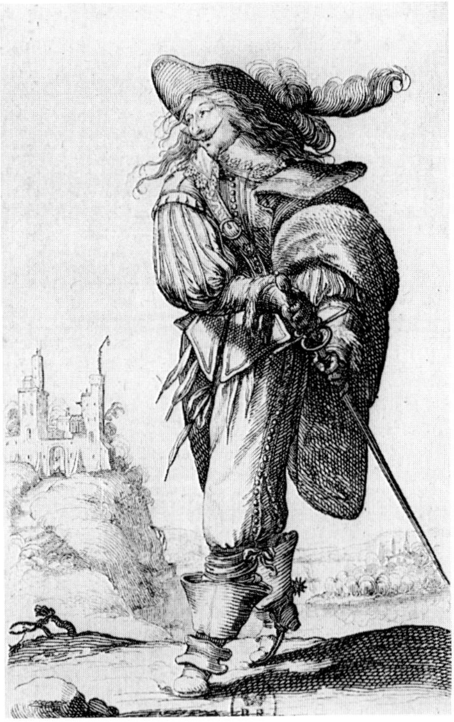

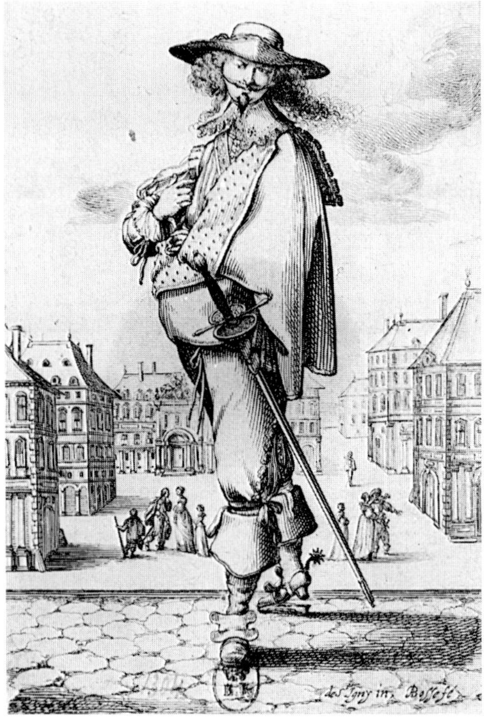

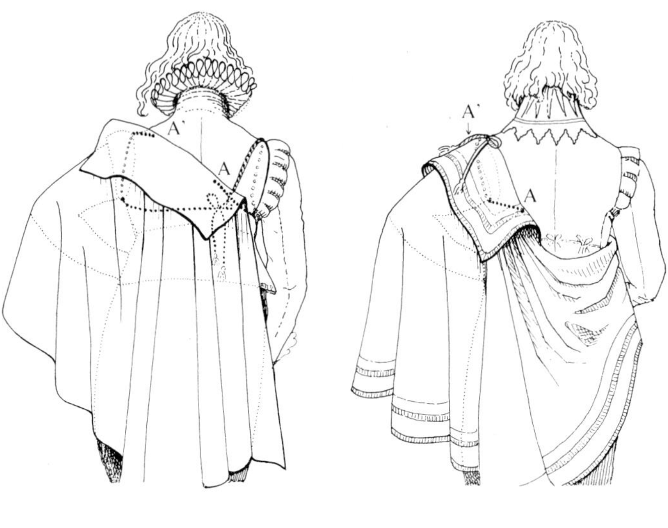

104-105-106. Abraham Bosse, *Gentilshommes*, 1629.
Paris, Bibliothèque nationale.

Le manteau s'assouplit comme l'ensemble du costume dans les années 1630.

107. Dessins de manteaux d'après Maurice Leloir.

Les deux cordons cousus sous le col du manteau sont indiqués par des pointillés.
Lorsque le manteau est porté en biais, les cordons passent au-dessus des épaules, lorsqu'il est rejeté sur le côté, à la Balagnie, les cordons se nouent autour d'une seule épaule.

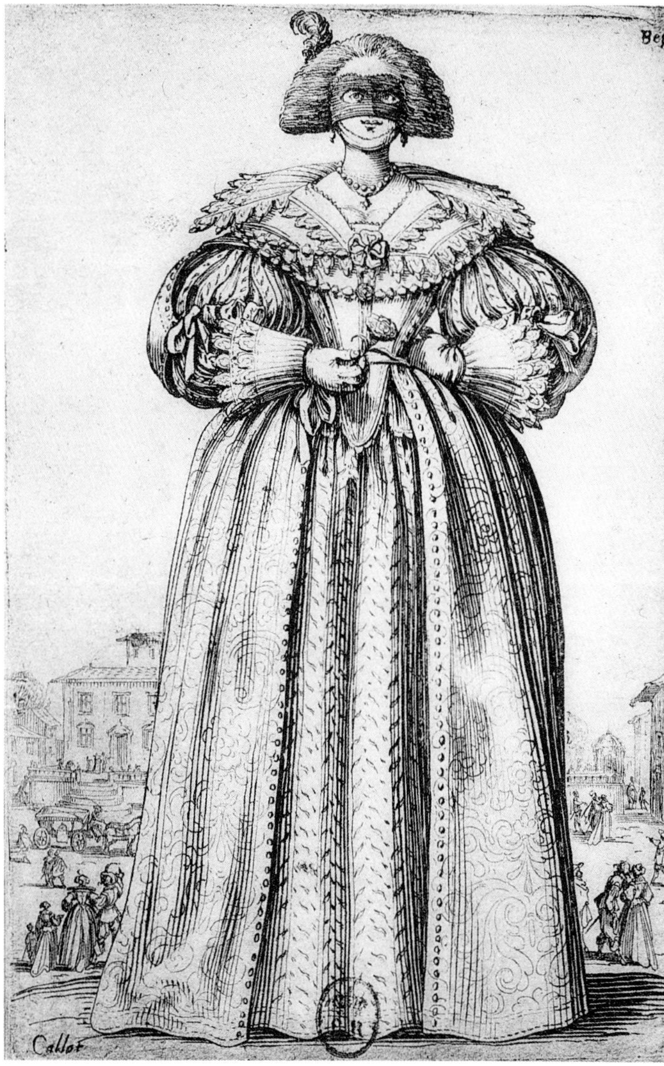

108. Jacques Callot,
La Dame masquée, v. 1620-1623.
Paris, Bibliothèque nationale.

Les élégantes sous Louis XIII

La toilette d'une élégante à l'époque Louis XIII (ill. 108) se composait de la chemise, d'une basquine ou corps piqué (corset), de plusieurs jupons, d'un premier vêtement appelé *jupe*, composé de deux parties séparées ou d'un seul tenant : le *corsage* ou *corps-de-jupe* et la *jupe* proprement dite ou *bas-de-jupe*, et enfin d'un second vêtement, la *robe*, qui, comme le précédent, se composait de deux parties : le *corsage* ou *corps-de-robe*, et le *bas-de-robe*. Le corps-de-robe était ouvert pour laisser paraître le corps-de-jupe ou bien, entièrement fermé, le dissimulait ; le bas-de-robe s'ouvrait sur le bas-de-jupe et le laissait voir. La *vertugade*, qu'on nommait alors *vertugadin*, était toujours en faveur.

La grande réforme fut pour le corsage : les manches n'eurent plus de crevés, mais des bouillonnés et des *rebras* aux poignets, c'est-à-dire de hautes manchettes de dentelle ; à l'encolure : des *rabats* ou cols. Pour la première fois depuis des siècles, le buste se montra sans être déformé par la robe. L'illustration 109 montre le costume Louis XIII dans toute sa splendeur : le *bas-de-robe* s'ouvre sur la *jupe*, les manches fendues, arrêtées au coude, laissent paraître celles bouffantes du *corps-de-jupe* et l'étoffe unie et sombre de la robe se marie à la perfection aux dentelles.

Un des traits les plus originaux du costume féminin au temps de Louis XIII est celui qui consiste à relever la robe sur les côtés, comme le montrent les illustrations 111 à 114. Cette

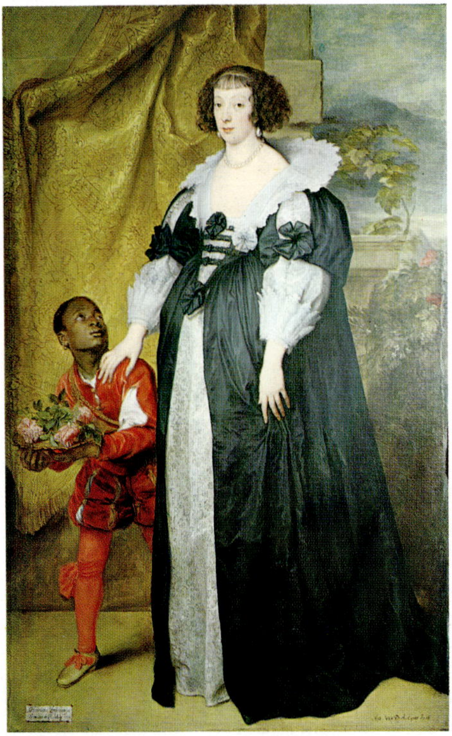

109. Antoon van Dyck, *Henriette de Lorraine*, 1634. Londres, collection particulière.

Dans le deuxième quart du XVIIe siècle apparaît la robe, long manteau à manches volumineuses et taille haute, pourvu d'une jupe à traîne. Elle s'ouvre sur un corsage et une pièce d'estomac arrondie, et sur une jupe de couleur différente. Cette robe est le plus souvent noire, rehaussée d'un grand collet de dentelle blanche qui borde une poitrine très découverte. Masques et loups de velours noir protègent le teint blanc et frais des coquettes.

mode n'était pas nouvelle puisque nous en retrouvons l'usage dans l'ancien *amigaut* du Moyen Âge. Ainsi retroussée, la robe laissait mieux paraître toute la richesse et l'éclat de la jupe : la *friponne*.

L'illustration 111 montre la robe relevée avec modération ; pour obtenir ce retroussis, on passait les relevés dans les fentes latérales ou poches de la jupe. Dans l'illustration 113, le bas-de-robe retroussé est *épinglé par-devant*. Cette manière est encore courante dans certaines campagnes. La fermeture du corsage est une innovation que marque l'apparition des *brandebourgs*, décor des casaques allemandes des Brandebourgeois. On remarquera que ce décor horizontal donnait l'apparence de la largeur à la poitrine, aussi fut-il assez en vogue et, plus tard, adopté par l'armée.

Les illustrations 113-114 nous représentent deux bourgeoises en grand costume aussi luxueux que les édits le permettaient à leur rang social : le bas-de-robe très relevé, retroussé dans les poches des côtés où probablement des liens en fixaient les plis, laisse apercevoir la jupe, la *friponne*, très ornée pour faire opposition à la simplicité de la robe. Le devant du bas-de-robe est fermé par des nœuds de ruban. Les manches, fendues dans toute leur longueur, permettent d'apercevoir celles du corps-de-jupe. À remarquer le *manchon*, nouveauté à la mode.

En général la jupe retroussée était d'usage dans la bourgeoisie. Les femmes du commun restèrent fidèles aux anciennes coutumes ; elles étaient vêtues d'une casaque qu'on nommait *jupon* ou *veste* et d'un *bas-de-jupe*, ou d'une *hongreline*, d'un bas-de-jupe plissé et d'un tablier à bavette comme, naguère, les sœurs de Saint-Vincent-de-Paul. Elles étaient chaussées de socques ou de souliers de cuir à talons bas.

110. Pierre Paul Rubens, *L'Échange des princesses* (détail), 1622-1625. Paris, musée du Louvre.

En 1615, un échange de princesses marque un rapprochement dynastique entre la France et l'Espagne. Anne d'Autriche, fille de Philippe III épouse Louis XIII, et Élisabeth de France le futur Philippe IV. Les toilettes des princesses utilisent des étoffes lourdes et riches qui restent raides sur les vertugadins coniques et légèrement aplatis sur le devant.

Déclin et disparition du vertugadin

On sait en quoi consistait le vertugadin du XVIe siècle, sorte de jupon tout d'abord en forme de cloche qui, à la fin du XVIe siècle et sous Henri IV, fut soutenu par les cerceaux de fer donnant à la femme l'apparence d'être dans un tonneau ou un cylindre.

Jusque vers 1630, le vertugadin subsista, mais en se modifiant, il n'eut plus cette enflure si disgracieuse autour des hanches qu'il avait auparavant et d'autre part il fut aminci à ses deux extrémités et forma pointe. Ce ne fut plus qu'une armature plate.

Cet assagissement du *vertugadin* et du *corps-de-cotte* (c'est-à-dire du corset) et de toutes les formes en général, nous le consta-

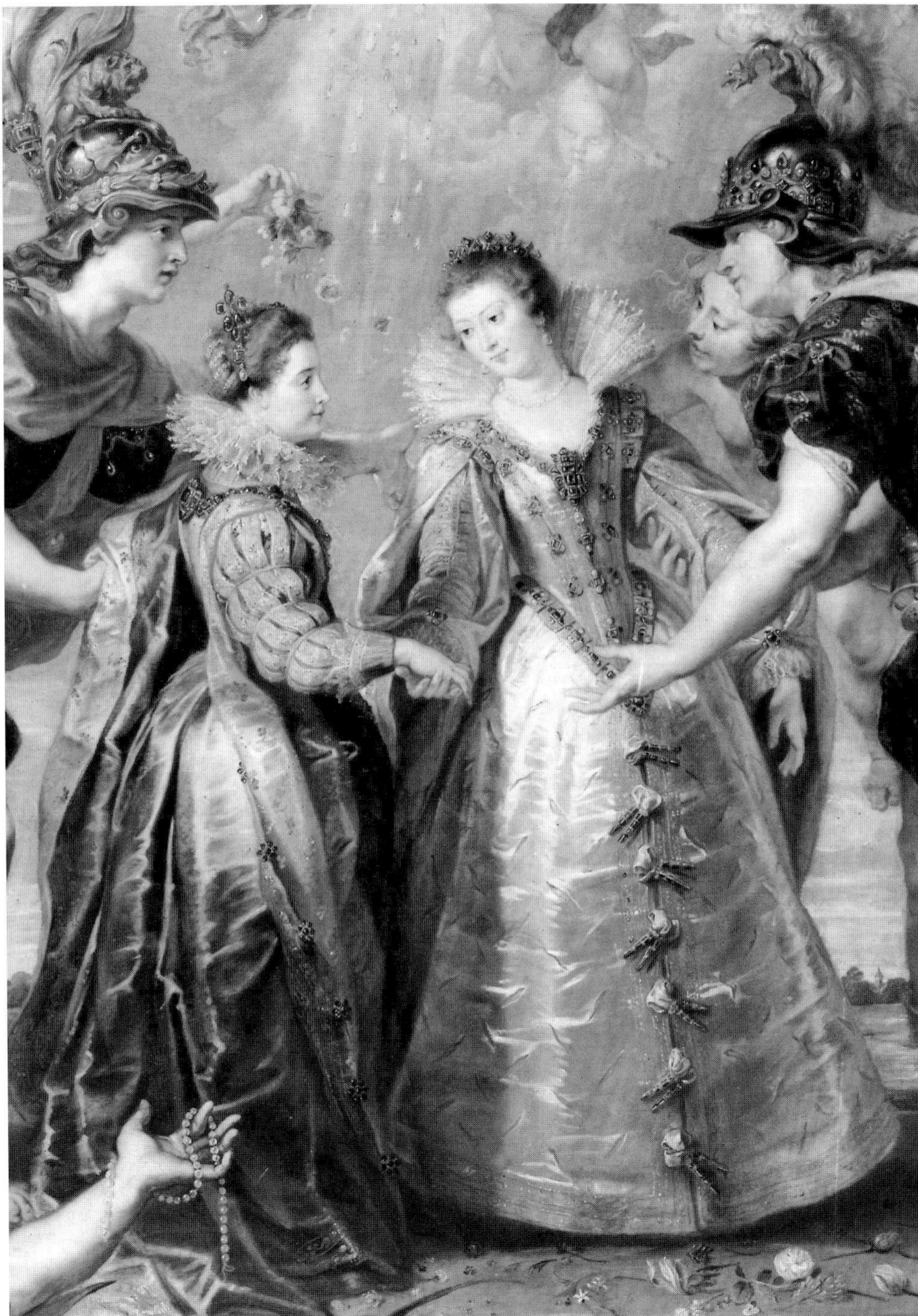

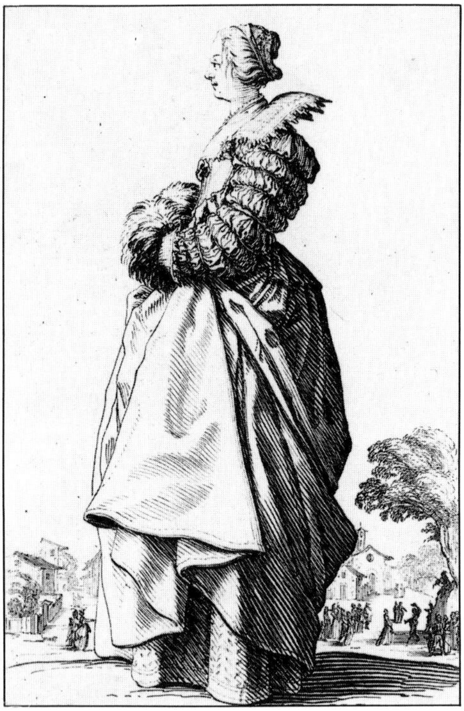

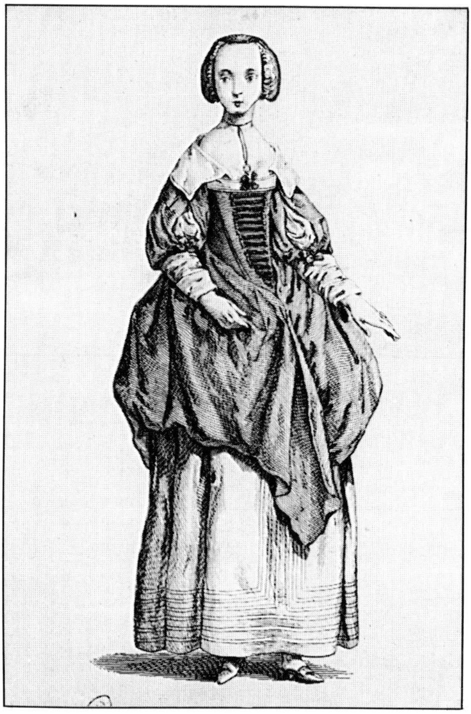

111. Jacques Callot,
La Dame au manchon,
v. 1620-1623.
Paris, Bibliothèque nationale.
112. Wenzel Hollar,
Bourgeoise, v. 1640.
Paris, bibliothèque
des Arts décoratifs.

La robe, portée pour sortir, se retrousse à l'aide d'agrafes pour plus de commodité, révélant ainsi une superposition de jupes de couleurs et matières différentes. La tenue de la bourgeoise, calquée sur celle de l'aristocrate, se distingue par une plus grande simplicité en particulier dans les étoffes et la qualité de la lingerie.

tons dans les admirables costumes des princesses Élisabeth de Bourbon et Anne d'Autriche représentés dans le célèbre tableau du musée du Louvre *L'Échange des princesses* (ill. 110)).

Dans cette magnifique composition, le peintre nous montre deux des plus beaux costumes féminins de l'époque Louis XIII. La princesse de droite, revêtue de ce qu'on appelait la « robe », a une distinction sans pareille : la *jupe* (on disait le *bas-de-jupe*) s'évase sans exagération ; des *rubans à ferrets* en ferment l'ouverture sur le jupon dit *friponne*. Le *corps-de-robe* (corsage de la robe qui se met sur le corps-de-jupe), terminé en pointe, allonge la taille un peu haute du dos ; une garniture de basques minuscules longe les hanches que des joyaux parsèment ainsi que le devant du corsage décolleté ni trop, ni trop peu. La tête, encadrée et isolée par le plissé de la collerette de dentelle, est mise en valeur. Les manches droites du corps-de-jupe sont recouvertes par de larges manches (*mancherons en ailes*) retenues par un joyau ; elles donnent de la légèreté, tout en empêchant le ballonnement du haut de produire de l'épaississement.

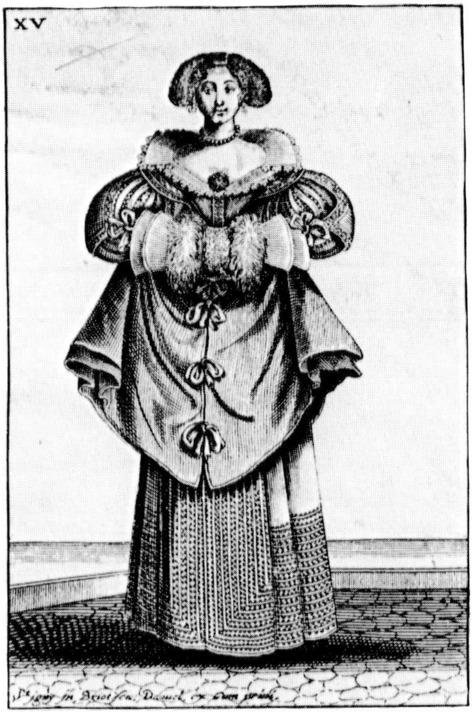

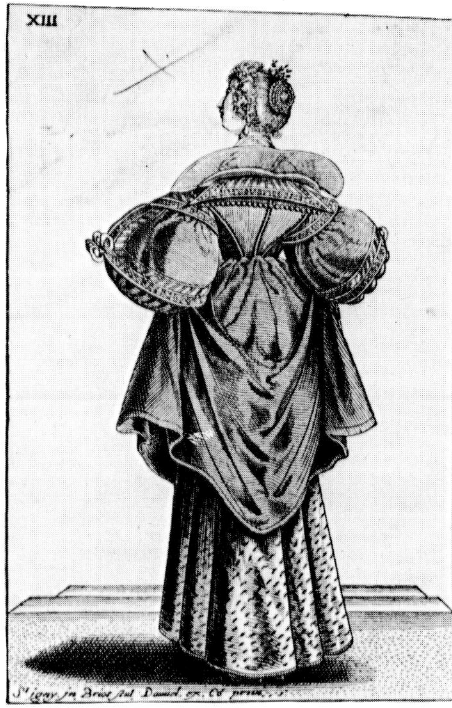

113-114. Jean de Saint-Igny, *Bourgeoises*, v. 1635. Paris, bibliothèque des Arts décoratifs.

La seconde princesse porte un costume du même genre avec quelques légères variantes et permet de juger de profil de la beauté des lignes. Elle porte une *fraise à la confusion* et ses manches sont ballonnées et tailladées. La manche de la robe flotte pendante librement *en mancheron*.

Les coiffures sous Louis XIII

Sous Henri IV existait un chapeau de feutre à fond haut, à bord relevé du côté gauche, mais le plus souvent devant ; une plume d'autruche ou de laine l'entourait. On portait aussi une sorte de *mortier*, petit haut-de-forme plissé autour et à bords étroits. Le Vert Galant ne manifestant point de coquetterie, le couvre-chef varia peu sous son règne.

Enfin la mode lança le grand chapeau classique de cette époque, celui qui est demeuré comme le type du chapeau Louis XIII. C'était le large feutre, ou *castor*, bas de forme, penché sur le côté droit et entouré d'une longue plume d'autruche dite *pleureuse* (ill. 115).

115. Abraham Bosse, *L'Ouïe* (détail), v. 1640. Paris, Bibliothèque nationale.

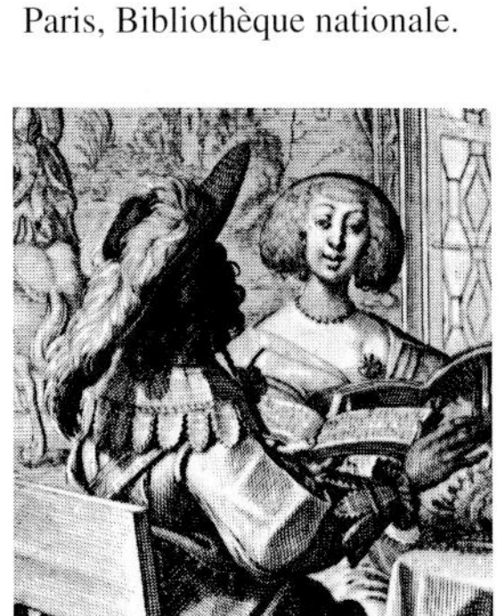

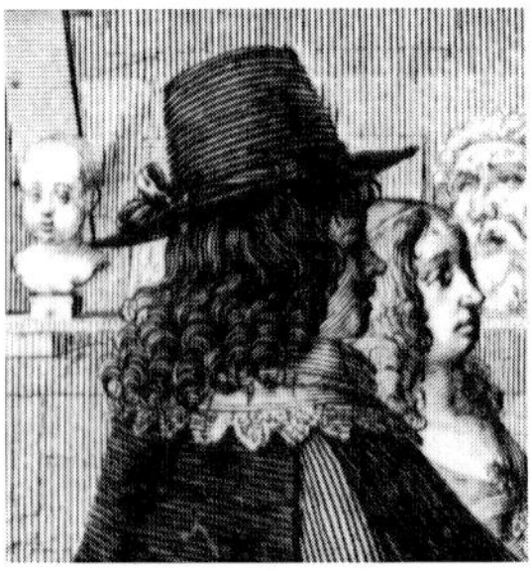

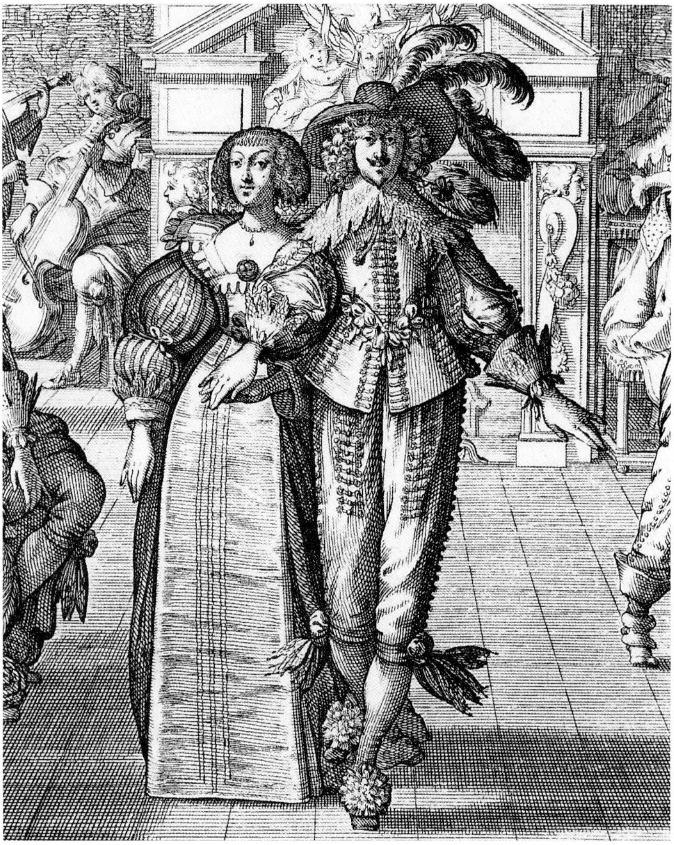

116. Abraham Bosse,
Le sculpteur dans son atelier (détail), 1642.
Paris, Bibliothèque nationale.

117. Abraham Bosse,
Le Bal paré (détail), v. 1635.
Paris, Bibliothèque nationale.

Il fut le plus gracieux et le plus seyant, comme il resta le plus caractéristique de ce temps.

La bourgeoisie adopta une forme spéciale consistant en une forme haute et tronconique avec des bords assez étroits (ill. 116) ; un cordon ou une ganse entourait ce chapeau : cet ornement deviendra le *bourdalou*. Comme les nobles, le bourgeois porte la chevelure longue. L'illustration 117 représente un de ces élégants et extravagants bravaches, toujours l'épée à la main, qui subiront la sévérité de Richelieu à propos des duels. Le fond du chapeau, assez haut, a ses bords irréguliers et fendus au milieu de sorte que le bord le plus large se relève à gauche. Un triple panache le décore et derrière pend une plume appelée queue de renard.

La chevelure très bouclée tombe sur les épaules. Une petite moustache relevée en crocs orne la lèvre supérieure, et *la royale*, petite barbiche, pend au menton.

Parmi les excentricités de coiffure, il faut signaler la *moustache*, longue mèche de cheveux serrée d'un ruban et ramenée pendante devant l'épaule gauche. Le reste de la chevelure couvrait l'épaule droite. Plus tard, la moustache fut frisée ou bouclée, maintenue d'un nœud précieux, ce fut la *cadenette*. Avec la cadenette, qui découvrait l'oreille gauche, on portait une grosse perle à cette oreille.

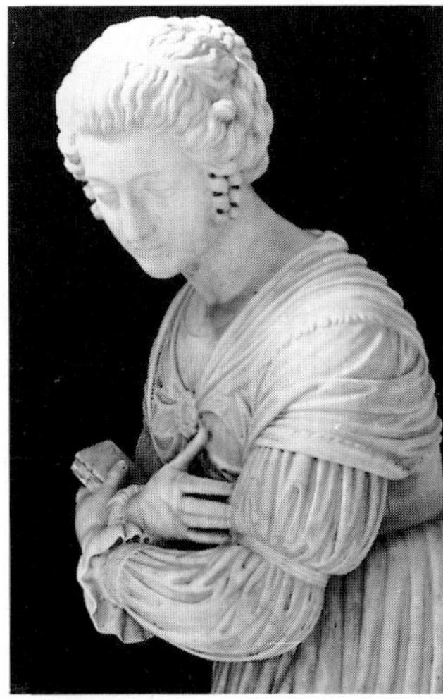

118. François Anguier, *Gasparde de la Châtre*, marbre. Paris, musée du Louvre.

Ce n'est que vers 1630 ou 1635 que les coiffures des femmes s'aplatirent. La mode fut alors de séparer les cheveux en trois parties. Celle qui couvrait le sommet du crâne était rejetée en arrière pour y former un chignon appelé *cule-butte*. On laissait alors une raie de cheveux sur le front, on les coupait très court ; plus tard on les boucla. Cette rangée de cheveux s'appelait *garcette*. Les deux autres parties retombaient sur l'une et l'autre oreille en petites frisures : c'étaient les *bouffons* (ill. 118). La cule-butte fut tour à tour ornée de plumes, puis de nœuds de rubans, enfin d'aigrettes et de pierreries.

Les femmes âgées relevaient leurs cheveux en un *arceau* entourant le visage ; le chignon était fait d'une torsade dite *rond*.

Anne d'Autriche mit à la mode les *serpentaux* qui étaient les *bouffons en tire-bouchons* ou *anglaises*. Quelquefois, l'*arceau* d'une jeune dame était en *bombage* et la *pointe*, petite touffe sur le front, remplaçait la *garcette*.

Le chaperon n'était plus porté que par les bourgeoises et les veuves. Une coiffure identique à celle de Marie de Beauharnais fut longtemps de mode chez les Savoyardes. Ces chaperons consistaient en une étoffe de drap ou de velours maintenue par un fil métallique épousant la forme du crâne.

119. Gilles Guérin, *Marie de Beauharnais*, marbre. Paris, musée du Louvre.

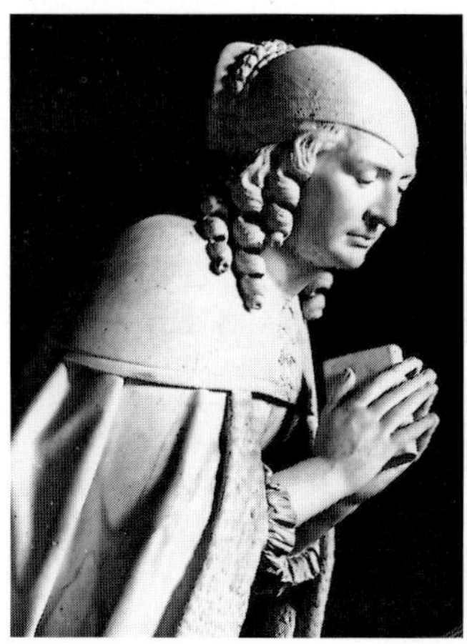

Les dames sortaient en cheveux, ou se couvraient la tête d'un mouchoir très fin et orné de dentelles (ill. 119). En déshabillé elles portaient de petits bonnets sans passe et ronds. Les servantes et les femmes du peuple se coiffaient d'un bonnet sans passe, mais avec un grand pendant de lingerie appelé *bavolette*. Les paysannes avaient, pour se couvrir la tête, un gros béguin piqué, encore en usage dans plusieurs campagnes. On l'appelait *calipette* ; autrefois son nom était *cale*.

L'usage du toquet ne put se maintenir, car le chignon le fit abandonner au profit de la *coiffe*, pièce de crêpe ou de taffetas noir enveloppant la tête et se nouant sous le menton : ces coiffes furent appelées *ténèbres*.

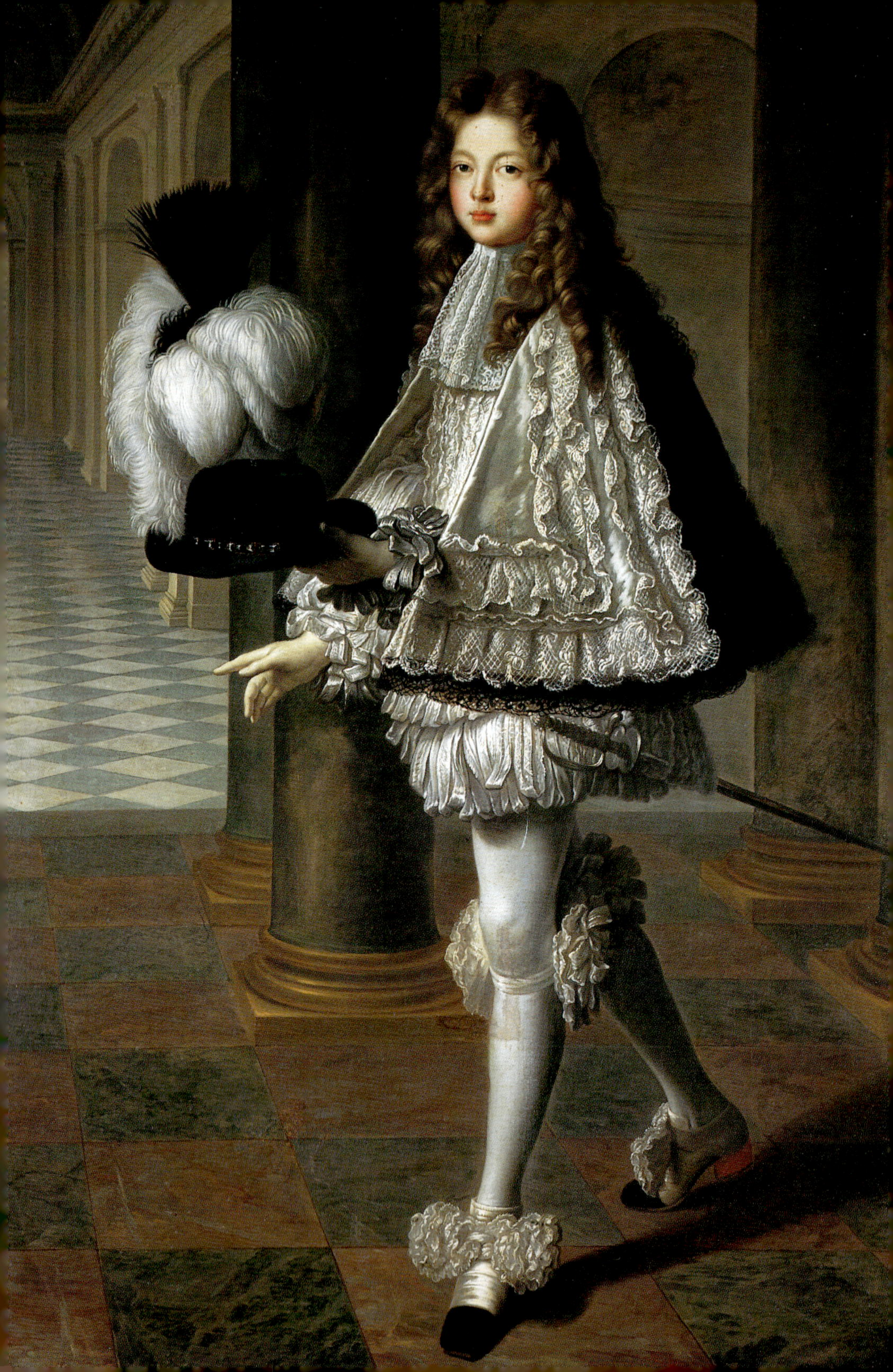

ÉPOQUES LOUIS XIV ET LOUIS XV

LE COSTUME SOUS LOUIS XIV

Aussitôt après la mort de Richelieu, on ne tint plus aucun compte de ses décrets interdisant les dentelles, les toiles d'or ou d'argent. Plus que jamais on employa les passements ornés de paillettes et de cannetilles, on alla jusqu'à fondre de la monnaie pour en fabriquer. En 1644, Mazarin mit un frein à ces excès par un arrêt prohibant les larges broderies et tous les tissus précieux autres que les tissus de soie.

C'est alors qu'on chercha un autre élément de décoration et qu'on eut l'idée de remplacer les riches passements par des coques de rubans qu'on appelait alors des *galants*, et qu'on avait employés jusque-là pour orner la chevelure. Ces *galants* eurent une vogue considérable au cours des XVIIe et XVIIIe siècles ; en 1656, on comptait, sur un habit « à la française », jusqu'à six cents galants. On en mettait partout : sur l'épaule, le long des ouvertures, au bas des chausses et même sur le ventre. En 1660, Mazarin publia un nouveau décret interdisant la dentelle, la guipure et les broderies ; mais bientôt Louis XIV, devant le mécontentement général, rapporta le décret et fonda plusieurs fabriques de dentelles en France, notamment à Alençon et à Paris.

120. Anonyme, *Le Comte de Toulouse en habit de novice du Saint-Esprit*, v. 1694. Chantilly, musée Condé.

L'ordre du Saint-Esprit fut créé en 1578 par Henri III en mémoire de son accession au trône le jour de la Pentecôte. L'habit de novice comprend un pourpoint de toile d'argent, des trousses, des bas de soie gris et des escarpins blancs. Jusqu'à son admission, le novice porte une cape courte, remplacée ensuite par le grand manteau.

En ce qui concerne les brocarts et les passements d'or et d'argent, Louis XIV se montra irréductible : à partir de 1664, et pendant quarante ans, il fut rigoureusement interdit de porter des costumes ornés de brocart sans un brevet signé du roi. On donnait à ces vêtements brodés or et argent et doublés de rouge le nom de *justaucorps à brevet*. Le nombre de privilégiés ayant le droit de porter ces justaucorps était assez limité, et quand un titulaire venait à décéder, on le remplaçait ; mais jamais le roi ne voulut consentir à en accroître le nombre.

Vers 1675, on constate pour la première fois la formation d'une communauté de couturières. Jusqu'alors, les tailleurs étaient seuls autorisés à habiller les femmes.

À partir de 1677, il y eut une plus grande simplicité dans les vêtements masculins ; on employait moins les riches étoffes, le drap fut en vogue, les fabriques françaises rivalisaient avec celles d'Angleterre et de Hollande. À la fin du XVIIe siècle et au début du XVIIIe, ce mouvement s'accentua, le roi donna l'exemple en s'habillant de velours foncé avec une légère broderie d'or.

Toutefois, entre 1697 et 1700, il y eut une recrudescence de luxe, les costumes furent très somptueux. Successivement, en 1700 et 1708, le roi renouvela l'interdiction de l'emploi de l'or et de l'argent, excepté pour quelques fonctionnaires et certains nobles de haute lignée.

Les sources

La documentation sur le costume de l'époque de Louis XIV est assez variée, mais de valeur inégale. La statuaire ne fournit à peu près rien ; quant à la peinture, il faut faire un choix judicieux, la plupart des peintres ayant cherché, avant tout, à donner à leurs modèles un costume à effet souvent théâtral qui leur donne un caractère tout à fait exceptionnel : telles sont les œuvres de Rigaud. Mignard, Largillière et Lebrun ont consenti à donner parfois à leurs modèles un costume qui correspondait à la réalité.

On consultera avec fruit les admirables tapisseries de Lebrun, notamment les suites fameuses de *L'Histoire du roi* qui furent gravées par Sébastien Leclerc (1637-1714).

L'œuvre des graveurs mérite l'attention : nous citerons d'abord la magnifique série de portraits de Nanteuil (1623-1671). Malheureusement, ce ne sont que des bustes, et les indications sur le costume sont bien restreintes. Il y a lieu de citer également les estampes signées Bonnart, Arnoult et I. D. de Saint-Jean. Le graveur Jean Le Pautre (1618-1682) fut surtout un ornemaniste ; cependant il nous a laissé un certain nombre de pièces intéressantes pour l'his-

121. *Gentilhomme de la suite de la maréchale de Guébriant*, 1646.
Collection Gaignières.
Paris, Bibliothèque nationale.

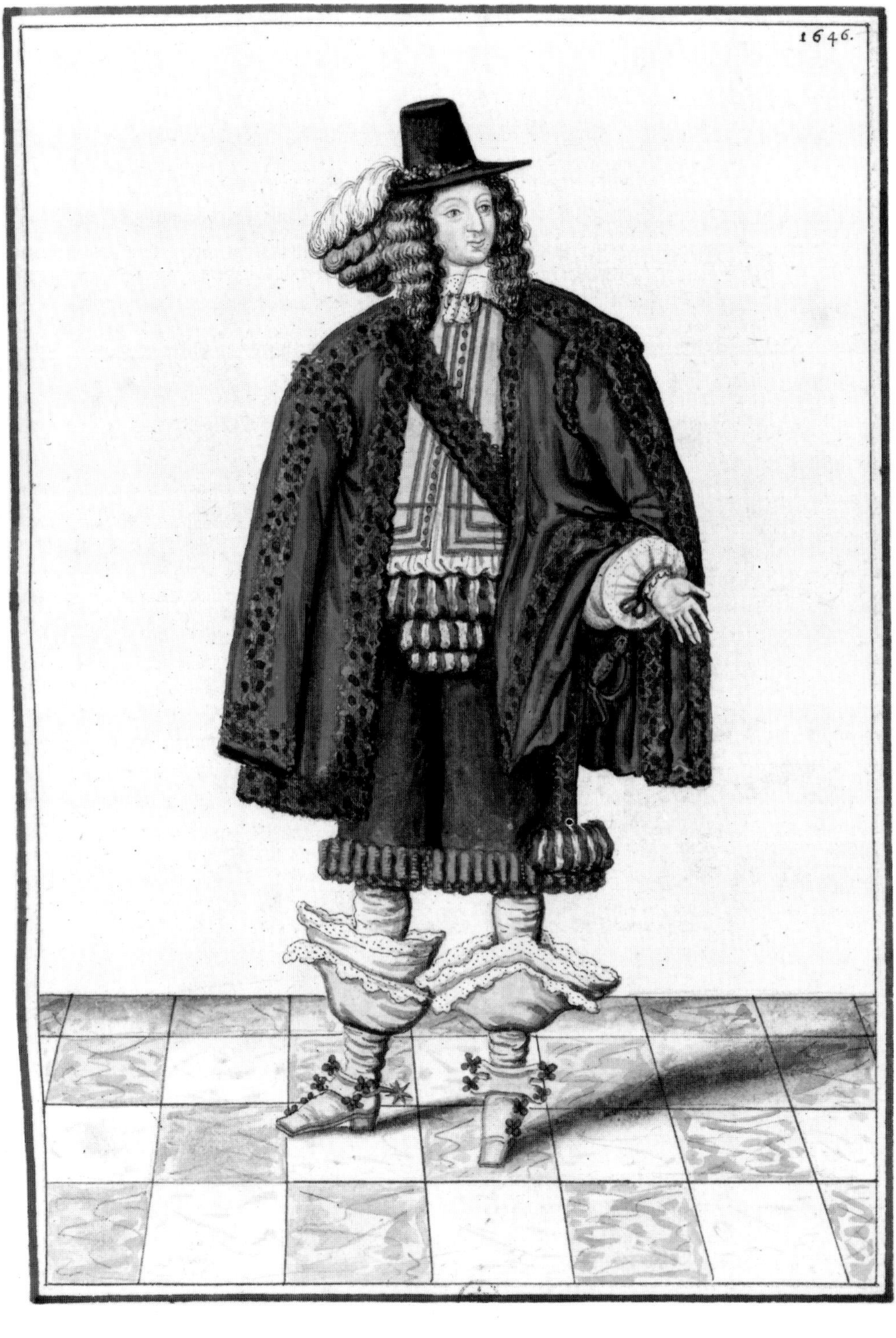
1646.

toire du costume. Ce sont les estampes sur les *Fêtes et Divertissements* en 1668 et en 1671. Antoine Trouvain (1656-1768) est l'auteur d'une série de six pièces extrêmement importantes sur le costume Louis XIV ; c'est la série des *Appartements royaux*. La source la plus précieuse à laquelle on puisera les documents sur cette époque est incontestablement le recueil dit de Gaignières (ill. 122), conservé à la Bibliothèque nationale de Paris. On sait que Gaignières (1642-1715), riche collectionneur, eut l'idée excellente de faire dessiner – et souvent colorier – une importante série de planches sur le costume. La plupart de ces documents ayant été relevés d'après nature ou d'après des monuments existant à cette époque, le recueil de Gaignières est d'une immense valeur historique.

Les trois périodes

On peut diviser l'histoire du costume sous Louis XIV en trois périodes : la première (1644-1661) est l'époque de la jeunesse de Louis XIV ; c'est une époque de transition. La deuxième période (1661-1670) est l'apogée du règne ; c'est l'époque de la somptuosité sous l'influence de Mme de Montespan. La France est alors l'arbitre des élégances de l'Europe entière et toutes les nations – sauf l'Espagne – viennent s'inspirer de la mode et du costume français. La troisième période (1670-1715) voit d'abord la continuation du luxe des vêtements ; mais à la fin du règne, sous l'influence de Mme de Maintenon, on constate une tendance à la simplicité des lignes et à la sobriété de l'ornementation.

L'évolution du costume masculin

Quelques éléments des costumes Louis XIII subsistèrent durant la période première ; ce sont les feutres à larges bords plats et empanachés, ainsi que les bottes à revers épanoui.

Les innovations sont assez nombreuses ; d'abord le *rabat*, attaché par des glands, qui succède au grand col rabattu. Puis des touffes de ruban qu'on appelait des *galants* et dont on était très prodigue. Le côté du haut-de-chausses dans sa partie inférieure en était orné. On formait sur le ventre, en place de l'ancienne brayette et de la petite oie, une sorte de petit tablier qui allait en se rétrécissant vers le bas.

Les *canons* étaient des sortes de genouillères très larges terminant les hauts-de-chausses. On laissait un espace libre entre les canons et les revers épanouis des bottes. Les canons furent souvent faits de plusieurs rangs de toile fine ou de dentelle. Le *pourpoint* fut

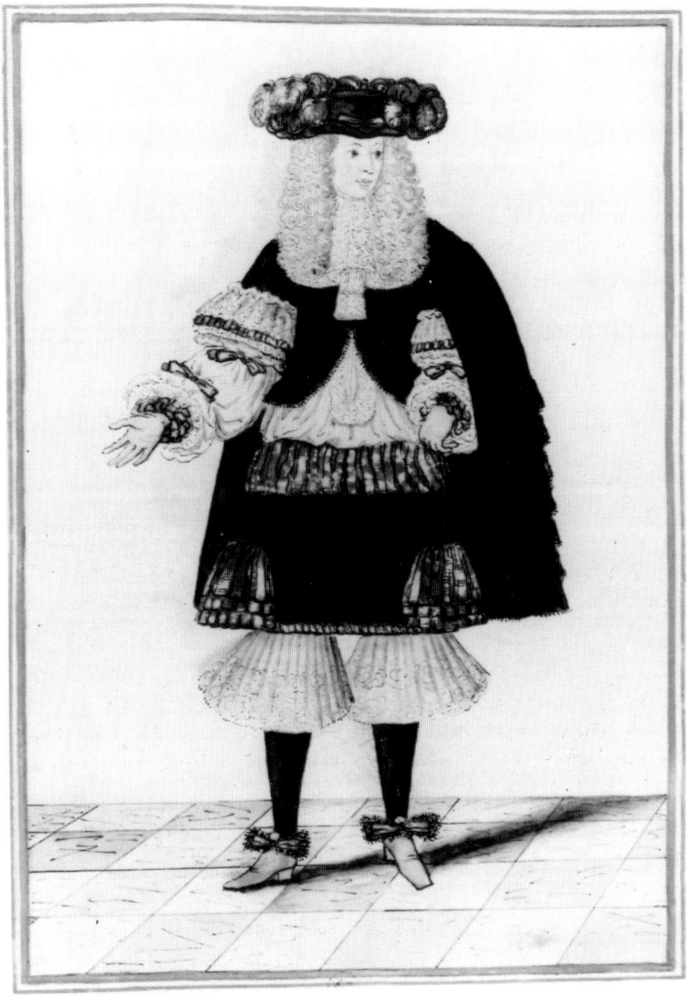

122. *Louis XIV*, v. 1660. Collection Gaignières. Paris, Bibliothèque nationale.

À l'équilibre de la silhouette du règne de Louis XIII succèdent des formes plus extravagantes dont le meilleur exemple est la rhingrave, cette culotte si large qu'elle s'apparente à une jupe, portée sur des chausses bouffantes. Le pourpoint raccourcit sur la chemise ample et bouffante. Des volants de lingerie attachés aux canons et des souliers ornés de grands nœuds complètent cette tenue et témoignent d'un goût pour la surcharge et la fantaisie vestimentaires.

raccourci ; il bâillait légèrement sur la chemise. Pour donner au costume l'aspect débraillé, alors à la mode, on laissait un intervalle entre le pourpoint et la ceinture du haut-de-chausses.

Un mélange d'aspect débraillé, de recherche d'élégance et de richesse caractérise la deuxième période. Le rabat subsiste, mais on lui donne plus de largeur, et les longues attaches qui le fixent viennent pendre sur le milieu de la poitrine, au-dessus de l'ouverture du pourpoint court sur la chemise bouffante.

Les *manches* du pourpoint sont très courtes dans le costume de cour ; elles sont ornées d'un volant de dentelle et laissent passer les

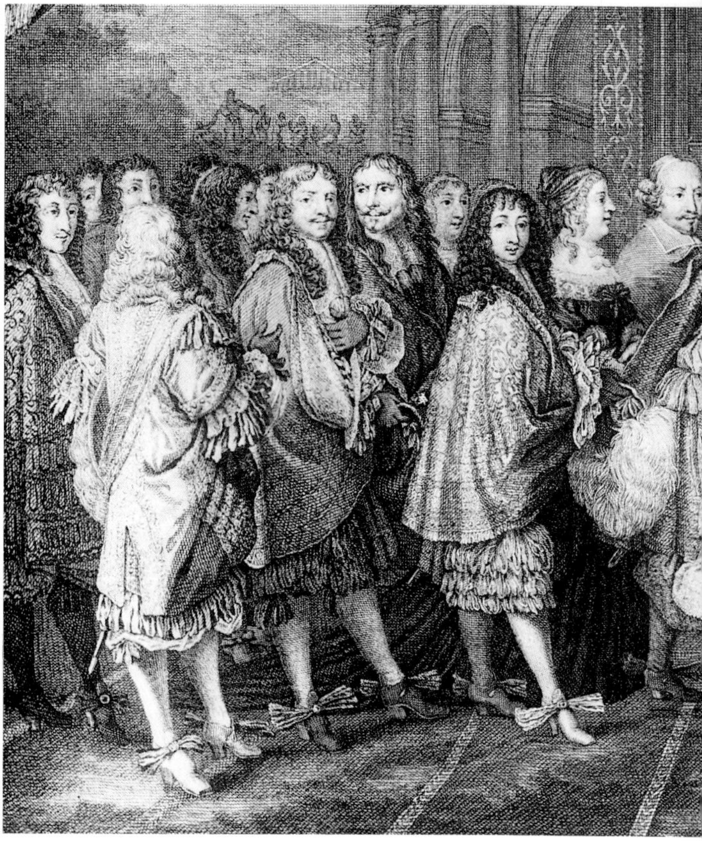

123. *Rencontre de Louis XIV et de Philippe IV*, gravure d'après la tapisserie de l'*Histoire du Roi* d'après des cartons de Charles Lebrun, 1669.
Paris, Bibliothèque nationale.

Les rhingraves flottantes surchargées de boucles de rubans, contrastent avec les chausses étroites et la sobriété des tenues espagnoles. L'infante Marie-Thérèse d'Autriche porte le large guarde-infant qui à la cour d'Espagne succède au vertugadin.

manches de la chemise serrées au coude et au poignet par deux rubans. Hors de la cour les manches se portent plus longues. Pour se protéger du froid, on portait sous la chemise une *camisole*.

L'élément principal et le plus original du costume masculin de cette époque est le haut-de-chausse en forme de juponnet qu'on a appelé *rhingrave* (ill. 123). Importée de Hollande par le comte de Salm ayant le titre de comte du Rhin (*Rhein* : Rhin – *Graf* : comte), la rhingrave consiste en une jupe-culotte dont la doublure s'attachait aux genoux par une coulisse servant également à assujettir les canons. Tantôt le jupon est d'une seule pièce, tantôt il forme pantalon pour monter à cheval, c'est la *rhingrave-culotte*. Dans le premier cas, ou *rhingrave-jupon* (ill. 124), la culotte est invisible ; dans le second cas, elle dépasse nettement le jupon. Entre 1660 et 1668, la rhingrave est ornée d'une frise de rubans à la ceinture et d'un flot de chaque côté à la hauteur des genoux.

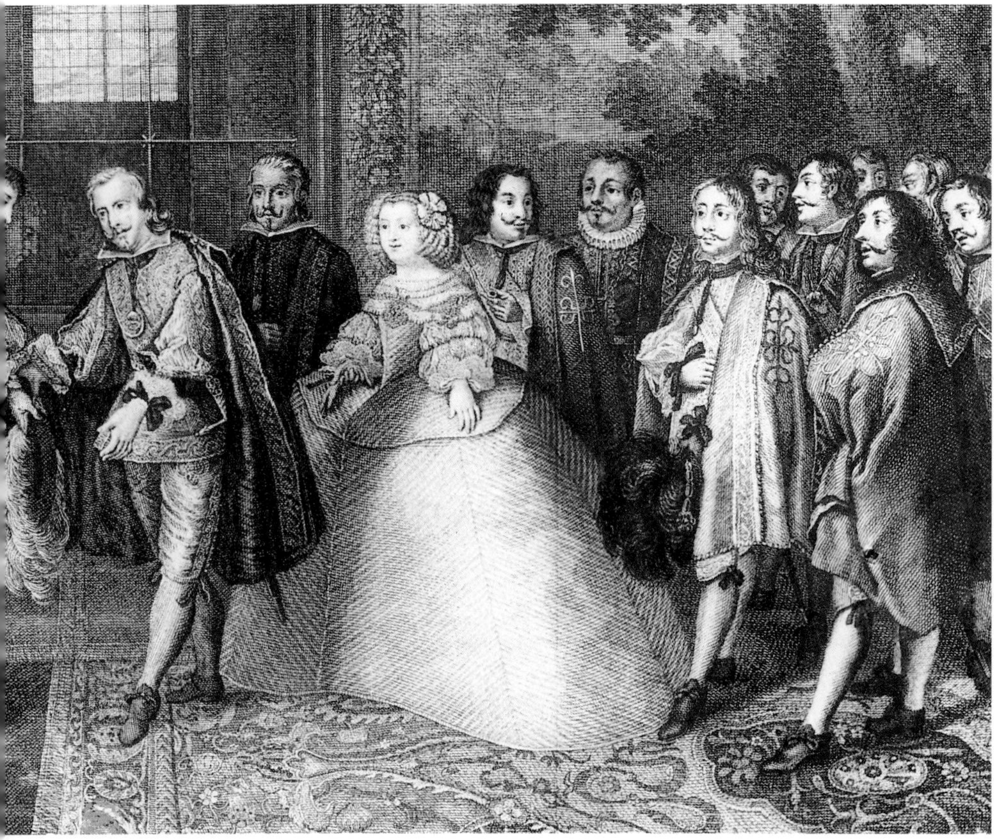

Vers 1670, la rhingrave s'orne d'un volant dans la partie basse (ill. 125). Les *larges canons de dentelles* persistent, quoique la mode fût passée de chausser des bottes dans le costume paré. Parmi les accessoires, nous citerons le principal : le *baudrier*, large bande d'étoffe frangée brodée de soie ; il était accompagné d'un « nœud d'épée ». À partir de 1668, on pose sur le baudrier, autour de la taille, une écharpe de dentelle l'été, et l'hiver un manchon retenu par une ceinture. Les manteaux avaient la forme de la cape. On en relevait les deux pans qu'on maintenait avec grâce avec une main pour découvrir le bas de la rhingrave et ses canons.

Le costume masculin de la troisième période diffère entièrement du costume de la deuxième période. Il consiste en un justaucorps qui prendra le nom d'*habit* (ill. 127) à la fin du règne de

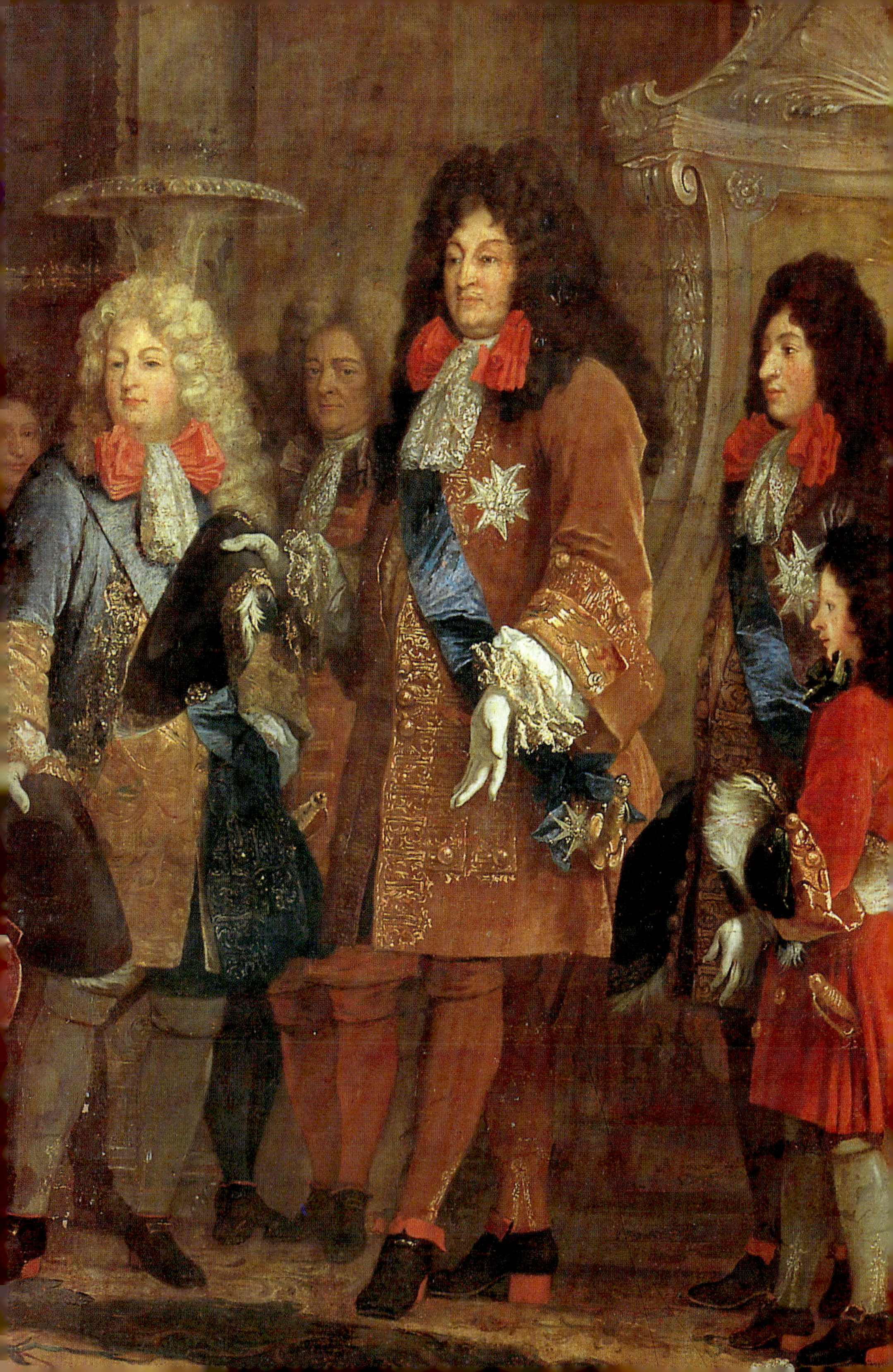

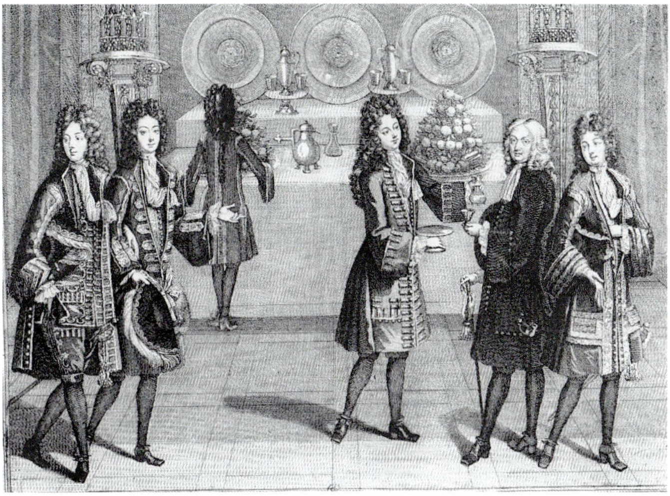

124. Claude Hallé, *Réparation faite à Louis XIV par le doge de Gênes* (détail), v. 1685. Versailles, musée national du Château.

125. Antoine Trouvain, *Préparation du souper dans le salon de Vénus*, 1696. Paris, Bibliothèque nationale.

Emprunté au costume militaire, le justaucorps long et évasé, à manches à revers, est d'abord porté sur des hauts-de-chausses bouffants, puis, à partir des années 1680, sur des culottes de plus en plus étroites. Le pourpoint devenu un vêtement de dessous prend le nom de veste. Ses poches sont assez basses et disposés à l'horizontale. Après 1680, les perruques gagnent en hauteur.

Louis XIV, d'une *veste* ou *gilet* et d'une *culotte* courte et collante. Le *justaucorps* est une sorte de tunique ou de redingote ajustée, mais à jupe étoffée. Les manches sont longues, avec un haut parement qui, vers 1690, devient très important et prend une forme évasée. On les appelle des « manches à bottes ». Les poches sont placées très bas et sur le devant ; on les fit d'abord horizontales. Le justaucorps fut tout d'abord orné de touffes de rubans sur l'épaule droite et sur les manches au milieu des bras, mais à partir de 1690, ces rubans disparaissent complètement. Le justaucorps – comme la veste qui est en dessous – descend au-dessous des genoux ; il est boutonné de haut en bas, ainsi que la veste, par des boutons très rapprochés à *brandebourgs*, passementerie entourant les boutonnières qu'on appelait alors des « queues de boutons ». Les poches sont également ornées de brandebourgs (ill. 125).

Plus on avance dans le siècle et plus le justaucorps est ouvert dans la partie haute pour laisser voir la *cravate* de *mousseline* ou de *dentelle* qui descendait assez bas et était nouée souvent sous le menton par un ruban de couleur ; elle succède vers 1670 au rabat de la deuxième période.

La *rhingrave* subsiste jusque vers 1678, mais on la remplace de plus en plus par la culotte courte (ill. 123) ; toutes deux sont d'ailleurs invisibles sous le justaucorps. Les bas rejoignent la culotte, recouvrent la partie inférieure et se roulent au-dessus des genoux.

À la fin du règne de Louis XIV, notamment au début du XVIIIe siècle, le justaucorps présente une particularité : de chaque

126. Hyacinthe Rigaud, *Louis XIV* (détail), 1701. Paris, musée du Louvre.

Louis XIV adopte des chaussures à bout carré et à talon rouge, trait de mode qui se généralise aussitôt à la cour.

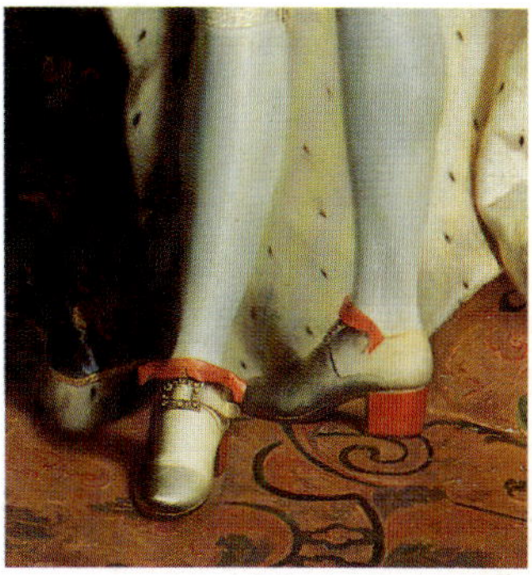

côté les pans forment une sorte de volant plissé pour donner plus d'ampleur à la jupe.

C'est durant la troisième période que les hommes commencent à porter des *manchons* qu'ils suspendent par un cordon autour de la taille (ill. 127).

Les souliers

On constate qu'à cette époque l'usage des bottes tombe en désuétude. Alors que sous Louis XIII, les gentilshommes, même les bourgeois, portaient presque toujours des bottes, sous Louis XIV au contraire, les bottes ne sont portées qu'exceptionnellement, pour monter à cheval ou pour la chasse. Même à l'armée, la plupart des corps sont chaussés comme les civils et les bottes sont réservées aux corps de cavalerie et aux commandants.

Les souliers d'alors présentaient une particularité : le quartier se terminait par deux pattes qu'on fixait par une boucle sur le cou-de-pied, de côté ou au milieu. La pièce du cou-de-pied, encore appelée *oreille*, se dressait devant la cheville en s'évasant. À partir de 1690, ce revers est rouge (ill. 126). On sait qu'à la cour, l'usage était de porter des talons rouges et des revers rouges. Les chaussures furent d'abord ornées d'un grand nœud formé de deux boucles de ruban d'une étoffe épaisse et raide, dites « ailes de moulin à vent ». Cette mode dura de 1660 à 1680. À partir de cette date, on n'emploie plus que la boucle pour orner et fixer la chaussure. Les boucles sont parfois ornées d'un entourage de perles ou de diamants faux ou vrais. Les petits enfants riches portaient des souliers de velours de laine blanche dit *tripe blanche*. Pour le deuil, les boucles des chaussures étaient bronzées et sans pierreries.

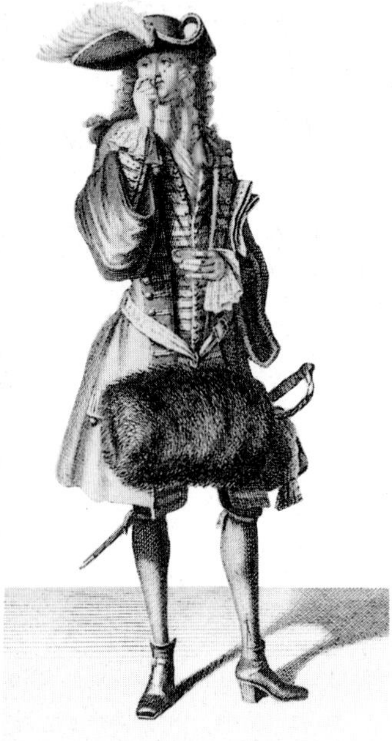

127. Jean Dieu de Saint-Jean, *Homme de qualité en habit de teckéli*, 1694.
Paris, Bibliothèque nationale.

L'habit « à la teckéli », apparu vers 1694, se singularise par des revers repliés et boutonnés sur toute la hauteur du justaucorps. Ce dernier comme la veste est orné de boutonnières galonnées.

Les femmes : du luxe à la simplicité

On ne constate durant la première période que fort peu de différence avec le costume féminin du règne précédent. Ce sont les mêmes robes décolletées, les mêmes corsages à basques, les mêmes jupes à longs plis droits. Conservation de la modeste de dessus, de la friponne de dessous et de la secrète (jupon). Anne d'Autriche lance cependant la mode des grands cols rabattus en guipure ou garnis de dentelle.

La deuxième période (1661-1670) voit, dans le costume masculin et féminin, le triomphe des passements d'or, des dentelles et des rubans. Ceux-ci, appelés *galants* ou *faveurs*, étaient de couleurs variées : jaune, bleu pâle, chair ou aurore. La richesse du costume

128. Attribué à Pierre Mignard, *Portrait d'une femme et de son fils*, v. 1670.
Dole, musée des Beaux-Arts.

Jusque vers 1680, le costume féminin conserve la simplicité caractéristique de l'époque précédente.

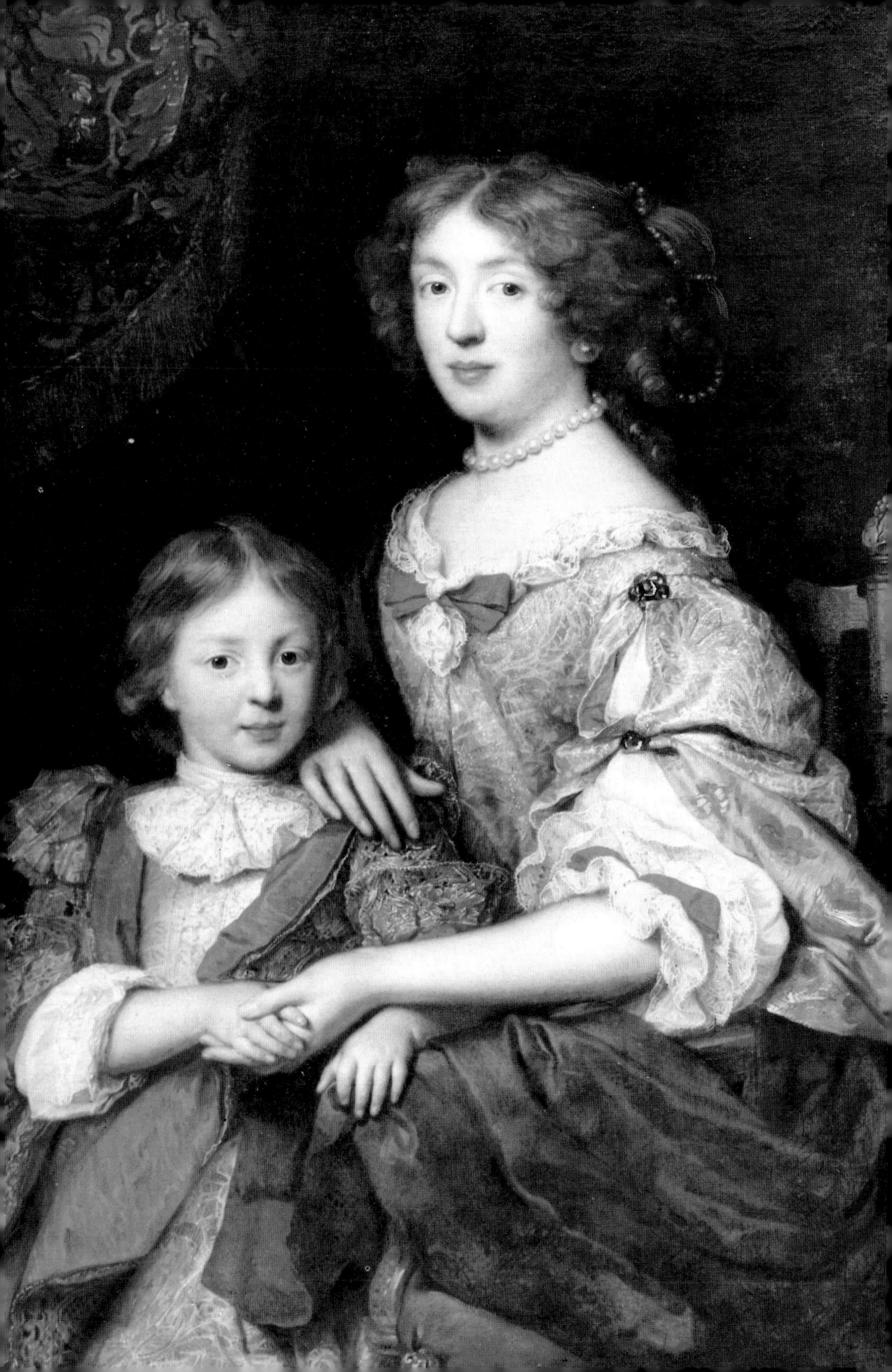

féminin est alors extrême : de riches bandes brodées ou des galons et de hautes dentelles brodées d'or garnissaient les jupes ainsi que les devants du corsage. Les jupes avaient de l'ampleur. Celle du dessus était relevée de chaque côté par des gros nœuds de ruban ; on l'appelait le *manteau* ou encore *jupe de dessus*. Ce manteau, souvent confectionné d'étoffe damassée ou brochée d'or, s'ouvrait sur une autre jupe en taffetas : elle se terminait en traîne, dont la longueur variait avec le rang social. Les manches courtes, arrêtées au coude, se prolongeaient soit par un bouillonné de linon soit par deux ou trois rangs de longue dentelle.

Le corps de jupe est toujours lacé ou agrafé sur le devant. Les jupes longues cachent les pieds.

Le décolleté en bateau est général, et le corsage était bordé d'une mousseline drapée, ornée d'un nœud de ruban au milieu du décolleté (ill. 129).

129. Nicolas Bonnart, *Dame de la noblesse*. Paris, Bibliothèque nationale.

Le costume féminin est constitué d'un corps de robe ajusté sur la pièce d'estomac et d'un manteau ou bas de jupe amovible, attaché à la base du corps. Retroussé par des nœuds ou des agrafes, ce dernier découvre largement la jupe.

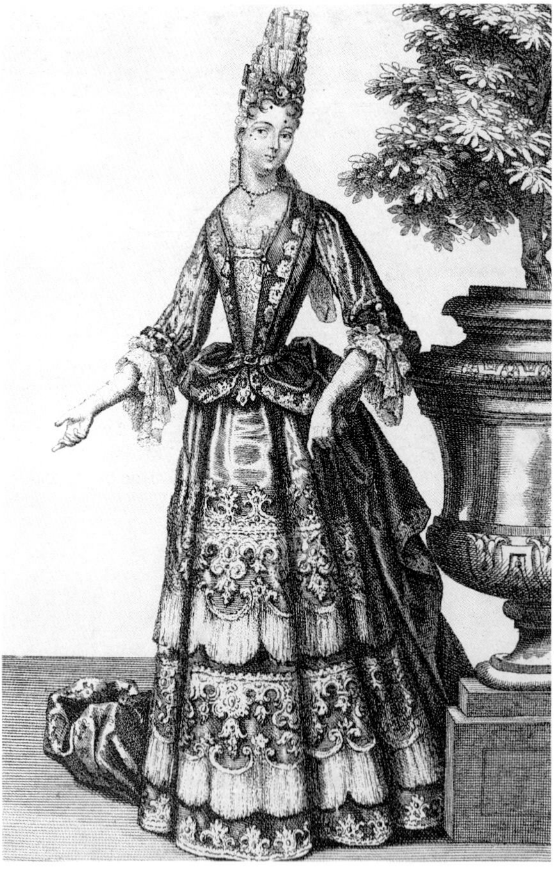

Comme étoffes, les préférences sont pour les étoffes rayées et moirées, puis les ramages. On peint des fleurs sur des gazes, c'est ce qu'on appelle des *transparents*.

Pendant la première partie de la dernière période du règne du Grand Roi, le costume féminin devint d'une extrême somptuosité jusqu'au jour où, sous l'influence des malheurs nationaux conjuguée à celle de Mme de Maintenon, la mode fut à l'austérité et à la simplicité. Le corsage très serré à la taille donne aux femmes un aspect guindé. On le décore d'*échelles*, c'est-à-dire d'une superposition de nœuds de rubans. Le manteau se porte relevé, comme dans la deuxième période. Pour faire bouffer le manteau, et en même temps lui donner de l'ampleur à l'arrière, on inventa à la fin du XVIIe siècle les *criardes*, tournures en toile gommée attachées sous le manteau. La jupe de dessous est décorée de ce qu'on appelait des *prétintailles* ; ce sont des

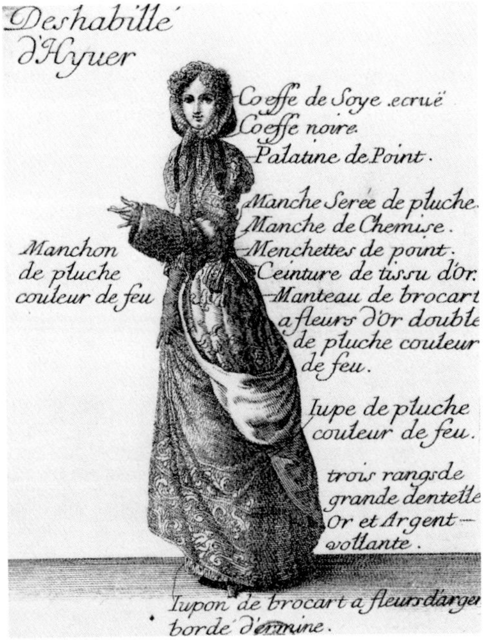

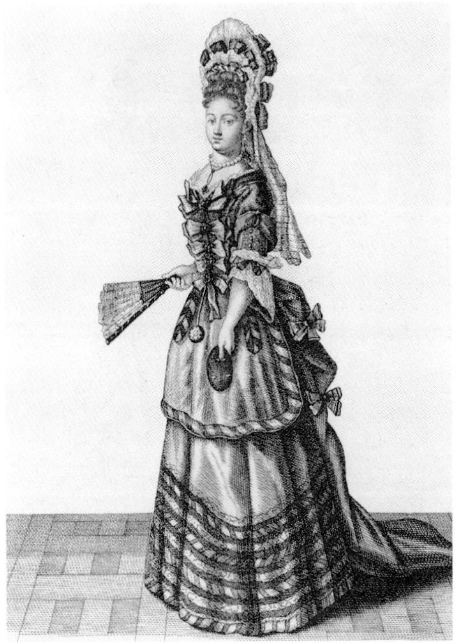

130. *Déshabillé d'hiver*, quatrième quart du XVIIe siècle. Paris, Bibliothèque nationale.

131. *Femme de qualité en déshabillé d'été*, quatrième quart du XVIIe siècle. Paris, Bibliothèque nationale.

Les femmes adoptent un tablier court à poches verticales pour leur toilette d'intérieur.

découpures qu'on appliquait sur la jupe ; ces découpures étaient souvent inspirées des frises, lambrequins ou panneaux. Les prétintailles pouvaient être aussi des broderies d'or et des incrustations de dentelle. Toutes ces chamarrures donnaient à la jupe de dessous un poids extrême et une impression de surcharge décorative qui n'était pas du meilleur goût (ill. 129).

Comme dans le costume masculin de la même époque, les corsages sont ornés de *brandebourgs*. Les *falbalas* apparaissent vers 1676 et ne sont pas autre chose que des volants d'étoffe plissée. Les manches courtes, ou demi-manches, se prolongeaient parfois par des manchettes appelées *engageantes*. L'opéra *L'Amadis des Gaules* avait mis à la mode les manches dites *Amadis* : ces manches étaient justes et boutonnées assez haut. Ces amadis se portaient souvent avec des engageantes à bouillonnés et volants de dentelles noués par des rubans. Vers 1710 apparaissent les fausses manches, ornées de falbalas et de bouillonnés.

Dès 1672, on adopta la mode des *déshabillés* (ill. 130-131), c'est-à-dire des costumes moins somptueux ; on les portait souvent avec un tablier, un *laisse tout faire* ; il y avait le déshabillé d'été et le déshabillé d'hiver qui comportait une *palatine* de fourrure, nouée avec négligence autour du cou, et un manchon. Souvent une écharpe de taffetas couvrait la coiffure.

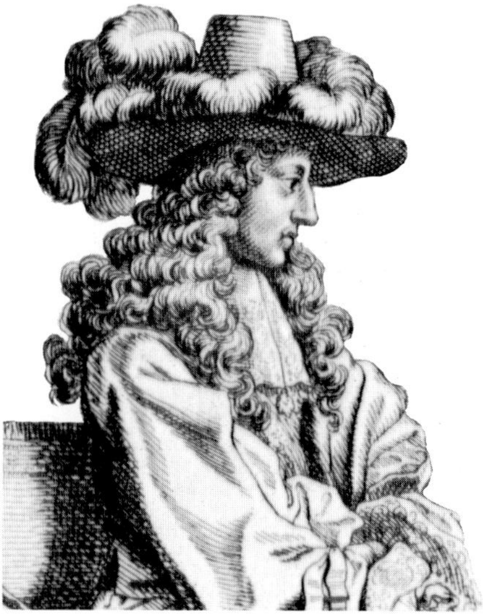

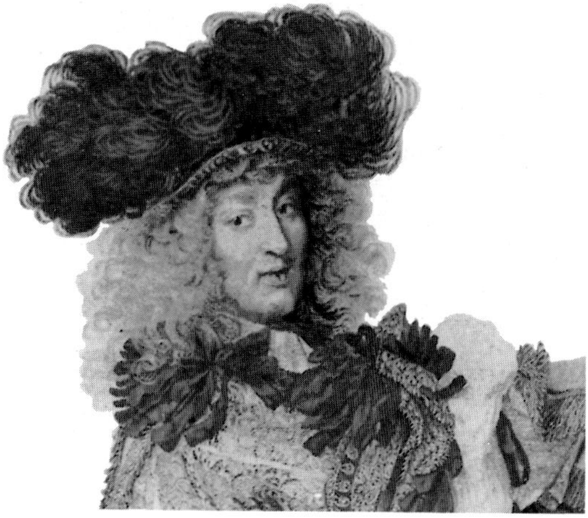

132. François Chauveau, *Le Prévôt des marchands et des échevins de Paris [...]* (détail), 1660. Paris, Bibliothèque nationale.

133. Tenture de l'*Histoire du roi, l'entrée à Dunkerque* (détail), 1669. Versailles, musée national du Château.

Les coiffures

Le perfectionnement des perruques, vers 1660, amena leur vogue chez les hommes ; elles étaient fabriquées par les barbiers-perruquiers qui rivalisèrent d'ingéniosité. Au lieu de coudre les cheveux sur une calotte, comme sous le règne de Louis XIII, ils les passèrent dans de la fine toile, les tressèrent sur des fils de soie et inventèrent les cheveux crêpés. L'imitation de la chevelure naturelle était si parfaite que l'Europe entière adressa ses commandes à la France et que le commerce d'exportation des perruques devint considérable. La forme générale des perruques fut celle dite *en crinière*, plus tard surnommée *in-folio*, dont les boucles étagées tombaient sur les épaules et sur le dos.

À partir de 1690, les perruques se dressèrent assez haut et formèrent deux pointes. À la fin du règne de Louis XIV, elles diminuèrent de hauteur et se partagèrent en trois touffes dont deux sur les côtés ; c'étaient les *binettes*, du nom de l'inventeur Binet. Les perruques étaient si lourdes qu'on se faisait raser la tête pour mettre ces toisons dont le poids était souvent de plus d'un kilo.

Comme sous Louis XIII, pendant la première moitié du règne, les chapeaux furent assez haut de forme et très empanachés (ill. 132). De 1660 à 1675 environ, la forme adoptée fut petite, à bords étroits avec deux grosses plumes de chaque côté couvrant presque entièrement le feutre, qui n'est visible que sur le devant (ill. 133). Les couleurs de plumes les plus élégantes étaient les teintes feu et le moucheté de

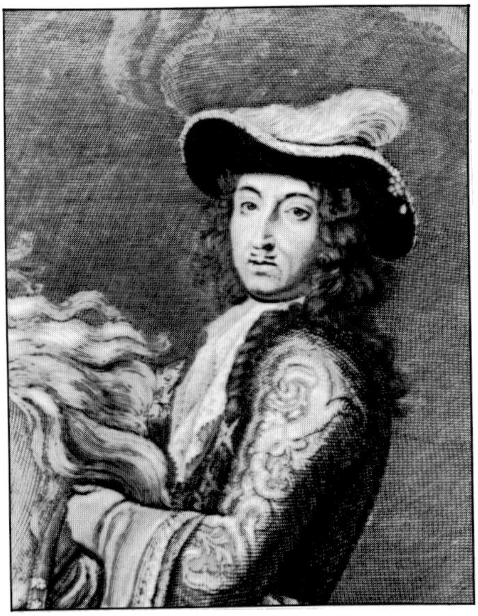

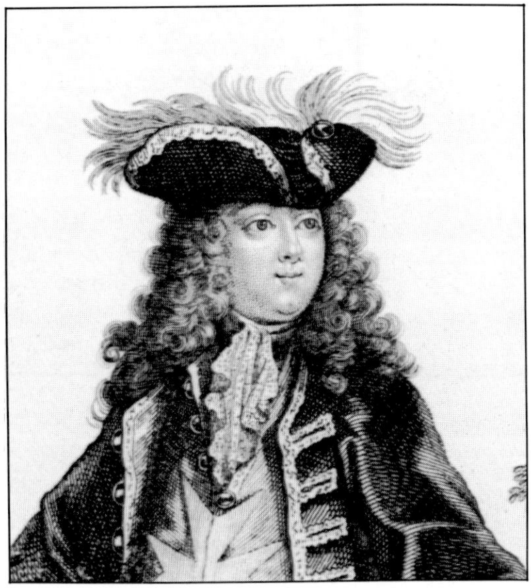

blanc. Vers 1680, les bords des chapeaux se relevèrent, formant comme des ondulations : l'emploi des plumes fut plus discret (ill. 134). Dès la fin du XVIIe siècle apparut le tricorne (ill. 135). Le bord, d'abord galonné, fut ensuite frangé de petites plumes vers la fin du règne.

Pendant la deuxième période (1660-1670), la coiffure la plus à la mode chez les femmes fut la *frisure à la Sévigné*. Cette coiffure, adoptée par Mme de Sévigné, consistait en une frisure sur le front accompagnée de boucles à l'anglaise sur les côtés.

La *coiffure hurlupée* ou *hurluberlu*, qui apparut vers 1671, ne semble pas avoir eu un très grand succès à en juger par la rareté des

134. Nicolas Habert, *Louis XIV*, 1660. Paris, Bibliothèque nationale.

135. Nicolas Bonnart, *Philippe de Vendôme*. Paris, Bibliothèque nationale.

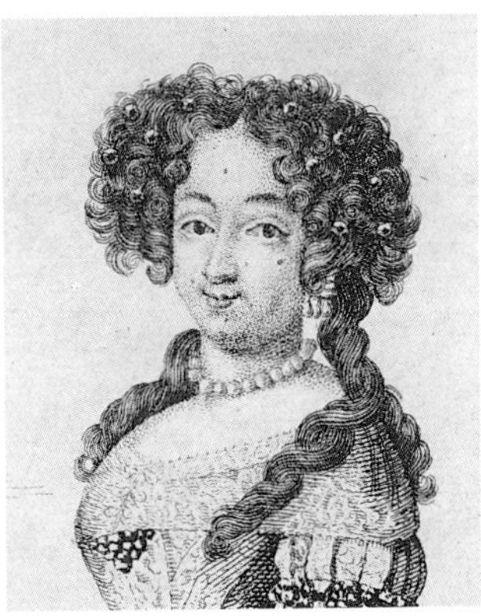

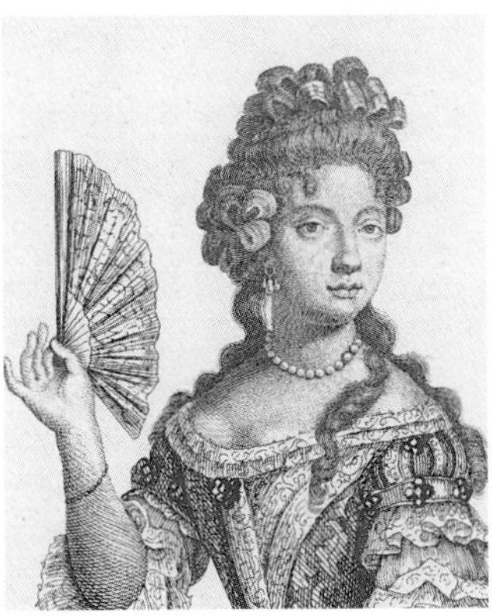

136. Coiffure à la huluberlu.

137. Coiffure à la Fontanges.

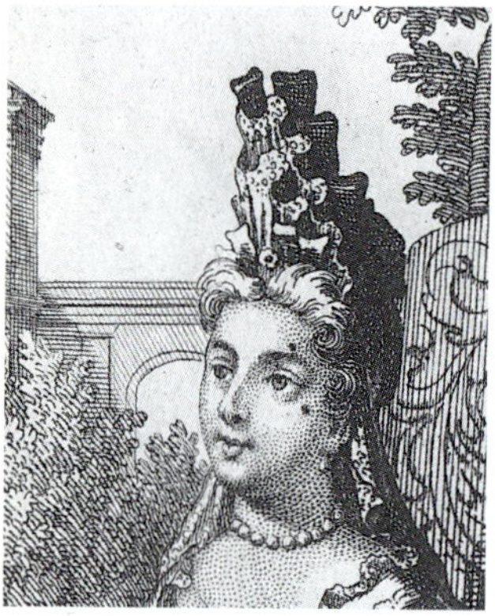

reproductions peintes ou gravées de cette étrange coiffure (ill. 136). Mme de Sévigné la décrit ainsi : « Imaginez-vous une tête partagée en deux à la paysanne jusqu'à deux doigts du bourrelet. On coupe les cheveux de chaque côté, d'étage en étage, dont on fait deux grosses boucles rondes négligées qui viennent au-dessous de l'oreille. On met les rubans comme à l'ordinaire et une grosse boucle nouée entre le bourrelet et la coiffure. »

La coiffure dite *à la Fontanges* eut la vogue la plus considérable : elle dura environ trente ans, de 1675 à 1699 (ill. 137). On en connaît l'origine : un jour de chasse royale, Mlle de Fontanges, décoiffée par le vent, rassembla ses boucles de cheveux au-dessus du front et les maintint avec sa jarretière. Le roi loua fort cette coiffure improvisée qui devint aussitôt une mode. On confond souvent la coiffure à la Fontanges avec le bonnet à la Fontanges. La *coiffure à la Fontanges* présente un entassement de boucles étagées, de touffes, de tortillons qui portent les noms les plus étranges. Dans le *bonnet à la Fontanges*, le chignon est pris dans la culbute, ou fond de bonnet, auquel souvent se ratta-

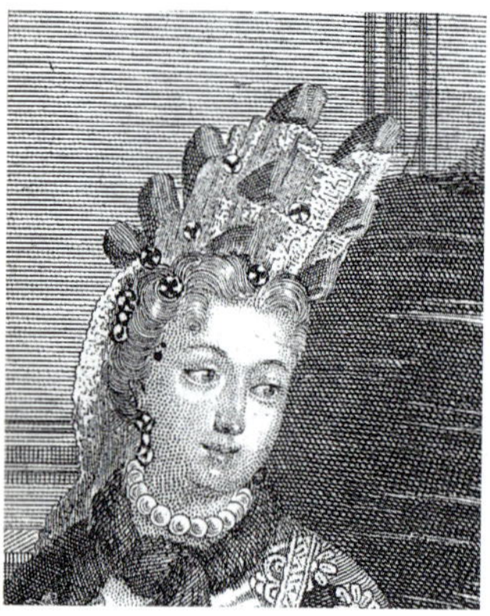

138. Coiffure à l'effrontée.

139. Coiffure en palissade piquée de pierreries.
Gravures de J. D. de Saint-Jean, A. Trouvain et N. Bonnart.
Paris, Bibliothèque nationale.

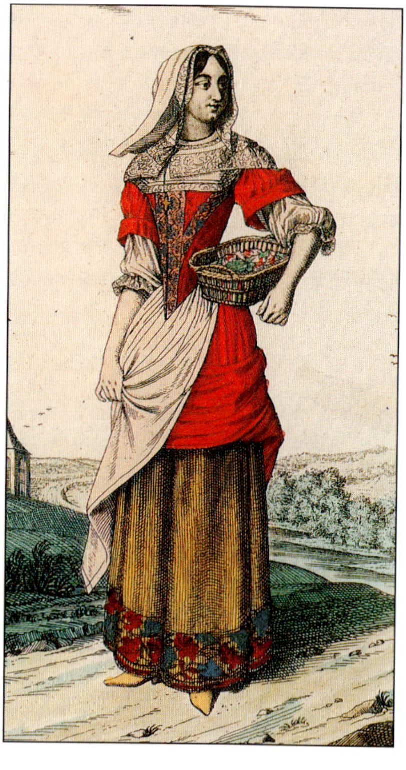

chent deux pattes flottant dans le dos ou ramenées par-devant ; sur le devant se dressent des tuyaux de dentelles étagés et maintenus sur une carcasse de fil de fer et par des épingles à tête brillante. Vers 1696, succombant sous le ridicule, la Fontanges altière devint un simple accessoire de coiffure désigné sous le nom de *commode*.

La *coiffure en palissade* apparaît vers 1680 ; c'est un haut bonnet confectionné de gaze et de coques de ruban avec deux longues barbes (ill. 139).

Les *mouches* étaient le complément de la coiffure ; celle dite « à la Conty » était placée près de la tempe.

Paysans, bourgeois, magistrats et clergé

Les paysans sont vêtus de braies larges, d'un sayon serré à la taille ; aux pieds, des bottes ou des sabots. Le bas de la jambe est entouré d'un *surpied*. La paysanne s'habille d'une robe de futaine et d'un tablier (ill. 140 à 142).

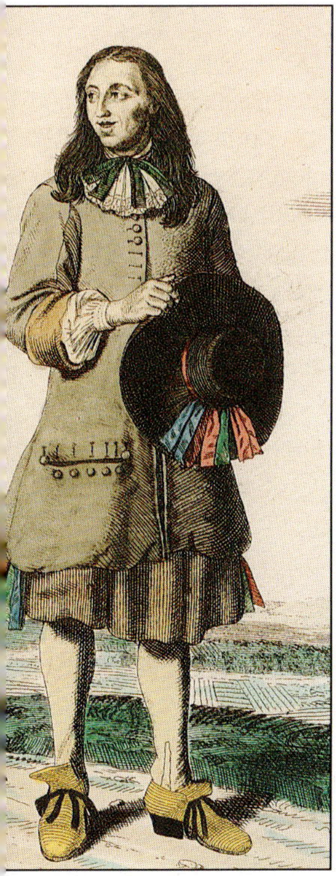

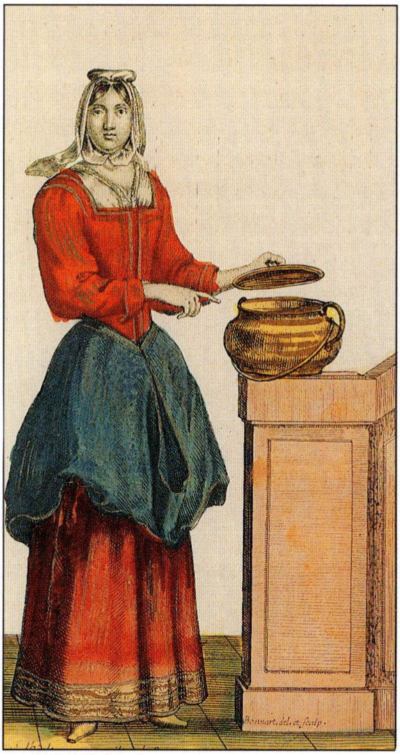

140. Jean D. de Saint-Jean, *Paysanne des environs de Paris*, fin du XVIIe siècle.
Paris, Bibliothèque nationale.

141. Jean D. de Saint-Jean, *Paysan des environs de Paris*, v. 1660.
Paris, Bibliothèque nationale.

142. Nicolas Bonnart, *Laitière de Bagnolet*, fin du XVIIe siècle.
Paris, Bibliothèque nationale.

Le costume populaire reproduit les formes de celui des classes fortunées. Son évolution est plus lente à la campagne qu'à la ville, où il est influencé par les nouveautés de la mode. Ses couleurs, provenant de teintures médiocres, sont souvent ternes et sombres. Il utilise des draps de laine et des toiles de lin, très rarement de la soie.

143. Antoine Trouvain, *M. l'Abbé en habit d'hiver*. Paris, Bibliothèque nationale.

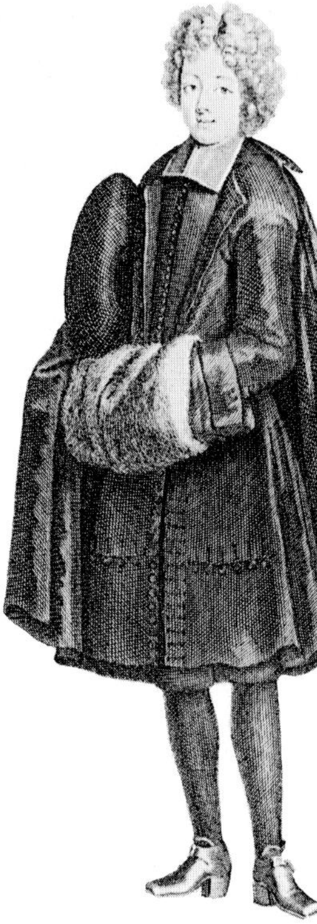

144. Sébastien Leclerc, *Président à mortier*. Paris, Bibliothèque nationale.

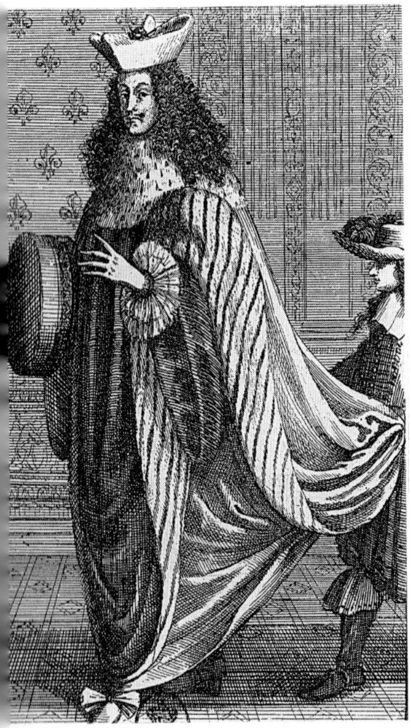

Les bourgeois du commun s'inspirent en très simple du costume des nobles : rhingrave-culotte, veste et justaucorps, un rabat de lingerie et pour cravate un nœud de ruban. Pas de perruque, mais les cheveux longs ; comme coiffure, un chapeau large en feutre orné d'une touffe de rubans. La petite bourgeoise s'habille de la robe retroussée sur une jupe qu'elle ne craint pas de porter décorée ; car, malgré les édits, la coquetterie l'engage à braver les rigueurs de la loi. Elle porte aussi un tablier et du linge très simple, orné rarement d'une petite broderie. La riche bourgeoise rivalise avec la noblesse.

Le clergé portait la soutane et le manteau, ainsi que le grand chapeau de castor. Les abbés revêtaient la courte *soutanelle* (ill. 143) ou l'*habit noir* et le *petit collet*, manteau très étroit à collet ; le *domino* ou mantelet à capuchon servait pour le dehors.

Les magistrats du Parlement de Paris comprenaient les conseillers et les présidents à mortier, appelés ainsi à cause de leur coiffure, le *mortier* (ill. 144), large toque ronde en velours galonné d'or et parfois de fourrure. Leur costume comporte la grande *cappa* doublée d'hermine ou de petit gris selon le grade, et une *simarre* (robe rouge) ; les manches, juste garnies d'une manchette, s'épanouissent en rosace autour du poignet. La *barrette à quatre cornes* remplaçait souvent le mortier, dont on ne se coiffait qu'à l'audience ou en cérémonie.

LA FIN DU GRAND HABIT

La mort de Louis XIV, le 1er septembre 1715, et l'instauration de la Régence de son petit-neveu Philippe d'Orléans provoquent une détente. L'installation de la Cour aux Tuileries jusqu'en 1722 confirme la décentralisation de la société de cour, déjà amorcée dans les dernières années du règne du Roi Soleil. La femme devient le pivot de cette société aristocratique urbaine, brillante et spirituelle, qui recherche les agréments de la conversation et de l'écriture dans les salons où se mêlent naissance et fortune (ill. 146). Ce sont les favorites de Louis XV, Mme de Pompadour (1721-1764), Mme du Barry (1743-1793), Marie-Antoinette, qui épouse le dauphin Louis en 1770, ou bien des personnalités de la vie littéraire et mondaine de Paris telles Mme Geoffrin, Mme du Châtelet et bien d'autres (ill. 177).

Le mouvement des Lumières, qui connaît son point culminant entre 1750 et 1760 avec le début de la publication de l'*Encyclopédie* et celle des œuvres majeures de Jean-Jacques Rousseau, entretient un climat propice à l'éveil des sensibilités. Une nouvelle vision du monde caractérise la seconde moitié du siècle, plus humanitaire et plus proche de la nature, aspirant à une simplicité de vie opposée à l'étiquette et aux critères conservateurs de la cour. Ce climat est ainsi plus perméable à l'influence de l'Angleterre qui présente un modèle politique et social apparemment moins rigide.

L'allègement des formes

Le costume du siècle des Lumières est à la fois un aboutissement et un renouveau. Car il est composé de modèles vestimentaires hérités des siècles précédents, remaniés jusqu'à l'émergence de formes nouvelles qui persisteront au début du XIXe siècle. L'évolution de la silhouette masculine est néanmoins moins spectaculaire que celle de la femme.

Le costume d'homme a subi plusieurs transformations au XVIIe siècle, pour s'imposer en trois pièces à partir des années 1690 :

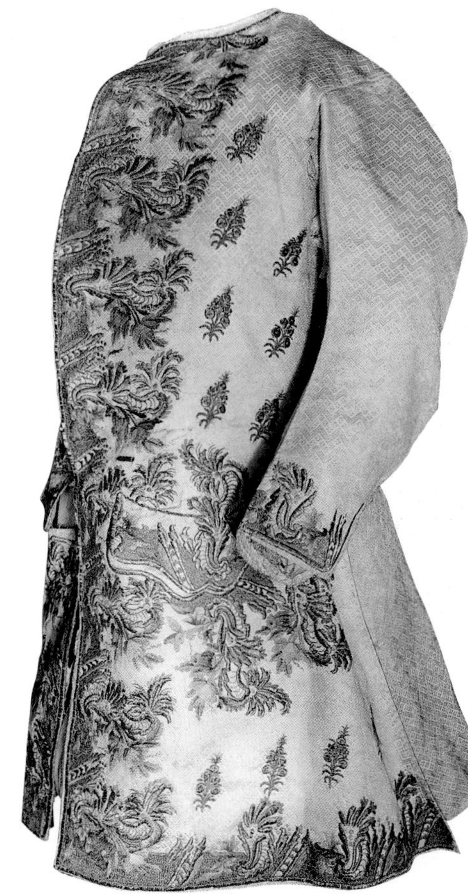

145. Veste d'homme, soie, grand façonné, broderies d'or, deuxième quart du XVIIIe siècle. Collection particulière.

Du pourpoint, la veste conserve les manches et de longues basques. Elle s'allège considérablement dans la seconde moitié du XVIIIe siècle : disparition des manches, raccourcissement des basques aux hanches. Elle prend alors le nom de gilet. Les riches étoffes et les broderies sont réservées aux devants et aux extrémités des manches, le dos étant réalisé dans une toile de lin ordinaire.

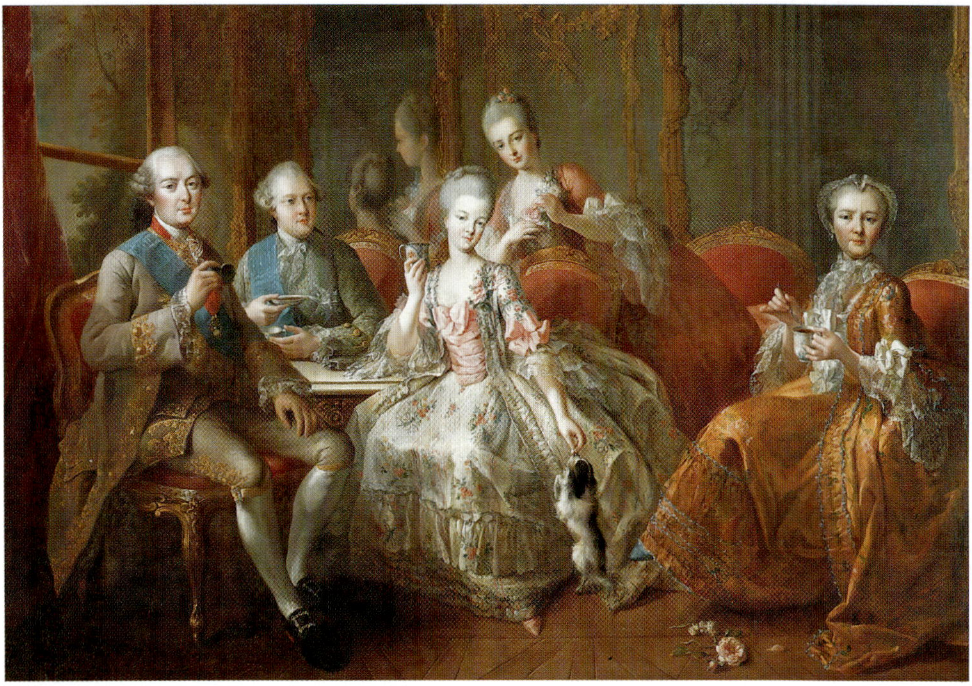

146. Jean-Baptiste Charpentier, *La Famille du duc de Penthièvre (La Tasse de chocolat)*, 1762-1766. Versailles, musée national du Château.

Louis de Bourbon, duc de Penthièvre (1725-1793), petit-fils de Louis XIV, est représenté en compagnie de son fils et de sa belle-fille, le prince et la princesse de Lamballe, de sa fille, future duchesse d'Orléans, et de sa mère. Le goût du chocolat dans sa tasse de porcelaine fine, assorti des agréments de la conversation, symbolise cette science française du savoir-vivre, devenue un modèle social en Europe au milieu du XVIIIe siècle.

le *justaucorps*, l'ancien pourpoint devenu la *veste* (ill. 145), et la *culotte*. En revanche, l'évolution du costume féminin a consisté en variations sur un principe élaboré au XVIe siècle : celui de la robe en une ou deux parties, ouverte sur une jupe. À la fin du XVIIe siècle, le corps à baleines, masqué par une pièce d'estomac, est recouvert d'un corps de robe, ou *corsage*, très ajusté dans le dos, auquel est cousu un manteau de robe retroussé sur une jupe.

Au XVIIIe siècle, le costume est marqué par un allègement progressif des formes d'où se dégage une nouvelle silhouette caractérisée par sa ligne verticale. Le costume masculin ne subit aucune grande transformation mais son allure générale se modifie. Sous la Régence (1715-1723), le justaucorps est élargi par l'adjonction de plis creux au dos de la basque et l'application d'une toile rigide à l'intérieur des plis latéraux. Les larges parements des manches équilibrent son architecture évasée. Mais, dès les années 1750-1760, les devants droits du justaucorps, à présent appelé *habit*, commencent à s'écarter en triangle, repoussant les coutures latérales dans le dos d'où disparaissent les plis creux centraux (ill. 148).

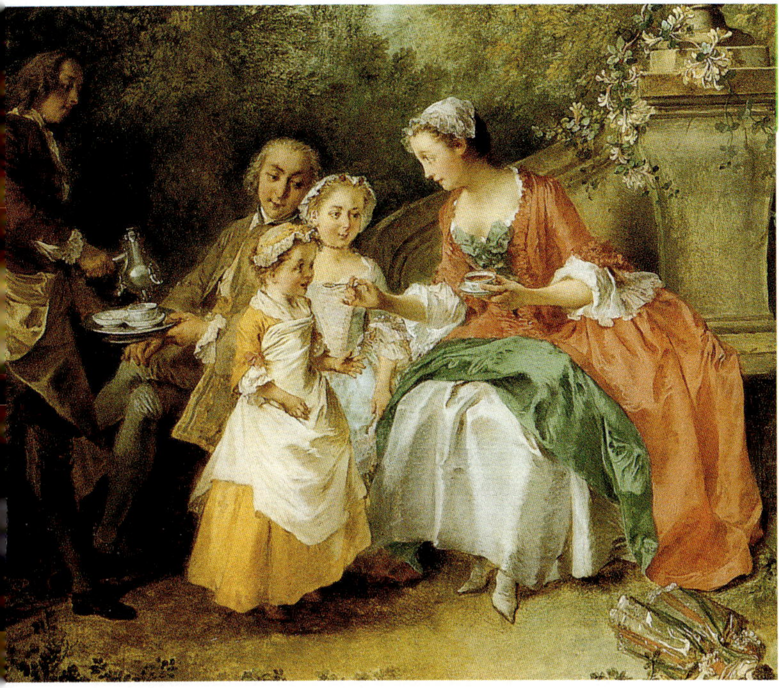

147. Nicolas Lancret, *Famille dans un jardin*, 1742. Londres, National Gallery.

Dans les années 1720-1740, l'idée apaisante d'une nature rationnelle se développe dans une société prospère et assagie.

Cet affinement de la ligne, renforcé par l'apparition de manches aux parements étroits, s'affirme sous Louis XVI. L'habit est très ajusté et si cintré que ses devants, rejetés vers l'arrière, créent une silhouette cambrée, encore allongée par un col droit (ill. 158). Les vestes perdent leurs manches, devenues incommodes sous celles trop étroites de l'habit, et prennent le nom de *gilet*. Elles suivent une évolution analogue à celle de l'habit, sont privées de leurs basques et raccourcissent à la taille. L'adoption d'habits, déjà appréciés des Anglais, traduit le goût de l'aristocratie française pour une existence plus proche de la nature et de ses agréments, comme la promenade et la chasse. Le *frac*, habit ample à col rabattu, porté pour les activités d'extérieur, est adopté vers 1730 et connaît un grand succès à partir des années 1770. Son évolution est analogue à celle de l'habit. La *redingote*, déformation de « riding-coat », est un long surtout, lui aussi adopté au début du XVIIIe siècle, et porté jusqu'au siècle suivant.

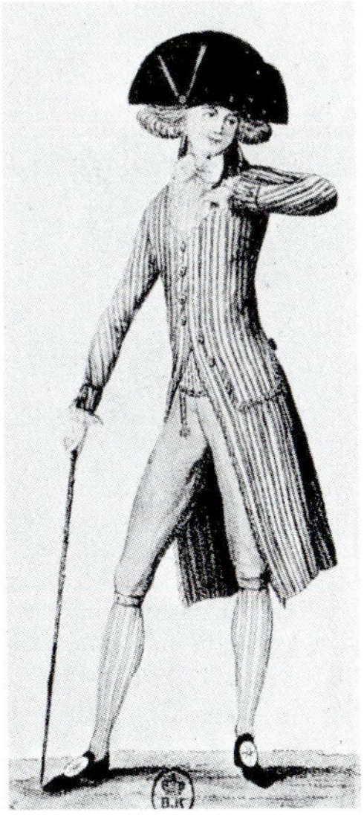

148. *Cabinet des modes*, 1786-1789. Jeune homme en habit, gilet et bas à raies.

C'est à l'extrême fin du XVIIe siècle que les formes vestimentaires féminines commencent à évoluer. Le corps de robe et le manteau à queue deviennent un seul vêtement et forment une robe ouverte sur une jupe. Vers 1705-1715 se répand la *robe volante,* dite aussi *battante*, sorte de robe de chambre, peut-être mise à la mode par Mme de Montespan pour dissimuler ses grossesses. Témoin d'un style de vie plus informel, elle se singularise par son dos ample et animé de plis froncés ou lâchés. La *robe à la française* – qui ne doit rien au peintre Antoine Watteau (1684-1721) hormis ses premières représentations – se dégage de cette forme primitive dans les années 1720-1730.

Ces robes sont conçues pour être portées sur un *panier*. L'apparition de ce dernier, jupon raidi par des lames d'acier, des baleines ou des joncs, n'a pas encore trouvé d'explication précise. Mais qu'il dérive du costume de théâtre ou de la mode anglaise, il n'est pas sans rappeler le vertugadin resté en usage en Espagne durant tout le XVIIe siècle dans le costume de cour. Tout d'abord en forme de dôme, il s'aplatit sur le devant dans les années 1730-1740 et rétrécit en largeur vers le milieu du siècle. Son évolution suit celle de la robe à la française dont la silhouette est allégée par un amincissement des plis du dos et un buste de plus en plus ajusté.

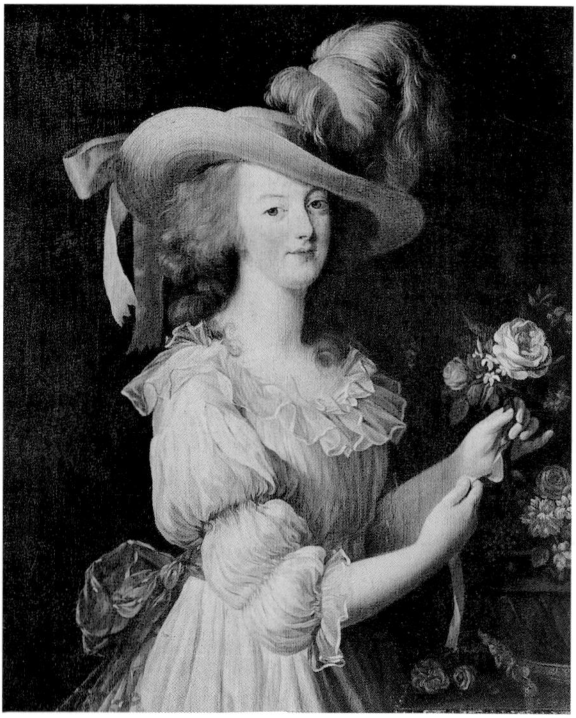

149. Élisabeth Vigée-Lebrun, *Marie-Antoinette en gaulle*, 1783.
Collection particulière.

Ce tableau présenté au Salon de 1783 souleva une vive réprobation, les critiques s'élevant contre l'apparition de la reine en « chemise ».

À partir des années 1775, la mode ne cesse de proposer de nouveaux types de robes : la *polonaise* dont la jupe retroussée et divisée en trois peut évoquer le partage de la Pologne ; la *circassienne* qui en est une variante ; la *robe parée* des années 1778-1780, au buste très étroit, parfois même sans plis dans le dos, qui se singularise par son décor brodé ; la *robe à l'anglaise*. Cette dernière amorce le glissement du costume féminin vers un vêtement en une seule pièce (ill. 150). Son corsage ajusté se termine par une pointe au bas du dos, d'où part une jupe à traîne montée à petits plis, dont le bouffant est soutenu par une tournure, ce qui crée une silhouette très cambrée à l'instar de celle de l'homme. Cette évolution est similaire pour les *caracos* portés sur une jupe, tenue courante et plus pratique que les robes.

La métamorphose de la silhouette féminine s'achève avec la robe en mousseline de coton blanc en une seule pièce, qu'arborent Mme du Barry et la reine (ill. 149) pour leur portraits peints par Élisabeth Vigée-Lebrun en 1781 et 1783. Le goût pour une simplicité naturelle et empreinte de classicisme, et la fascination grandissante pour l'Antiquité, avivée par les fouilles d'Herculanum et de Pompéi et par les voyages en Italie, stimulent cet engouement pour une robe d'un blanc uni, confortable, dont la ligne fourreau reprend celle des vêtements d'enfants en usage depuis les années 1750-1760.

150. Robe parée, soie, taffetas brodé avec gravures appliquées, vers 1787. Lyon, musée historique des Tissus.

Ce type de robe pouvait être porté lors de cérémonies, réception ou bals. Le corsage ajusté et dénué de plis dans le dos, la jupe très ouverte sur celle de dessous créent une silhouette fine et dégagée apparentée à celle de la robe à l'anglaise. Son décor se particularise par l'application de cinq gravures en médaillon présentant des allégories de l'amour.

Le costume de cour

Un seul type de costume ne se modifie quasiment pas durant le XVIIIe siècle : le costume de cour, porté pour la présentation au roi et les cérémonies royales. Celui de l'homme suit l'évolution formelle du costume courant, dont il se singularise par la richesse de son étoffe et l'abondance de ses ornements, galons, broderies, paillettes, dentelles d'or et d'argent. Le costume de cour féminin, ou *grand habit*, conserve les caractéristiques de celui du siècle précédent (ill. 151) : corps baleiné recouvert d'étoffe, à épaulettes horizontales d'où s'échappent de petites manches en dentelles, jupe à présent disposée sur le grand panier, manteau ou bas de robe attaché à la taille dont la traîne est proportionnelle au rang. Sous cette forme, le costume de cour féminin disparaît avec la Révolution.

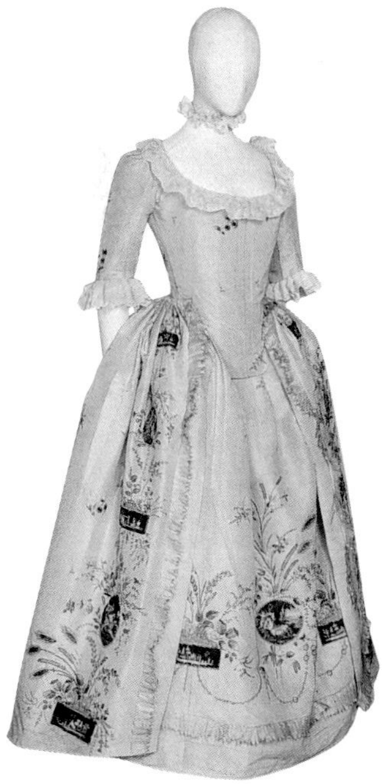

Soie et coton

La particularité du costume du XVIIIe siècle est peut-être la parfaite osmose entre sa forme et le décor de son étoffe. La soie lyonnaise éclipse la soie italienne et est exportée dans toutes les cours

151. Jean-Marc Nattier, *Madame Henriette jouant de la basse de viole*, 1754. Versailles, musée national du Château.

Le grand habit de cour était réservé aux princesses de sang royal et aux dames présentées à la cour. Son usage fixé par l'étiquette le prescrit entre autres pour les présentations officielles, les baptêmes et mariages de membres de la famille royale, la messe et les processions de l'ordre du Saint-Esprit.

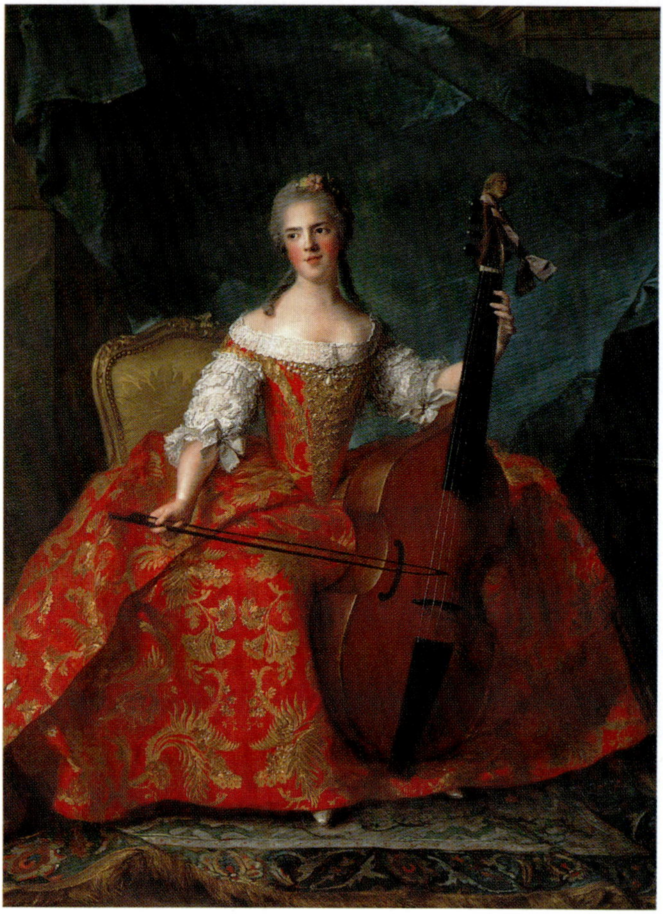

152. Projet de broderie pour gilet d'homme à basques, gouache sur papier blanc, v. 1785. Musée de la Mode et du Costume de la Ville de Paris.

Le dessin prévoit la bordure des devants du gilet. Le décor était brodé « à la disposition » sur une pièce d'étoffe ensuite découpée et assemblée par le tailleur suivant les mesures de son client.

d'Europe où elle propage la mode française. En effet, si les soyeux lyonnais bénéficient d'un soutien financier de l'État, ils cherchent aussi constamment à améliorer le dessin des étoffes. En 1756, une école gratuite de dessin est fondée à Lyon où l'étude de la fleur est enseignée. Les dessinateurs se rendent régulièrement à Paris pour s'imprégner des dernières nouveautés et travailler auprès de peintres fleuristes. Car c'est la fleur qui est le sujet principal du décor des étoffes. Et l'évolution de sa représentation suit les tendances de la mode.

Les robes volantes et les premières robes à la française (ill. 153) favorisent les grands motifs épanouis et charnus, dont le rendu se fait naturaliste dans les années 1730-1740 grâce aux travaux du dessinateur Jean Revel. Au milieu du siècle, l'étoffe s'orne de grands serpentins verticaux, imitant souvent la dentelle ou la fourrure, ponctués de bouquets de fleurs. Drapée en cette robe à la française à la silhouette harmonieuse et oscillante, dont le décor prolonge le mouvement par une illusion d'optique, elle exprime la quintessence du goût français en matière de mode. Dans la seconde moitié du siècle, le décor s'épure, tendu de verticales ou ponctué de dessins miniatures, participant ainsi à la simplification des silhouettes, témoin du nouveau goût néoclassique.

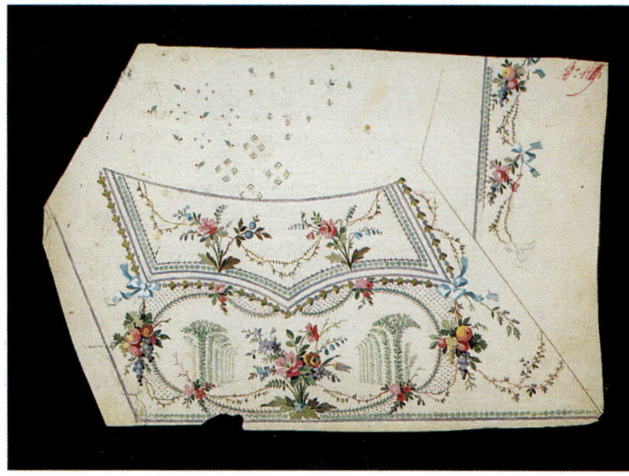

Souvent à fond blanc à partir de 1770, ces étoffes de soie sont concurrencées par le coton imprimé qui connaît une vogue extraordinaire depuis le dernier quart du XVIIe siècle. Arrivé dans la mode par le biais des robes de chambre au négligé confortable mais habillé, la popularité du coton imprimé a profité des lois de prohibition, renouvelées de 1684 à 1759, encouragées par les soyeux lyonnais. En 1760, Christophe-Philippe Oberkampf fonde la manufacture royale de Jouy-en-Josas, près de Versailles. L'impression se développe également à Mulhouse – où elle est plus ancienne puisque la ville, enclave suisse, avait échappé à la prohibition –, en Provence, ainsi que dans d'autres villes telles Rouen, Nantes ou Bordeaux.

153. Robe à la française, soie, lampas, v. 1755-1760. Musée de la Mode et du Costume de la Ville de Paris.

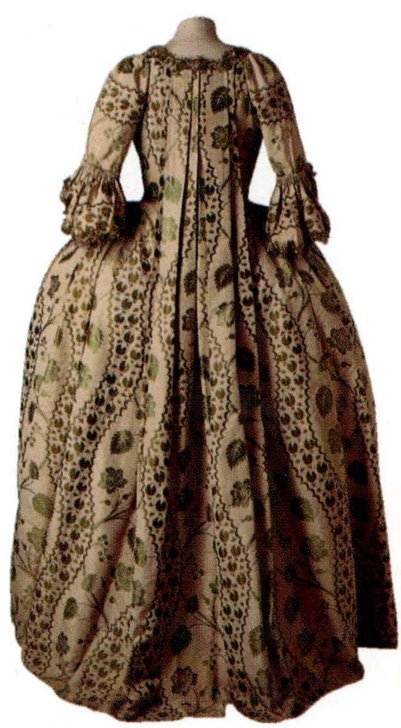

En réaction à ce succès du coton se répand dans le troisième quart du siècle la mode de la broderie de soies polychromes sur taffetas ou satin de soie blanc pour les gilets d'hommes (ill. 152) et les robes parées, dont Lyon se fait une spécialité. Ainsi au XVIIIe siècle, la France se spécialise – pour longtemps – dans les industries de luxe, auxquelles il faut ajouter encore celle de la dentelle et de la gaze de soie.

Périodiques de mode

L'apparition des premières publications périodiques dans le dernier quart du siècle légitime les caprices de la mode qui paraissent s'accélérer avec la présentation constante de nouveaux modèles. Les métiers de l'habillement et de ses accessoires gagnent une reconnaissance officielle grâce aux chapitres qui leur sont consacrés dans l'*Encyclopédie* et au texte de François de Garsault, publié en 1769, *L'Art du tailleur*, qui détaille les activités du tailleur, de la couturière et de la marchande de mode.

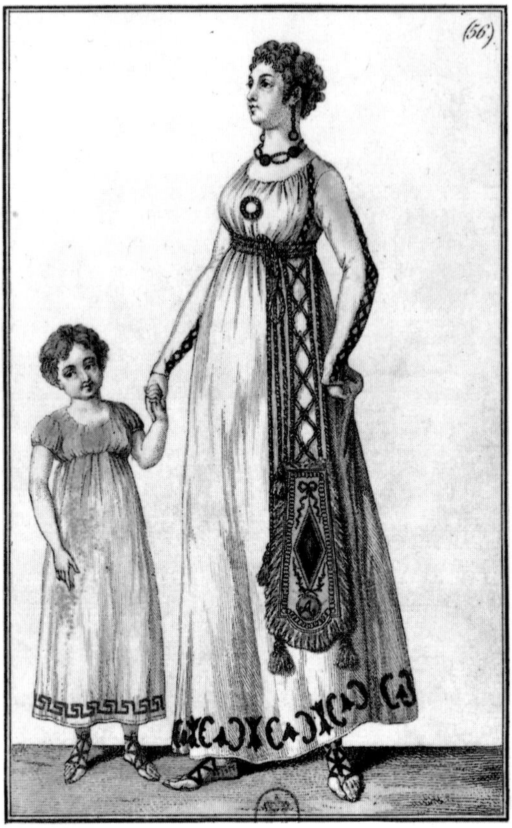

154. *Journal des dames et des modes*, 1798, pl. 56. Cheveux à la Caracalla, sac à ouvrage appelé *balantine*, sandales. Paris, Bibliothèque nationale.

Le *Journal des dames et des modes*, paru en 1797 et dirigé par Pierre de la Mésangère à partir de 1799, est à peu près le seul périodique de mode du XVIIIe siècle qui continue au siècle suivant, où il règne sans partage sur les publications de ce type jusque dans les années 1820.

Vers le costume bourgeois

La mode française fait autorité en Europe dans les années 1740-1770 qui correspondent aux grands moments de la robe à la française. Dans la seconde moitié du siècle, son évolution, très influencée à son tour par l'Angleterre, prépare un costume d'un esprit nouveau qui consomme le divorce entre le vêtement masculin – qui devient avant tout fonctionnel – et le costume féminin – qui devient sa cible privilégiée.

La Révolution n'a fait qu'entériner un processus déjà en marche. Le costume d'homme reste composé de trois pièces et le principe de la robe tunique à la taille haute prévaut jusqu'en 1815 (ill. 154), tandis que le goût de l'Antique culmine au tournant du siècle. De 1789 à 1799, les transformations portent sur des points mineurs. Allègement du costume masculin, culotte collante qui s'allonge en pantalon, gilet droit et ajusté, habit à longues basques et haut col ou frac de coupe similaire coupés à la taille sous la redingote, simplification des formes féminines qui abandonnent progressivement la robe à l'anglaise et la robe redingote à collets pour adopter définitivement la robe droite en étoffe légère, le *châle* et une nouvelle pièce vestimentaire, le *spencer* ou *petite veste* qui réchauffe le buste. Le costume masculin bourgeois se distingue par l'étroitesse de ses formes de l'habit populaire des sans-culotte, pantalon large à pont et veste courte ou carmagnole adopté par les membres du Conseil général de la Commune en 1792.

S'il n'y a donc pas de révolution formelle du costume, il se dégage néanmoins de cette période un grand changement social qui laisse prévoir le futur règne de la bourgeoisie, dont le pouvoir de consommation grandissant soutient le processus d'industrialisation de la société. Les travaux de Joseph Jacquard (1752-1834) en sont un des premiers exemples. En automatisant le métier à la tire entre 1800 et 1805, ils préparent l'avenir de la production en série d'articles vestimentaires comme le châle cachemire.

LE COSTUME SOUS LA RÉGENCE (1715-1723)

La grâce, la noblesse, la distinction, le charme, qui sont les qualités de la décoration à l'époque de la Régence, se retrouvent dans les costumes. Ce n'est plus la majesté compassée un peu lourde et la raideur du vêtement du règne de Louis XIV, et c'est déjà la fantaisie légère des toilettes Louis XV.

Le nom du peintre Antoine Watteau (1684-1721) est inséparable du costume sous la Régence bien qu'il ait vécu surtout sous Louis XIV. Il faut établir une discrimination entre la partie de son œuvre qui est purement d'imagination et de fantaisie comme ses personnages de la Comédie italienne, et celle qui reproduit assez fidèlement la réalité, comme dans son fameux tableau *L'Enseigne de Gersaint*, daté de 1720 (ill. 159). Watteau a contribué également à l'histoire de la mode en gravant à l'eau-forte quelques figurines (ill. 157).

Enfin, il a ouvert la voie au costume Louis XV en mariant très heureusement la mode italienne avec la mode française du début du XVIIIe siècle.

L'habit à la française

La Régence a donné au costume masculin une aisance, une ampleur, une élégance particulières. Pendant un siècle, l'habit à la française sera le seul vêtement masculin créé à cette époque. Les trois éléments essentiels du costume Louis XIV : justaucorps, veste, culotte sont conservés, mais avec d'importantes modifications.

Le *justaucorps* (ill. 155, 156) présente les caractères suivants : les manches sont très ouvertes et assez courtes avec parements en

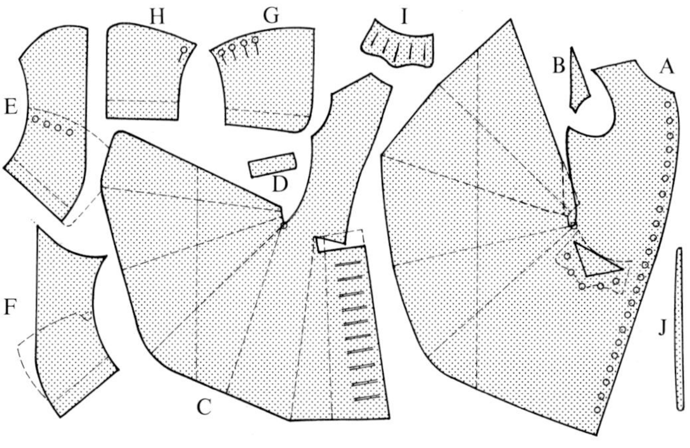

155. Patron de justaucorps :
A. devant ; B. chanteau ;
C. dos ; D. dessus de manche ;
E. dessus de manche ;
F. dessous de manche ;
G. dessus de parement ;
H. dessous de parement ;
I. patte de poche ; J. col.

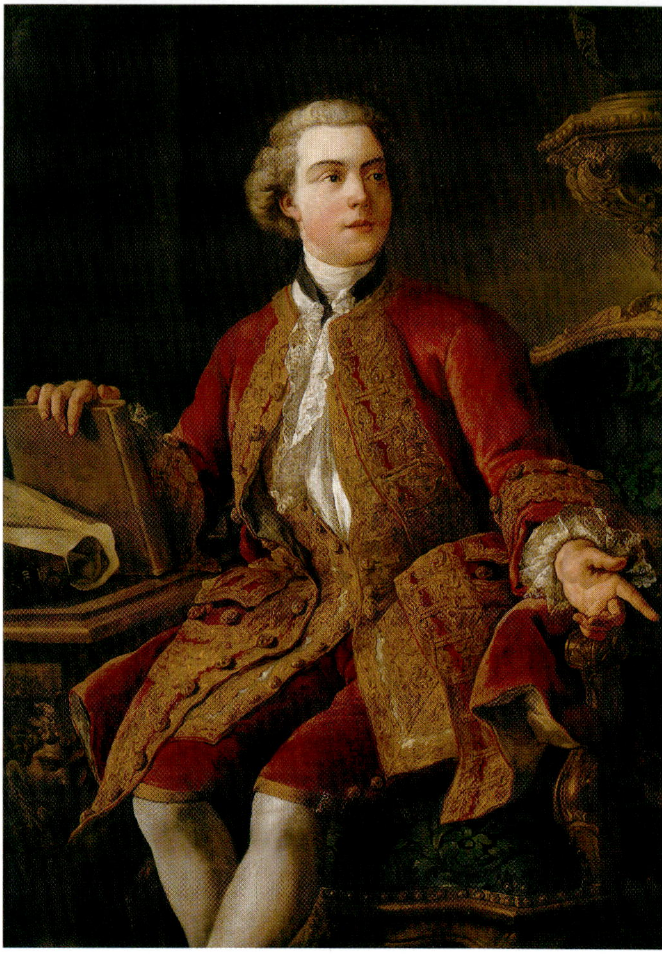

156. Jean-François de Troy, *Portrait du marquis de Marigny*, 1750. Versailles, musée national du Château.

Le justaucorps et la culotte sont en velours rouge orné de dentelle d'or. Comme souvent, la veste est réalisée dans une étoffe différente, ici blanche et également rehaussée de dentelles d'or. Vers 1750, les devants du justaucorps et de la veste commencent à s'écarter. Celle-ci se boutonne à la taille, parfois à l'encolure, laissant bouffer librement le jabot de la chemise.

ailes qui épousent la saignée. Les pans sont froncés à la taille, comme à la fin du règne de Louis XIV. De chaque côté, on fait partir d'un bouton cousu sur les hanches cinq ou six gros plis ronds doublés d'étoupe et de toile raide, de façon que lorsqu'on boutonne l'habit à la ceinture, les plis s'écartent naturellement en plis droits et réguliers. C'est d'entre ces plis que sort la poignée de l'épée qui, suspendue à une ceinture ou à une bretelle, passe entre les basques.

La *veste*, gilet à manche, arrive au milieu des cuisses et est munie de poches (ill. 156). Ses manches dépassent légèrement celles de l'habit ; le dos, toujours lacé, est fait de même étoffe et de même broderie que les devants. Elle n'est boutonnée qu'à la taille avec trois ou quatre boutons ; les boutonnières sont simulées ou absentes. La chemise et la cravate de dentelle souvent ne font qu'un.

La *culotte* (invisible avec l'habit boutonné) est froncée ; on la maintient par des cordons ou une boucle. Elle a jusqu'à huit poches en peau blanche. Les bas cachent le bas de la culotte ; ils sont roulés sur les genoux. Les souliers ont des bouts fins et carrés, de hauts talons et des petites boucles.

157. Antoine Watteau, *Étude de femme*, v. 1710-1715. Paris, Bibliothèque nationale.

La robe volante très ample dérive de la robe d'intérieur en vogue au tournant du XVIIIe s.

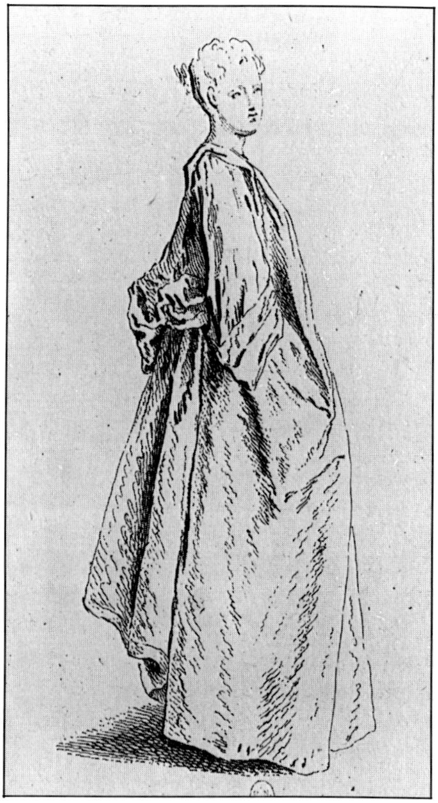

Robes volantes et robes à plis Watteau

Les robes Régence sont pour la plupart dues au crayon de Watteau ; ce sont les robes dites *volantes* et à *plis Watteau* (ill. 157). Plus tard on donnera ce nom à des robes n'ayant de commun avec le modèle imaginé par Watteau que la forme en *manteau de cour*. Les véritables plis Watteau consistent en des fronces partant des épaules pour aller se perdre dans l'ampleur de la jupe avec laquelle ces plis font corps. La robe à plis Watteau est flottante, la jupe est si longue qu'on la relève souvent à la main ou avec des épingles. Les manches sont toujours plissées verticalement ; assez souvent elles continuent à avoir un parement assez haut. Le corsage appelé *corps à baleines* est lacé par-devant, fait de grosse toile, piqué, baleiné et ajusté. Le jupon de toile gommée, garni de cerceaux de jonc ou de baleine, appelé *criarde*, et qui avait, au temps de la Renaissance, la forme d'une cloche ou d'un entonnoir, réapparaît en 1718.

LE COSTUME SOUS LOUIS XV

Le XVIIIe siècle est une des époques les plus brillantes, sinon la plus brillante de l'histoire du costume français. Il fixe le costume masculin qui sera toujours constitué de trois éléments : culotte ou pantalon, veste ou gilet, habit ou frac. Le costume civil masculin sous Louis XV diffère peu de celui de la Régence ; c'est aussi le cas du costume des ecclésiastiques, qui demeure le même que sous Louis XIV. Le costume féminin a subi l'influence de la Renaissance, dont le vertugadin, disparu en France au XVIe siècle, inspire la robe à paniers à coudes ; le corps rembourré en *panseron* d'Henri III inspire le corps à baleines. De la robe à plis Watteau de la Régence naîtra la robe volante. De ces divers emprunts, l'époque Louis XV a su tirer un costume d'une grâce délicieuse. On sait que le style Louis XV comporte deux périodes : la première (1724 à 1750 environ) est l'époque dite *rocaille* et de la fantaisie ; la seconde (1750 à 1774) est caractérisée par le calme et la symétrie. Ces deux phases, si marquées dans l'architecture et la décoration, se retrouvent dans les costumes du temps, notamment dans l'habillement féminin.

La documentation sur les modes Louis XV est abondante et consiste dans l'œuvre des artistes peintres et graveurs. De tous les graveurs du XVIIIe siècle, Augustin de Saint-Aubin (1736-1807) est peut-être celui qui apporta la contribution la plus importante à l'histoire du costume. En 1761 il dessine et il grave la suite des *Habillements à la mode de Paris* et le tableau des *Portraits à la mode*. En 1773, de Saint-Aubin dessina deux pièces capitales pour l'histoire du costume dont il confia la gravure à Duclos ; ce sont *Le Concert* et *Le Bal paré*. Dans ces deux estampes, de Saint-Aubin, comme on l'a dit avec raison, a fixé la physionomie de la France dans son plus joli moment.

Parmi les autres graveurs dont on consultera l'œuvre utilement, nous citerons : Bernard Picart (1673-1733) qui publia en 1728 les *Diverses Modes* ; Nicolas Larmessin (1684-1725) ; Jacques-Philippe Le Bon (1707-1783) ; Claude-Joseph Vernet (1714-1789). La moisson des documents est aussi abondante chez les peintres : il y a d'abord les petits maîtres : Baudoin (1723-1769) ; Deshayes (1729-1765) ; Lavreince (1737-1807) ; Roslin, qui sont tous des peintres de mœurs. Chardin (1699-1779) nous a initiés aux costumes de la petite bourgeoisie. J.-F. de Troy (1679-1752) a peint, outre des scènes historiques ou allégoriques, de nombreuses scènes galantes. Citons enfin Lancret (1690-1749) ; Greuze (1725-1805) pour les costumes des villageois, semblables aux costumes des nobles mais taillés dans une étoffe plus grossière, et enfin le roi des portraitistes : Maurice Quentin de la Tour (1704-1788).

De l'habit à la redingote

Comme à la fin du règne de Louis XIV et comme sous la Régence, le costume masculin se compose des trois pièces traditionnelles : justaucorps, veste et culotte. Toutefois le justaucorps prend le nom d'*habit à la française* qu'il gardera jusqu'à la fin du XVIIIe siècle ; il conserve aux manches les mêmes hauts parements de la Régence, le même groupement de plis aux hanches ; cependant, au-dessus des plis latéraux, on ajoute généralement des boutons (ill. 158).

L'extrémité de la culotte, jusqu'en 1745, est souvent cachée sous le bas et à partir de 1745 elle descend au-dessous des genoux et s'attache par des pattes à boucles. Les chaussures ne présentent pas de grandes différences avec celles de la fin du règne de Louis XIV ; la pièce du cou-de-pied est toujours assez haute et à partir de 1730, les talons rouges, réservés à la noblesse, sont plus bas.

Le jabot de dentelle a tendance à disparaître pour être remplacé par une cravate, souvent noire, formant nœud par-devant.

Il y a peu de vêtements nouveaux ; toutefois la redingote apparaît. Importée d'Angleterre vers 1725 où elle s'appelait *riding-coat* (vêtement pour monter à cheval), elle est longue, munie d'une ceinture et à deux petits collets dont un pouvait se relever. Dans la seconde période du règne de Louis XV, l'habit à la française perd un tiers de son étoffe ; il est plus court de basque, échancré sur le devant et souvent les boutons ne sont plus que des ornements. Les boutons des hanches passent derrière ainsi que les plis. Les manches sont plus longues et moins amples. Le cou est serré par un *tour-de-col*, cravate de mousseline montée sur deux pattes qui se bouclaient par-derrière. Mentionnons le *frac*, sorte d'habit sans poches ni boutons et avec un petit collet rabattu (rotonde) ; on ne porte pas l'épée avec le frac.

La *veste* est un gilet à manches boutonné seulement à partir du creux de l'estomac laissant une ouverture pour la cravate. Elle descend d'abord assez bas pour s'arrêter au-dessous de la taille à la fin du règne de Louis XV.

La robe à la française

On a vu plus haut en quoi consistait la robe à plis Watteau imaginée par ce peintre sous la Régence : les plis de cette robe sont plutôt des fronces partant des épaules (ill. 159). À l'époque Louis XV cette

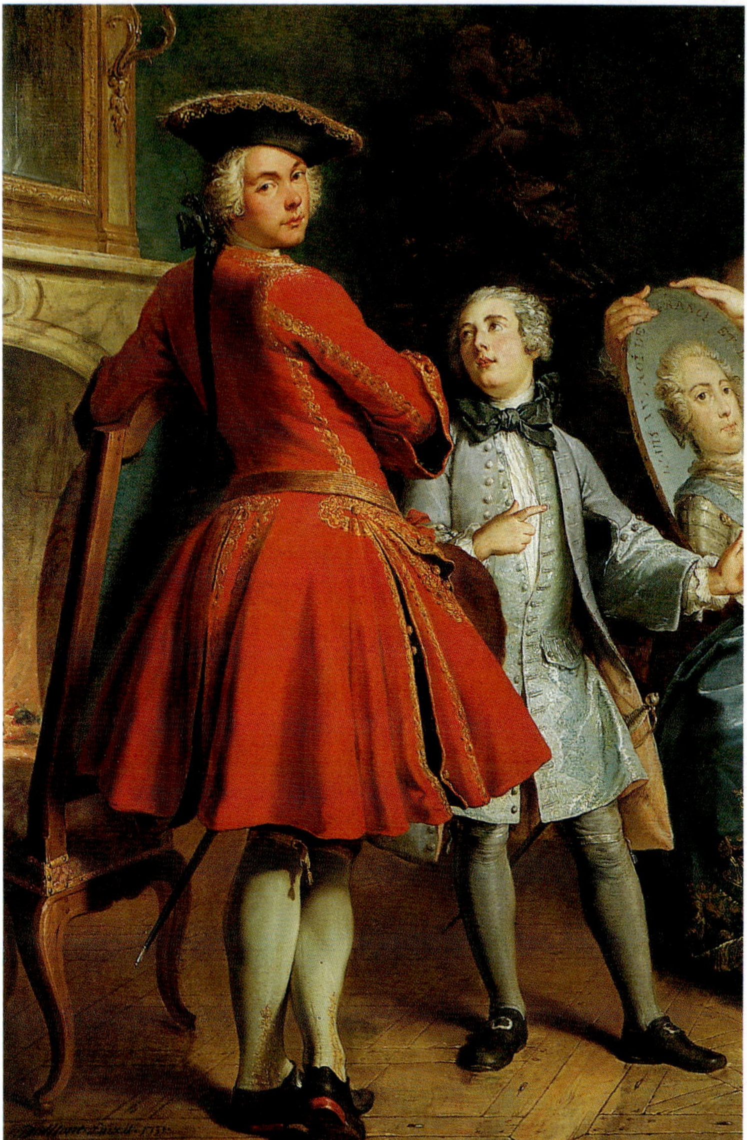

158. Jean Dumont, dit le Romain, *Madame Mercier, nourrice de Louis XV, et sa famille* (détail), 1731. Versailles, musée national du Château.

Les habits de drap sont fréquemment rehaussés de galons appliqués le long des coutures. Les plis creux placés au niveau de la hanche sont séparés par une fente qui peut être boutonnée.

159. Antoine Watteau, *L'Enseigne de Gersaint* (détail), 1720. Berlin, château de Charlottenbourg.

Watteau a si bien dépeint la robe volante des années 1710-1720 que l'histoire a pris l'habitude de lui attribuer l'invention des grands plis du dos qui la particularise. À partir de l'encolure, l'étoffe est froncée ou répartie en une série de plis ronds sur toute la largeur du dos. Les devants sont ouverts complètement ou seulement jusqu'à la taille.

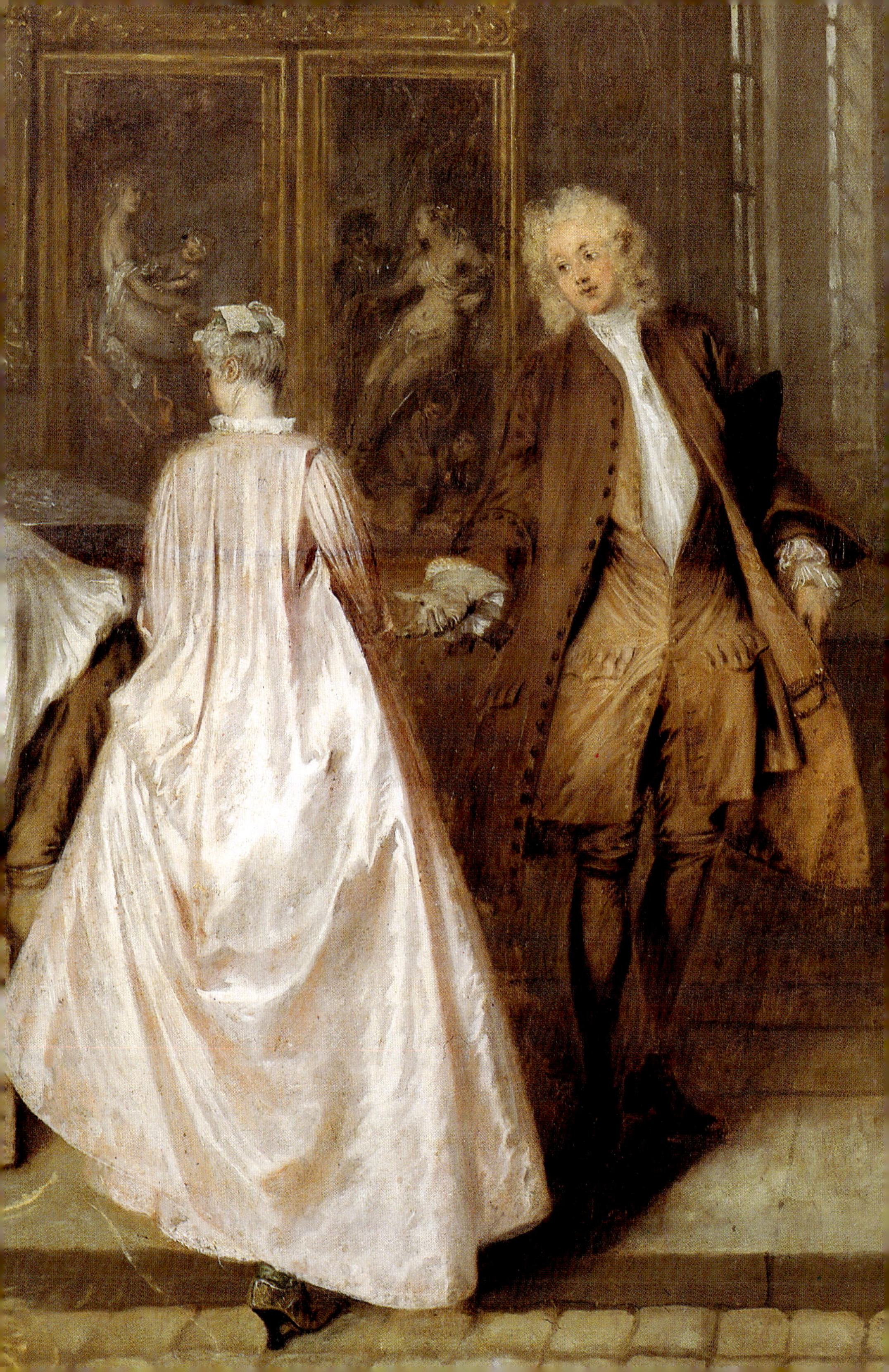

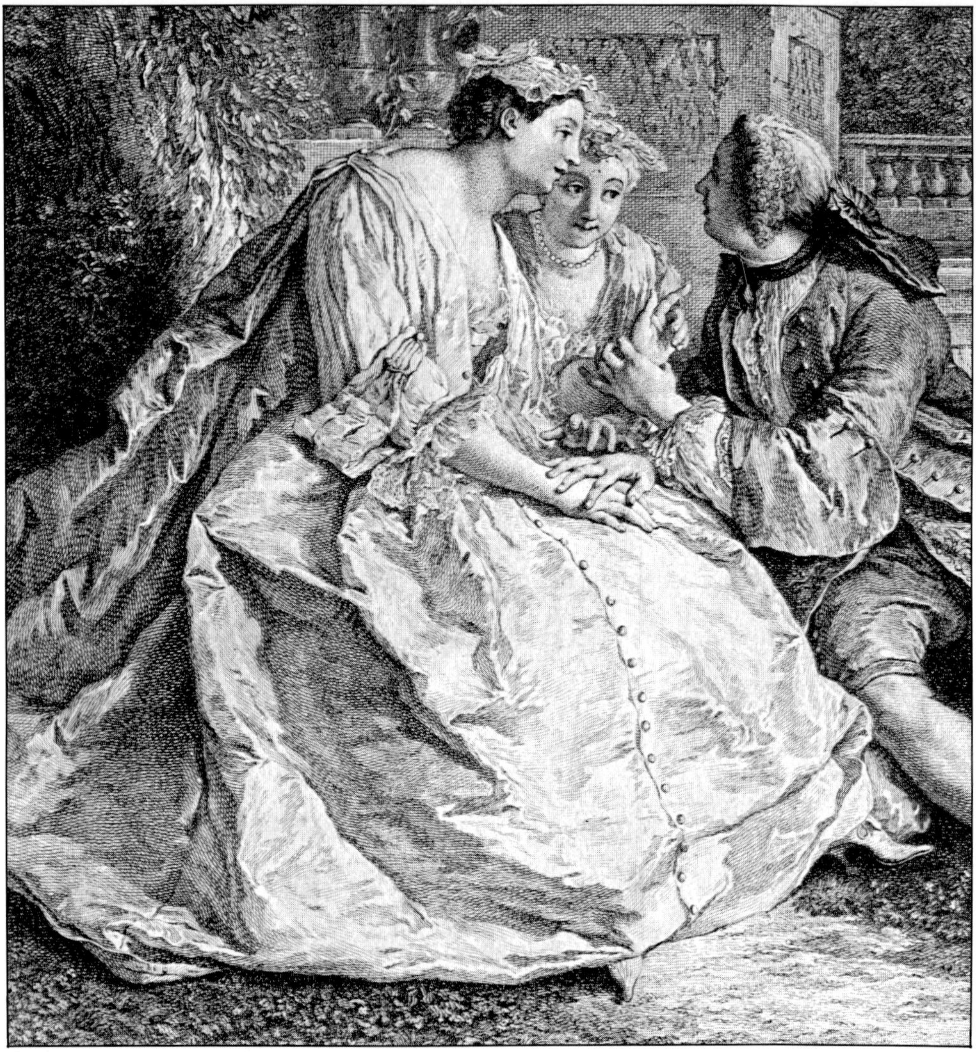

160. Nicolas Cochin, gravure d'après Jean-François de Troy, *Plaisir d'amour*, 1725. Paris, Bibliothèque nationale.

robe se modifie : les fronces deviennent des plis réguliers, plats et profonds, qui partent des omoplates en formant, comme sous la Régence, un faux manteau de cour. Les plis vont se perdre dans la jupe.

Les manches de la robe française à plis Watteau présentent successivement les caractères suivants : en 1725, la manche est encore plissée en long, tandis que le parement est plissé en large (ill. 160). À partir de 1730, les manches de l'arrière-bras sont unies et justes, et les parements moins larges qu'en 1725, formant trois plis horizontaux qui partent de la saignée du bras. Les parements sont en général attachés par des agrafes ou des boutons. Les plis Watteau du dos tantôt sont retenus sur l'épaule par une patte à boutons, tantôt au contraire s'arrêtent aux épaules et le devant de la robe est sans plis (ill. 163).

Souvent les plis du devant de la robe ne sont que le prolongement des plis du dos.

Tantôt cette robe est fermée par-devant, tantôt la robe de dessus s'ouvre sur la robe de dessous.

La vogue des robes volantes

Comme la robe précédente, la robe volante eut une vogue considérable, qui dura jusqu'à la fin du règne de Louis XV (ill. 160). Elle présentait le grand avantage de s'accorder avec les paniers. Par l'absence de ceinture, la transition entre le buste et les hanches était dissimulée et se prêtait au balancement des paniers. Puis on ajusta la partie du devant jusqu'au milieu de la poitrine afin de lui enlever l'aspect négligé, mais tout en laissant l'étoffe flottante au dos et sur les côtés. L'ampleur de la jupe était soutenue par les cerceaux des paniers qui, tout d'abord en forme d'entonnoir, prirent bientôt une forme évasée à la hauteur des hanches (ill. 161).

Vers 1740, la jupe prend une extension latérale et devient le panier à coudes, ainsi dénommé parce qu'on pouvait y appuyer les coudes. La robe volante peut être ouverte du haut en bas, ou simplement jusqu'au milieu et lacée. Un nœud de ruban est posé au-dessus de l'ouverture et parfois c'est une échelle de rubans qui couvre le devant du corsage. Comme sous Louis XIV, les manches sont le plus souvent en *pagodes*, c'est-à-dire plates, ouvertes en entonnoirs et garnies de dentelles (ill. 170).

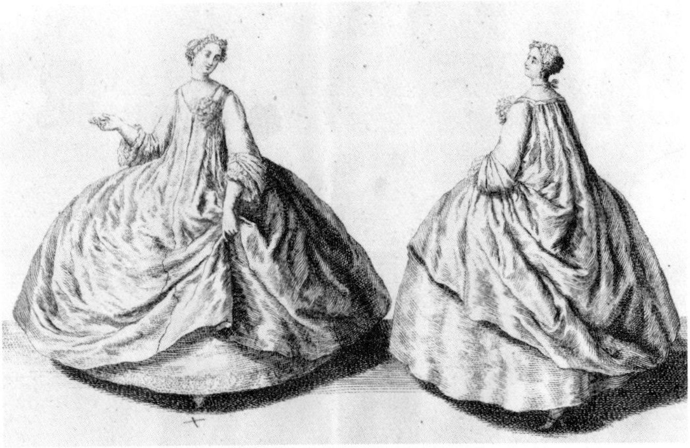

161. Antoine Hérisset, *Les Paniers*, 1729. Paris, Bibliothèque nationale.

De 1725 à 1730, le panier prend la forme d'un dôme. Il s'agit d'un jupon raidi par des baleines ou des cerceaux de jonc.

Robes à panier double

À partir de 1750, le panier en cloche baleinée qui avait eu la vogue jusqu'alors tombe en désuétude, et on le remplace par un panier double qu'on obtient en séparant l'ancien panier en deux paniers faits de toile forte armée de jonc ou de baleines. Ces deux paniers étaient attachés par des liens autour de la taille et sur les bourrelets du corps à baleines qui recevaient les liens des paniers et des jupes. Des rubans de toile joignaient les deux paniers. Enfin, sur les hanches, on pratiquait une ouverture pour atteindre avec la main les poches qu'on suspendait à la taille comme des sacs sur le jupon de dessous. Le matin, en déshabillé, on portait de tout petits paniers qu'on appelait des *considérations* ; quand ils descendaient jusqu'aux genoux, on les nommait des *jansénistes*. Lorsqu'ils s'étalaient sur les côtés et montaient très haut, c'étaient les *paniers à coudes* ou *à la commodité*. Sous le corsage, on portait le corps à baleines (ill. 162) en usage depuis le XVIe siècle et qui, sous le nom de corset, se conservera jusqu'au XXe siècle. Son busc comprimait le ventre et la poitrine.

La pièce relevée adoptée dans la plupart des chaussures sous Louis XIV persiste jusqu'en 1730 ; par la suite on la rabat sur la boucle, et finalement on la supprime. La boucle dans laquelle sont passées les oreilles est souvent décorée de pierreries et d'émail. L'extrémité de la chaussure est ronde ou pointue, mais jamais carrée. Les talons sont très élevés et très incommodes car on les place le plus souvent sous la cambrure du pied. Ces talons sont en bois, pour les femmes comme pour les hommes. Les chaussures ne sont pas toujours très hautes ; on fait aussi des mules à talon bas : ces talons sont recouverts de satin de même couleur que la

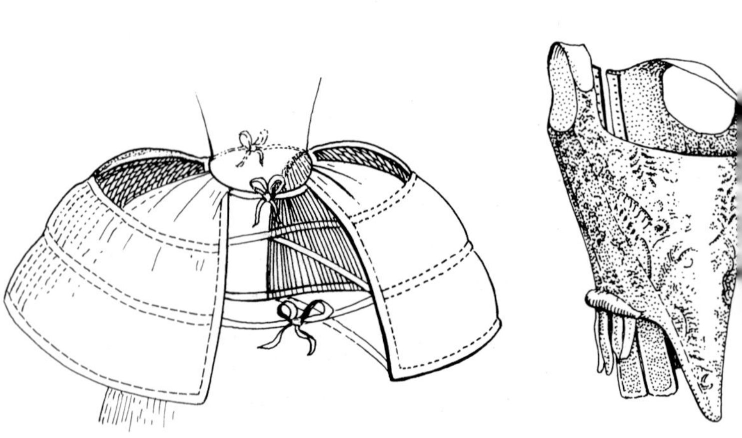

162. Corps à baleines et panier double.

Les corps à baleines sont dits « fermés » quand ils sont lacés au dos, ou « ouverts » lorsque les devants se lacent également. Ils sont constitués de plusieurs pièces et rigidifiés par des baleines qui, pour garder l'arrondi du devant, sont préalablement mises en forme. À partir de 1735-1740, le panier s'aplatit sur le devant, puis se transforme en panier double au milieu du siècle, déplaçant l'ampleur des jupes sur les côtés.

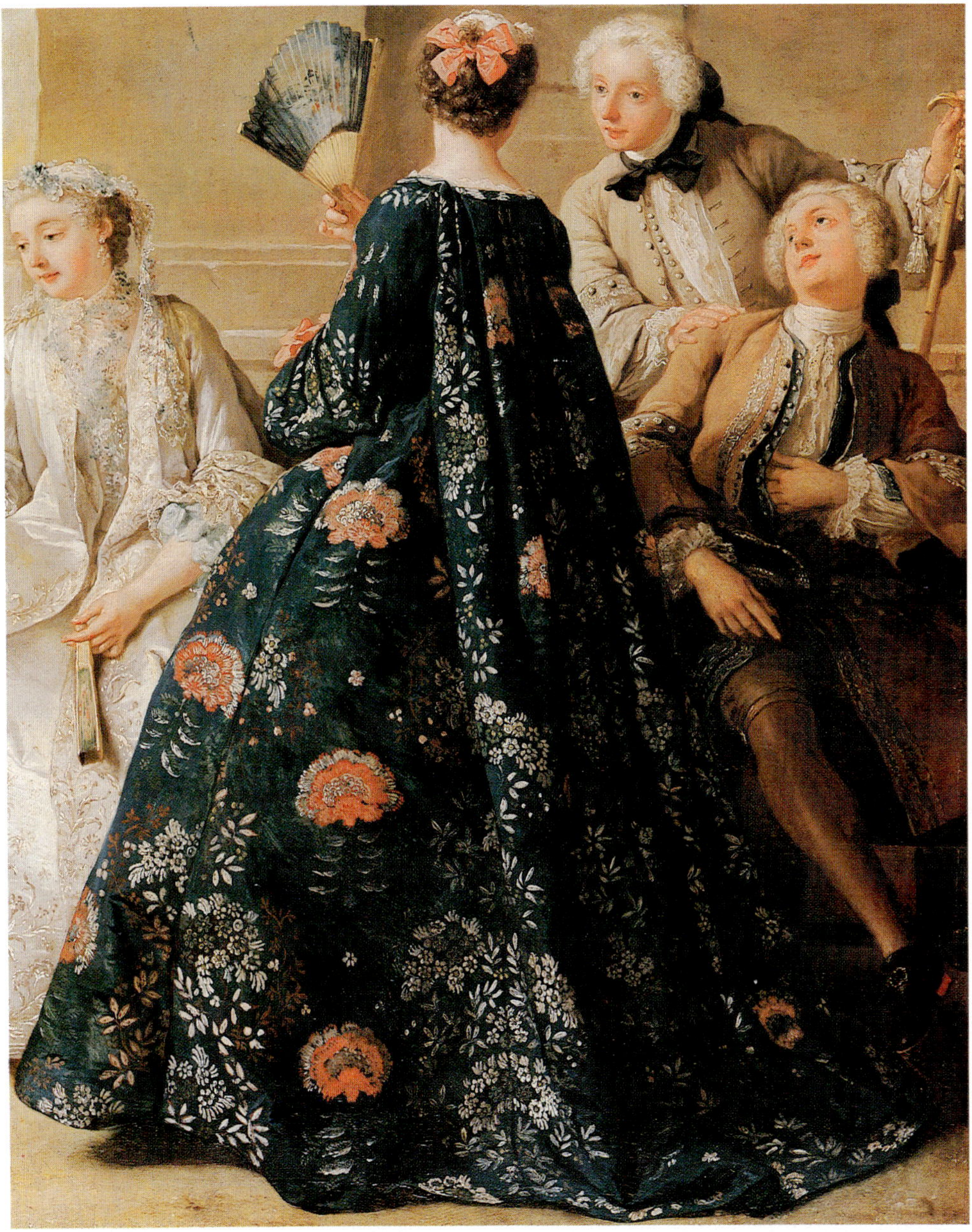

163. Jean-François de Troy, *Assemblée dans un parc* (détail), 1731.
Berlin, château de Charlottenbourg.

Les étoffes de soie façonnée à grands motifs conviennent à la silhouette volumineuse de la robe volante.

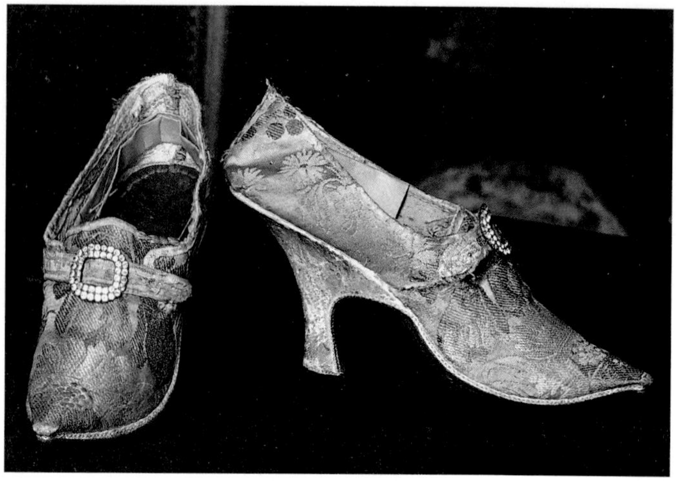

164. Soulier de soie à patte boutonnée et hauts talons, époque Louis XV. Collection particulière.

robe. On porte aussi – notamment sous la Régence – des souliers en forme de babouche, sur hauts talons (ill. 164). La bourgeoisie et le peuple ne portaient pas de boucles aux souliers, ils étaient tenus par des lacets.

Les années 1770

Née sous la Régence, la robe à la française à plis Watteau, après s'être transformée durant la première partie du règne de Louis XV, subit de nouvelles modifications à la fin du règne. On en trouvera p. 145 l'un des types les plus gracieux.

L'illustration 166 représente le corsage vu du côté de la doublure ; cette figure permet de se rendre compte comment le corsage collait au corps à baleines tout en restant vague dans le dos. Une pièce de toile fendue était cousue aux deux premiers plis Watteau, formant un faux dos de corsage. Les œillets de cette pièce permettaient de lacer et de tendre les côtés du corsage sur le corps à baleines après avoir boutonné les *compères* ; les plis du dos étaient laissés vagues et partaient du biais horizontal entre les épaules. Les compères étaient de petits devants de corsage qu'on boutonnait ou laçait et qui formaient une sorte de faux gilet cousu dans l'échancrure de la robe, sous les devants.

165. François Boucher, *Portrait de Mme de Pompadour* (détail), 1756. Munich, Alte Pinakothek.

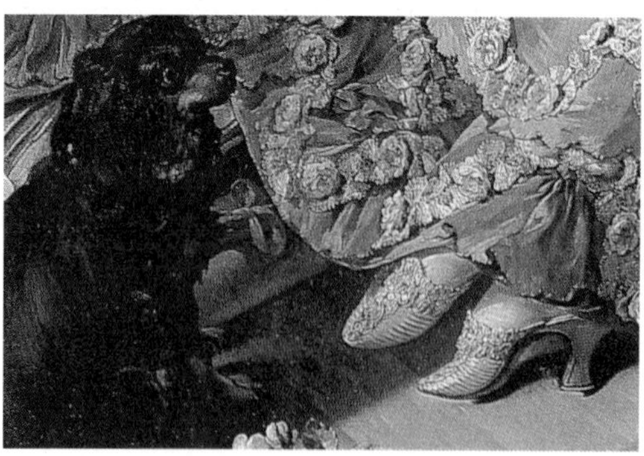

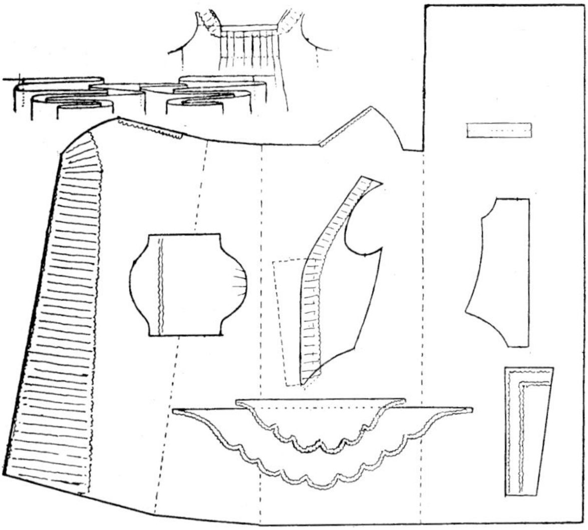

166. Patron de robe à la française.

Les boutons étaient souvent des pierreries ou des perles. La figure ci-dessous donne la disposition des plis du dos, ainsi que leur plan. Les devants du corps de robe s'ouvrant en cœur sur le « corps à baleine » découvraient la *pièce d'estomac* garnie de broderies, de nœuds de rubans ou de compères.

Les *manches* ont la forme d'un cornet double, court à la saignée où il est froncé et long sous le coude.

Les perruques masculines

Jusqu'à 1750 environ, les perruques pour hommes en crinière, en usage sous Louis XIV, continuent à être à la mode ; mais à partir de 1730, elles ne sont plus portées que par les gens âgés ou ayant des professions libérales. La perruque dite Louis XV se pose en arrière de la naissance des cheveux dans le but de les coiffer par-dessus en les mélangeant de façon à peu près invisible. Jusqu'en 1750 environ, le front est dégagé et le dessus de la tête plat ; sur les tempes sont les *ailes de pigeon* qui consistaient en de grosses touffes crêpées en mousse.

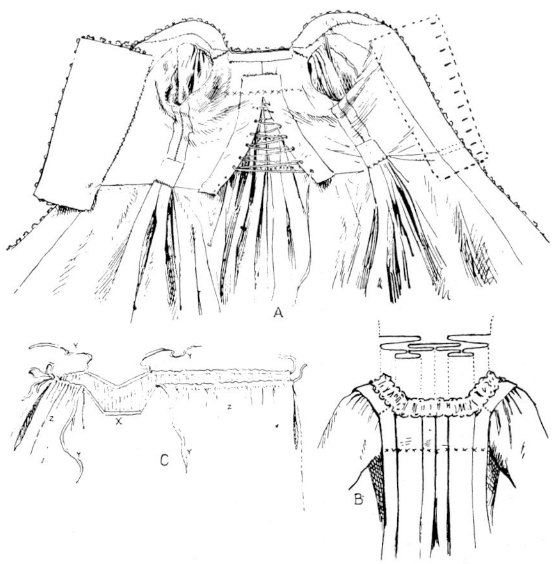

167. Patron de robe à la française extrait de l'ouvrage de Maurice Leloir, *Histoire du costume*, Paris, 1938.

A. Intérieur du corsage montrant la doublure, souvent en toile de lin, lacée sous les plis du dos pour ajuster le corsage ; B. Disposition des plis en une double série de doubles plis ronds ; C. Jupe resserrée par des cordons latéraux. Des fentes sur les hanches permettent d'accéder aux poches indépendantes et montées sur un lien noué à la taille. L'échancrure centrale correspond à la base du corps à baleines.

168. Maurice-Quentin de La Tour, *Autoportrait*, v. 1750. Amiens, musée de Picardie.

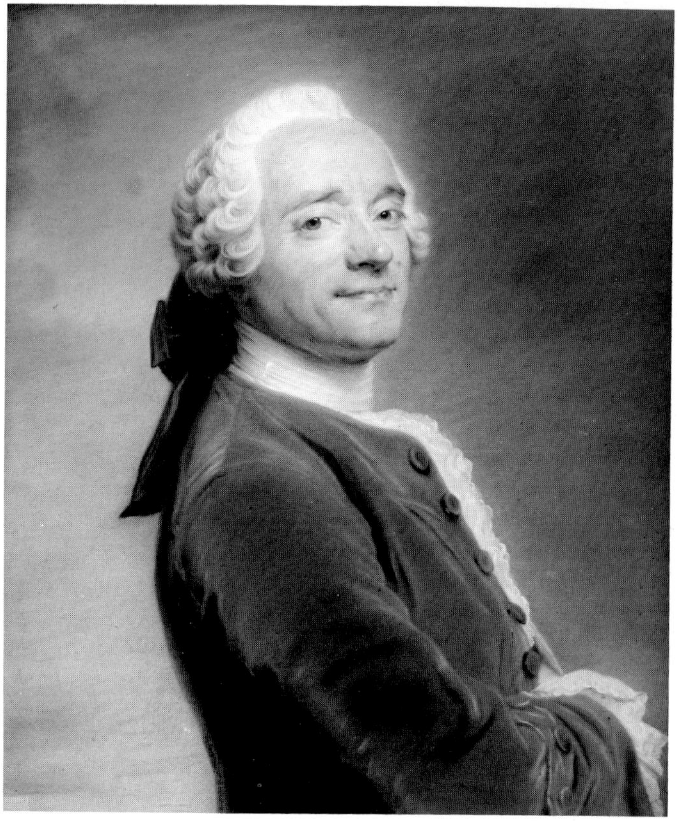

169. L. Surugues, gravure d'après J. Dumont, *Un serrurier coupe le pot de chambre pour dégager le pied de Ragottin* (détail), Paris, Bibliothèque nationale.

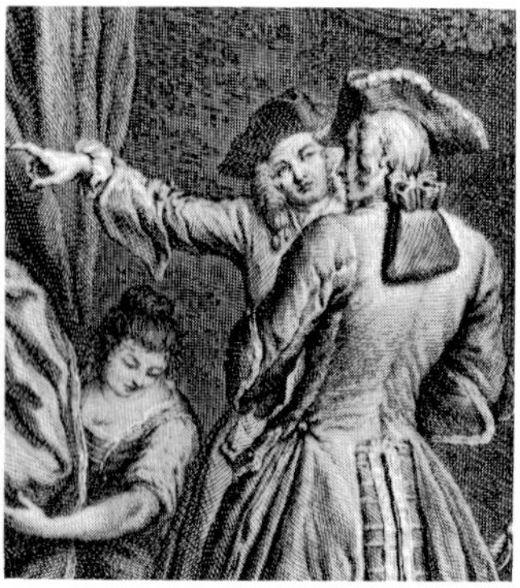

170. Maurice-Quentin de La Tour, *La Marquise de Pompadour*, 1755. Paris, musée du Louvre.

Le corsage de la robe à la française est ajusté au buste à partir des années 1745-1750. Les parements de manches volantés sont dits *en pagode* et sont agrémentés d'une manchette, ou engageante, en dentelle, ici à triple rang. Le décor de l'étoffe suit une disposition verticale et dessine les méandres caractéristiques du décor textile des années 1750-1765.

Les coiffures les plus en vogue sont la *perruque à bourse*, la *perruque à nœuds*, la *queue nattée* et le *catogan*.

La *perruque à bourse* encore appelée *perruque à la Régence*, parce qu'elle date de cette époque, avait pour élément principal un sac de taffetas noir, *bourse*, qui contenait les cheveux de derrière (ill. 168). Généralement sur la bourse était posé un nœud de ruban dont les deux extrémités faisaient le tour du cou et étaient nouées sous le menton.

La *perruque à nœuds*, encore appelée *perruque à marteaux*, consistait en une perruque bouclée terminée sur la nuque par trois petites queues. Celle du milieu, plus courte, était enroulée serrée ; les deux autres étaient faites de deux mèches relevées et nouées (ill. 171).

La *queue nattée* est assez commune. On fait aussi des perruques à deux nattes, avec nœud de ruban à leur naissance ; mais cette dernière mode était allemande. Parfois l'unique natte fut étroitement enve-

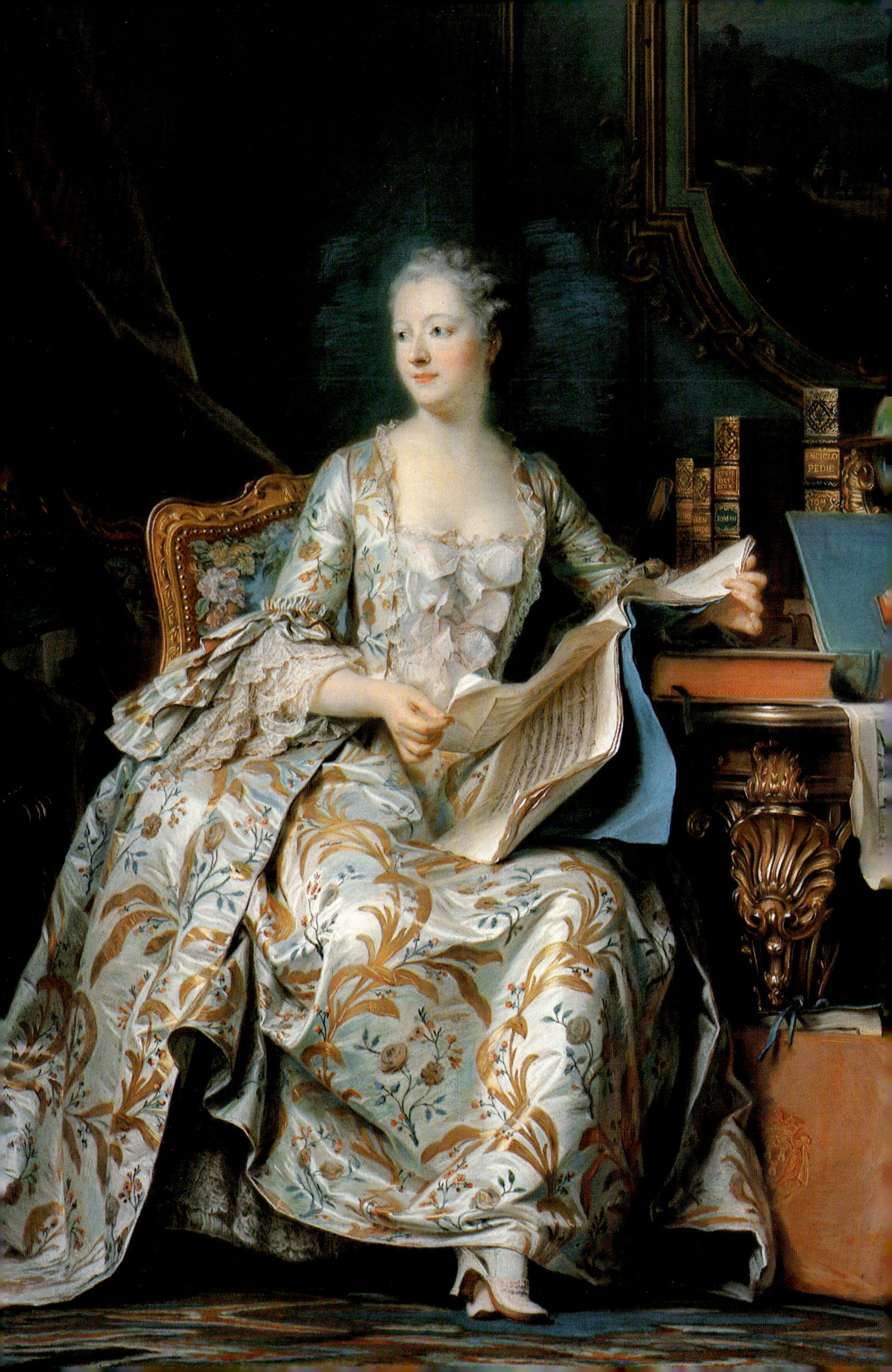
ENCICLO
PEDIE

loppée dans une sorte de fourreau noir que les Anglais dénommaient « queue de porc » ou vulgairement « salsifis ».

Mentionnons aussi la perruque dite *à la bigotière*, portée par l'armée et les anciens officiers ; elle consistait en une queue assez courte avec un nœud de ruban et deux petites queues entortillées.

Vers 1755, les « ailes de pigeon » (ill. 169) disparaissent ; ces grosses touffes qui cachaient les oreilles sont remplacées par des boucles et l'oreille est plus ou moins dégagée. Cette innovation coïncide avec l'apparition de la coiffure dite *catogan* (ill. 173), qui était une perruque à une seule queue formée d'une grosse mèche reployée et attachée sur la nuque par un ruban : ce ruban souvent se noue en large nœud sous le menton ou parfois flotte sur le cou.

Au-dessus de l'oreille en général, on porte deux ou trois rangs de boucles séparées les unes des autres ; ce n'est qu'exceptionnel-

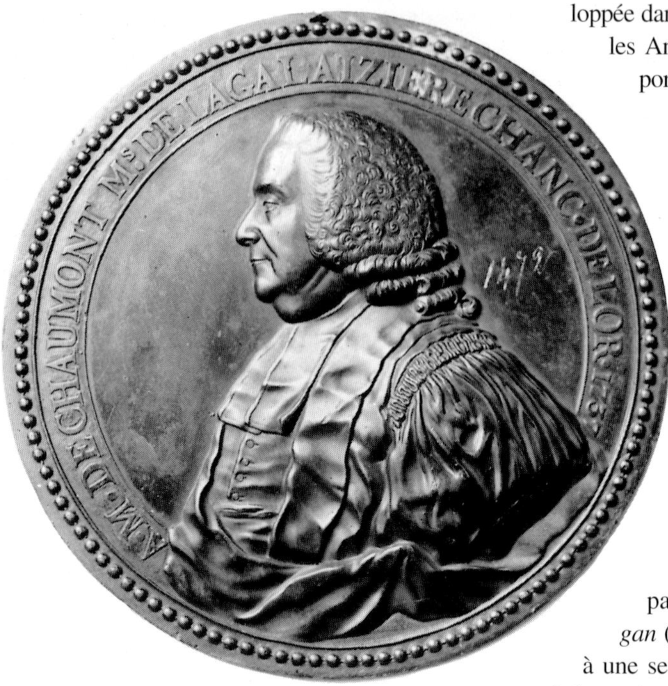

171. Fontaine, *A. M. de Chaumont, marquis de la Galaizière*, 1737. Paris, Bibliothèque nationale.

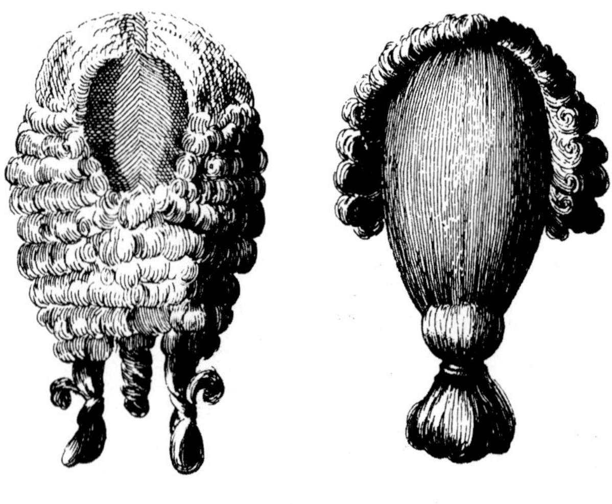

172-173. Perruques, dessins extraits d'une planche de l'*Encyclopédie*. Perruque à nœuds et perruque à catogan.

Les techniques de fabrication des perruques se perfectionnent pendant tout le XVIIIe siècle. L'*Encyclopédie,* en décrivant les principaux postiches, consacre le métier des perruquiers et des coiffeurs pour dames. L'un de ces derniers, Legros, publie en 1766 un traité intitulé *L'Art de la coiffure des dames françaises*.

lement qu'on rencontre le gros rouleau formé par une mèche continue et qui traverse horizontalement la tête. Les *toupets grecs* obtenus par des cheveux massés par-devant et frisés n'ont la vogue qu'à partir de 1770, au moment où les coiffures de femmes sont en hauteur. Le chapeau type est le *tricorne* dit « lampion », dont les bords, souvent galonnés, sont tantôt relevés, tantôt couchés. Il varie de proportions ; mais en général il est plat et de petites dimensions, car il ne sert guère ; à cause des perruques, on le portait sous le bras le plus souvent.

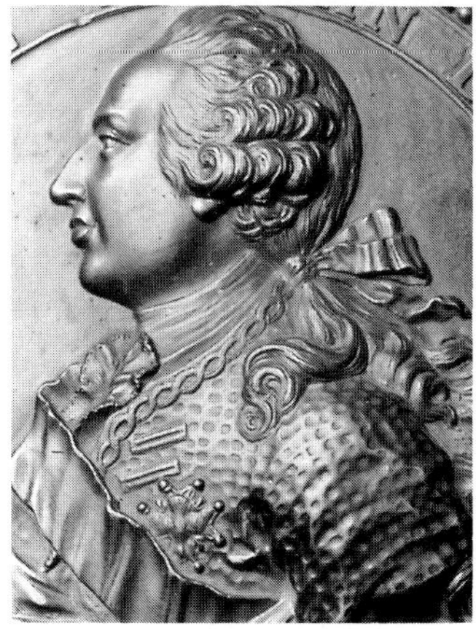

174. Fontaine, *Portrait du dauphin, futur Louis XVI*, v. 1770. Paris, Bibliothèque nationale.

Les cheveux d'une certaine longueur étaient simplement noués au dos.

Tapés et bonnets

Un des éléments les plus caractéristiques de la coiffure des femmes sous Louis XV est le *tapé* (ill. 175). On désignait sous ce nom une coiffure dégageant le front ; on relevait les cheveux et on les crêpait menu de façon à former une sorte d'auréole ou de diadème autour du visage, tandis que les cheveux de derrière restaient lisses. Pour faire tenir les mèches droites autour du front, on fixait en dessous des mèches une sorte de petit coussin de taffetas noir rempli de crin ou de coton qui était destiné à soutenir les mèches d'une part et d'autre part à permettre d'y attacher des fleurettes ou des faux cheveux ou des aigrettes.

Le *tapé* ne commence guère avant 1750 ; sous la Régence et dans la première moitié du XVIIIe siècle, la coiffure féminine est excessivement basse et couverte d'un bonnet de petites dimensions (ill. 177).

Le *tapé* s'élève de plus en plus à partir de 1750 et au crêpé succèdent les boucles qui flottent sur le cou. Les boucles sur le cou ne sont admises qu'à la Cour ; cette mode sera courante sous Louis XVI. Au milieu du XVIIIe siècle, les cheveux de derrière sont souvent reployés pour former une façon de natte assez épaisse qu'on attache au sommet de la tête avec un ruban dont l'ex-

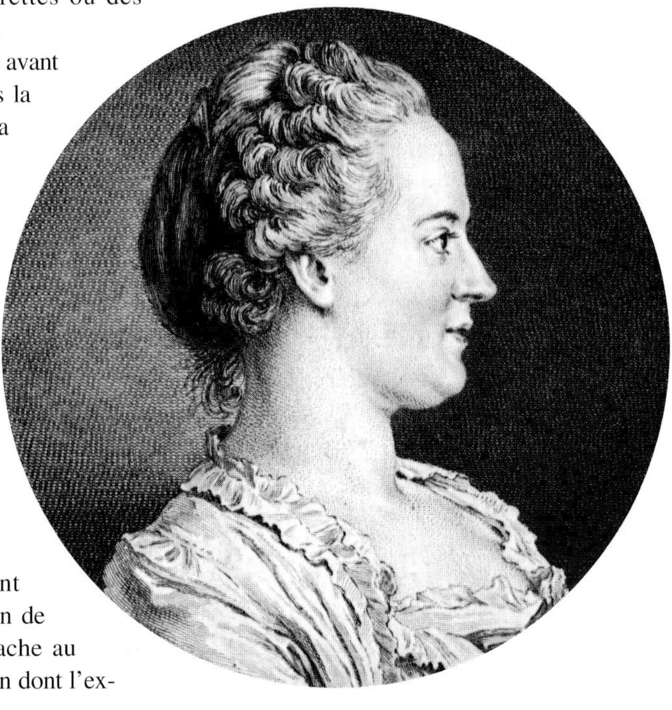

175. A. de Saint-Aubin, *Madame de Pompadour*, gravé d'après un dessin de N. Cochin, 1764.

Le tapé jusqu'à la fin des années 1750 épouse la forme de la tête.

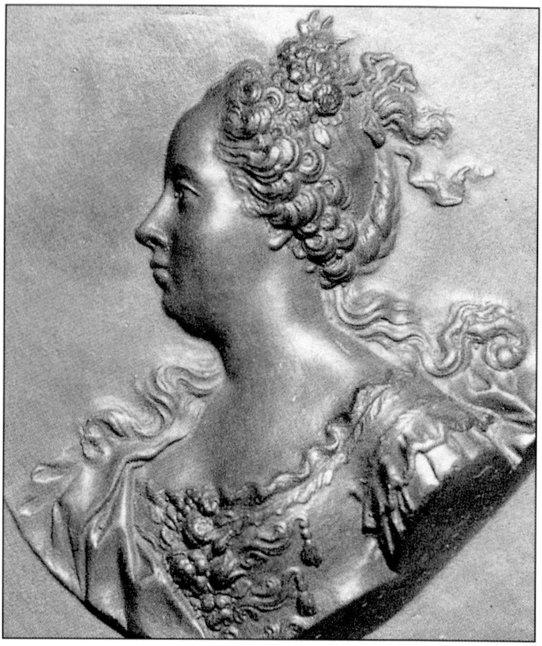

176. J.-B. Nini,
La Marquise de Bouffroy.

trémité reste flottante. Il n'est pas rare qu'un bouquet de fleurettes décore le sommet de la tête ou encore une grosse boucle horizontale (ill. 176).

On appelait *favoris* les deux boucles posées sur le front et *dragonnes* les boucles en tire-bouchons sur les épaules.

Quand la coiffure comportait une masse de cheveux relevée, sans bonnet d'aucune sorte, on appelait cette partie de la coiffure « la physionomie élevée ».

Les *bonnets* sont de beaucoup les coiffures les plus employées sous Louis XV, aussi bien pour sortir que pour l'intérieur (ill. 177). Sous la Régence et au début du règne de Louis XVI, les bonnets sont minuscules et ne couvrent que le haut de la tête. Parfois ce n'est qu'un large nœud plat.

Le bonnet appelé *cornette* ne couvre le haut de la tête que partiellement : en outre il comporte deux longues brides ou barbes flottant généralement sur les épaules. On appelait *cornette à la jardinière* une cornette posée en arrière. Tous les bonnets sont confectionnés de gaze ou de batiste, ou encore avec un fond de linon garni de dentelles.

Le bonnet dit *en battant l'œil* était un fichu en tissu de soie ou de dentelle et qu'on nouait sous le menton.

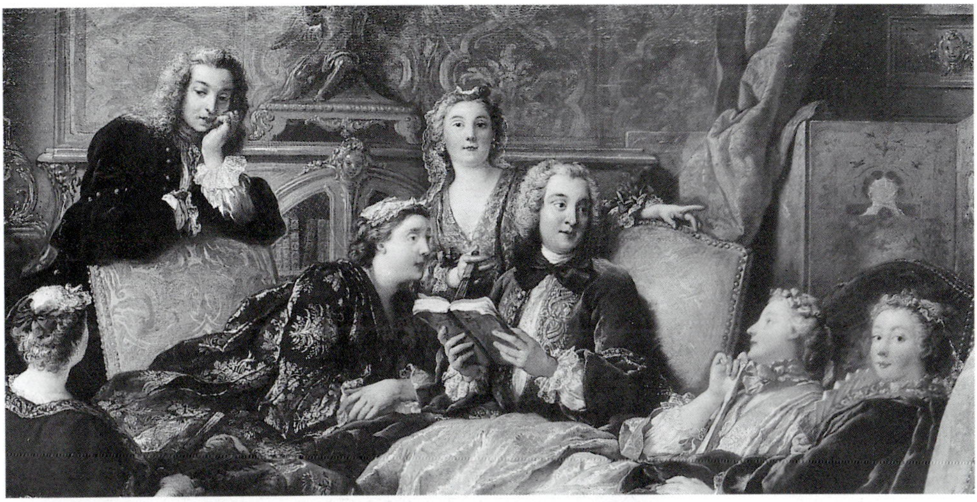

177. Jean-François de Troy,
La Lecture de Molière (détail),
1727.
Collection particulière.

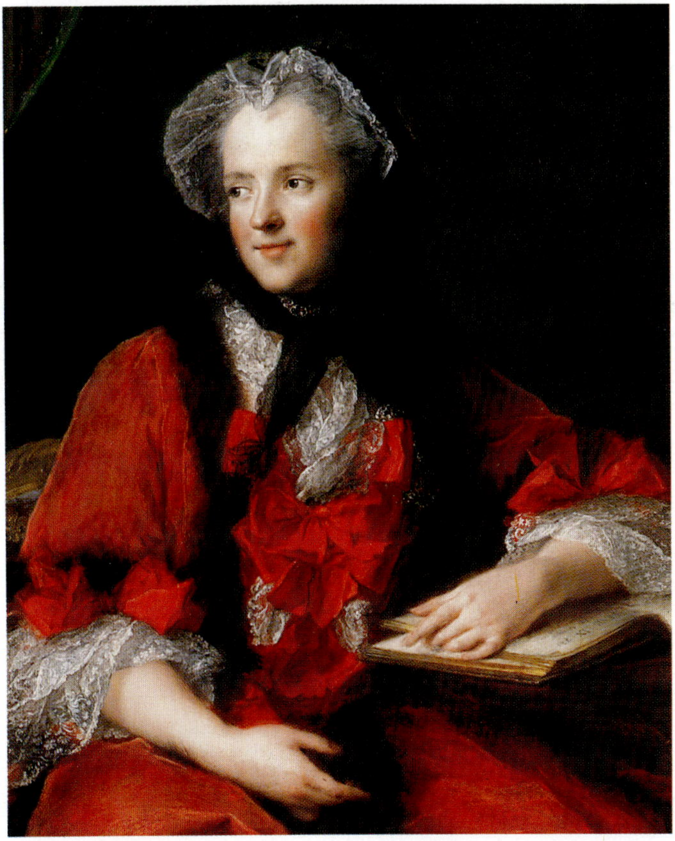

178. Jean-Marc Nattier,
*Portrait de la reine
Marie Leczinska*, 1748.
Versailles, musée national
du Château.

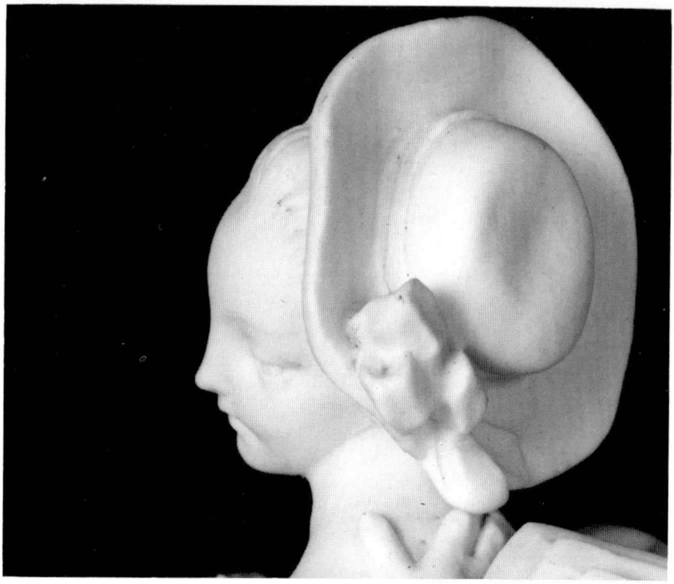

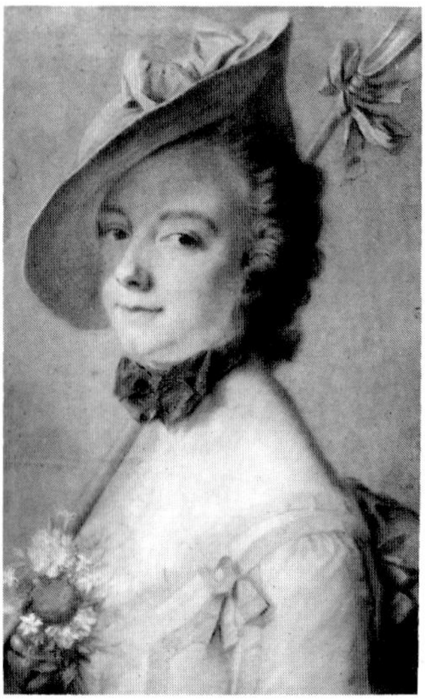

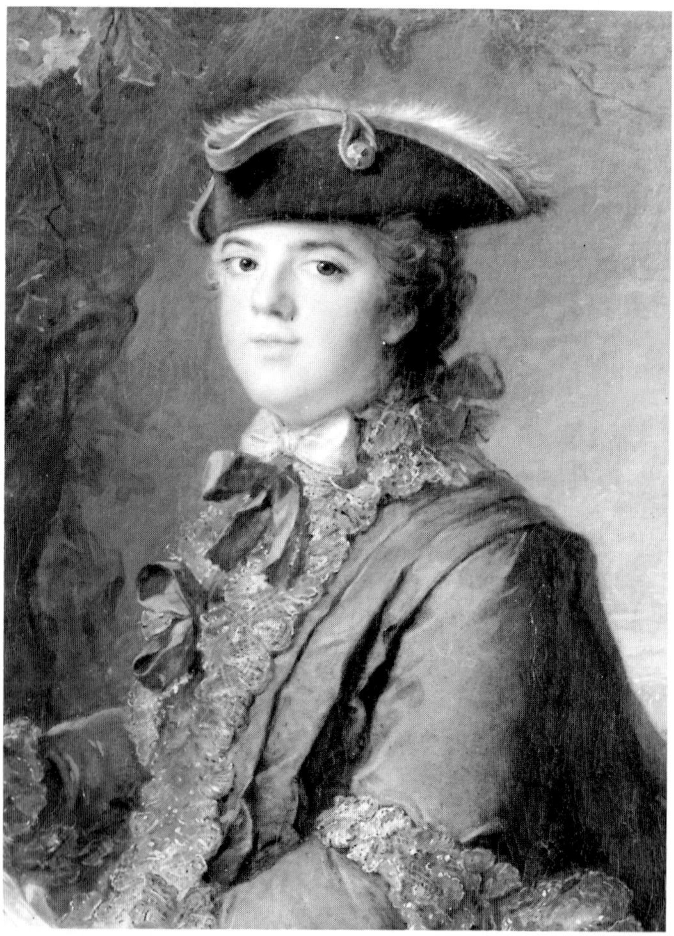

179. *Madame de Pompadour* (détail). Lithographie d'après Maurice Quentin de La Tour.

180. Manufacture de Sèvres, *Groupe du jaloux* (détail). Sèvres, musée national de la Céramique.

181. Jean-Marc Nattier, *Louise-Élisabeth de France* (détail), 1753. Versailles, musée national du Château.

Quand le tapé atteignit une grande hauteur, on continua contre toute logique à porter une cornette.

Les bonnets étaient portés de préférence à la maison ; pour sortir on mettait la bagnolette ou la mantille.

La *bagnolette* (ill. 182), sorte de capeline sans bavolet, ajustée et froncée par-derrière, n'était en réalité qu'un fichu de coupe particulière, mais pas un capuchon puisqu'elle ne couvrait pas la nuque.

La *mantille* (ill. 178) fut d'un usage habituel ; en hiver, on la portait chez soi ; en été, on la mettait dehors. Comme pour la bagnolette, elle formait une pointe au-dessus du front et on la nouait sur la poitrine. Elle recouvrait le plus souvent un bonnet plat en dentelle.

À partir de 1750, les bonnets semblent être d'un usage moins courant à cause de la hauteur des coiffures.

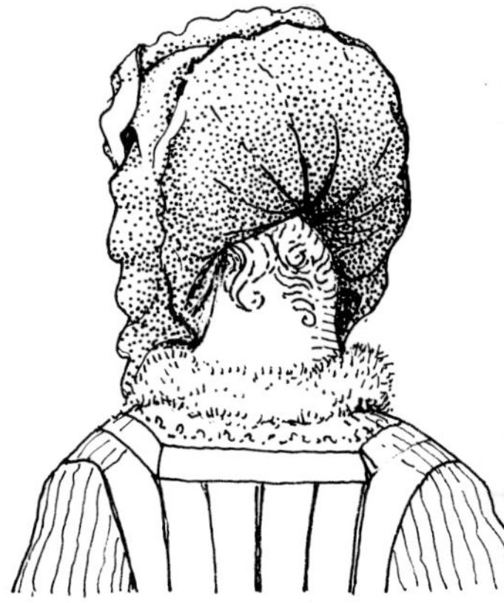

182. Bagnolette.

Les *chapeaux*, d'une façon générale, n'ont été portés que par les veuves et les femmes âgées ; il y eut cependant quelques exceptions, telles que le gracieux *béret Régence*, le *grand chapeau Pompadour* (ill. 179), la *curieuse toque* relevée par-devant à la façon d'un peigne (ill. 180), enfin les chapeaux de paille *à la Bastienne*, qui parurent en 1765 ; puis enfin le *tricorne* (ill. 181), réservé à la chasse ou à l'équitation. Ajoutons que toutes les femmes se poudraient entièrement les cheveux et se fardaient.

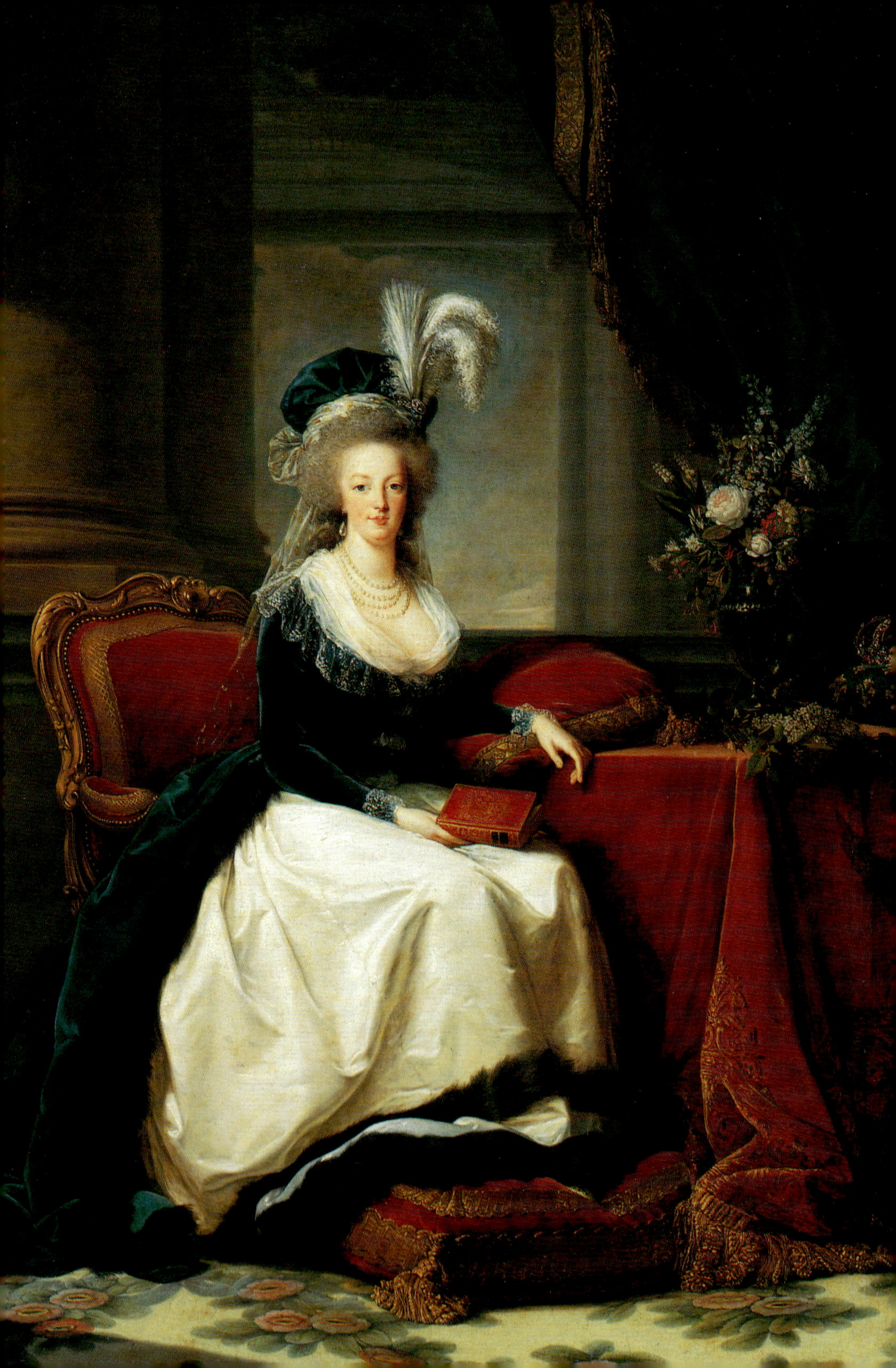

L'ÉPOQUE LOUIS XVI ET LE DIRECTOIRE

SOUS LE RÈGNE DE LOUIS XVI

On se souvient de l'importance et de la vogue de la robe à paniers à coudes au temps de Louis XV ; sous le règne de Louis XVI, cette robe est uniquement portée à la Cour, au théâtre ou au bal. Dans la vie ordinaire, on adopte des robes plus simples et plus pratiques telles que la polonaise et ses nombreuses transformations. La tournure, peu à peu, remplace les paniers. Les deux grands arbitres de l'élégance qui imposent leur goût à l'Europe entière sont alors la reine Marie-Antoinette et sa marchande de modes Rose Bertin. Périodiquement, on expédiait de Paris à Londres un mannequin habillé, figurine de modes de grande taille qu'on faisait circuler dans les autres pays.

Brusquement, vers 1780, un revirement complet se produit. C'est d'abord l'anglomanie, l'adoption des modes anglaises. Aux robes étoffées, fleuries, bruissantes succèdent les costumes d'allure masculine (redingote, jaquette) et les paniers sont remplacés par des tournures. C'est le règne de la simplicité et Marie-Antoinette donne l'exemple en s'habillant de robes légères de percale ou de taffetas.

Sous l'influence des œuvres de Jean-Jacques Rousseau conseillant le retour à la nature, la plupart des ajustements inutiles et pompeux : falbalas, garnitures, broderies se font rares, de même que les robes à paniers volumineux ont tendance à disparaître.

183. Élisabeth Vigée-Lebrun, *Portrait de Marie-Antoinette*, 1788.
Versailles, musée national du Château.

L'usage du velours est spécialement recommandé pour les costumes de cour. Le goût de la simplicité vestimentaire l'a fait choisir uni. La jupe, probablement de satin blanc, témoigne de cet amour immodéré de la couleur blanche particulier à la fin du XVIIIe siècle.
La tenue de la reine oscille entre la toilette d'un portrait officiel et celle, plus naturelle, des portraits qu'elle destinait à ses parents et amis.

Quelques éléments caractéristiques

Le costume masculin de l'époque Louis XVI ne présente pas de différences essentielles avec le costume masculin du temps de Louis XV, cependant l'habit à la française n'est plus que le costume de cérémonie. À partir de 1780 environ, tout est à l'anglaise : jaquette, redingote, chapeau et chaussures.

Le costume féminin au contraire diffère sensiblement du costume sous Louis XV, notamment dans les robes dites *polonaises*, *circassiennes*, *anglaises* et *lévites*.

Un des éléments les plus caractéristiques, surtout dans les robes à la polonaise, est la *manche en sabot*. On désigne sous ce nom la manche ajustée s'évasant légèrement au coude en se terminant par une sorte de brassard plissé légèrement recourbé en sabot. Sous cette manche on portait une manchette généralement en gaze bouillonnée ou des volants de dentelles.

L'élément caractéristique de la *polonaise* consiste dans les trois pans, la queue pouvant, grâce à des tirettes, se lever ou s'abaisser.

La robe à l'anglaise se singularise par l'abandon des paniers remplacés par une tournure.

184. *Galerie des modes et costumes français*, 1778, pl. 81, d'après un dessin de P.-T. Leclerc, *Habit de printemps à la française*. Paris, Bibliothèque nationale.

L'habit à la française caractéristique de l'époque Louis XVI comprend un justaucorps aux devants arrondis et écartés, aux manches à parements étroits, un gilet ou une veste, et une culotte étroite serrée au-dessous des genoux par une fine jarretière à boucle. Il s'agit ici d'un habit de cour, ce qu'atteste la croix de l'ordre du Saint-Esprit épinglée sur le justaucorps.

Sous Louis XVI on voit se produire un changement assez important dans les chaussures masculines et féminines. Les hommes portent les souliers *à la d'Artois* en usage sous Louis XV ; mais les boucles embrassent toute la largeur du pied. La *botte à revers*, réservée aux jockeys et aux chasseurs sous Louis XV, est plus employée. Son succès se prolongera jusqu'au XIXe siècle. D'une seule pièce, sans couture, elle est très pointue et presque sans talon. Les guêtres, réservées aux corps de troupes jusque vers 1770, sont adoptées à partir de cette date, mais principalement à la campagne.

Les chaussures de femme n'ont plus le talon ridiculement haut de l'époque Louis XV ; leur hauteur est très moyenne et il est souvent gainé de cuir blanc. Le soulier de cuir n'est porté que par les grisettes et les femmes du commun ; les femmes de qualité portent des souliers de soie de couleur mordorée ou gorge-de-pigeon.

Les sources

Pour se documenter sur les costumes Louis XVI, on puisera utilement dans les recueils de modes de l'époque, notamment dans le *Monument du costume* paru de 1777 à 1783 et gravé par Moreau le Jeune et Freudeberg, et dans le plus ancien des journaux de modes français, *La Galerie des modes et costumes français* publiée de

1778 à 1787, qui est l'œuvre des dessinateurs suivants : Claude-Louis Desrais, Pierre-Thomas Leclerc, François Watteau dit Watteau de Lille, Augustin de Saint-Aubin qui est aussi l'auteur de trois cahiers intitulés : *Grandes robes d'étiquette*, parus en 1786 et 1787. Mentionnons également les recueils du *Cabinet des modes*, *Le Magasin de modes* et la collection des *Habillements modernes*.

Le plus célèbre des artistes du XVIIIe siècle ayant contribué à l'histoire du costume est à juste titre Moreau le Jeune. Ses estampes sont d'une exactitude scrupuleuse aussi bien au point de vue du costume qu'au point de vue de la décoration intérieure et du mobilier. Dans son *Monument du costume* il nous fait assister à la vie d'une jeune femme, puis d'un petit maître depuis le réveil jusqu'au coucher.

L'œuvre des peintres n'est pas à dédaigner comme source de documentation pour l'étude du costume Louis XVI. Quelques-uns d'entre eux nous ont laissé leur œuvre gravé ; ce sont les peintres Lavreince, Freudeberg et Debucourt. Ce dernier a signé un grand nombre d'estampes en couleurs qui sont le reflet de la société à la fin du règne de Louis XVI et sous la Révolution. On étudiera avec

185. *Galerie des modes et costumes français*, 1781, pl. 201, d'après un dessin de P.-T. Leclerc, *Petit maître en chenille, frac [...], veste à bordures brodées [...], chapeau à la Pennsylvanie.* Paris, Bibliothèque du musée des Arts décoratifs.

Les boutons sont en argent découpé.

186. *Galerie des modes et costumes français*, 1778, pl. 52, d'après un dessin de P.-T. Leclerc, *Jeune élégant en habit moucheté avec une veste blanche garnie de bandes d'indienne.* Paris, Bibliothèque du musée des Arts décoratifs.

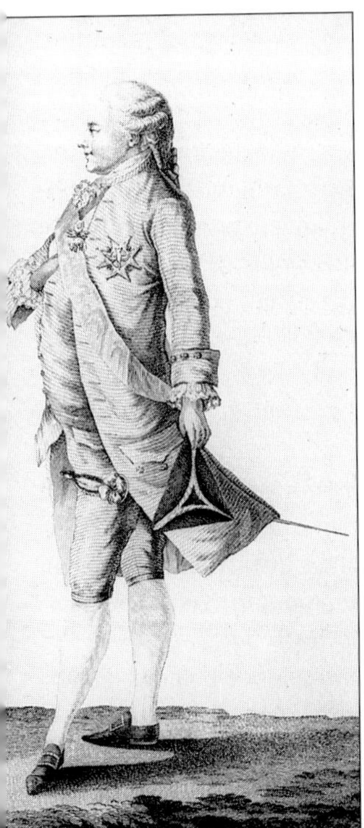

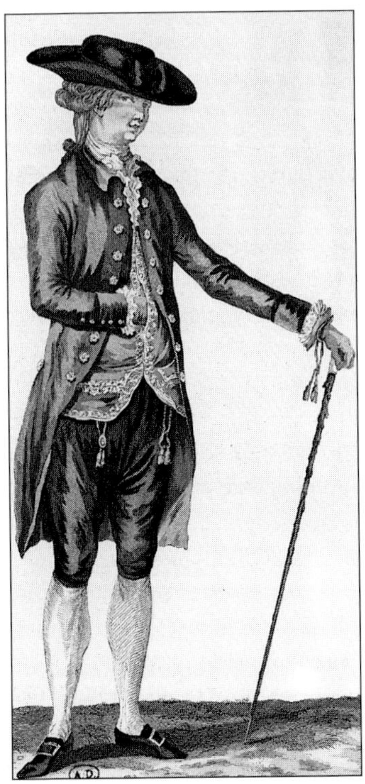

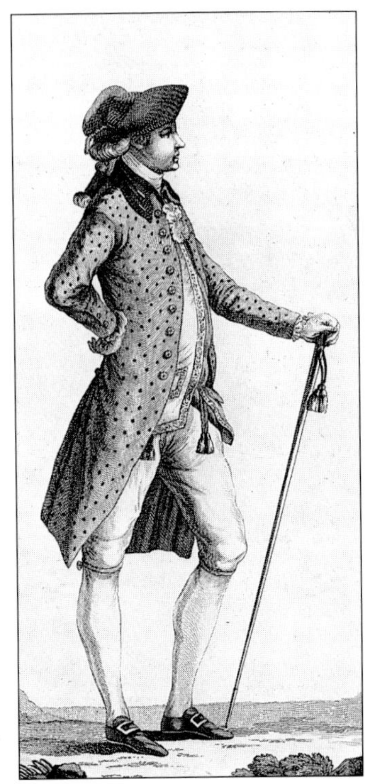

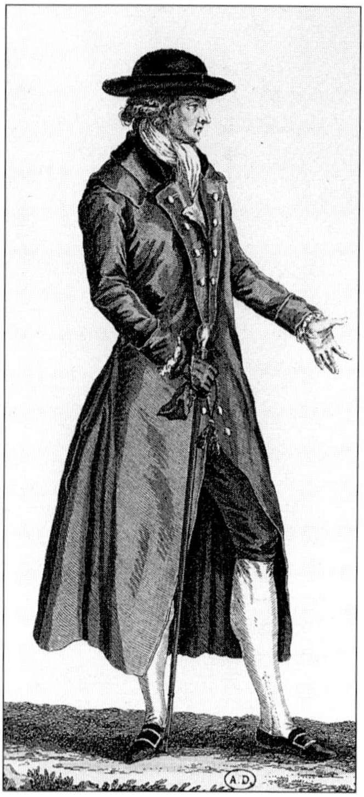

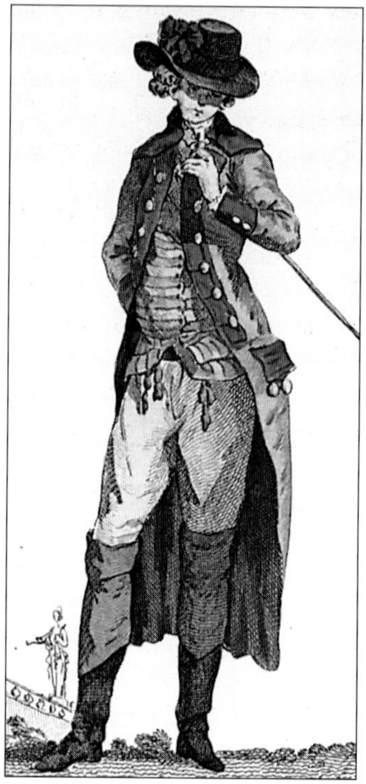

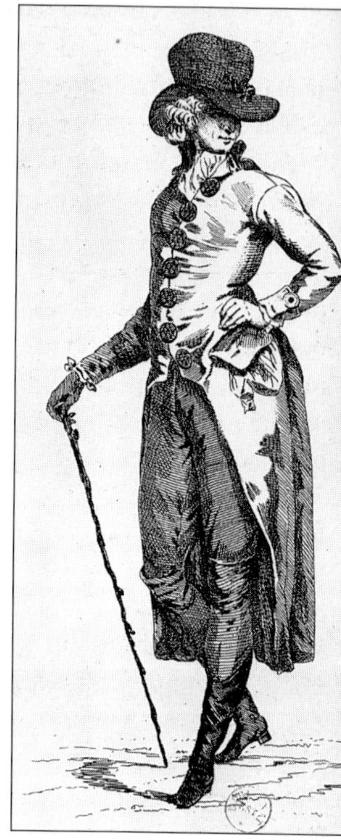

profit l'œuvre des peintres français David et Vigée-Lebrun, et surtout l'œuvre du portraitiste anglais Lawrence dont le château de Windsor conserve une collection de trente-quatre portraits. Nous citerons enfin les deux maîtres anglais Reynolds et Gainsborough dont les œuvres sont particulièrement importantes pour l'histoire du costume en Angleterre à la fin du XVIIIe siècle.

Des formes assagies

En général le costume masculin sous Louis XVI n'a plus cette allure pimpante et désinvolte qu'il avait sous Louis XV : les formes s'assagissent, la couleur joue un rôle. Tandis que sous Louis XV on n'avait guère employé que des étoffes de ton uni, vers 1778 apparaissent les soieries cannelées et mouchetées.

Une autre innovation consiste dans l'emploi de boutons de métal ciselé, émaillé ou peint.

L'*habit à la française* persiste sans changements importants ; mais on le porte surtout à la Cour. Les pans ne s'étalent plus comme au temps de Louis XV en bouffant et les devants s'ouvrent de plus en plus sur la veste ou gilet. Les manches sont justes et les manchettes de dentelles sont de plus en plus rares. Souvent le gilet est sans basques et d'une couleur différente du justaucorps (ill. 186) ; on rencontre souvent des habits blancs avec des sujets brodés. L'habit à la française de grande cérémonie est fait d'une riche étoffe et couvert de broderies (ill. 184).

Le *frac* ne diffère de l'habit à la française que par son col rabattu et par les pans qui tombent droit en s'écartant. Le col droit et rabattu est assez souvent d'une couleur différente. Le frac dit « à la polonaise » n'a pas de couture dans le dos ; il n'a ni poches apparentes, ni passements. Les couleurs communément adoptées pour les fracs sont le vert ou le jaune clair avec de larges rayures. Il y a des fracs sans boutons (ill. 185, 188).

L'usage de porter deux breloques (clef et cachet) accrochées sous le gilet, de chaque côté de la culotte, est général. La cravate n'est souvent qu'une écharpe de batiste nouée.

À partir de 1780, l'anglomanie se manifeste par la *redingote à la lévite* qui a trois collets en gradins, des revers séparés du collet et fixés par des boutons (ill. 187) ; par la *lévite à l'anglaise* (ill. 189) qui diffère peu de la simple lévite et qui se porte avec une culotte de peau et de longues bottes souples à revers comme on en porte avec le *frac à l'anglaise*. Ce dernier se porte entièrement boutonné. À la fin du règne apparaissent les fracs en étoffe à rayures.

187. *Galerie des modes et costumes français*, 1780, pl. 183, d'après un dessin de P.-T. Leclerc, *Redingote à la lévite à trois collets festonnés en gradins*. Paris, Bibliothèque du musée des Arts décoratifs.

188. *Galerie des modes et costumes français*, 1787, pl. 339, d'après un dessin de F. Watteau, *Frac du matin, culotte de peau*. Paris, Bibliothèque du musée des Arts décoratifs.

189. *Galerie des modes et costumes français*, 1786, pl. 316, d'après un dessin de F. Watteau, *Lévite à l'anglaise*. Paris, Bibliothèque du musée des Arts décoratifs.

Ces dessins sont inspirés de gravures de mode anglaises dont il se faisait une grande vente à Paris.

Robes : mouvements vers la simplicité

Par le nombre et la variété de ses créations, l'époque Louis XVI occupe une place à part dans l'histoire du costume féminin et présente un intérêt particulier. Successivement, outre la *robe à la française*, nous voyons les femmes adopter la *robe à la polonaise* et ses nombreuses transformations, la *robe à la lévite* et la *robe à l'anglaise*.

Trois corporations travaillaient à l'habillement des femmes : les tailleurs de corps ou corsetiers, les marchandes de modes qui fournissaient rubans, falbalas et bonnets, et enfin les couturières.

Le plus souvent le corsage était décolleté ; il s'agrafait par-devant et un nœud de ruban, appelé *parfait contentement*, masquait l'agrafe. Le corps à baleines ou corset était muni d'aiguillettes qui servaient à maintenir le second jupon en passant dans des œillères. Le corsage de dessous, avec ou sans manches, était la *soubreveste*, sorte de gilet qui était toujours apparent par-devant. La Cour avait conservé du règne précédent le goût des toilettes luxueuses et Marie-Antoinette, malgré la simplicité de son éducation à la cour d'Au-

190. J. M. Moreau le Jeune, *La Confiance* (détail), 1777. Paris, Bibliothèque nationale.

La robe à la française a perdu de son ampleur et les plis du dos ont diminué en largeur. Pour plus de commodité, elle pouvait être retroussée en rentrant l'étoffe à l'intérieur des poches.

191. P. A. Martini, gravure d'après J. M. Moreau le Jeune, *La Dame du palais de la Reine*, 1778.
Paris, Bibliothèque nationale.

L'héroïne de cette scène porte un costume de cour. L'ornementation chargée de la jupe, qui associe rubans et guirlandes florales en un dessin curviligne, correspond à un type de décor qui se développe également sur

triche, au lieu de réagir contre ce mouvement, en prit la tête. Jamais peut-être le luxe ne fut plus insolent à la cour de France que durant les années 1776 à 1778. C'est l'époque des immenses robes à paniers couvertes de falbalas de toutes sortes, de perles et de pierreries ; les souliers mêmes étaient brodés de diamants (ill. 191). Toutefois ce luxe extravagant fut réservé à la Cour et aux grandes cérémonies. Dans la vie courante, on se contentait de toilettes plus modestes dont la « polonaise » est le type.

Brusquement, en 1783, on assiste à un revirement complet : « Jamais », lit-on dans *Le Tableau de Paris*, publié en 1783, « les femmes ne se sont mises avec autant de simplicité. Plus de robes riches, plus de garnitures, plus de manchettes à trois rangs. Plus de folles coiffures. Un chapeau de paille avec un ruban, un mouchoir sur le col, un tablier à la maison. » En même temps, on constate une grande vogue pour les couleurs claires notamment pour les toiles imprimées de Jouy à fond blanc dont la fondation de la fabrique due à Oberkampf datait de 1750.

En 1786, le mouvement vers la simplicité s'accentue et le *Cabinet des modes* écrit : « Il n'est plus guère d'usage aujourd'hui pour les femmes de porter des robes de grande parure. On ne porte plus de ces grands paniers, ni de ces robes traînant d'une aune à terre. » Il n'y a plus de garniture, ni falbalas, ni bouillons. Les « coudes » aux poches suffisent à donner de l'ampleur et à accuser les hanches ; le postiche rejette la jupe en arrière.

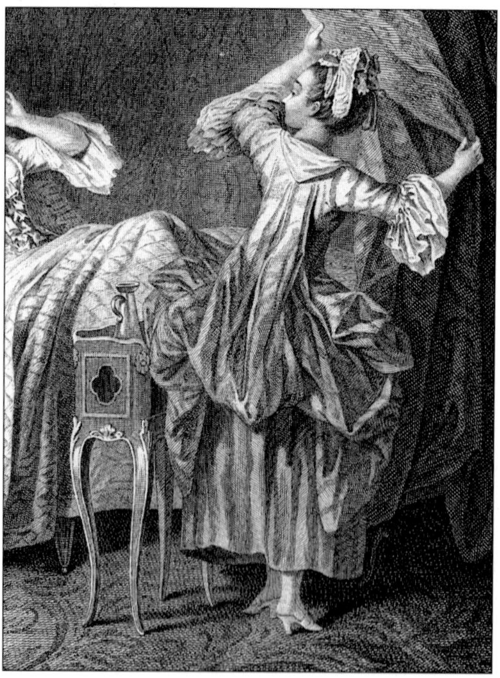

Les causes de ce changement profond dans la toilette féminine sont multiples et de nature différente ; la ruine des grands seigneurs, l'influence de Jean-Jacques Rousseau vantant la simplicité des mœurs, les toilettes de campagne portées par Marie-Antoinette dans sa retraite du Petit-Trianon, et enfin l'anglomanie qui commença en 1786.

S'inspirant des modes anglaises, les femmes désormais vont s'habiller comme les hommes ; elles porteront la redingote masculine, la cravate et même les deux montres et le chapeau de castor.

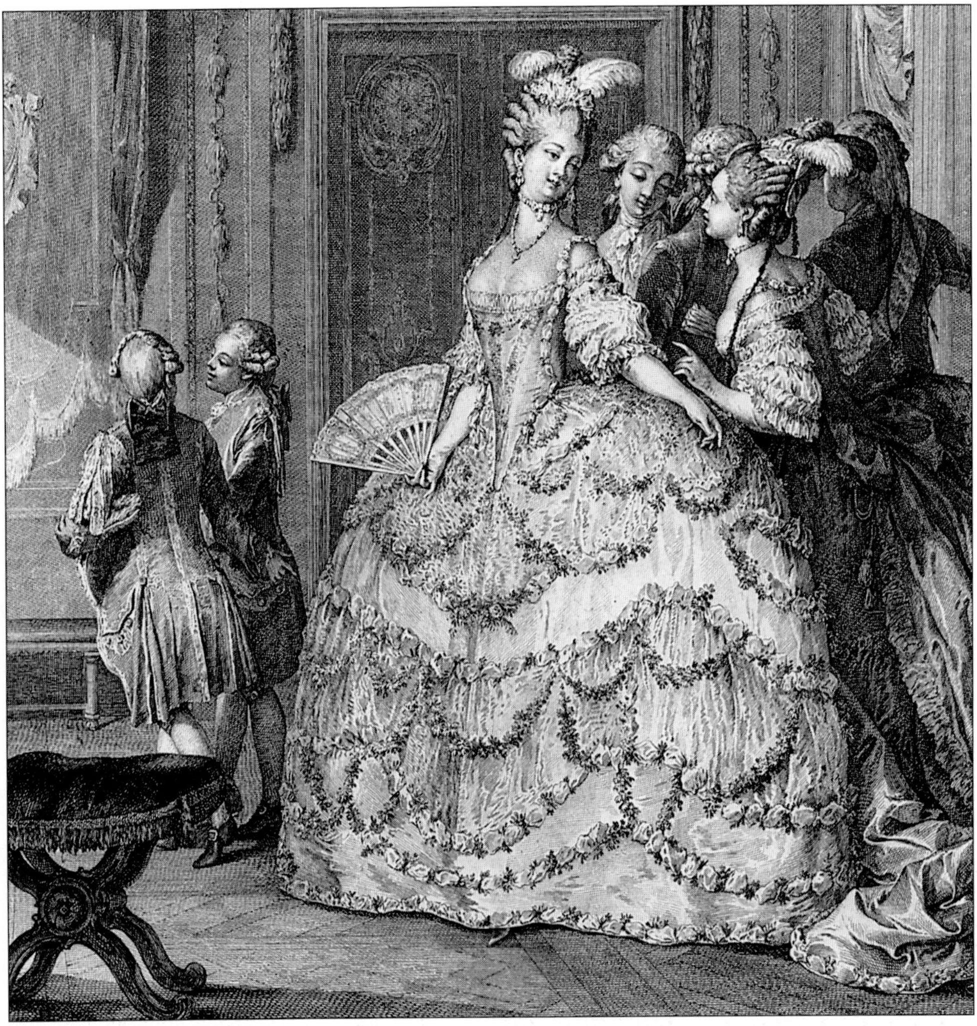

Le succès de la pièce de Beaumarchais *Le Mariage de Figaro* lance deux toilettes nouvelles : la « robe à la Suzanne » et le « juste à la Figaro » (ill. 201).

Vers 1788, les jupes ont un rang de volants et on porte une ceinture très large ornée d'une grosse boucle sur le devant. En même temps, c'est la mode des écharpes de taffetas ou de cachemire qu'on passe sous les bras, qu'on croise dans le dos et qu'on ramène par-devant en nouant les deux extrémités. Dans les dernières années du règne de Louis XVI, les femmes adoptent le caraco exigu et la robe à l'anglaise.

les robes parées de la fin des années 1770 et du début des années 1780. Les robes employaient en conséquence des étoffes unies ou à fins motifs qui supportaient l'ajout de dentelles, gazes ou rubans bouillonnés, volants tuyautés et broderies de soie polychromes.

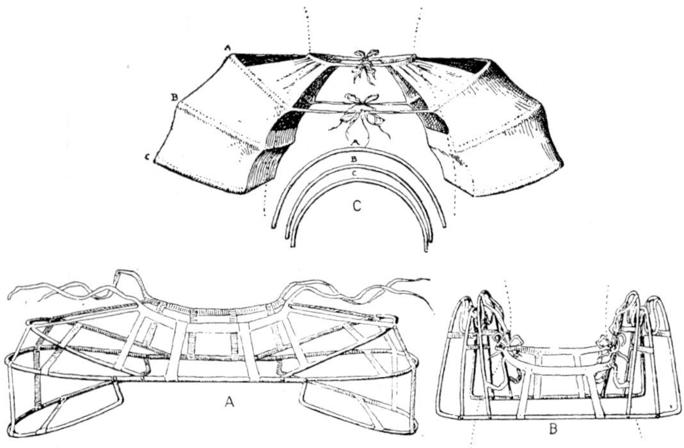

192. Panier double et panier articulé, dessins extraits de l'ouvrage de Maurice Leloir, *Histoire du costume*, Paris, 1938.

Ces paniers avaient l'avantage de pouvoir se relever sous les bras. Les paniers en fer articulé étaient probablement gainés de peau et tendus de toile.

193. J. M. Moreau, *Le Rendez-vous pour Marly*, 1783. Paris, Bibliothèque nationale.

Vers 1775-1778, les silhouettes s'allègent. La robe à la française sur panier devient une toilette de cérémonie, tandis que se portent couramment des robes au corsage très ajusté, aux devants souvent plaqués sur le buste suivant une ligne oblique, et prolongé par une jupe rejetée vers l'arrière et gonflée par une tournure. Parfois, comme ici, des ganses de passementerie soulignent les trois coutures du dos.

On trouvera ci-après et dans l'ordre chronologique l'étude des principaux costumes féminins Louis XVI.

La robe retroussée

Cette robe appartient aussi bien au règne de Louis XV qu'au règne de Louis XVI. La mode en est extrêmement répandue dans la bourgeoisie et c'est le costume habituel des servantes (ill. 190).

L'expression « retroussée dans les poches » n'est pas tout à fait exacte. En effet, ce n'est pas dans les poches qu'on relevait les pans de la robe mais dans les ouvertures des poches, c'est-à-dire par les fentes latérales du jupon de dessus, fentes qui permettaient d'atteindre les poches qui n'étaient à cette époque que des sacs suspendus à la ceinture. Naturellement, on faisait ressortir plus ou moins l'étoffe suivant qu'on retroussait plus ou moins. Cette robe est généralement accompagnée de plis dits « Watteau » qui partaient des épaules et descendaient au-dessous de la ceinture pour entrer ensuite dans la jupe. Des aiguillettes, dont deux étaient cousues à cinquante centimètres du bas de la traîne, se reliaient à deux autres aiguillettes correspondant et cousues à la hauteur de la taille ; c'était le *relève-jupe*.

La robe à la française

Jusqu'à la Révolution la robe de cérémonie, de théâtre, de bal ou de cour est la robe à la française qui est une *robe à paniers* (ill. 191). On a vu combien fut grande sous Louis XV la vogue de la robe à paniers qui avait trois ou quatre rangs de cerceaux en un seul ou en deux paniers reliés par une toile ; sous Louis XVI, les deux paniers s'étalaient à la hauteur des hanches : c'est le *panier à coudes*, ainsi nommé parce qu'on pouvait y appuyer les coudes. La jupe était ornée d'un haut volant de dentelles, de rubans, de bouillons de gaze (ill. 192).

C'est sous Louis XVI qu'on imagina les paniers d'acier à charnières de forme elliptique dont le musée de Cluny conserve un exemple. Cette invention fort ingénieuse permettait de replier les paniers sous les bras soit pour passer par une porte, soit pour monter en carrosse.

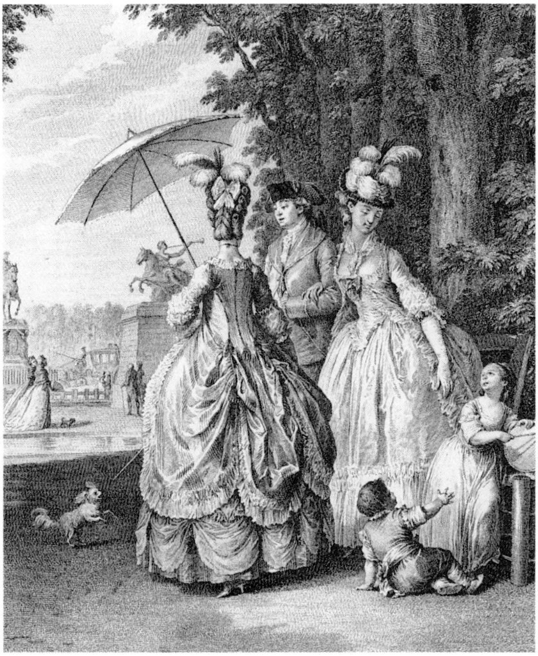

La robe à la polonaise

Moins cérémonieuse et moins encombrante que la robe à la française, la robe *à la polonaise*, encore appelée *robe à la reine*, eut une vogue considérable sous Louis XVI, vogue qui dura de 1776 à 1787. La robe à la polonaise a eu de nombreuses variantes (ill. 195-196) : polonaises en frac, aux ailes, à coqueluchon, etc., qui toutes présentent les mêmes caractères généraux suivants. Tout d'abord les manches sont « en sabot », c'est-à-dire qu'elles s'évasent légèrement et sont garnies d'un brassard ruché d'où pendent souvent des manchettes de dentelles ou de gaze bouillonnée. Ce brassard est plus ou moins long et on le serre à intervalles réguliers par des rubans ou des rangs de perles.

Une des particularités de la robe *à la polonaise* consiste dans le corsage qui tient à la double jupe (ill. 194), c'est-à-dire que les devants et les dos sont d'une pièce jusqu'au bas de la robe. La robe à la polonaise est une robe à transformation et on peut à volonté retrousser les trois pans formant les ailes et la

194. Patron de la robe à la polonaise, d'après un dessin de Maurice Leloir.

A. devant ; B. dos.
Les étoiles désignent l'emplacement des cordons destinés à retrousser la jupe.

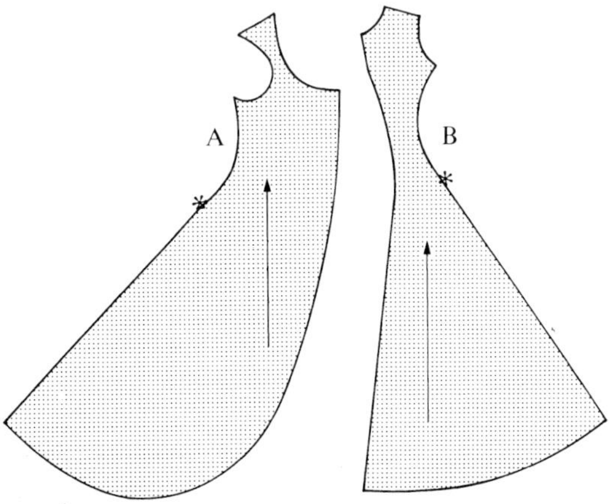

195. *Galerie des modes et costumes français*, 1776, pl. 39, dessin de P.-T. Leclerc, *Petite maîtresse en robe à la polonaise de toile peinte garnie de mousseline lisant une lettre*.
Paris, Bibliothèque nationale.

Le retroussis de la polonaise nécessite des tissus légers, taffetas, gazes ou toiles de coton imprimées.

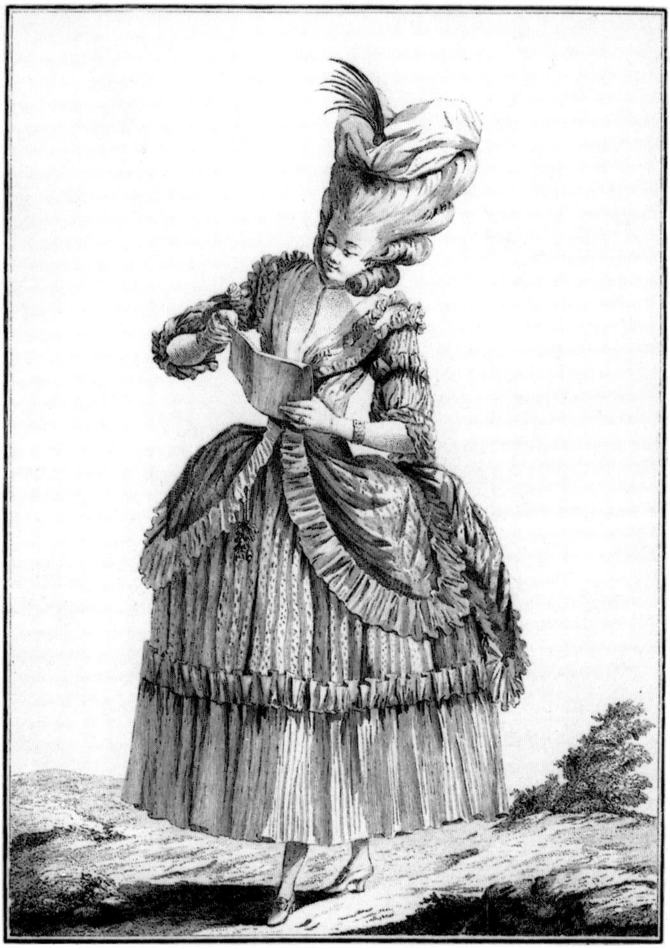

queue, ou bien obtenir une robe flottante. Dans ce but, il y avait un double cordon qui passait dans une coulisse de chaque côté sous les coutures qui joignaient sous les bras les devants au dos depuis la hanche jusqu'en bas. Ce cordon était muni de glands et indiqué par une rosette ; il suffisait de tirer un cordon pour abaisser les pans et l'autre cordon pour les relever.

Les devants du corsage étaient agrafés sous le *parfait contentement* et s'évasaient en découvrant la veste ajustée sur le corps à baleine pour ensuite se rejeter en arrière sur la jupe.

Dans la polonaise dite *aux ailes* (ill. 197), celles-ci sont plus longues que la queue qui est bouffante. Les manches en sabot se

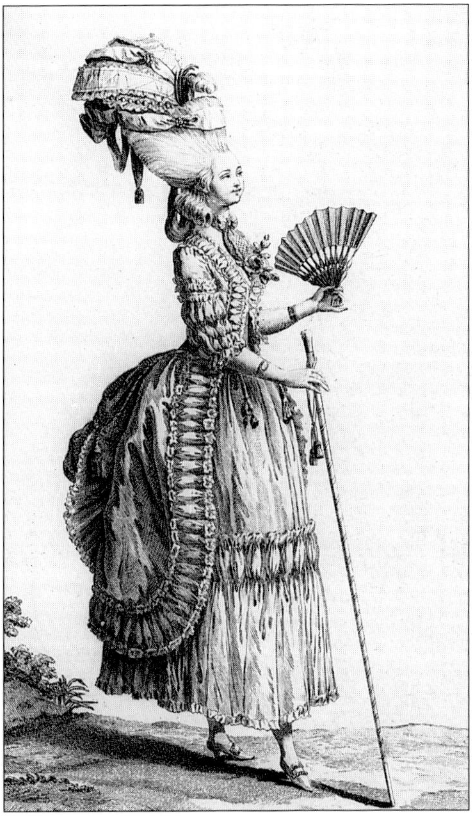

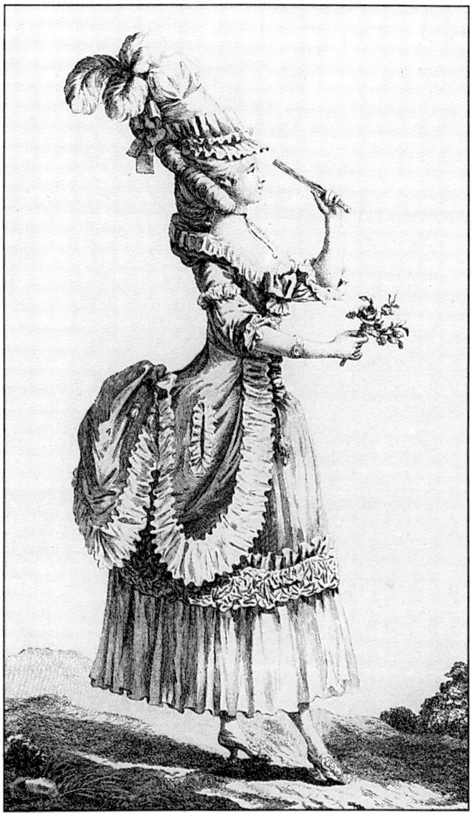

terminent par de petites manchettes doubles et ruchées qu'on appelait des *petits bonshommes*.

Les polonaises sont souvent accompagnées d'un grand capuchon ; dans la polonaise d'hiver, c'est un *coqueluchon*, c'est-à-dire un petit capuchon inutilisable qui est fixé au corsage. Dans cette polonaise les ailes et la queue sont relevées assez haut et les fentes des poches ainsi que le tour de la robe sont garnis de ruchés. La jupe est ornée d'un volant à *tête bouillonnée* (ill. 196).

La robe *à la circassienne* (ill. 198) n'est encore qu'une variante de la robe à la polonaise. Comme cette dernière, elle a trois pans (une queue et deux ailes), mais ces trois pans sont d'égale longueur. Des cordons

196. *Galerie des modes et costumes français*, v. 1778,
pl. 38, d'après un dessin de P.-T. Leclerc, *Polonaise d'étoffe unie à coqueluchon.*
Paris, Bibliothèque nationale.

Le coqueluchon est un petit capuchon.

197. *Galerie des modes et costumes français*, v. 1778,
pl. 53, d'après un dessin de Cl.-L. Desrais, *Bourgeoise élégante se promenant à la campagne*.
Paris, Bibliothèque nationale.

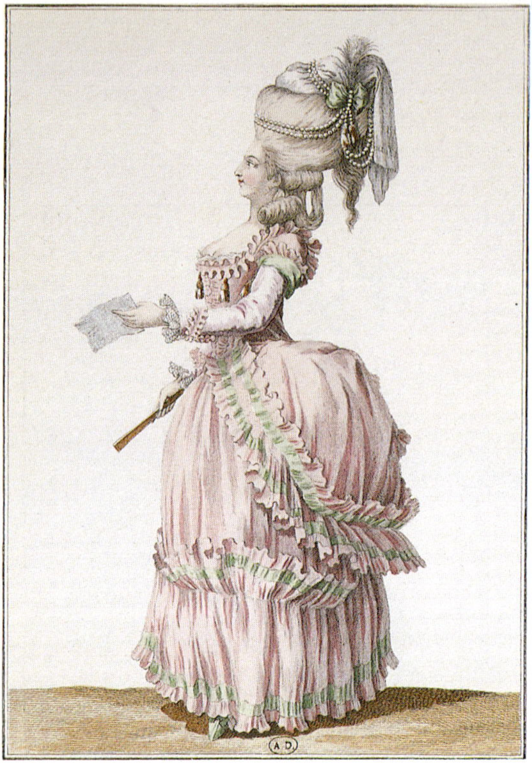

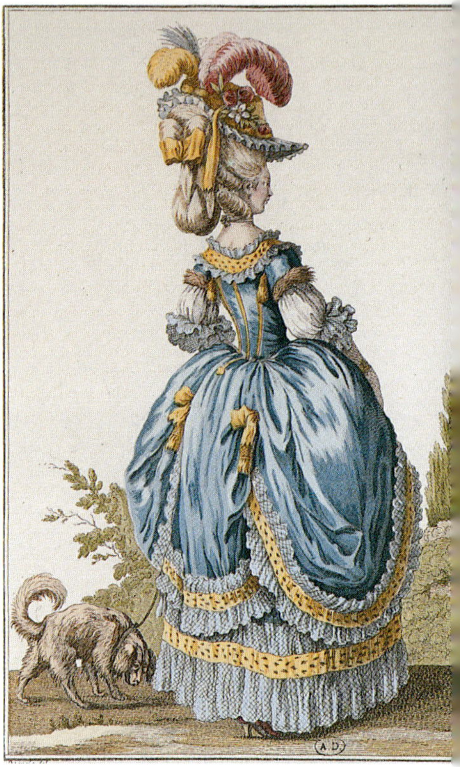

198. *Galerie des modes et costumes français*, v. 1778, pl. 77, d'après un dessin de Cl.-L. Desrais, *Circassienne en amadis*.
Paris, Bibliothèque du musée des Arts décoratifs.

La circassienne se caractérise par des manches très courtes qui laissent dépasser d'autres manches.

199. *Galerie des modes et costumes français*, 1778, pl. 44, d'après un dessin de Cl.-L. Desrais, *Robe au corsage ajusté et manches très courtes retroussé en trois pans sur une sous-veste garnie de fourrure et d'un ruban tigré*.
Paris, Bibliothèque du musée des Arts décoratifs.

Des ganses de passementerie et des glands soulignent et ponctuent le dos de la robe. Le corsage de la circassienne (ill. 198), est également orné de glands. Ces derniers sont très employés dans l'ornementation des robes parées ou de cour.

200. *Galerie des modes et costumes français*, 1778, pl. 72, d'après un dessin de Cl.-L. Desrais, *Caraco à la polonaise*.
Paris, Bibliothèque du musée des Arts décoratifs.

Le caraco et la jupe constituent durant tout le XVIIIe siècle une tenue commode, adoptée à l'intérieur par les dames de tout rang, et couramment portée à l'extérieur par les femmes de moindre condition.

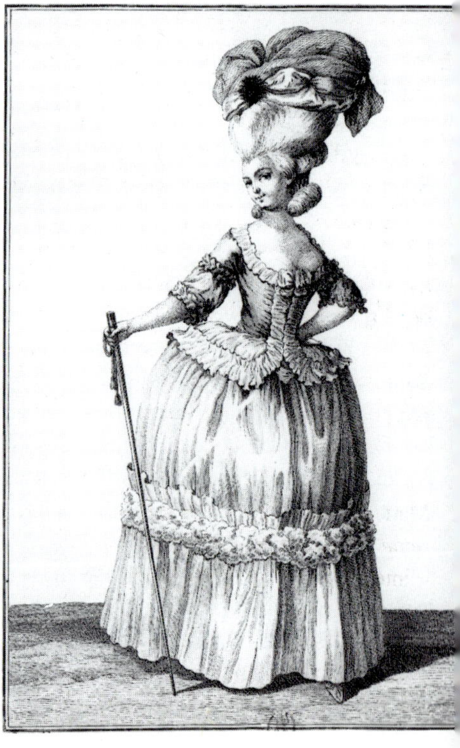

à tirettes comme dans la polonaise servent à retrousser ces pans. Ce qui caractérise surtout la circassienne, c'est la forme et la disposition de ses manches. Celles de la robe (premières manches) sont très courtes et en entonnoir. Elles laissent passer les mancherons de la soubreveste ou corsage de dessous, qui sont des manches justes. Tantôt elles descendent jusqu'aux poignets, tantôt elles s'arrêtent à la saignée du bras où elles sont ornées de petits bonshommes, manchettes ruchées à deux rangs, ou encore des manchettes à deux rangs de filet (ill. 204).

Les modes anglaises étaient très influencées par les modes françaises au XVIIIe siècle, et la robe à la polonaise française fut adoptée en Angleterre mais avec quelques modifications.

Dans la polonaise française, les deux pans s'écartent sur la jupe de dessous ; en Angleterre, il y a un pan par-devant. Une autre particularité de la *polonaise anglaise* consiste dans la fermeture du corsage qui souvent est dans le dos.

201. *Galerie des modes et costumes français*, 1785, pl. 305, d'après François Watteau, *La brillante Nymphe du Palais-Royal offrant aux yeux du public les charmes de la figure et l'élégance de la taille qui lui attirent les louanges les plus méritées : elle est coiffée à la Suzanne avec un juste à la Figaro.* Paris, Bibliothèque du musée des Arts décoratifs.

Le caraco étroit des années 1780 prend le surnom de *juste* ; lorsque, vers 1789, ses basques rejetées vers l'arrière forment une sorte de petite queue, il devient un *pierrot*.

Caracos et chemises

Qu'ils soient *à la polonaise* ou *à la française*, les caracos ne sont que des robes coupées un peu plus bas que les hanches (ill. 200). Leur principal caractère est dans l'exiguïté des basques. Ils s'agrafent par-devant, tantôt au milieu de la taille, tantôt sous le *parfait contentement*.

Tout d'abord assez longs, bientôt ils ne dépassent pas l'ouverture des poches du jupon ; les manches sont en sabot. Le caraco à la française ne diffère du caraco à la polonaise que par les plis Watteau du dos. Aux caracos se rattache le *juste à la Figaro* (ill. 201), encore appelé *robe à la Suzanne*. Il est à manches longues et se porte avec un fichu de linon à l'encolure.

C'est à partir de 1781, grâce à Marie-Antoinette, que la *chemise à la reine* fit fureur. C'était surtout une robe d'intérieur, du moins à la Cour, et on la faisait en gaze ou en soie. Elle tombait droit avec un haut falbala au bas

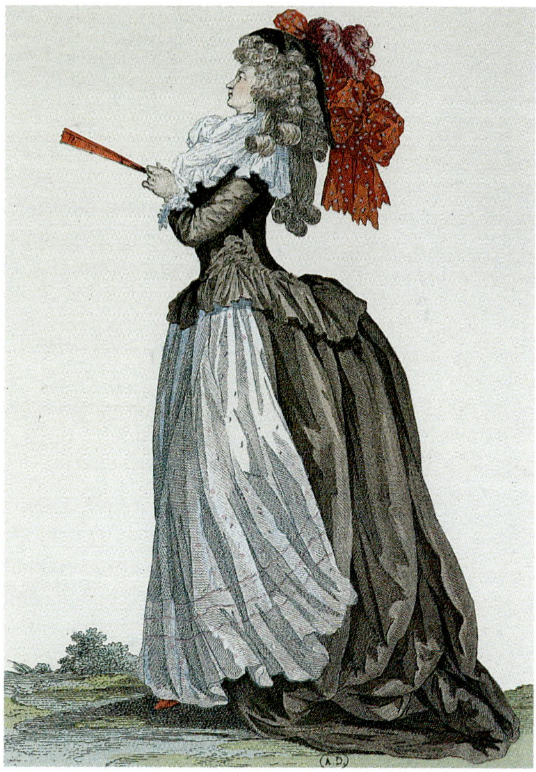

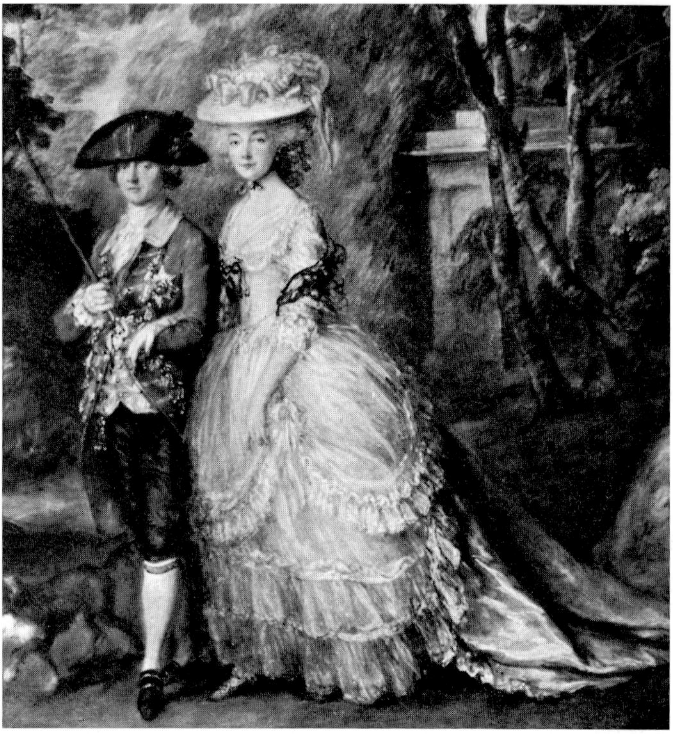

202. Thomas Gainsborough, *Portrait du prince Ernest Auguste, duc de Cumberland* (détail), v. 1780. Windsor, Royal Gallery.

de la jupe et était très décolletée (ill. 204). Le tour de gorge, qui sous Louis XV était bouillonné ou en dentelle, devint une collerette Médicis, comme au début du XVIIe siècle, mais plus décolleté.

L'influence anglaise

L'influence des modes anglaises se traduisit en France par les robes inspirées de la redingote portée par les hommes à la même époque (ill. 203).

Tantôt cette robe-redingote est ouverte par-devant, ce qui est le cas le plus fréquent ; tantôt elle est fermée et boutonnée du haut en bas par de gros boutons métalliques. D'immenses chapeaux à larges bords accompagnaient ces robes.

La *robe à l'anglaise*, ajustée à la taille, a toujours une queue traînante (ill. 202). Chaque couture du dos est accompagnée de deux baleines et les deux pièces du dos s'élargissent pour former les lés du manteau. Ces deux pièces se relèvent sur la tournure qui

203. *Galerie des modes et costumes français*, 1787, pl. 394, d'après Cl.-L. Desrais, *Redingote fermée*. Paris, Bibliothèque du musée des Arts décoratifs
La *Galerie* publie plusieurs modèles très similaires de redingotes à deux ou trois collets, toutes agrémentées de gros boutons le plus souvent de métal, comme c'est la mode en Angleterre.

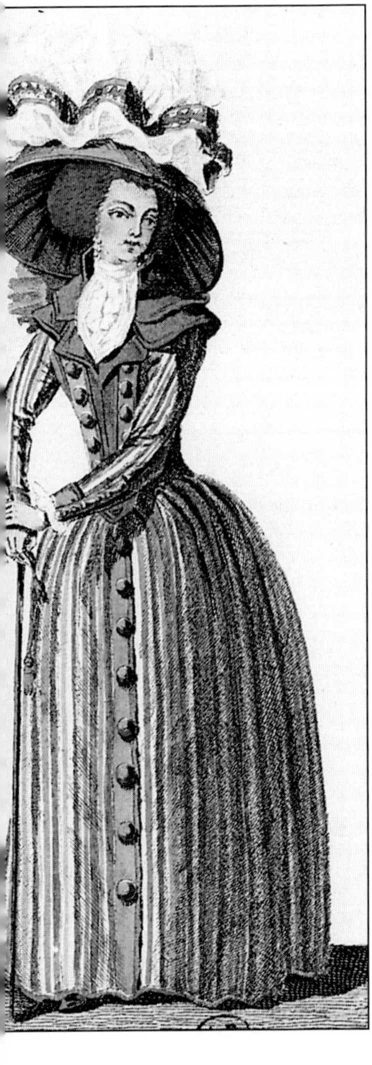

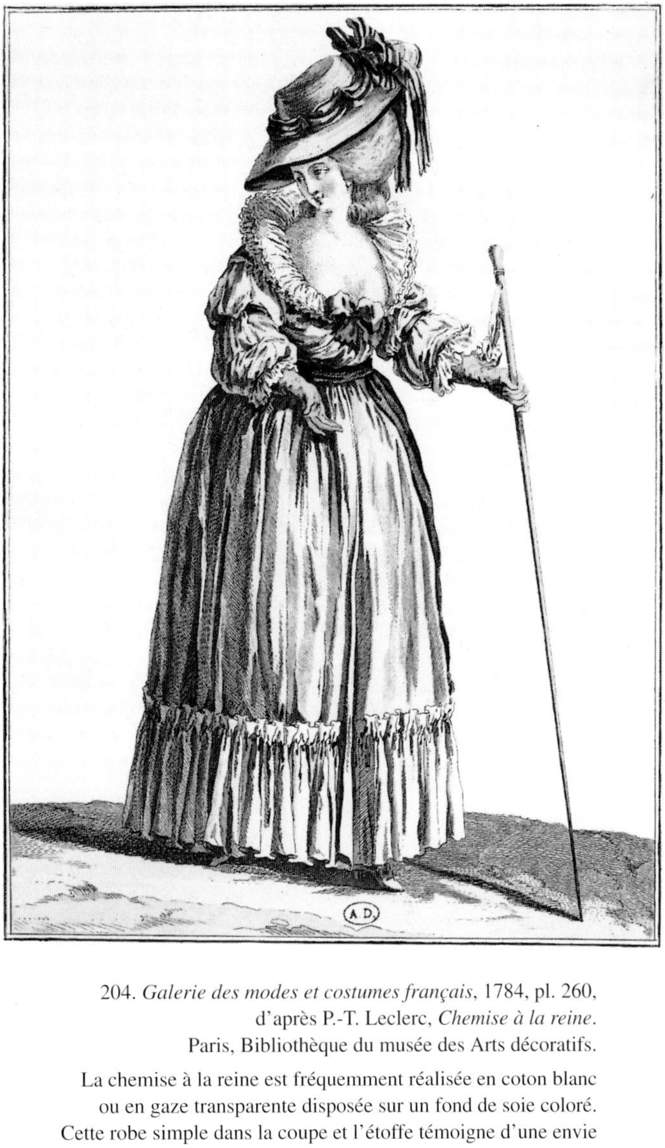

204. *Galerie des modes et costumes français*, 1784, pl. 260, d'après P.-T. Leclerc, *Chemise à la reine*. Paris, Bibliothèque du musée des Arts décoratifs.

La chemise à la reine est fréquemment réalisée en coton blanc ou en gaze transparente disposée sur un fond de soie coloré. Cette robe simple dans la coupe et l'étoffe témoigne d'une envie de décontraction et de « négligé » dans les attitudes.

205-206. Patron d'une robe à l'anglaise et dessin de l'intérieur du corsage, dessins d'après Maurice Leloir.

A. devant du corsage ; B. côté du corsage ; C. pièce du dos ; D. les deux pièces du milieu du dos prises dans le lé de la jupe ; E. manche ; F. lé de la jupe en avant (les pointillés indiquent les fentes des poches) ; G. pointe qui poursuit le lé ; H. lé du dos (le pointillé est replié sous le corsage dont il augmente la cambrure sous la tournure. La verticale est le sens du fil). Les pointillés indiquent l'emplacement des baleines à l'intérieur du corsage. Ce dernier se ferme par des lacets passés dans les œillets pratiqués sur deux pattes baleinées, disposées à l'intérieur des devants.

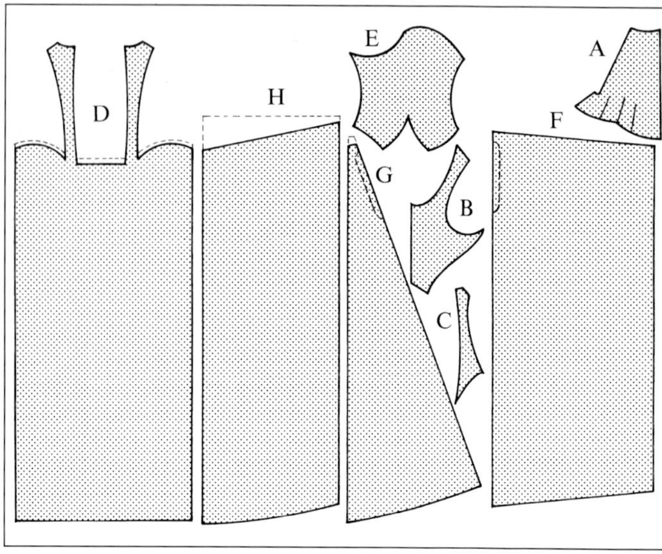

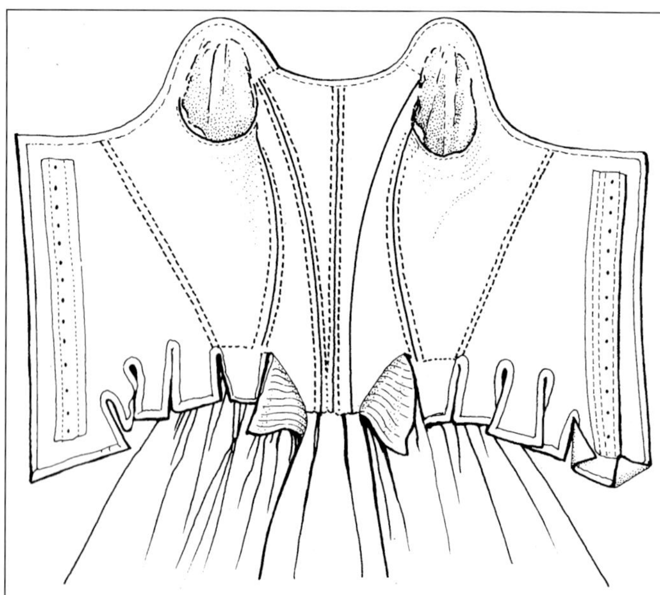

207. Robe à l'anglaise, v. 1785-1787, soie, satin vert. Musée de la Mode et du Costume de la Ville de Paris.

La jupe à traîne est montée à plis lâchés à partir de la taille. Selon les robes, les plis sont plus ou moins serrés.

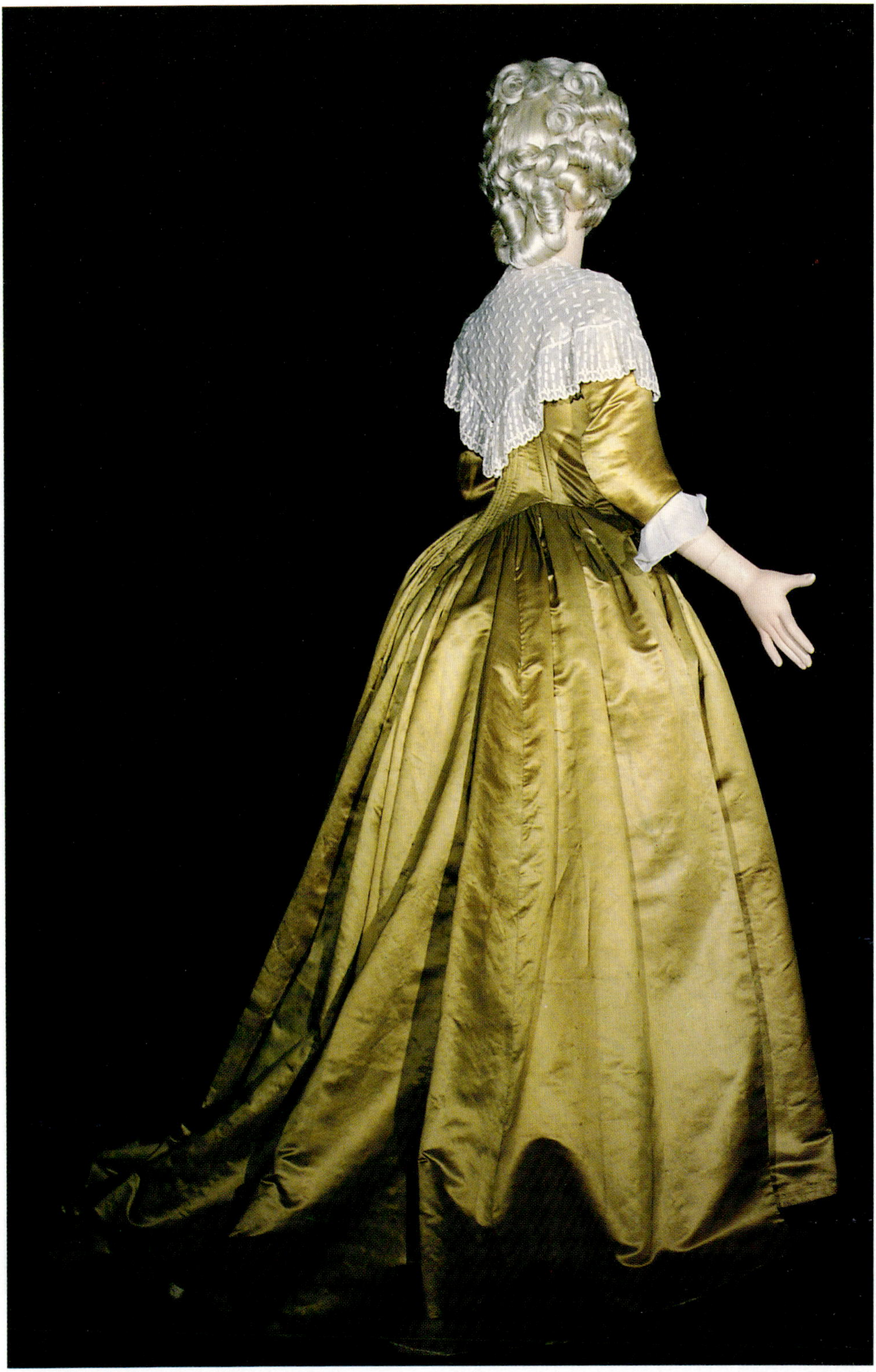

208. Jean-Antoine Houdon, *Buste de Louis XVI*, v. 1780. Versailles, musée national du Château.

Par rapport au début du siècle, la coiffure masculine retrouve un volume très modéré. Beaucoup d'hommes dédaignent la perruque et ont leurs propres cheveux crêpés, bouclés serré et poudrés.

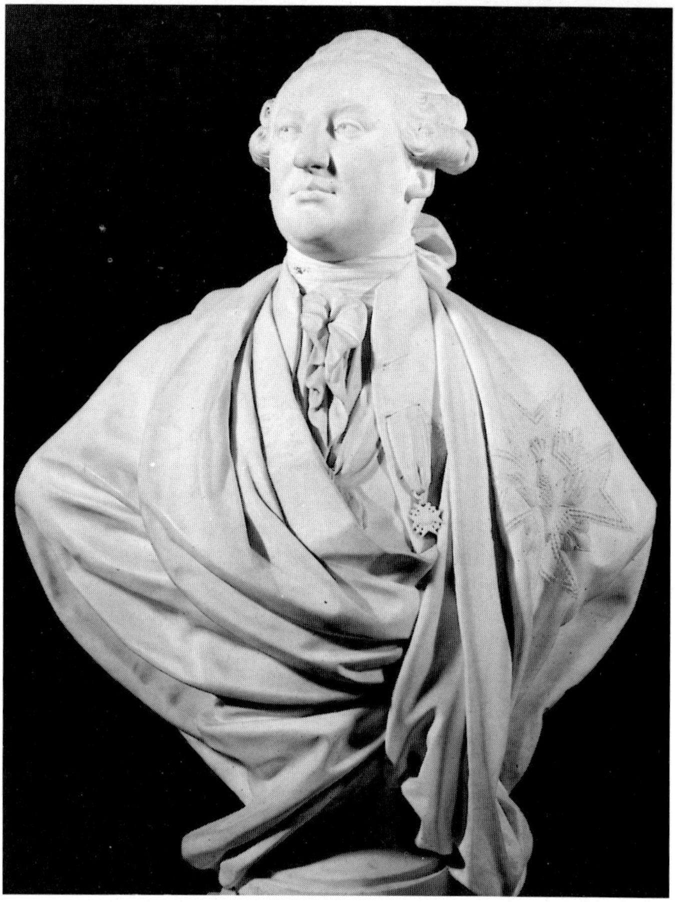

209. *Galerie des modes et costumes français*, 1779, pl. 117, d'après un dessin de P.-T. Leclerc, *Redingote en bakman [...], chapeau à la suisse*. Paris, Bibliothèque du musée des Arts décoratifs.

Ce chapeau se caractérise par ses trois cornes. La redingote en Bakman désigne un grand manteau de pluie.

210. *Galerie des modes et costumes français*, v. 1787, pl. 395, d'après un dessin de Cl.-L. Desrais, *Jeune officier en habit de zèbre [...], chapeau à l'androsman*. Paris, Bibliothèque du musée des Arts décoratifs.

Le décor en dents de scie de l'habit est très en vogue dans la seconde moitié des années 1780. Le chapeau à l'androsman, comme le chapeau à la suisse ou en clabeau, dérivent des chapeaux militaires. Ils se portent sur une coiffure basse, à grosses boucles sur les côtés et petite queue souvent postiche dans le dos.

est formée de deux toiles fortes matelassées, piquées et froncées à la taille, où un ruban l'attache. Les manches en amadis tantôt s'arrêtent au-dessous du coude, tantôt descendent jusqu'aux poignets. On adopte aussi les manches bouffantes.

Sur les devants, s'épinglant l'un sur l'autre, sont les *compères* de doublure lacée, et les pièces du corsage sont garnies d'œillets pour lacer (ill. 205-206).

C'est en examinant les œuvres des grands peintres de l'époque Louis XVI, Fragonard, Lavreince, Boilly et Debucourt, qu'on se rend compte de l'importance et de la vogue de la robe à l'anglaise. Ajoutons enfin que cette robe marque le déclin et la disparition des paniers, remplacés désormais par la tournure, laquelle consistait en deux canevas matelassés de crin.

La robe à l'anglaise, à la fin du règne de Louis XVI et sous le Directoire, présente à peu près les mêmes caractères ; toutefois elle n'est plus qu'une seule pièce et le corsage est indépendant.

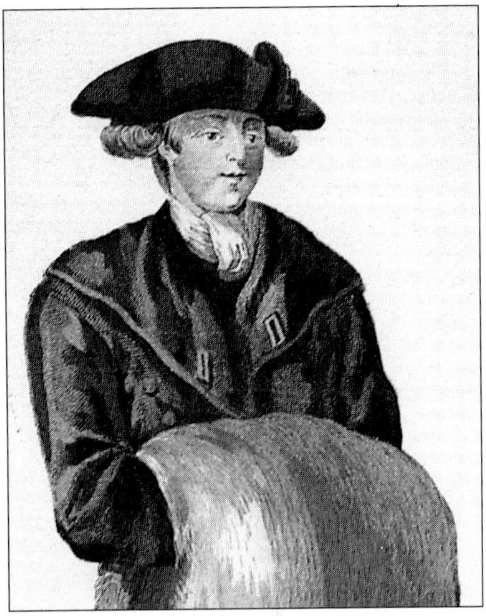

Les coiffures

Le règne de Louis XVI voit le déclin et la disparition des perruques. *La Galerie des modes* écrivait en 1779 : « Les perruques ou les chevelures postiches passent de mode et bientôt elles ne seront plus portées que par quelques professions. » À vrai dire, ce changement fut assez lent et on rencontre encore dans la plus grande partie du règne de Louis XVI les mêmes perruques que sous Louis XV, notamment le *catogan* et la *perruque à bourse* (ill. 208).

Cependant, en 1785, la vogue se répand des coiffures relevées par-devant avec des cheveux frisés à la pointe et s'étageant à l'arrière. On trouve un exemple dans la coiffure dite *à la hérisson* (ill. 211). Les boucles au-dessus des oreilles de chaque côté de la tête ne sont plus morcelées comme sous Louis XV, mais elles sont continues et il n'est pas rare qu'elles fassent entièrement le tour de la tête. Ce sont les *boucles en rouleaux*.

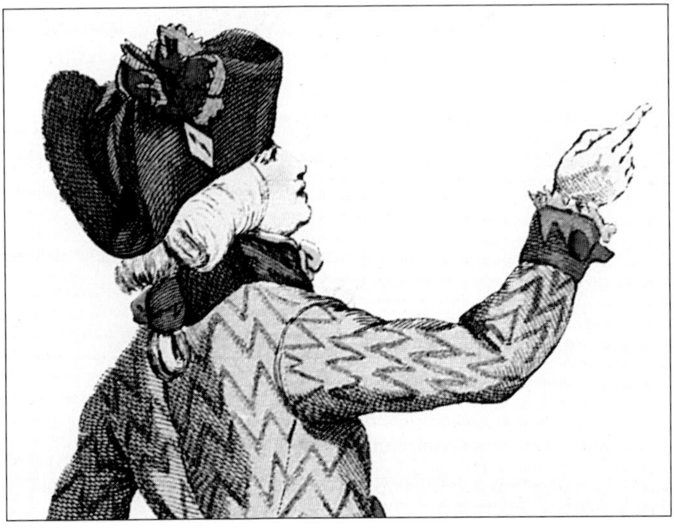

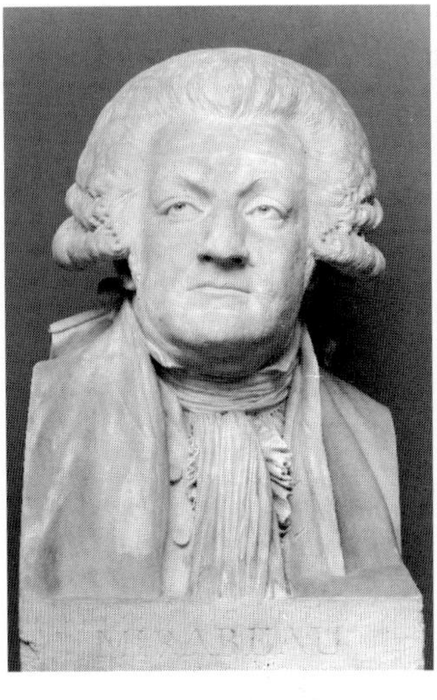

211. Jean-Antoine Houdon, *Buste de Mirabeau*, v. 1780. Versailles, musée national du Château.

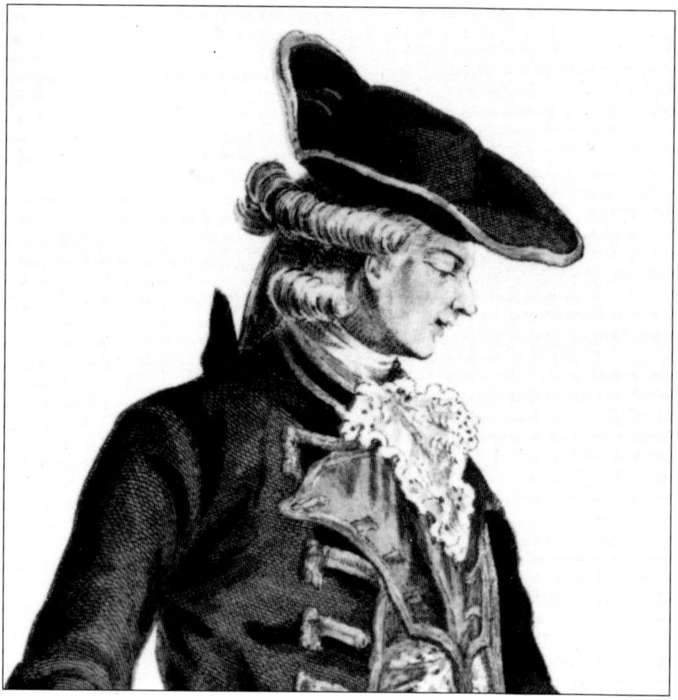

212. *Galerie des modes et costumes français*, 1778, pl. 110, d'après un dessin de Cl.-L. Desrais, *Chapeau en clabeau.*
Paris, Bibliothèque du musée des Arts décoratifs.

Le chapeau le plus répandu est le *chapeau à la suisse* (ill. 209) qui apparaît vers 1776. Il présente les caractères suivants : sur le devant, une petite corne se détache en pointe, et les deux cornes latérales sont larges et longues.

Le *chapeau à l'androsman* (ill. 210) est plus ramassé et plus haut, sa silhouette ressemble à celle de la barrette que portent de nos jours les ecclésiastiques.

Le *chapeau à la valaque* (ill. 212), encore appelé *en clabeau*, a un bord droit par-devant et un bord relevé tout droit par-derrière. Le *chapeau à la Pennsylvanie* est à larges bords légèrement relevés (ill. 185). Le *chapeau hollandais* ou *à la quaker* est de forme ronde et à larges bords.

Le *chapeau à la jacket* ou *à la jockey* est un petit chapeau rond souvent orné d'une ganse de soie. On l'orne d'une cocarde sur le côté ou d'une boucle d'or par-devant.

Durant les premières années du règne de Louis XVI, on continue à porter le petit tricorne Louis XV.

213. Augustin Pajou, *Buste de Mme du Barry*, 1773.
Paris, musée du Louvre.

Le tapé est à présent crêpé en hauteur. Des boucles forment un diadème au sommet de la tête et le reste de la chevelure est coiffé en longues mèches enroulées. Cette coiffure accompagne souvent le costume de cour.

Avant de devenir compliquées, monumentales, excentriques, les coiffures féminines sous Louis XVI restèrent dans une note calme. Les *coiffures en diadème* (ill. 214) ne diffèrent guère des *tapés* de la fin du règne précédent. Ce sont les mêmes coiffures d'une suprême élégance, dégageant la nuque, allongeant la tête, tandis que de multiples boucles en tire-bouchons s'étagent sur les côtés. Quand ces dernières tombent sur les épaules, on les appelle des *dragonnes*. Les cheveux relevés sur le crêpé s'élevaient haut sur le front ; c'est ce que l'on appelait au XVIIIe siècle une *coiffure à physionomie élevée*. Quand les cheveux étaient relevés, crêpés et frisés à la pointe, on baptisait cette coiffure *à la hérisson*. Sous Louis XVI, on contrebalançait souvent la masse des boucles par un bouquet de fleurs qui en était séparé par un rang de perles. Une natte pendait derrière l'oreille et remontait en torsade, elle partait d'un nœud de ruban attachant le bouquet. Le chignon était relevé droit et le *peigne à chignon* le fixait au sommet de la tête ; ce peigne était dissimulé par les boucles formées de l'extrémité des cheveux frisés et roulés au-dessus du lien. La natte et la grande torsade provenaient des cheveux du chignon que le peigne arrêtait.

Cette coiffure semble avoir été réservée à la noblesse ; elle fut adoptée par Marie-Antoinette jusqu'à la mode des poufs et des panaches de plumes.

Vers 1781, on constate une tendance à adopter des coiffures larges et basses donnant parfois à la tête une forme presque carrée.

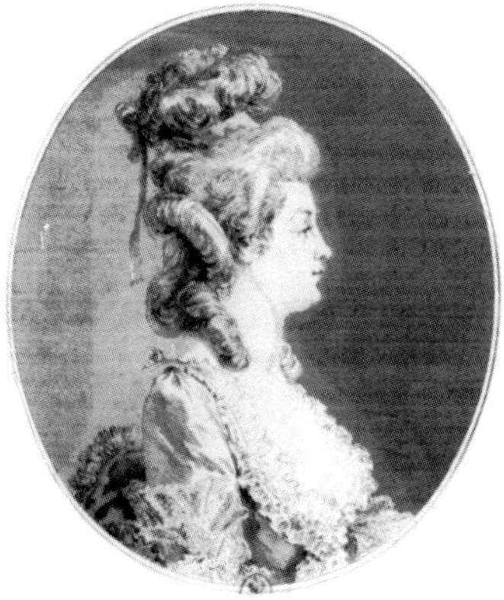

214. Auguste de Saint-Aubin, *Louise-Émilie de Saint-Aubin*, 1779.
Paris, Bibliothèque nationale.
Coiffure à la capricieuse.

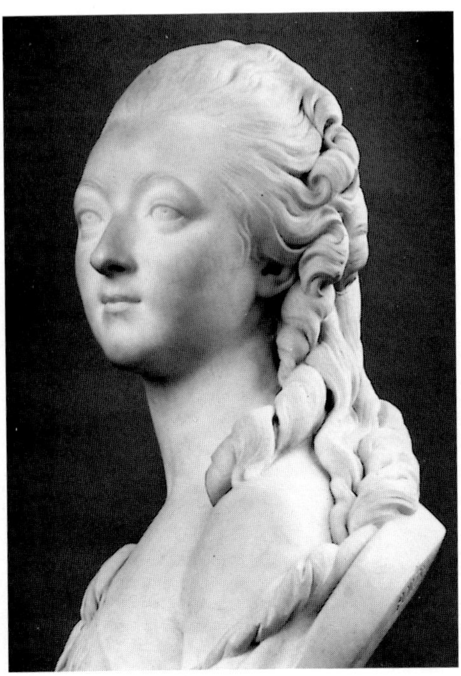

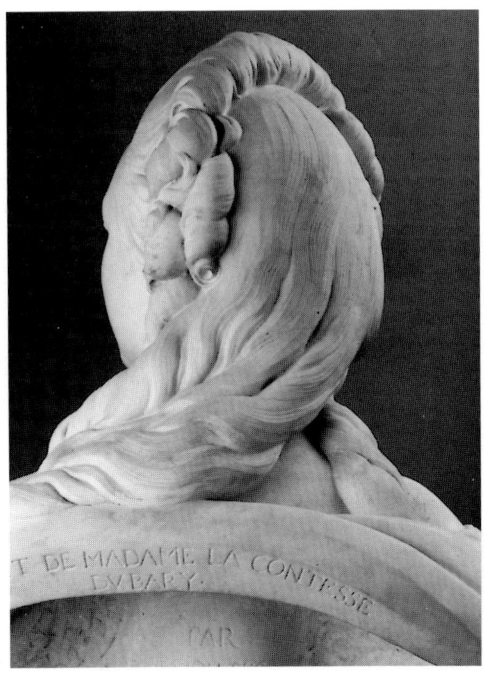

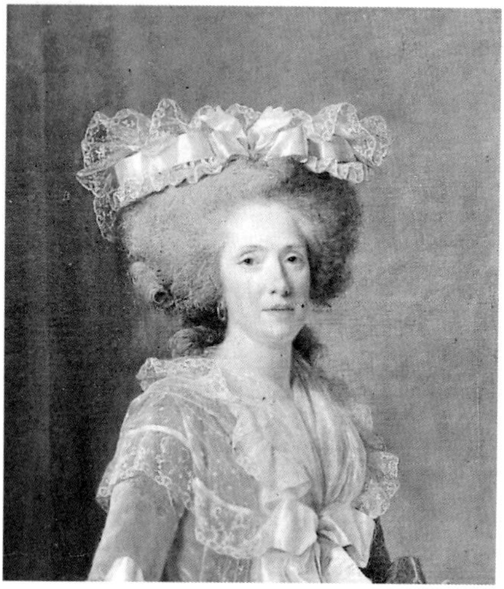

215. Adélaïde Labille-Guiard, *Mme Adélaïde de France*, 1787. Versailles, musée national du Château.

Les cheveux crêpés de part et d'autre du visage sont surmontés d'un bonnet de lingerie garni d'un ruban au nœud plat.

Ces coiffures basses étaient parfois frisées et avaient une longue mèche flottante dans le dos, mais le plus souvent la tête était entièrement bouclée. Cette dernière coiffure mérite l'attention : les boucles étaient savamment disposées dans des sens différents, ce qui contribuait à donner à l'ensemble un aspect à la fois négligé et élégant.

La coiffure *à la capricieuse* (ill. 214) se rattachait aux coiffures en diadème, mais avec plus de fantaisie ; elle était de mode vers 1779. En serrant par un ruban une partie de la chevelure au sommet de la tête, on obtenait une masse de cheveux bouclés du plus heureux effet.

Poufs et panaches

Pour obtenir une coiffure en hauteur suivant la mode, les coiffeurs eurent recours d'abord à un *coussin de crin* assujetti sur le crâne, puis aux *poufs* (ill. 215). On désignait de ce nom des pièces de gaze et de faux cheveux qu'on introduisait entre les mèches et qu'on chargeait d'accessoires les plus variés. Il y avait le *pouf au sentiment* avec une multitude de bibelots, d'oiseaux, de fleurs, de poupées, de légumes ; ces accessoires devaient exprimer le goût de la personne. Le *pouf à la Belle-Poule* (ill. 216)

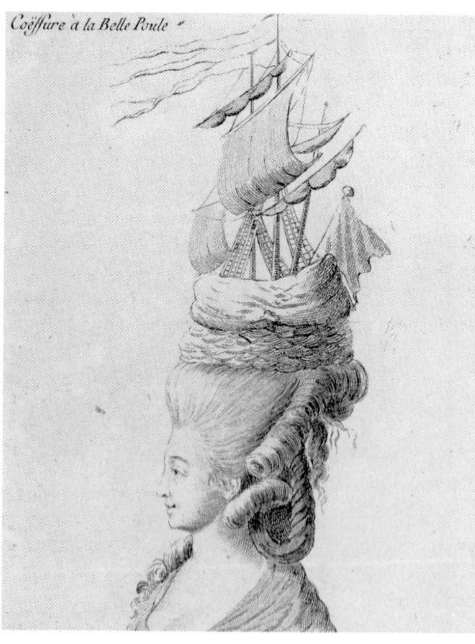

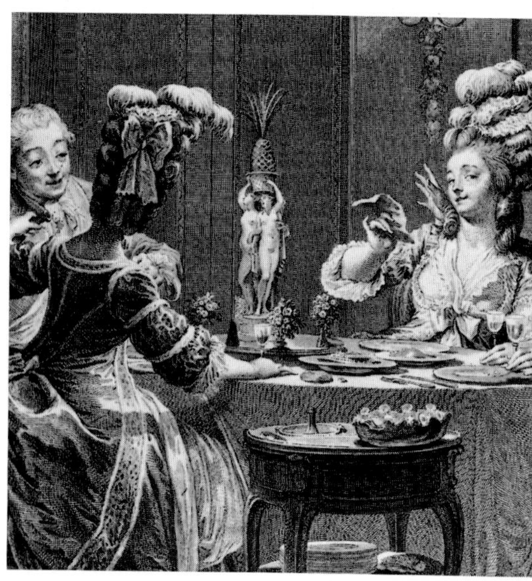

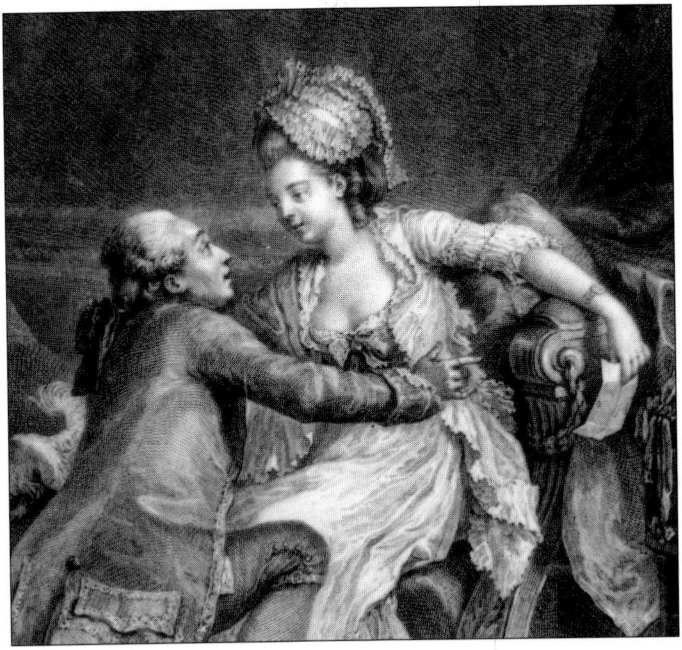

216. Coiffure à la Belle Poule, v. 1778.
Paris, Bibliothèque nationale.

L'actualité et ses anecdotes alimentent l'imagination des coiffeurs comme en témoigne ce modèle réduit de bateau, allusion au combat victorieux de la frégate française La Belle Poule contre un navire anglais en juin 1778.

217. Antoine Moreau le Jeune, *Le Souper fin* (détail).
Paris, Bibliothèque nationale.

À l'arrière du tapé, les cheveux sont arrangés en deux coques. Des boucles horizontales garnissent les côtés. La coiffure est agrémentée d'ornements, rubans, plumes, fleurs qui pour rester fraîches trempaient dans des flacons d'eau dissimulés dans les cheveux.

218. Nicolas Lavreince, *L'Heureux moment*, 1777.
Paris, Bibliothèque nationale.

Bonnet dormeuse.

219. *Galerie des modes et costumes français*, 1778-1787, d'après un dessin de Cl.-L. Desrais.

Baigneuse.

était orné d'une frégate ; le *pouf à la Victoire* d'une branche de laurier. Il y en eut bien d'autres, plus extravagants encore. Un autre élément essentiel de la coiffure féminine à cette époque était le *panache de plumes* (ill. 217). On commença par trois plumes plantées derrière le chignon, c'était la coiffure *en qu'es aco ?* Bientôt on en augmenta le nombre et la grandeur. Il n'était pas rare de voir mélanger aux plumes des fleurs de toute sorte, des aigrettes de diamant ou des rubans. On appelait *rosette posée en position* le grand nœud de ruban derrière la tête et *papillon* la partie du bonnet qui s'étalait comme deux ailes au sommet de la chevelure.

Les bonnets

L'époque Louis XVI a imaginé un nombre considérable de bonnets. Le type le plus répandu est sans doute le bonnet dit *dormeuse* (ill. 218), ainsi nommé parce qu'on le portait la nuit. Sa passe ruchée encadre étroitement la tête et il est serré par un ruban se terminant au sommet de la tête par un nœud. Dans le jour, les femmes portaient chez elles un bonnet dormeuse un peu différent et dont la passe, au lieu de descendre jusqu'aux oreilles, se relevait au-dessus de la nuque : il était muni de *barbes*.

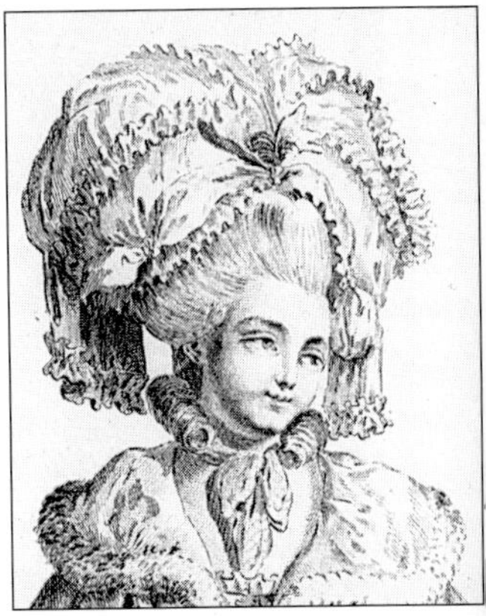

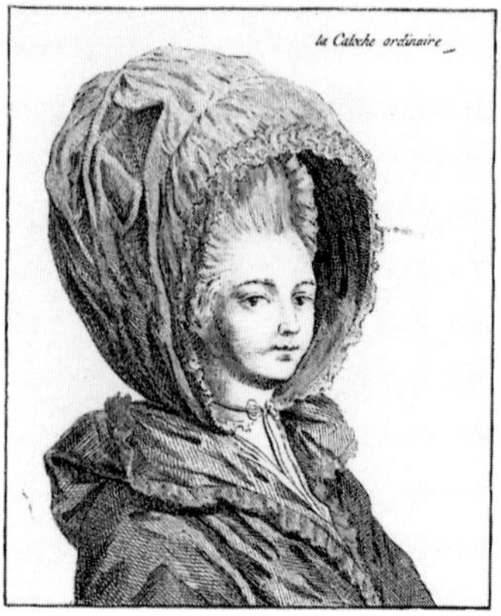

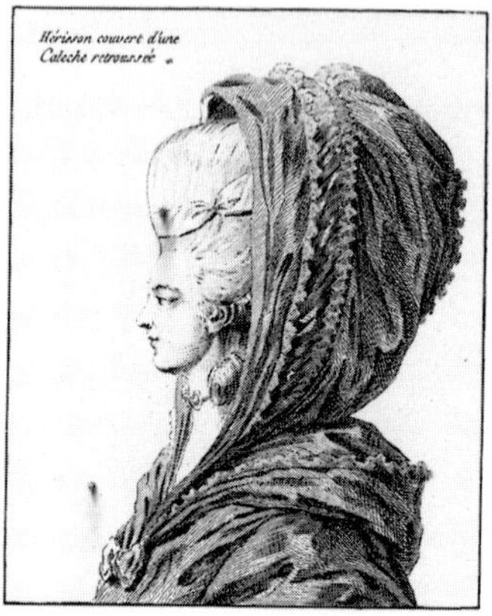

220-221. Nicolas Lavreince, *Qu'en dit l'abbé* (détails), 1788
Paris, Bibliothèque nationale.

Bonnets plats à rubans
et à barbes.

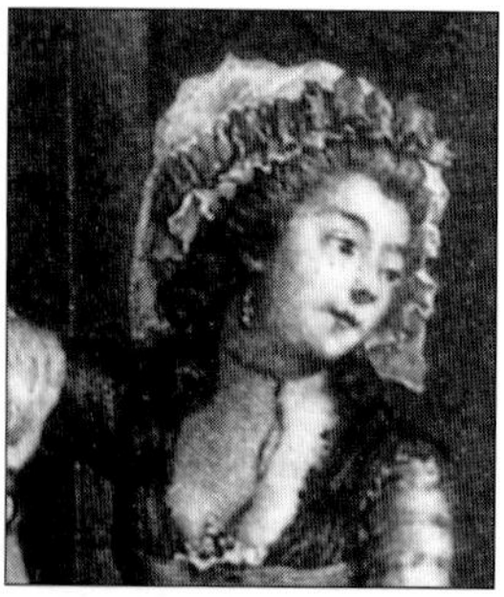

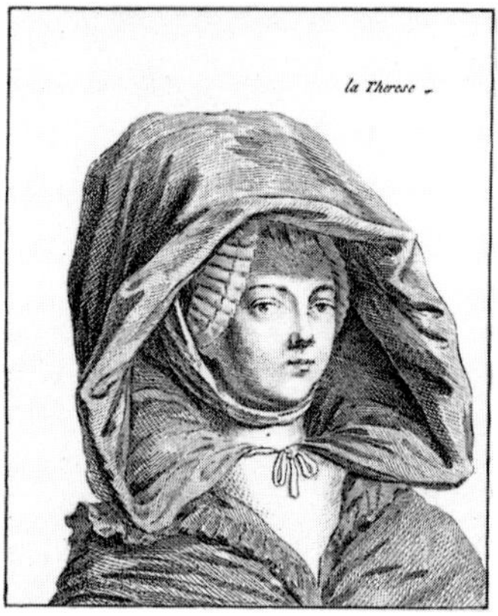

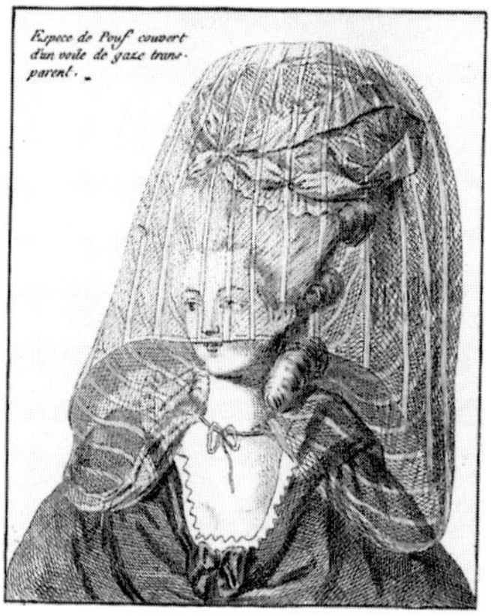

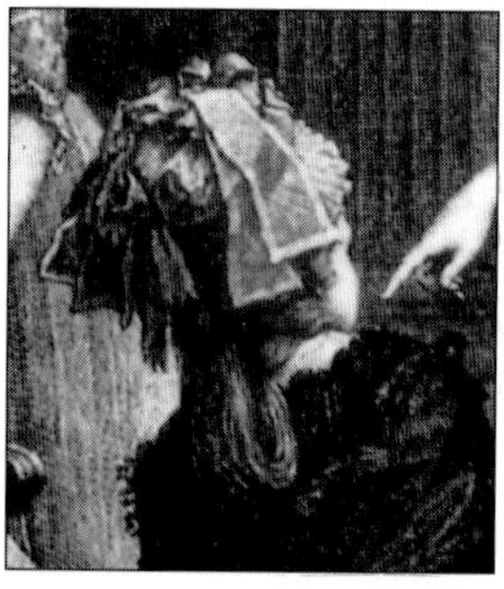

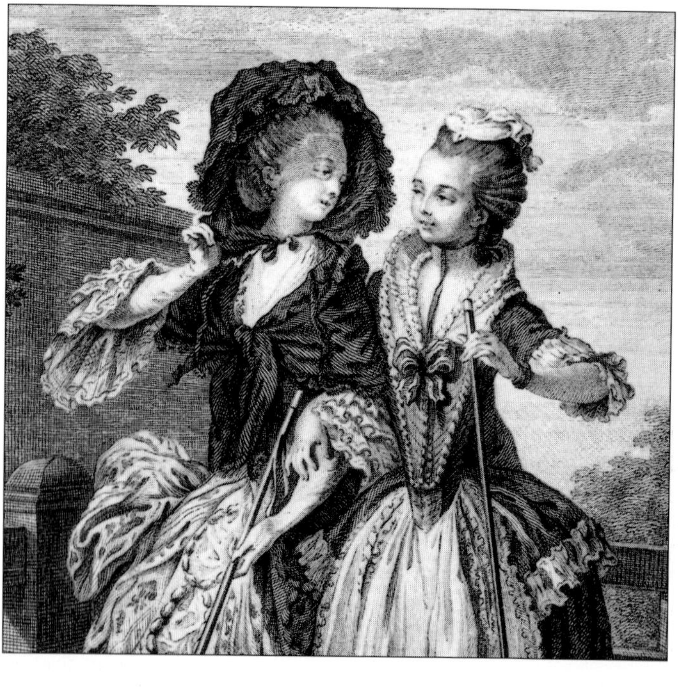

222-225. *Galerie des modes et costumes français,* 1776, pl. 17.
Paris, Bibliothèque nationale.

226. Sigmund Freudeberg, *La Promenade du matin*, v. 1775.
Paris, Bibliothèque nationale.

La calèche et la Thérèse, portées pour sortir, étaient montées sur des fils de laiton ou des joncs.

Le bonnet dit *baigneuse* (ill. 219) consiste en deux ailes volumineuses et des franges pendantes.

Les *bonnettes* et *chapeaux-bonnettes*, avec leur passe immense cachant tout le haut du visage, étaient importés d'Angleterre. La *Thérèse* était une cage de gaze ayant parfois des dimensions considérables (ill. 224, 226). On l'appelait *calèche* lorsqu'elle était soutenue par des cercles de baleine ou d'osier permettant de relever ou d'abaisser cette coiffure (ill. 223, 225). On faisait souvent des *Thérèse* en taffetas noir dont les bords relevés étaient garnis de gaze. Vers 1783, avec la mode des coiffures basses apparaissent les *bonnets plats* et sans passe ; on les appelait *toquets* et ils étaient ornés de barbes et de rubans ; ils se portaient avec la coiffure en catogan (ill. 220-221).

Les chapeaux

Tant que les coiffures de femmes furent de véritables monuments d'une hauteur imposante, ce fut le règne des bonnets, qu'on fixait tout en haut de l'édifice. Les chapeaux ne furent en vogue qu'avec l'adoption des coiffures basses, c'est-à-dire entre 1780 et 1785, et devinrent bientôt aussi nombreux que les bonnets. On les faisait en castor ou en feutre.

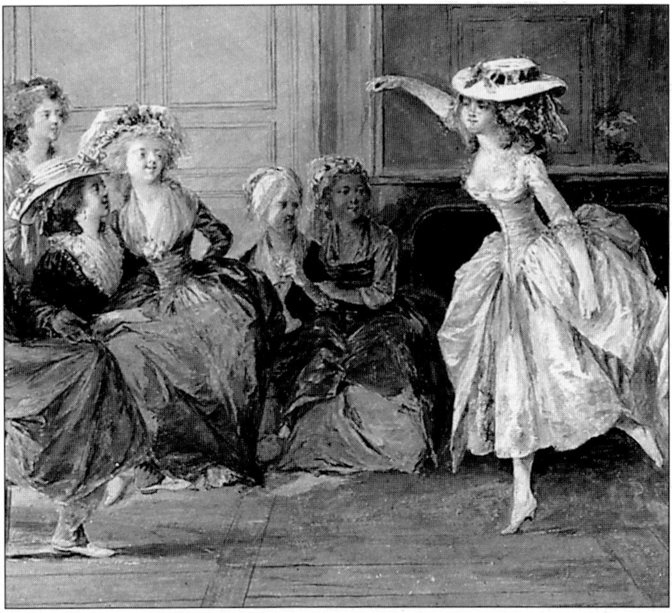

227. Nicolas Lavreince, *École de danse* (détail), gouache, 1785. Paris, musée du Louvre.

Les chapeaux plats étaient très en vogue. Ils s'élargissent vers 1787.

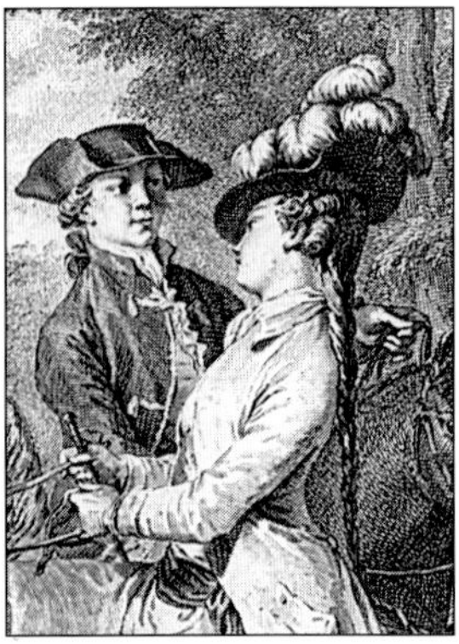

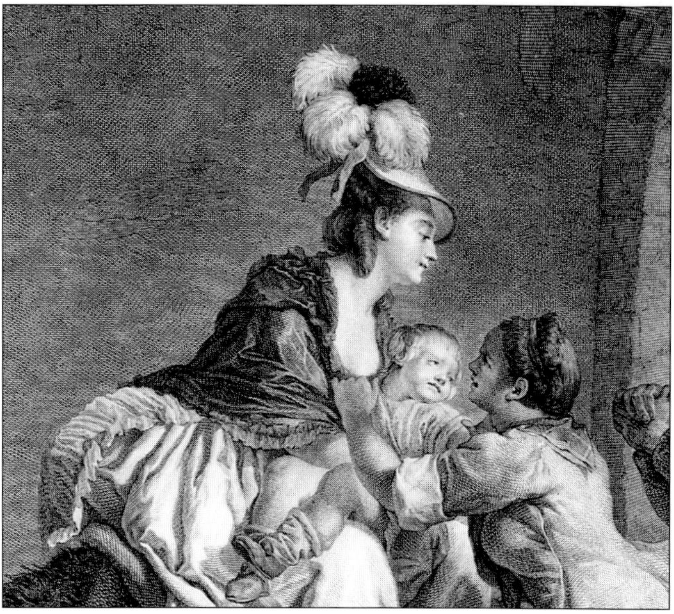

228-229. Antoine Moreau le Jeune, *La Rencontre au Bois de Boulogne* ; Étienne Aubry, *Les Adieux à la nourrice*. Paris, Bibliothèque nationale.

Chapeaux à petits bords.

Les chapeaux étaient en général à larges bords ; cependant on en faisait aussi à petits bords qu'on relevait dans des sens différents, comme en témoignent les estampes et les tableaux de l'époque (ill. 228-229).

Les chapeaux à larges bords et de forme plate furent adoptés tout d'abord en Angleterre d'où la mode nous parvint (ill. 227). Il faut mettre hors de pair les grands chapeaux anglais dessinés par le peintre Gainsborough qui, avec leur échafaudage de plumes, sont d'une rare élégance ; ils étaient souvent ornés d'un nœud de ruban sur le bord relevé. On appelait *chapeau à la Marlborough* un grand chapeau à bords plats dont la calotte était entourée d'un ruban, lequel formait sur le côté un gros nœud à longs bouts flottants (ill. 230).

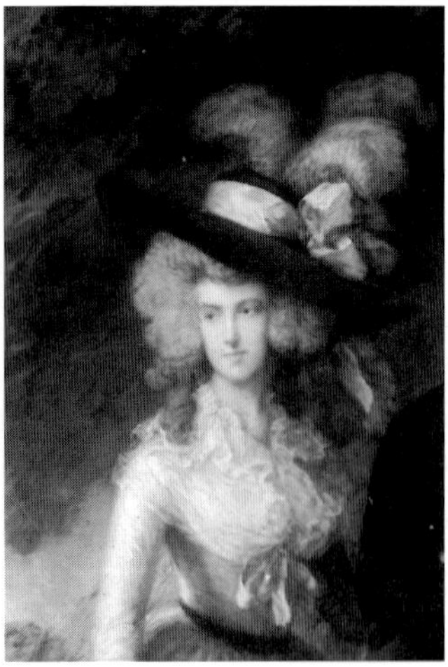

228. Thomas Gainsborough, *La Promenade matinale d'Elizabeth et William Hallett* (détail), 1785. Londres, National Gallery.
Chapeau à la Malborough.

La mode des grands chapeaux est très vive en Angleterre et influence le goût français. Ces chapeaux convenaient à la coiffure volumineuse et basse de la fin des années 1780.

COSTUMES DIVERS SOUS LOUIS XVI

Le costume des paysans différait peu de celui des citadins, à part la qualité des étoffes et la richesse des garnitures (ill. 231). Le plus généralement les paysans portaient du linge grossier, une sorte de frac de drap commun, une culotte, des jambières, des souliers de gros cuir. Comme coiffure, un feutre relevé par-derrière, les cheveux longs, noués sur la nuque. Les paysannes portaient sur leur chemise un corset lacé, une jupe courte sur plusieurs jupons, un tablier entourant la taille protégeait la jupe ; un fichu couvrait les épaules. Un bonnet ou un mouchoir couvrait la tête, aux pieds des souliers plats, soit d'étoffe soit de gros cuir.

Le costume des bourgeoises resta sensiblement le même durant tout le XVIIIe siècle, et les différences entre la bourgeoise sous Louis XV et la bourgeoise sous Louis XVI sont insignifiantes. Elles portaient d'ailleurs toutes deux, comme les dames de qualité, le bonnet et le tablier avec ou sans volants.

Les enfants s'habillaient de vêtements de même forme que les grandes personnes. Quand ils portaient le pantalon, on disait qu'ils

231. Étienne Aubry, *Paysan et paysanne*. Paris, Bibliothèque nationale.

Si le costume populaire est proche de celui de celui des classes fortunées, habit, culotte, chapeau à cornes, caraco et jupe, il s'en distingue néanmoins par un manque d'ajustement qui respecte la liberté des mouvements.

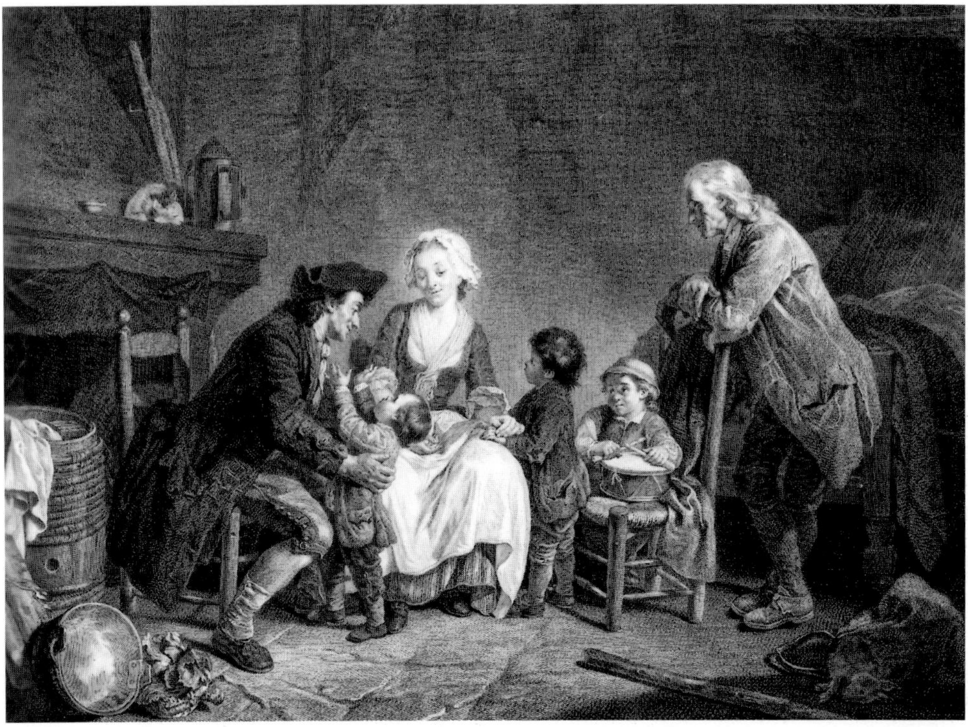

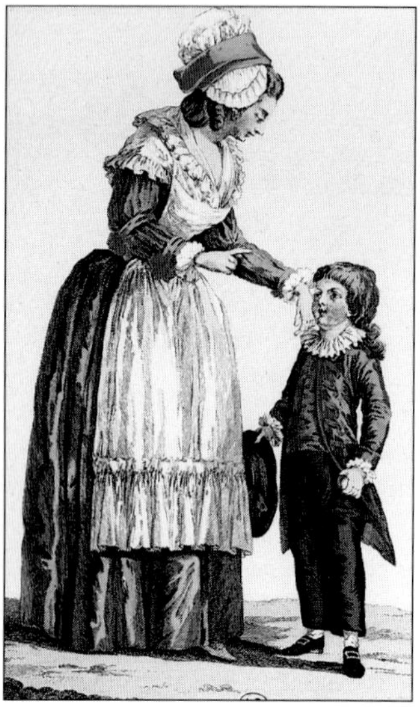

étaient *en matelot*, parce que les matelots ne portaient pas de culotte (ill. 232).

Une robe, qu'on remarque souvent dans les documents de l'époque chez les bourgeoises et les servantes, est la robe relevée dans les poches dont il a été question.

Les abbés revêtaient la soutanelle à manches étroites, agrafée sous un court rabat (ill. 233). Cette soutanelle était souvent sans poches ni boutons. Sur la soutanelle ou l'habit, les abbés plaçaient un manteau de taffetas noir plissé et très étroit. Le chapeau était un *chapeau brisé*, destiné à être tenu sous le bras ; les souliers *à la d'Artois*, c'est-à-dire à grandes boucles. La coiffure consistait en deux boucles circulaires. Derrière la tête, la calotte bombée était en écaille noire, la basane et le maroquin n'étaient d'usage que dans le bas clergé.

232. *Galerie des modes et costumes français*, 1784, pl. 259, d'après un dessin de P.-T. Leclerc, *Négligé d'une jeune dame de qualité avec un enfant.* Paris, Bibliothèque du musée des Arts décoratifs.

Le costume en matelot, un des premiers exemples de vêtement adapté à l'enfant, en l'occurrence le petit garçon, est constitué d'un pantalon, d'un gilet court et droit, souvent agrémenté d'une collerette.

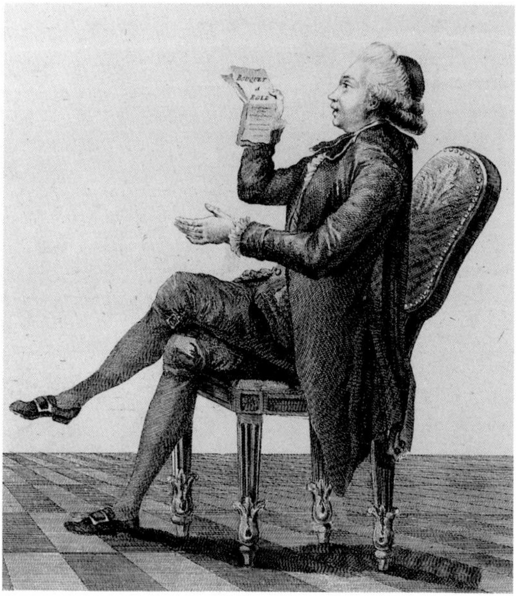

233. *Galerie des modes et costumes français*, 1778, pl. 70, d'après un dessin de P.-T. Leclerc, *Abbé galant.* Paris, Bibliothèque nationale.

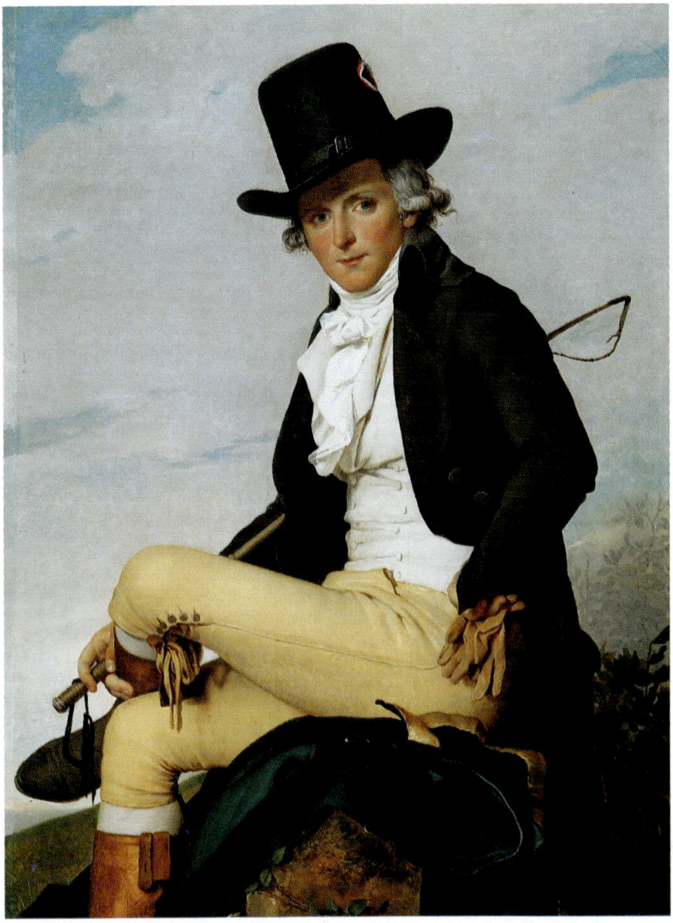

234. Jacques-Louis David, *Monsieur Sériziat,* 1795. Paris, musée du Louvre.

Le beau-frère du peintre est d'une élégance toute anglaise : frac à revers, gilet court et droit, culotte de chamois et hautes bottes. La cravache qu'il tient négligemment indique son goût pour le cheval, trait de mœurs participant de l'anglomanie croissante des élites à la fin du XVIIIe siècle.

LE COSTUME SOUS LA RÉVOLUTION 1789-1794

La fin de la culotte

Les vêtements masculins tendent à se simplifier depuis le 14 juillet 1789. La principale innovation fut la suppression de la culotte, remplacée par le pantalon qui n'avait été porté jusque-là que par les matelots (ill. 240) ; il s'accompagnait d'une courte veste appelée *carmagnole.* Ce pantalon avait une brayette maintenue par trois boutons et pouvait s'abaisser, d'où le nom de *pantalon à pont.* On appelait ceux qui portaient cette tenue des sans-culottes. Le

235. *Journal de la mode et du goût*, v. 1792.
Paris, Bibliothèque nationale.

La silhouette masculine des années 1790 est très allongée. À part l'habit coupé, ce costume est en tout point semblable à celui de M. Sériziat (ill. 234).

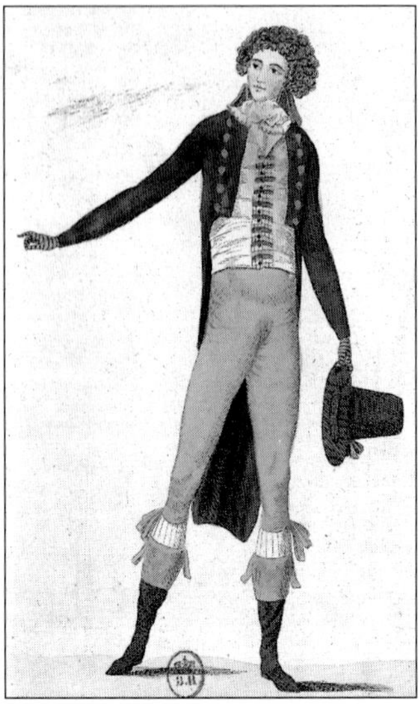

bonnet rouge (ill. 239) variait de forme, tantôt il était à queue pendante, tantôt il avait une forme droite, ou bien celle du bonnet phrygien.

La tenue dite *du vrai patriote*, d'abord reléguée dans les faubourgs, devint officielle en 1794, à la suite d'une fête donnée par la Convention en l'honneur de la Savoie. Cette tenue consistait en un pantalon à pont, une carmagnole, une redingote en drap brun avec revers et col rabattu en drap rouge, des sabots, un bicorne bas ou un bonnet (ill. 240).

La Convention, qui n'approuvait pas ce costume, chargea le peintre Louis David de créer un type de costume national ; ce costume, qui n'était ni simple ni pratique, n'eut aucun succès.

Vers 1792, les élégants, appelés muscadins, réagirent contre le négligé des sans-culottes. Les fracs (ill. 235) présentèrent quelques particularités : les revers étaient coupés à angle droit et le haut collet était d'une couleur différente, souvent d'un ton criard. En général, les fracs ne se fermaient pas et les deux rangées de boutons d'acier ne servaient que d'ornements.

On portait aussi des *fracs-redingotes* qui étaient à revers croisés et se fermaient par des pattes. Comme chaussures, on portait d'élégantes *bottes à revers*, déjà en usage à la fin du règne de Louis XVI (ill. 234).

236. *Magasin des modes nouvelles françaises et anglaises*, 1789, d'après un dessin de Defraine, *Bonnet aux trois ordres réunis*.
Paris, Bibliothèque nationale.

Ce bonnet fait allusion à l'abolition des privilèges du 4 août 1789. L'épée, la crosse et la pelle figurées sur sa passe symbolisent la noblesse, le clergé et le tiers état.

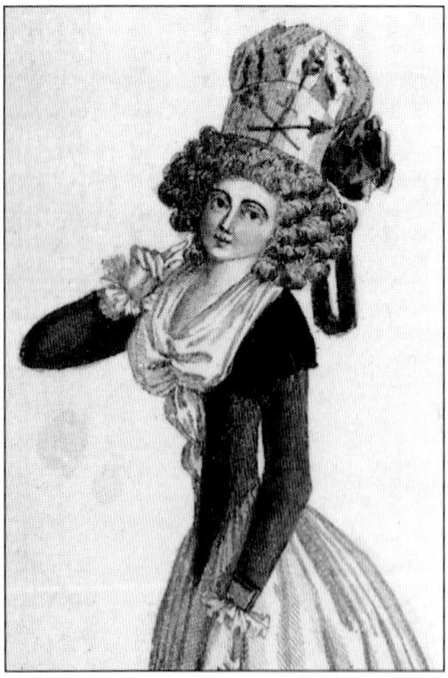

Costume féminin

Sous la Révolution, il y eut, dans le costume féminin comme dans le costume masculin, un retour à la simplicité (ill. 251), bien que les robes gardent un certain temps les lignes générales des robes de l'époque Louis XVI, notamment celles de la robe dite « à l'anglaise ». Ce sont en général les mêmes jupes très amples, les mêmes tournures ; toutefois les caracos deviennent des corsages à basques minuscules. Les manches sont longues, étroites, elles descendent jusqu'aux poignets. On les garnit souvent de fourrure. On porte des ceintures de ruban à bouts flottants, et surtout des châles.

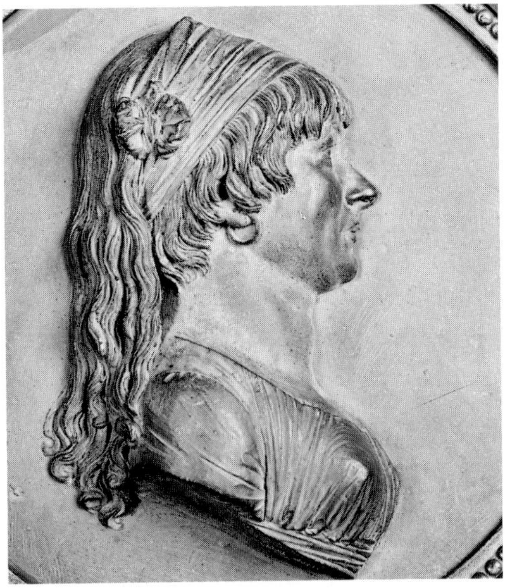 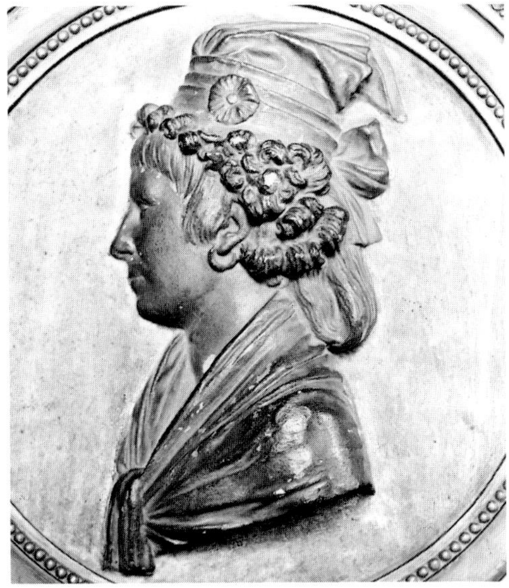

237-238. Joseph Chinard, *Bustes de femmes*, v. 1800. Collection particulière.

Inspirées par les modèles antiques, les femmes coiffent leurs cheveux aux boucles savamment naturelles de bonnets ou de fichus entortillés.

L'usage des fichus de gaze est général (ill. 237-238) ; ils ont parfois une ampleur démesurée. Il y eut le fichu *Marie-Antoinette* et surtout le fichu *à la Charlotte Corday*.

Les coiffures méritent l'attention. Il y eut d'abord le *bonnet*, d'une hauteur excessive, qui apparut en 1789, avec sa passe très large sur laquelle on étalait un ruban. Ce bonnet se plaçait sur une chevelure aplatie.

Ensuite vinrent les bonnets révolutionnaires, aux formes ajustées et à cocarde, bonnet *à la Charlotte Corday*, *à la patriote*, *à la citoyenne* (ill. 236). On continua la mode des *toquets*. Aux bonnets succédèrent les *chapeaux à petite passe par-devant*, couverts de nœuds de rubans et avec ou sans brides.

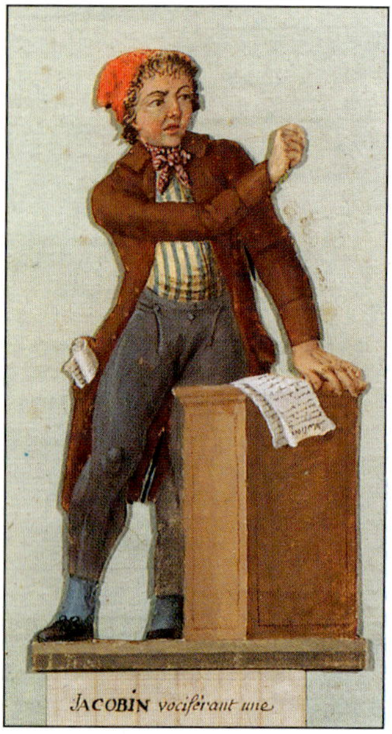

239. Le Sueur, *Jacobin*.
Paris, musée Carnavalet.

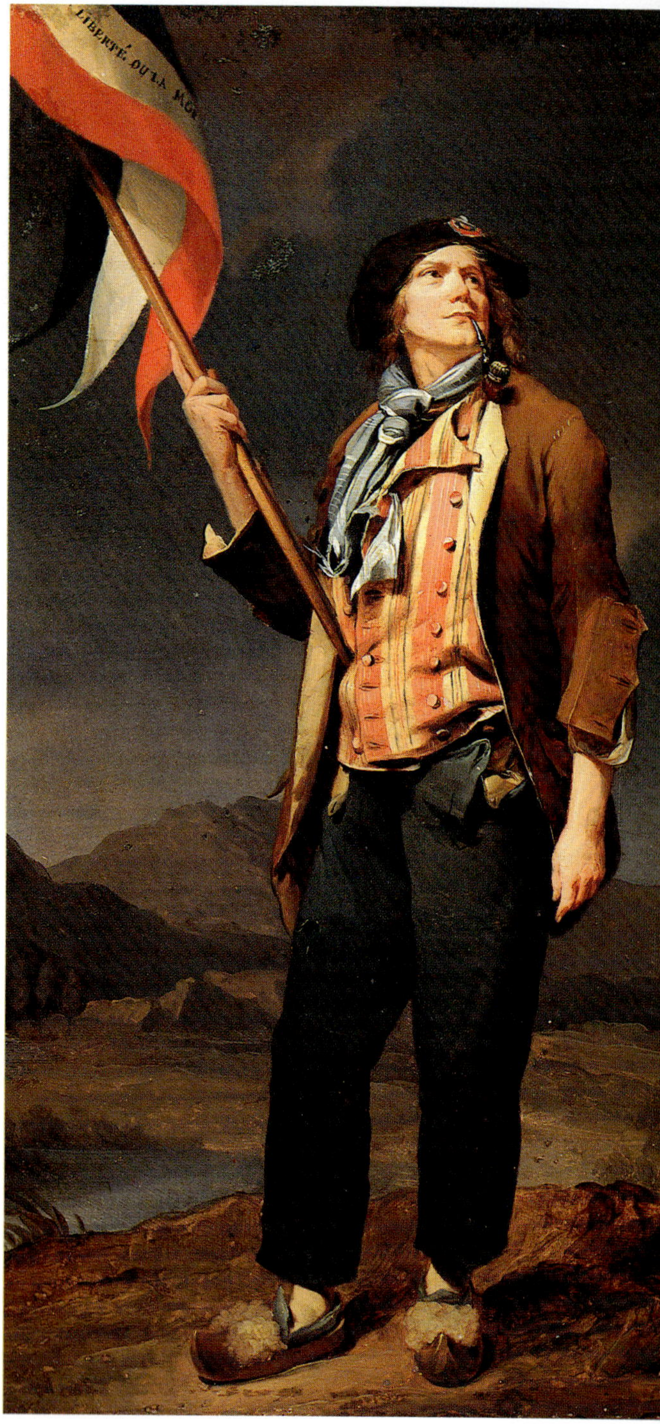

240. Louis-Léopold Boilly, *Portrait de l'acteur Chenard*, 1792.
Paris, musée Carnavalet.

Chenard comme le Jacobin portent le pantalon à pont, le gilet court à double boutonnage et une veste plus ou moins longue.

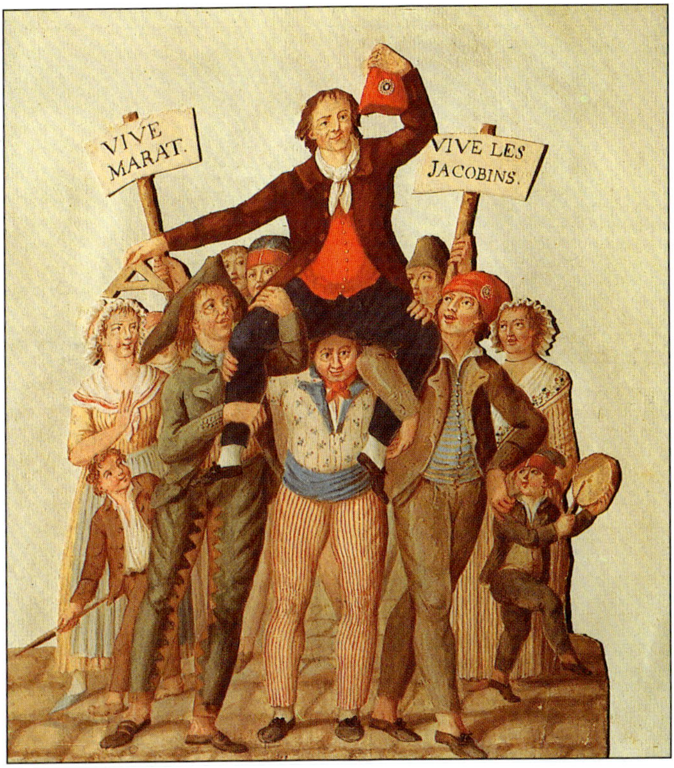

241. Le Sueur,
Le Triomphe de Marat.
Paris, musée Carnavalet.

Les toiles de coton imprimées de petits motifs fleuris ou de raies se sont répandues dans le costume populaire de la fin du XVIIIe siècle.

LE COSTUME DIRECTOIRE 1795-1799

Inconcevables et Incroyables

Aux Muscadins, jeunesse masculine élégante de la Révolution, succédèrent les « Inconcevables » ou les « Incroyables » (ill. 242), groupe de jeunes gens pour lesquels le comble de l'élégance était de paraître myope, infirme et contrefait. Leur costume semblait un défi au bon sens et visait au grotesque et à la caricature. La redingote faisait à dessein des plis dans le dos, de façon à obtenir la silhouette d'un bossu ; la culotte était attachée par un bouton, sur le genou, pour donner l'illusion de genoux cagneux. La cravate, énorme, enroulait plusieurs fois le cou, escaladait le menton et atteignait la lèvre inférieure, comme pour cacher un goitre. Les cheveux, en oreilles de chien, étaient couverts d'un énorme chapeau bicorne ou conique. Des

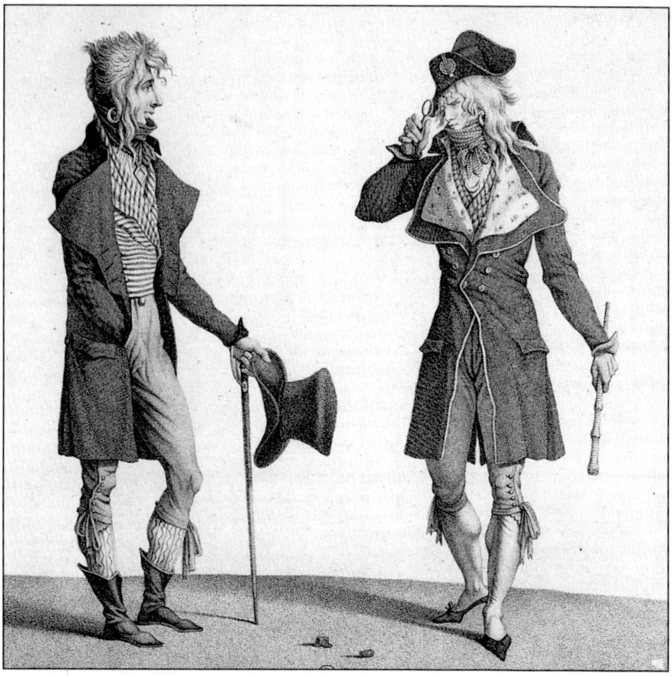

242. Carle Vernet, *Incroyables*, v. 1795.
Paris, Bibliothèque nationale.

escarpins à bouts pointus, une mince badine à la main, de grosses lunettes, des breloques et deux montres complétaient cet accoutrement. Quand les émigrés, de retour en France, adoptèrent le collet noir en signe de deuil et la perruque blonde, les incroyables portèrent le collet rouge et les cheveux à la Brutus. Il s'ensuivit des rixes sanglantes entre collets noirs et collets rouges.

La mode masculine ne fut pas uniquement celle des Incroyables ; il y eut aussi une mode plus calme : ce fut celle des élégants, qui lancèrent la mode de l'*habit dégagé* (ill. 243), sorte de redingote ouverte par-devant. Le *pantalon* dit à la hussarde, qui n'était qu'une culotte collante, descendait jusqu'au bas des jambes pour entrer dans les bottes à revers chamois. Au lieu de bottes on portait aussi des bottines à hautes tiges s'arrêtant au milieu du mollet et qu'on maintenait à l'aide de jarretières en cuir d'où partaient deux lanières en diagonales. Les cravates montaient jusqu'au menton et les chapeaux étaient à formes hautes. Les habits étaient croisés, sans pattes sur les côtés, avec un petit collet noir ou violet, les manches longues et sans parements.

L'anticomanie

Pour la première fois, depuis des siècles, les femmes suppriment les paniers, les corps piqués, les tournures. Elles s'habillent sans artifices et sans modifier les formes naturelles du corps. Mais bientôt elles tombent d'un excès dans l'autre en adoptant les robes antiques. On distingue deux courants différents : l'anglomanie et l'anticomanie. L'influence des modes anglaises provient des émigrés français ; elle se traduit par l'adoption de silhouettes souples et par l'emploi d'étoffes légères comme le linon. L'anticomanie, ou engouement pour l'antiquité gréco-romaine, a pour conséquence les longues tuniques de gaze, de linon dites *à la Romaine*, *à la Vestale*, *à la Diane*. Comme on veut avant tout mouler les formes du corps, il faut renoncer aux poches. On les remplace par une sorte de sabretache brodée et suspendue à la ceinture, qu'on désigne sous le nom de *balantine*. On porte aussi des réticules.

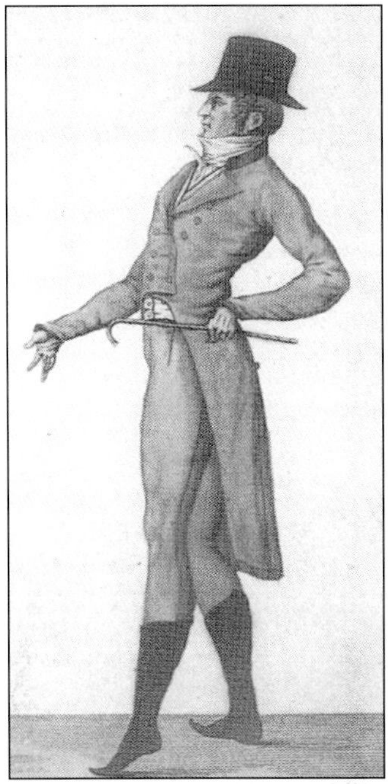

243. *Journal des dames et des modes*, v. 1798-1799. Paris, Bibliothèque d'art et d'archéologie.

Habit dégagé.

De même que les Incroyables, les « Merveilleuses » (ill. 248) forment un groupe d'excentriques exagérant les tendances de la mode. La grande innovation est la taille haute, mode qui se prolongera bien après l'époque du Directoire ; la gorge est soutenue par une brassière de toile renforcée. En général, les manches sont courtes et des gants longs montent jusqu'à l'arrière-bras. En 1799, les tailles sont si hautes qu'il n'y a qu'un intervalle de deux doigts entre la coulisse formant ceinture et le haut de la robe (ill. 249). Le *châle* (ou *shall*), porté en écharpe, est très répandu.

Dès le milieu du règne de Louis XVI on avait porté des robes d'une seule pièce, c'est-à-dire à jupe tenant au corsage ; le devant de la jupe se liait derrière à la taille et les devants du corsage masquaient la ceinture. On conserve ce système à l'époque du Directoire, quand on remonte la taille.

Dans la robe reproduite ici (ill. 247), le corsage est ouvert en pointe et la fente de la robe, permettant de la mettre, descend sur l'estomac de 23 cm et se ferme par des agrafes. Sous le bord du décolleté, d'autres agrafes maintiennent la pièce d'estomac. La jupe est montée droite, sans aucun biais. Elle est très froncée, sauf 24 cm sur le devant, 12 cm de chaque côté de la fente d'ouverture. La longueur de la jupe est de 1,11 m par-devant, 1,25 m par-derrière ; l'ampleur est de 3,34 m. Soit deux lés 2/3 (le lé de linon étant ici de 1,30 m). Le bas de la robe est orné d'une large bordure de guirlandes et d'épis.

Une mode assez répandue consiste à croiser sur le dos une bande d'étoffe de couleur différente qu'on ramène ensuite autour de

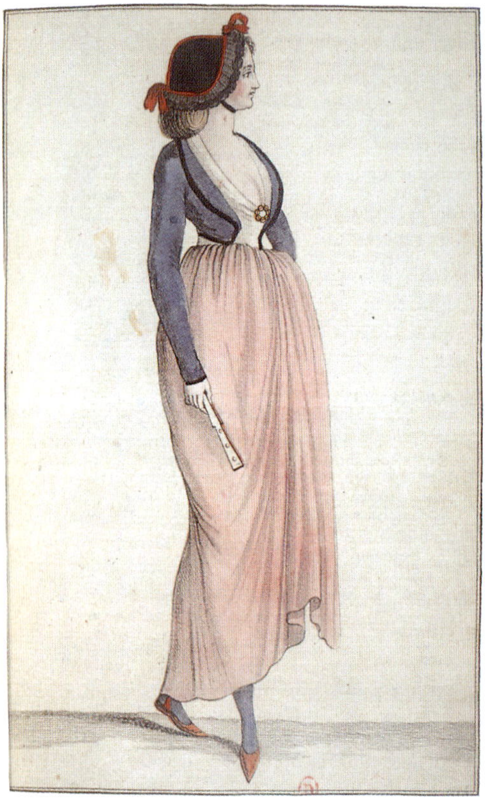

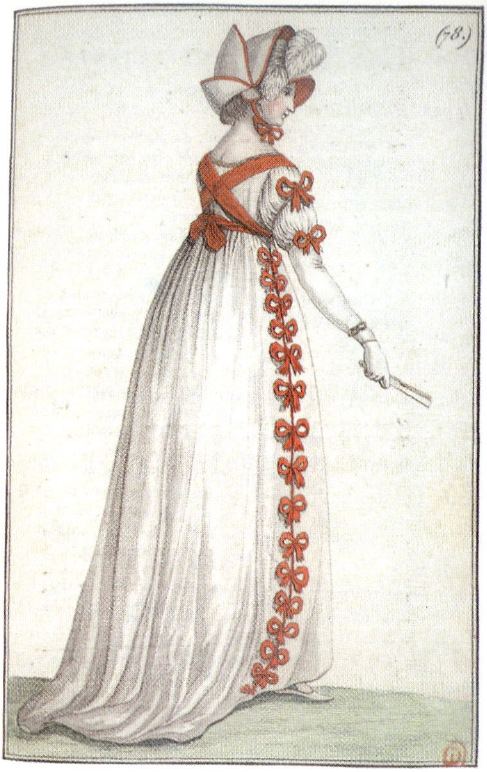

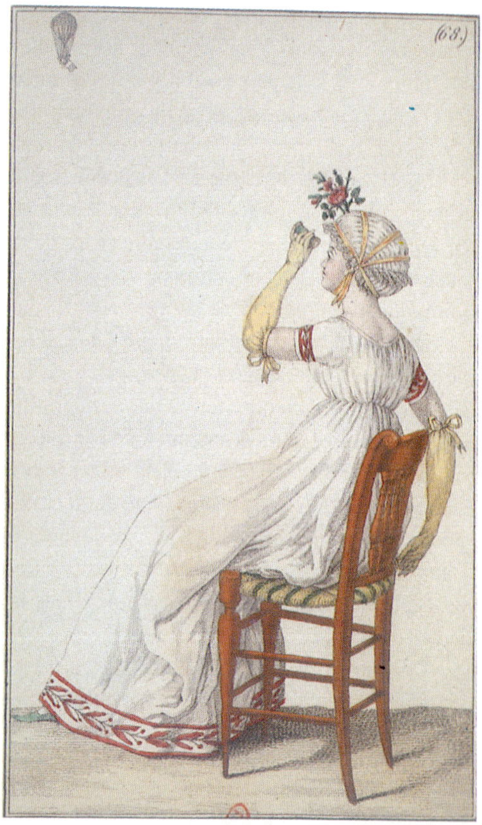

244. *Journal des dames et des modes*, 1797, pl. 5. *Toquet d'enfant, spencer, robe blanche sur un transparent.*

245. *Journal des dames et des modes*, 1798, pl. 78. *Variation du chapeau du courrier, ceinture croisée, robe ouverte sur le côté.*

246. *Journal des dames et des modes*, 1797. *Cornette en forme de casque garnie de rubans nuancés.*

Paris, Bibliothèque d'art et d'archéologie.

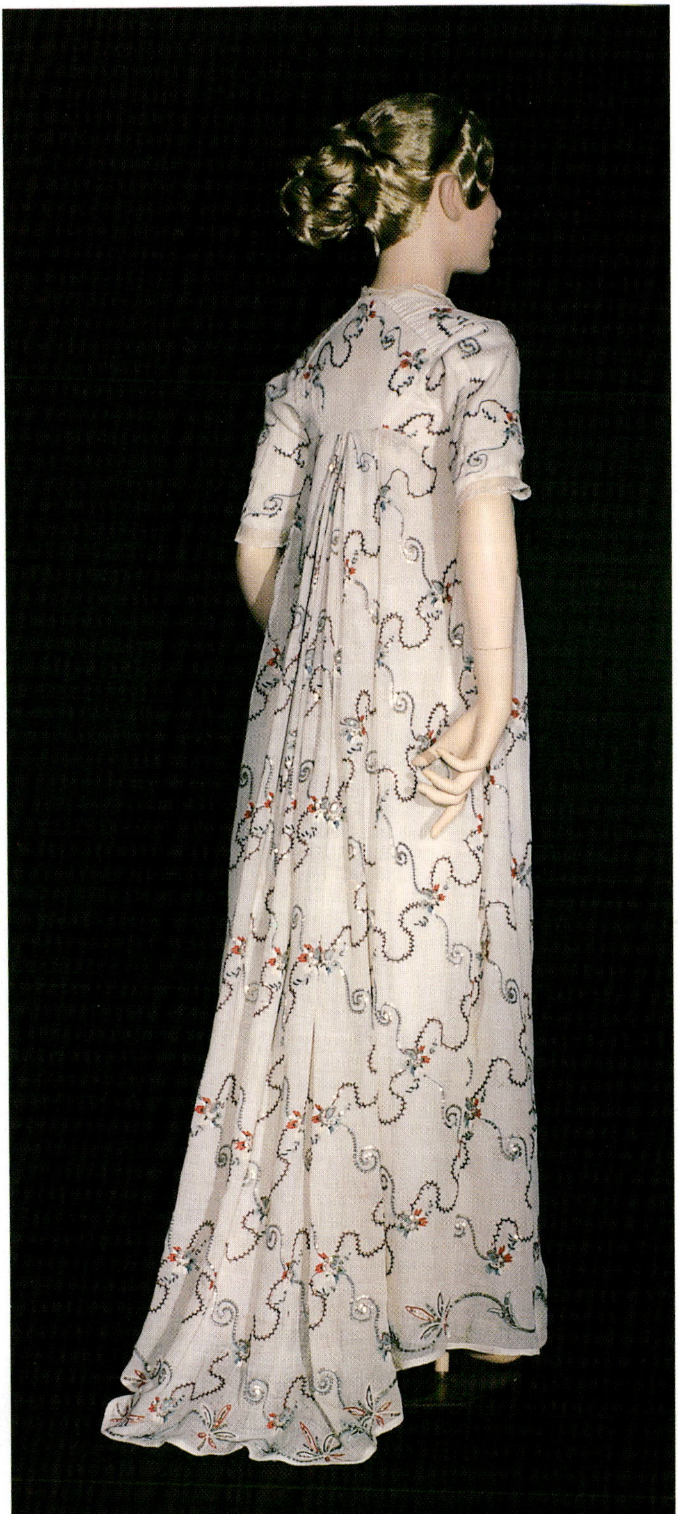

247. Robe, vers 1795-1798.
Coton, mousseline, broderies au point de chaînette, soies polychromes et paillettes argentées.
Musée de la Mode et du Costume de la Ville de Paris.

La robe en mousseline de coton caractéristique de la fin du XVIIIe siècle a la taille placée sous les seins. Du milieu du dos partent une série de plis lâchés qui forment une traîne. Devant, le corsage se fronce sur des lacets coulissants qui se nouent.

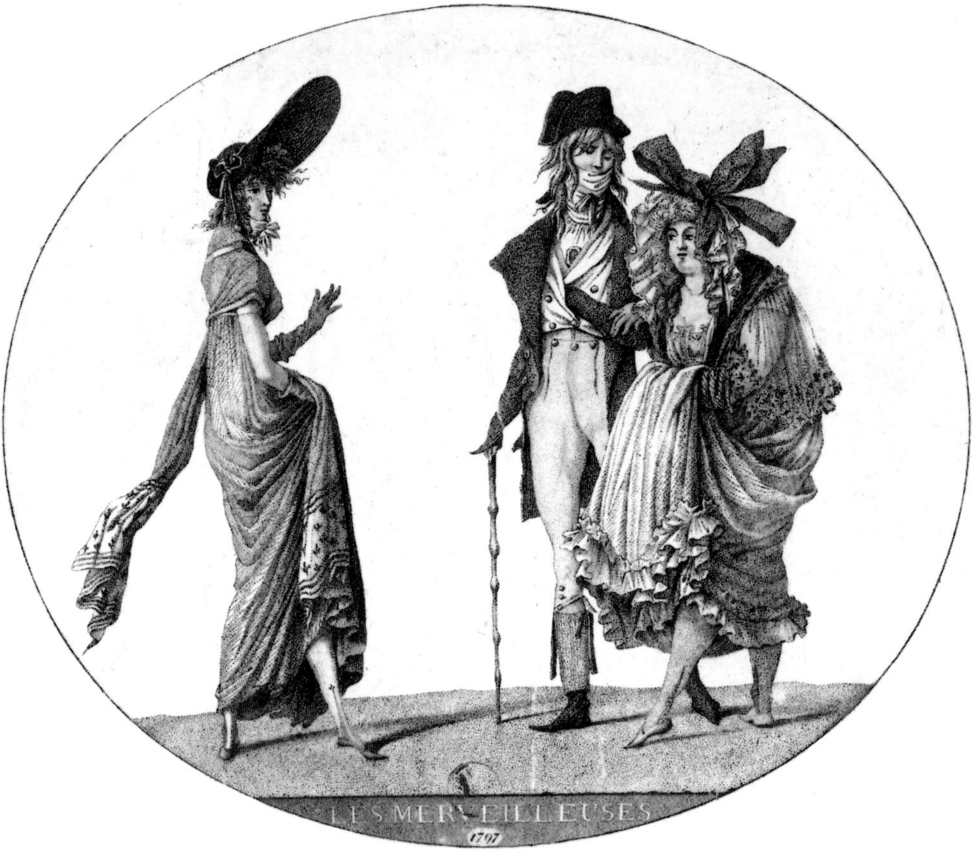

248. Carle Vernet,
Une merveilleuse, 1797.
Paris, Bibliothèque nationale.

la taille. On obtient ainsi la ceinture dite *à la Victime* ou la ceinture dite *croisée* (ill. 245).

En 1799, les longs châles de cachemire et les *spencers*, sortes de boléros à manches, remplacent les fichus-chemises (ill. 244). Les *tabliers-fichus* formant ceinture et fichu sont d'un usage général.

Les coiffures

La passion de l'art antique s'est traduite dans les coiffures. On sait que dans les boutiques des coiffeurs en renom trônaient les bustes des déesses et des impératrices de l'Antiquité. Comme les Anciens ne portaient ordinairement pas de perruques, on tenta tout d'abord de les supprimer ; ce fut l'époque des coiffures *à la Titus* et *à la Caracalla*, où le chignon et les boucles tombantes avaient disparu pour faire place à une coiffure tout en boucles qui donnait aux

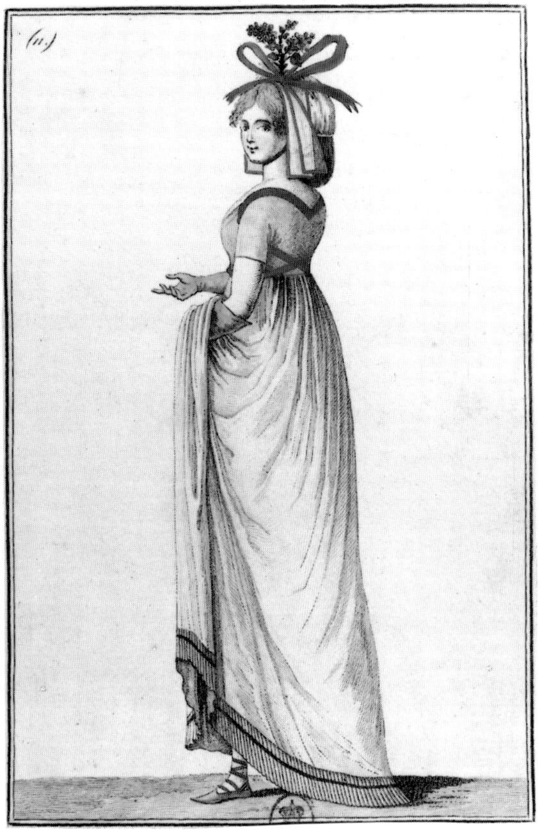

249. *Journal des dames et des modes*, 1797, pl. 11. *Bonnet à la jardinière orné de rubans et d'une branche de lilas, ceinture à la victime et étroit falbala.* Paris, Bibliothèque nationale.

250. Patron du corsage de la robe ill. 247. Dessin d'après Maurice Leloir.
A. devant ; B. côté ; C. dos ; D. manche ;
F. endroit de l'entournure où vient la couverture de la manche
(le sens du fil est la verticale).

Pages suivantes :

251. *Journal des dames et des modes*, 1798-1799.
Paris, Bibliothèque d'art et d'archéologie.

252. Jacques-Louis David, *Madame Sériziat*, 1795.
Paris, musée du Louvre.

Aussi raffinée que son époux, Mme Sériziat porte une robe de coton blanc au corsage froncé et à longues manches boutonnées, ceinturée d'un ruban du même vert que celui qui garnit son chapeau de paille.

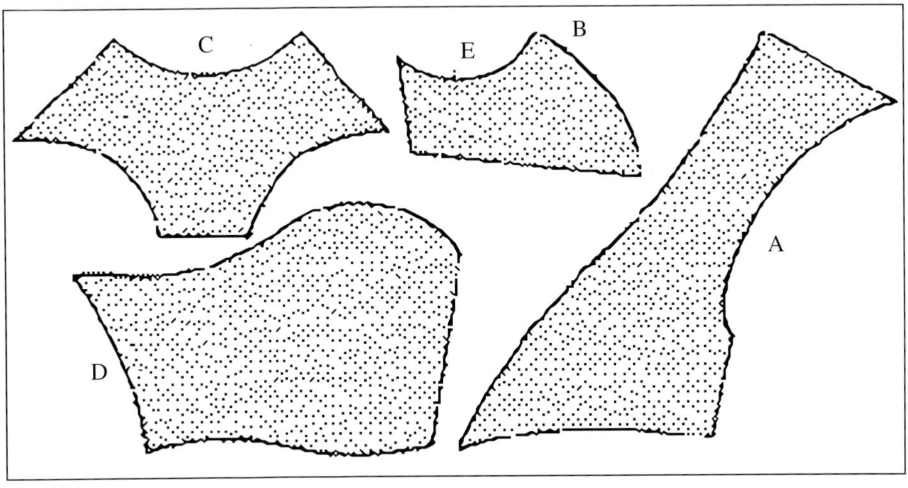

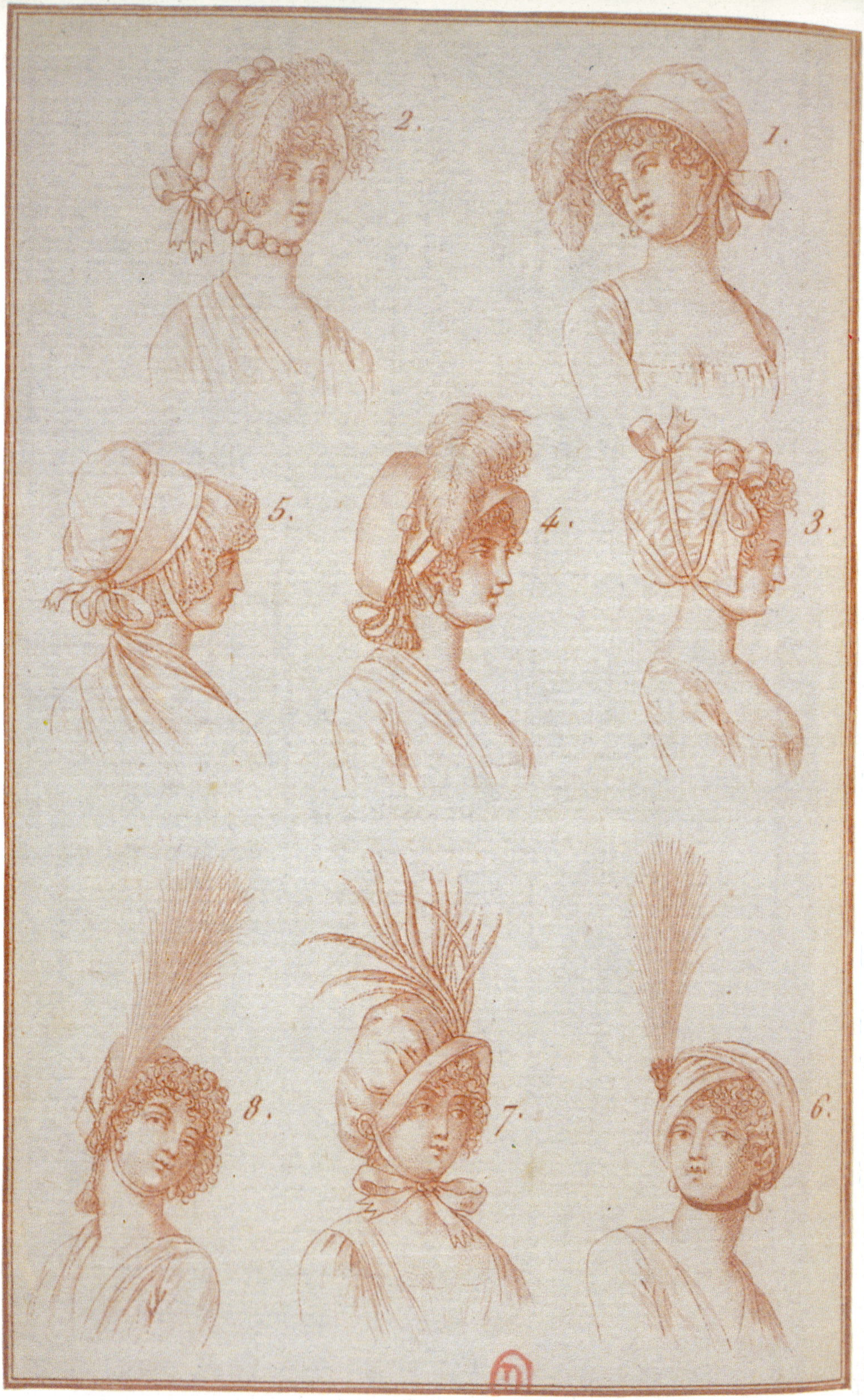
2.
1.
5.
4.
3.
8.
7.
6.

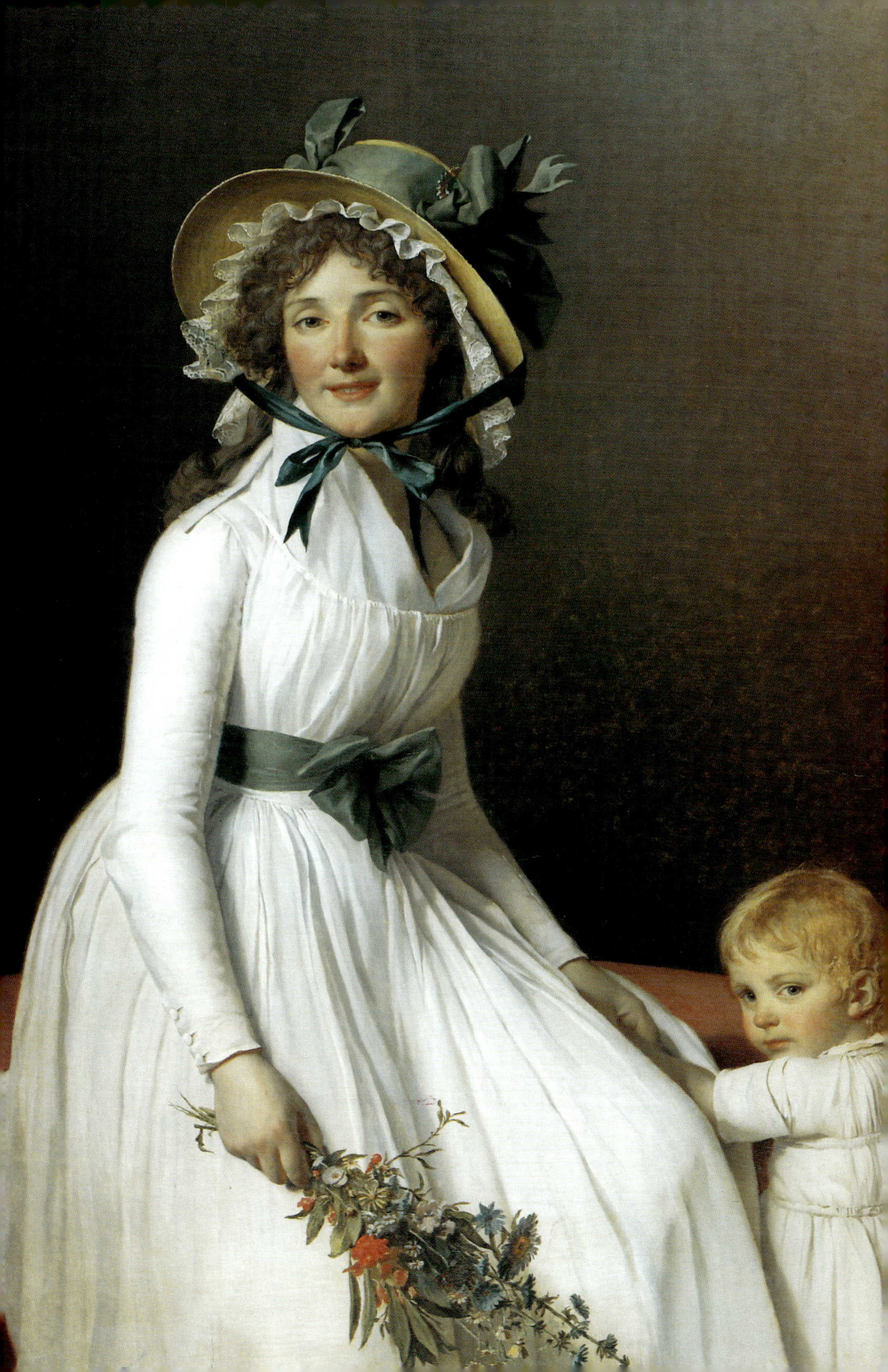

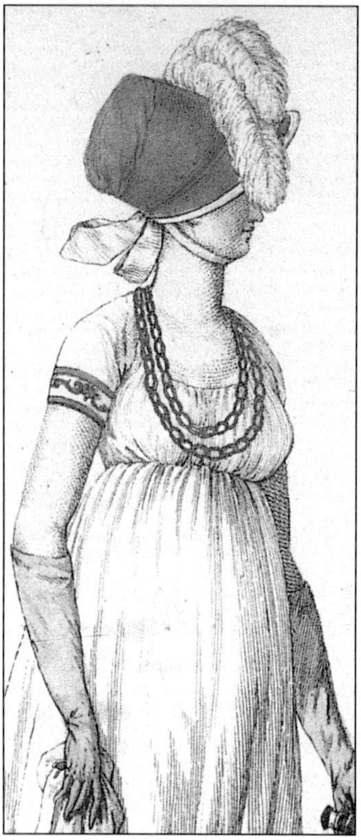

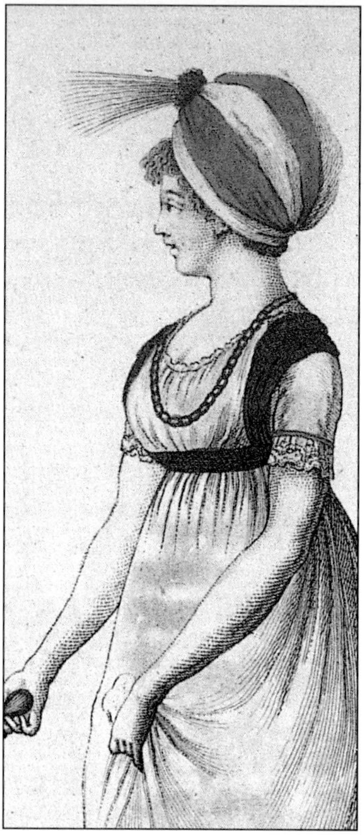

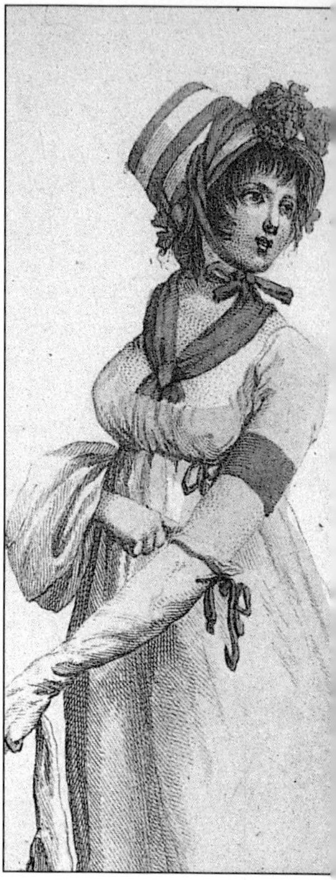

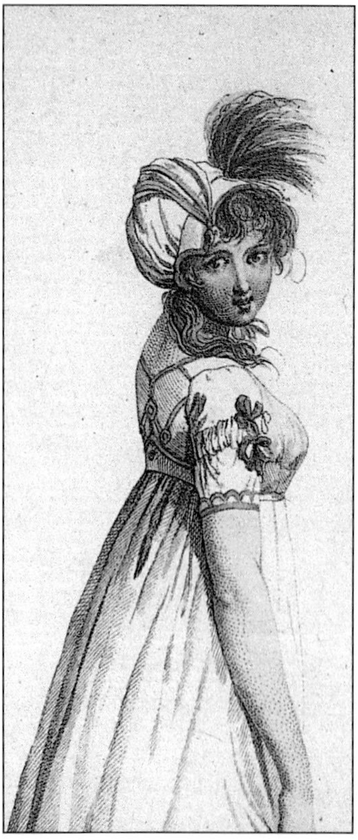

Planches extraites du *Journal des dames et des modes*.
Paris, Bibliothèque d'art et d'archéologie :

253. 1798, pl. 76. *Chapeau de velours, collier en esclavage*.

254. 1798.

255. 1799, pl. 121. *Fichu cravate, chapeau de paille*.

256. Vers 1798-1799.

257. 1799, pl. 142. *Cornette à la paysanne*.

De 1797 à 1808 apparaissent une quantité de petits chapeaux qui emboîtent la forme de la tête. Les plumes sont plus que jamais appréciées.

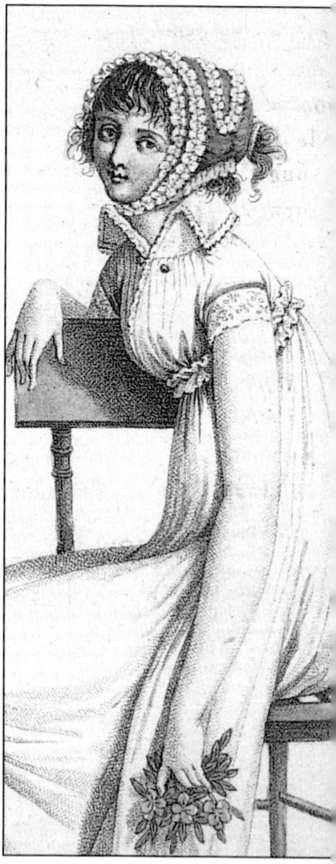

femmes un aspect masculin. La vogue des perruques revint après 1794. On trouvera la célèbre coiffure de Madame Récamier avec son flot de boucles retombant sur un large bandeau (ill. 258).

Rarement dans l'histoire de la coiffure il y eut autant de variété et d'invention dans les chapeaux féminins qu'à l'époque du Directoire : capotes de soie garnies d'un large velours noir ; *chapeau de velours* à brides, rubans et plumes tombantes, *toque* et *turban* avec leurs aigrettes, *chapeaux de paille* dont les raies, les nœuds, les brides étaient de la même couleur que le fichu et enfin le délicieux *chapeau cornette* et la charmante *cornette* dont la vogue continuera au début du XIXe siècle (ill. 253 à 257).

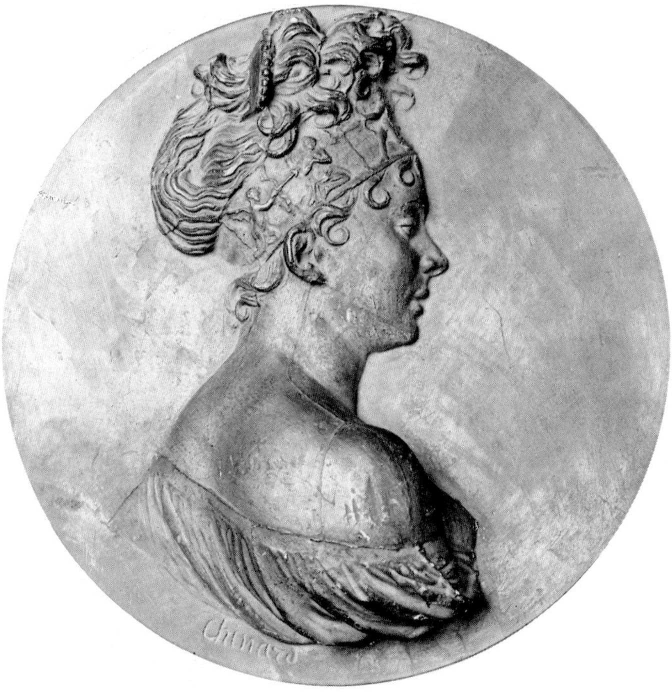

258. Joseph Chinard, *Madame Récamier*, 1802. Collection particulière.

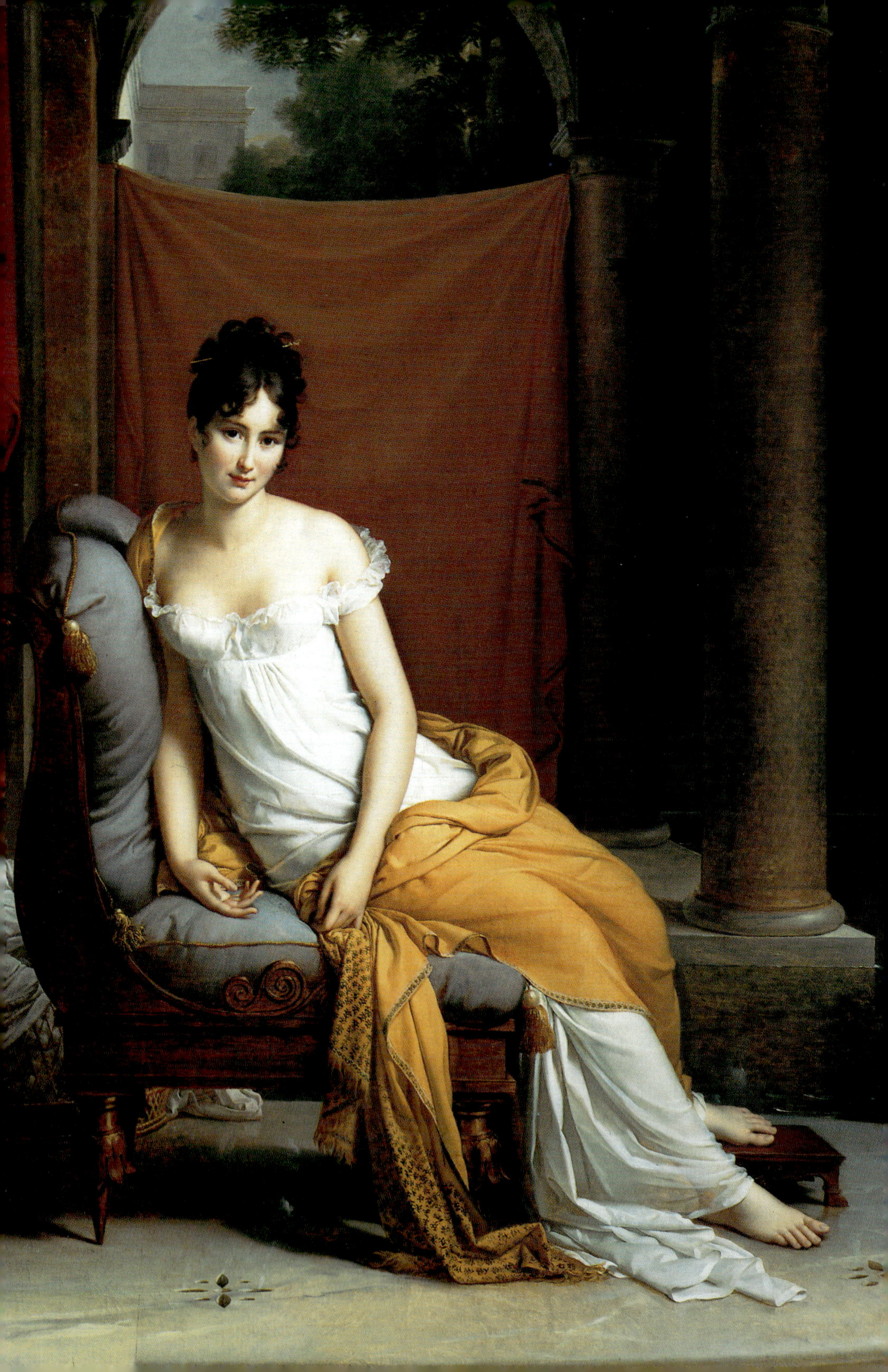

LE CONSULAT ET L'EMPIRE

La persistance du succès d'Hippolyte Leroy, couturier vedette et grand régisseur des élégances impériales, prolonge de quelques années après la chute de Napoléon les modes de la période Consulat-Empire qui, de ce fait, s'étendent de 1799 à 1819.

C'est une période de transition : tandis que les effets des bouleversements économiques et sociaux consécutifs à la Révolution commencent à se faire sentir, certains artisans pratiquent encore les belles techniques du XVIIIe siècle auxquelles ils ont été formés dans leur jeunesse.

259. François Gérard, *Madame Récamier,* 1805. Paris, musée Carnavalet.

L'influence de l'Antiquité gréco-romaine apparaît dans la ligne fluide et la simplicité de la mousseline blanche, réchauffée par le luxe d'un châle cachemire venu des Indes.

Une politique de prestige

Au commencement, foisonnant d'idées mais un peu fou, du Directoire, succède aussi pour la mode une période de remise en ordre, de recherche d'équilibre et de distinction voulue par Napoléon, bien que son action ne puisse complètement juguler des tendances profondes qui aboutiront, d'une part, au romantisme, et, d'autre part, au triomphe de certaines conceptions bourgeoises.

En apparence peu destiné à exercer une quelconque influence sur la manière de se vêtir de ses contemporains, Bonaparte avait cependant compris quel rôle bénéfique la mode pouvait jouer dans un pays comme la France, voué de longue date aux commerces de l'élégance, et combien aussi le style de leurs vêtements et leur façon de les porter influaient sur l'image de marque des Français. C'est pourquoi, ambitieux pour lui-même et pour son pays, il se mit en devoir, dès sa prise de pouvoir, de combattre les excentricités du Directoire. Enfin, conscient de la nécessité d'initier aux lois de la vie élégante et mondaine les personnes ayant accédé, à la faveur de la Révolution, à un rang social auquel elles n'avaient pas été préparées, il confie à Joséphine, sa première épouse, le rôle de conciliatrice entre les deux sociétés qui se partagent maintenant la France.

Joséphine de Beauharnais (ill. 260) – elle-même issue de l'ancienne noblesse avec laquelle elle a su rester en contact en confiant l'éducation de sa fille, Hortense, à Mme Campan, ancienne femme de chambre de Marie-Antoinette – n'est encore que la citoyenne Bonaparte avant de devenir impératrice des Français, mais, déjà pour elle, rien n'est trop beau lorsqu'il s'agit de sa toilette. Elle obtient par l'exemple, le charme et la persuasion, des résultats que, seule, l'autorité de Bonaparte n'aurait peut-être pas donnés. Coquette, elle prend tout naturellement le sceptre de la mode, à laquelle elle donne une grâce mêlée d'un peu de nonchalance, qui tendra précisément à disparaître à l'arrivée de Marie-Louise, princesse autrichienne sans grande fantaisie et adepte d'un respect scrupuleux de l'étiquette.

La politique de magnificence et de prestige menée par Napoléon Ier est finalement approuvée par la majorité du pays, par la Cour – ravie de paraître somptueusement parée aux fêtes et cérémonies –, par les artisans, heureux de voir renaître les industries de luxe, par le public en général, qui est toujours à la recherche de beaux spectacles à contempler. L'autorité de Napoléon sera pourtant, en ce qui concerne la mode, mise en échec, n'ayant pas suffisamment tenu compte du caractère contrariant des Français, toujours portés à consommer ce que l'on cherche à leur interdire. Il assure paradoxalement le succès des mousselines des Indes et des châles en provenance du Cachemire. Il ne fait aucun doute que le succès des châles cachemire, appelés *shall* en transcrivant le mot indien, est en partie dû à la fascination que l'Orient exerce sur une société déjà engagée, sans en avoir pour autant une conscience précise, sur la voie du romantisme.

Vers la modernité

Avec les modes du Consulat et de l'Empire, l'histoire du costume entre dans sa phase moderne. Le divorce s'accentue entre les costumes de cour, restés tournés vers l'apparat, et les costumes de ville, devenus plus fonctionnels par nécessité. Les hommes, en particulier, revêtent pour l'usage courant des lainages aux couleurs plus sombres, évolution vers l'austérité bourgeoise d'une société masculine qui renonce à l'oisiveté pour faire fructifier des biens dont la toilette des femmes, promue au rang de vitrine des fortunes, sera la principale bénéficiaire.

Les femmes, en effet, restent les seules à suivre, par le style et le décor de leurs vêtements, les lois de l'art décoratif du moment : ce sont les transformations de leur silhouette qui vont désormais marquer les différentes étapes de l'histoire de la mode. Pour l'instant, tout est *à l'antique*, suivant des principes qui, depuis le milieu du XVIIIe siècle, s'emparent progressivement des esprits. La toilette féminine n'en bénéficiera qu'à partir du Directoire, en 1795, avec la disparition complète des accessoires (*corps à baleines*, *paniers*, *tournure*) destinés à modeler artificiellement le corps. Avec leurs robes dont la taille se place sous les seins et dont la longue jupe tombe droit jusqu'au sol, les élégantes pensent copier les tuniques gréco-romaines qui n'étaient cependant que drapées, mais ni coupées, ni cousues comme le sont les nouvelles toilettes.

C'est le règne des étoffes claires et souples (mousselines, percales, linons, pour l'été, presque toujours blancs), des draps fins, des soieries doublées d'une ouatine soyeuse et légère pour l'hiver, des tulles et des dentelles, des satins et des velours rehaussés de broderies en fil de soie, d'argent ou d'or, pour les soirées et les cérémonies.

La presse féminine

Une documentation iconographique importante est fournie sur l'époque par le *Journal des dames et des modes*, fondé en 1797 par Sellèque et dont Pierre de La Mésangère prend la direction deux ans plus tard pour la garder jusqu'à sa mort, en 1831, qui ne précède que de huit années la disparition de la publication. C'est à peu près le seul journal de mode à paraître sous le Consulat et l'Empire ; il donne cependant, à raison d'un numéro de huit pages publié tous les cinq jours, avec une ou deux gravures coloriées, un panorama très complet sur l'évolution des élégances. L'illustration, à laquelle ont contribué de nombreux artistes tels que Debucourt, Carle et Horace Vernet et, sans doute, Pierre de La Mésangère lui-même, est en effet composée de planches nées de l'examen direct des dessinateurs, qui se rendaient « dans les lieux publics pour y observer les toilettes ». En dehors du journal, quelques suites de gravures constituant des recueils ont aussi été publiées, comme les *Modes et Manières du jour*, de Debucourt, parues de 1798 à 1808, *Les*

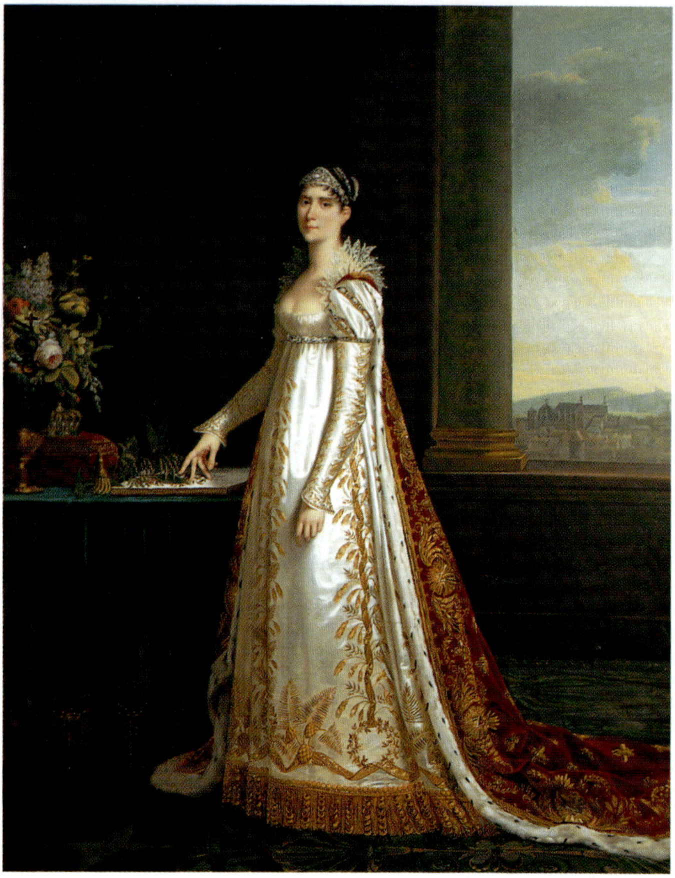

260. Robert Le Fèvre, *L'Impératrice Joséphine devant l'herbier*, v. 1805. Aix-la-Chapelle, Hôtel de Ville.

Le costume de cour conserve la taille haute, mais les tissus, satin et velours, sont plus lourds ; l'ensemble est richement brodé d'or ou d'argent.

Incroyables et les Merveilleuses, deux planches de Carle Vernet, gravées par Desrais en 1796, et une autre série, de trente-trois planches celle-là, portant le même titre, mais dessinée par Horace Vernet et Lanté, entre 1810 et 1818. Les œuvres de peintres tels que Boilly, David, Gérard, Girodet, Gros, Ingres, Le Febvre (portraits, scènes historiques ou scènes de genre) sont également très instructives. Les grands costumes de cour sont reproduits dans le *Livre du sacre de l'empereur Napoléon Ier*, illustré par Isabey, Percier et Fontaine. Enfin, des costumes d'époque, dont certains ont appartenu à des personnages historiques, sont conservés dans les collections napoléoniennes des châteaux de Fontainebleau et de Malmaison, au palais Galliera, musée de la Mode et du Costume de la Ville de Paris, au musée des Arts de la mode ainsi qu'au musée de l'Armée, aux Invalides.

COSTUME DE VILLE : LES FEMMES

1799 -804 : des formes assagies

De 1799 à 1804, les lignes générales des toilettes féminines sont encore celles du Directoire (ill. 261), mais très assagies. Les jupes, portées sur fond opaque, perdent leur transparence indiscrète et perdent aussi leurs fentes latérales. Elles restent souples, fort longues, très souvent pourvues d'une petite traîne. Les corsages, très courts, s'ouvrent toujours au milieu du devant et se froncent *en rideau*, au-dessous et au-dessus des seins, mais leur décolleté, plus pudique, prend la forme d'un carré arrondi aux angles (ill. 262). Les manches sont soit plates, cylindriques et courtes et complétées alors par de grands gants qui montent au-delà du coude, soit bien ajustées et très longues, resserrées à la hauteur du poignet et descendant ensuite *en mitaines* jusqu'à la naissance des doigts. Aux entournures, elles mordent profondément sur le dos, suivant une habitude héritée du XVIIIe siècle. Quand elles sont longues, leur partie supérieure se recouvre parfois d'un petit mancheron ballonné.

Sur la robe, on enfile parfois une tunique plus courte, qui plonge un peu derrière, un simple *corset*, petit corsage sans manches, d'un ton différent de celui de la toilette, ou encore un *canezou* (ill. 263), léger corsage de mousseline qui s'arrête à la taille. Mais on use sur-

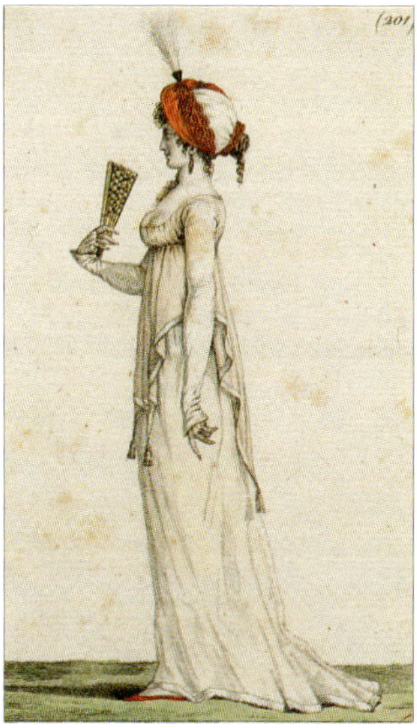

261. *Costumes parisiens*, an VIII, n° 201, 1800 : costume de bal avec tunique à pointe.

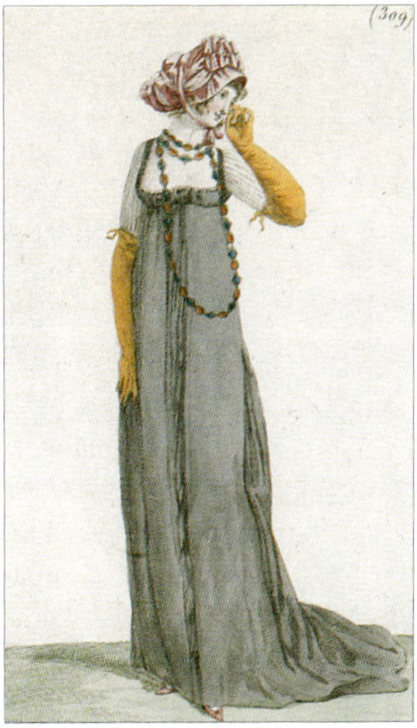

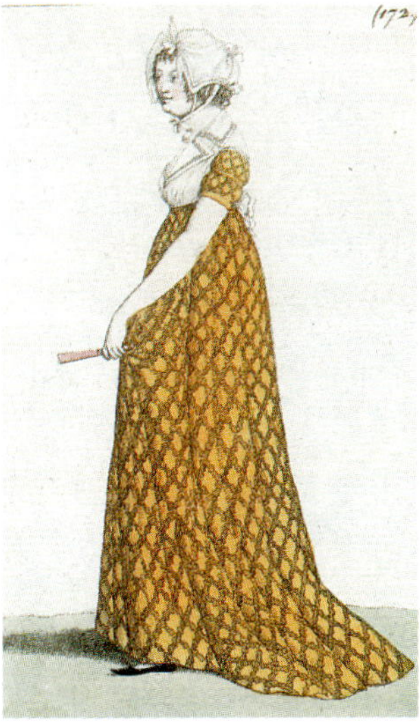

262. *Costumes parisiens*, an IX, 1801 : capote, robe de crêpe, gants longs.

263. *Costumes parisiens*, an VIII, n° 172, 1800 : canezou. Musée de la Mode et du Costume de la Ville de Paris.

Les robes du Consulat conservent le corsage décolleté et froncé en rideau et la superposition des tuniques ; les manches longues se terminent en mitaine ; le turban est la coiffure habillée. La grande ampleur de la jupe, ramenée sous les omoplates, dessine une petite traîne à l'arrière. Un corsage léger, ou canezou, peut être posé en contraste sur la robe.

264. Patron de spencer.

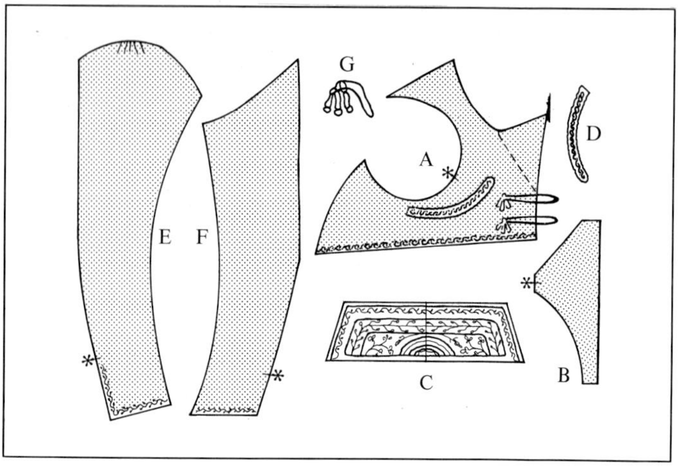

265. *Costumes parisiens*, an IX, n° 271, 1801 : demi-turban, spencer sans revers. Musée de la Mode et du Costume de la Ville de Paris.

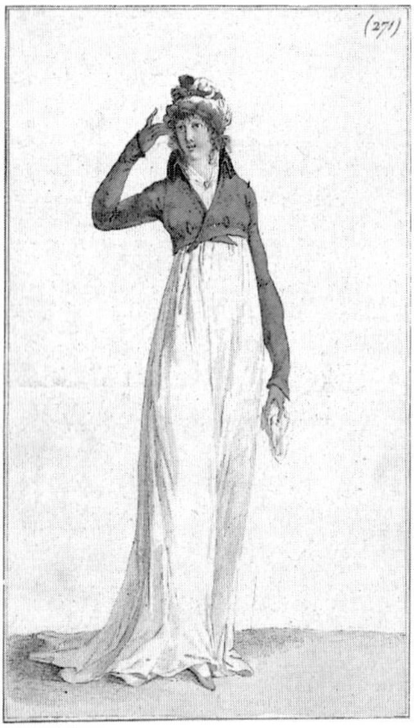

tout du *spencer*, courte veste à manches longues, pourvue d'un col et de revers qui sont un souvenir de son passage dans le vestiaire masculin, car ce fut, dit-on, lord Spencer qui en lança la mode après avoir, par inadvertance, brûlé les pans de son habit à un feu de bois auquel il tournait le dos (ill. 264, 265, 266).

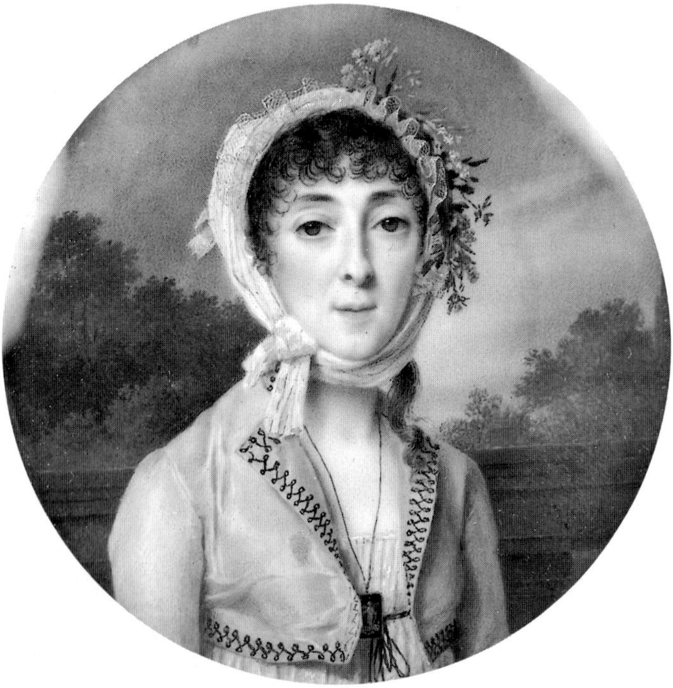

266. Anonyme, *Jeune Femme vêtue d'un spencer*, miniature, 1799. Paris, musée des Arts décoratifs.

Le spencer, habit masculin à l'origine, du nom de lord Spencer, son inventeur, est un vêtement de dessus, très court, à manches longues, à col, avec ou sans revers.

Les *douillettes*, manteaux ouatinés dont les lignes sont les mêmes que celles des robes, ne sont encore que peu utilisées. On leur préfère, pour réchauffer les toilettes, les grands châles carrés que l'on porte pliés en pointe, et les longues écharpes du Cachemire que les soldats de Bonaparte ont rapportées d'Égypte. D'abord un peu perplexes devant ces objets dont elles ne connaissaient pas l'usage, les dames qui les avaient reçus en cadeau d'un fils, d'un mari, d'un frère ou d'un fiancé, en apprenant que la citoyenne Bonaparte s'en couvrait les épaules, s'étaient empressées d'en faire autant, appréciant la douce chaleur dispensée par l'étoffe légère – certains châles pouvaient passer tout entiers dans l'anneau d'une bague –, moelleuse, faite avec le duvet soyeux d'une chèvre du Tibet. Chaque écharpe, tissée à la main, est agrémentée, à chacune de ses extrémités, de belles palmes stylisées et colorées qui se détachent sur la grande réserve, généralement blanche. Sa forme allongée accompagne très harmonieusement les lignes de la robe à taille haute.

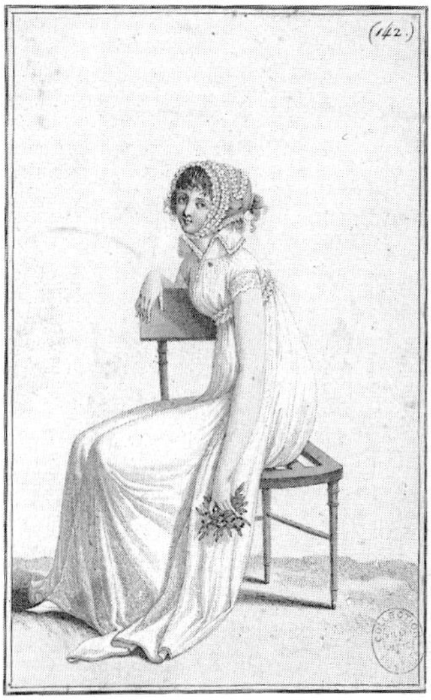

La coiffure, comme la toilette, est aussi *à l'antique*, les cheveux étant rassemblés à l'arrière de la tête en un chignon oblong d'où partent des rubans disposés en diadème sur le front. L'usage des postiches, qui ont fait fureur sous le Directoire, est encore courant. Recouvrant cette coiffure, on porte sur la tête des bonnets à large volant, des *cornettes* (bonnet de lingerie qui s'attache sous le menton) en forme de casque (ill. 266-267), des *turbans*, des *capotes*. Le *chapeau jokei* a un succès particulier ; il est muni d'une visière d'où tombe un voile (ill. 268).

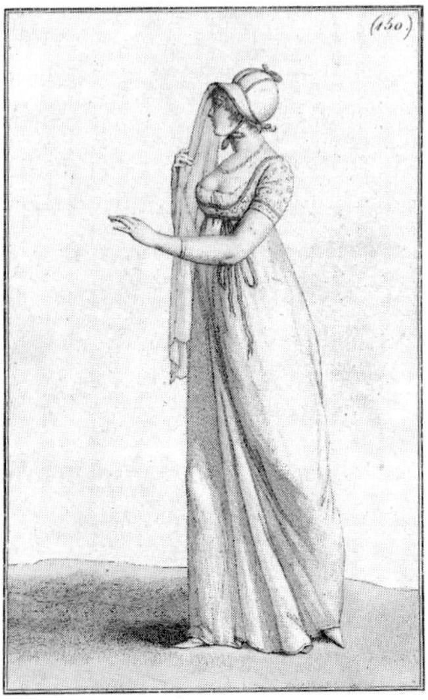

267. *Costumes parisiens*, an VIII, n° 142, 1800 : cornette à la paysanne.
268. *Costumes parisiens*, an VIII, n° 150, 1800 : demi-casque, voile de mousseline.
Musée de la Mode et du Costume de la Ville de Paris.

Nombreux sont les modèles de bonnets ou de chapeaux ; posés sur le chignon à boucles, ils sont ornés de ruches, de rubans, de plumes ou de fleurs.

Les souliers décolletés, étroits et pointus, en fine peau glacée ou en étoffe, très souvent noire, achèvent de perdre leur talon et leur semelle est d'une minceur extrême.

C'est sous le Consulat qu'apparaît la *toilette de mariée* blanche, déjà utilisée parfois sous Louis XVI sans que ce soit encore à l'époque une habitude. Caroline Bonaparte pour épouser Murat, puis Laure Permon pour épouser Junot, se mettent toutes deux en longue robe de mousseline blanche, l'étoffe et la teinte à

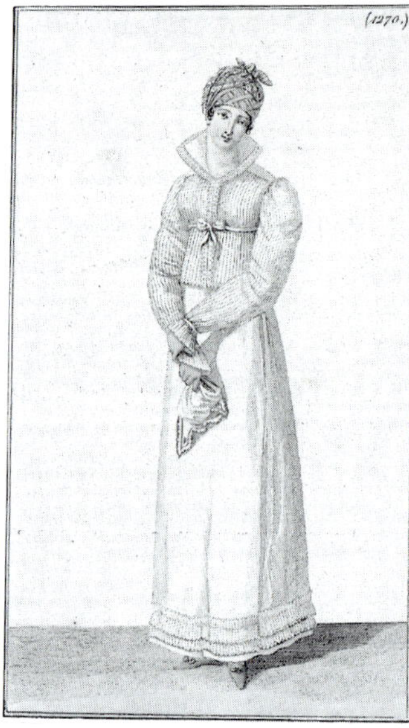

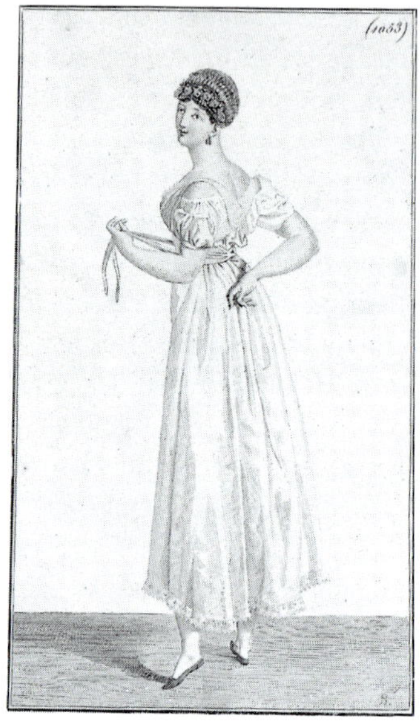

269. *Costumes parisiens*, n° 1270, 1812 : camisole du matin.
270. *Costumes parisiens*, n° 1053, 1809 : corset de tissu de fil.
Musée de la Mode et
du Costume de la Ville de Paris.

Après 1805, la lingerie reprend de l'importance dans la garde-robe. La camisole se met au lever sur le vêtement de nuit.
Le corset, en tissu non baleiné, est mis sur la chemise et lacé dans le dos.

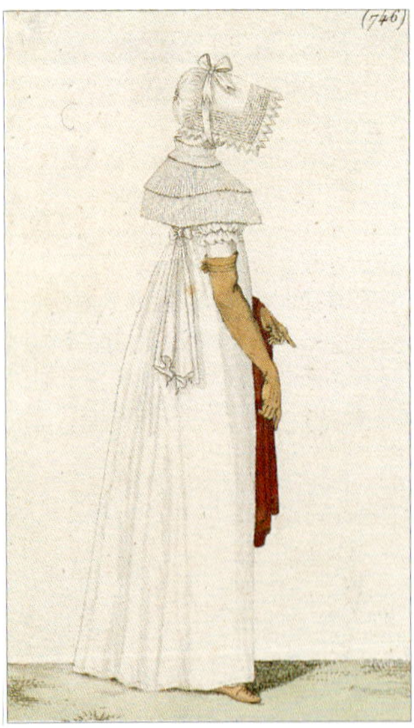

271. *Costumes parisiens*, n° 746, 1809 : pèlerine plissée et capote avec torsade.
Musée de la Mode et
du Costume de la Ville de Paris.

Le costume de ville perd sa traîne. Pour sortir, on pose sur la robe une pèlerine courte et on coiffe une capote à grande passe horizontale qui cache le visage.

la mode, accompagnée d'un grand voile de dentelle ; cette tenue, symbole de pureté pour une époque qui raffole des emblèmes, devient aussitôt l'uniforme des jeunes filles qui convolent en justes noces.

On renoue aussi avec la tradition des grands mariages qui s'accompagnent du don, par le fiancé, d'une somptueuse *corbeille* contenant bijoux, dentelles, rubans et châles, et d'un non moins somptueux trousseau de robes et de linge. Car on porte à nouveau *chemises*, *dessous de robes*, *camisoles de nuit*, *peignoirs* et *bonnets* (ill. 269). Les corsets (ill. 270), un moment abandonnés dans un grand mouvement de libération qui se renouvellera en 1925, reparaissent d'abord sous l'aspect d'une sorte de soutien-gorge, avec un dispositif pour écarter les seins, qui prend le nom de *divorces*, puis sous celle d'un corset plus classique qu'on appellera le *corset à la Ninon*. Le pantalon est encore à peu près ignoré. Il fait une apparition timide vers 1808, une autre à l'arrivée de l'impératrice Marie-Louise qui l'apporte de son pays, mais il ne subsistera finalement que dans le vestiaire des fillettes.

1804-1811 : une ligne nette

Désormais fermée dans le dos, la robe perd les fronces de son petit corsage, qui se met à mouler plus étroitement la poitrine ; son décolleté, qui ne laisse à l'épaule qu'une étroite bande d'étoffe sur laquelle viennent se monter les manches, prend des lignes plus nettes.

272. J.-A.-D. Ingres,
Madame Rivière, 1805.
Paris, musée du Louvre.

273. *Costumes parisiens*, n° 997,
1809 : robe garnie de cornets.
274. *Costumes parisiens*, n° 342,
1806 : shall de cachemire.
275. *Costumes parisiens*, n° 772,
1806 : chapeau de velours

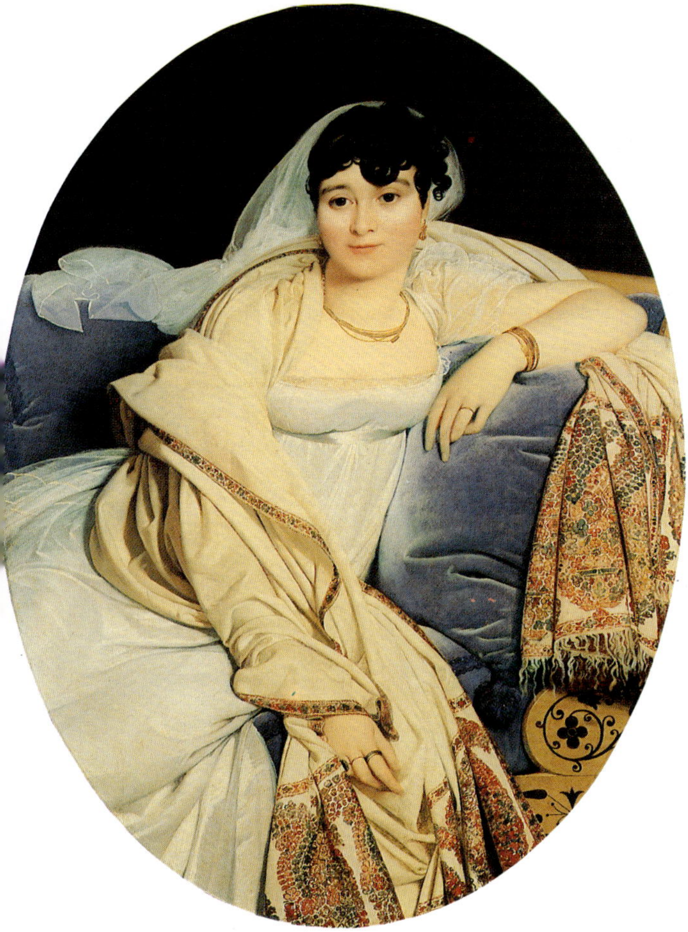

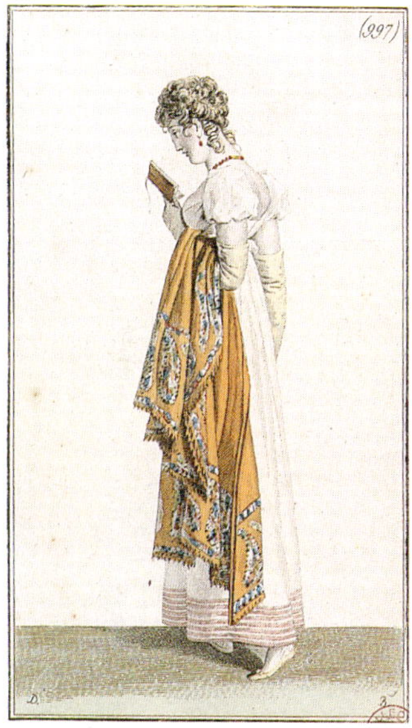

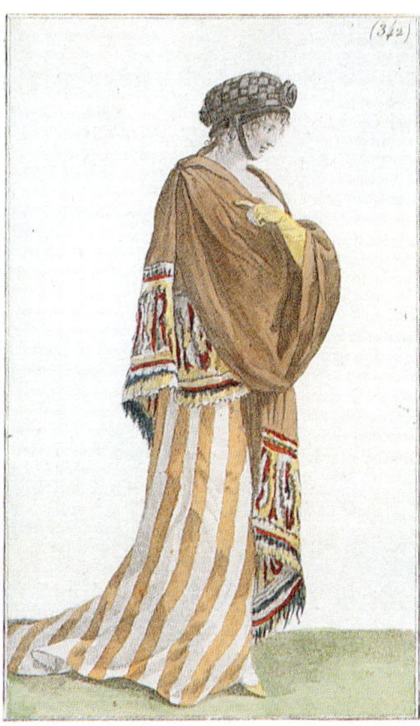

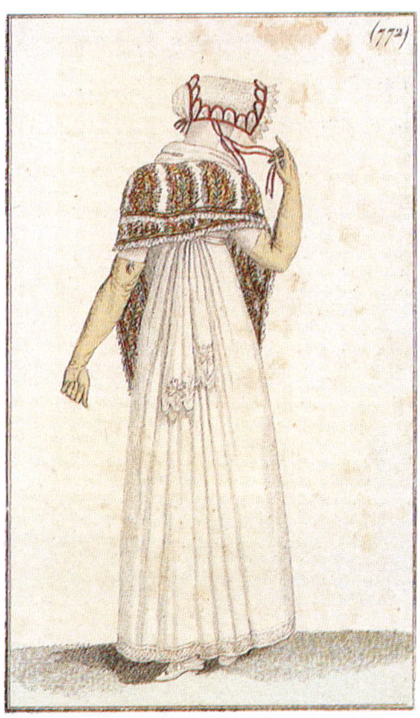

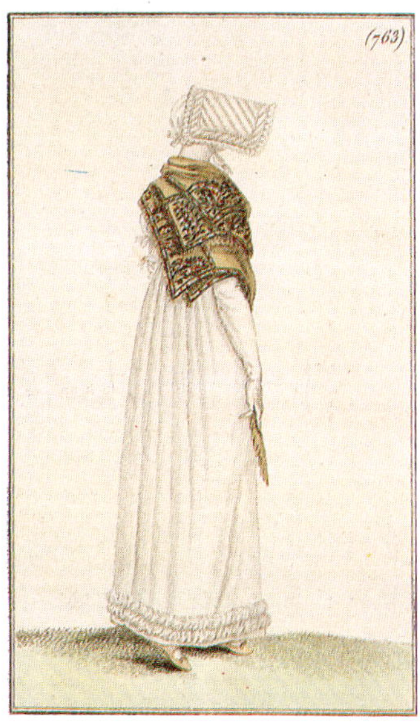

et shall de faux cachemire.
276. *Costumes parisiens*, n° 763, 1806 : capote de percale et shall cachemire.
Musée de la Mode et du Costume de la Ville de Paris.

Importé des Indes, le châle, ou shall, en cachemire est victime du blocus continental. Complément indispensable de l'élégance féminine, il existe mille manières de le disposer sur une robe, selon sa taille ou son goût. On le porte à l'intérieur comme à l'extérieur.

Presque toujours en largeur et rectangulaire, il peut cependant, vers 1809, se terminer en pointe ou dessiner une sorte de cœur. Les manches sont soit courtes et ballonnées, soit longues et ajustées, présentant un peu d'ampleur aux entournures, ou sont surmontées d'un petit mancheron froncé.

À partir de 1806, les jupes de ville perdent leur traîne, désormais réservée aux toilettes parées, et se terminent en bas, vers 1806-1807, par des plis ou des lignes de rubans appliqués, vers 1810-1811, par de petits volants brodés.

Des accessoires : *collerettes*, *pèlerines* (ill. 271) à plusieurs rangs de volants de mousseline plissée, simples *fichus* noués ou encore petites *palatines* fourrées, dissimulent la gorge dans la journée.

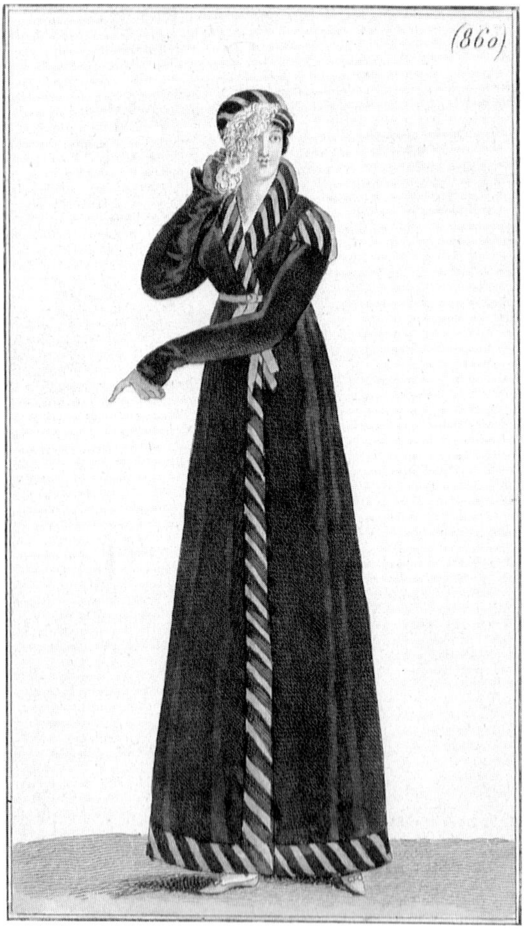

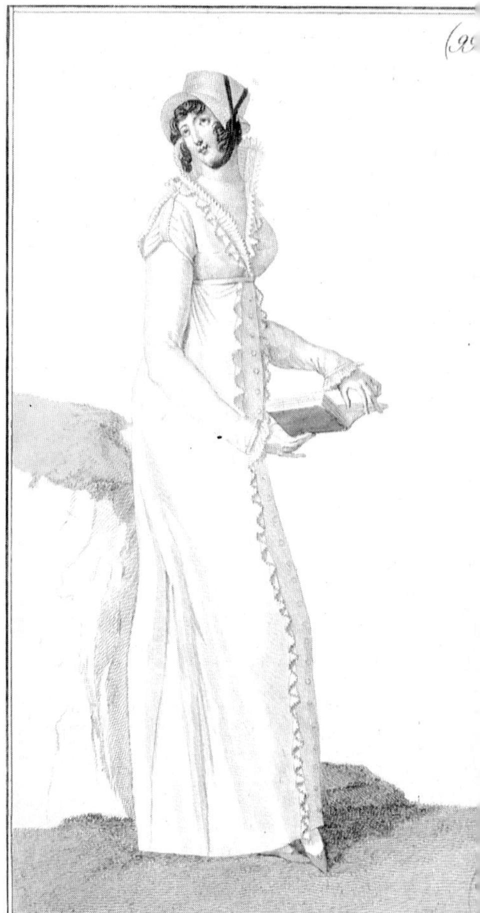

Le rude hiver 1803 met à la mode les *douillettes* et les *redingotes* en drap, en velours, en sergé de soie, d'un ton plus soutenu que celui des robes toujours claires (ill. 277, 278). On les fait à col droit ou à col châle, avec ou sans pèlerine, fermées bord à bord ou croisées devant et, sous l'influence du costume militaire, parfois décorées de *brandebourgs*.

279. *Costumes parisiens*, an XI, n° 452, 1803 : turban de velours ciselé.
Musée de la Mode et du Costume de la Ville de Paris.
Les robes étant sans poches, le sac à main devient indispensable.

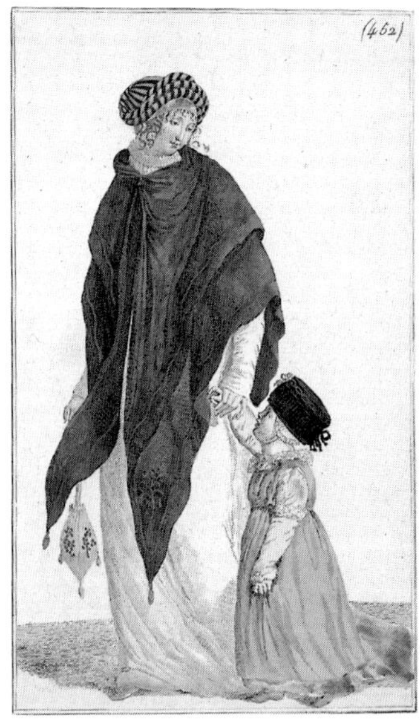

Mais le complément indispensable de toute toilette élégante reste le *châle cachemire* (ill. 272 à 276). Son succès va grandissant en dépit du blocus continental décrété en 1806. Une contrebande parfaitement organisée approvisionne le marché français pour les classes les plus aisées – qui se les procurent à prix d'or – tandis que Ternaux, le grand manufacturier de la laine, et plusieurs de ses confrères s'ingénient, pour complaire à l'empereur, à produire des imitations qu'ils exécutent dès 1803, en utilisant la mécanique Jacquard, par le procédé du *lancé découpé*. Ce procédé, qui économise un ouvrier sur deux, consiste à conserver, d'une lisière à l'autre, pour les parties colorées, toutes les trames employées, puis à raser, sur l'envers, le châle qui tombe très épais du métier. Les Indiens, tissant à la main, bobinent sur des sortes de fuseaux, dits *espolins*, ces mêmes trames colorées qu'ils n'emploient qu'aux endroits où elles sont nécessaires, enlaçant, lors d'un changement de couleur, les deux fils l'un à l'autre, pour assurer la solidité du tissage, avant de poursuivre ce dernier dans la nouvelle couleur ; mais par ce moyen, chaque châle exige deux mille heures de travail, temps peu compatible avec les conditions d'une production assez massive. Oberkampf et les imprimeurs sur étoffe réalisent aussi des imitations de châles cachemire, très appréciées l'été quand elles sont réalisées sur des tissus légers.

Les coiffures, sur une chevelure qui n'a toujours que peu de volume, sont des *bonnets* emboîtants, des *turbans*, des *toques* que l'on enfonce jusqu'aux sourcils (ill. 277 à 279), mais surtout des *capotes*, à longue passe horizontale en forme de demi-cylindre, dites *invisibles* car elles dissimulent complètement le visage, rendant le baiser impossible, ce qui excite la verve des caricaturistes.

1812-1819 : les débuts du romantisme

La chute de l'Empire est ignorée par la mode qui continue à respecter les mêmes patrons, imposés par les mêmes fournisseurs aux nouveaux clients revenus d'exil, comme aux anciens. Cependant, des détails de la toilette témoignent d'une évolution vers le romantisme qui va s'accentuant. Des cloques de mousseline, des *crevés*,

277. *Costumes parisiens*, n° 860, 1807 : toque et redingote de velours garnies en satin.
278. *Costumes parisiens*, n° 996, 1809 : chapeau de paille et redingote de percale.
Musée de la Mode et du Costume de la Ville de Paris.
La redingote se met sur la robe pour sortir ; en hiver, elle est en velours fourré, en été en percale de coton.

280. *Costumes parisiens*, n° 1302, 1813 : robe garnie de ruches d'étoffe découpée.
Musée de la Mode et du Costume de la Ville de Paris.

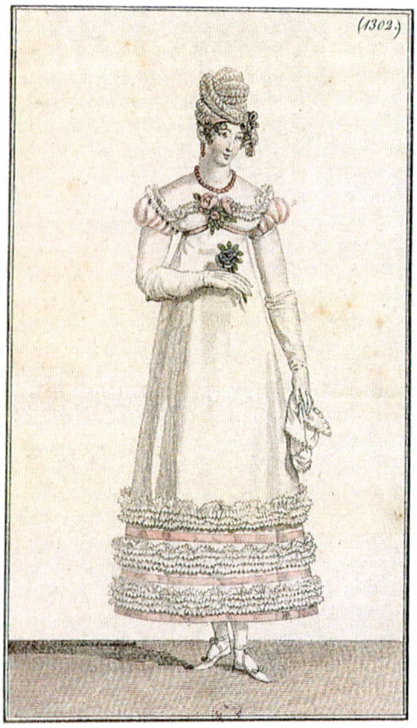

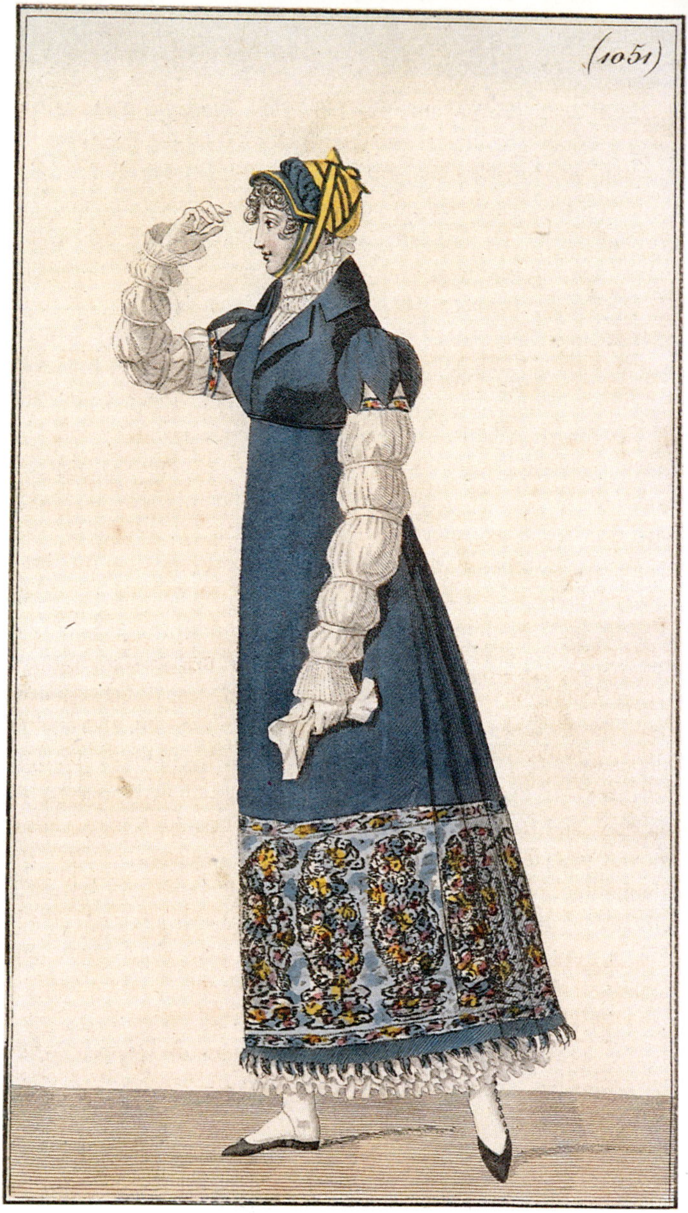

des *bouillonnés* empruntés aux vêtements du XVIe siècle, des *volants*, des *ganses*, des franges apparaissent au bas de la jupe (ill. 280), raccourcie au-dessus des chevilles, qui s'en trouve alourdie et raidie. Le corsage, décolleté en trapèze, en ovale ou en pointe très évasée, s'orne souvent sur la poitrine de biais de satin qui y dessinent une sorte de pièce d'estomac. Vers 1816, s'il est montant, il peut porter un ornement à l'emplacement normal du bord d'un *décolleté ba-*

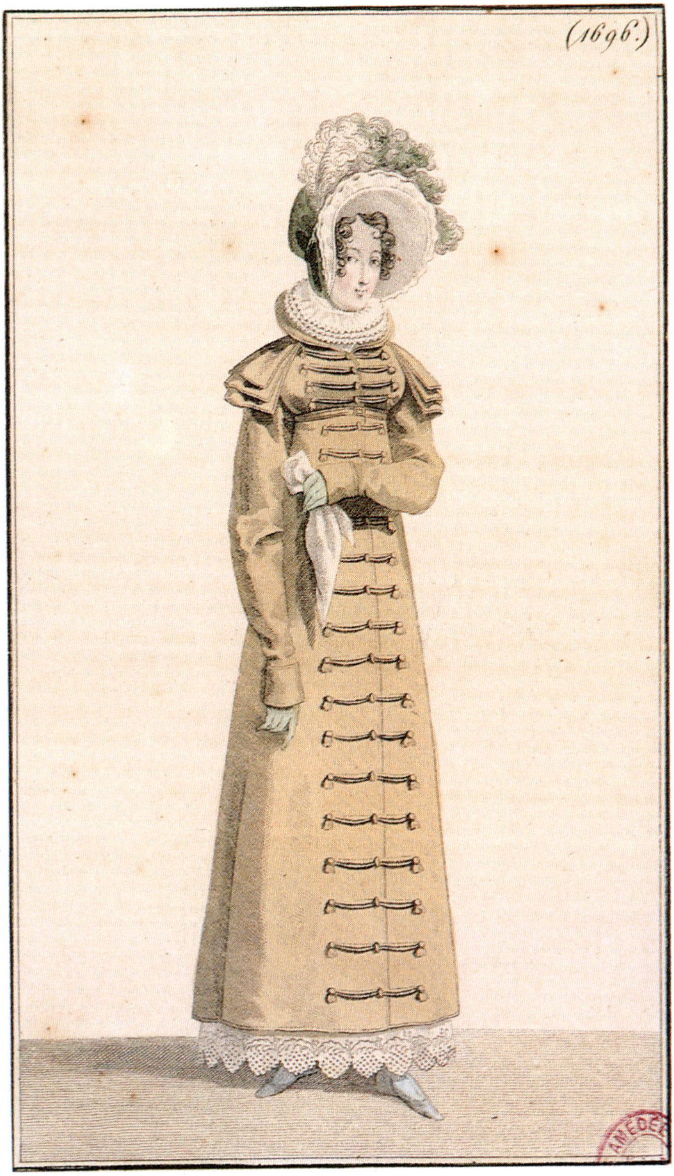

281. *Costumes parisiens*, n° 1051, 1810 : robe de cachemire à manches à la mameluck. Musée de la Mode et du Costume de la Ville de Paris.

À partir de 1810, les robes raccourcissent, la ligne se raidit et le décor envahit le bas des jupes, les manches et les cols, avec des ruchés ou des bouillonnés.

282. *Costumes parisiens*, n° 1696, 1817 : chapeau de peluche et carrick de drap. Musée de la Mode et du Costume de la Ville de Paris.

Après 1815, la passe de la capote se relève, auréolant le visage. Le carrick, manteau à plusieurs collets superposés, est ici orné de brandebourgs empruntés aux uniformes.

teau. Les manches longues, dites *à la mameluck* (ill. 281), qui avaient déjà connu un certain succès sous le Consulat, trouvent un regain de faveur. Elles sont faites d'une succession de ballonnements déterminés le long du bras par des bracelets froncés. Comme toutes les manches longues du moment, elles descendent au-dessous du poignet, où elles sont resserrées par un cordon. À partir de 1815, les épaules s'ornent de bourrelets ou de bavolets (ill. 282).

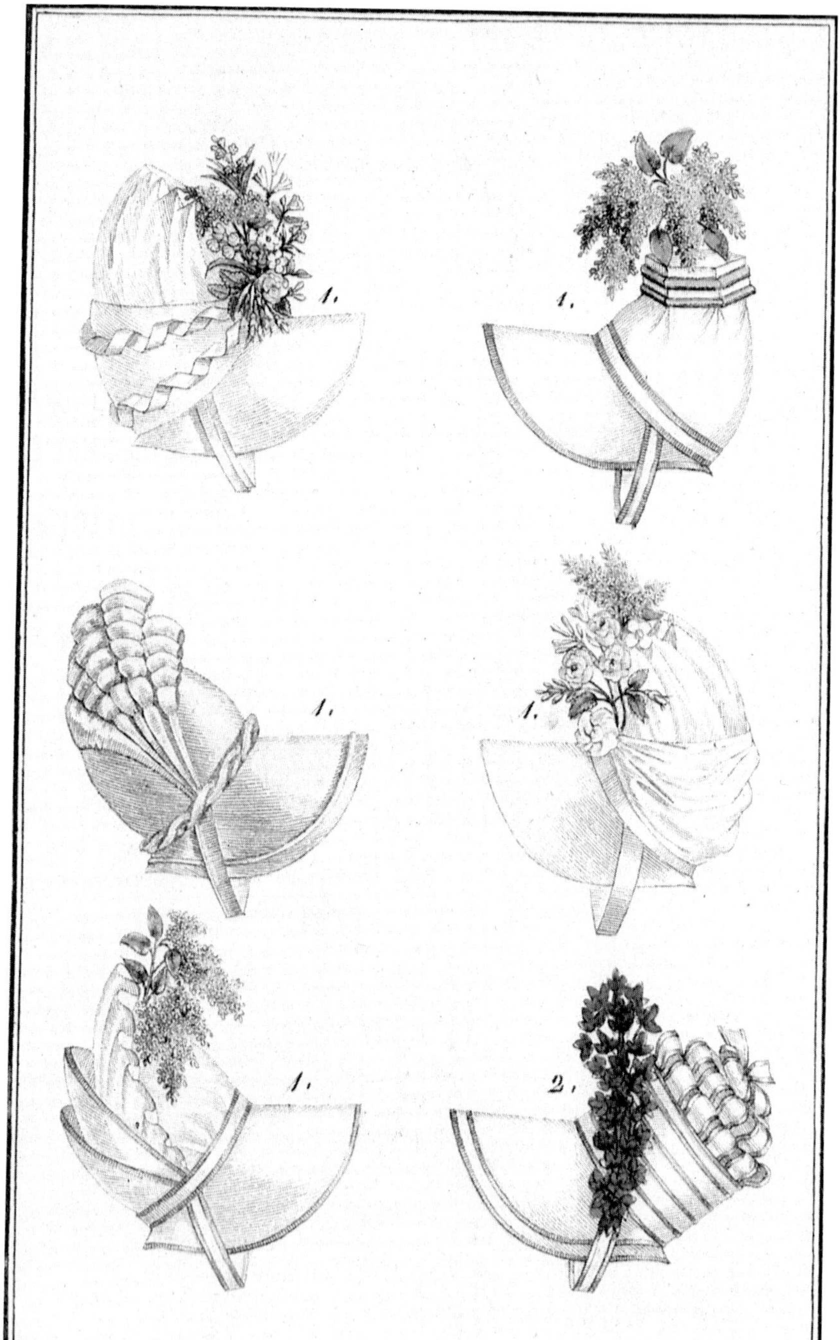
1.
1.
1.
1.
1.
2.

Dans la journée, les décolletés sont voilés par une *guimpe* que termine autour du cou une *ruche* ou une *fraise* de mousseline, autres souvenirs du XVIe siècle. L'hiver, les robes, en cachemire, en ottoman, en crêpe de soie façonné, sont assez colorées. Elles restent blanches ou crème pour l'été, mais des broderies ou des cordelières rouges, ou encore des écharpes de couleur que l'on croise sur le buste et que l'on noue dans le dos, avivent les tulles brodés, les percales, les étamines façonnées dont elles sont faites.

Pour sortir, le *spencer*, complètement fermé devant et chargé de ruchés, et la *redingote*, devenue un peu plus courte que la robe, sont toujours en vogue. À l'époque de la campagne de Russie, une longue redingote fourrée, à large col étalé sur les épaules ou à *coqueluchon* (c'est-à-dire capuchon) et parfois sans ceinture, prend le nom de *witzchoura*.

La coiffure se modifie profondément. Les cheveux relevés par un peigne forment au sommet du crâne un chignon de boucles, une natte disposée en couronne ou, déjà, de petites coques. Le matin, en négligé, on enveloppe l'ensemble dans une cornette de mousseline. Pour sortir, on porte une haute *capote*, la capote « à la Paméla », à calotte cylindrique, dont la large passe, plaquée contre les joues par des rubans, encadre les bouclettes qui garnissent le front ou les tempes (ill. 283). À partir de 1816, on voit aussi dans les rues des chapeaux du genre haut-de-forme, à petit bord ondulant, et des *toques* garnies de plumes.

Les souliers restent de petits décolletés dont les lacets montent autour de la jambe, ou de courtes bottines. Les bouts sont plus arrondis, mais les talons sont toujours absents.

La fin du blocus continental, à la chute de l'Empire, est favorable au châle cachemire. Tout en continuant à réaliser des imitations françaises, les industriels et commerçants, en relation directe avec les Indiens, commencent à les inciter à modifier leurs décors traditionnels pour mieux plaire à la clientèle européenne toujours en quête de nouveauté.

283. *Costumes parisiens*, n° 1306, 1813 : chapeau à la chinoise et chapeau à la Paméla.
Musée de la Mode et du Costume de la Ville de Paris.

Les capotes sont des chapeaux à haut fond emboîtant et à passe horizontale ; on les garnit lourdement de fleurs ou de coques de rubans.

COSTUME DE VILLE : LES HOMMES

1799-1804 : l'élégance pratique

La mode masculine, tout comme la mode féminine, renonce à ses extravagances du Directoire et, la paix d'Amiens favorisant une reprise de contacts avec l'Angleterre, puise de nouveau à cette source les règles d'une élégance simple et pratique qu'elle y avait

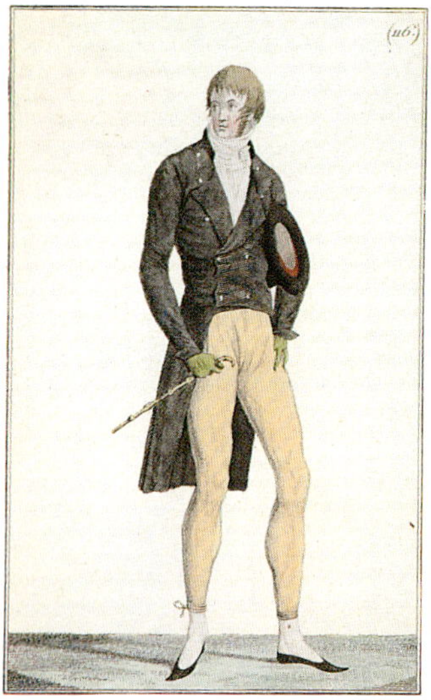

284. *Costumes parisiens*, an X, 1802 : cravate haute, pantalon de Nankin. Musée de la Mode et du Costume de la Ville de Paris.

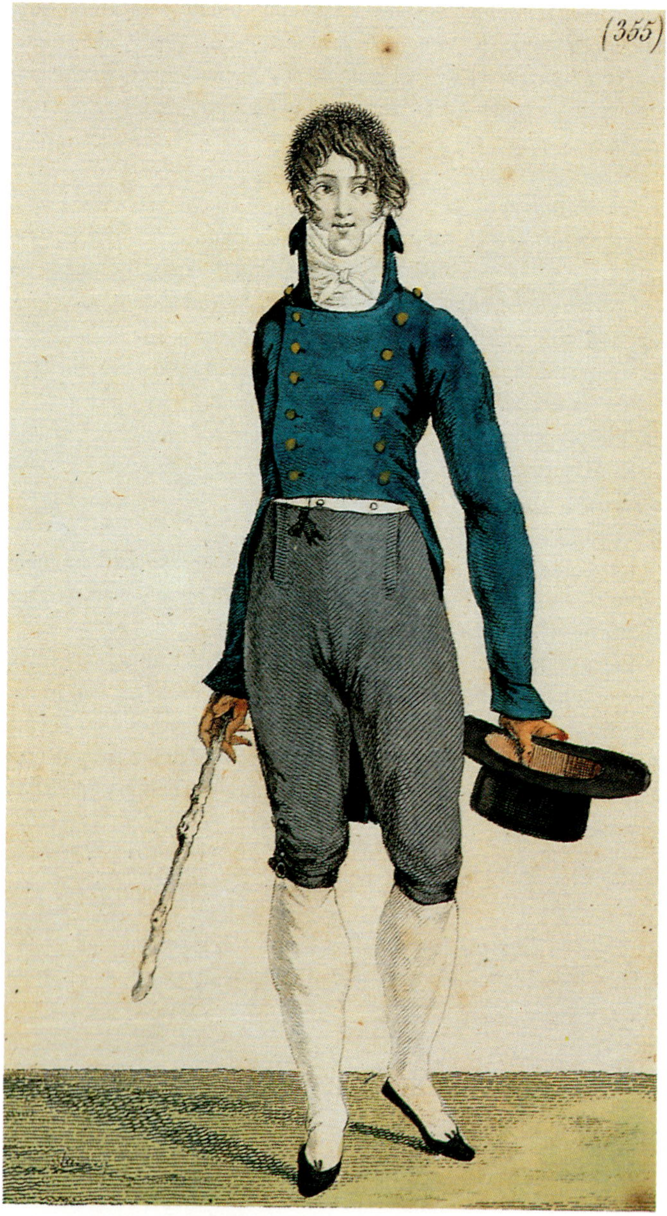

285. *Costumes parisiens*, an X, n° 355, 1802 : habit à revers boutonnés, col dépassant de la cravate. Musée de la Mode et du Costume de la Ville de Paris.

L'habit très court dégage la taille, deux pans étroits descendent le long des cuisses dans le dos. Le col très haut et la cravate enserrent le cou. On porte soit la culotte soit le pantalon collant s'arrêtant aux chevilles.

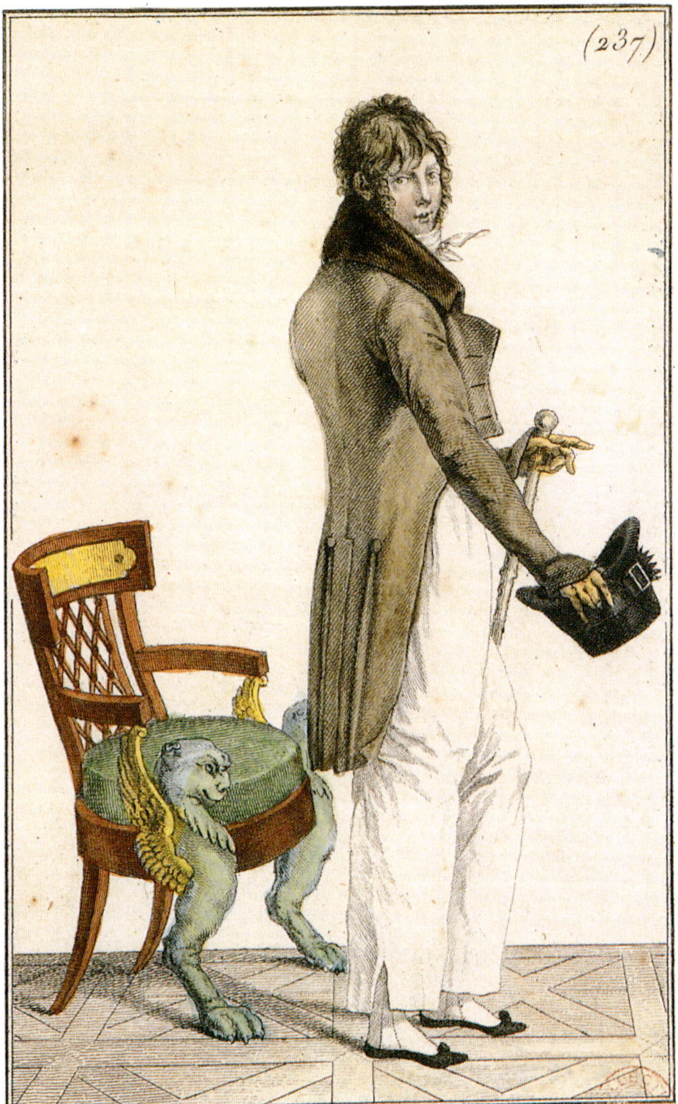

286. *Costumes parisiens*, an VIII, n° 237, 1800 : collet haut, pantalon large.
Musée de la Mode et du Costume de la Ville de Paris.

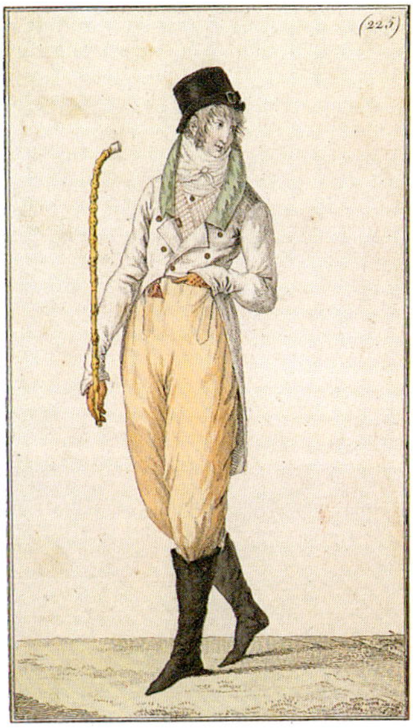

287. *Costumes parisiens*, an VIII, n° 225, 1800 : habit dégagé à grand collet, pantalon à la batelière.

Le pantalon s'impose sous plusieurs formes : collant ou large, aux chevilles ou glissé dans les bottes, qui sont portées même en ville. Les collets des habits montent jusqu'aux oreilles.
Les cheveux courts sont coiffés à l'antique.

déjà trouvées sous Louis XVI. Habit, gilet et pantalon ou culotte perdent leur aspect négligé. L'*habit dégagé* (ill. 285, 287) à l'avant s'arrête un peu au-dessus de la taille et croise sur la poitrine, tandis qu'à l'arrière il tombe en deux longs pans. Son col monte droit dans le cou avant de se rabattre et s'accompagne de deux larges revers. Les manches, assez étroites, sont froncées aux entournures mais ouvertes à la hauteur de la main sur laquelle elles descendent.

Le *gilet* est carré à la taille, dépassant légèrement les devants de l'habit. Il peut être à un seul rang de boutons ou au contraire croisé, à petit col droit et revers importants. Mais, à partir de 1800, les re-

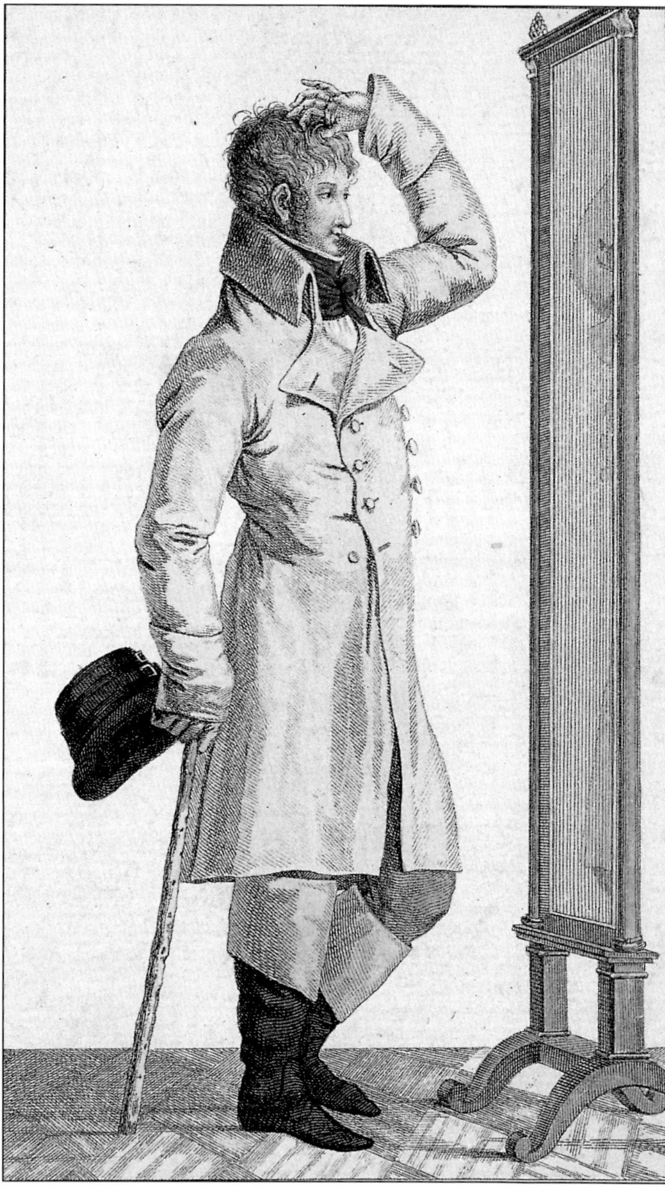

288. *Costumes parisiens*, an IX, n° 268, 1801 : costume du matin, redingote. Musée de la Mode et du Costume de la Ville de Paris.

vers disparaissent et le col droit augmente de hauteur, encadrant la cravate qui enserre le cou sans toutefois escalader le menton comme elle l'avait fait précédemment (ill. 286-291).

Le *pantalon* est soit collant, soit très large. Collant, rappelant la culotte, il s'arrête à la cheville et laisse voir des escarpins décolletés, ou encore s'engage dans des bottes et devient le *pantalon à la hussarde*. Très large, il descend aux pieds, sur lesquels il se fend légèrement. Il peut aussi se resserrer brusquement dans des bottes à la hauteur du mollet (ill. 291). On commence à utiliser des *bretelles* pour le maintenir en place. Avec les bottes, on peut aussi porter la culotte de peau. Quand Bonaparte rétablit la tenue habillée, la culotte et les bas y reparaissent.

Une *redingote* remplace parfois l'habit (ill. 288). Elle est droite, croisée devant et sa taille, d'abord basse, remonte ensuite un peu. Une redingote faisant office de pardessus est utilisée pour sortir. Elle est constituée de plusieurs pèlerines superposées.

En ville, le chapeau est un *haut-de-forme* à bord généralement assez large (ill. 289-292). Le *bicorne*, porté *en bataille*, c'est-à-dire les pointes au-dessus des oreilles, devient la coiffure élégante, et ce qu'on appelle le « chapeau français » dans la description des costumes officiels (ill. 290). Les cheveux, après avoir été coiffés en oreilles de chien, se portent court à partir de 1800. Une tentative de retour à l'usage de la poudre n'a que peu de succès, car Bonaparte ne s'y montre pas favorable.

1804-1811 : le costume ajusté

De 1804 à 1811, le costume masculin achève de perdre son aspect négligé en s'ajustant davantage. L'élément principal en est

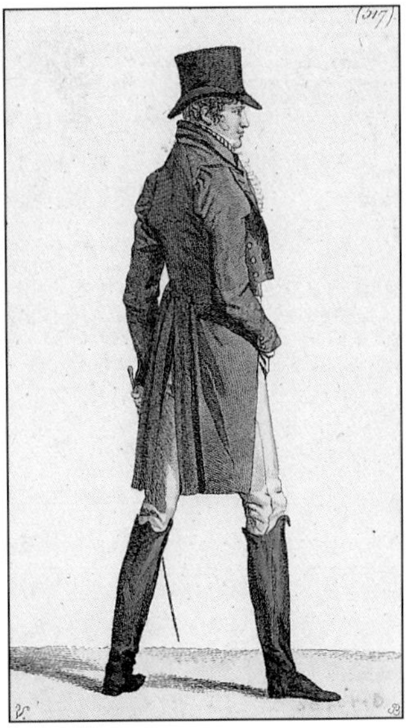

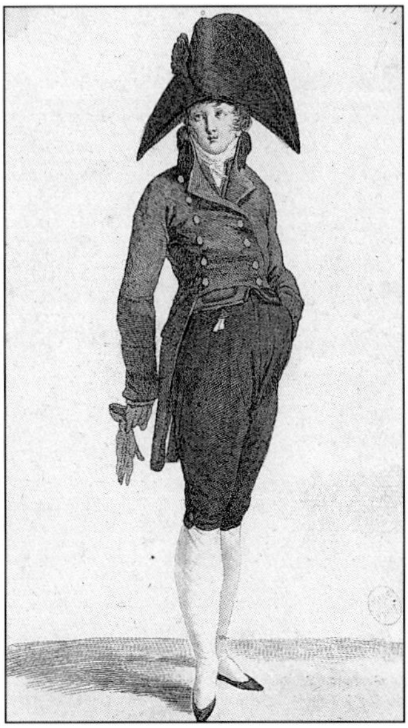

289. *Costumes parisiens*, an VII, n° 517, 1799 : costume négligé d'un jeune homme.
Musée de la Mode et
du Costume de la Ville de Paris

La redingote peut remplacer l'habit, le matin. Le haut-de-forme apparaît dès le Consulat.

290. *Costumes parisiens*, an X, n° 377, 1802 : mise d'un jeune homme avec un bicorne.
Musée de la Mode et
du Costume de la Ville de Paris.

Le bicorne est le chapeau français élégant, utilisé avec les uniformes, civils ou militaires, et à la cour.

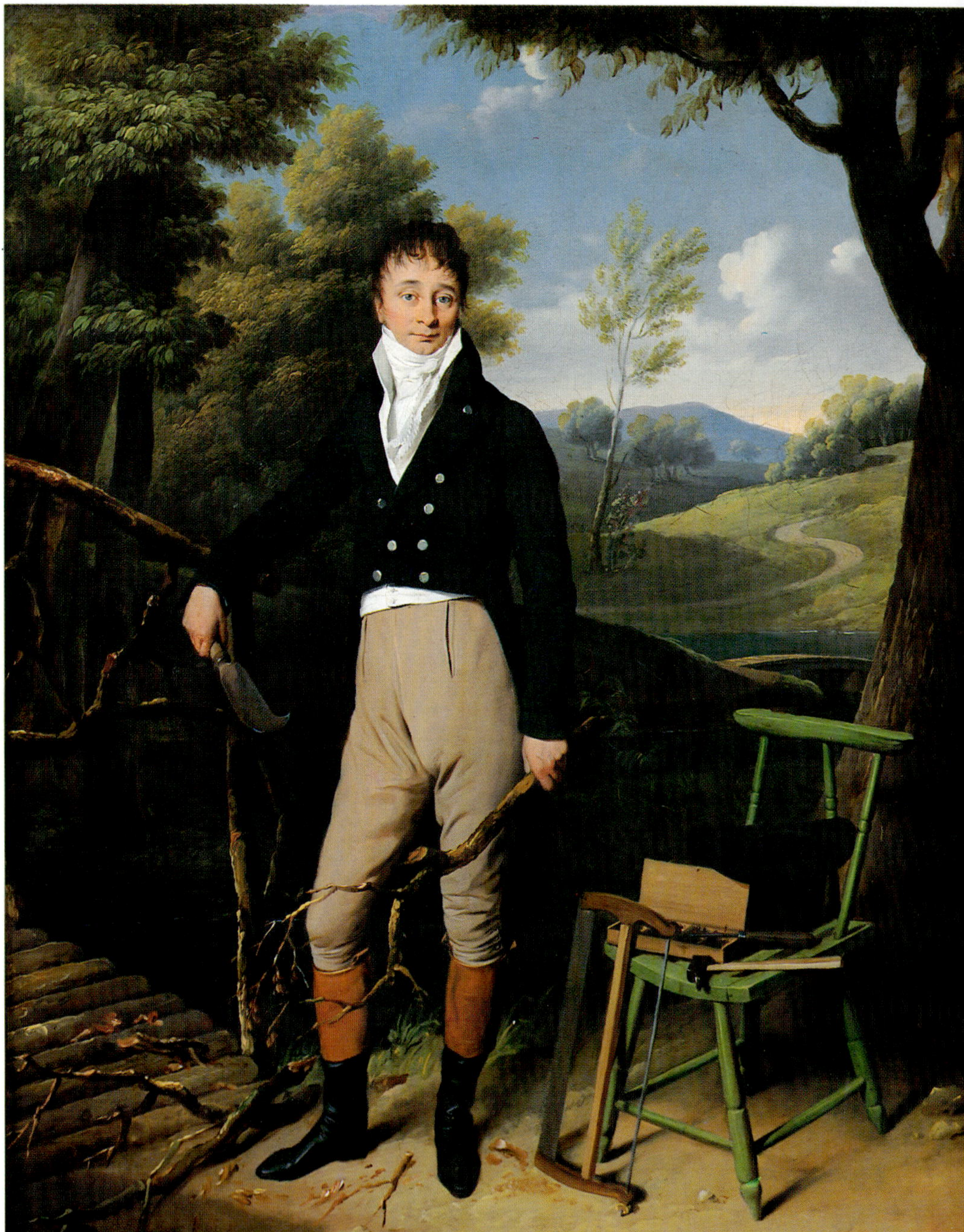

toujours l'habit dégagé, mais cintré à la taille. Ses entournures sont plus étroites et les manches ne sont que très peu froncées. Ces dernières restent longues et peuvent s'ouvrir, par une fente boutonnée, sur le haut de la main. Vers 1806, un spencer peut recouvrir cet habit et n'en laisser voir que les basques.

Le gilet, carré et à col droit, demeure court. La cravate entoure le cou, en laissant dépasser les deux pointes du col de la chemise.

291. Louis Boilly, *Portrait d'homme,* 1805.
Lille, musée des Beaux-Arts.

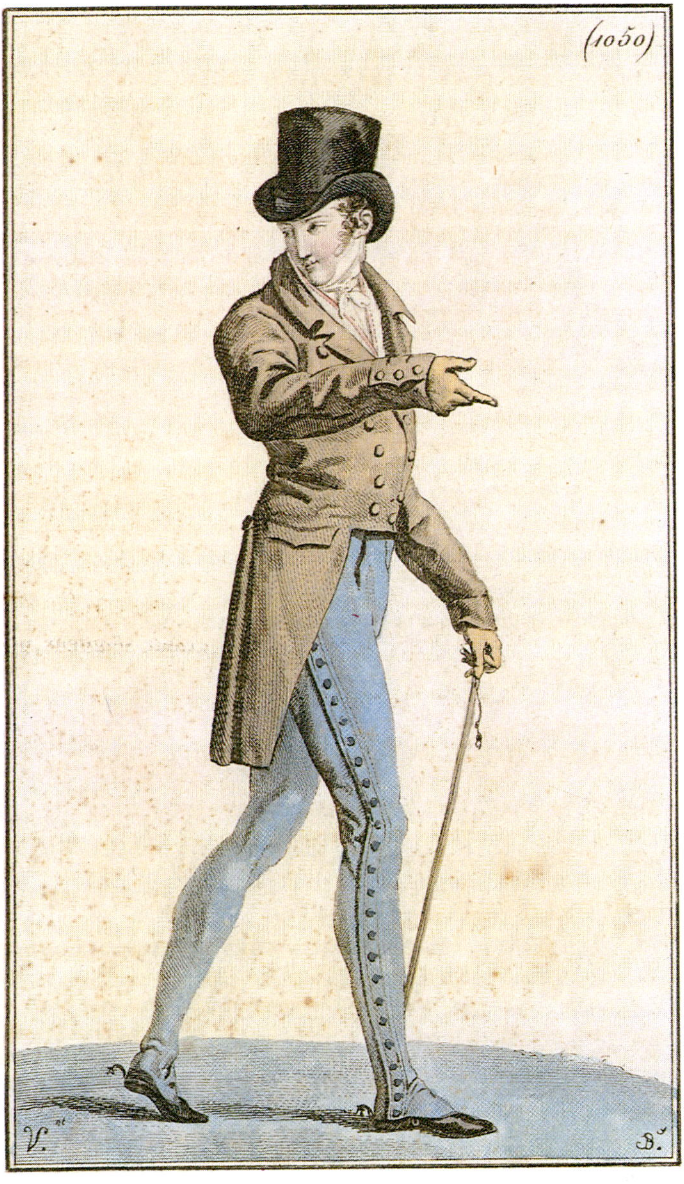

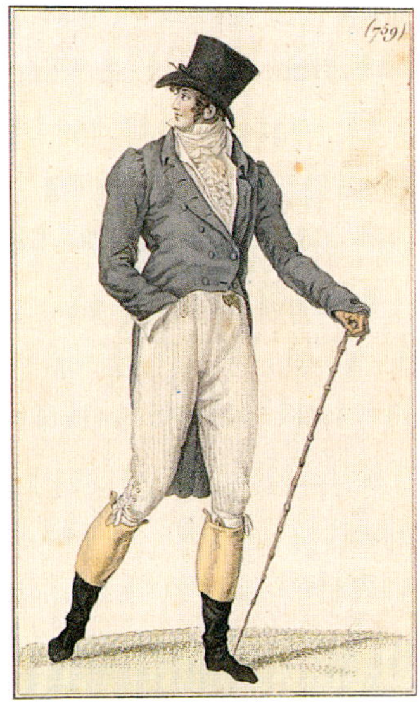

292. *Costumes parisiens*, n° 1050, 1810 : pantalon-guêtres pour monter à cheval.
Musée de la Mode et du Costume de la Ville de Paris.

293. *Costumes parisiens*, n° 759, 1806 : habit gris foncé, culottes côtelées, bottes à revers.
Musée de la Mode et du Costume de la Ville de Paris.

L'habit dégage la taille et laisse apparaître le bas du gilet.
La carrure est assez étroite.

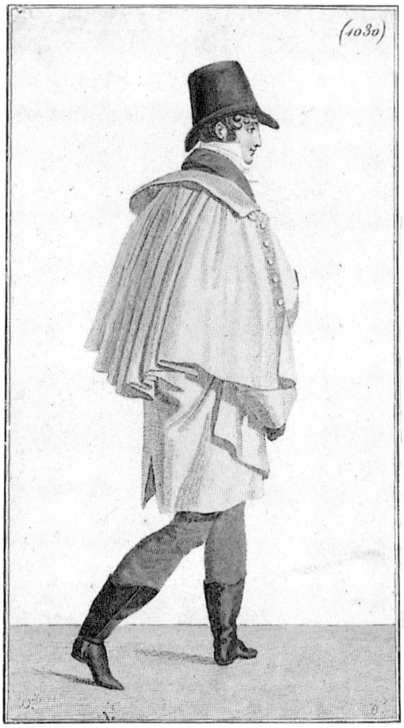

294. *Costumes parisiens*, n° 1030, 1810 : habit de drap, culotte de peau, haut-de-forme évasé à bord tombant devant et derrière. Musée de la Mode et du Costume de la Ville de Paris.

Le haut de forme et le carrick, ou la redingote en hiver, seront portés pendant tout le XIXe siècle.

Le *pantalon* est presque toujours collant. Il est assez court en négligé et, vers 1810, boutonné comme des guêtres pour monter à cheval. La *culotte*, en casimir ou en velours côtelé, est également très employée.

Les pardessus sont des *capotes* ou des *carricks*, plus ou moins longs, amples et pourvus d'une ou plusieurs pèlerines. Les chapeaux sont toujours des *hauts-de-forme*, qui d'abord s'évasent à leur partie supérieure, puis deviennent cylindriques ou tronconiques, avec un bord qui s'abaisse à l'avant et à l'arrière (ill. 294). On les porte sur les cheveux peignés *en coup de vent*, d'arrière en avant, et très souvent bouclés. Certains hommes ont recours aux postiches quand leur chevelure n'est pas assez abondante. Il est également habituel de porter des favoris qui descendent assez bas devant les oreilles.

Selon les heures du jour et les circonstances, les pieds sont chaussés d'étroites *bottes* courtes qui collent à la cheville, ou d'élégants *escarpins* décolletés garnis de boucles.

1812-1819 : redingote et pantalon collant

De 1812 à 1819, l'habit dégagé conserve à peu près la même coupe, mais son col est souvent en velours et, vers 1817, en se liant plus étroitement aux revers, tend à prendre la forme d'un col châle. Un *habit-redingote*, dégagé à l'avant mais pourvu d'une jupe à l'arrière, ou encore une redingote droite, le remplace parfois. À partir de 1817, les redingotes du matin sont très longues et croisées devant. D'autres, cintrées, à col rabattu et fermées bord à bord, sont dites *à l'anglaise* (ill. 295) ; certaines, croisées, à col droit et garnies de brandebourgs, sont dites *à la polonaise* (ill. 297). Toutes ces dénominations sont la trace laissée par les armées d'occupation stationnées en France en 1815 ou par les visiteurs étrangers venus à Paris au même moment.

En ville, l'après-midi, on porte le pantalon collant, en tricot, avec de petites guêtres. Mais, pour le matin, c'est le pantalon large qui est en faveur. En 1812, il est fendu sur le cou-de-pied. En 1817 on le serre à la cheville, *à la russe*, ou bien on le porte, sous le nom de *pantalon américain*, arrêté au-dessus de la cheville (ill. 296).

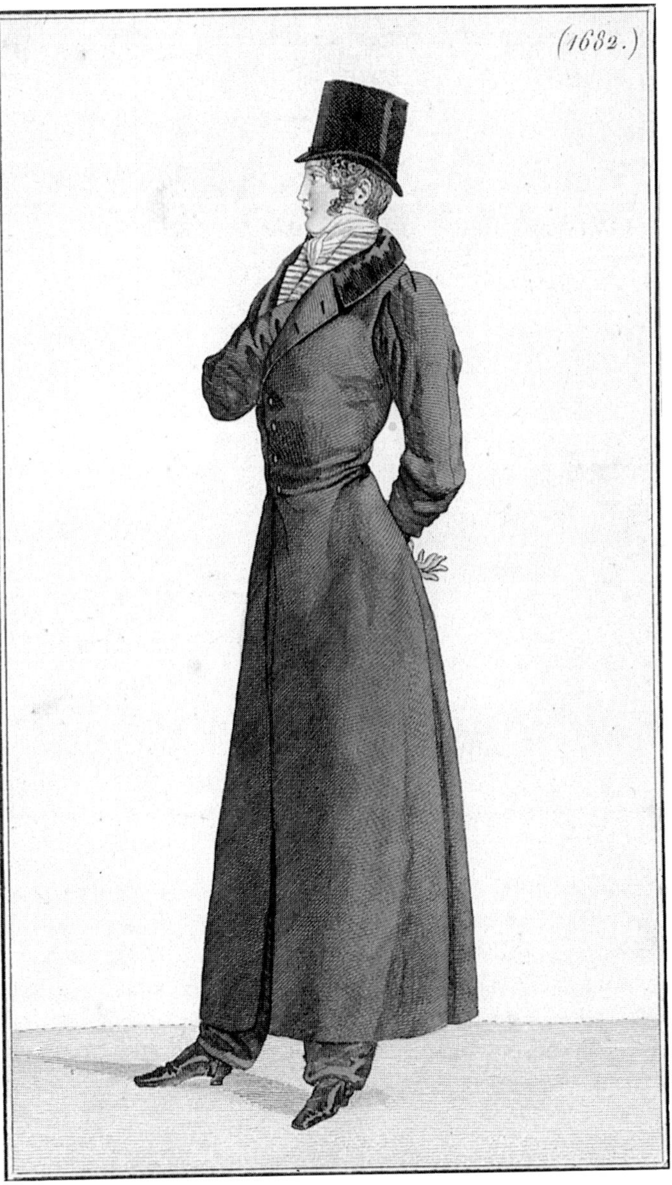

295. *Costumes parisiens*, n° 1682, 1817 : redingote à l'anglaise. Musée de la Mode et du Costume de la Ville de Paris.

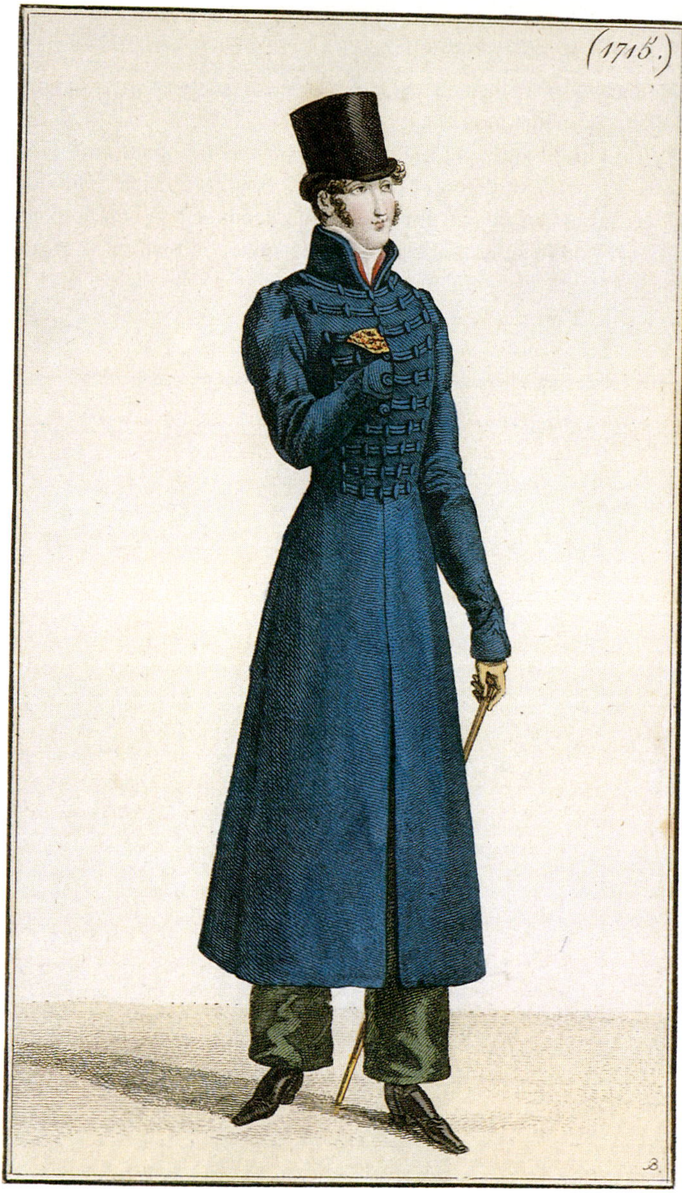

296. *Costumes parisiens*, n° 1784, 1818 : pantalon américain.
297. *Costumes parisiens*, n° 1715, 1818 : redingote à la polonaise.
Musée de la Mode et du Costume de la Ville de Paris.

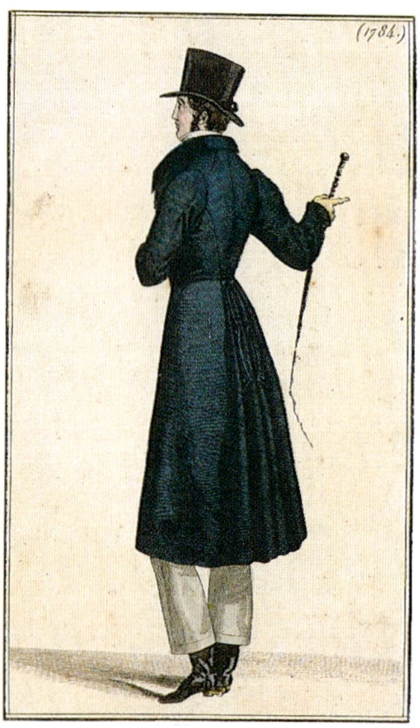

298. *Costumes parisiens*, n° 1220, 1812 : habit habillé.
Musée de la Mode et du Costume de la Ville de Paris.
La silhouette du costume habillé est encore très proche de celui de l'Ancien Régime. C'est l'habit à la française. Le col est haut, mais le bicorne remplace le tricorne.

Le *carrick*, qui s'enfile sur tous les autres vêtements, en 1814, tombe jusqu'aux pieds ; ses manches, larges et longues, recouvrent complètement la main. Il a toujours plusieurs collets (ill. 299, 301).

Le haut-de-forme demeure le couvre-chef courant. À partir de 1814, sa calotte est tubulaire et plus haute qu'auparavant(ill. 300).

Le bicorne accompagne la tenue habillée qui, dérivant du costume de cour rétabli par Napoléon Ier, se compose d'un habit à la

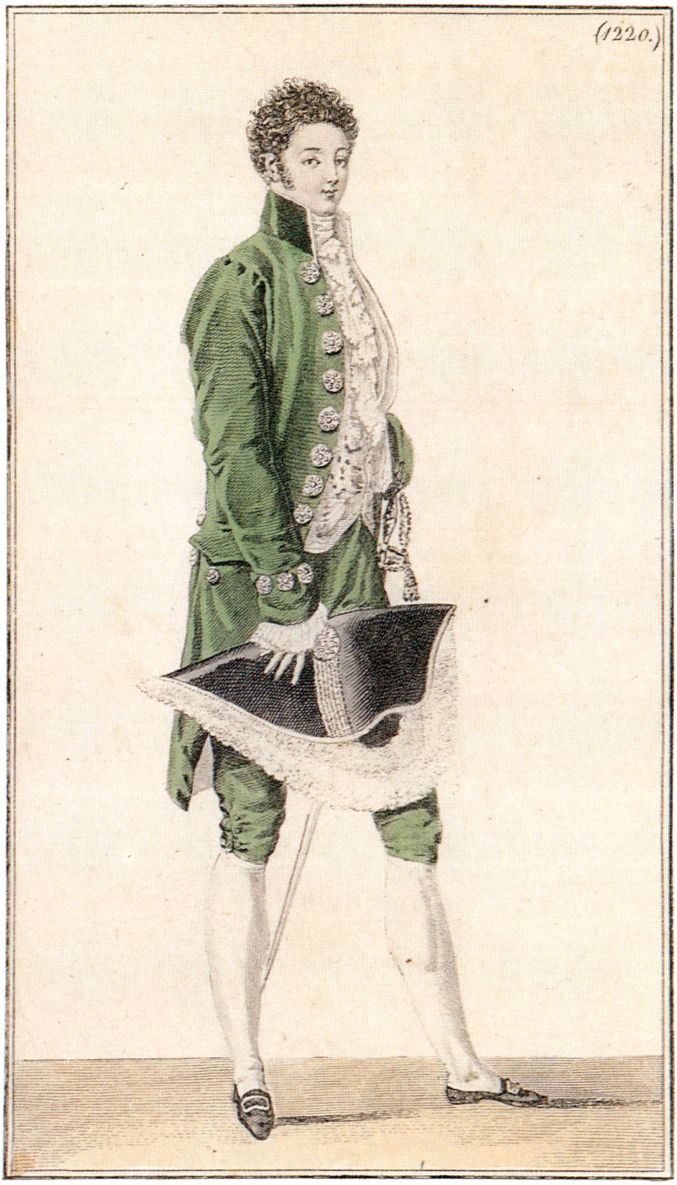

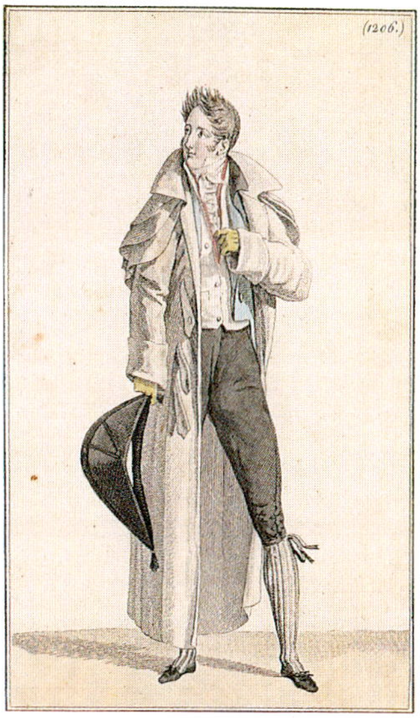

299. *Costumes parisiens*, n° 1206, 1812 : carrick à collets ronds.

300. *Costumes parisiens*, n° 1418, 1814 : haut-de-forme très haut. Musée de la Mode et du Costume de la Ville de Paris.

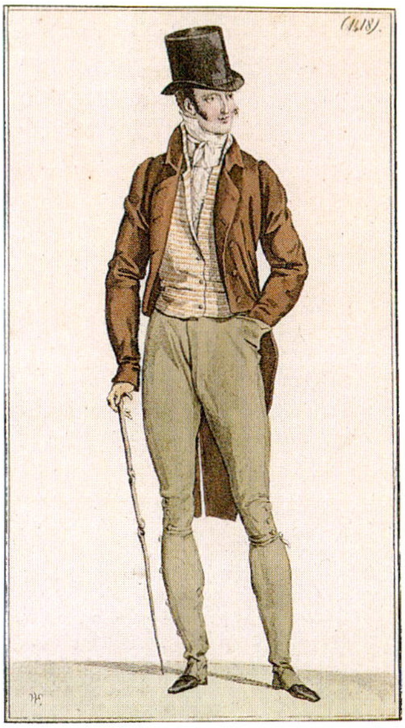

française, à col extrêmement haut, d'un gilet à basque et d'une culotte, le tout pouvant être en lainage noir ou sombre (ill. 298).

Sous le Consulat et l'Empire, la pièce essentielle de la lingerie masculine reste la chemise, exécutée pour les élégants en fine batiste, encore faite sur le patron déjà employé au XVIIIe siècle, mais avec un petit jabot en mousseline plissée cousu devant, le long de son ouverture.

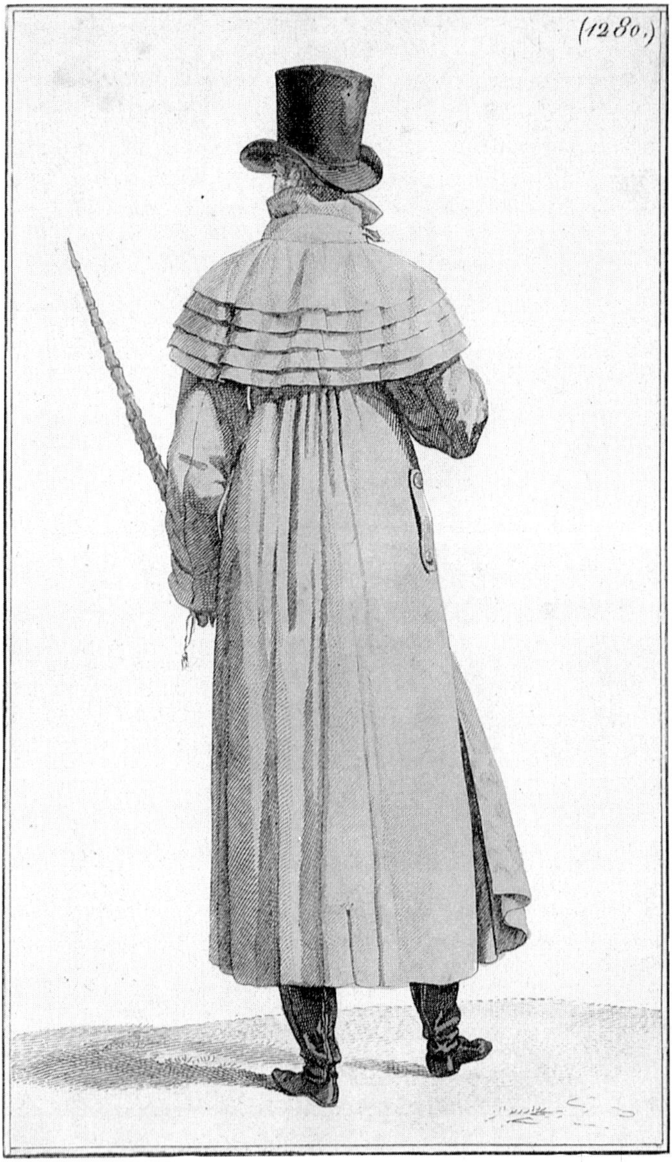

301. *Costumes parisiens*, n° 1280, 1812 : carrick à cinq collets. Musée de la Mode et du Costume de la Ville de Paris.

Le déshabillé, qui sert le matin au saut du lit et même la nuit lorsque, comme l'Empereur, on se lève pour travailler, se compose d'une longue redingote en piqué molletonné blanc et d'une culotte à pieds en étoffe assortie.

Costumes d'enfants

Pendant toute cette période, les fillettes sont vêtues comme leurs mères : des robes à taille haute, à manches ballon, d'abord très longues, qui raccourcissent sensiblement, dans la seconde moitié du règne de Napoléon, pour laisser voir le bas des jambes d'un pantalon, monté comme une combinaison, à un petit haut couvrant la poitrine (ill. 303).

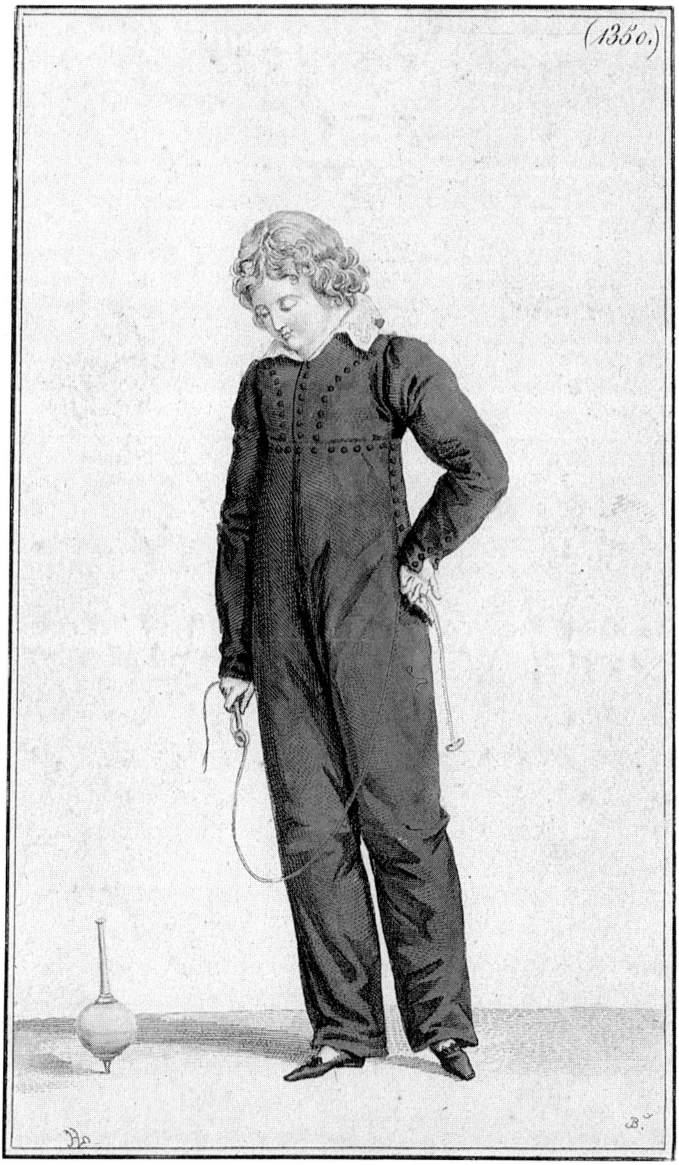

302. *Costumes parisiens*, n° 1350, 1813 : costume d'enfant, boutons à la hussarde.
Musée de la Mode et du Costume de la Ville de Paris.

Les garçons ne portent plus la culotte mais le pantalon. Les garnitures sont influencées par les uniformes militaires : boutons de métal, brandebourgs, etc.

303. *Costumes parisiens*, n° 1313, 1813 : fillette avec pantalon de percale.
304. *Costumes parisiens*, n° 765, 1806 : femme et enfant, redingote de percale et robe de fillette.
Musée de la Mode et du Costume de la Ville de Paris.

Les robes des fillettes ressemblent à celles de leurs mères ; elles sont plus courtes et laissent voir les jambes du pantalon de lingerie.

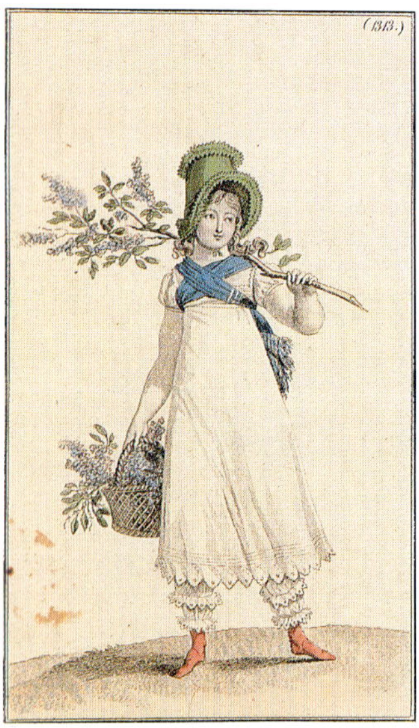

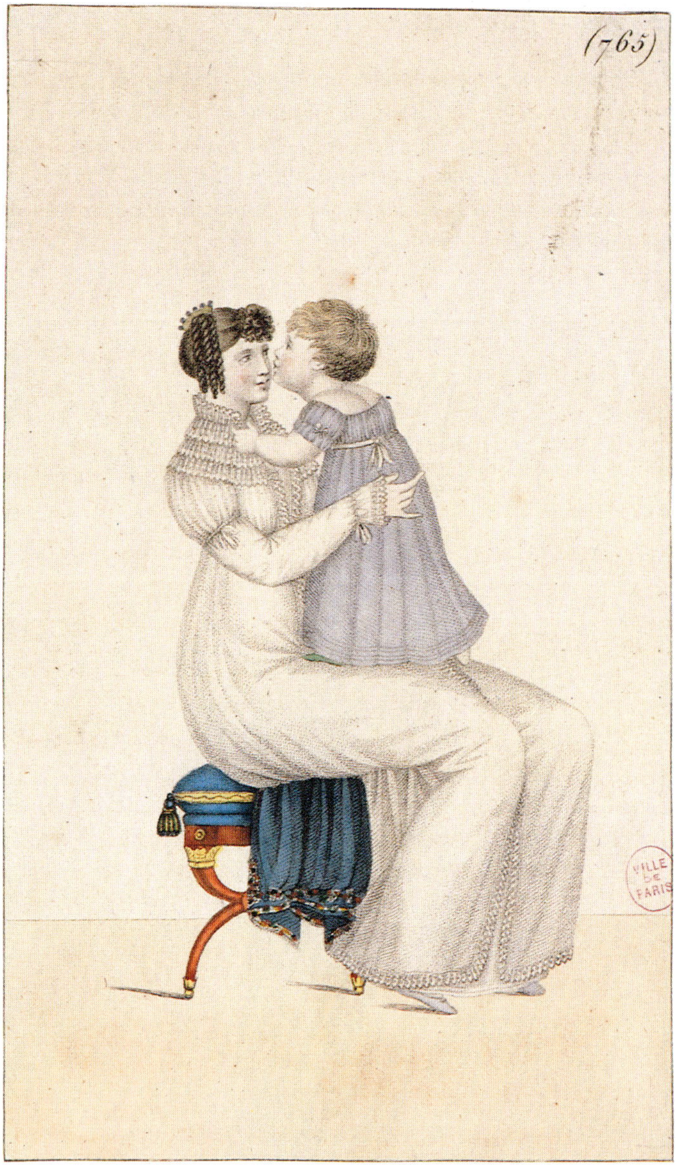

Les garçonnets sont en pantalon, suivant la coutume établie sous Louis XVI de les habiller *en matelot* (ill. 302), c'est-à-dire de leur faire porter le pantalon droit des marins. Un petit spencer couvre le buste. Sous l'influence du costume militaire, on le décore souvent de brandebourgs.

UNIFORMES DE FONCTION

La Révolution reconnaît, le 15 avril 1792, la nécessité pour les fonctionnaires de porter des signes distinctifs indiquant le genre d'autorité dont ils sont revêtus. La Convention, avant de se séparer, et après bien des discussions, avait réglé, par le décret du 23 brumaire an IV (25 octobre 1795), les costumes qui seraient portés après elle, par le Directoire.

Les cinq *Directeurs* avaient reçu *un costume ordinaire* (ill. 306) – habit nacarat, c'est-à-dire rouge clair entre cerise et rose, doublé de blanc et brodé or, gilet long, blanc, brodé or, écharpe en cein-

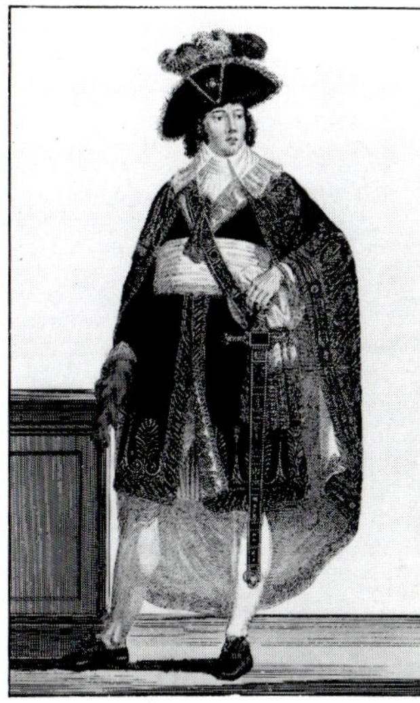

306. Costume de Directeur, gravure de Chateigner. Paris, musée Carnavalet.

À partir de 1795, des uniformes civils sont conçus pour les membres du Directoire, puis du Consulat, afin de faire ressortir la dignité de leur fonction. Plumets, broderies, franges d'or et glaive en sont les insignes.

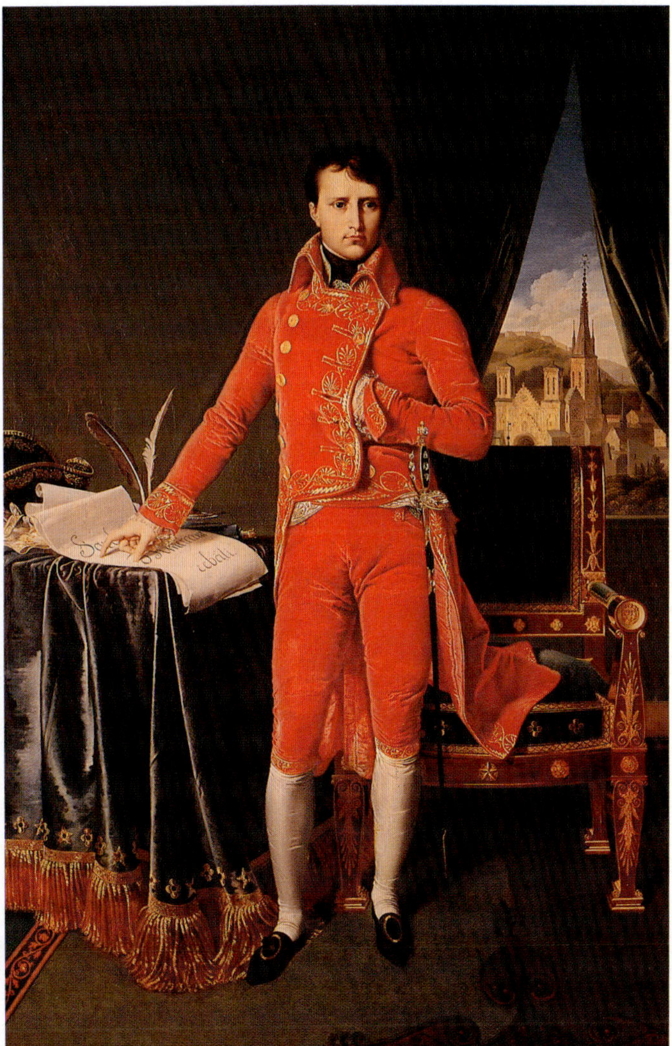

305. J.-A.-D. Ingres, *Bonaparte en Premier Consul,* 1804. Liège, musée des Beaux-Arts.

L'habit rouge est celui de cérémonie, la culotte et les bas blancs sont un héritage de l'Ancien Régime. Les palmettes brodées sont codifiées par la loi du 3 nivôse an VIII (24 décembre 1799).

ture, à franges d'or, pantalon collant, le tout en soie, chapeau noir retroussé d'un côté, à panache tricolore, épée et baudrier nacarat – et, pour les *fêtes nationales*, un *grand costume*, avec habit bleu et, en plus, un manteau nacarat. Le costume ordinaire des Directeurs avait été attribué aussi aux *ministres* – avec habit, chapeau et baudrier noirs, doublure de l'habit, pantalon, veste et panache ponceau, rouge proche du coquelicot, écharpe blanche et broderies en soie de couleur –, aux *secrétaires du Directoire* – tout en noir, avec, au chapeau, une plume rouge parmi les noires –, aux *messagers d'État* – avec veste blanche, ceinture et pantalon blancs, manteau court bleu à revers rouges, une plume blanche, panachée de bleu et de rouge, au chapeau –, enfin aux *huissiers* – en noir, avec ceinture rouge. Les *représentants du peuple*, dans un grand élan d'anticomanie, s'étaient vu attribuer un grand manteau-toge, en lainage rouge, orné de palmettes bleues, et une toque bleue, à porter avec une longue tunique blanche, à laquelle ils avaient finalement substitué, par le décret du 19 novembre 1797, un habit bleu, plus courant et plus pratique.

Dès son arrivée au pouvoir, le Consulat décide donc lui aussi de ses costumes, qui sont réglés par la loi du 3 nivôse an VIII (24 décembre 1799). Les *consuls*, à qui la loi laissait le choix de leur tenue, optent pour un *habit de cérémonie* rouge (ill. 305), couleur de la souveraineté, et brodé d'or, avec un pantalon collant blanc, une haute ceinture bleue, de courtes bottes noires, un bicorne galonné d'or, et, pour l'*usage courant*, pour un habit bleu à ceinture rouge. Avec des pantalons blancs et des ceintures opposées de ton, les *ministres* ont aussi deux habits, l'un rouge et l'autre bleu, brodé en argent de feuilles de chêne, et les *conseillers d'État* un habit bleu foncé à broderies blanches tandis que leur secrétaire général a un habit noir à broderies noires. Les *sénateurs* choisissent un habit de drap ou de velours bleu, brodé or et une veste en drap d'argent brodé. Les *membres du corps législatif* reçoivent un habit fermé, bleu national, à collet et parements brodés en or, avec ceinture tricolore à frange d'or et chapeau français à glands d'or. Ceux du *tribunat* ont le même mais avec broderies, frange et glands d'argent.

Cette loi est bientôt suivie d'une trentaine de décrets et arrêtés attribuant des uniformes aux fonctions les plus diverses. Le *préfet de police* (ill. 307) portera un habit bleu, une veste et un pantalon rouges, avec broderies d'argent, écharpe blanche à frange d'argent, et chapeau français garni d'argent. Les *maires* auront un habit bleu avec une ceinture rouge à frange tricolore. Ceux qui sont à la nomination du premier consul se distingueront par trois rangs de liséré argent à leur habit et des boutons d'argent. Les *gens de justice* (ill. 308), après avoir eu pour les cérémonies publiques des vêtements noirs, avec un manteau court dont les broderies différaient selon les tribunaux, retrouveront en 1802, pour les audiences, un costume long comprenant une *simarre* (soutane) et une *toge* (manteau), ceinture et toque, dont les matières (soie ou laine) et les couleurs (noire ou rouge) permettent de distinguer le tribunal auquel chacun appartient.

Les costumes des universités ne seront réglés, de la façon dont ils le sont encore aujourd'hui, qu'en 1808, mais les *proviseurs*, les *professeurs* et les *membres des conseils d'administration des lycées*, à partir de 1802, devront être en habit noir et manteau noir jeté en arrière, la présence ou l'absence de broderies (noires ou vertes) indiquant les grades. Les *élèves* devront être en habit, veste et culotte bleus, à collet et parements bleu céleste, avec un chapeau rond jusqu'à quatorze ans et un chapeau français ensuite ; les boutons seront en métal jaune, avec inscrits dessus « lycée » et le nom du lieu. L'année d'après, les *écoles communales secondaires* verront aussi leurs costumes réglementés : habit et chapeau noirs pour les *professeurs*, avec broderie en soie noire pour les directeurs, habit et redingote de drap vert à boutons blancs, avec inscrits dessus « école secondaire » et le nom du lieu, pour les *pensionnaires*.

Les services des Ponts et Chaussées, des Forêts, de la Navigation, des Contributions directes, de la Comptabilité nationale, de la Poste aux chevaux, de la Poste aux lettres, les chefs des comptoirs dans l'Inde, même les commissaires-priseurs vendeurs de meubles, comme les ecclésiastiques en ville, se voient aussi dotés d'un uniforme. Enfin, n'oublions pas que c'est à l'arrêté du 8 messidor an VIII (27 juin 1800) que les membres de l'Institut doivent leur célèbre « habit vert », en réalité noir brodé de vert, qui, avec quelques modifications de coupe nécessitées au cours des temps par les changements de mode, est parvenu jusqu'à nous.

Créés avant 1802, tous les habits sont encore des habits dégagés, à revers assez larges, du type de ceux que l'on portait à la ville depuis le Directoire. Mais à partir de 1802, les décrets et arrêtés prescrivent l'habit français (c'est-à-dire aux bords fuyants, comme ceux du temps de Louis XVI), et l'on constate, dans les livres de comptes du brodeur Picot, que les clients possesseurs d'uniformes exécutés antérieurement font mettre à la française leur habit dégagé. À partir de cette date en effet s'affirme la volonté de retourner à l'usage de costumes de cour dans l'ensemble desquels pourraient s'intégrer tous ces uniformes de fonction.

À vrai dire, Bonaparte avait probablement cette idée en tête dès les débuts du Consulat, mais il lui fallait ménager des susceptibilités et procéder par étapes. Installé aux Tuileries, baptisées palais du

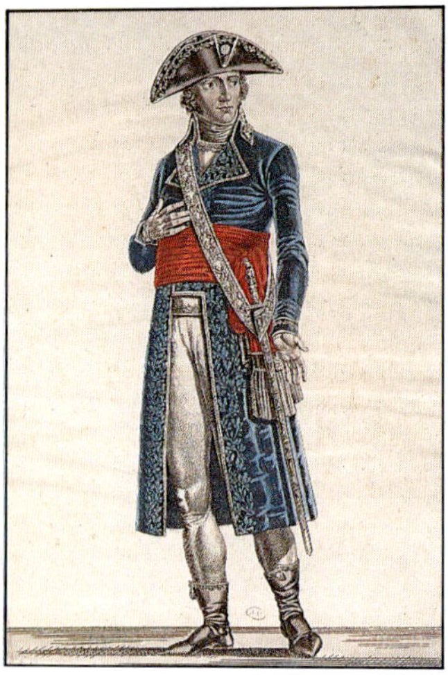

307. Costume de préfet, gravure de Chateigner.
Paris, Album Maciet, bibliothèque des Arts décoratifs.

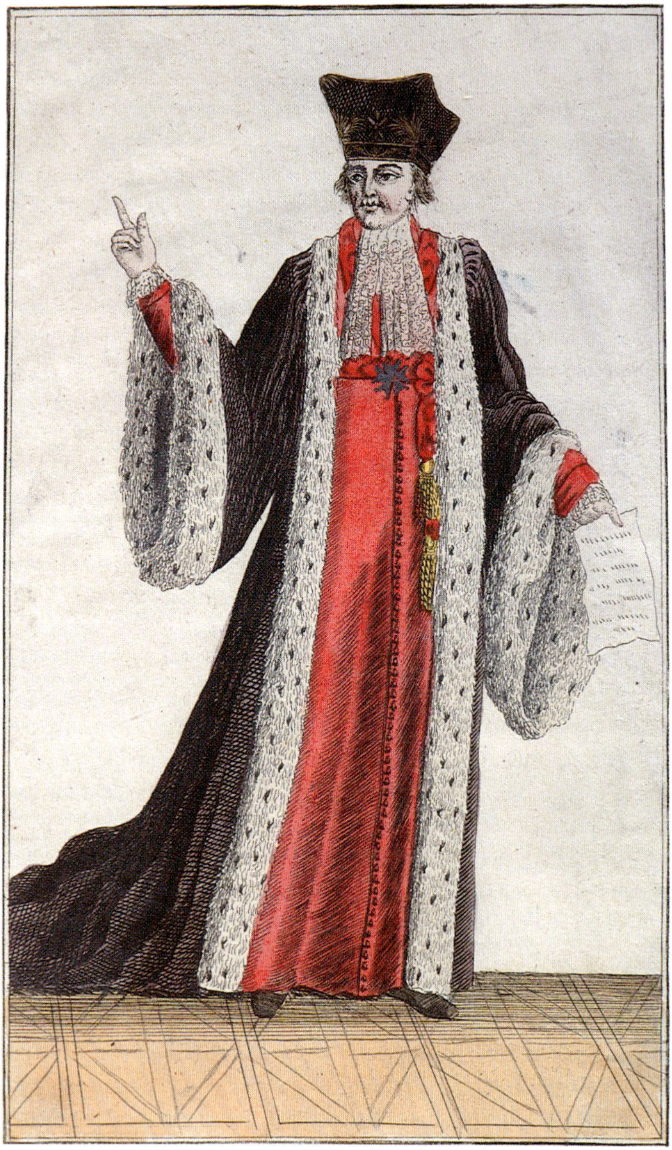

308. Costume de grand juge.
Paris, Album Maciet, bibliothèque des Arts décoratifs.

On crée de nouveaux uniformes pour remplacer ceux de l'Ancien Régime ou pour habiller de nouvelles fonctions, comme celles de préfet.

Gouvernement, il y avait institué en 1801 les fonctions de préfet du Palais et de grand maréchal du Palais, assorties du port d'un uniforme rouge brodé d'argent, et, l'année d'après, celles de dames du Palais, qui étaient chargées d'introduire les visiteurs auprès de Joséphine, laquelle n'était rien constitutionnellement, mais que l'on allait déjà saluer comme une souveraine.

COSTUMES DE COUR

La proclamation de l'Empire et les préparatifs du sacre sont l'occasion de développer le plan dans son ensemble, et le décret du 29 messidor an XII (18 juillet 1804), qui règle les costumes officiels de l'Empereur, de l'impératrice, des princes français (les frères de Napoléon), des grands dignitaires de l'Empire, des ministres, des conseillers d'État, des sénateurs, des membres du corps législatif et du tribunat, constitue l'acte de naissance des costumes de la cour napoléonienne.

L'Empereur disposera de deux costumes : le grand et le petit habillement. Le *grand habillement* comprendra « culotte et bas de

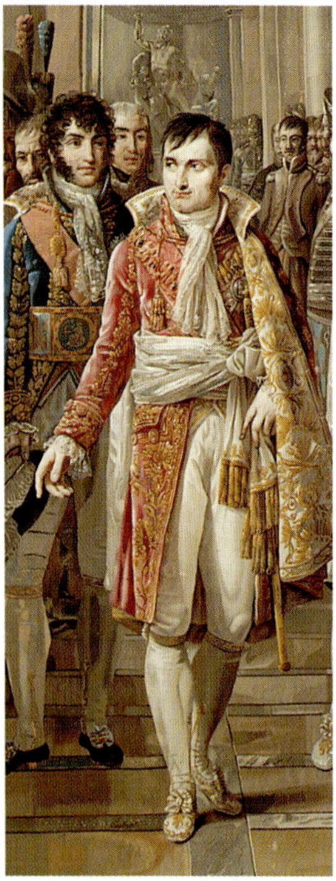

310. Tenture des *Sujets napoléoniens*, d'après Gioachino Serangeli : *Napoléon reçoit dans les salles du musée les députés de l'armée* (détail), Gobelins, 1805-1815. Paris, Mobilier national.

L'empereur porte le « petit habillement » : culotte, veste et bas blancs, habit et manteau de velours pourpre brodés d'or.

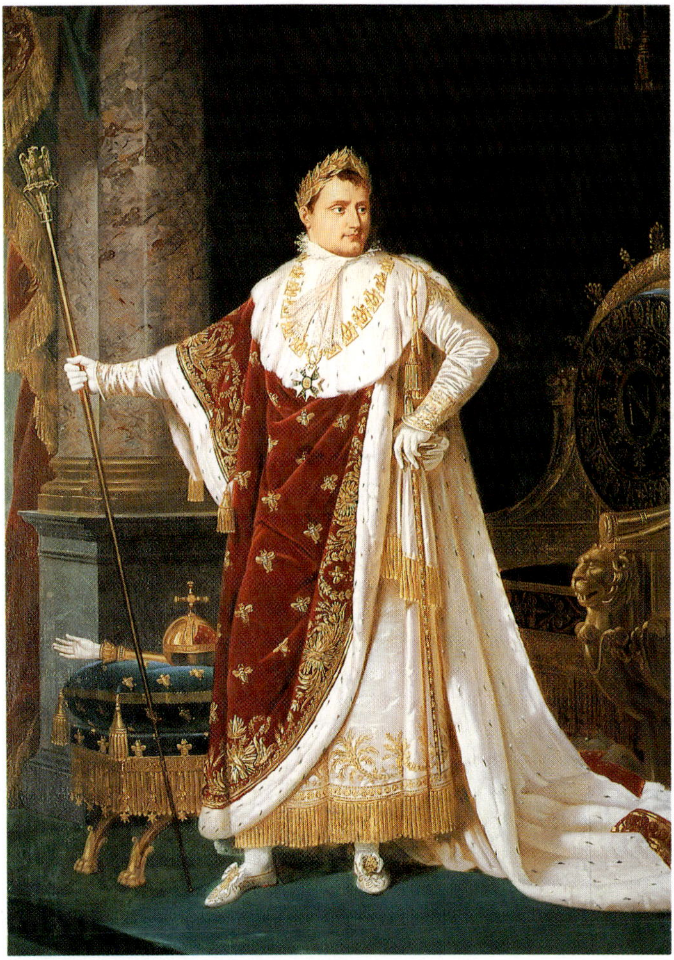

309. Robert Le Fèvre, *L'Empereur Napoléon en costume de sacre*, 1805. Paris, musée de la Légion d'honneur.

Napoléon porte le grand manteau de velours rouge brodé d'or et doublé d'hermine, et la longue tunique de soie blanche brodée d'or du « grand habillement ».

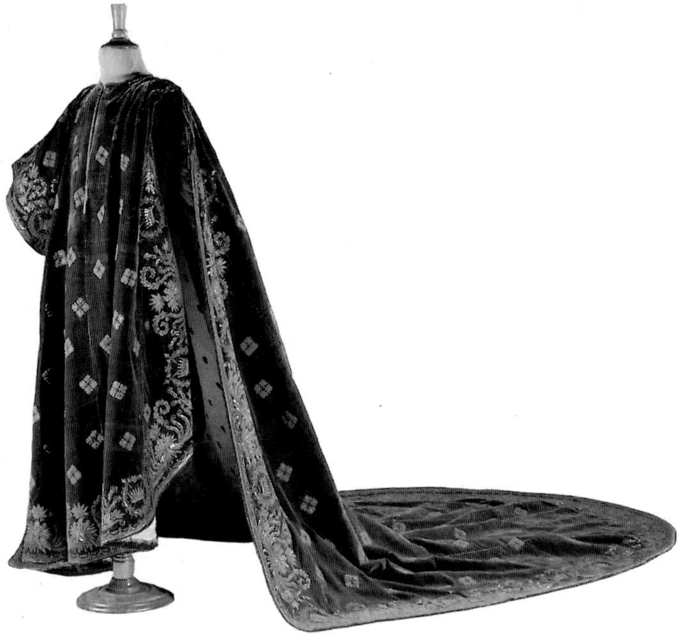

311. Grand manteau de couronnement de Napoléon, roi de Lombardie, 1805. Milan, musée du Risorgimento.

Ce manteau est de même type que celui porté pour le sacre de Paris.

soie blanche, souliers blancs brodés d'or, tunique de soie blanche brodée et ornée en bas de crépines d'or, manteau tombant sur les épaules et la poitrine et tombant par-derrière, en velours pourpre semé d'abeilles d'or, brodé à l'entour et doublé d'hermine (ill. 309), gants blancs brodés d'or, cravate en dentelle, couronne d'or ouverte, formée de feuilles de laurier, sceptre et main de justice d'or, épée à poignée d'or enrichie de diamants attachée à une écharpe blanche portée en ceinture et ornée de crépines d'or ». Le *petit habillement* (ill. 311) comportera « culotte, veste et bas de soie blanche, habit et manteau court de velours pourpre brodé d'or alentour et semé d'abeilles d'or, les parements de l'habit et les revers du manteau étant blancs, à broderie pareille, chapeau relevé par-devant, entouré de plumes blanches flottantes ».

Le *grand habillement de l'impératrice* se composera d'une « robe de soie blanche sans queue, brodée et ornée de crépines comme la tunique de l'Empereur, garnie ou non garnie en haut de dentelle relevée, d'une ceinture blanche brodée d'or tombant devant, d'un manteau attaché sur les épaules et à longue queue, de la même couleur et broderie que celui de l'Empereur, d'un diadème en or et pierreries » (ill. 260).

Pour les *princes français* et les *grands dignitaires* (ill. 312), le décret prévoit également un grand et un petit costume, composés comme ceux de l'Empereur, mais, finalement, seul le petit costume sera réalisé, « en soie velours ou drap, avec manteau court pareil à l'habit ». Les *princes français* seront en blanc, le *Grand électeur* en ponceau (couleur du coquelicot), l'*archichancelier de l'Empire* en violet, l'*archichancelier d'État* en bleu clair, l'*architrésorier* en noir, le *connétable* en gros bleu, le *grand amiral* en vert. Toutes les vestes et les culottes seront blanches et brodées d'or, les bas et les souliers blancs, les cravates en dentelle.

« Les *ministres*, les *membres du Sénat*, du *Conseil d'État*, du *corps législatif* et du *Tribunat* porteront leur costume ordinaire, lequel pourra être boutonné et presque fermé par-devant, en soie, velours ou drap, avec l'écharpe blanche à laquelle l'épée sera suspendue. » Le manteau sera de la même couleur que l'habit, de même forme que celui des grands dignitaires, avec revers et collet : de drap d'argent pour les ministres, de drap d'or pour le Sénat, de soie blanche brodée de la même manière que l'habit pour le Conseil d'État. Le décret ne prévoyait de manteau ni pour le corps législatif, ni pour le Tribunat, mais les membres de ces deux assemblées ne tardèrent pas à en demander un et à l'obtenir.

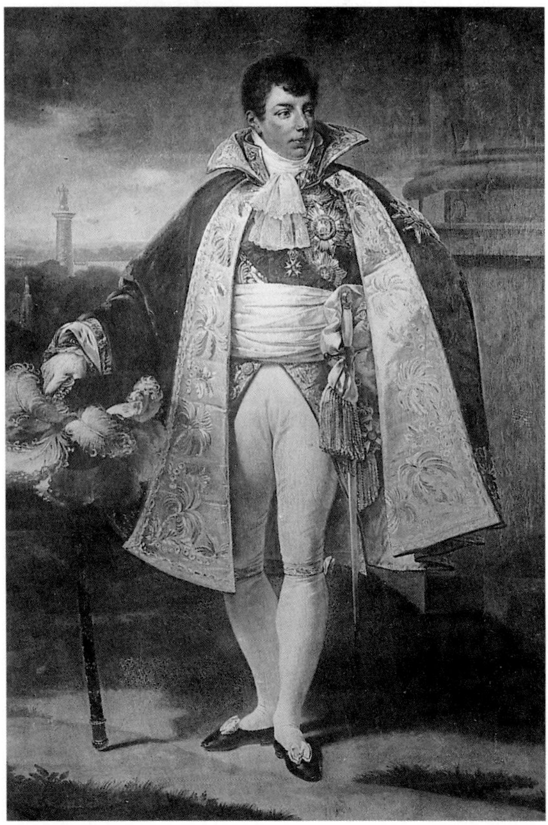

312. Baron Gros, *Duroc, Grand Maréchal de la cour*, 1805. Versailles, musée national du Château.

La somptuosité des costumes de cour est due à une volonté politique de Napoléon : elle devait relancer les industries du luxe ruinées par la Révolution.

Jean-Baptiste Isabey, peintre des cérémonies, fut chargé de dessiner l'ensemble de ces costumes et le détail de leurs broderies, ainsi que beaucoup d'autres vêtements que les textes n'avaient pas prévus. C'est ainsi qu'il dessina le *petit costume de l'impératrice* (une robe à manches courtes en satin blanc brodé et semé d'abeilles d'or, avec collerette en dentelle – qu'on appellera la *chérusque* –, manteau de cour en velours de couleur garni d'une broderie de dix pouces de hauteur, attaché à la ceinture par deux agrafes, ill. 313) ; l'*habillement des princesses* (robe de cour à manches longues, en soie blanche brodée d'or, collerette de dentelle, queue de cour attachée à la ceinture en velours de couleur, semée et brodée d'or, ill. 314) ; *celui des dames du Palais*, très proche du précédent, mais en satin

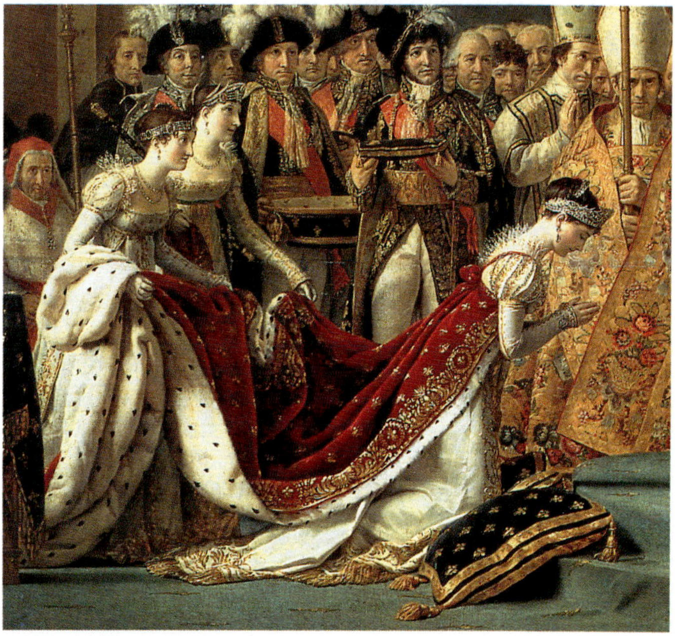

313. J.-L. David, *Le Sacre de Napoléon Ier*, 1805.
Paris, musée du Louvre.
Détail de l'impératrice Joséphine en « grand habillement ».
Tous les costumes du sacre ont été dessiné par Isabey, qui dessina aussi les motifs des broderies.

La robe de l'impératrice rappelle la tunique de l'empereur, et son manteau qui forme traîne, attaché aux épaules, a les mêmes couleurs et les mêmes broderies que celui de Napoléon.

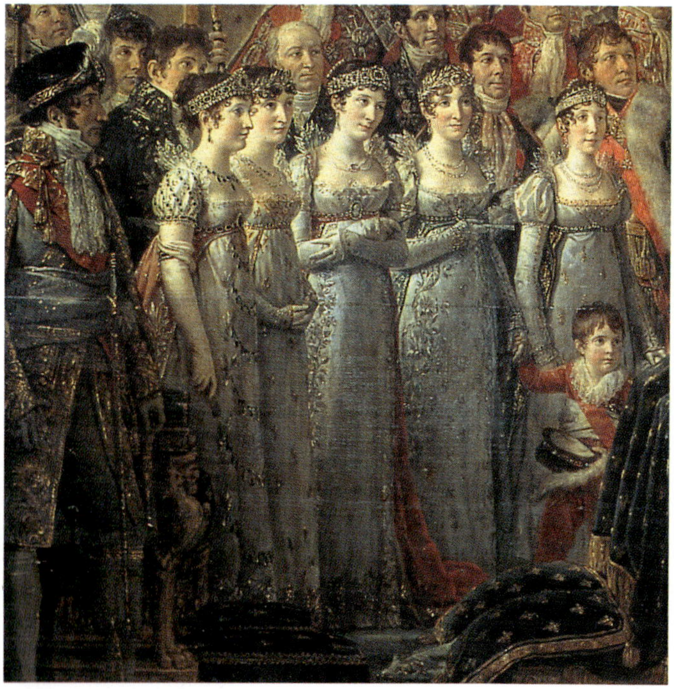

314. J.-L. David, *Le Sacre de Napoléon Ier*, 1805.
Paris, musée du Louvre.
Détail des sœurs de l'empereur.

La collerette en dentelle (chérusque) et la traîne composent le grand habit de cour.

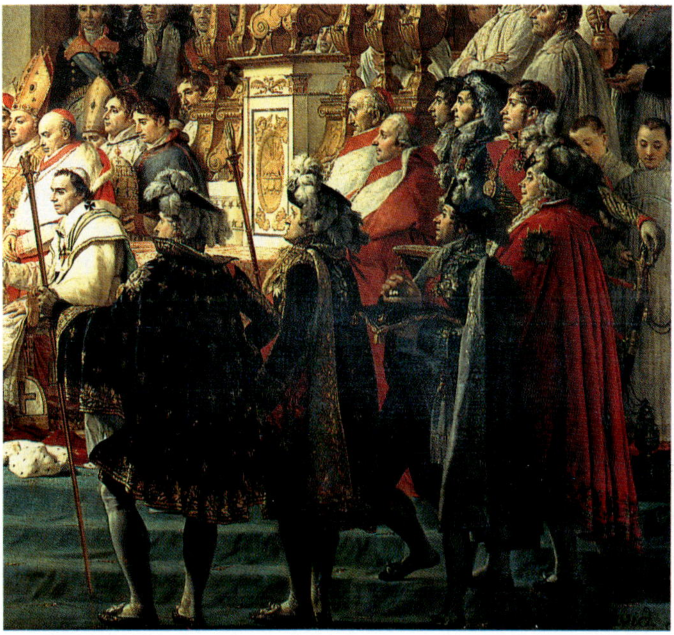

315. J.-L. David, *Le Sacre de Napoléon Ier*, 1805. Paris, musée du Louvre. Détail des grands dignitaires de l'empire.

Les dignitaires portent le « petit costume » : culotte et bas blancs, manteau court dont la couleur diffère selon la fonction, et chapeau à plumes.

brodé d'argent ; le costume des maréchaux de l'Empire, coupé comme le petit costume de l'Empereur, en velours bleu foncé, brodé en or de feuilles de chêne et de laurier ; ceux des quatre colonels généraux (tenues militaires de haute fantaisie) ; enfin ceux des grands officiers de la Couronne et des officiers de la maison de l'Empereur, inspirés, eux aussi, du petit costume du souverain (ill. 315). Chacun eut une couleur déterminée : écarlate pour le *grand chambellan*, amarante (pourpre velouté) pour le *grand maréchal du Palais*, bleu clair pour le *grand écuyer*, vert pour le *grand veneur*, violet pour le *grand maître des cérémonies*. Les *officiers de la maison de l'Empereur* eurent les mêmes couleurs, suivant le département auquel ils étaient attachés, et une tenue semblable, mais sans le manteau et avec des broderies d'argent seulement aux parements et au collet. Pour tous, les motifs de ces broderies furent des branches de palmiers disposées perpendiculairement ou obliquement par rapport au bord de l'habit.

Ces uniformes devaient être portés dans l'exercice des fonctions, ce qui entraîna la création de petits costumes, en drap et moins ornés, pour l'usage journalier. Mais ils devaient être revêtus aussi de la façon suivante : chaque matin, au lever de l'Empereur, pour les titulaires des grandes entrées, le dimanche à la messe et à l'audience qui la suivait, aux prestations de serment, aux présentations des députations, à la réception du 1er janvier et, bien sûr, aux cérémonies solennelles telles que le sacre, la distribution des aigles, les audiences données dans la salle du trône, les mariages et les baptêmes célébrés dans la famille impériale, et pour les divertissements de la Cour, cercles, spectacles, bals parés, quand les invitations spécifiaient que l'Empereur et l'impératrice prendraient leur petit costume.

Aux hommes qui n'avaient pas droit à un uniforme, l'usage imposa de porter à la Cour un habit à la française aux broderies de fantaisie, très proche de celui du temps de Louis XVI, mais pourvu d'un col droit plus haut et d'un gilet plus court. Pour les femmes, une robe ronde, avec chérusque au décolleté, et une traîne agrafée à la taille composèrent le *grand habit*, de rigueur pour la présentation aux souverains (ill. 316). Dans des circonstances moins solennelles, la robe parée suffisait avec sa traîne non pas amovible mais intégrée à la jupe, qui s'allongeait derrière la dame lorsqu'elle se déplaçait.

Toutes ces splendeurs coûtaient fort cher, en particulier les vêtements d'homme chargés de broderies d'or et d'argent. Contrairement au Directoire qui avait mis à la charge du gouvernement les uniformes de ses membres et de ses fonctionnaires, le Consulat puis l'Empire avaient laissé à chaque titulaire le soin de faire face à ses frais d'uniformes. Mais l'Empereur accordait, en compensation, de larges indemnités vestimentaires : 15 000 francs à chacun des grands officiers de la couronne, 10 000 francs aux officiers civils, 5 000 aux officiers, 3 000 aux deux aides des cérémonies, 10 000 à la dame d'honneur, à la dame d'atour et aux dix dames du Palais.

L'une des principales raisons du rétablissement de la Cour, celle du moins que Napoléon mit en avant le plus volontiers pour légitimer son action aux yeux du plus grand nombre possible de gens, était en effet la renaissance des industries de luxe, ruinées par la Révolution. Les soyeux de Lyon avaient appelé son attention sur cette situation catastrophique en lui offrant un de ses habits rouges de Premier consul, qu'il avait baptisé son « habit de Lyon », et, depuis, il n'avait pas oublié la leçon. Ainsi s'expliquent l'énergie et l'insistance qu'il mit à la réalisation de son programme, ne ménageant ni ses compliments aux personnes élégantes, ni surtout ses reproches à celles qu'il voyait trop souvent parées de la même toilette.

Cependant, à cette raison d'ordre économique s'en ajoutent d'autres, d'ordre politique ou psychologique. Il souhaitait parer son tout jeune régime de traditions empruntées à l'Ancien par le canal de l'étiquette vestimentaire, et les références au couronnement de

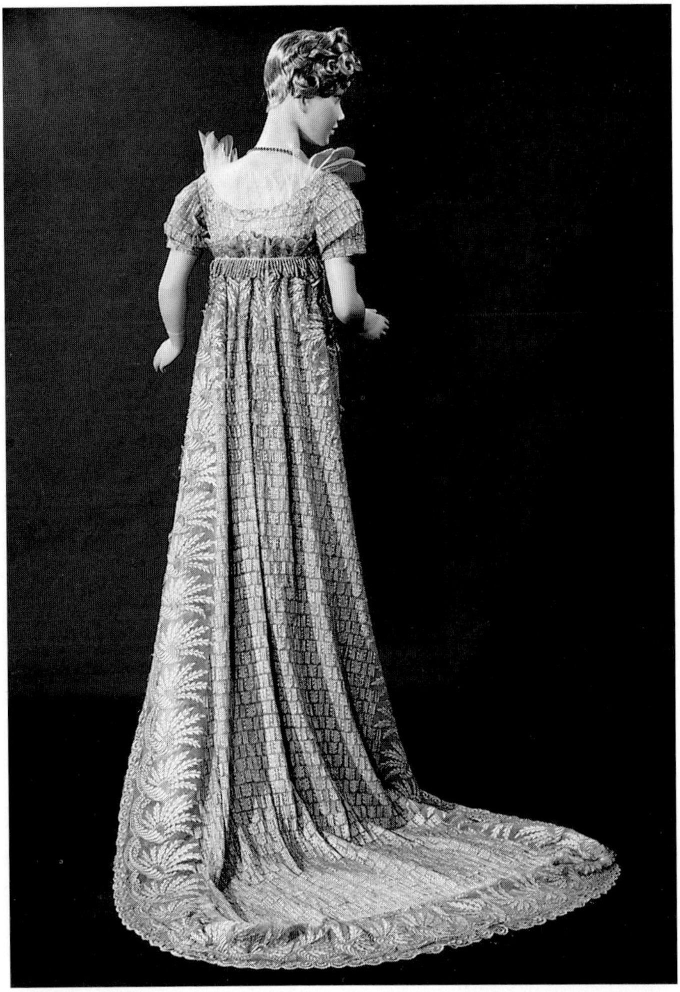

316. Grand habit de cour
Premier Empire.
Musée de la Mode et du Costume
de la Ville de Paris.

Cette robe avec sa traîne en blonde (dentelle) blanche chenillée d'argent aurait appartenu à l'impératrice Marie-Louise. La queue de la robe est attachée sous les bras et forme la traîne. Le grand décolleté du dos était orné d'une chérusque en dentelle rigide. Le décor de feuillage est exécuté en broderie blanche.

Louis XVI sont nombreuses et nettement visibles dans le cérémonial du sacre de l'Empereur.

Le grand habillement de Napoléon, avec sa tunique longue, est un rappel du troisième habillement du roi, et les manteaux courts, à collet et revers brodés, dont, à l'imitation du petit costume de l'Empereur, se parent tous les autres grands personnages de l'Empire, ne font que copier celui du prince nommé pour porter la queue du manteau royal, celui des quatre seigneurs otages de la Sainte-Ampoule, des capitaines des gardes du corps, des trois maréchaux de France portant les honneurs et des quatre ministres et secrétaires d'État, qui escortèrent Louis XVI en la cathédrale de

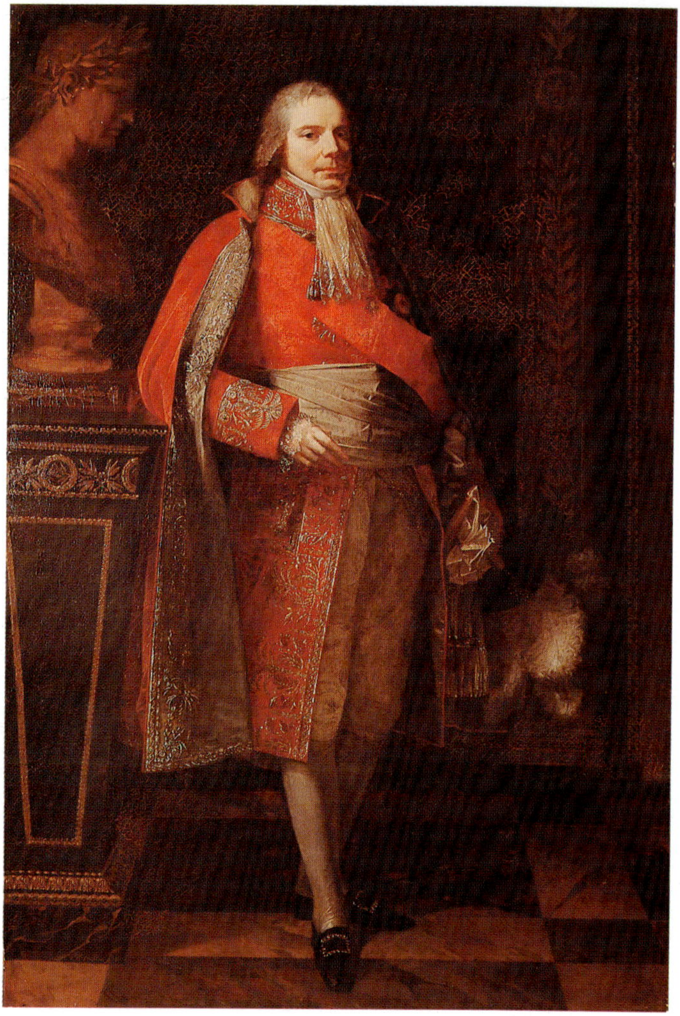

317. Pierre-Paul Prudhon, *Portrait de Talleyrand*, 1807. Paris, musée Carnavalet.

Talleyrand est vêtu du costume de Grand Chambellan : manteau et habit rouge, culotte blanche brodée d'or et chapeau à plumes.

318. Robert Le Fèvre, *L'Impératrice Marie-Louise,* 1812. Paris, collection particulière.

Le manteau de cour à longue queue est attaché à la ceinture, la robe à manches courtes est brodée d'or ; diadème, collier et ceinture d'orfèvrerie ajoutent à la richesse de l'ensemble. Le costume de cour est encore le « petit habillement » dessiné par Isabey pour Joséphine.

Reims, celui qui fut aussi porté par les chevaliers de l'ordre du Saint-Esprit à partir de 1778, comme par les représentants de la noblesse aux États généraux de 1789. La résurrection de l'habit à la française brodé est un autre témoignage de cette volonté de référence à l'Ancien Régime, comme l'est aussi le retour à l'usage de la traîne de cour pour les femmes (ill. 318). Et si là, le rappel est moins net, c'est que Joséphine et ses amies se refusèrent à reprendre les paniers, jugés complètement démodés, démontrant par là le rôle primordial que les femmes allaient désormais jouer dans l'évolution des élégances.

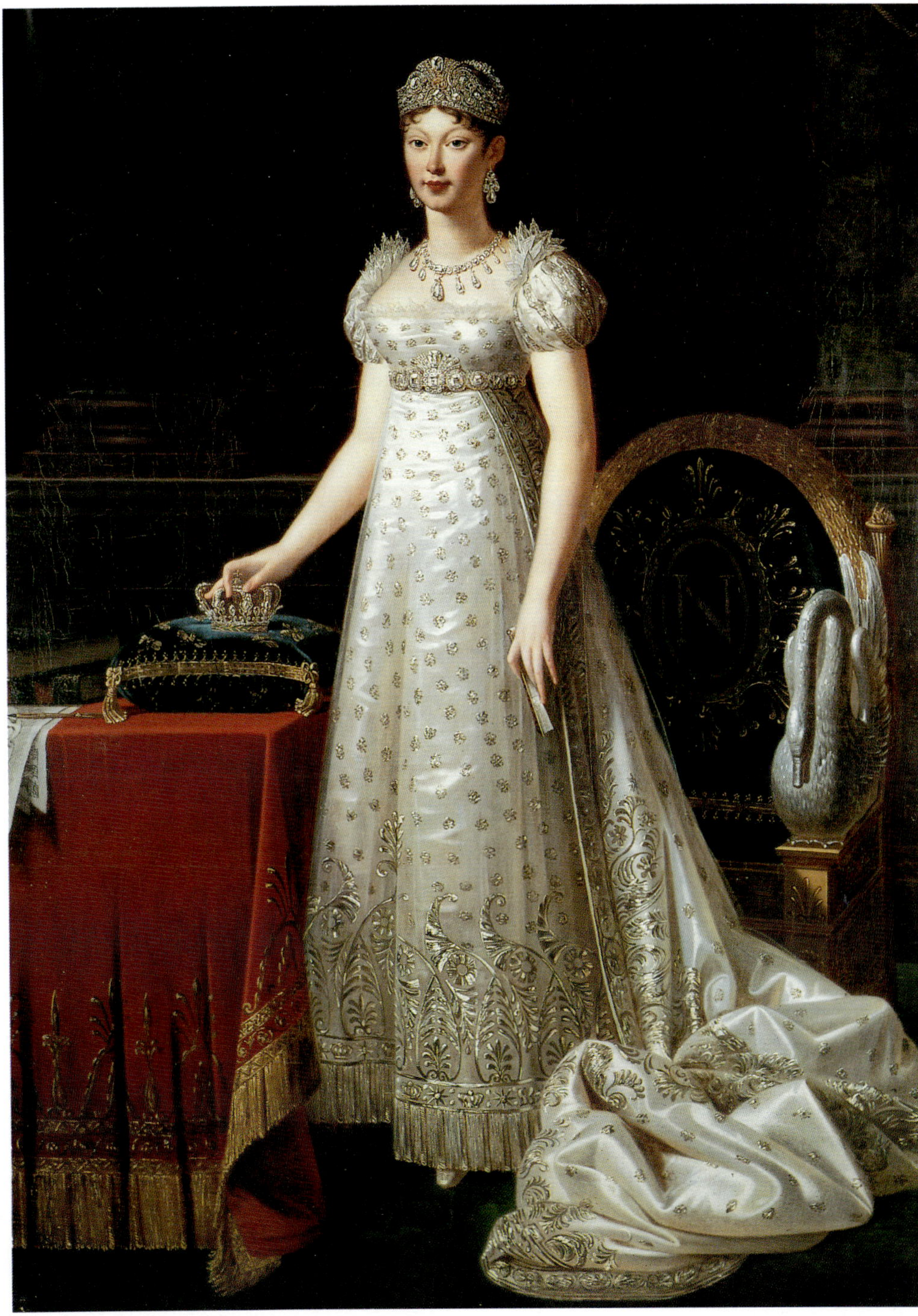

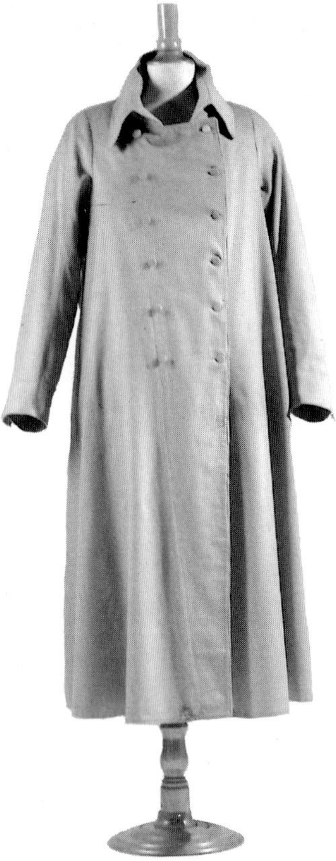

319. Redingote de l'empereur Napoléon.
Lejeune, tailleur à Paris.
Château de Fontainebleau, musée Napoléon.

Cette redingote grise est le vêtement quotidien de l'empereur qui préférait la simplicité.

Enfin, en bon psychologue, Napoléon connaît l'attrait qu'exercent sur les Français les beaux spectacles et aussi certains hochets qui flattent leur vanité, et il se sert de ces traits de caractère pour les avoir bien en main. L'expérience lui donne pleinement raison. À part le maréchal Ney, qui veut bien, par devoir et pour relever les industries de luxe, acheter des habits brodés mais qui refuse de porter autre chose que son uniforme militaire, personne ne rechigne à se parer, demandant même une broderie plus riche ou un manteau non prévu à l'origine par l'ordonnance.

Ainsi, nés de la conjugaison de deux origines opposées, d'une part des formes empruntées à l'Ancien Régime, qui cependant n'avait que très peu connu les tenues réglementées et leur avait surtout conféré une signification religieuse en les associant essentiellement au sacre du roi et aux ordres de chevalerie, d'autre part des idées, nées sous la Révolution, qui avait fait de l'uniforme civil le signe d'une délégation de pouvoir, les costumes de cour et de fonction, voulus et multipliés par Napoléon, représentent une création originale par son esprit, et qui joue un rôle important dans l'économie du pays tout en constituant autour de l'Empereur un cadre prestigieux.

Les fournisseurs : Hippolyte Leroy

Comme Rose Bertin au temps de la reine Marie-Antoinette, Hippolyte Leroy préfigure les grands couturiers modernes. Le sacre marque le début de son ascension. Jusque-là simple marchand de modes, surtout vendeur d'étoffes, de bonnets et de chapeaux, il s'associe avec une couturière célèbre, Mme Raimbault, et obtient pour la prestigieuse cérémonie la commande des costumes de l'impératrice Joséphine auprès de qui il a su s'introduire. Lancé par cet événement qui lui vaut la clientèle du Tout-Paris, la clientèle aussi des cours étrangères qui gravitent autour de celle de Napoléon, il peut désormais se permettre de travailler seul. Peu scrupuleux, il se fâche alors avec son associée, en gardant cependant ses patrons et certaines de ses ouvrières.

Installé rue de Richelieu, tout d'abord dans un petit appartement, il finit par occuper tout l'immeuble avec ses ateliers de couture et de mode, et ses magasins de vente d'étoffes. Profitant des libertés commerciales nées de la Révolution, il parvient à fournir tout ce qui touche à l'habillement et à la parure des femmes, lingerie, ganterie, parfumerie, fleurs, éventails, même châles cachemire importés en fraude sur lesquels il prélève d'importantes commissions.

Ses prétentions s'enflent à mesure que sa réputation grandit. Hautain avec les clientes, surtout les clientes relativement modestes, se livrant à toute une mise en scène pour prendre leurs mesures – il lui faut une estrade pour opérer –, il va jusqu'à solliciter un jour de Joséphine, qui ne sait rien lui refuser, l'autorisation d'utiliser des voitures de la Cour pour le mariage de sa fille, autorisation que, bien sûr, Napoléon, au comble de la colère, refusera en termes cinglants. L'Empereur en effet ne l'aime guère, l'appelant « le marchand de chiffons de ma femme », faisant expertiser ses livraisons et rabaisser ses mémoires qu'il trouve trop élevés. Il ne peut néanmoins l'empêcher de dicter ses ukases à la presque totalité de l'Europe où les princesses de la famille impériale, Caroline Murat, reine de Naples, Pauline, princesse Borghèse, Élisa, princesse de Lucques et de Piombino, Hortense, reine de Hollande, ainsi que quelques grandes dames, telles que Mme de Luçay ou Mme de Bassano, femme du ministre des Affaires étrangères, ont puissamment contribué à répandre ses créations.

Son très réel talent lui permet – à partir de dessins que son ami le peintre Garneray fait pour lui d'après les fresques de Pompéi ou la statuaire des galeries du Louvre – d'adapter avec bonheur l'Antiquité un peu rigide que prône David aux exigences d'une mode plus souple et plus aimable, à porter à la ville et dans les salons.

Après avoir trouvé, en la personne de l'impératrice Joséphine, la cliente idéale pour un couturier, « idolâtre de mode », toujours prête, sans songer à son budget, à se laisser tenter par quelque parure nouvelle qu'elle portera divinement, il habille aussi Marie-Louise (ill. 318), moins passionnée par la toilette, plus économe par éducation et par souci de plaire à Napoléon, et que l'étiquette, devenue très rigide, lui interdit d'approcher personnellement.

Avant même qu'elle n'arrive à Paris, il a fourni, pour son trousseau de mariage, une cinquantaine de modèles destinés à lui permettre de faire face à toutes les situations : grands habits, robes parées, robes de bal, redingotes très habillées, redingotes plus simples, habits de chasse très ornés, et bien sûr, la robe de mariage, un grand habit brodé en lames et en pierres, qui a coûté à lui seul 12 000 francs.

De cette époque, la Bibliothèque nationale conserve un de ses livres de comptes : le *Registre des dépenses de la Cour*, qui fait état des commandes reçues de 1812 à 1818. On peut y constater que la chute de l'Empire n'apporte pas de trouble excessif dans les affaires de Leroy. En 1814, la duchesse d'Angoulême, la fille de Marie-Antoinette, fait prendre une robe chez lui pour son entrée à Paris et restera sa cliente lors de la seconde Restauration. Ses façons sont

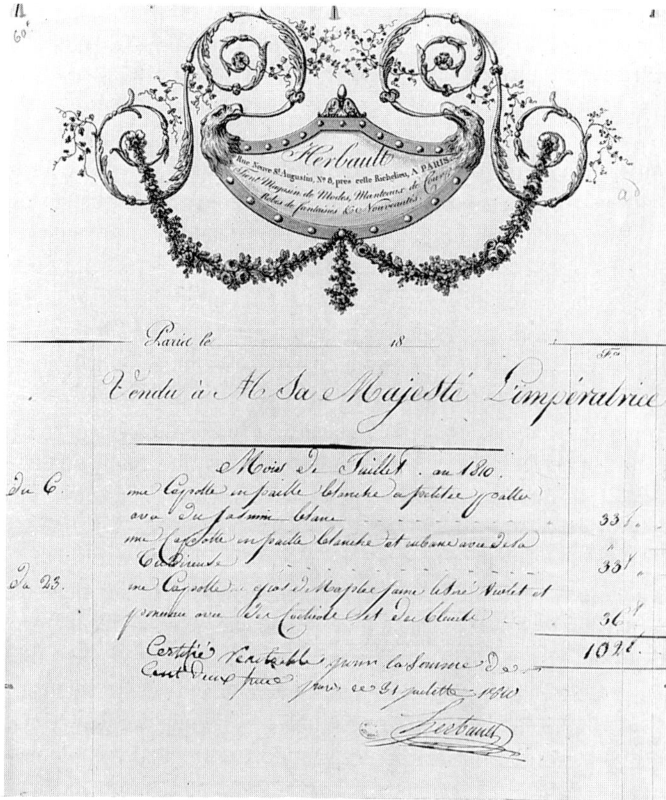

Herbault
Rue Neuve St Augustin, N° 8, près celle Richelieu, A PARIS.
Tient Magasin de Modes, Manteaux de Cour,
Robes de fantaisies & Nouveautés.

Paris le 18

Vendu à Sa Majesté l'Impératrice

Mois de Juillet an 1810.

Du 6. | 33 f.
| 33 f.
Du 23. | 36 f.
| 102 f.

Certifié véritable pour la somme de cent deux francs Paris ce 31 juillet 1810

Herbault

320. Facture du marchand de modes Herbault, adressée à l'impératrice Joséphine, 1810. Musée de la Mode et du Costume de la Ville de Paris.

comptées au prix uniforme de 18 francs. Toutes les différences proviennent de la valeur des matières premières employées et de celle des broderies qu'on y ajoute. Ainsi certaines clientes, en apportant leur étoffe, peuvent-elles se faire habiller à peu de frais en jouissant tout de même du talent du grand faiseur.

Autres fournisseurs

Parmi les autres fournisseurs en vogue, citons encore :

- Pour les couturiers et les marchands de modes (ill. 320): Mme Germond, 14, rue Sainte-Anne, couturière de Joséphine Bonaparte en 1802. Herbault, 8, rue Neuve-Saint-Augustin, près celle Richelieu, ancien valet de chambre, coiffeur de l'impératrice, qui s'établit marchand de modes après le divorce. Mlle Despeaux, 11, rue de Grammont, modiste tenue pour supérieure à Leroy, mais qui doit en fait son succès à son ouvrière, Mlle Annette.

321. *Costumes parisiens*, n° 991, 1809 : chapeaux.
Musée de la Mode et du Costume de la Ville de Paris.
Chapeaux de paille et capotes en tissu sont des coiffures d'été. La nuque est protégée par un bavolet.

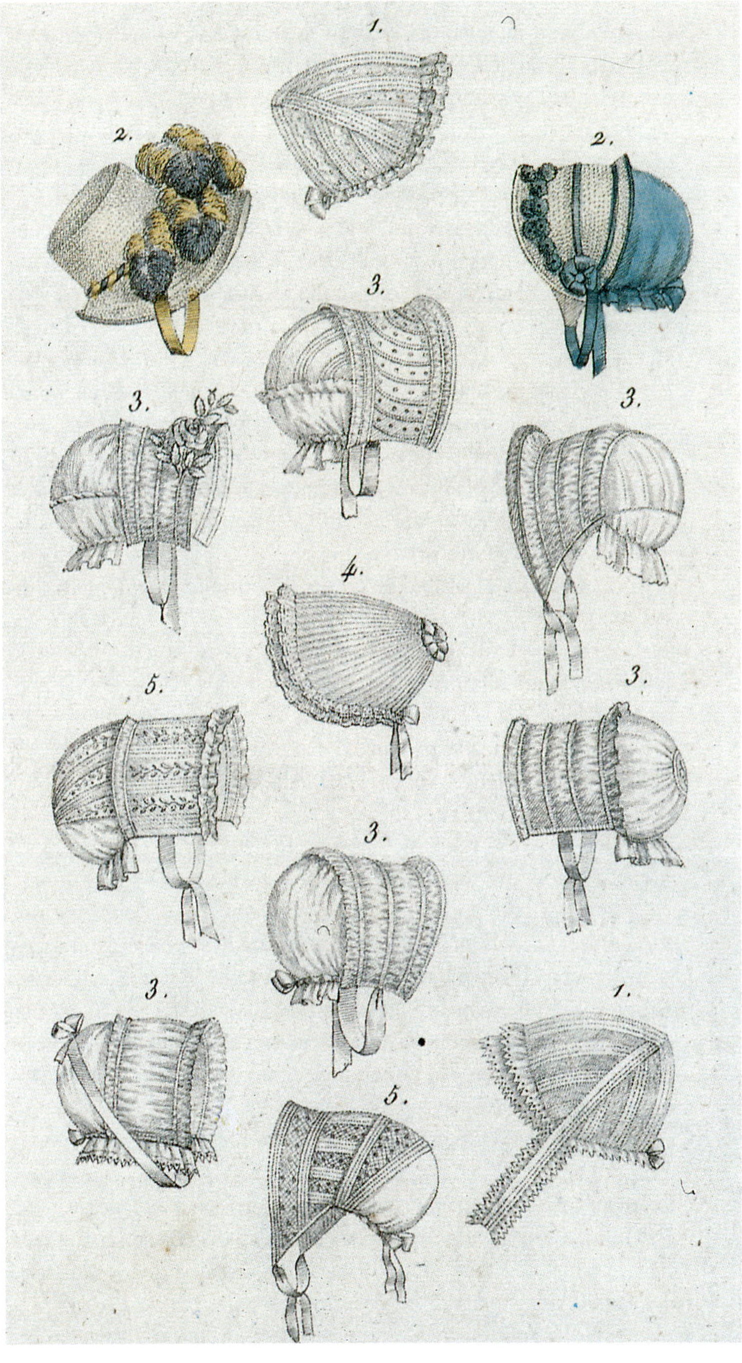
1.
2.
2.
3.
3.
3.
4.
5.
3.
3.
3.
1.
5.

- Pour les marchands de soiries : Le Normand, « Au grand turc », 248, rue Saint-Honoré, déjà connu sous Louis XVI, qui fournit en 1810 des châles de cachemire, de 1 200 à 4 600 francs, pour le trousseau de l'impératrice Marie-Louise. Nourtier, « Au page », rue Vivienne, successeur de Vacher, qui est, en 1810, au nombre des experts chargés d'examiner le trousseau fait pour Marie-Louise.

- Pour les brodeurs : Picot, rue Saint-Thomas-du-Louvre, qui, pour le sacre, brode le grand et le petit costume de Napoléon, pour 29 070 francs, réduits à 26 000. Julie Hind, 169, rue Saint-Marc, brodeuse de l'impératrice. Jean-François Bony, à Lyon, qui est à la fois modéliste en broderies et costumes pour la fabrique, et marchand de modes.

- Pour les lingères : Mlles Lolive et de Beuvry, déjà très en vogue sous le Consulat, qui font les chemises de l'Empereur (six douzaines en 1808, à 396 francs de façon et blanchissage), ses mouchoirs (120 en 1808 pour 1 440 francs plus 90 francs de façon et blanchissage), ses cravates (156 en 1813, en mousseline, à 12 francs), le trousseau de Marie-Louise (lingerie et dentelles pour près de 80 000 francs) et son trousseau de couches (pour plus de 160 000 francs). Mlle Minette, « À la perle », 32, rue des Petits-Champs, qui fournit en 1811 une partie de la layette du roi de Rome, et qui fut chargée, étant aussi marchande de modes, de porter des cadeaux de l'Empereur à la reine d'Espagne.

322. Bottes de l'empereur. Collection particulière.

Pied droit et pied gauche sont indifférenciés ; le talon n'est qu'une simple feuillure de cuir.

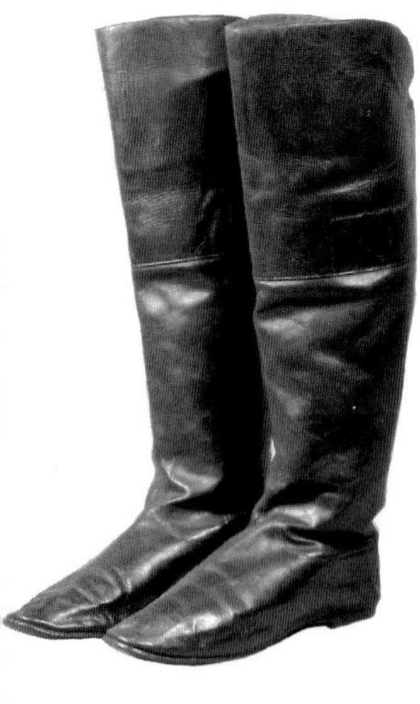

- Pour les fabricants de dentelles : Lesueur, 5, rue de Grammont, qui fournit en 1810 des robes de dentelle pour le trousseau de Marie-Louise. Bonnaire, rue Thévenot, qui fournit, pour la somme de 31 000 francs, des robes de bébé et un lit complet pour le roi de Rome. Rataud, qui fournit le voile de baptême, pour 1 000 francs.

- Pour les cordonniers : Berger, cordonnier de l'Académie impériale de musique, qui fait pour Joséphine des brodequins brodés d'or. Janssen, 13, rue Neuve-des-Bons-Enfants, qui fait des brodequins en satin blanc pour Marie-Louise. Cnops, 266, rue Saint-Denis, spécialiste des souliers ultralégers, qui aurait dit à une cliente venue se plaindre du peu de résistance de ses souliers : « Ah ! Madame aura marché avec ! »

- Pour les tailleurs : Chevallier, tailleur particulier de l'Empereur, qui réalise ses costumes du sacre pour 1 400 francs de façon. Lejeune, qui, en 1815, fait les redingotes grises de Napoléon pour 160 francs. Léger, à qui Napoléon demande, lors de son second mariage, un habit de fantaisie qu'il mettra une seule fois. Bastide, rue des Petits-Augustins, qui fait les uniformes des pages.

- Pour les fourreurs : La veuve Toulet, qui fourre d'hermine les manteaux impériaux pour la somme de 30 000 francs.

- Pour les chapeliers (ill. 321) : Poupart et Delaunay, « Au temple du goût », Palais-Royal, galerie du côté de la rue de Richelieu, qui, de 1800 à 1815, font pour Napoléon au moins cent vingt « petits chapeaux » à 48 francs pièce. Dayde, chapelier des écuries de l'Empereur. Chardon, chapelier de la garde impériale.

- Pour les bottiers : Jacques, rue Montmartre, bottier particulier de l'Empereur, auquel il vend de 15 à 18 francs la paire de souliers à boucles d'or ovales et 80 francs la paire de bottes doublées de peluche de soie (ill. 322).

- Pour les gantiers : Gervais Chardin, gantier-parfumeur de Leurs Majestés.

- Pour les bonnetiers : Panier, qui fournit à l'Empereur, pour le sacre, deux paires de bas de soie blanche, brodés d'or, pour 144 francs (ill. 323).

La plupart de ces fournisseurs en vogue, qui sont en général ceux de la cour impériale, sont établis dans le quartier du Palais-Royal qui est à l'époque le centre de la mode.

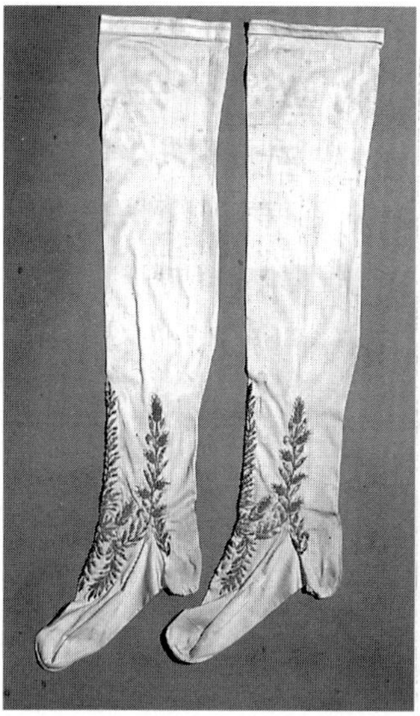

323. Bas du couronnement portés par Napoléon à Milan en 1805, soie blanche et broderies d'or. Florence, musée Stibbert.

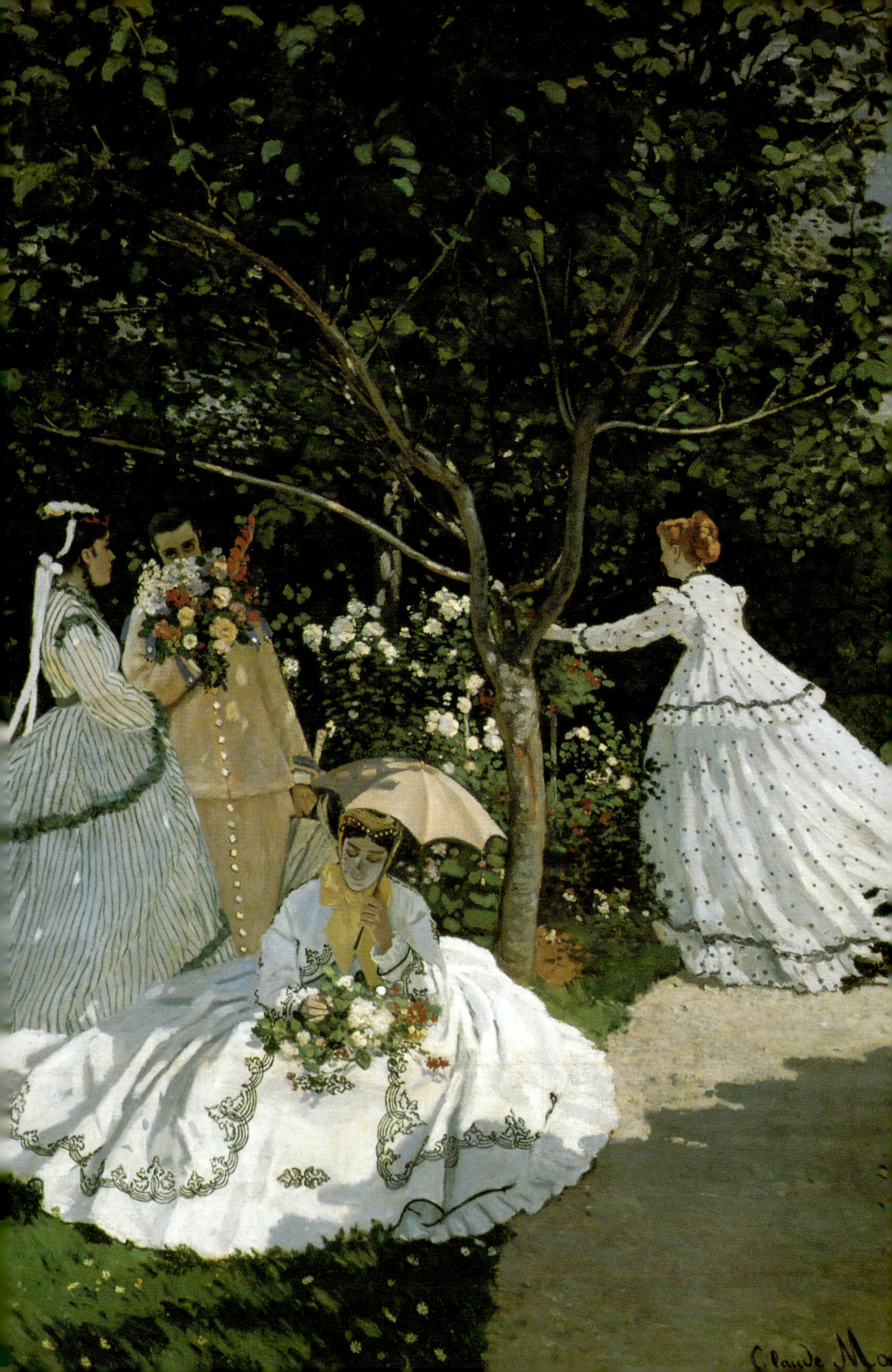

DE LA RESTAURATION À LA BELLE ÉPOQUE

D'UNE GUERRE À L'AUTRE, 1815-1914

Les différents mouvements de mode qui traversent une période donnée permettent de dégager les tendances définissant le style de cette époque. Si les lignes générales du costume se maintiennent selon des cycles longs, le renouvellement des parties accessoires s'effectue selon des cycles courts, voire même très courts. Le XIXe siècle est parcouru de nombreux mouvements sociaux qui n'ont pas le temps d'infléchir les tendances profondes du costume, comme avait pu le faire la Révolution, bouleversant la société française de fond en comble pendant dix ans. Un nouveau vestiaire, davantage en accord avec l'idéologie égalitaire et républicaine, en avait émergé, inspiré par le *retour à l'antique*.

Historicisme et modernité

Ce néo-classicisme qui s'est imposé dans les arts de la fin du XVIIIe siècle et du début du XIXe siècle se traduit dans la mode féminine, pendant environ vingt ans, par la verticalité de la silhouette ; pour les hommes, la culotte à la française s'efface peu à peu devant le pantalon. Après 1815, le retour à l'ordre politique de la Restauration se fait aussi sentir dans le domaine du costume,

324. Claude Monet, *Femmes au jardin*, 1866.
Paris, musée d'Orsay.

Après 1860, la crinoline perd un peu de son ampleur et la silhouette s'allonge. L'été, à la campagne, les cotonnades légères sont rayées ou à petits motifs souvent imprimés, soulignés de passementeries géométriques. Petits chapeaux de paille et ombrelles protègent du soleil.

lequel abandonne les excès des années précédentes : la taille s'abaisse petit à petit, les silhouettes s'arrondissent et les tissus s'alourdissent. C'est ainsi que les propositions vestimentaires élaborées vers 1830 ne changeront plus guère pendant le restant du siècle, et la mode devra louvoyer entre la tentation de la tradition et celle de la modernité.

Les jupes longues, les nombreux jupons volumineux, les dentelles et les soieries définissent toujours l'élégance féminine. Élégance d'une aristocrate ou d'une bourgeoise qui ne travaille pas, entourée d'une nombreuse domesticité qui la décharge de tous les problèmes matériels, n'ayant pour seul souci que celui de paraître et dont le chic et la mise sont le reflet de la réussite sociale de son époux. La mode cherche alors son inspiration dans le passé et les temps héroïques, mis en scène au théâtre ou à l'opéra, dont le XIXe siècle est l'âge d'or. Tour à tour, Moyen Âge, Renaissance, XVIIe puis XVIIIe siècles de convention sont réinterprétés et intégrés dans le costume contemporain : collets de dentelle, taillades ou crevés, polonaises sont utilisés dans un bel éclectisme qui alimente le courant historiciste qui se déploie aussi dans les arts décoratifs et l'architecture.

Ces références à la tradition font bon ménage avec la modernité qui bouleverse profondément le XIXe siècle. Le développement du machinisme entraîne un exode rural et une urbanisation croissante, favorisés par le chemin de fer. L'industrie textile surtout est gourmande en main-d'œuvre féminine. Avec l'abaissement des prix s'instaure une démocratisation toute relative de la mode, diffusée par l'intermédiaire des journaux spécialisés qui se multiplient. Destinés à la petite et à la moyenne bourgeoisie, ils distribuent des conseils et s'attachent à suivre l'actualité. C'est aussi par le biais de ces magazines que les patrons de mode et les techniques modernes de la couture sont propagés dans de nouvelles couches sociales jusqu'alors exclues du domaine de la mode et des nouveautés : à partir du dernier tiers du XIXe siècle, la machine à coudre, introduite dans de nombreux foyers, modifie le travail des ouvrières à domicile, mais aussi celui de la ménagère qui coud pour toute sa famille.

Il est incontestable que, dès le Second Empire, la population s'habille mieux : couture familiale et confection vendue dans les grands magasins ou par correspondance permettent une réponse immédiate à des besoins différenciés. Après 1870, la modernisation se traduit aussi par l'apparition d'une garde-robe plus adaptée aux nouvelles conditions de la vie quotidienne : imperméables, tenues de voyage et de sport, ainsi que le costume-tailleur

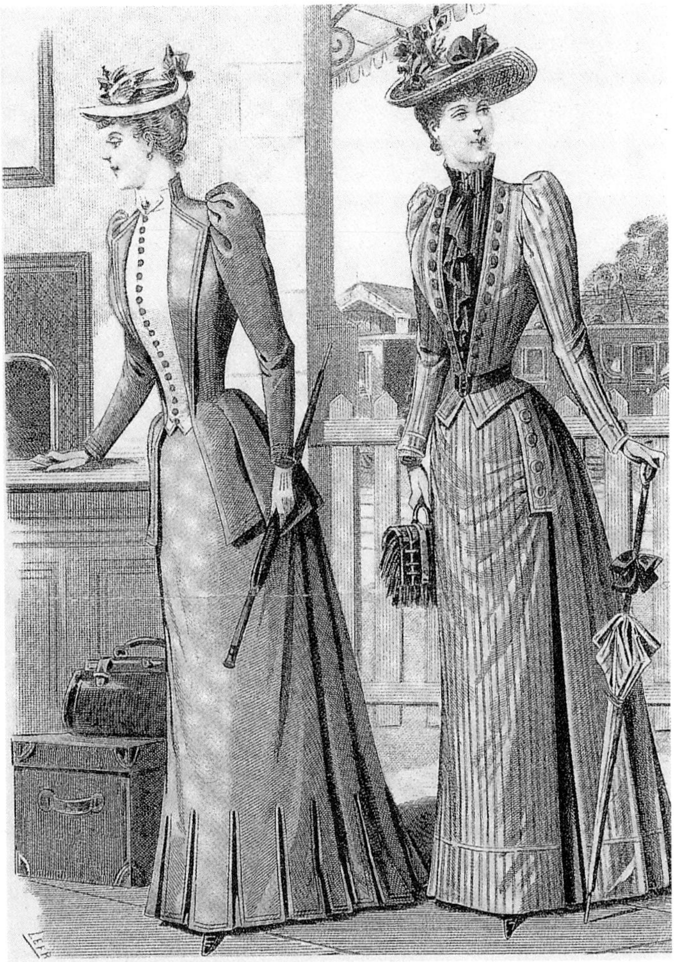

325. Lefranc, d'après A. Saul, *Le Salon de la mode, costumes pour le chemin de fer*, 1891. Musée de la Mode et du Costume de la Ville de Paris.

Les progrès de la vie moderne touchent aussi les femmes. Les toilettes de voyage s'efforcent d'être plus pratiques ; c'est dans ce but qu'est créé le costume-tailleur, dont le succès perdure encore.

pour dames (ill. 325), composé d'une jupe, d'une veste et d'un gilet à la coupe masculine exécuté à l'origine par les tailleurs et non par les couturières.

Aux textiles anciennement connus et utilisés, coton, laine et soie, viennent s'ajouter les fils artificiels issus des progrès de la chimie, ainsi que de nouvelles teintures permettant des coloris éclatants qui rivalisent avec le noir du costume bourgeois masculin ou du deuil, que les règles de civilité imposent avec la plus grande rigueur, et dont la qualité technique s'améliore sensiblement. Les perfectionnements techniques des métiers à tisser (jacquard) favorisent l'apparition d'une multitude de nouveaux tissus façonnés, directement soumis aux aléas de la mode. Ils se renouvellent rapidement, formant les nouveautés de l'année ou de la saison qui démodent celles des saisons précédentes. L'impression textile se perfectionne aussi ; le XIXe siècle est celui de la diffusion des imprimés, dorénavant leur prix les rend accessibles à tous.

Parallèlement à la confection, le Second Empire voit l'apparition de la haute couture, au sens moderne du terme : collections qui suivent les saisons, présentées par des mannequins qui défilent devant les clientes, modèles déposés, toiles vendues à l'étranger, installation dans de luxueux salons des nouveaux quartiers construits par Haussmann, art de créer l'événement : par un coup de génie, Worth lance la haute couture française telle que nous la connaissons encore aujourd'hui dans ses caractères principaux.

Depuis l'*Émile* de Jean-Jacques Rousseau (1762), le costume des enfants tend à s'éloigner de celui des adultes pour gagner en commodité. Vers 1830, les petites filles portent désormais des jupes courtes entre genou et chevilles, qu'elles conservent jusqu'à leur communion solennelle qui leur permet d'accéder aux jupes longues des femmes. Avec l'obligation scolaire de 1881-1882, les enfants adoptent un mode de vie qui leur est devenu spécifique et qui nécessite une tenue pratique et confortable.

Une nouvelle silhouette masculine

Le costume masculin évolue différemment du costume féminin. Dès la Restauration, pantalon, gilet et redingote préfigurent le costume masculin moderne du XXe siècle. Après 1850, la redingote s'efface lentement devant ce qui deviendra le veston pour former le complet (veston, gilet et pantalon assorti). Le XIXe siècle est aussi le grand siècle des uniformes : uniformes militaires, dont les couleurs chatoient face aux coloris ternes des bourgeois, et uniformes civils créés par les deux empereurs pour paraître à la cour et qui prolongent artificiellement l'archaïsme de l'habit et de la culotte à la française. Quant à sa ligne générale, il est évident pour tout observateur qu'il y a moins de différence entre le costume masculin de 1860 (ill. 326) et celui de 1960 qu'entre la robe à crinoline et la jupe droite qui atteint à peine les genoux, portée cent ans plus tard : la modernité du costume masculin est incontestable dès le milieu du XIXe siècle, alors que dans le domaine du costume féminin, les attributs du XIXe siècle persistent jusqu'à la Première Guerre mondiale. L'évolution des costumes des deux sexes s'opère alors à des vitesses différentes.

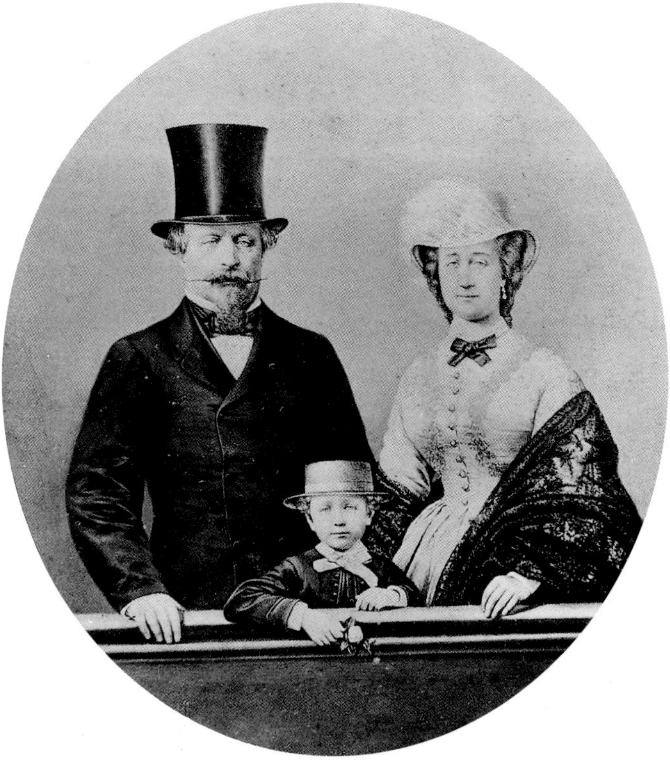

326. *Napoléon III, l'impératrice Eugénie et le prince impérial.* Photographie, v. 1863.

La famille impériale en toilette de ville apparaît comme n'importe quelle famille bourgeoise aux vêtements cossus.
Le costume masculin est dénué d'ornements ; à partir de 1830, on ne les trouve plus que sur les costumes féminins et les vêtements d'enfants.

Costumes régionaux et mode internationale

À l'autre extrémité de l'échelle sociale, et dans les provinces éloignées de la capitale, un phénomène apparaît dont seule la guerre, en 1914, vient arrêter le développement : celui des costumes régionaux (dits alors *folkloriques*) dont le succès populaire pose la question de leurs origines. Apparus au XIXe siècle, ils se développent en toute autonomie, selon un rythme qui leur est propre. Avant la Révolution, il ne semble pas que les différentes provinces du royaume aient eu des costumes spécifiques. Mais c'est avec la Restauration qu'ils s'épanouissent, chargés de réminiscences historiques, principalement du XVIe siècle. Les costumes bretons surtout, aux coiffes d'une grande originalité, attirent l'attention par leur pittoresque, tandis que les félibriges, autour de Frédéric Mistral, vantent la beauté classique du costume de l'Arlésienne.

Par-delà ces différences, qui seront laminées par la guerre à partir de 1914, le XIXe siècle reste celui de l'homogénéisation de la mode européenne. En cela, il est annonciateur du XXe siècle.

RESTAURATION ET ÉPOQUE LOUIS-PHILIPPE DE 1820 À 1845

Sous l'influence du romantisme, avec son goût de l'exotisme et sa passion de l'histoire, la mode adopte d'abord le style *troubadour*, puis le style *à la cathédrale*, qui marquent le succès des châles cachemire et des turbans venus d'Orient, des fraises, des manches à crevés et à gigot, inspirés des costumes des XVIe et XVIIe siècles. Seule la mode féminine suit ces tendances, les hommes se contentant de s'en inspirer discrètement. Certains expriment en revanche leur besoin de libération des contraintes par l'aspect un peu négligé de leur mise ; d'autres, adeptes du *dandysme*, mouvement né à Londres au début du siècle et introduit à Paris en 1825, font du soin de leur toilette leur principale préoccupation.

La duchesse de Berry tient jusqu'en 1830 le sceptre de la mode, l'apogée de son règne étant marqué en 1829 par le fameux *quadrille de Marie Stuart*, un bal costumé qui achève de mettre le XVIe siècle à la mode. La cour de Louis-Philippe ne prétendra aucunement à la direction des modes. Se voulant bourgeoise, elle simplifie le cérémonial et les uniformes pour lesquels, assez curieusement, la Restauration s'était coulée dans le moule du Premier Empire. Les femmes sont habillées sensiblement de manière identique, mêmes robes rondes et mêmes traînes amovibles ; les hommes portent les mêmes tuniques ou les mêmes habits à la française. Seules les couleurs et les broderies dessinées par Laffitte marquent un changement. Autre différence : les *barbes de blonde*, tombant de la chevelure, qui, pour les dames présentées, remplacent la chérusque.

327. *Costumes parisiens*, n° 1890, 1820 : cape à capuchon. Musée de la Mode et du Costume de la Ville de Paris.

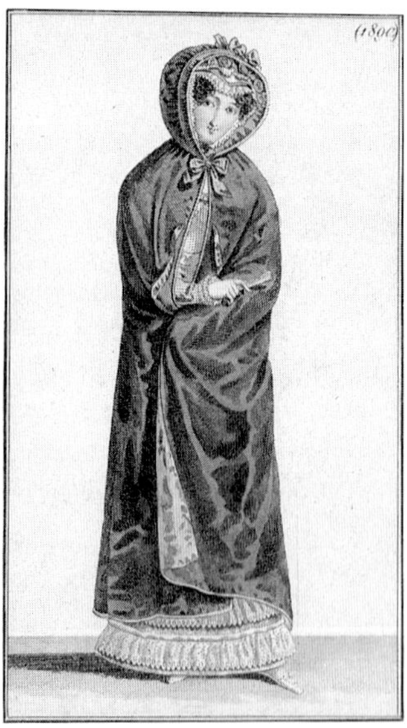

Les étoffes n'ont guère évolué : lainages à la ville, surtout pour les hommes, soieries légères, percales et mousselines de coton pour les femmes qui adoptent, dans le deuxième quart du XIXe siècle, les cotonnades imprimées dont bien des motifs sont inspirés du décor des châles cachemire.

L'iconographie la plus précieuse pour la connaissance de la mode de l'époque est constituée par les portraits, notamment les portraits dessinés par Ingres, pris sur le vif, et par les lithographies en couleurs publiées en recueils, comme les *Heures du jour* d'Achille Devéria, ou dans les journaux de modes tels que le *Journal des dames et des modes*, de Pierre de La Mésangère, *La Mode*, *Le Follet*, le *Journal des tailleurs*, le *Journal des demoiselles*, le *Musée des modes*…

La fin de la taille haute

De 1820 à 1824, la taille commence à redescendre, grâce à l'incrustation d'une ceinture qui allonge un peu le corsage. La jupe s'évase légèrement, raidie en bas par des cloques de mousseline, des volants, des bourrelets ou des bouillonnés. Les décolletés pour le jour sont petits, arrondis et garnis de *fraises* et, pour le soir, s'allongent en forme ovale. Les manches sont courtes et ballonnées, et, quand elles sont longues, une petite manche ballon en recouvre le haut ; la partie collante descend *en mitaine* jusqu'au milieu de la main, après s'être resserrée au poignet sous une petite patte. Les *jockeis*, des volants froncés et découpés, apparaissent aux épaules.

Pour sortir, on enfile sur les robes des redingotes qui en épousent les formes (ill. 329), des capes en léger taffetas ouatiné, des *spencers* ornés de biais gansé, ou bien on s'enveloppe dans des châles cachemire, tissés en Inde ou en France, qui ont la forme de longues écharpes à grande réserve noire ou blanche, encadrée de palmes polychromes.

Les chapeaux sont des capotes à passe évasée, se resserrant sous le menton, des toques ou de hautes coiffures empanachées à bord ondulant, qui recouvrent le chignon placé sur la pointe du crâne et encadrent des bouclettes réparties en deux masses de chaque côté du front (ill. 330).

Les souliers de bal, très légers, sont des escarpins arrondis au bout, sans talon, montés sur de fines semelles de cuir souple. Pour marcher, on les remplace par de petites bottines, lacées sur le côté intérieur de la cheville, en serge de laine ou en fine peau mordorée.

Les sacs à main, quelque peu délaissés sous l'Empire, reparaissent momentanément vers 1823, sous la forme de conques ou de vases en carton moulé recouvert d'étoffe cloutée ou pailletée. Ils prennent également l'apparence de grandes bourses perlées montées à des fermoirs ciselés suspendus à une chaîne.

De 1825 à 1828 la taille retrouve sa place naturelle. La jupe, froncée autour d'une ceinture incrustée et raccourcie au-dessus de la cheville, s'orne en bas soit de volants plus ou moins hauts, soit de motifs en relief. Les manches courtes, aplaties et circulaires, sont dites *en béret*. Les robes habillées se recouvrent parfois de manches longues transparentes en gaze de soie brochée (ill. 328). Par leur montage, les manches longues prennent une ampleur qu'elles perdent progressivement en descendant sur l'avant-bras.

On aime toujours les spencers, les redingotes ornées de plusieurs pèlerines superposées, les capes avec ou sans capuchon.

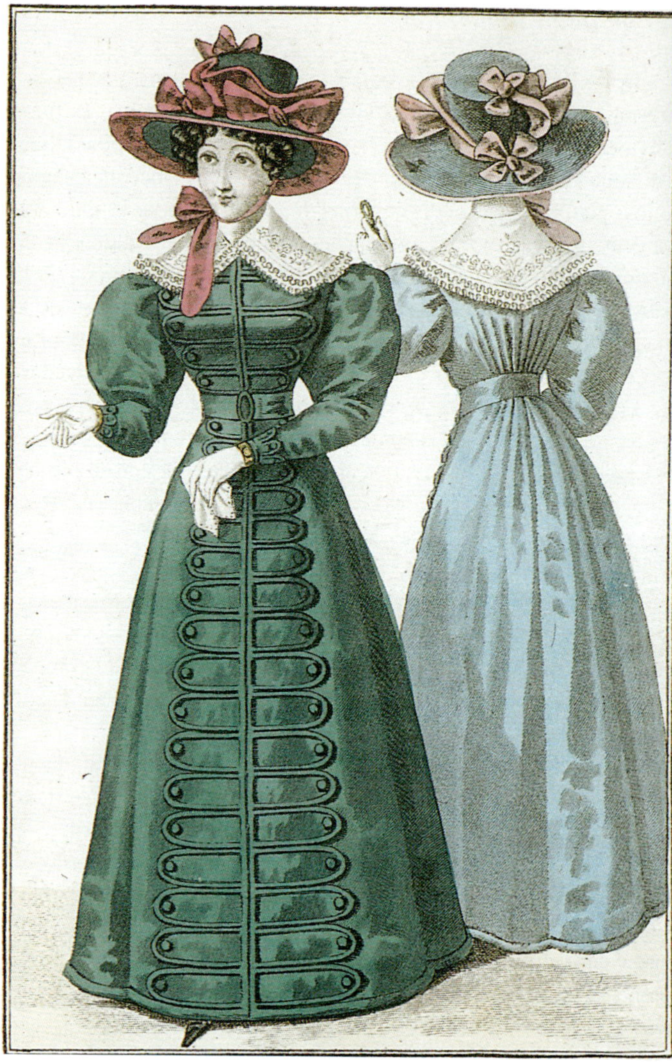

328. *Costumes parisiens*, n° 2373, 1825 : robe habillée et coiffure à plumes. Musée de la Mode et du Costume de la Ville de Paris.

La taille s'abaisse pour retrouver sa place naturelle. Elle est toujours ornée d'une ceinture. Le volume des manches augmente, elles sont en béret. Le bas des jupes est garni de motifs en relief.

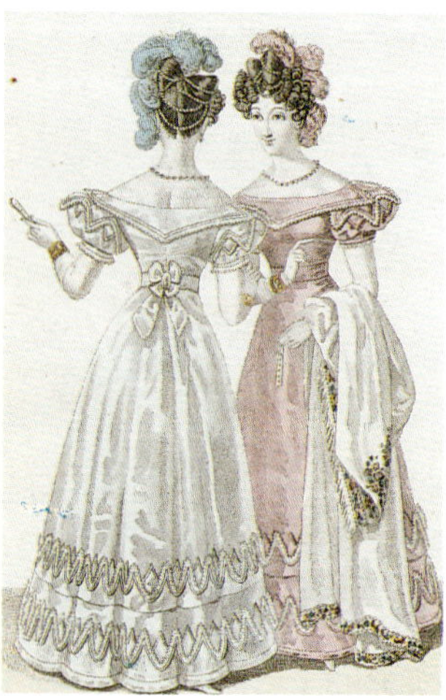

329. *Costumes parisiens*, n° 2362, 1825 : redingote et chapeau en gros de Naples. Col de gaze bordé d'une ruche de tulle. Musée de la Mode et du Costume de la Ville de Paris.

Les gravures de mode ont le désir d'être plus pratiques : elles montrent le devant et le dos des modèles, afin qu'ils puissent être copiés par les couturières.

La mode des colifichets, qui caractérise toute cette époque, s'affirme grâce aux *canezous*, petits corsages en mousseline qui se portent sur la robe (ill. 330), et aux mantelets à longs pans devant que l'on passe sous une large ceinture à haute boucle et dont les *jockeis* s'étalent sur les manches gonflées de la toilette.

Les coiffures sont des turbans en cachemire ou en tissu imprimé, ornés d'un *oiseau de paradis*, de grands bérets, mais surtout des chapeaux à large bord, portant fleurs, plumes et rubans, dont la haute calotte cylindrique abrite les coques des cheveux, d'abord basses, en papillon, et qui, en 1827, se dressent sur le sommet de la tête en l'honneur de la girafe, nouvellement arrivée à Paris. On porte ces chapeaux un peu en biais et assez en arrière, en laissant tomber sur les épaules deux larges brides en ruban qui sont fixées à l'arrière, sous la passe (ill. 330).

De 1828 à 1834, la taille, emprisonnée dans un long corset cintré dont les goussets supérieurs forment soutien-gorge, semble s'étrangler encore plus entre d'énormes manches, soutenues par des mancherons de toile, les *gigots*, et la jupe, considérablement élar-

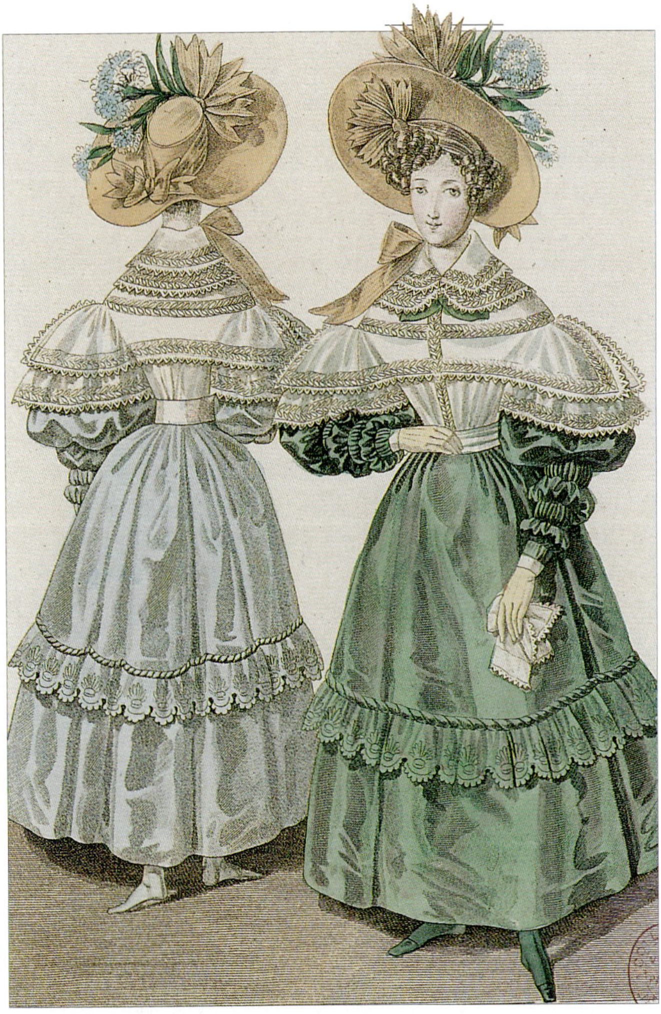

330. *Costumes parisiens*, n° 2824, 1830 : robe, canezou, chapeau. Musée de la Mode et du Costume de la Ville de Paris.

Le canezou est posé sur la robe. Les manches, très importantes, sont ornées de jockeis aux épaules. Le volant des jupes est cousu au milieu de celles-ci.

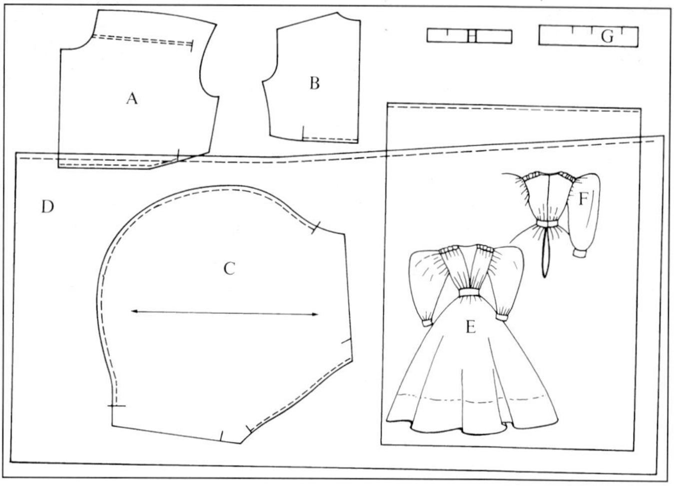

331. Patron de robe, v. 1834. A. devant ; B. dos ; C. manche ; D. devant de la jupe (milieu) ; E. devant de la robe ; F. dos de la robe ; G. ceinture ; H. poignet.

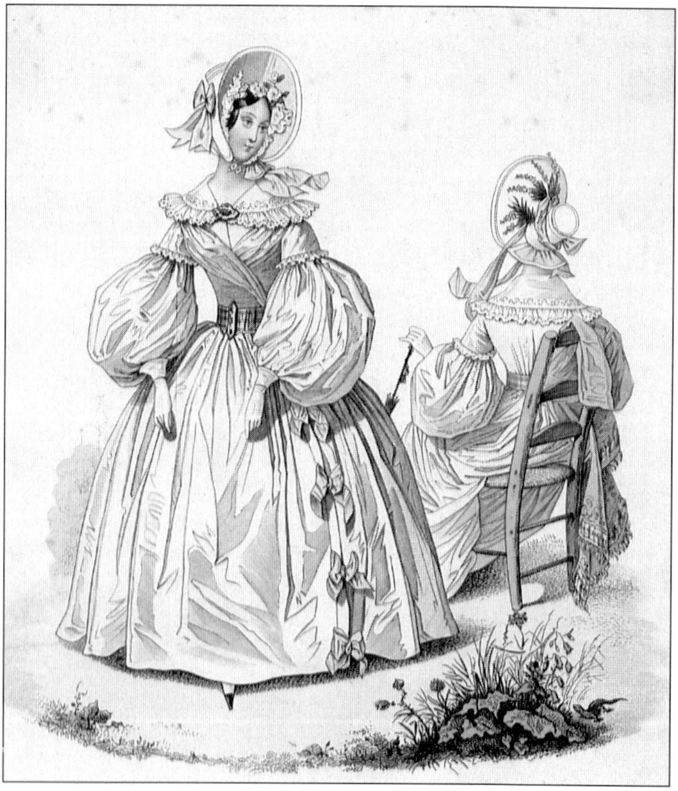

332. *Costumes parisiens*, n° 514, 1836 : robes, manches à ampleur descendue. Musée de la Mode et du Costume de la Ville de Paris.

La taille, très fine, est prise dans une ceinture, l'ampleur des manches est descendue pour envelopper le bras jusqu'au poignet.

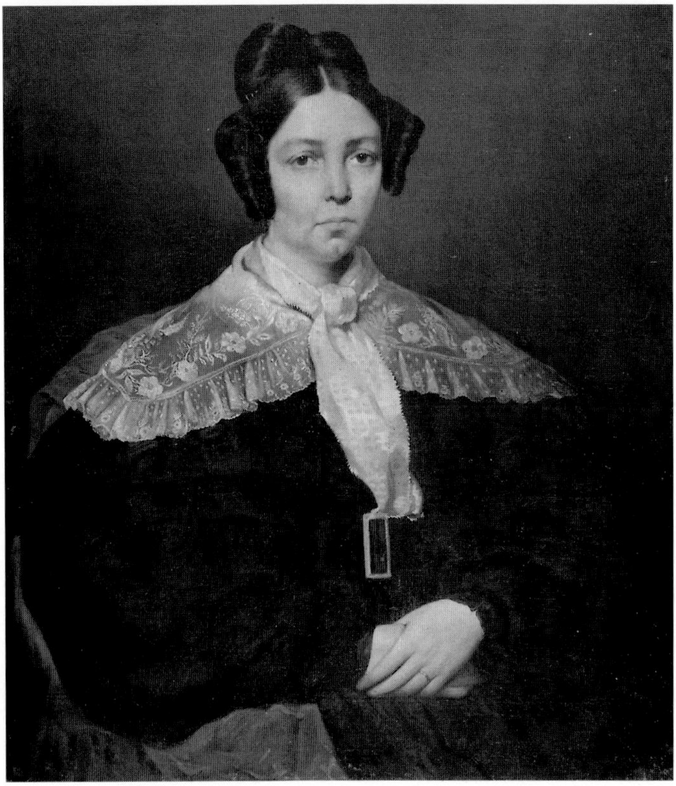

333. Théodore Chassériau, *La Mère de l'artiste,* 1836. Paris, musée du Louvre.

Col de mousseline brodée et ceinture à boucle ; coiffure à coques.

gie, qu'évasent des jupons ronds coulissés (ill. 332). Partie de l'épaule, l'ampleur de la manche longue ne se resserre qu'au poignet. Celle de la manche courte se partage souvent en deux gros bouillons superposés. Les unes et les autres s'enflent encore de *jockeis*, qui s'allongent sur elles comme des pèlerines. Le soir, la ligne dénudée du cou se prolonge jusqu'au large décolleté bordé de plis plats et à la naissance des bras (ill. 334). Les emmanchures sont placées très bas. Pendant la journée, le cou se voile de cols, de guimpes, de canezous et d'écharpes, qui connaissent un succès immense. On va jusqu'à porter un bonnet, bouillonné et volanté, sous le vaste chapeau dont les rubans, noués sous le menton, abattent la passe contre les joues, annonçant la réapparition, effective en 1833, de la capote. Redingotes et pelisses réchauffent toujours la toilette.

Le sac étant un peu passé de mode, on porte à la main un joli mouchoir ou un *éventail* souvent *brisé*, c'est-à-dire fait de lamelles découpées d'ivoire ou d'écaille.

Parapluies et ombrelles s'agrandissent pour mieux abriter les larges manches. Ouverts, ils prennent un profil en accolade, très caractéristique de l'époque.

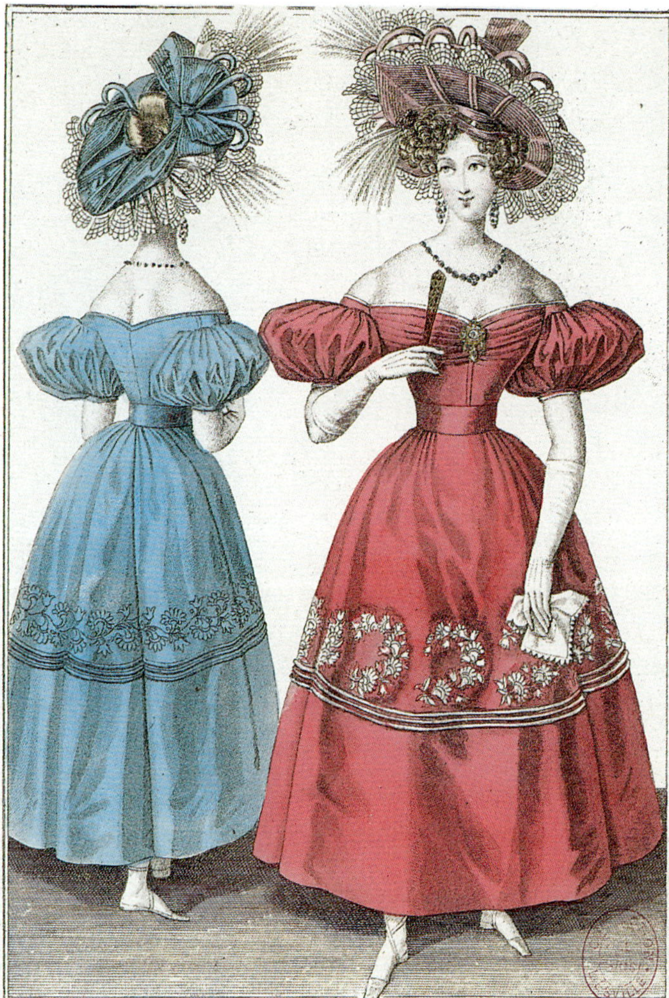

334. *Costumes parisiens*, n° 2821, 1830 : robe de bal à manches en béret. Musée de la Mode et du Costume de la Ville de Paris.

Grand décolleté drapé et manches courtes caractérisent les robes de bal ; les souliers à danser sont en taffetas sans talons. Le chapeau est très chargé.

De 1835 à 1839, la jupe s'allonge de nouveau et s'orne parfois en bas d'un volant en biais. Les manches, plaquées autour du haut du bras par des séries de fronces, voient leur ampleur descendre autour du coude pour se resserrer finalement au poignet. Les tissus employés, soie brochée, damas, cotonnades et lainages imprimés, se suffisant à eux-mêmes, les garnitures sont peu nombreuses en dehors des colifichets de mousseline brodée, toujours portés en abondance.

Dehors, on voit des pelisses à grandes manches fendues tombant du coude, comme au XVe siècle, car c'est maintenant le Moyen Age qui sert de référence. Grâce aux châles cachemire, dont les dimensions augmentent, les fabricants parisiens remportent des prix aux expositions des produits de l'industrie en 1834 et 1839. La coiffure préférée est une capote baleinée, en étoffe, qui s'évase autour du visage (ill. 334).

De 1840 à 1845 s'amorce le tournant qui conduit la mode à l'imitation du XVIIIe siècle, conformément aux tendances du *style Pompadour*. Le corsage s'allonge, dessinant souvent une pointe sur le devant de la jupe, qui allonge elle aussi et produit un effet, réel ou simulé, de jupe de dessus ouvrant sur une jupe de dessous (ill. 336). Les manches longues sont étroites, soit bouillonnées par une succession de bracelets froncés, soit complètement collantes. Vers 1843,

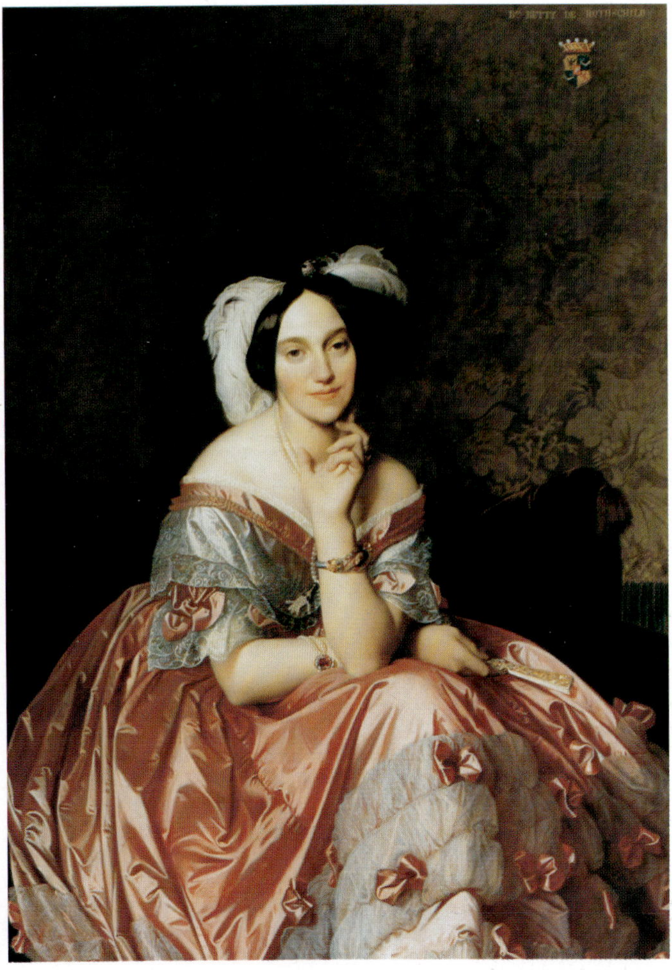

335. J.-A.-D. Ingres, *La Baronne Betty de Rothschild*, 1843-1848. Collection particulière.

Les épaule nues s'épanouissent dans un grand décolleté bateau bordé de dentelles. Très peu d'ornements, les dentelles et le satin rose vif se suffisent dans leur luxueuse simplicité. Coiffure en bandeaux lisses et plumes d'autruche.

elles sont surmontées en haut de petits mancherons, qui restent les seules manches de la robe du soir et encadrent alors l'immense décolleté bateau dont Palmyre, la célèbre couturière du temps, s'est fait une spécialité. Les épaules, devenues très étroites, sont enveloppées par des berthes. Les canezous descendent en pointe devant et derrière jusqu'à la taille, rappelant par leur forme la pièce d'estomac en honneur sous Louis XV et Louis XVI. Les manteaux se raréfient au profit des châles cachemire longs, que l'on porte pliés

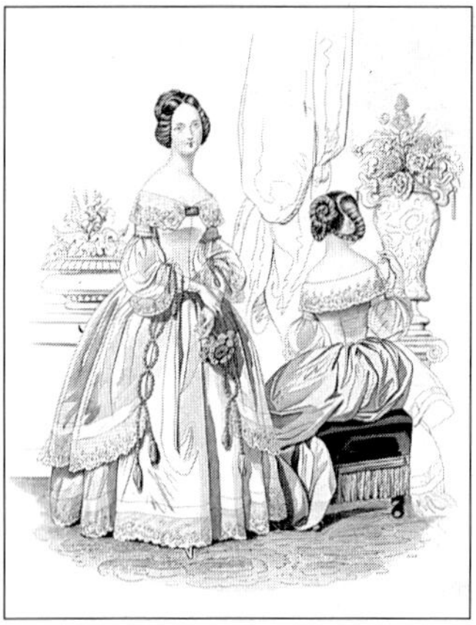

336. *Costumes parisiens*, 1843 : robe du soir simulant une ouverture sur une jupe de dessous. Musée de la Mode et du Costume de la Ville de Paris.

La gravure présente un corsage allongé en pointe, une double jupe et un grand décolleté bateau. La coiffure est plate, avec un chignon et des tresses.

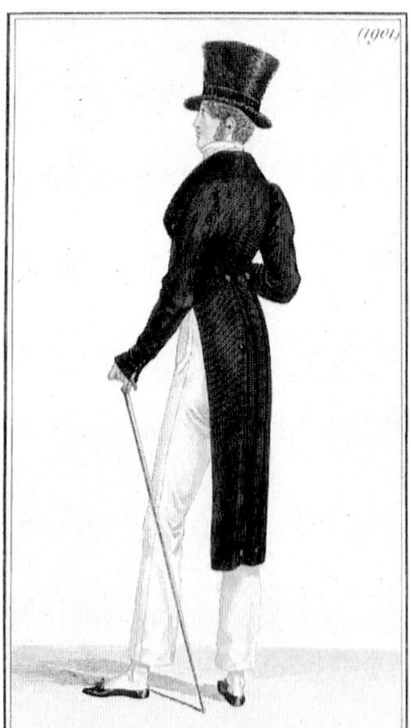

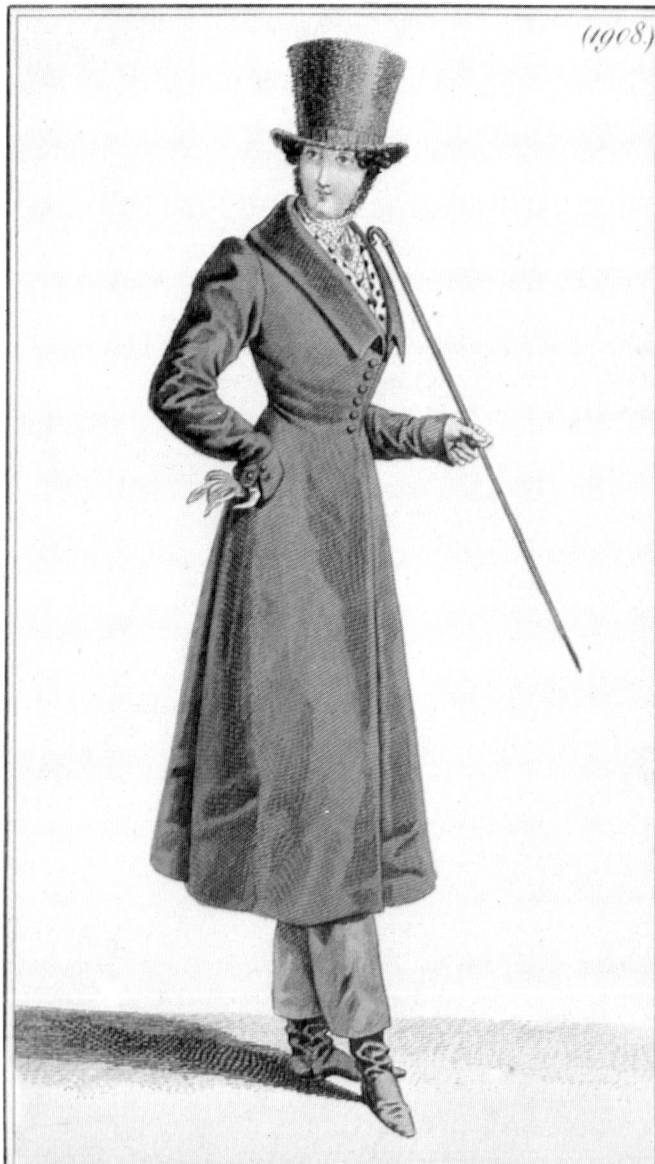

en deux, un angle rabattu sur les épaules qui se trouvent alors recouvertes de quatre épaisseurs d'étoffe. Pour la demi-saison, on préfère les mantelets bordés de volants, qui étriquent un peu la silhouette, ou les capes mi-longues.

Le chignon étant passé à l'arrière de la tête, la partie supérieure de la capote est devenue horizontale. Elle couvre les bandeaux de cheveux, plats ou nattés, qui s'arrondissent sur les joues.

Les chaussures reprennent enfin un petit talon ; cependant, il demeure très plat.

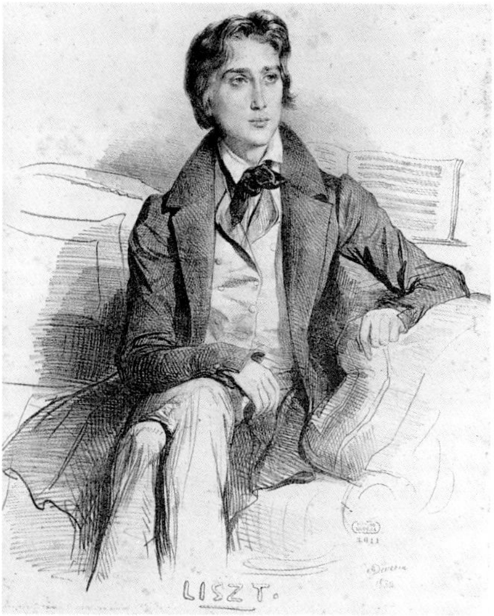

339. Achille Devéria, *Franz Liszt*, lithographie, 1832. Paris, Bibliothèque de l'Opéra.

Costumes masculins

De 1820 à 1825, quelques souvenirs du Premier Empire demeurent : gilet à haut col droit, cravate entourant le cou, laissant dépasser les pointes du col de la chemise, habit à la française et culotte pour les soirées, cape à pèlerine (ill. 340).

L'*habit dégagé* est à la mode, comme la *redingote* (ill. 338), qui peut jouer le rôle d'habit ou de pardessus, et dont la jupe, sous la taille un peu rehaussée, prend la même silhouette conique que celle des robes des femmes. Les cols, en velours et non cassés au fer, sont crantés très bas sur la poitrine. Le pantalon à pont, d'une couleur différente de celle de l'habit ou de la redingote, est tantôt large et court, flottant au-dessus des chaussures (bottes molles ou escarpins recouverts de guêtres, ill. 337), tantôt resserré à la cheville et tendu par un sous-pied.

Le haut-de-forme à bord large, dont la calotte s'évase en haut, posé sur la chevelure frisée, est la principale coiffure. En soirée, il est remplacé par un *chapeau claque*, qui se plie en deux le long de son axe vertical ; il peut ainsi se mettre dans la poche.

De 1825 à 1833, de même que pour les femmes, la taille retrouve sa place et les hanches s'arrondissent (ill. 342). Souvent, les hommes portent un corset. Les manches ont des fronces aux épaules, et la jupe de la redingote s'étoffe. Les gilets à col châle que l'on superpose, les grands cols engonçants qui baillent sur la poitrine, les redingotes-pardessus qui tombent jusqu'aux pieds, les pantalons tendus sur la cuisse mais plus larges à la cheville, le haut-de-forme très étroit et très long posé sur un toupet frisé souvent postiche, expriment le rejet des contraintes et la recherche de la fantaisie (ill. 342). Les gilets, les robes de chambre en cachemire, les casquettes, les

337. *Costumes parisiens*, n° 1901, 1820 : habit.
Musée de la Mode et du Costume de la Ville de Paris.
Habit dégagé, pantalon aux chevilles et haut-de-forme évasé.

338. *Costumes parisiens*, n° 1908, 1820 : redingote.
Musée de la Mode et du Costume de la Ville de Paris.
Taille cintrée, grand col et gilet apparent : c'est l'une des tenues du *dandy*.

340. *Costumes parisiens*, n° 3320, 1835 : redingote et cape. Musée de la Mode et du Costume de la Ville de Paris.

La redingote dessine la nouvelle silhouette, plus enveloppée. Les pantalons sont tendus grâce à des sous-pieds.

341. *Le Follet, costumes d'été*, 1844.

Les carreaux, les rayures et les coloris clairs sont adoptés pour les chaleurs. Coiffures frisées, moustaches et favoris sont portés par tous.

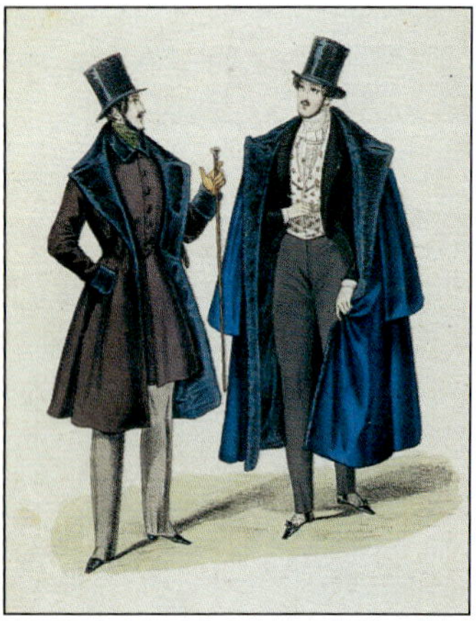

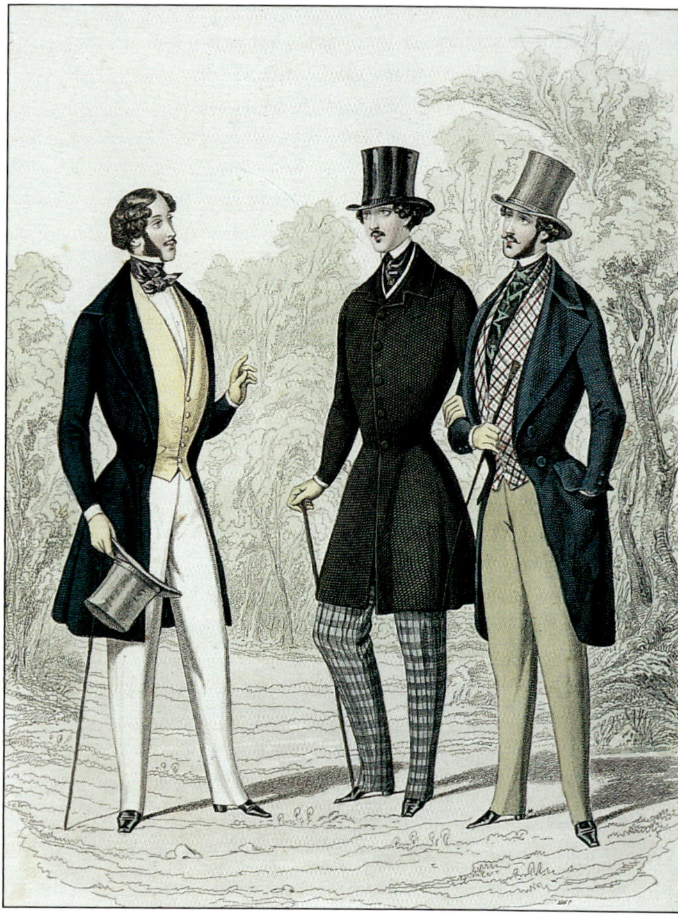

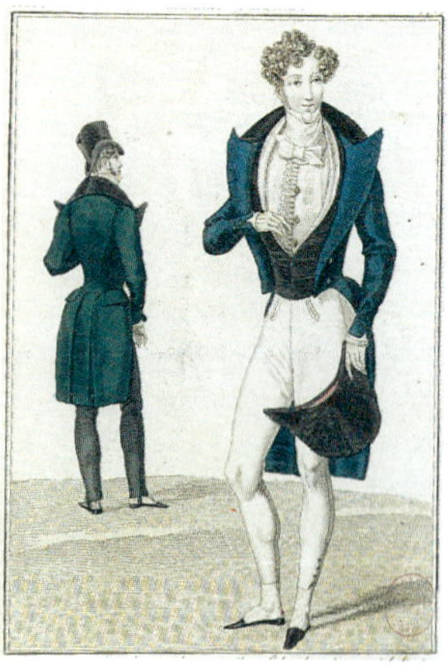

toques et les bonnets grecs ornés de glands, portés en costume d'intérieur, traduisent le goût de l'exotisme.

De 1834 à 1845 les lignes s'épurent, les vêtements s'ajustent, les manches sont montées à plat ; les pantalons, étroits, sont bien tendus, la cravate est moins haute et le col de la chemise se rabat par-dessus. La silhouette reprend une stricte netteté (ill. 340). Elle est couronnée par un haut-de-forme qui s'élargit en 1840 et que l'on pose sur les cheveux, partagés par une raie, en deux masses bouclées à hauteur des oreilles (ill. 341).

342. *Costumes parisiens*, n° 2774, 1830 : habit et chapeau-claque. Musée de la Mode et du Costume de la Ville de Paris.

Tenue de soirée : gilet à col châle, chemise à plastron et col debout, cravate blanche, pantalon collant court boutonné aux chevilles.

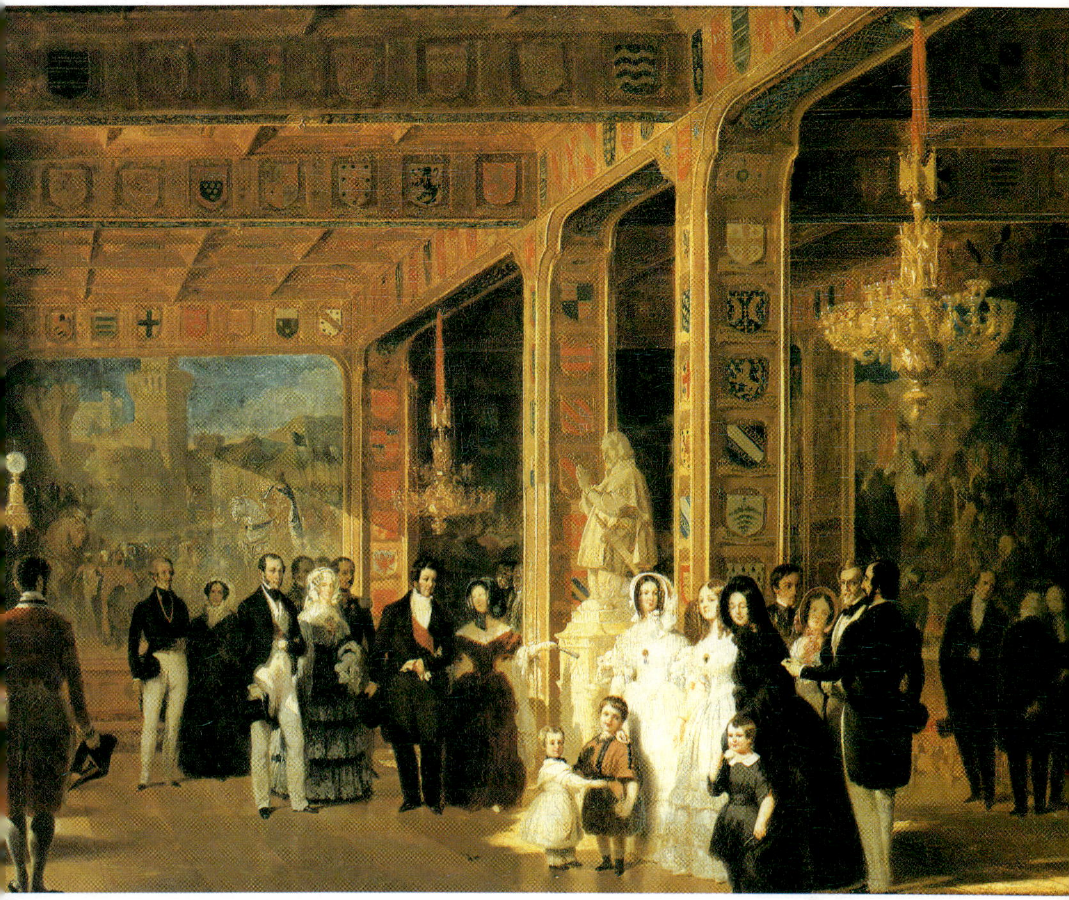

Enfants : l'imitation des adultes

343. Prosper Lafaye, *Louis-Philippe et sa famille visitent les salles des Croisades au musée de Versailles*, 1840. Versailles, musée national du Château.

Les vêtements d'enfants se sont considérablement simplifiés, mais la silhouette suit celle des parents.

Les robes des fillettes et les blouses des garçonnets suivent de très près la mode féminine, notamment grâce à l'évolution des manches. Les fillettes ont un pantalon de lingerie qui descend en cylindre étroit jusqu'aux chevilles et dépasse de la robe, relativement courte. C'est le symbole de l'enfance, qu'elles ne quittent qu'à leur première communion. Les jeunes garçons portent de pittoresques bérets, des casquettes à glands ou des *bicoquets* style Louis XI, tandis que les fillettes copient les chapeaux de leurs mères. Un peu plus âgés, les garçons imitent leurs pères, haut-de-forme compris. Toutefois, ils préfèrent le spencer à l'habit ou à la redingote.

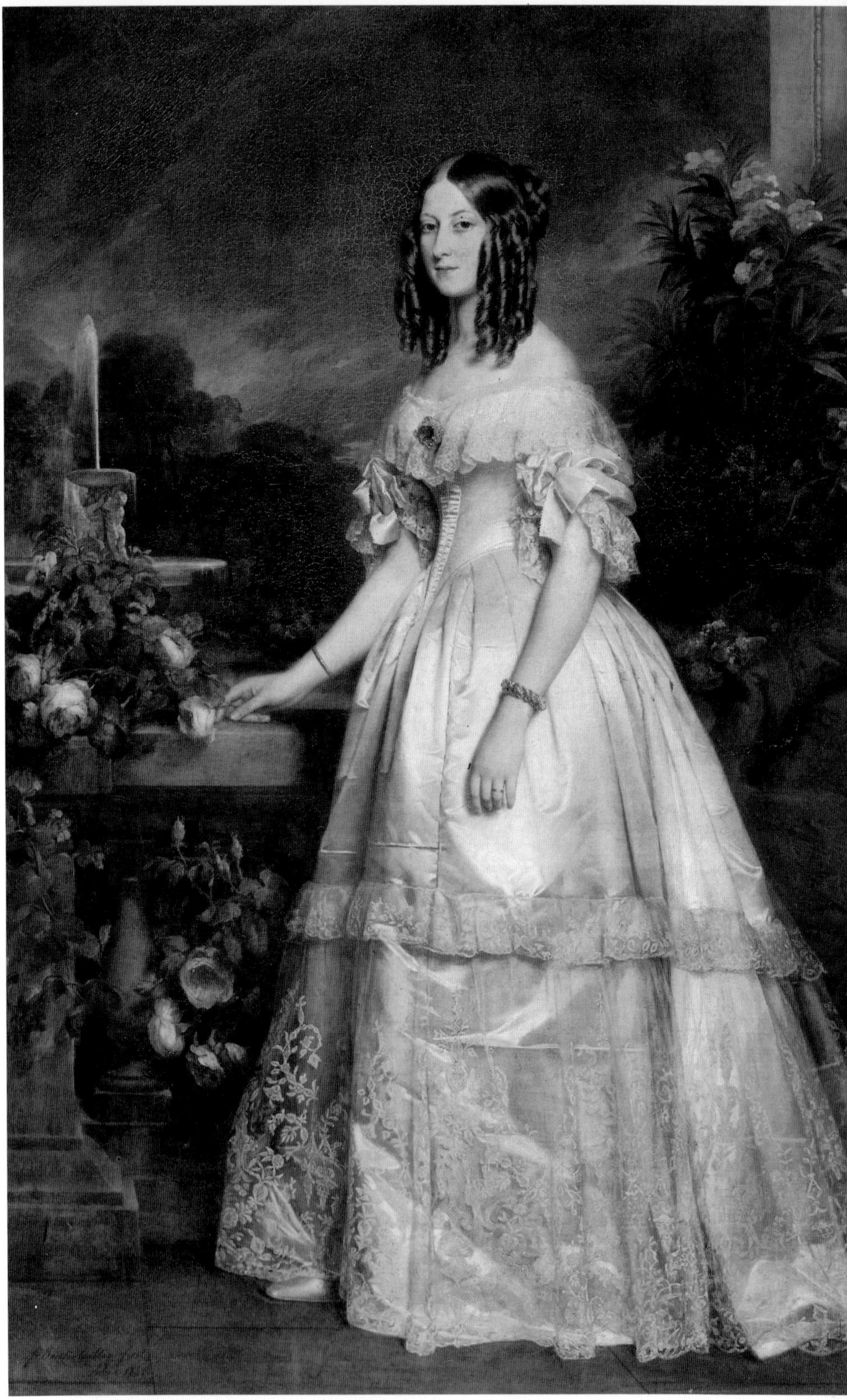

LE SECOND EMPIRE
DE 1845 À 1869

Dès la seconde moitié du règne de Louis-Philippe, l'influence du XVIIIe siècle donne naissance en art décoratif au *style Pompadour*, inspiré du style Louis XV, puis au style *Louis XVI - Impératrice*, dû à la passion de l'impératrice Eugénie pour Marie-Antoinette. Cette influence s'exerce également sur le costume, dont on suit l'évolution grâce aux portraits peints par Winterhalter (ill. 345) et Dubufe, et aux planches des journaux de mode, œuvres d'excellents dessinateurs tels Compte-Calixte, Jules David, Héloïse Leloir et Anaïs Toudouze.

À cette époque, on aime les taffetas imprimés sur chaîne qui rappellent les anciens chinés à la branche, les étoffes semées de bouquets et de guirlandes, les dentelles à motifs chantournés et, plus tard, les rayures. Les manchettes de lingerie, à volants, se réfèrent aux « engageantes », et la pointe que les corsages dessinent sur les jupes aux corps à baleines. Mais la *crinoline*, employée de 1845 à 1869, est l'élément le plus caractéristique de la mode vestimentaire du Second Empire (ill. 344). Elle est une interprétation des paniers. La crinoline doit son nom à l'étoffe tramée de crin dans laquelle elle est réalisée. En 1856, grâce à Auguste Person, elle s'arme de cerceaux reliés les uns aux autres par des cordons ou passés dans un jupon de cotonnade.

Les crinolines

De 1845 à 1860 la crinoline est ronde sous une jupe garnie de volants superposés. Elle est utilisée aussi bien le soir que le jour car elle est indépendante et peut s'associer à deux corsages assortis. Celui de jour, particulièrement entre 1852 et 1858, est une petite jaquette dont la basque constitue pour l'œil le premier volant de la jupe. Ses manches pagode trois-quarts, tout d'abord assez étroites et portées avec des manchettes de mousseline blanche à deux volants, s'élargissent peu à peu et finissent par se fendre. Vers 1860, on les porte avec des manchettes à poignet très gonflées sur l'avant-bras (ill. 346). Ce corsage s'ouvre devant sur une guimpe-plastron, ou se boutonne jusqu'à l'encolure ronde garnie d'un petit col en mousseline ou dentelle. Vers 1848, certaines robes sont en une seule pièce, avec un très long corsage qui dessine une pointe devant (ill. 344). Plus tard, les robes d'été, en mousseline blanche, sont également d'une seule pièce grâce à une petite ceinture incrustée. Elles

344. F.-X. Winterhalter, *La Duchesse de Nemours*, 1840. Versailles, musée national du Château.

La jeune femme porte une robe de satin garnie aux épaules d'une berthe et de volants sur la jupe, le tout en dentelle, et une coiffure avec des boucles à l'anglaise.

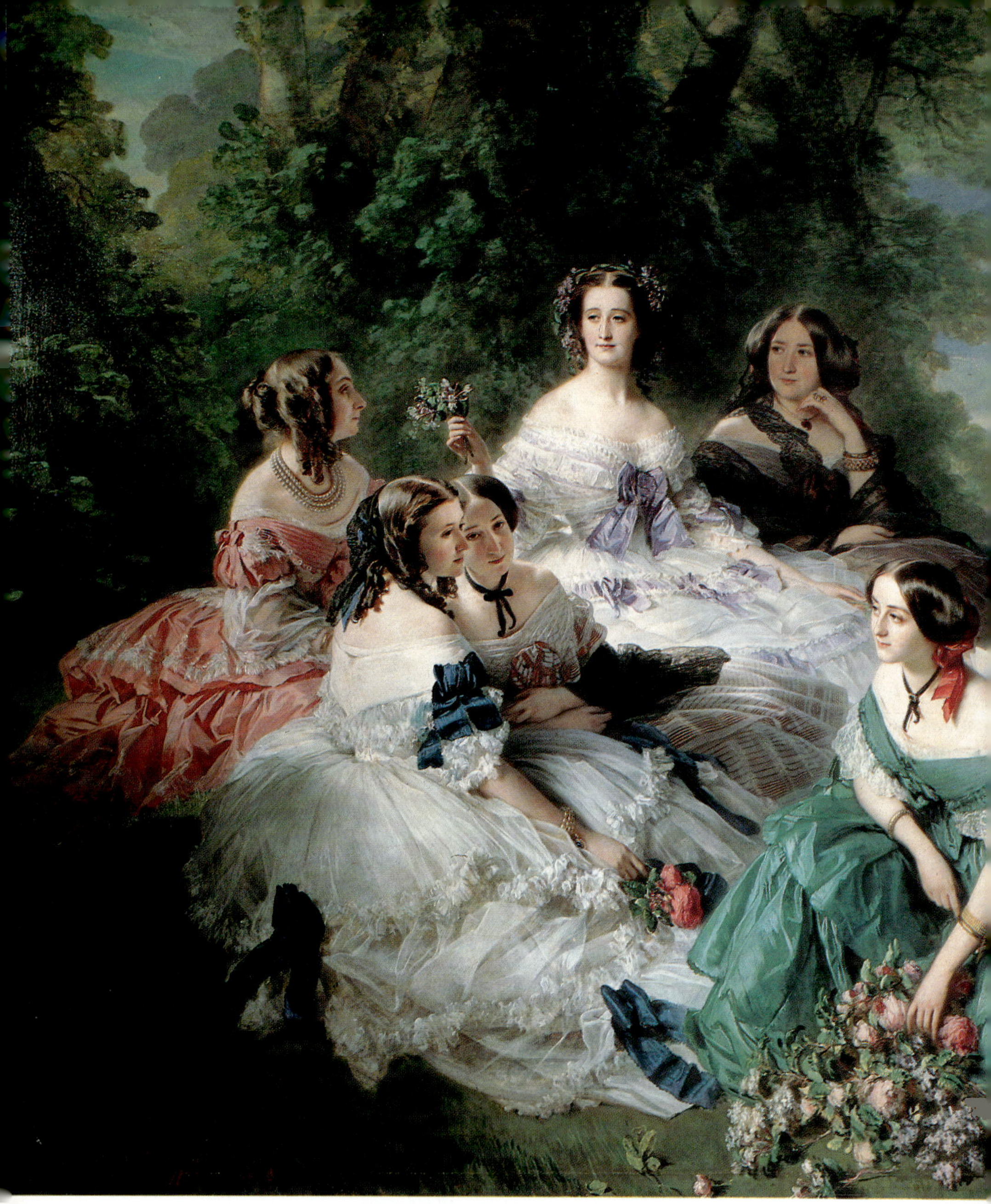

s'agrémentent de fichus volantés et de petites berthes. Le corsage du soir, en pointe devant, est baleiné, pourvu de petits mancherons bouillonnés et largement décolleté en ovale. Les garnitures sont des rubans, chicorées découpées, franges de soie, petits pompons, galons disposés en brandebourgs.

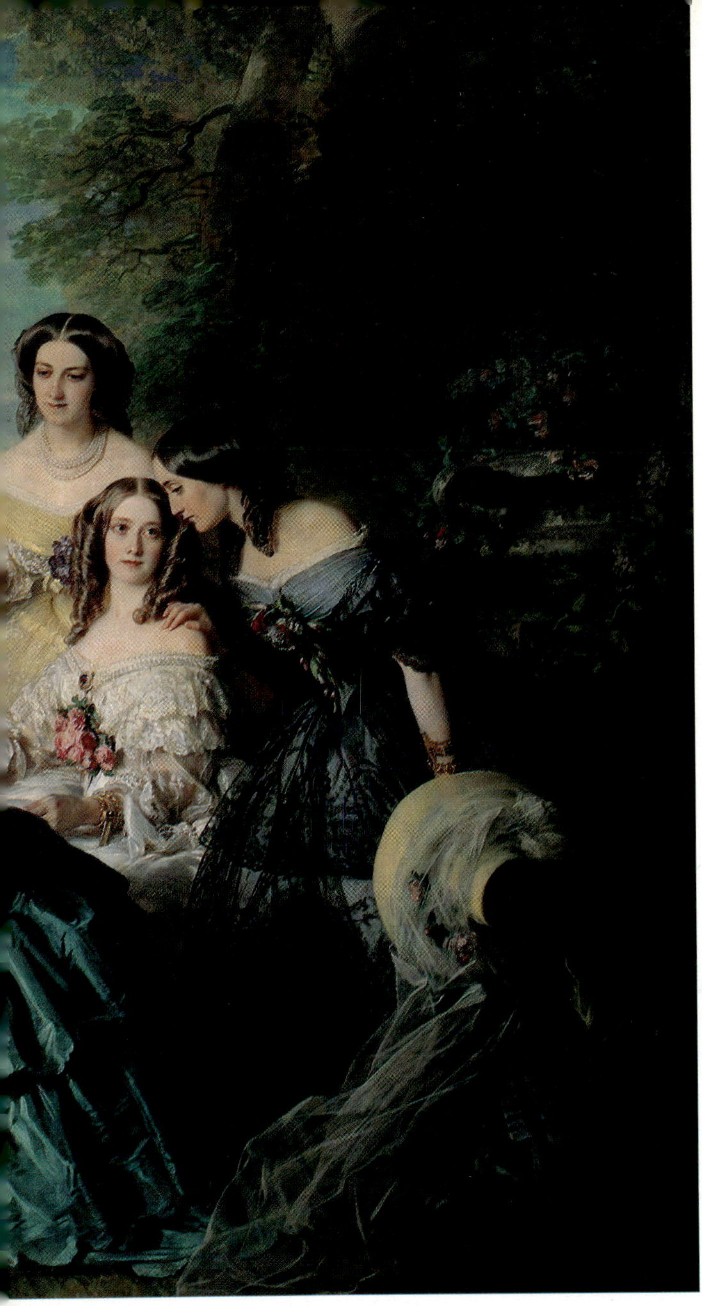

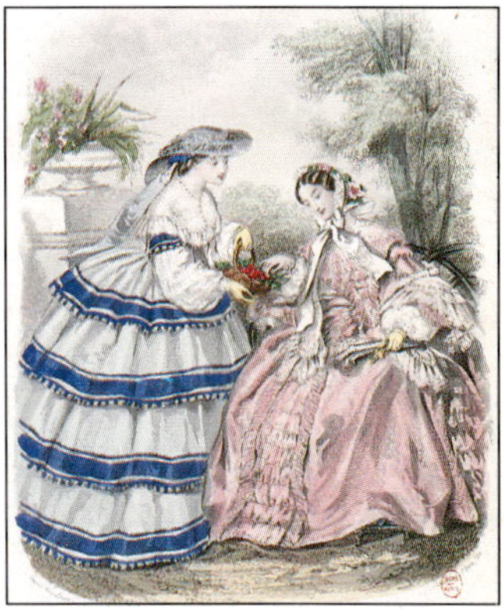

346. *Costumes parisiens*, août 1857 : robe à volants et capeline de paille. Musée de la Mode et du Costume de la Ville de Paris.

Costumes d'été : crinoline ronde, petits volants, manches garnies de lingerie.

345. F.-X. Winterhalter, *L'Impératrice Eugénie et ses dames du palais*, 1855. Compiègne, musée national du Château.

Des volants ornent toutes les jupes élargies par de vastes crinolines, les épaules, découvertes, ont de grands décolletés garnis de dentelles et de fleurs. Les couleurs préférées, au Second Empire, sont les roses vifs, les bleus et surtout les mauves et les violets.

Aux manteaux on préfère les *mantelets*, petites pèlerines pourvues de deux longs pans devant, et entre 1852 et 1860, les *basquines*, jaquettes trois-quarts cintrées qui s'étalent sur la crinoline (ill. 349), ainsi que les châles, en été, de mousseline, soie ou dentelle, et, en hiver, de cachemire, carrés ou longs (ill. 350-351).

Les chapeaux demeurent de petites capotes avec un bavolet d'étoffe qui abrite le chignon placé bas sur la nuque. Ces capotes s'évasent un peu autour du visage. Elles dégagent légèrement les bandeaux de cheveux qui partent des tempes et fuient sur les oreilles. L'été, on voit aussi des capelines rondes en paille.

En 1857, naît la *haute couture*, fondée par Charles-Frederic Worth, un Anglais qui travaillait depuis plusieurs années à Paris chez Gagelin, marchand de modes renommé, et qui s'installe rue de la Paix, quartier encore peu fréquenté qu'il va contribuer à lancer. Il applique à la couture les principes de la grande industrie naissante. Ainsi, il a l'idée du *modèle*, qu'il propose à la cliente (comme en confection, mais exécuté sur mesure et avec un soin extrême), et du *mannequin vivant*, pour le lui présenter dans un cadre luxueux qui nécessite un important investissement.

De 1861 à 1866, la crinoline devient immense (ill. 349-352). Elle s'allonge en arrière et soutient une jupe qui fait un mouvement de traîne. Les lignes de la toilette se raidissent, la taille remonte, les manches sont plates. Des garnitures (galons, soutache, dentelle ou petits biais de satin) soulignent de dessins géométriques l'empiècement, le montage des manches et les fentes des poches. Cependant, on peut diviser cette période en deux. Avant 1864, le corsage dessine encore une petite pointe devant, le décolleté de la robe du soir reste ovale, le chignon ou les anglaises tombent sur la nuque, le chapeau reste une petite capote aux brides nouées sous le menton qui s'élève un peu au-dessus du front, fixée avec une passe, et comporte des épis, des fleurs, de petits volants de dentelle. Pour accompagner cette capote, on porte la basquine cintrée, le mantelet à volant ou le châle. Après 1864, une ceinture à deux pans flottants orne la taille, le décolleté devient carré et le chignon, remontant à l'arrière de la tête, permet l'usage d'un petit chapeau en forme de plateau, qui conserve cependant les brides de la capote. Le goût des paletots tronconiques, assortis aux robes, commence à se répandre .

Dehors, on porte des capes, des burnous, qui s'évasent sur la crinoline, et des châles cachemire longs que l'on peut plier de différentes façons pour en faire apparaître l'un ou l'autre motif et sembler ainsi en posséder plusieurs exemplaires.

Les tons des tissus, des moires, des taffetas, des failles, des toiles de coton pour la campagne, unis puis rayés, deviennent de plus en plus violents, avec prédominance des verts et des bleus.

Après la haute couture, la haute mode est à son tour fondée par Caroline Reboux qui, en 1865, s'établit 23, rue de la Paix.

De 1867 à 1869, les détails de la toilette restent à peu près les mêmes, mais la crinoline, combattue par Worth, se réduit soudain à un modeste tronc de cône dit *crinoline empire*. On voit apparaître quelques robes princesse, d'une seule pièce, qui allongent la silhouette (ill. 352). Une autre tendance concernant la marche à pied et les courses en montagne retrousse le bas des jupes, dégageant ainsi la cheville. On aperçoit alors les bottines d'étoffe ou de cuir, de nouveau pourvues, depuis 1840, d'un petit talon. Le soir, les souliers deviennent des escarpins, noirs ou assortis aux toilettes.

Les petites ombrelles (qui deviennent parfois, à la campagne ou aux eaux, des chapeaux-ombrelles montés sur une couronne d'étoffe) sont à manche pliant (on les appelle alors des *ombrelles-marquise*) en écaille ou ivoire sculpté, et recouvertes de soie ou de dentelle (Chantilly ou point d'Angleterre). Le sac à main est utilisé surtout pour le voyage et prend alors l'aspect d'une sacoche ou d'une valise d'un format réduit. En revanche, pour le soir, les éventails, qui souvent imitent les éventails Louis XV, sont en faveur, ainsi que les mouchoirs, merveilleusement brodés au plumetis et que l'on borde de Valenciennes.

347. *Le Musée de la mode*, août 1850 : costumes d'hommes. Musée de la Mode et du Costume de la Ville de Paris.

En vacances, la tenue est moins stricte ; les garçons portent casquette et blouse, qui sont empruntées au folklore russe.

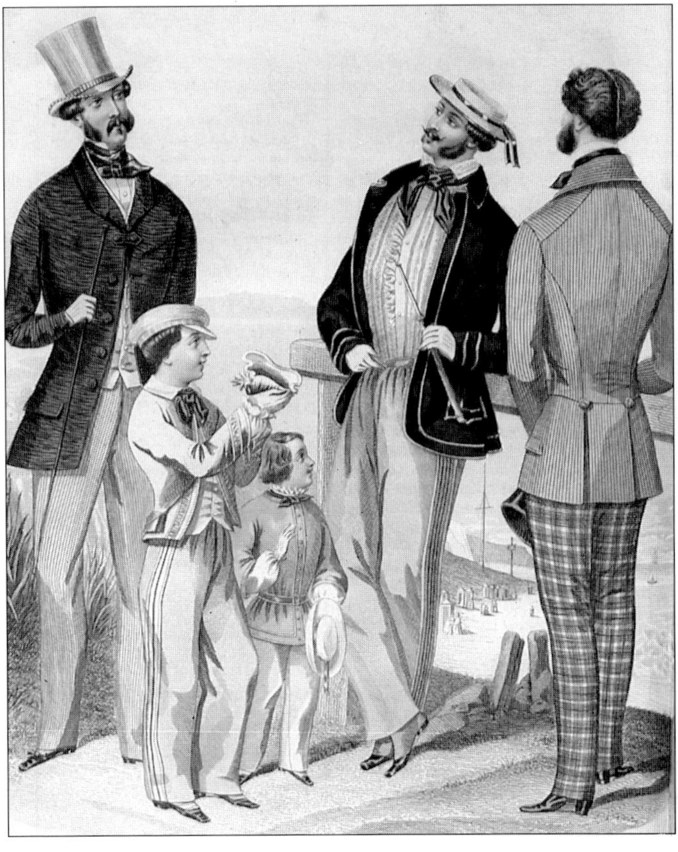

L'adoption du noir

De 1845 à 1847, encore assez clair et toujours ajusté, le costume masculin conserve l'aspect qu'il avait auparavant. De 1847 à 1860, la jupe de la redingote raccourcit au point de n'être plus qu'une basque un peu longue (ill. 348). Pour sortir, on recouvre cette redingote de vêtements flottants : *cloche*, *mandarin*, *Charles-Quint*, *Pie IX*, *Talma*. Ces vêtements ne sont pas plus longs que la redingote. Ils dégagent largement le pantalon collant, retenu sur la chaussure par un sous-pied ; le pantalon est à raies horizontales ou qua-

349. *La Mode illustrée*, n° 16, 1863 : cape et basquine.

350. *La Mode illustrée*, n° 13, 1864 : robes princesse.

351. *La Mode illustrée*, n° 32, 1867 : robe et shall, jaquette longue à bords en dents de scie. Musée de la Mode et du Costume de la Ville de Paris.

Après 1864, la crinoline n'est plus qu'un tronc de cône, allongeant la silhouette, surtout avec l'adoption de la ligne princesse, sans couture à la taille. Le bas des jupes est toujours très orné.

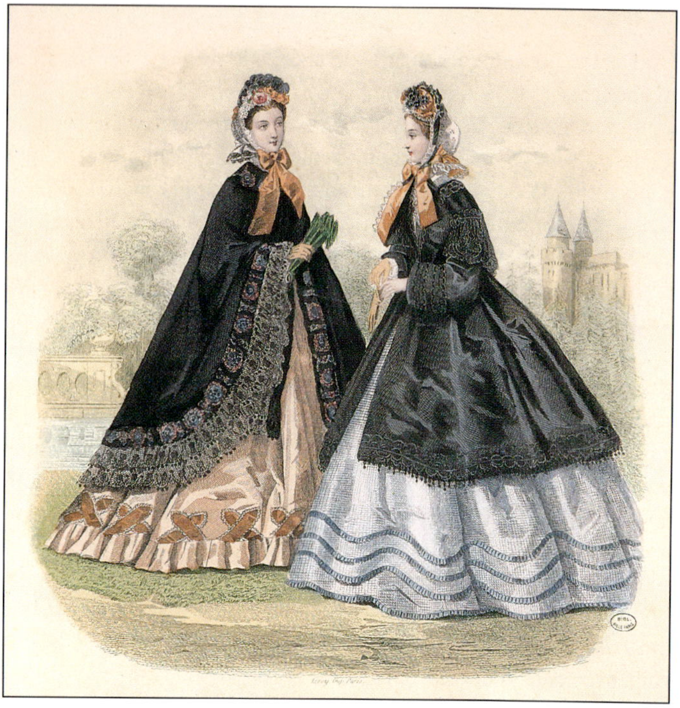

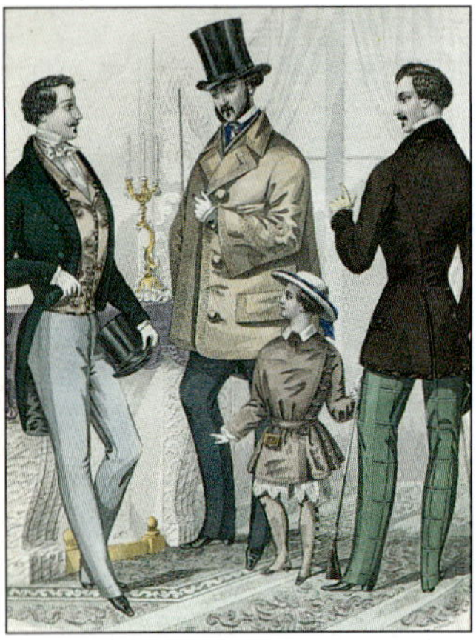

348. *Le Musée de la mode*, novembre 1850 : habit, paletot, veste. Musée de la Mode et du Costume de la Ville de Paris.

drillage écossais pour la ville, mais il est noir ou blanc pour le soir. On porte encore l'habit de couleur dans la journée. La *jaquette* apparaît. Elle est assez proche de la redingote, avec des basques courtes et arrondies devant. La taille, moins étranglée qu'auparavant, se marque assez bas (iil. 347). Le chapeau haut de forme, très haut et cylindrique, coiffe encore presque toutes les têtes. Les cheveux sont roulés sur les oreilles et les visages parés d'une fine moustache et, souvent, de la barbiche impériale.

De 1860 à 1869, une évolution vers l'austérité et la raideur s'affirme. Le noir, considéré comme de rigueur le soir, se répand aussi à la ville ; les cols et les plastrons amidonnés font leur apparition.

Les vêtements sont beaucoup moins ajustés qu'auparavant. Vers 1860, les pantalons sont en « patte d'éléphant », les pardessus à peine cintrés ou franchement vagues, accompagnés alors d'une longue pèlerine. Le boutonnage monte haut vers le menton et les revers diminuent. On se risque même, pour la campagne ou le voyage, à essayer le complet à veston long, accompagné d'un melon à calotte basse, dans les tons de marron et de beige. Les chaussures sont des bottines à boutons pour le jour et des escarpins pour le soir.

Presque tous les hommes portent les favoris ou la barbe et la moustache.

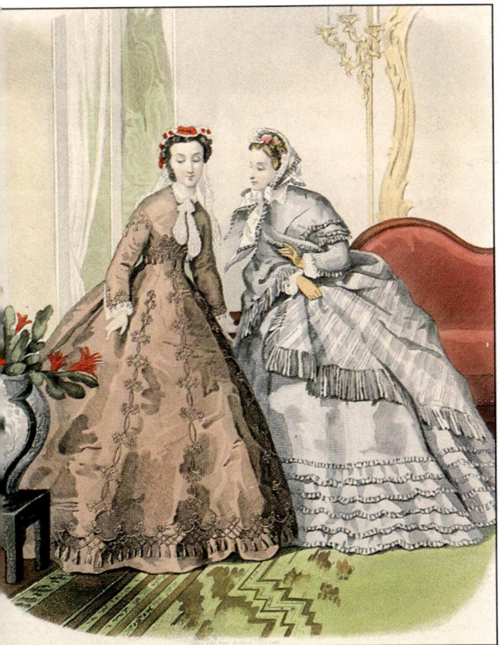

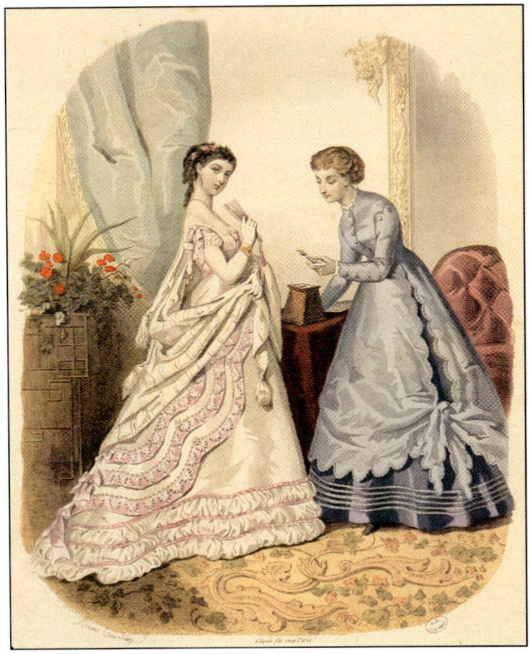

Le costume de cour

Napoléon III fait renaître, pour les couleurs et les broderies, les costumes de cour et les uniformes civils créés par son oncle. Mais ils sont adaptés à la mode nouvelle ; l'habit dégagé, à col droit assez bas, remplace l'habit à la française. Le pantalon peut se substituer à la culotte. Les dames présentées à la cour portent la traîne agrafée à la taille, comme au temps de Joséphine ou Marie-Louise, mais elles ne renoncent pas à leur crinoline.

Costumes d'enfants

Ils continuent à se référer essentiellement au costume féminin, que les fillettes portent avec une jupe courte. Toutefois, à partir de 1860, leurs robes, d'une seule pièce, avec jupe à plis ou à panneaux évasés, d'où cesse de dépasser le petit pantalon blanc, s'en écartent sensiblement ainsi que leur chapeau, à calotte mi-haute et à large bord.

Les jeunes garçons portent, au-dessous de cinq ans, des robes peu ajustées ou des jupes plissées avec boléro assorti ; un peu plus grands, ils possèdent des blouses russes, avec une culotte à mi-mollet, droite ou bouffante ; puis ils atteignent l'âge d'arborer veston et gilet. Leurs coiffures sont assez variées : calot écossais, casquette à pont ou chapeau rond.

352. *Le Moniteur de la mode*, n° 401, Ier juillet 1854 : femme, bébé et fillette.
Musée de la Mode et du Costume de la Ville de Paris.

Les petites filles portent des crinolines et des pantalons de lingerie qui dépassent légèrement.

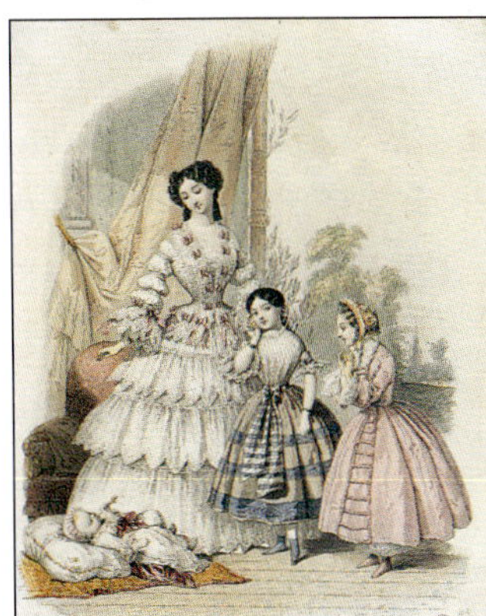

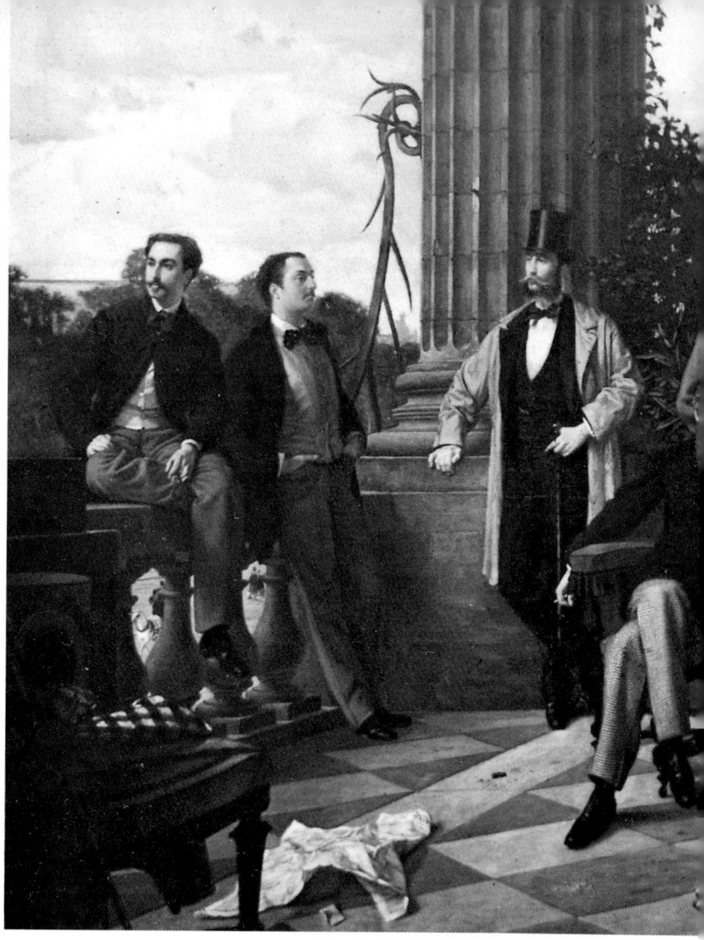

353. James Tissot, *Le Cercle de la rue Royale*, 1867. Collection particulière.

Cette réunion aristocratique et élégante montre qu'à partir du Second Empire le costume masculin est fixé dans ses grandes lignes pour un siècle.

LES DÉBUTS DE LA TROISIÈME RÉPUBLIQUE DE 1869 À 1889

La guerre de 1870 ne provoque en France qu'un changement de régime politique. La société reste la même, avec son goût du pastiche, le XVIIIe siècle et la Renaissance demeurant ses modèles de prédilection en arts décoratifs. La richesse du pays, la stabilité de la monnaie, la main-d'œuvre à bon marché contribuent à accentuer une tendance déjà manifeste à la surcharge, et le *style tapissier* transpose sur les toilettes des femmes les drapés, les franges et les glands qui emplissent les appartements.

Worth commence à avoir des imitateurs, comme Margaine-Lacroix, Laferrière, Raudnitz, Redfern, Rouff et Doucet.

Le format des journaux de mode s'agrandit, permettant la publication de belles planches hors texte en couleurs, comme celles de *La Mode illustrée* (ill. 354). En 1881, *L'Art et la Mode* publie,

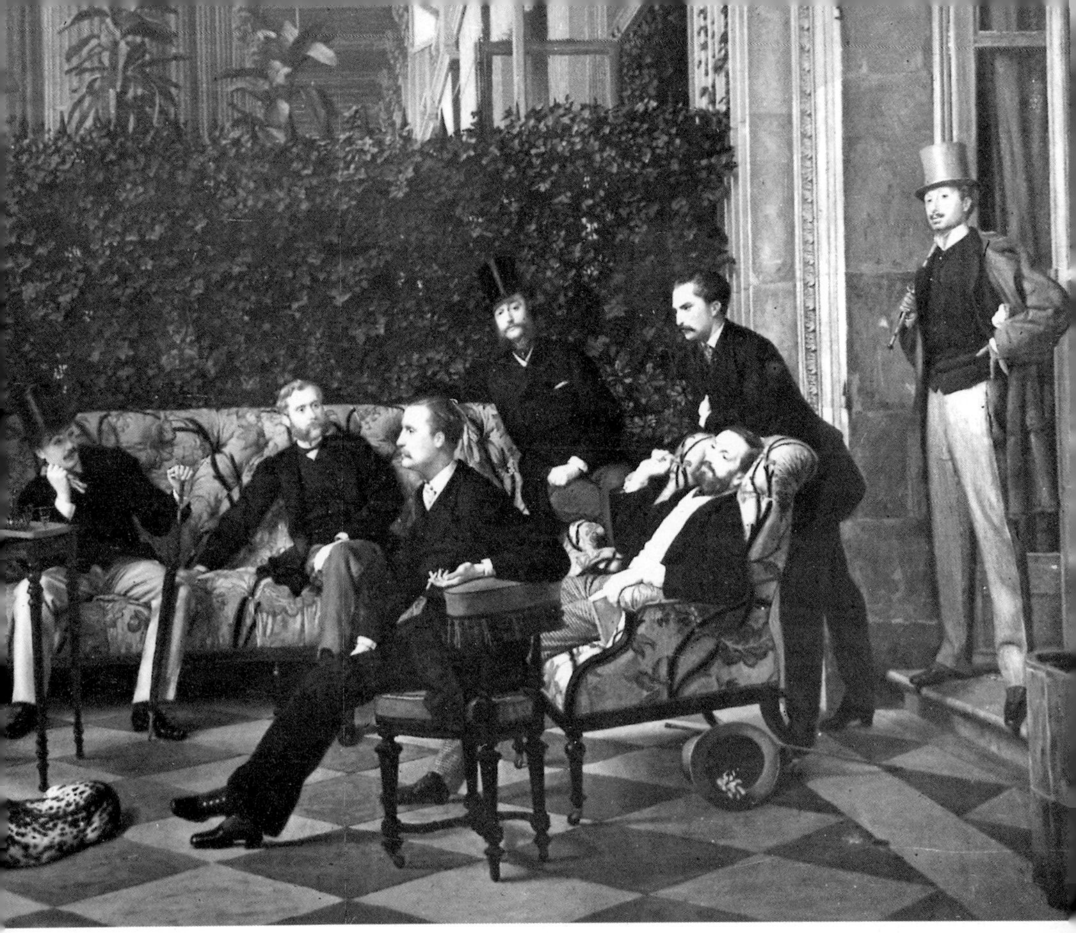

dans son premier numéro, la première reproduction d'une photographie de mode.

La tournure

La mode de toute cette période tire son unité de l'usage de la *tournure*, qui rejette en arrière l'ampleur de la jupe en accusant la cambrure des reins (ill. 358), et succède à la crinoline comme elle avait jadis succédé aux paniers. Ses aspects successifs déterminent les principales phases de l'évolution de la mode durant les vingt années à venir.

De 1869 à 1874, après une apparition d'abord timide, au printemps de 1869, sous la forme d'un coussin bourré de crin ou d'une échelle de volants empesés que l'on place sous la jupe, la tournure prend du volume et enveloppe les hanches. Le modèle qui a le plus de succès a encore l'aspect d'une crinoline dont le devant est plat

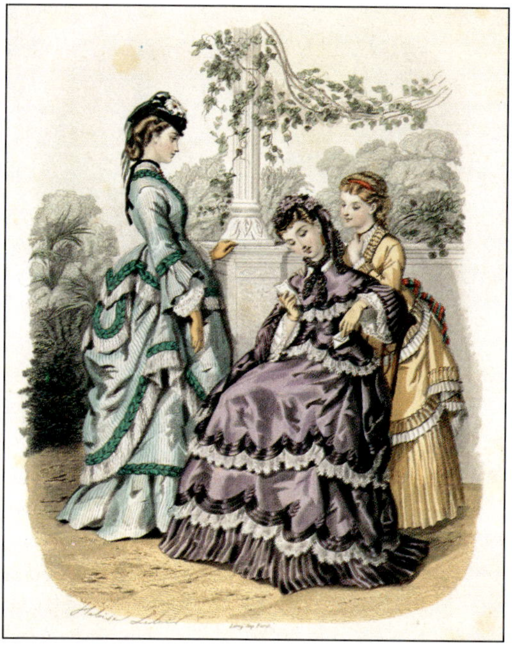

354. *La Mode illustrée*, n° 40, 1870 : polonaises.
Musée de la Mode et du Costume de la Ville de Paris.
La tournure remplace la crinoline et les polonaises viennent se draper sur la jupe comme au XVIIIe siècle.

355. Pierre-Auguste Renoir, *La Danse à la ville*, 1883.
Paris, musée d'Orsay.
Robe de bal à traîne, soutenue par une petite tournure ; corsage très décolleté et sans manches.

et dont seul le dos est armé de demi-cerceaux superposés, qu'un jeu de cordons permet de cintrer plus ou moins. Un cerceau complet en bas maintient l'ensemble en forme.

Soutenues par la tournure, les robes forment en outre, derrière, un *pouf* qui peut être, surtout en 1869 et 1870, un drapé agrafé à la taille ou une seconde jupe relevée sur la première par des cordons intérieurs. Il peut être aussi formé par les lés arrière de la jupe, plus longs que ceux des côtés et froncés en hauteur.

Les corsages, qui placent la taille un peu au-dessus de sa ligne naturelle, peuvent être courts sous un pouf amovible, ou bien à basque longue, parfois prolongée en *polonaise* à trois pans inspirée de celle du XVIIIe siècle. Pour la ville, les manches sont longues, évasées en bas en petite pagode ; les décolletés peu échancrés ou bien ouverts en carré sur des guimpes à col et petits revers ; les jupes rondes ou à petite traîne. Les robes du soir sont à manches courtes, avec des décolletés carrés ou ovales et des traînes un peu plus allongées. Les ornements préférés sont des rubans de velours, disposés suivant des lignes géométriques, des plissés plats, des bouillonnés, des chicorées découpées, que l'on pose sur la faille, le taffetas, l'alpaga ou la mousseline dont sont faites les toilettes.

Pour sortir, on porte, le jour, une *visite* (ill. 356-357), qui descend un peu au-dessous des hanches, le soir, une *sortie de bal*, plus longue mais semblable par la coupe singulière des manches, qui emprisonnent tout le haut des bras, ne permettant, à partir du coude, que quelques mouvements très limités. Cette coupe, très typique des contraintes qui s'exercent alors sur la femme, restera à la mode, avec quelques variantes, jusqu'en 1890. Pour réaliser ces vêtements, on emploie la soie et le drap, mais surtout les châles cachemire dont on commence à se déprendre parce qu'ils s'accommodent mal de la tournure. Ils sont, maintenant, produits en grande série, ce qui détourne les élégantes mais les rend accessibles à un public nouveau. En cette première phase de la mode des tournures, les manches de ces visites, à l'endroit où elles se détachent du corps du vêtement, c'est-à-dire au coude, ont tendance à s'élargir en vaste pagode et à se fendre pour tomber en pointe.

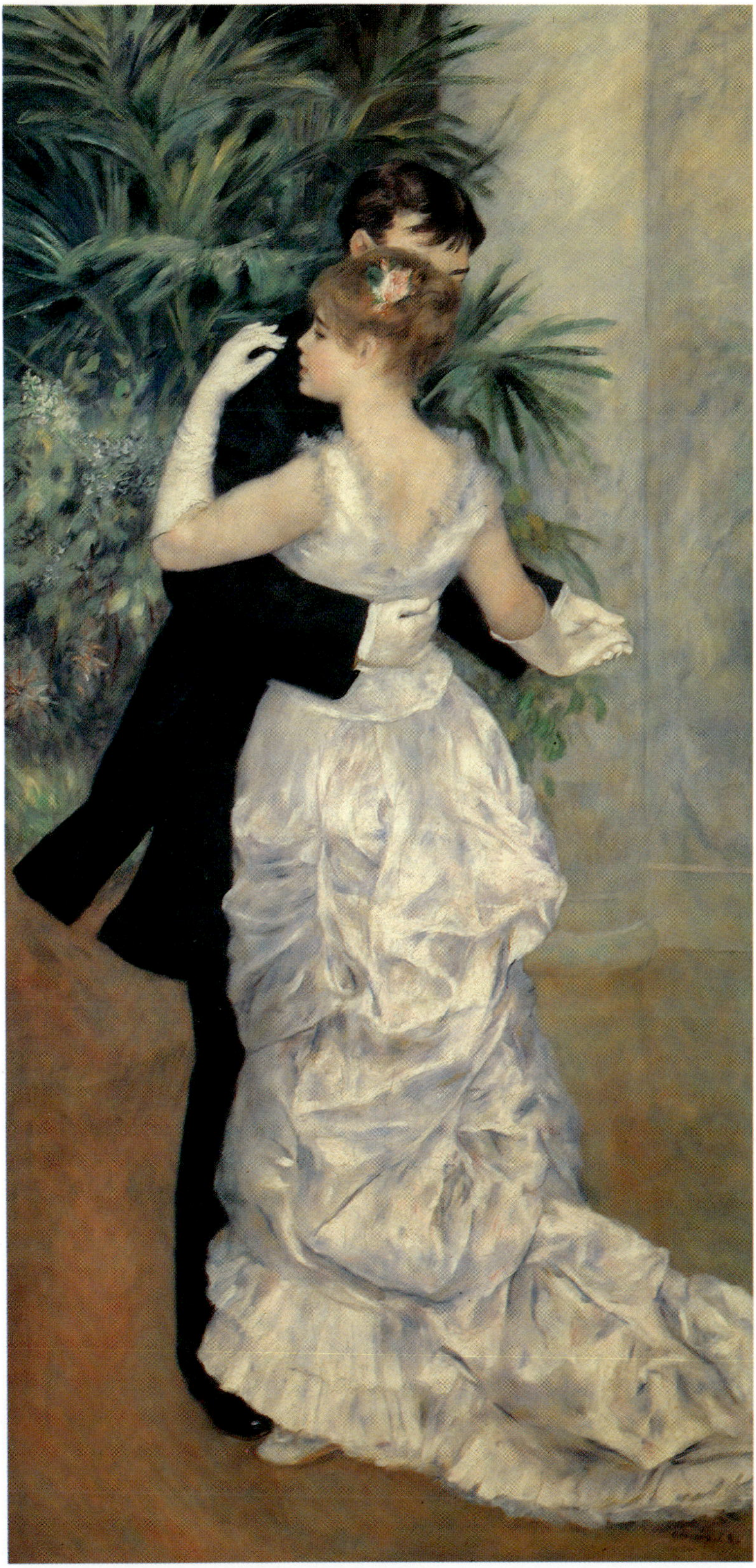

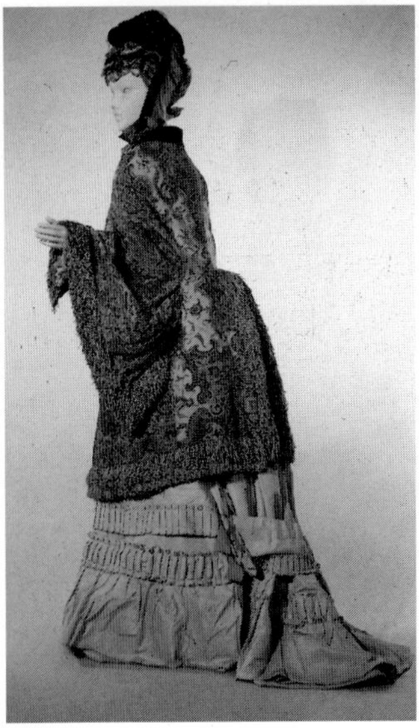

356. Visite en cachemire, v. 1875. Musée de la Mode et du Costume de la Ville de Paris.

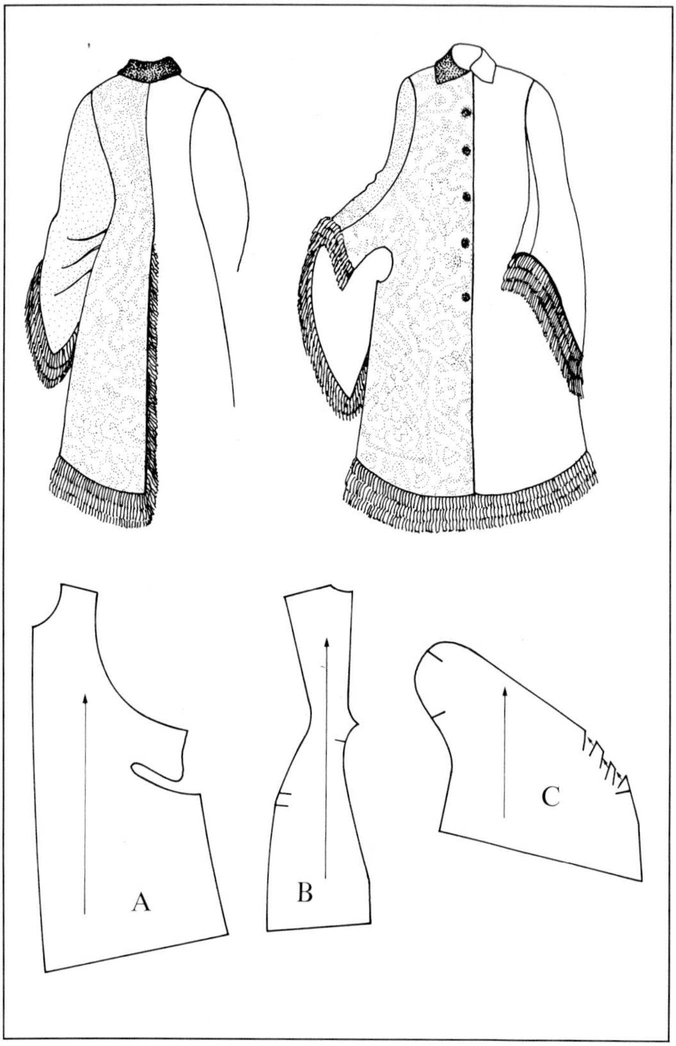

357. Patron de la visite en cachemire : A. milieu du devant ; B. milieu du dos ; C. manche.

Les manches de ce vêtement, emprisonnant totalement les bras, rendent tout mouvement impossible. Le châle de cachemire, moins à la mode, est souvent utilisé comme simple étoffe.

Sur les cheveux, réunis à l'arrière de la tête en longues anglaises ou en lourd chignon allongé sur la nuque, on plante, très en avant sur le front, un petit chapeau ovale, à calotte basse et bord étroit ou, au-dessus de la tête, un chapeau à calotte un peu plus haute, orné de plumes et de rubans.

De 1874 à 1876, le pouf tend à disparaître mais la tournure subsiste. Elle prend l'aspect d'une *queue d'écrevisse* à cause de la toile rouge, annelée par des baleines, dont elle est faite. On la pose sur l'arrière du jupon, contre lequel se plaquent les deux volets d'étoffe lacés qui la ferment et permettent de courber plus ou moins les baleines.

La robe de ville, imitant la robe du soir, se dote d'une traîne que l'on soutient par une queue de toile recouverte de volants empesés ; elle s'attache à la taille et à la robe par des cordons. Le devant de la jupe est garni de plis transversaux, de volants plats ou d'un tablier drapé. Le corsage ajusté, à manches plates trois-quarts ou longues, dégage plus ou moins les hanches. Franges, plissés, larges biais, sont les ornements préférés. On recherche aussi sur une même toilette les oppositions de tons clairs et foncés (ill. 362-363).

Une partie de la chevelure se masse sur le dessus de la tête, tandis que l'autre tombe derrière en de longues anglaises ; la toque ou la petite capote fleurie se portent alors très en arrière.

La visite est toujours très en faveur.

De 1877 à 1881 la silhouette devient filiforme. En 1877 et 1878, certaines femmes abandonnent même complètement la tournure et soutiennent leur toilette avec un jupon froncé derrière, à mi-hauteur, par une coulisse et une queue à volants placée sous la traîne. Le pouf disparaît ou se porte tellement bas sur la jupe qu'il ne fait plus aucune saillie sur les reins. Le corsage moule les hanches et parfois descend même en tunique sur la jupe. Certaines robes princesse moulent la taille (ill. 364).

La chevelure s'élevant en gros chignon au-dessus de la tête contribue, elle aussi, à l'aspect longiligne de la silhouette.

À partir de 1879, la tournure reprend l'offensive. La taille se cambre, les corsages, très ajustés, prennent la forme d'une jaquette à col officier plongeant dans le dos en une longue basque. Les jupes de ville perdent leur traîne, et toutes s'ornent de multiples plissés, bouillonnés et drapés. La silhouette n'en est pas épaissie pour au-

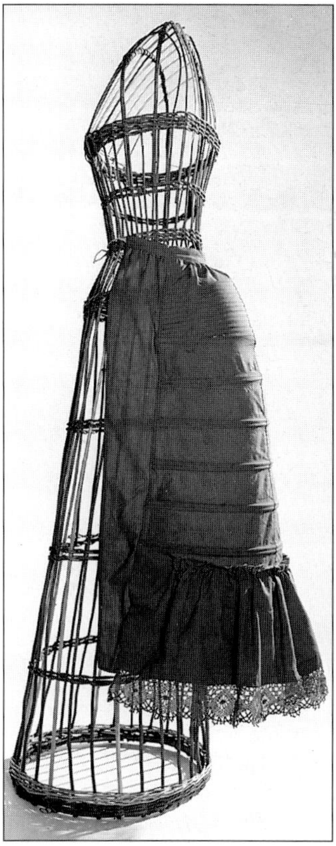

358. Tournure, v. 1880.
Musée de la Mode et
du Costume de la Ville de Paris.

Armée de demi-cerceaux de baleines métalliques, la tournure se pose sur les jupons. Son ampleur est réglable grâce à des lacets.

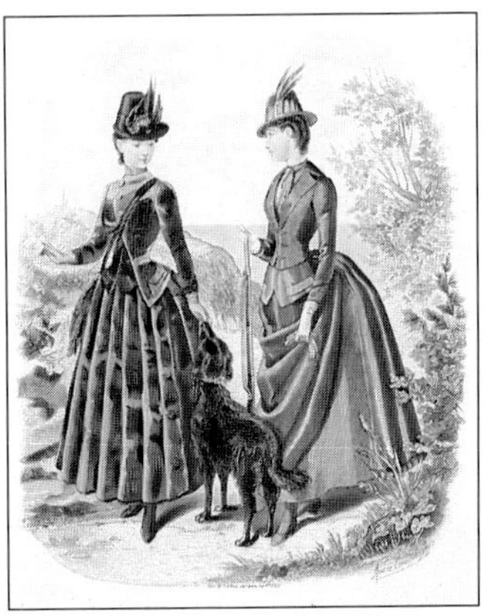

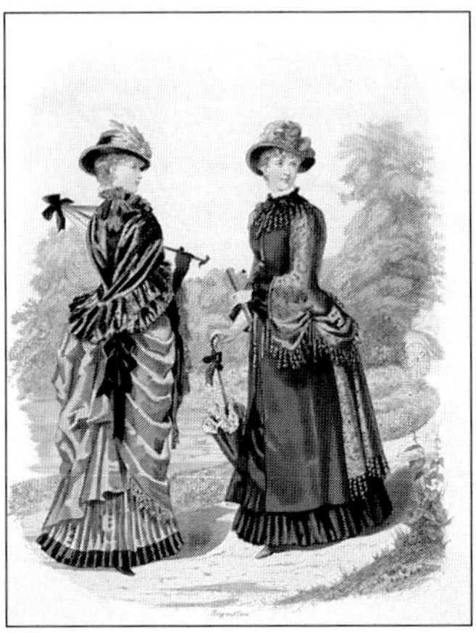

359. *La Mode illustrée*, n° 38, 1886 : costumes de chasse.
360. *La Mode illustrée*, n° 29, 1883 : mantelet et manteau.
Musée de la Mode et
du Costume de la Ville de Paris.

Pour le plein-air, la coupe ne change pas, mais les tissus employés peuvent supporter les intempéries. Les jupes sont aussi plus courtes.

361. *La Mode illustrée*, n° 2, 1878 : robe du soir (à droite) et robe de ville.
362. *La Mode illustrée*, 1878 : robes habillées à corsage long.
363. *La Mode illustrée*, n° 36, 1876 : robe du soir (à gauche) et robe de ville.
Musée de la Mode et du Costume de la Ville de Paris.

La première tournure disparaît vers 1876 ; en 1878, la silhouette longiligne est moulée dans un corsage-cuirasse qui descend jusqu'aux hanches. La traîne est ornée de nombreux volants.

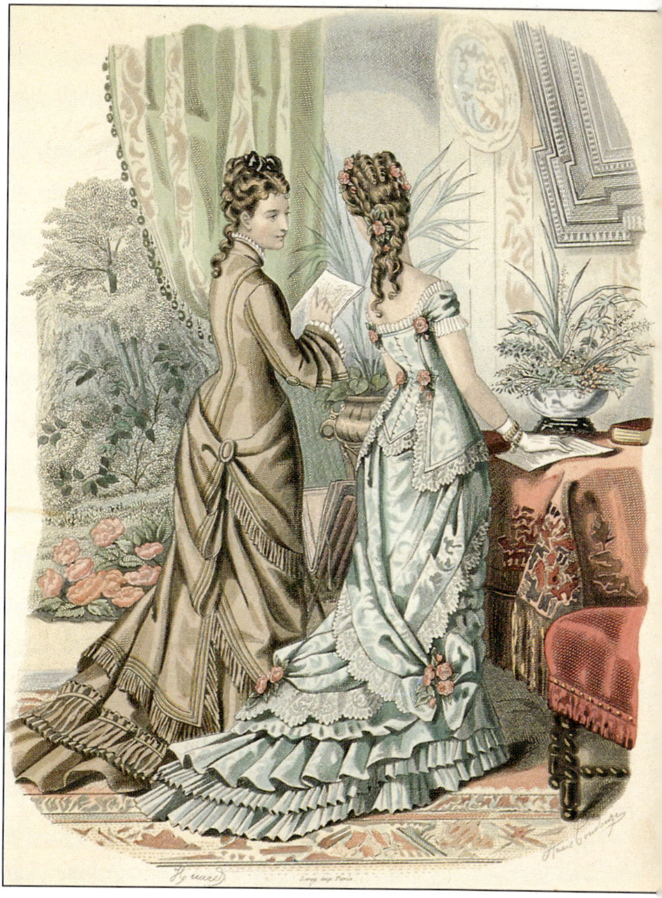

364. Auguste Toulmouche, *Portrait de Rose Caron*, 1886. Paris, musée Carnavalet.

Robe du soir en satin, corsage baleiné à pointe, jupe drapée asymétrique.

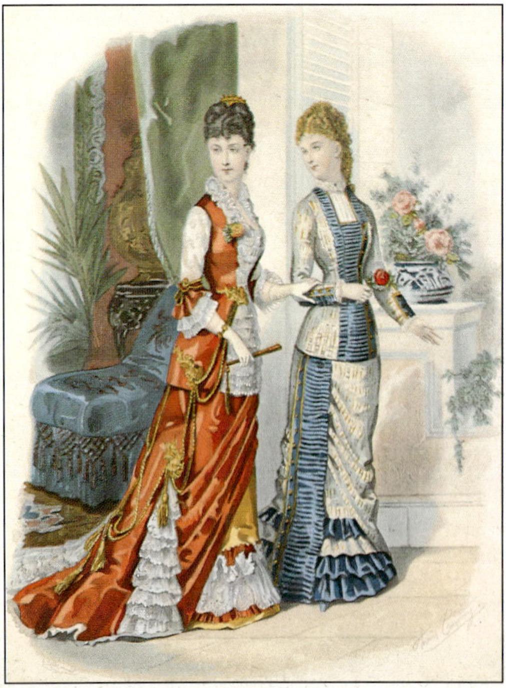

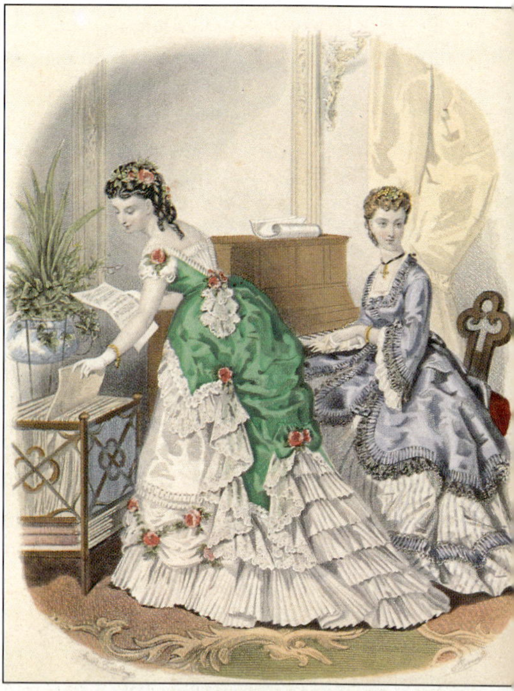

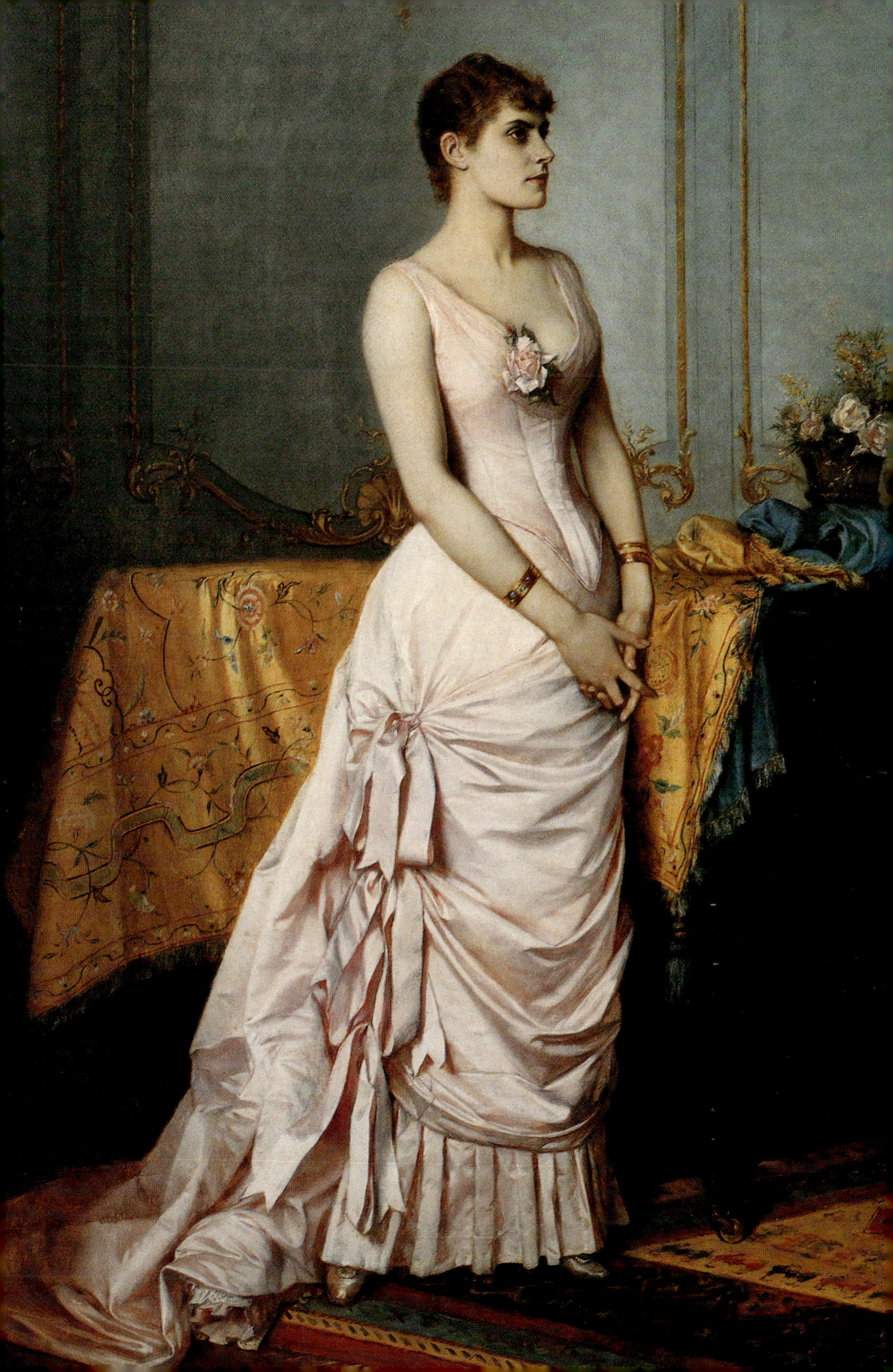

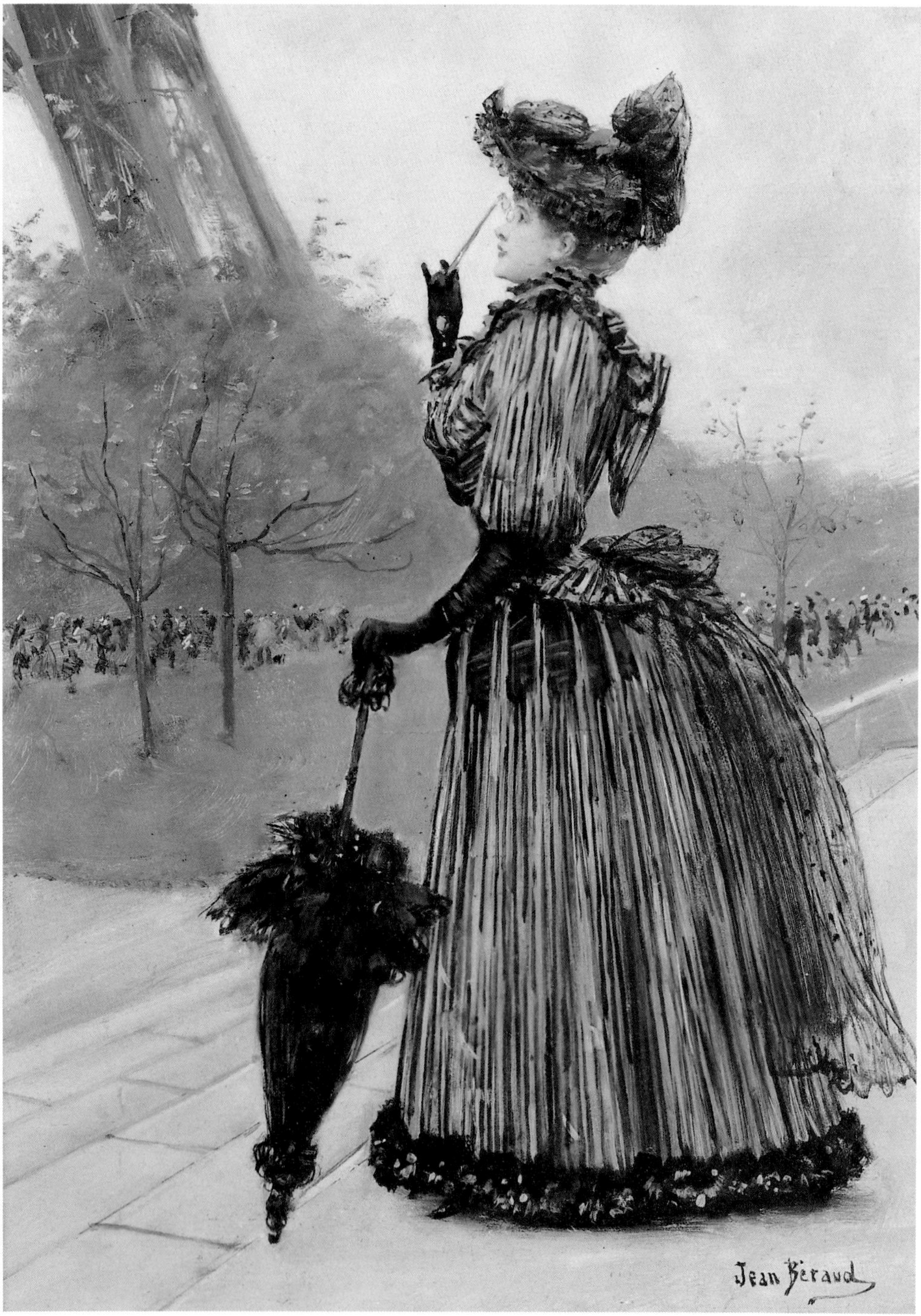
Jean Béraud

tant car les couturières ont l'art d'employer le plus grand métrage possible, mais à plat, sans accroître les volumes.

De 1882 à 1889, la tournure s'enfle de plus en plus. Prenant à la hauteur des reins, surtout à partir de 1885, la mobilité d'une capote de voiture (ill. 358), grâce aux cerceaux articulés qui l'arment, elle peut se relever contre un dossier de chaise pour permettre à la femme de s'asseoir plus commodément et doit à ce dispositif le sobriquet de *strapontin* (ill. 365). Sur la protubérance qu'elle forme, viennent se réunir en nœud, dès 1883, des drapés disposés sur les hanches, que l'on baptise « paniers » par manie du pastiche, mais qui n'ont rien à voir avec ceux du XVIIIe siècle.

En 1885, s'instaure l'imitation des modes du temps d'Henri II et de la fin du règne de Louis XIV, dont la *criarde* est copiée par la tournure très proéminente. Les *corsages-cuirasses*, ajustés et pointus devant, les cols montants, les plastrons triangulaires, les manches bouffantes à leur partie supérieure, les effets de jupe de dessus s'ouvrant sur une jupe de dessous, sont autant d'emprunts aux vêtements de ces époques dont ils prennent aussi la raideur. On aime les étoffes lourdes, les velours, les ottomans, les satins brochés, brodés ou perlés de motifs à grande échelle.

De minuscules chapeaux en pointe, posés sur le petit chignon placé sur le dessus de la tête, dégageant sur le front une frange de cheveux bouclés, succèdent, en 1885, aux capotes arrondies, avec ou sans brides, des années précédentes (ill. 366-367). On porte aussi des sortes de hauts-de-forme tronconiques, d'un aspect tout aussi lourd que celui des robes.

365. Jean Béraud, *Devant la tour Eiffel,* 1889. Paris, musée des Arts décoratifs.

La tournure en strapontin est à sa plus grande amplitude en 1889. Les rayures à la mode en 1789 reviennent pour le premier centenaire de la Révolution.

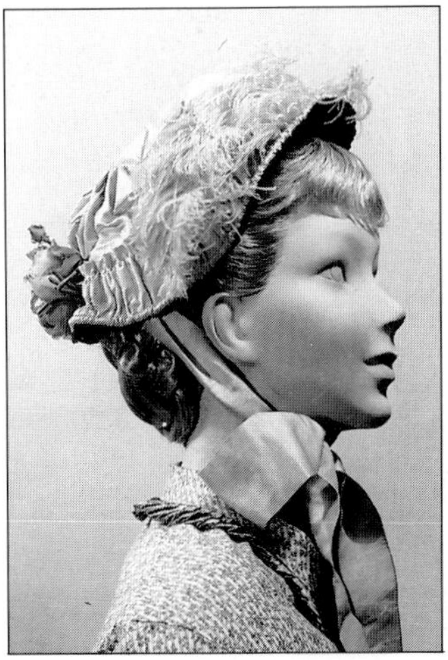

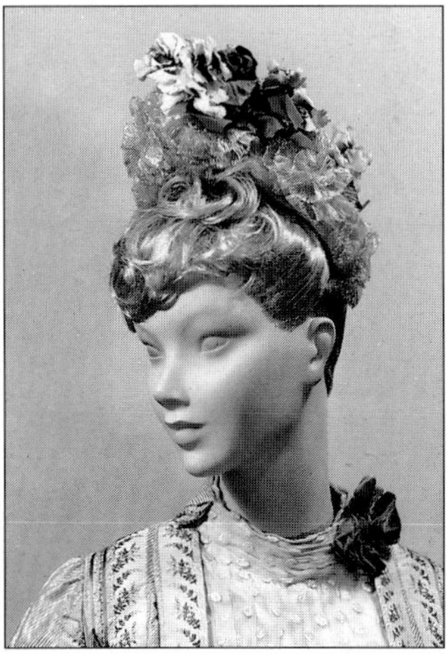

366. Capote, v. 1880. Musée de la Mode et du Costume de la Ville de Paris.

367. Chapeau, v. 1885. Musée de la Mode et du Costume de la Ville de Paris.

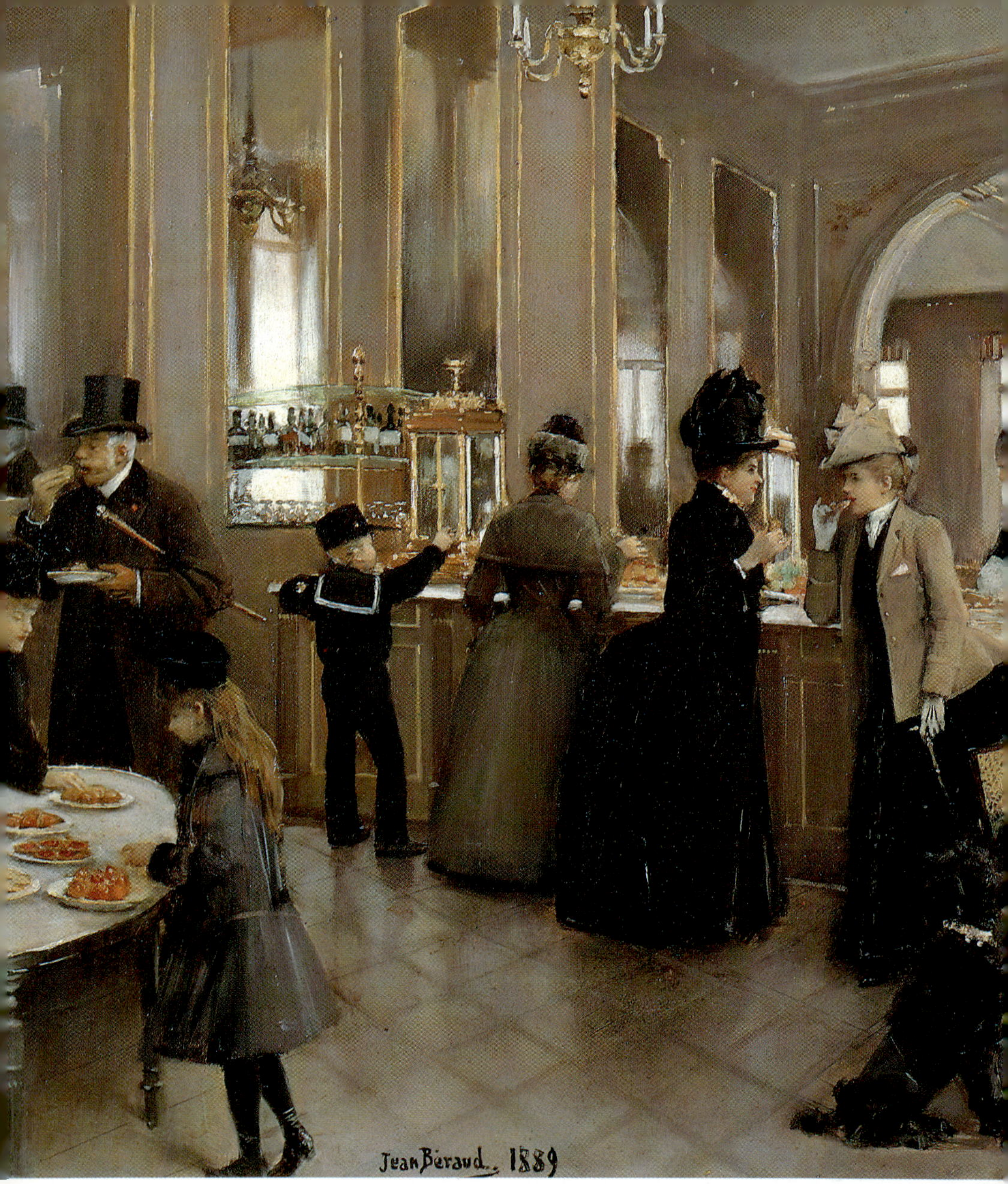

Les *visites* demeurent en usage, elles sont échancrées à l'arrière afin de dégager le strapontin, et descendent en avant en deux longs pans bordés de grosses franges.

Vers 1888, l'approche du centenaire de la Révolution remet à la mode les tissus rayés de style Louis XVI, la robe à l'anglaise imi-

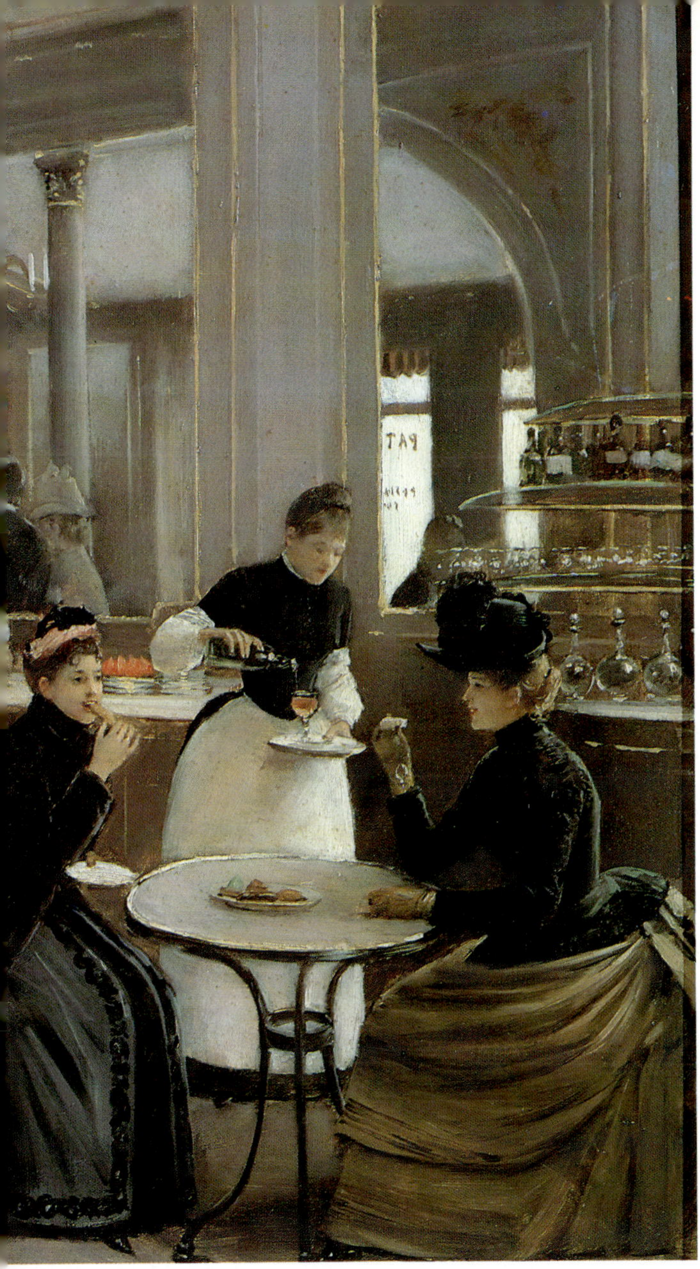

368. Jean Béraud, *La Pâtisserie Gloppe au Rond-Point des Champs-Élysées*, 1889. Paris, musée Carnavalet.

Les draps de laine, les velours qui se drapent, sont employés pour les costumes de ville du matin, et de l'après-midi en hiver.

369. Pierre-Auguste Renoir, *La Danse à la campagne*, 1883. Paris, musée d'Orsay.

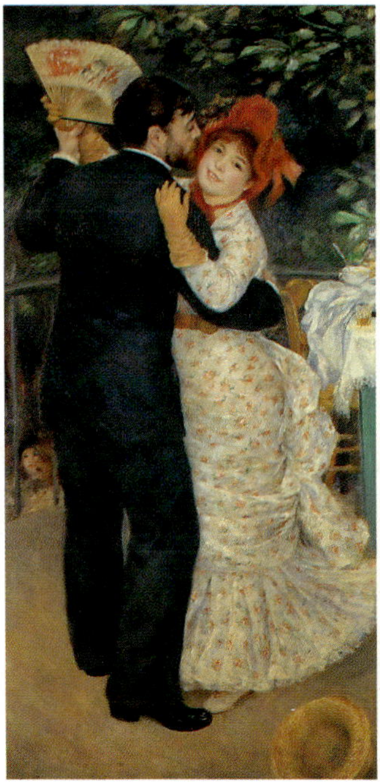

tée de celle de l'époque de Marie-Antoinette, avec sa jupe de dessus découvrant largement la robe de dessous. Cependant, les lignes en sont beaucoup plus raides, et les larges revers des habits des « Incroyables » du Directoire sont transformés en robes féminines.

Pendant ces vingt années, la bottine à talon, boutonnée ou lacée, en peau ou en étoffe sombre, est en faveur à la ville. En toi-

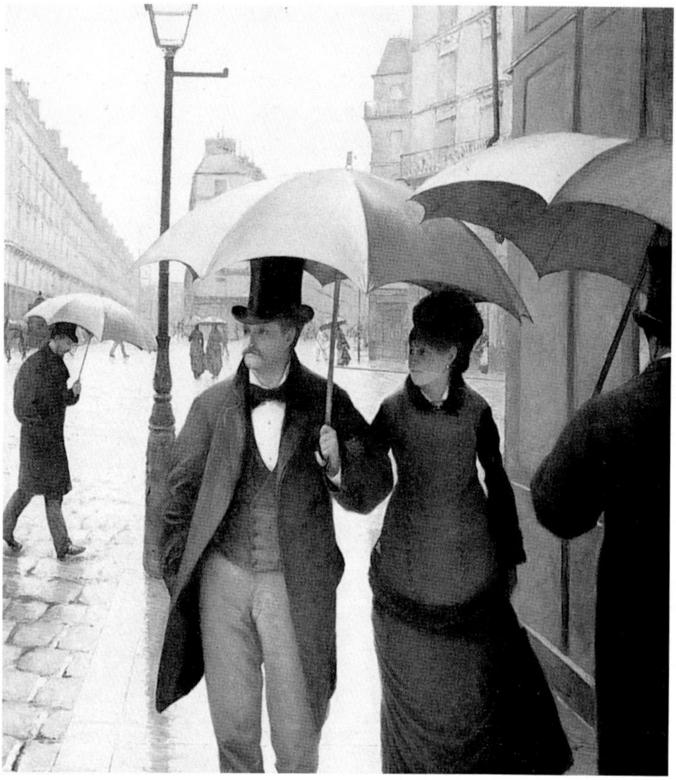

370. Gustave Caillebotte, *Rue de Paris par temps de pluie*, 1877. Chicago, Art Institute.

Sobriété de la mode bourgeoise, masculine et féminine : couleurs sombres, silhouettes élancées.

lette de soirée ou de cérémonie, on la remplace par des décolletés, à bouts arrondis jusqu'en 1880, plus pointus ensuite.

Jaquettes et vestons

Sous prétexte de correction, ils se font de plus en plus sombres et rigides. C'est autour de 1880 que se situe le changement le plus sensible.

Avant 1880, la *redingote*, toujours en usage, et la *jaquette*, qui commence à la remplacer, sont assez courtes. La jaquette, aux basques arrondies devant en quart de cercle et pourvue d'un long col, se croise sur la poitrine en s'y fermant par un seul bouton, les autres ne servant que de décoration. Le *veston*, admis lui aussi, est également assez court, boutonné bas par un seul bouton, juste au-dessus du léger arrondi des devants (ill. 370). Les *pantalons* sont larges. Le *pardessus*, droit, comporte souvent une pèlerine.

Après 1880, tous les vêtements se boutonnent très haut sur la poitrine, parfois même jusqu'au cou. Le pantalon devient collant et toutes les lignes s'étriquent. Le veston s'allonge, la jaquette boutonne droit et ses devants prennent une ligne fuyante, la redingote enveloppe étroitement les hanches, le pardessus peut raccourcir et n'être plus qu'un *paletot* droit un peu long, garni de fourrure pour l'hiver.

Le *haut-de-forme* reste le chapeau élégant que, dans les salons, on pose par terre, près de soi. Mais la *cape* ou *melon* accompagne le *complet-veston*.

L'habit, toujours noir, reste le costume de soirée, destiné à faire valoir, par contraste, les toilettes féminines. On le porte avec une cravate blanche. À partir de 1873, la cravate de ville, jusque-là noire, peut prendre des tons variés.

Très souvent, les hommes portent la moustache, et presque toujours de gros favoris ou bien la barbe.

Mode enfantine

Bien que l'influence du costume des parents soit toujours assez forte sur la garde-robe enfantine et que celle du style tapissier s'y fasse sentir au cours des années 1880 dans le choix de tons assez sombres (le grenat passe alors pour l'élégance suprême), il faut noter un réel effort pour laisser aux moins de sept ans une plus grande liberté de mouvement.

De 1869 à 1875, les fillettes portent, comme leurs mères, poufs et polonaises, mais la robe s'arrête aux genoux (ill. 371). Le décolleté carré est voilé par une guimpe, le paletot court est vague et conique, le petit chapeau ovale se place sur le front.

Les garçonnets, en petite jupe à plis ou culotte légèrement bouffante, portent sur le buste, soit une blouse à col plat et à basque découpée, soit une *blouse russe* ceinturée à la taille, ou encore un veston simulant une ouverture sur un gilet. Les coiffures les plus courantes sont la casquette plate, le chapeau rond et, pour les plus grands, le melon bas à bord étroit.

De 1876 à 1882, la mode de la silhouette filiforme impose aux enfants des deux sexes de petites robes faisant effet de manteau trois-quarts à poches basses, portées sur une jupe plissée. À partir de 1880, une large ceinture drapée, placée à la hauteur des hanches, souligne, pour les filles, le montage de la jupe. Leurs petites capotes ressemblent à celles des femmes.

De 1883 à 1889, la tournure reparaît pour les petites filles, dont le corsage blouse un peu sur la jupe à volants ou à pans découpés, mais les garçons ne la portent pas, même s'ils sont en robe.

371. Costume de petite fille, v. 1869. Musée de la Mode et du Costume de la Ville de Paris.

Jupe à pouf avec jaquette assortie.

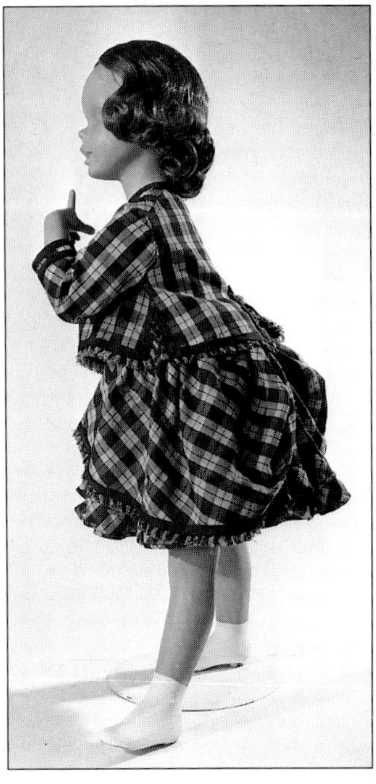

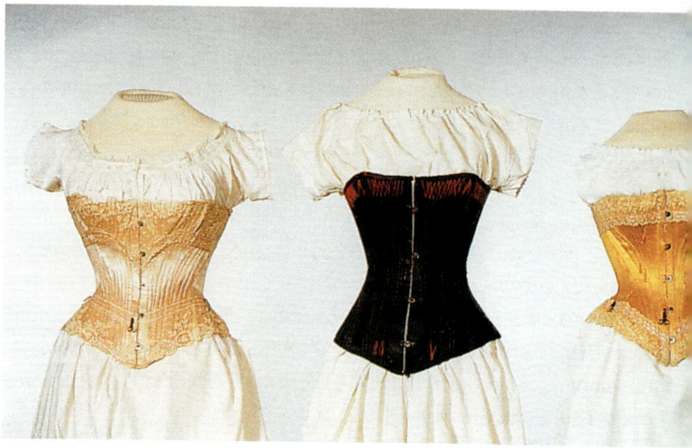

392. Corsets, 1885-1895.
Musée de la Mode et
du Costume de la Ville de Paris.

Fortement baleinés, agrafés devant et lacés derrière, ils sont en satin de couleur vive et pour les modèles luxueux, confectionnés sur mesure.

LA BELLE ÉPOQUE DE 1889 À 1914

« Belle », la Belle Époque l'est tout au moins pour les classes aristocratique et bourgeoise auxquelles la paix et la stabilité monétaire permettent une vie mondaine intense et régie par les lois impérieuses d'un savoir-vivre compliqué, propre au déploiement des élégances. Cette époque est très intéressante par les créations d'un art décoratif, en quête de renouvellement, qui puise son inspiration aux sources les plus diverses : XVIe et XVIIe siècles, déjà à l'honneur depuis un certain temps, mais aussi XVIIIe (qu'elle interprète d'une façon très originale), Premier Empire, Japon et Orient, auxquels les couturiers se montrent très sensibles.

On peut suivre les diverses phases de la mode, dont l'évolution se précise dans des journaux auxquels, à partir de 1900, la photographie donne un nouvel aspect. Ils reproduisent en effet les clichés très étudiés que Reutlinger prend des actrices, ceux que les frères Seeberger tirent au contraire sur le vif dans les réunions mondaines, ceux que Paul Nadar réalise chez les couturiers, mettant au point une méthode de présentation et d'éclairage propre à souligner l'intérêt du modèle, avant que Paul Poiret contribue à y réintroduire le dessin, mais modernisé et coloré par grands à-plats, avec les albums de ses collections qu'il demande à Paul Iribe (*Les Robes de Paul Poiret racontées par Paul Iribe*, 1908) et à Georges Lepape (*Les Choses de Paul Poiret, vues par Georges Lepape*, 1911). Tels sont *Femina* et *Les Modes*, créés en 1901 et illustrés de photographies, et le *Journal des dames et des modes*, imité de celui de La Mésangère, qui parut de 1912 à 1914 et relève de la deuxième tendance. Les portraits d'excellents peintres comme Boldini, Helleu ou La Gandara nous font aussi comprendre ce que fut à cette époque l'art de porter la toilette.

Le maintien du corset

La seule caractéristique permanente de la mode féminine, pendant toute cette époque, est le renoncement à tout autre accessoire que le corset pour modeler le corps suivant les exigences des couturiers (ill. 372) et que finalement l'un d'eux, Paul Poiret, à la recherche de la souplesse orientale, voudra lui aussi faire disparaître.

De 1890 à 1893, la taille reste marquée – en dépit de la disparition de la tournure, réduite à un simple petit coussin placé à la base des reins – entre le corsage, étriqué à la ville par des manches froncées pointant au-dessus de la ligne des épaules, et la jupe ronde, plate devant, un peu plus ample derrière. Un petit col officier continue à emprisonner le cou (ill. 373-374). De minuscules chapeaux en pointe donnent à la tête une forme proche de celle d'un œuf.

373. *La Mode illustrée*, n° 33, 1890 : robes d'après-midi.
Élégance de la silhouette des années 1890-1892, aux épaules légèrement froncées.

374. *La Mode pratique*, n° 33, 1895 : robe-tailleur.
Musée de la Mode et du Costume de la Ville de Paris.
Le tailleur apparaît en Angleterre en 1885 ; son succès est immédiat.

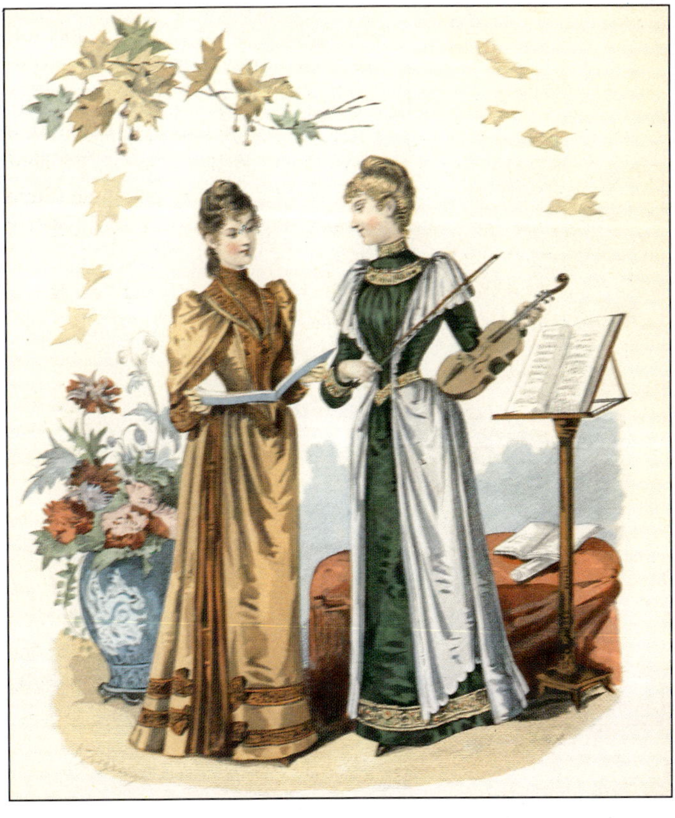

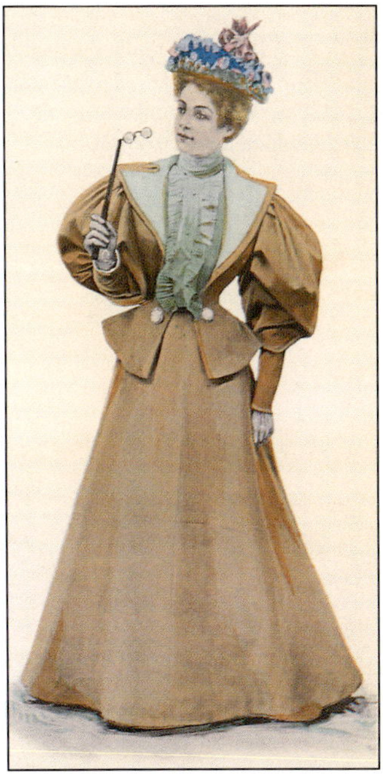

D'autres couvre-chefs sont en forme de plateau – la calotte en est très basse – allongé en avant et relevé derrière. Les cheveux sont tirés en arrière vers le chignon. Les manteaux, cintrés (ill. 380) ou vagues (ill. 378), qui font leur apparition, les capes très étroites, à fausses manches, les jaquettes trois-quarts, les petits collets à empiècement arrondi, tout accentue la raideur d'une toilette qui, la tournure en moins, a conservé l'aspect qu'elle avait à la fin de l'époque précédente.

Les robes du soir, décolletées et sans manches, ou pourvues de petits mancherons, sont un peu moins sévères, mais les étoffes, drap, satin broché, velours ciselé aux motifs Renaissance, et garnies de pampilles de perles, sont assez lourdes et souvent sombres .

De 1893 à 1897, la Renaissance est vue à travers le style 1830. La jupe ronde s'évase en large cloche pour équilibrer d'imposantes manches à gigot, et de petites coques de cheveux apparaissent sur le dessus de la tête, réunissant la chevelure relevée tout autour et très bouffante. La taille est marquée par une ceinture drapée, la pointe

375-376. Patron de robe, v. 1900.

Corsage : A, A', A'', milieu du dos ; B, B', B'', milieu devant ; C, C', col ; D, D', D'',. manche. Jupe : A, B, C, milieu devant à milieu dos ; D, ourlet.

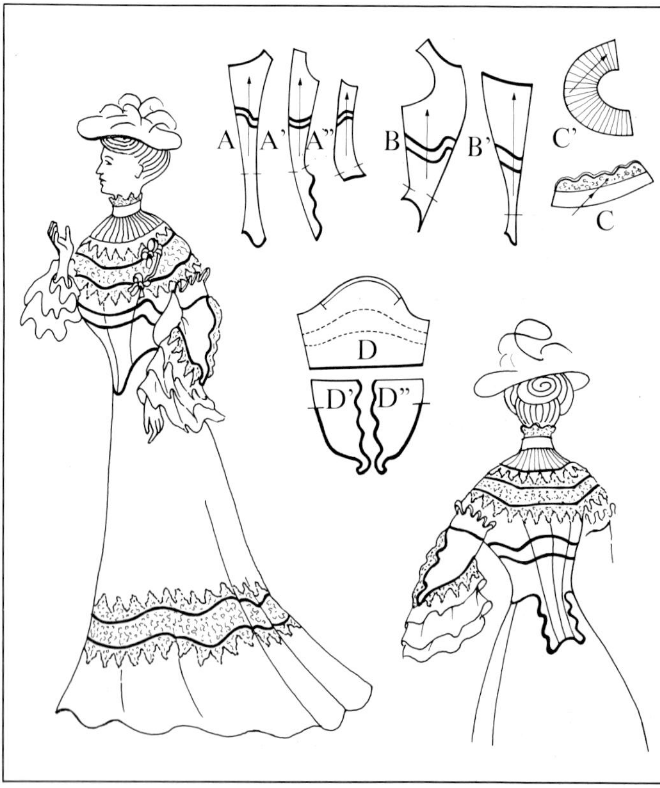

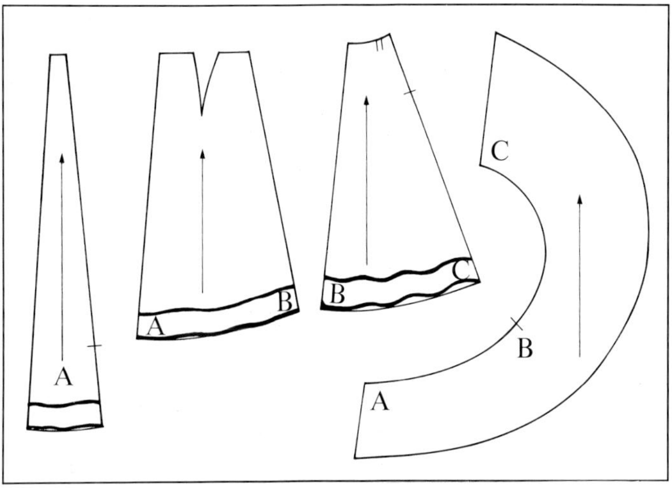

du corsage ou une petite basque. Un empiècement rond, carré ou triangulaire est dessiné par un volant froncé sur le corsage, dont le col droit est bordé en haut d'une ruche ou d'une petite fraise.

Pour sortir, le vêtement préféré est le collet en forme, plus ou moins long, à grand col Médicis. On porte aussi des manteaux, cintrés ou vagues, qui font place, l'été, à des boas de plumes d'autruche ou des ruches en mousseline de soie.

Le matin et lors des exercices sportifs, les chapeaux sont des canotiers. La bicyclette est à la mode, même pour les femmes, qui pédalent en culotte bouffante (ill. 379), au grand dam des traditionalistes très choqués par cet emprunt, pourtant féminisé et très pudique, au vestiaire masculin. On voit également des chapeaux en forme de petits plateaux, garnis soit d'un plumet dressé, soit d'un motif de papillon pailleté, que l'on pose sur le dessus de la tête (ill. 381).

La robe du soir a des manches bouffantes, mais courtes, qui atteignent leur plus grand volume en 1896. Tout de suite après, les manches de toutes les robes deviennent beaucoup plus étroites et ne présentent de drapés qu'à leur partie supérieure.

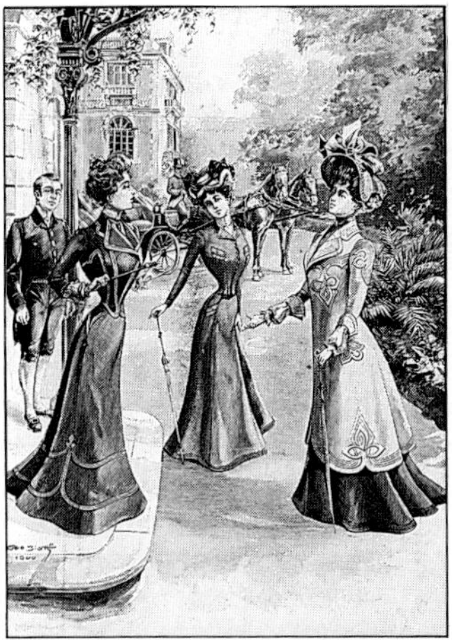

377. *L'Illustration*, octobre 1900, costumes tailleur.

Ces costumes sont ornés d'applications de passementerie qui soulignent la ligne en S.

La ligne sinueuse

De 1898 à 1904, triomphe la ligne sinueuse du style 1900, très originale résurrection des lignes chantournées Louis XV (ill. 377). Un corset à busc rigide, apparenté au corps à baleines du XVIIIe siècle, affine la taille, arrondit les hanches, accentue la cambrure des reins et la saillie de la poitrine, donnant au buste cette ligne caractéristique en S, que prolonge une grande jupe terminée en bas par un

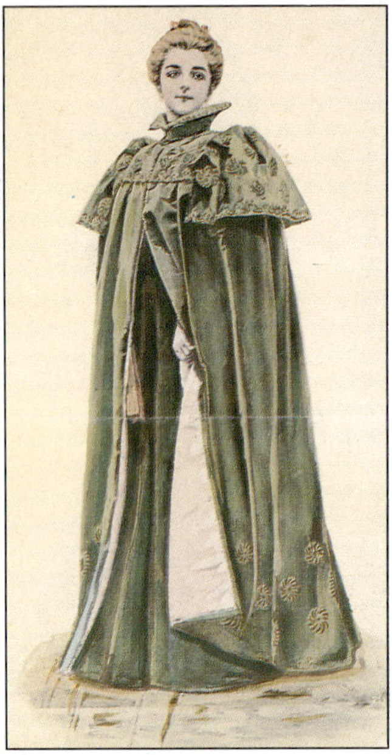

378. *La Mode pratique*, n° 50, 1895 : sortie de bal.

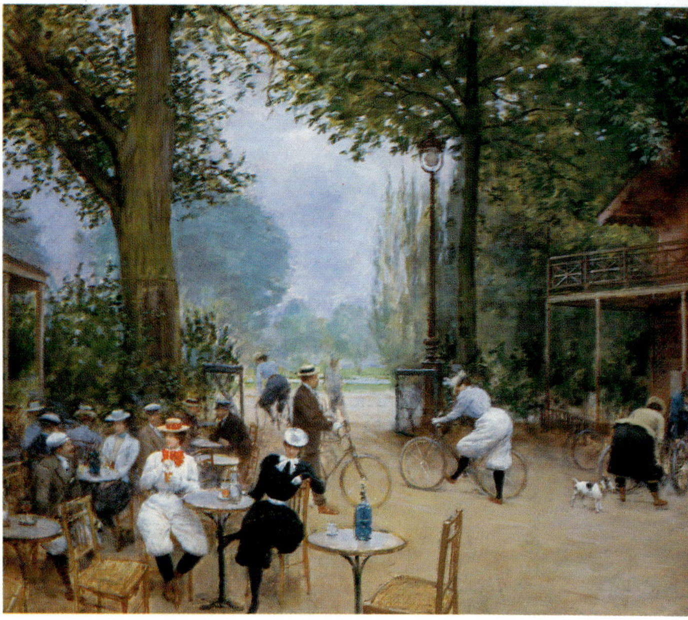

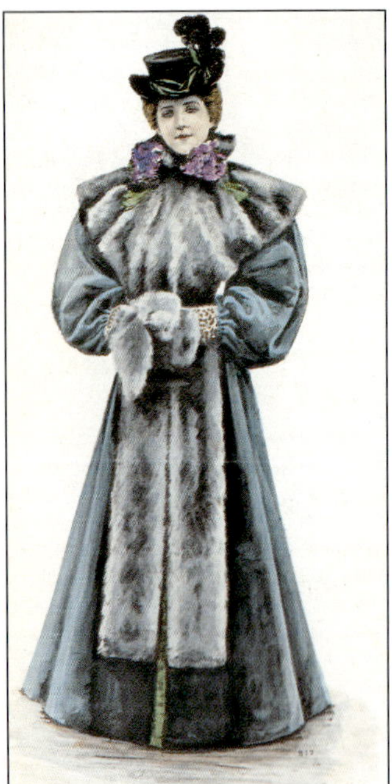

volant coupé en biais et rejoignant en souplesse le sol sur lequel il forme une petite traîne. Le corsage de ville garde son col montant. À partir de 1900 ses manches étroites, légèrement froncées en haut, s'ouvrent en bas en pagode, et à partir de 1903 elles se terminent par un large bouffant au-dessus du poignet.

Les collets, que l'on porte dans la rue, sont en forme et pourvus d'un grand col Médicis dont les proportions diminuent après 1900. Les manteaux ne sont que trois-quarts et ne jouissent pas d'une très grande faveur (ill. 387).

Sur la chevelure, souplement relevée autour de la tête, on pose, en les inclinant généralement sur le front, de petits chapeaux fleuris ou empanachés (ill. 381), des capelines très ondulantes, des *marquis*, des bérets à cache-peigne, des toques ou des *charlottes*.

La robe du soir, très décolletée et sans manches, n'en garde pas moins de petites pattes d'épaule. Les bras sont couverts par de longs gants de peau, blancs ou crème. Toutes ces robes sont brodées en soie, paillettes ou perles, de motifs floraux (surtout des tulipes, des iris, des lis), garnies au décolleté de dentelles précieuses ou de *tulle illusion*, et leurs dessous (doublures et jupons) sont bordés de bouillonnés de mousseline de soie. C'est le triomphe de la mode ornée, qui tire sa valeur et son intérêt du travail, très peu rétribué, des cousettes et des brodeuses (ill. 388). C'est aussi le triomphe des tons clairs, inspirés du XVIIIe siècle, comme le *pli Watteau* de certaines robes d'intérieur.

Le costume tailleur

Pourtant, une nouveauté d'un tout autre style s'introduit dans le vestiaire féminin. C'est le *costume tailleur* (ill. 387), venu d'Angleterre, très pratique pour la promenade du matin des élégantes oisives, mais très apprécié également par les employées de bureau qui commencent à devenir de plus en plus nombreuses. Dans les hautes classes de la société, on le complète parfois d'un authentique gilet d'homme Louis XVI, en soie blanche brodée, que l'on n'hésite pas

379. J. Béraud, *Le Chalet du cycle au Bois de Boulogne*, v. 1900, Paris, musée Carnavalet.

La tenue sportive des femmes admet culotte de cycliste et chapeau canotier.

380. *La Mode pratique*, n° 47, 1896 : manteau de velours cintré. Musée de la Mode et du Costume de la Ville de Paris.

La grande carrure permet d'abriter les manches gigot, dont l'envergure maximum est atteinte en 1895-1896.

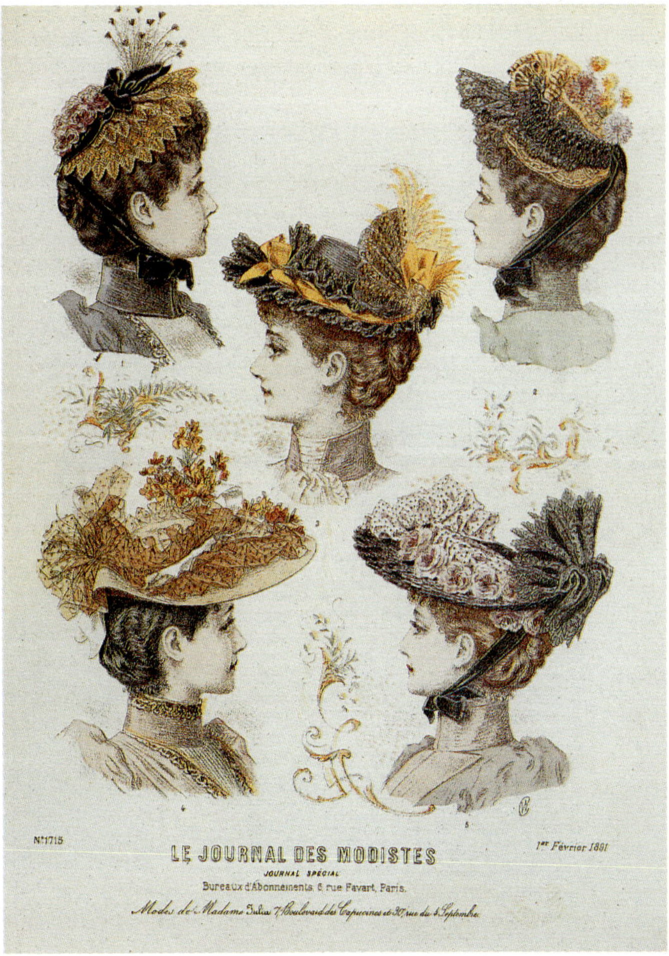

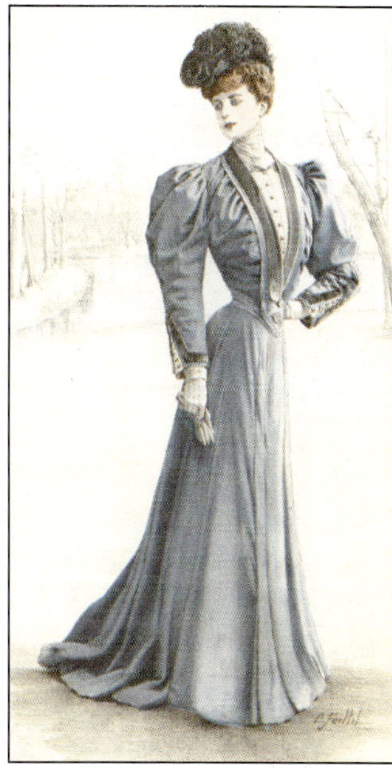

382. *La Mode pratique*, n° 41, 1900 : robe princesse à plis ronds. Musée de la Mode et du Costume de la Ville de Paris.

Le buste sinueux est accentué par la forme princesse.

381. *Journal des modistes*, n° 1715, Ier février 1891.

à repincer et à couper pour mieux l'ajuster à la taille et sur la poitrine.

De 1905 à 1908, les signes de la toilette se simplifient. Les jupes, encore larges et longues, perdent leur volant en forme. La taille, marquée en 1905 et 1906 par une ceinture-corselet, s'estompe ensuite sous une robe princesse et commence à remonter vers la poitrine grâce à un corset très long et plus souple (ill. 382). Les jaquettes des costumes tailleur se desserrent et descendent au-dessous des hanches. Les manteaux vagues sont plus amples. Les manches des robes, qui étaient redevenues assez bouffantes en haut, se font plus plates ; un petit mancheron, également plat, les surmonte.

Marquis et chapeaux de bergère, plantés très en avant sur le front en 1905 et 1906, font place, à partir de 1907, à des chapeaux de plus en plus volumineux, chargés de fleurs et de plumes que sou-

383. *La Mode pratique*, n° 33, 1907 : costume tailleur. Musée de la Mode et du Costume de la Ville de Paris.

384. Robe « Aiglon », par Callot Sœurs, v. 1903. Musée de la Mode et du Costume de la Ville de Paris.

Robe du soir de style Premier Empire.

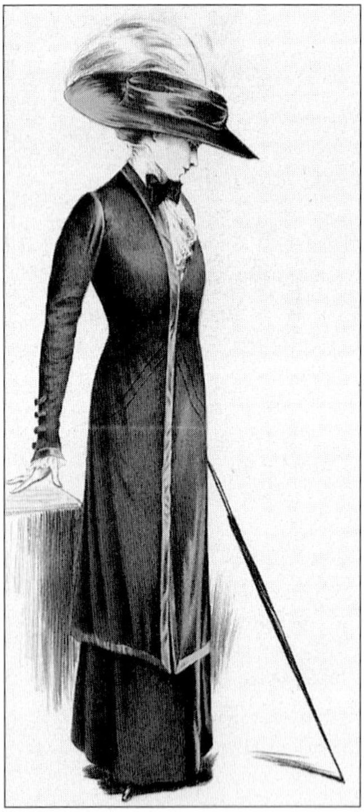

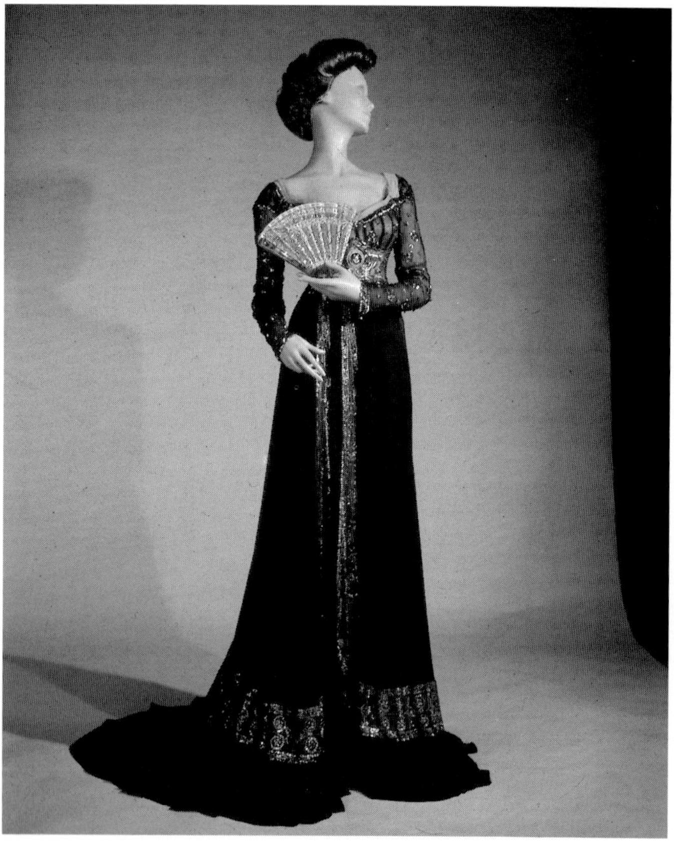

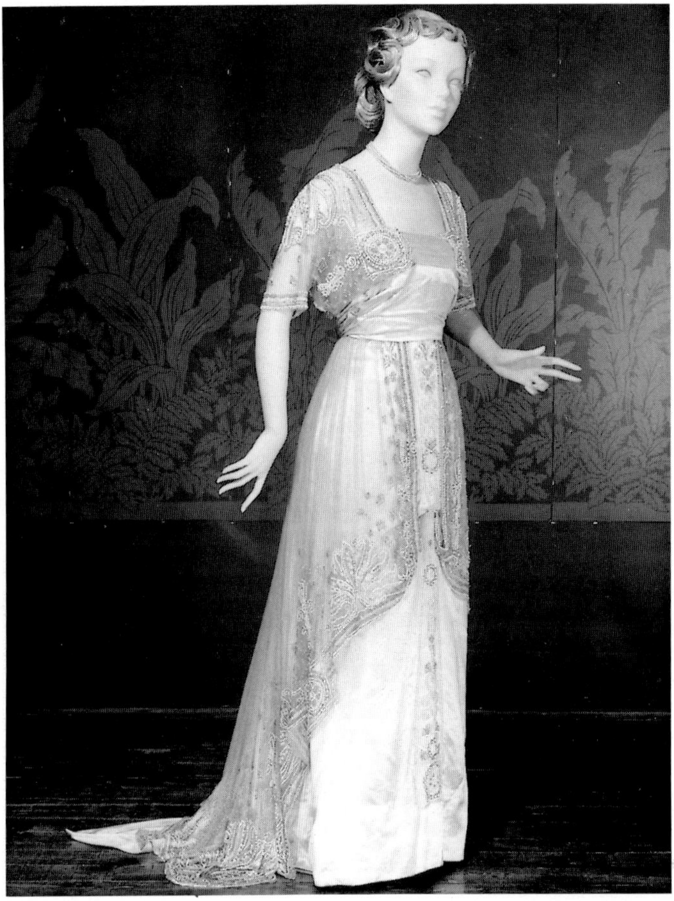

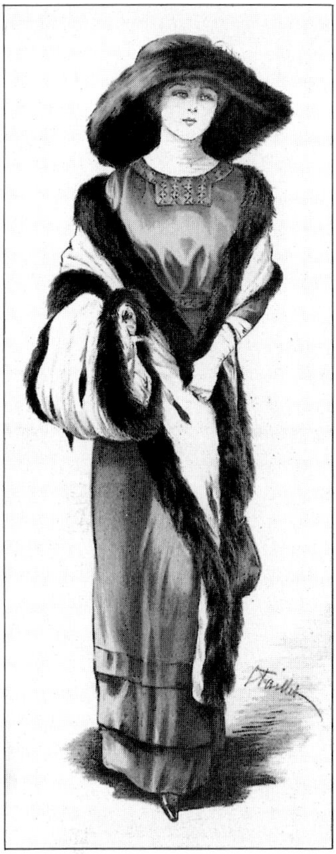

tient une chevelure très bouffante, comme à la fin du règne de Marie-Antoinette.

Si les étoffes s'assouplissent, les garnitures en guipure, en Irlande, au crochet, en filet brodé, ont, elles, tendance à s'alourdir.

De 1908 à 1910, le souvenir du Directoire et de l'Empire fait marquer la taille très haut. Au-dessous d'elle, la jupe étroite tombe droit en simulant parfois une ouverture sur le côté qui évoque les Merveilleuses et leurs audaces (ill. 384). Les manches sont plates. Le goût de la guipure, du filet et de la soutache s'affirme. Couronnant la silhouette filiforme, un énorme chapeau, appuyé en arrière sur un volumineux chignon, s'étale comme un champignon (ill. 386). Les manteaux commencent à former sous les bras des drapés inspirés par l'Orient.

385. Robe du soir par Doucet, 1910. Musée de la Mode et du Costume de la Ville de Paris.

La taille haute rappelle le Directoire et l'Empire.

386. *La Mode pratique*, n° 49, 1910 : toilette avec manchon et étole. Musée de la Mode et du Costume de la Ville de Paris.

Les énormes chapeaux et les manchons sont caractéristiques des années 1910.

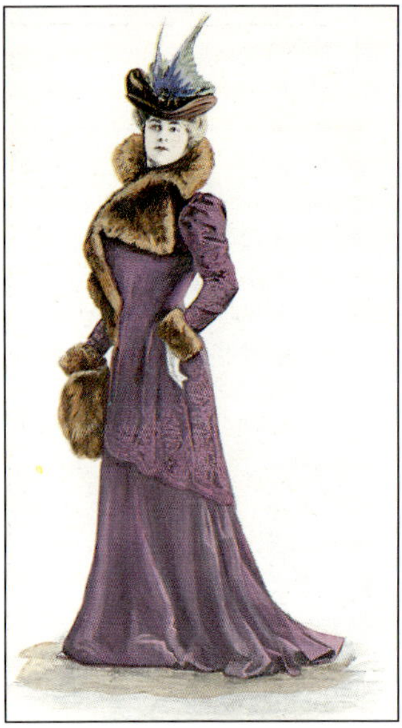

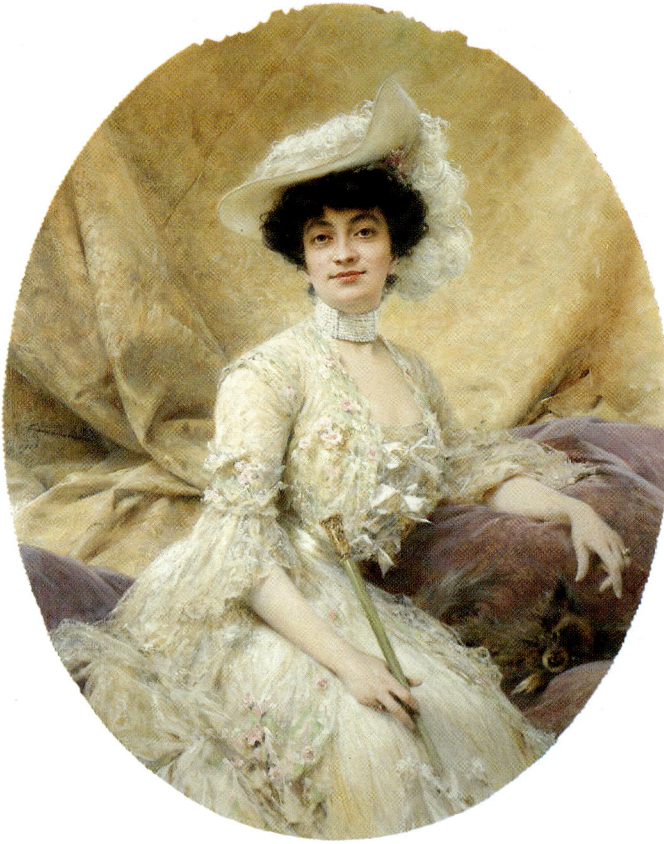

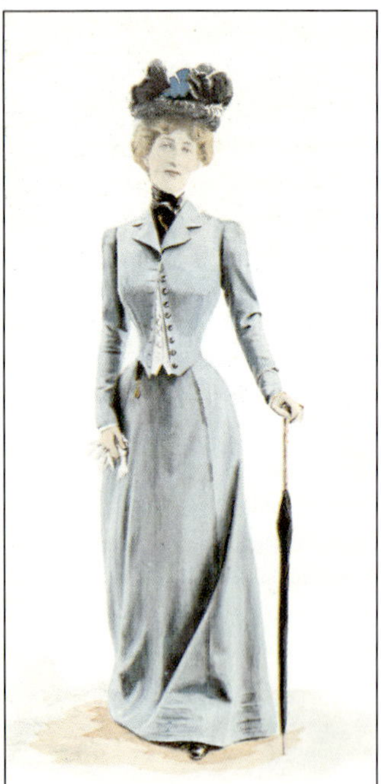

De 1911 à 1914, sous l'influence de Paul Poiret, déjà responsable du retour aux lignes Premier Empire, et qui cherche déjà depuis quelque temps à substituer le drapé flou aux vêtements ajustés, la mode, mise en état de choc par le passage des Ballets russes puis par la retentissante fête persane donnée en 1911 par le couturier, s'oriente résolument vers le *style sultane*, sans que disparaisse complètement la ligne droite. La faveur va donc surtout au profil tonneau de la taille aux chevilles (ill. 392), aux jupes-culottes que l'on porte surtout en robe d'intérieur, aux basques évasées en abat-jour sur un long fourreau étroit, aux robes entravées, aux petites traînes en queue de poisson pour le soir (ill. 385).

Les manteaux, coupés comme de larges kimonos, dérivant de « Révénena », un modèle créé par Poiret dès 1905 (rectangle d'étoffe plié en trois avec ouverture devant et deux fentes pour passer les bras), forment, lorsque l'on abaisse les bras, de multiples drapés, et

387. *La Mode pratique*, n° 45, 1899 : robe et manteau trois quarts. Musée de la Mode et du Costume de la Ville de Paris.

388. Théobald Chartran, *Jeune Femme à l'ombrelle,* 1904. Paris, musée d'Orsay.

389. *La Mode pratique*, n° 41, 1900 : costume tailleur.

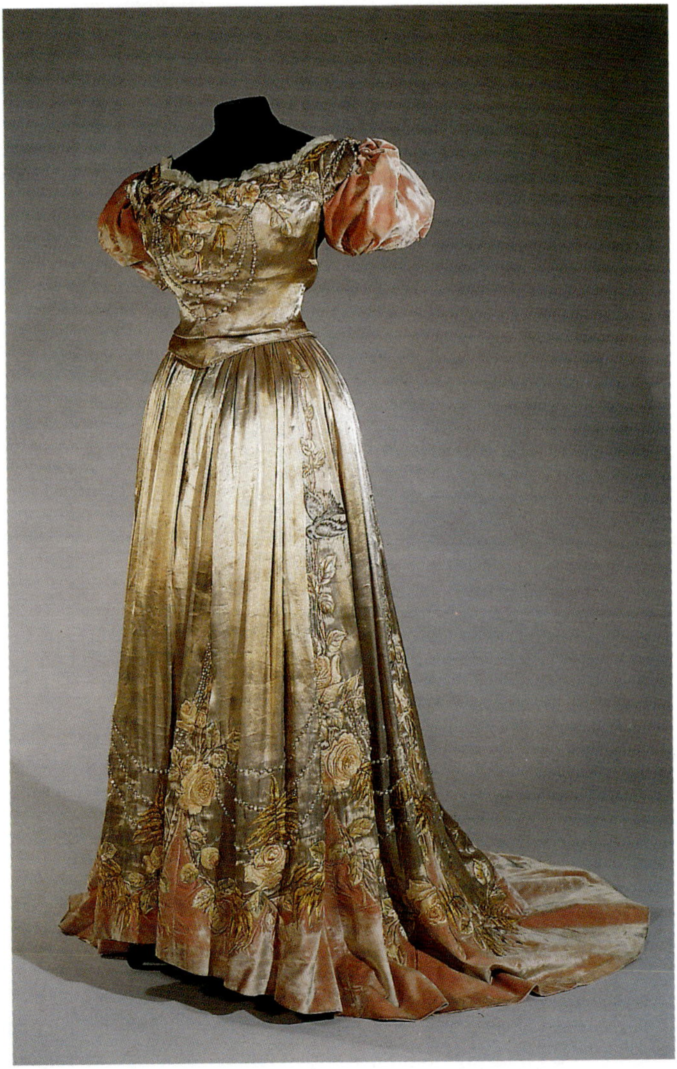

390. Redfern, robe du soir, 1905. Musée de la Mode et du Costume de la Ville de Paris.

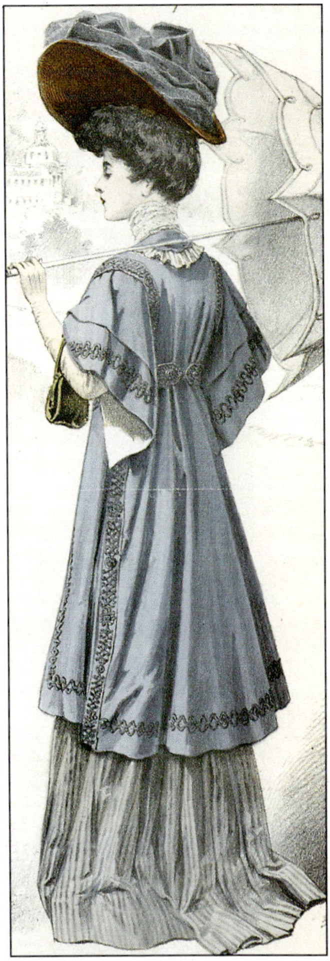

391. *La Mode pratique*, n° 11, 1905. Musée de la Mode et du Costume de la Ville de Paris.

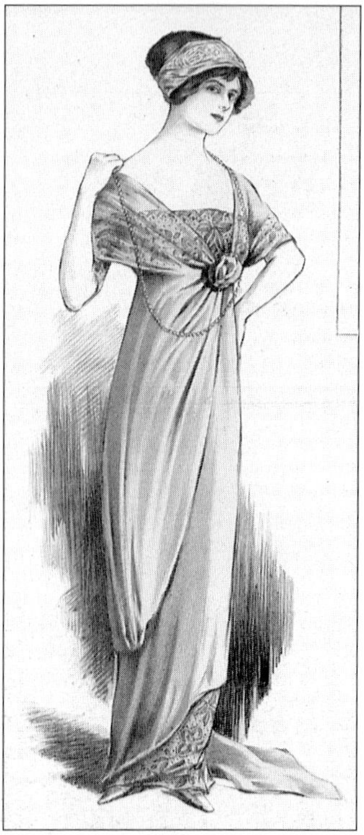

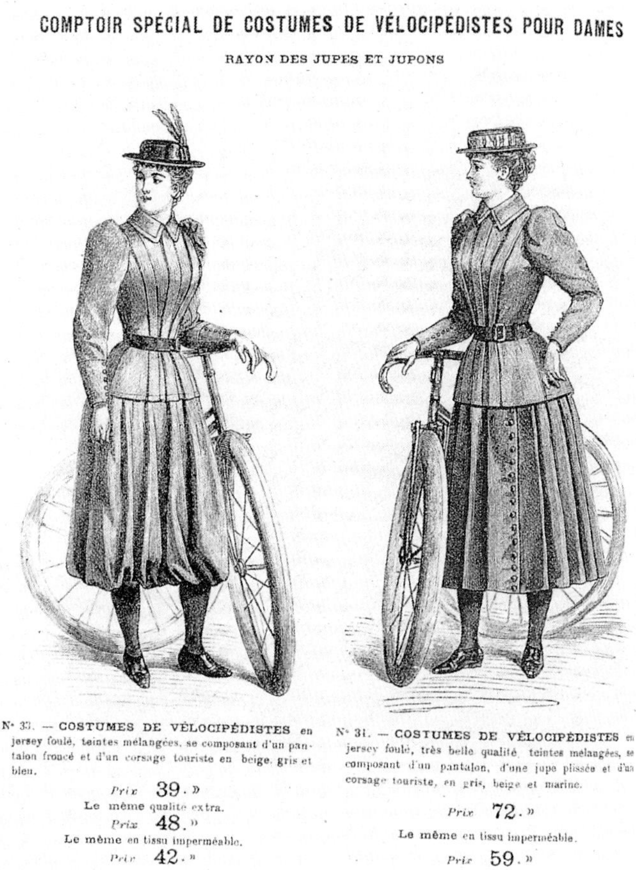

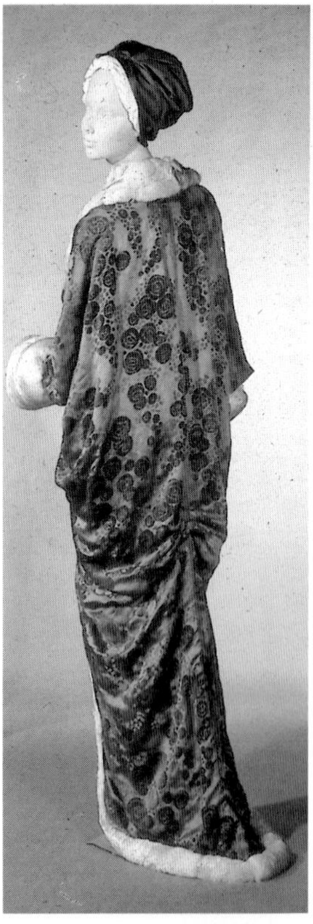

le couturier en conçoit dont le mouvement blousant, arrêté sur les hanches, annonce déjà la mode de 1925 (ill. 394).

Sur la tête, des *turbans* pour le soir, des toques hautes pour la ville, les uns et les autres garnis d'un plumet dressé vers le ciel, complètent ces transpositions de l'Orient réalisées dans des couleurs audacieuses : vert vif, orange, violet, employées par Bakst pour les décors et les costumes des Ballets russes, qui réveillent la palette 1900, devenue très évanescente.

Les sports se développent ; des tentatives, encore timides, sont faites pour adapter le costume féminin à leur pratique (ill. 393). Des jupes blanches, légèrement raccourcies, permettent de jouer au tennis. Les baigneuses, qui ne se risquent pas encore à nager, portent une tunique en lainage noir, ornée de croquet blanc et d'une ancre marine brodée, sur une culotte bouffante et, dans les stations élégantes, des bas noirs. Enfin, les automobilistes prennent la précaution d'enfiler sur leurs vêtements des cache-poussière en toile ou en tussor beige et de recouvrir leur monumental chapeau d'un capuchon, d'un voile noué sous le menton, ou d'une coiffure brevetée comportant une voilette que l'on abaisse devant les yeux.

Lingerie et accessoires

Après une longue période d'austérité où la lingerie, non visible, avait été blanche, fraîche mais sans grande recherche – tout au moins chez les femmes « comme il faut » –, s'instaure, avec la Belle Époque, l'usage d'une lingerie plus raffinée. Elle est vaporeuse, coupée dans de la fine batiste, ornée d'entre-deux de dentelle et de chiffres brodés (ill. 396), garnie de trou-trous dans lesquels on passe des rubans. Cache-corset, large pantalon volanté, grand *jupon-costume* en soie de couleur, qui a pour fonction de soutenir la jupe dont il épouse les formes, mais aussi *jupon discret*, plus petit et blanc, qui se place en dessous, *combinaison-jupon* ou *combinaison-culotte*, née de l'alliance du cache-corset et du jupon ou de la culotte, en sont les principales pièces, avec la *camisole*, puis la *chemise de nuit*, dont les lignes se font plus sobres sous le Premier Empire, puis avec style oriental.

En 1900, la bottine, « gold », beige ou noire, en cuir, convient pour le matin et pour le sport, mais en soirée on doit la remplacer par des décolletés assortis à la robe et aux bas, dont le haut est en pointe et le talon Louis XV.

392. *La Mode pratique*, n° 45, 1911 : toilette du soir.
Musée de la Mode et
du Costume de la Ville de Paris.

393. Catalogue commercial *Grands Magasins du Louvre*, 1895 : costumes de vélocipédistes.
Musée de la Mode et
du Costume de la Ville de Paris.

394. Paul Poiret, manteau, v. 1912.
Musée de la Mode et
du Costume de la Ville de Paris.

Retour des drapés et influence de l'Orient avec les turbans pour le soir.

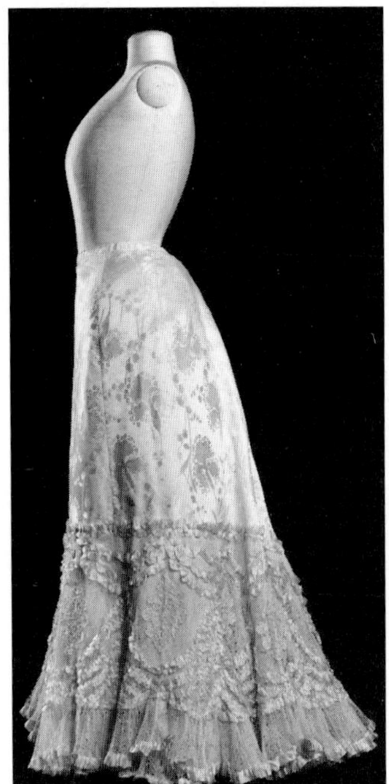

396. Jupon-costume, v. 1900.
Musée de la Mode et
du Costume de la Ville de Paris.

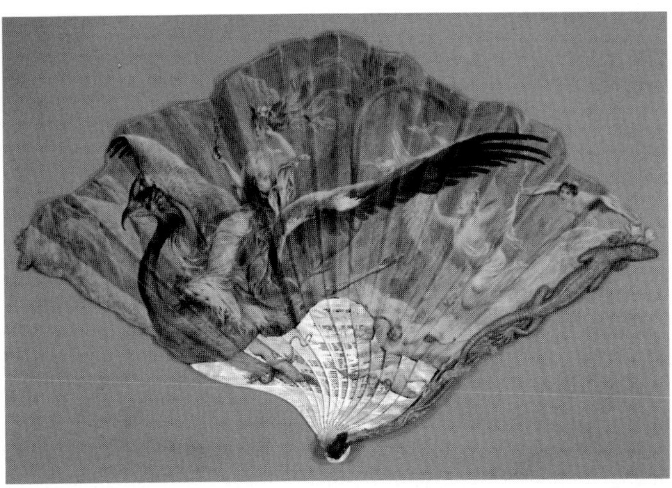

395. Maurice Leloir, *Le Siècle commençant, le Siècle finissant*, éventail, 1900.
Musée de la Mode et
du Costume de la Ville de Paris.

La mode du sac à main reparaît en 1900, et plus encore à partir de 1910. Minuscules portefeuilles suspendus à une chaînette, grosses bourses d'étoffe froncée sur des fermoirs chantournés, ou *réticules* perlés se disputent la faveur.

Le parapluie et l'ombrelle s'allongent de plus en plus. Ils prennent la forme aiguille, et leur manche, droit, à poignée curviligne, s'orne d'or, d'argent ou de pierres colorées. Comme la lingerie, les grandes ombrelles, en dôme lorsqu'on les ouvre, cèdent au goût de la dentelle et de la broderie.

Les éventails sont indispensables à la vie mondaine, où ils figurent un véritable langage codé. La peinture de leur feuille occupe professionnels et amateurs (ill. 395). Tous les sujets sont traités : la flore, la faune, la vie politique, la vie parisienne, l'exotisme, les pastiches, mais on apprécie surtout les plumes, montées sur écaille ou nacre.

La haute couture

La haute couture se développe au point de fournir vingt exposants à l'exposition internationale de 1900, dont les grandes vedettes sont Worth, Redfern, Paquin, Callot Sœurs, que ne tardent pas à rejoindre dans la célébrité Chéruit, Doucet, Lanvin et Paul Poiret.

- Worth, 7, rue dė la Paix. Maison fondée en 1857.

Le fondateur, Charles-Frederic, meurt en 1895, mais ses fils, Jean-Philippe, le modéliste, et Gaston, l'administrateur, ont déjà repris depuis plusieurs années la direction de la maison. Jean-Philippe travaille dans la splendeur, habille la cour de Russie, l'aristocratie anglaise, les grandes dames de Paris, comme la comtesse Greffulhe et la princesse Murat, les vedettes de la scène comme Melba ou la Duse. Il fait réaliser des étoffes spécialement pour lui (ill. 397). Gaston, pressentant l'évolution de la société, engage Poiret, de 1901 à 1903, pour faire « des pommes frites », mais le jeune homme ne s'entend pas avec Jean-Philippe et s'en va.

- Redfern, 242, rue de Rivoli. Maison fondée en 1881 par Charles Poynter, représentant d'une maison anglaise créée par John Redfern.

Elle remporte un grand succès avec ses tailleurs, ses amazones et ses costumes de scène (pour les essayages, il y a un cheval sur lequel on fait monter les clientes, et un petit salon tapissé de glaces, éclairé comme au théâtre). Elle bénéficie de la protection de la reine

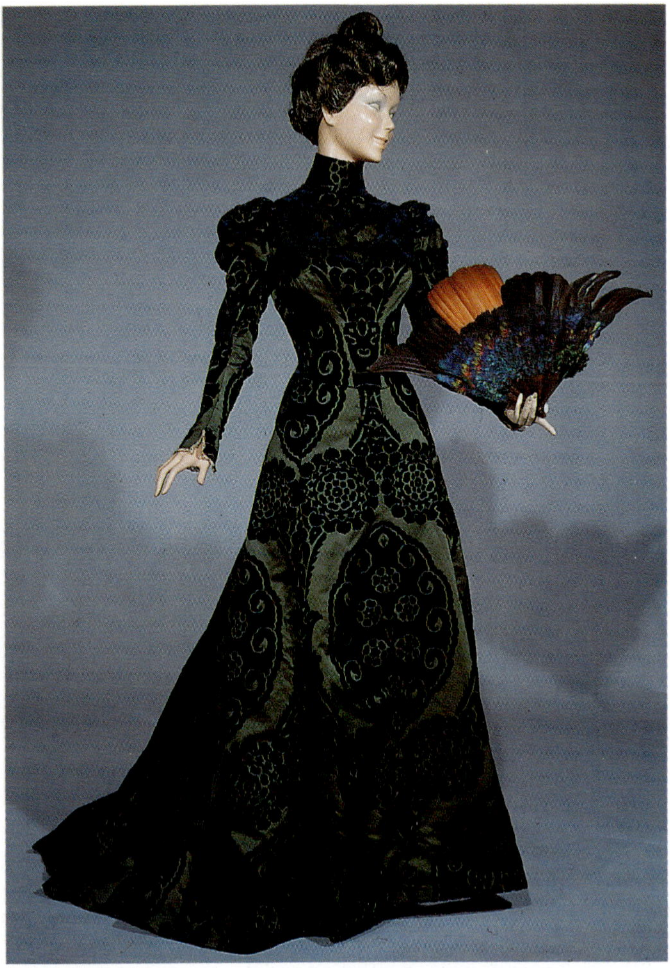

397. Worth, robe, 1897. Musée de la Mode et du Costume de la Ville de Paris.

Robe d'après-midi en velours ciselé.

d'Angleterre, de la clientèle d'Américaines comme Anna Gould, comtesse Boni de Castellane, et de celle de nombreuses actrices dont Mary Garden, créatrice de *Pelléas et Mélisande*.

- Paquin, 3, rue de la Paix. Maison fondée en 1892 par Mme Paquin, la première femme grand couturier, qui lance les défilés de mode et les tournées en Amérique. Mme Paquin aime l'opulence mais n'admet rien qui ne soit pratique. En 1913, elle lance une tenue de ville que l'on peut garder pour les soirées.

- Callot Sœurs, 24, rue Taitbout. Maison fondée en 1895 par les quatre filles d'un peintre et d'une dentellière, dont Marie Gerber est la modéliste. Proust lui reproche de donner un peu trop dans la dentelle. Elle habille la reine d'Espagne, Mrs. Lydig, une Américaine folle de dentelles, beaucoup de comédiennes : Julia Bartet, Jeanne Granier, Ève Lavallière, Gaby Deslys, et aussi les demi-mondaines Liane de Pougy et Émilienne d'Alençon.

- Chéruit, 21, place Vendôme. Maison qui prend en 1902 la succession de Raudnitz et Cie, installée, depuis 1875, au 13, rue Grange-Batelière. Entre 1907 et 1914, Mme Chéruit présente surtout des robes d'après-midi et de sport.

- Doucet, 21, rue de la Paix, était, à l'origine, une chemiserie fondée en 1824, boulevard Saint-Martin. Installée depuis 1839 rue de la Paix où elle avait ouvert un rayon de lingerie, elle s'adjoint

398. À gauche : Paul Poiret, robe de cérémonie, v. 1910 ; à droite : Jeanne Lanvin, robe de mariée, 1909. Musée de la Mode et du Costume de la Ville de Paris.

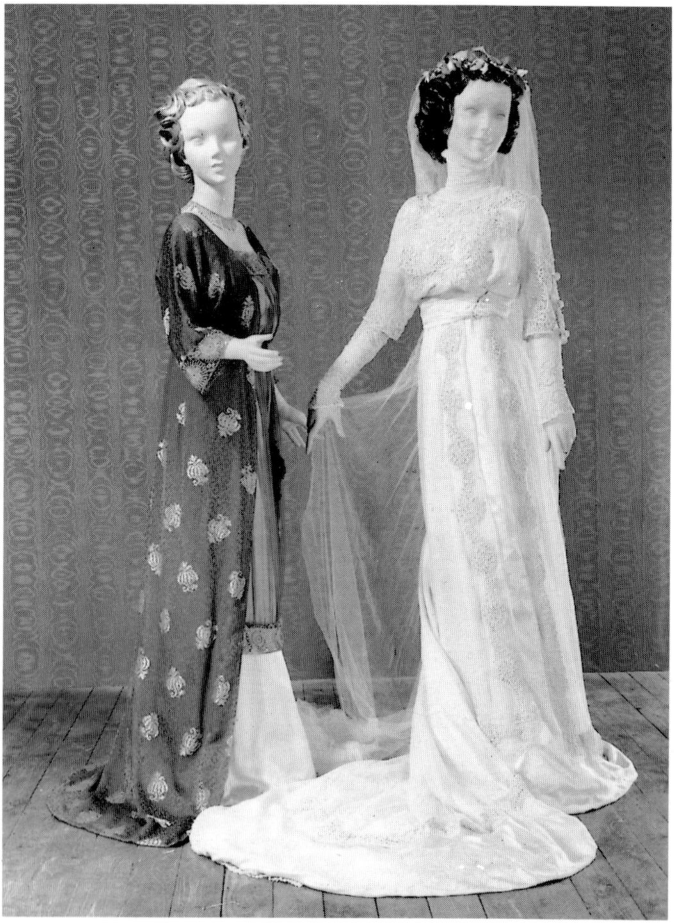

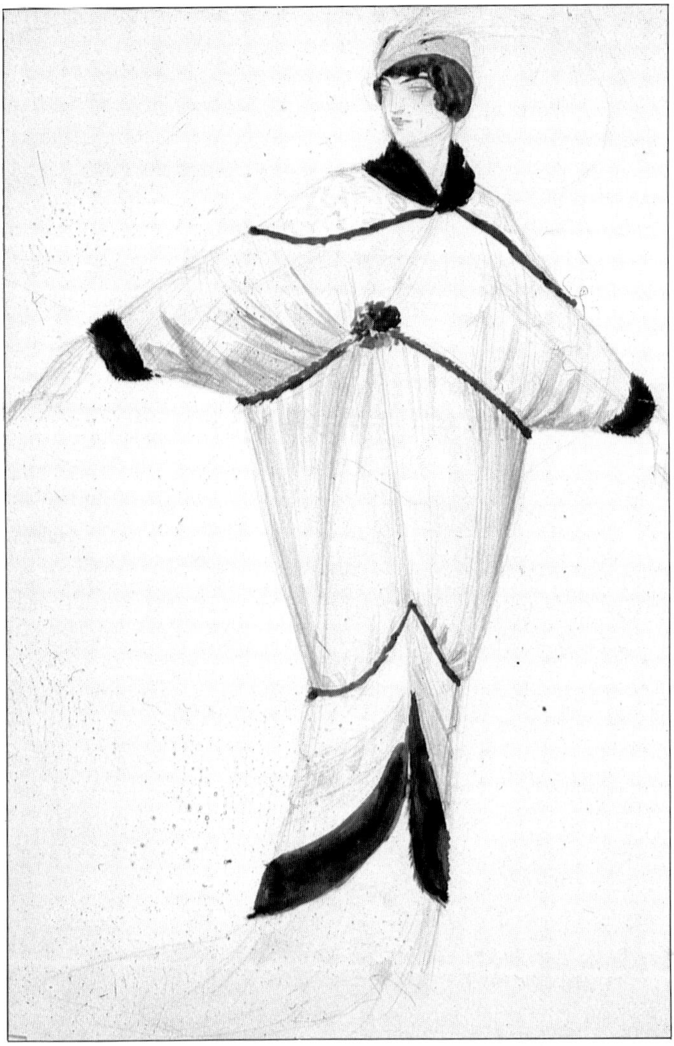

399. Paul Poiret, manteau du soir, dessin de Luher, 1912.
Musée de la Mode et du Costume de la Ville de Paris.

en 1883 un « rayon de confection pour femmes du plus grand monde ». Vers 1900, sous la direction de Jacques Doucet, qui travaille avec des modélistes (José de la Pena, Paul Poiret, chef du rayon tailleur, et Madeleine Vionnet à partir de 1907), cette maison prend l'envergure d'une maison de haute couture. Jacques Doucet, un des derniers partisans du style orné, aime les étoffes vaporeuses et les dentelles. Il habille de nombreuses comédiennes, dont Réjane, à laquelle le lie une profonde amitié.

- Jeanne Lanvin, 22, rue du Faubourg-Saint-Honoré, avait ouvert en 1890, sous les combles de l'immeuble qu'elle acquerra, une maison de mode qu'elle achève, vers 1910, de transformer en maison de couture. La modiste, en effet, habille si bien sa fille (future comtesse Marie-Blanche de Polignac) que toutes ses clientes lui demandent des robes pour leurs enfants, et que, ces enfants grandissant, il lui faut créer des toilettes de jeunes filles, puis de mariées (ill. 398), enfin de femmes. Son travail, extrêmement soigné, est d'une très grande virtuosité technique, presque toujours orné de broderies (elle a des ateliers chez elle) et très apprécié par une clientèle raffinée.

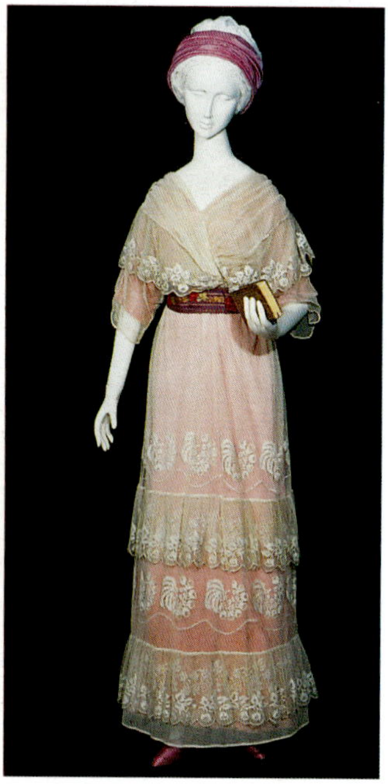

400. Paul Poiret, robe d'après-midi, 1912.
Musée de la Mode et du Costume de la Ville de Paris.

Tulle brodé sur fond de satin rose.

- Paul Poiret, 3, rue Auber de 1903 à 1906, 37, rue Pasquier de 1906 à 1909, 26, avenue d'Antin de 1909 à 1914.

Après avoir vendu des croquis à des couturiers, puis travaillé avec Jacques Doucet, où il costume Sarah Bernhardt pour *L'Aiglon* et Réjane pour *Zaza*, enfin chez Worth, où Jean-Philippe qualifie de « cloporte » une de ses créations, il fonde sa propre maison afin de donner libre cours à ses idées. Il fait souffler un vent de révolte en débarrassant la femme du corset. Mais il lui entrave les jambes, ce qui prouve que sa conception du costume féminin n'est pas résolument moderne. Grâce à lui, le couturier, considéré jusque-là comme simple fournisseur, devient acteur à part entière de la vie artistique et mondaine. Paul Poiret innove également en s'installant avenue d'Antin. Il donne ainsi le signal d'un déplacement vers l'ouest de Paris du quartier de la couture. Ses clientes sont des femmes audacieuses qui ne craignent pas de braver l'opinion.

Jouissant d'une renommée mondiale, assurés de la fidélité d'une clientèle riche et oisive, les couturiers développent le côté spectaculaire de leur profession. Les collections qu'ils constituent à chaque saison, d'après des croquis qu'ils font eux-mêmes ou qu'ils achètent à des modélistes, d'abord montrées, à la demande, dans leurs salons, sur des mannequins vivants mais revêtus d'un fourreau noir à manches collantes et col montant sur lequel sont passées les robes, font, à partir de 1908, à Londres, puis à Paris, l'objet, dans les conditions où elles seront portées dans le monde, de présentations sur estrade, devant un public nombreux. En 1910, la présentation des modèles a lieu à heures fixes dans toutes les grandes maisons.

401. Giovanni Boldini, *Portrait du comte Robert de Montesquiou*, 1897. Paris, musée d'Orsay.

Élégance, dans une harmonie de gris, du costume d'un dandy proustien.

La haute mode

Caroline Reboux a été imitée elle aussi, ainsi que plusieurs modistes en renom, installés dans le même quartier : Auguste Petit, qui

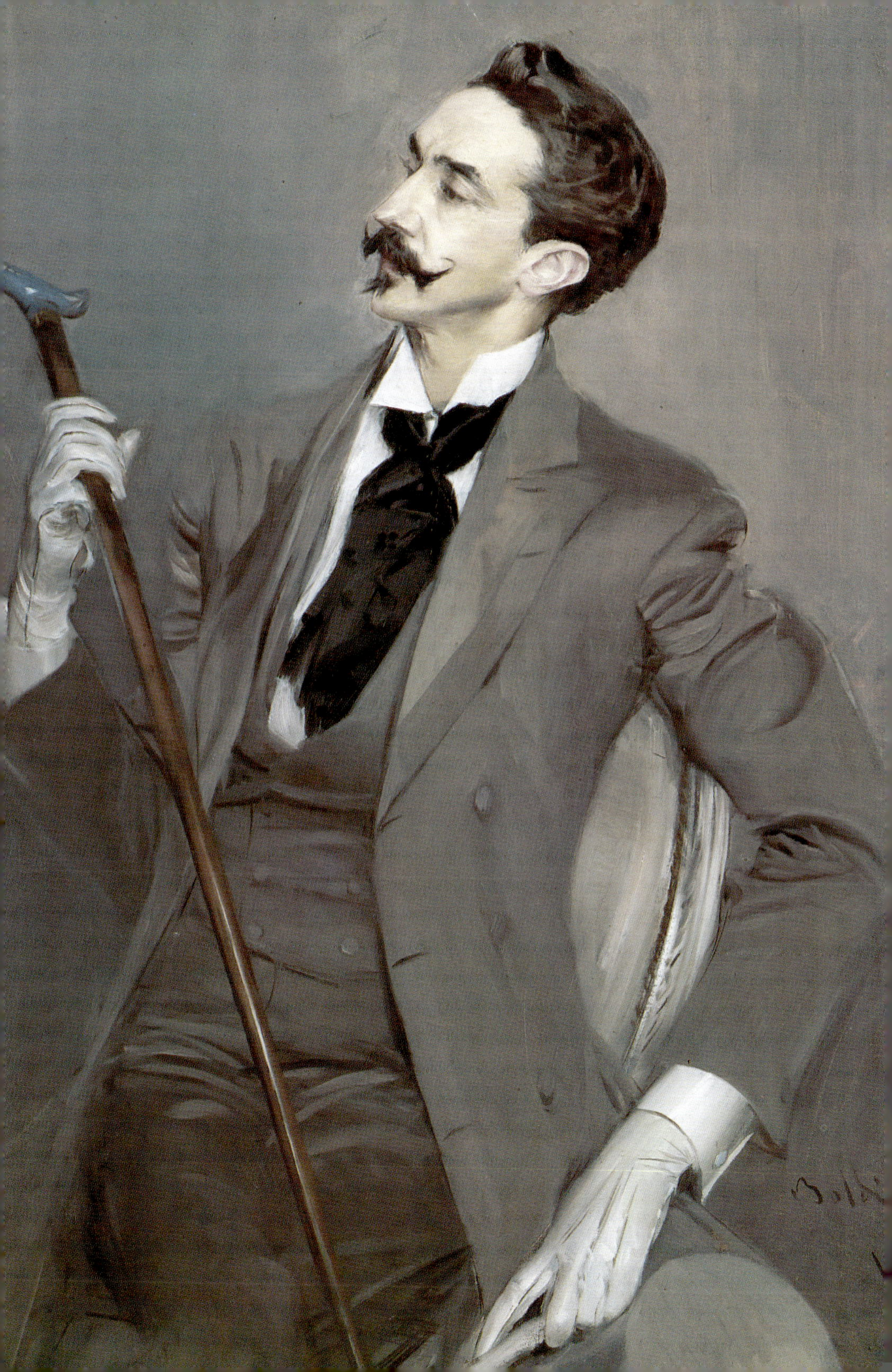

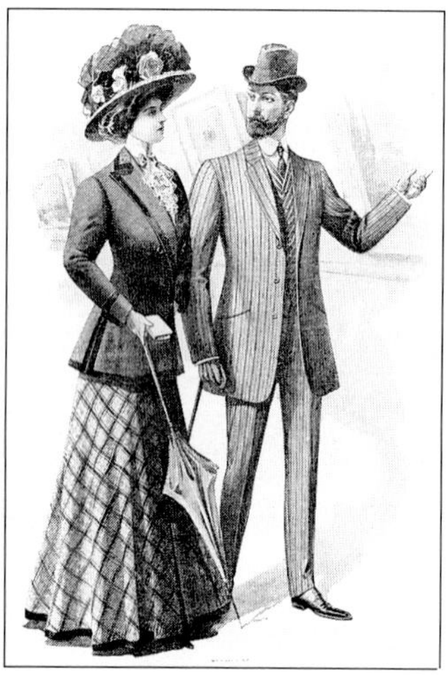

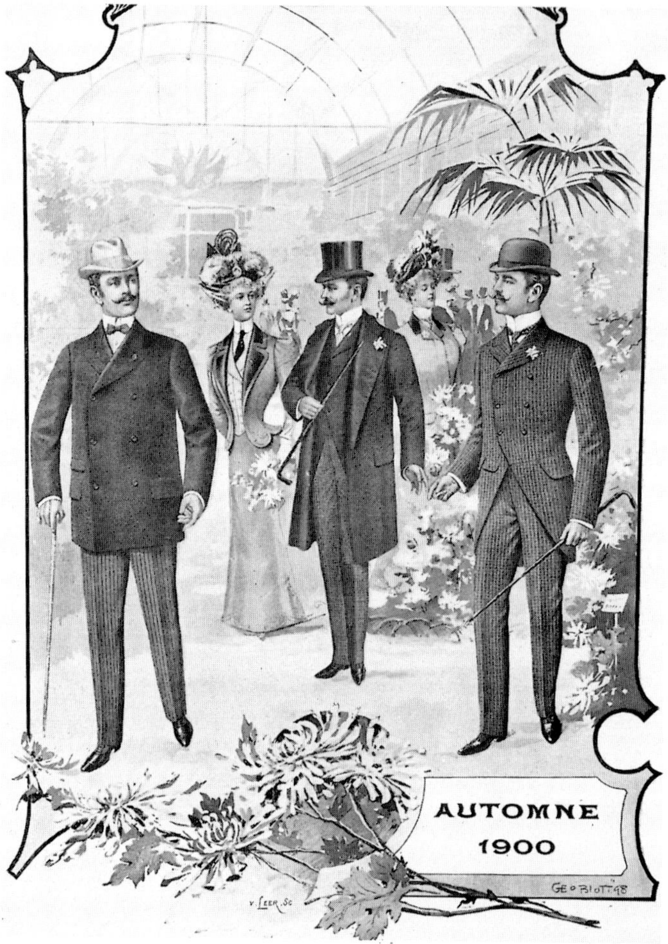

402. *L'Illustration*, 3 novembre 1900.

403. *L'Illustration*, mars 1908 : complet-veston trois pièces.

Seuls les détails de coupe vont changer, saison après saison : le costume masculin moderne a trouvé sa forme définitive.

travaille pour Worth, Georgette et Carlier, respectivement 71, 1 et 16, rue de la Paix ; Marcelle Demay et Esther Meyer, qui sont au 11 et au 6, rue Royale ; Jeanne Lanvin, 22, rue du Faubourg-Saint-Honoré ; Lenthéric, 245, rue Saint-Honoré. Ces modistes se partagent la clientèle élégante.

Le goût britannique

Pour les hommes, le complet trois pièces, avec veston, gilet boutonné très haut et pantalon étroit marqué devant d'un pli vertical, est courant à la ville et en voyage. En 1908, copiant la mode

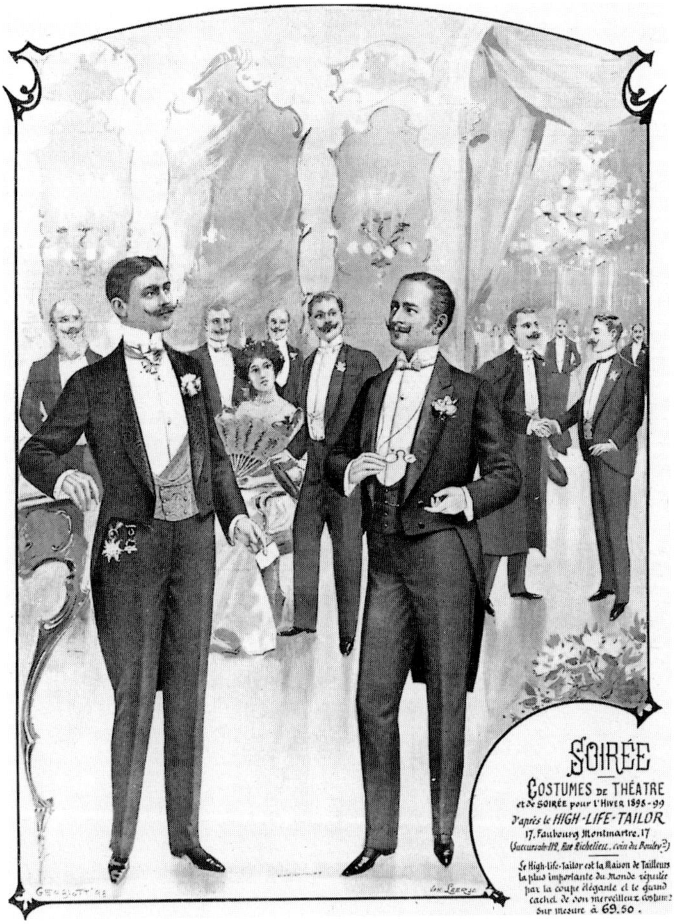

404. *L'Illustration*, 17 décembre 1898 : costumes de soirée, habits et smoking.

féminine, le veston s'allonge et se cintre légèrement (ill. 402). En 1911, le pantalon se retrousse en bas « parce qu'il pleut à Londres » et qu'il est de bon ton pour les hommes d'imiter l'élégance britannique.

Pour les visites et les cérémonies de jour, on porte avec le pantalon noir ou le pantalon de fantaisie, à raies grises, et le gilet, soit noir, soit en soierie brochée sombre, la *redingote* croisée ou la *jaquette* fuyante (ill. 403).

La tenue de soirée est constituée par l'*habit*, dont les basques ne sont pas très longues, avec gilet blanc pour les réceptions mondaines, l'Opéra et la Comédie-Française, noir pour le restaurant et les théâtres du boulevard. En 1890, on dîne et on danse encore en habit rouge, bleu roi ou vert mousse, avec culotte et bas noirs, mais cette coutume se perd ensuite assez vite. L'habit est également le costume de mariage, mais on lui préfère parfois la redingote du bon faiseur. Le *smoking* apparaît en France, venu d'Angleterre. Le prince de Galles, futur Édouard VII, arbitre des élégances masculines à Londres et à Paris, privé de son habit, un jour qu'il était à la chasse chez un de ses amis, parce que son valet de chambre avait oublié de le mettre dans ses bagages, enfila pour dîner, sur le pantalon et le gilet de soirée, un veston sombre, qui fut bientôt pourvu par la mode de revers de soie (ill. 404). Pour rappeler son origine anglaise, les Français baptisèrent smoking cette nouveauté qui, outre-Manche, porte le nom de *dinner jacket*, alors que le mot *smoking* y désigne un tout autre vêtement…

Le pardessus est assez ajusté à la ville (ill. 406), plus ample pour le voyage et souvent, alors, pourvu d'une pèlerine. Les cos-

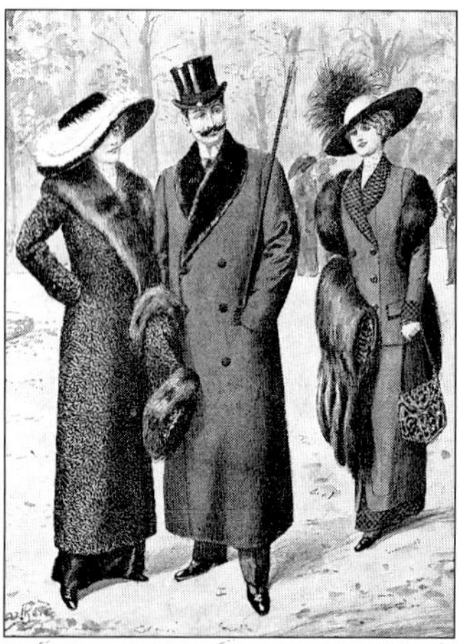

405. *L'Illustration*, 14 octobre 1911 : manteau d'hiver, tailleur féminin avec manchon et étole.

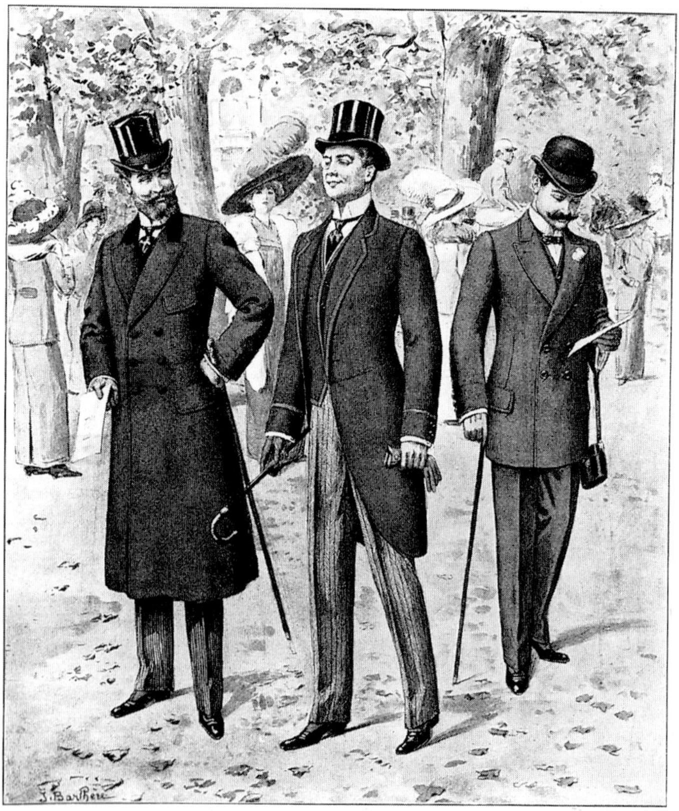

406. *L'Illustration*, 30 septembre 1911 : de gauche à droite, redingote-pardessus, jaquette, complet-veston.

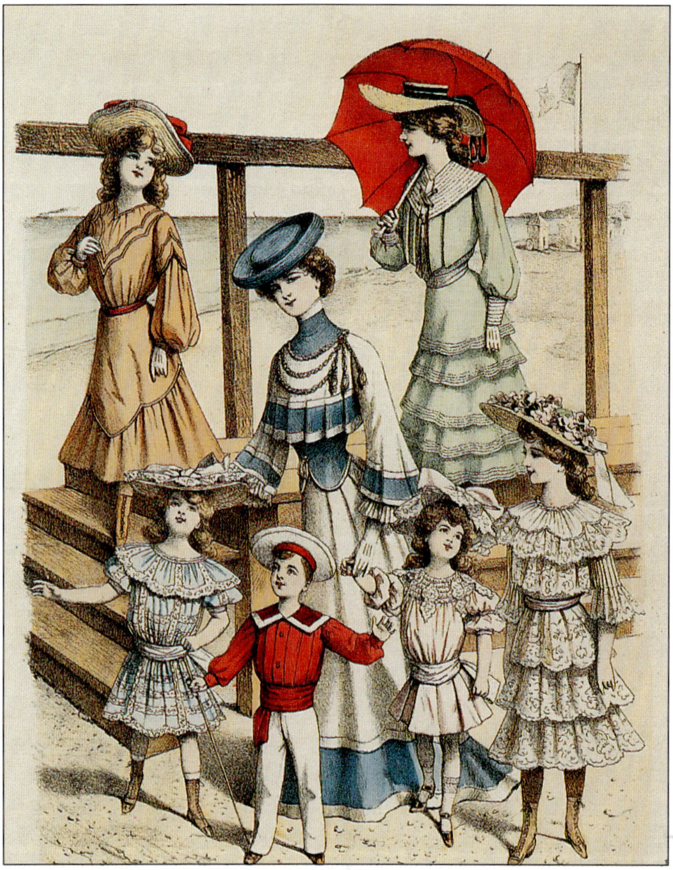

407. *La Revue de la mode*, gravure, v. 1900.

tumes d'été ou de sport se diversifient. À la plage, on porte un veston d'alpaga noir ou un complet de flanelle blanche. Les hommes se baignent en long maillot de lainage rayé, à demi-manches plates et qui descend en caleçon jusqu'aux genoux. À bicyclette, il faut porter le veston à quatre poches plaquées, la culotte, les bas de laine, la casquette souple. Les automobilistes, pour affronter les routes poudreuses et le vent, dans leurs voitures découvertes, à la vitesse folle de quarante kilomètres à l'heure, s'enveloppent dans des pardessus en mouton ou en chèvre, familièrement baptisés « moumoutes », ou dans de longs cache-poussière, accompagnés d'une casquette rigide et de lunettes noires.

Les hommes ne sauraient sortir à pied sans canne.

Le haut-de-forme est le chapeau de soirée ou de visite ; le chapeau melon devient courant à la ville (ill. 406), où le chapeau mou commence à être admis aussi. L'été, le panama et le canotier le remplacent.

Les chaussures élégantes sont des bottines à boutons. Les chaussures basses, lacées sur le cou-de-pied, se portent avec les tenues sportives ou décontractées.

La cravate nouée, qui se présente toute prête à mettre, avec un élastique, la cravate-plastron, le nœud papillon ou la lavallière des artistes, accompagnent le faux col empesé, très haut, droit ou à coins cassés. La chemise est encore raide, à plastron glacé pour le soir, et pourvue de manchettes amovibles, également glacées. Les caleçons sont longs. Le pyjama de nuit apparaît en 1900.

Les hommes, qui ont les cheveux coupés court, portent souvent la raie au milieu. La moustache, dont les extrémités sont roulées au fer, est indispensable à l'élégance. La barbe, arrondie ou en pointe, a toujours du succès.

Dans la société aristocratique, les domestiques mâles portent la livrée, habit, gilet, culotte aux couleurs adoptées par la famille, pour l'ordinaire, et, pour la tenue de gala, l'habit à la française garni sur toutes les coutures d'un galon armorié.

408. Catalogue de *La Belle Jardinière*, v. 1900. Les costumes des enfants suivent ceux des adultes ; les filles portent des jupes courtes.

Les enfants

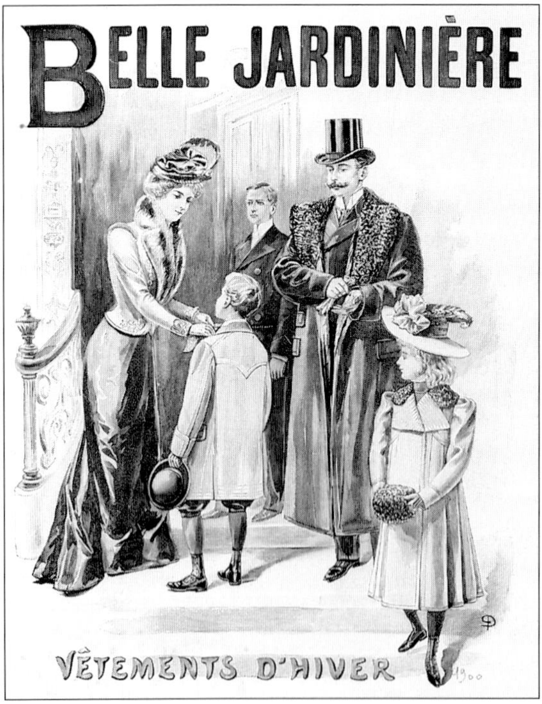

La mode proprement enfantine continue à ne guère concerner que les moins de douze ans (ill. 408), la jeunesse adoptant très tôt une mode copiée sur celle des adultes, avec seulement des jupes un peu plus courtes pour les petites filles. Certains détails du vestiaire féminin, la forme d'une manche, la disposition des volants autour d'un empiècement, les lignes générales du couvre-chef, peuvent se retrouver dans celui de l'enfance, et les capes des manteaux de bébé prennent, vers 1898, le profil des collets de femme.

Pour les petites filles, deux types de robe se disputent la faveur : la robe à taille basse, soulignée, en toilette de cérémonie, par une large ceinture de soie artistement nouée derrière, qui domine vers 1900 et vers 1908 (ill. 407), et la robe américaine, flottante sous un empiècement très court, qui prédomine en 1895 et vers 1908. Leurs chapeaux sont bien souvent d'invraisemblables monuments qui les écrasent sous leurs nœuds de ruban, leurs volants et leurs fleurs.

En 1910, leur silhouette devient tubulaire et leurs bonnets s'apparentent un peu aux capotes de femmes du début du XIXe siècle (ill. 409).

Les garçons restent en robe et gardent les cheveux longs au moins jusqu'à trois ou quatre ans, quelquefois plus. Ensuite, ils portent la culotte courte, avec une blouse bouffante ou une blouse russe. Mais le vêtement le plus usité est le costume marin, issu de celui que le prince de Galles porta pour la première fois en 1851. En coton ou en laine, uni ou à fines raies, à culotte courte ou pantalon long ou, pour les filles, à jupe plissée (ill. 407), à marinière croisée pourvue du grand col carré, complété par un béret marin ou un chapeau Jean-Bart à grand bord rond relevé, exécuté en bleu marine, blanc, rouge ou noir, il montre son plastron blanc et ses garnitures en croquet, en toutes saisons et en toutes circonstances.

La pratique des sports commençant à s'étendre aux enfants, on leur fait, pour la plage, des costumes de bains rayés comme ceux des hommes, ou des ensembles comprenant tunique et culotte bouffante, comme ceux des femmes. En 1895, pour monter à bicyclette, les petites filles ont droit aussi à leur culotte de zouave.

409. *Costumes parisiens*, n° 34, 1912 : manteau de fillette en velours bleu garni de skonces. Guêtres de suède blanc.

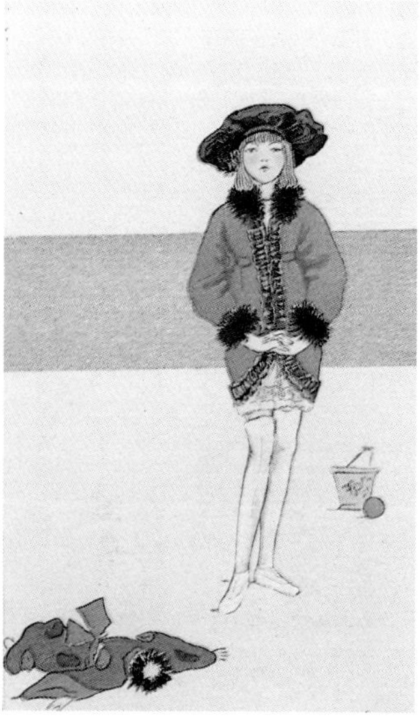

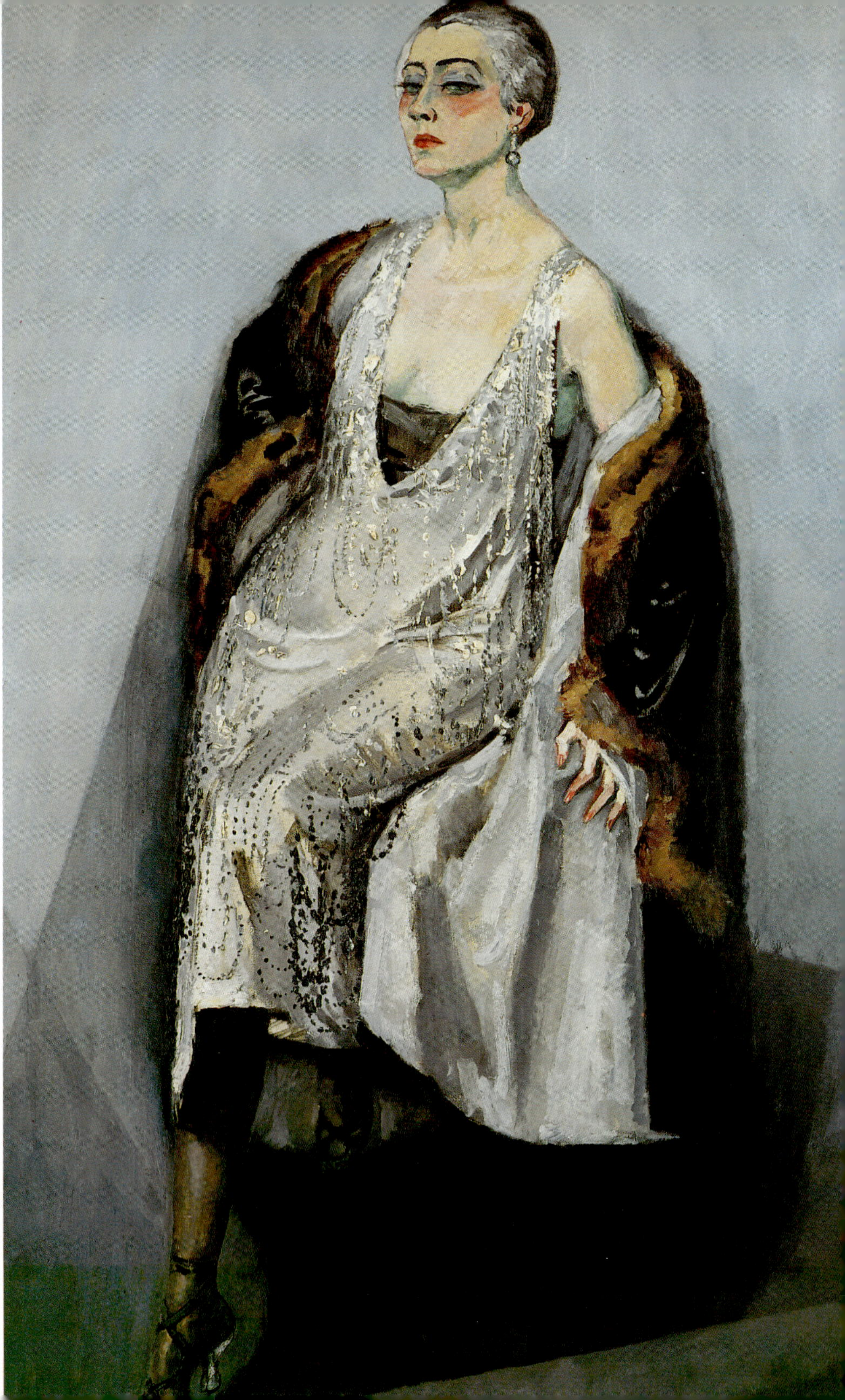

DE 1914 À LA DEUXIÈME GUERRE MONDIALE

LA PREMIÈRE GUERRE MONDIALE ET LES ANNÉES FOLLES 1915-1929

L'influence des décorateurs

La Première Guerre mondiale bouleverse profondément les conditions de vie de l'ensemble de la société. Le deuil touche presque toutes les familles ; les femmes n'en trouvent pas moins l'énergie de remplacer les hommes dans les tâches les plus diverses pour que l'activité du pays se poursuive. Par la suite, elles en tirent matière à des revendications égalitaires qui se traduisent également dans leur façon de se vêtir lorsque, dans l'euphorie de la victoire et l'illusion d'une paix définitive, une ère de facilité et de jouissance s'ouvre dans tous les domaines.

Pendant cette période assez semblable à celle qui avait suivi la révolution de 1789, la toilette féminine exprime par ses lignes le refus des contraintes et le désir d'émancipation. Elle devient aussi l'expression la plus concrète de recherches entreprises quelques années auparavant dans le domaine de la décoration, en vue d'une ouverture au modernisme, que consacre l'Exposition internationale des Arts décoratifs de 1925. La mode reflète l'importance prise par le cubisme depuis 1911, date de ses premières manifestations. Elle se montre sensible à l'influence des artistes étrangers venus se fixer à Paris, comme à celle de troupes telles que les Ballets russes (connus

410. Kees van Dongen, *Portrait de Mme Jasny-Alvin*, 1925. Paris, musée national d'Art moderne-Centre Georges Pompidou.

La nouvelle femme des années 20 : cheveux courts, poitrine plate, robe composée d'un fond de soie contrasté et d'une robe de dessus en fourreau décolleté et brodé de perles et de paillettes.

depuis 1909), les Ballets suédois (arrivés en 1920), la Troupe nègre (venue en 1925 au Théâtre des Champs-Élysées avec Joséphine Baker dans la *Revue nègre*). Ces troupes apportent à Paris l'éclat de leur folklore. Plus que jamais auparavant, les artistes participent directement à la mode. Raoul Dufy travaille pour Paul Poiret à des étoffes imprimées, et Sonia Delaunay aborde la couture pour réaliser, avec ses robes simultanées, ses visions colorées.

Les couturiers eux-mêmes réussissent, par leurs contacts avec peintres et décorateurs, à se faire connaître dans le monde des arts décoratifs et, à l'exposition de 1925, un pavillon entier est consacré à l'élégance. Entraînés d'abord malgré eux à une simplification de la toilette qui leur paraît vite excessive, ces couturiers s'efforcent de remettre peu à peu la féminité à l'honneur ; ils n'y parviennent cependant que lorsque le corps féminin retrouve les formes opulentes que les privations de la guerre et la soudaine libération de tout accessoire destiné à le soutenir lui avaient fait perdre.

Les tissus suivent l'évolution générale vers la légèreté et la souplesse. Les années 20 voient le succès, pour la mode sportive, du jersey, lancé par Chanel, et, pour le soir, du crêpe Georgette alourdi de perles et de paillettes. Le taffetas ne fait que des apparitions épisodiques, lorsque l'ampleur de la robe (*crinoline de guerre* ou *robe de style*) le permet. La grande nouveauté est l'apparition de la soie artificielle, dite *rayonne*. Sa production annuelle, en France, passe de un million et demi de kilos en 1920 (pour vingt-cinq millions de kilos dans le monde) à vingt-sept millions de kilos en 1936 (pour cinq cents millions de kilos dans le monde). D'autre part, la fourrure ose s'afficher. Grâce aux progrès réalisés dans la teinture et l'apprêt des peaux, elle s'emploie comme une étoffe.

L'iconographie de la mode tend, elle aussi, à se renouveler par un retour au dessin linéaire coloré à plat, qu'encourage Paul Poiret. Georges Barbier, Pierre de Belay, Benito, Boutet de Monvel, Pierre Brissaud, Drian, Erté, Paul Iribe, Georges Lepape, Charles Martin, André Marty, sont les vedettes de ce mouvement et travaillent pour les périodiques luxueux de l'époque : la *Gazette du bon ton*, *Art, Goût, Beauté*, auxquels s'ajoute *Vogue, édition française*, créé en 1920. Parmi de nombreux autres journaux, citons encore *Le Jardin des modes* (depuis 1922), qui s'adresse aux femmes de la bourgeoisie, *L'Officiel de la couture et de la mode de Paris* (1921-1977) et *Le Trait parisien* (1920-1936) qui sont tous deux destinés aux couturières.

Quant à la photographie de mode, on y excelle surtout aux États-Unis avec le baron Adolf de Meyer, virtuose du flou romantique, et Steichen, qui adopte, en revanche, vers 1925, un style net et précis. Tous deux travaillent pour *Vogue* américain et *Harper's Bazaar*.

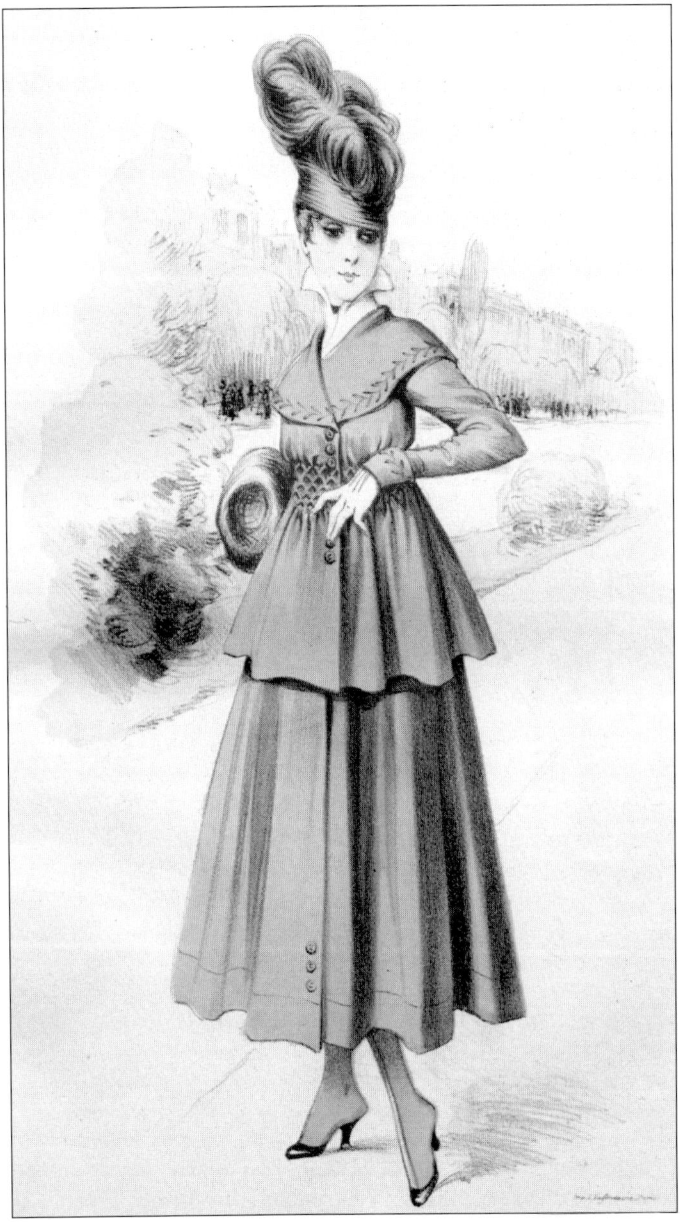

411. *L'Art et la Mode*, 1916 : costume-tailleur en serge moscovite ; jaquette resserrée à la taille par des fronces « nid d'abeille ».

À partir de 1916, et pour la première fois, les jupes raccourcissent soudainement, découvrant largement le mollet. La taille est encore assez haute.

Vers une mode pratique

En 1915 et 1916, les femmes, astreintes par la guerre à des activités nouvelles et traditionnellement réservées aux hommes, troquent la longue jupe entravée de 1914 contre une jupe évasée, qui évoque la crinoline, nettement raccourcie au-dessus de la cheville (ill. 411). La taille se marque assez haut. La calotte du chapeau

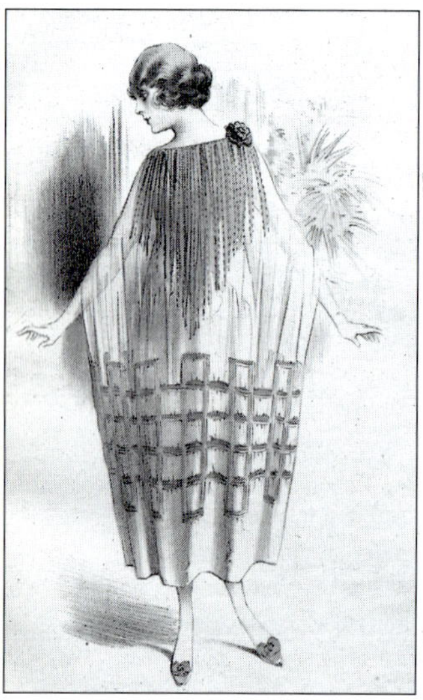

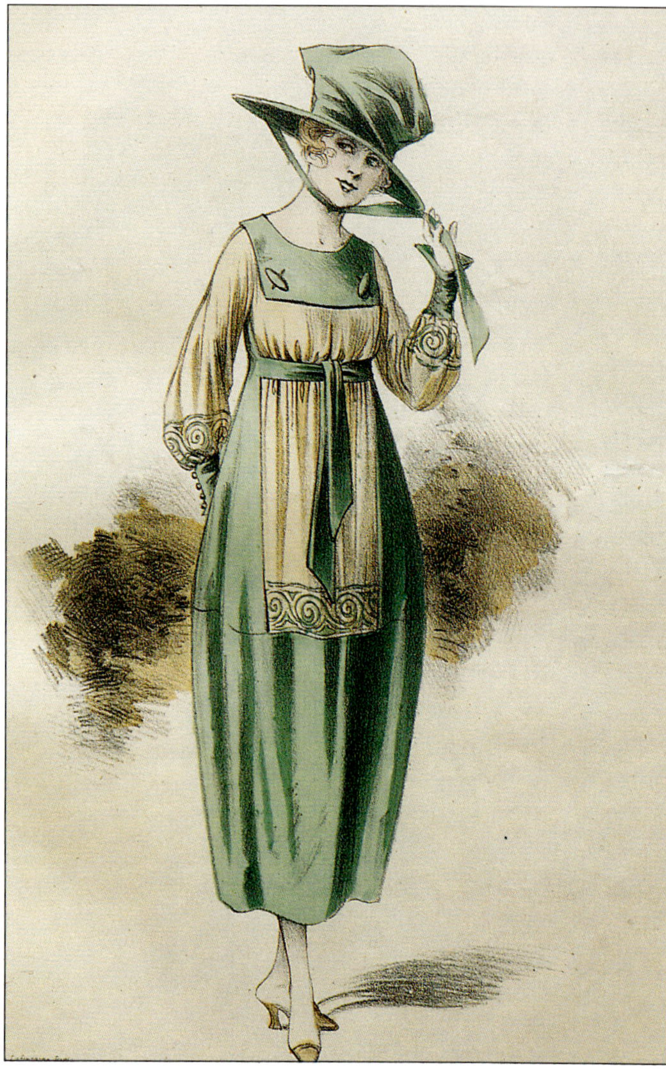

412. *L'Art et la Mode*, 1918 : tea-gown en verneuil.

413. *L'Art et la Mode*, 1917 : robe en canadienne et crêpe de Chine sable brodée de vert. Ligne « tonneau ».

s'abaisse un peu. On porte celui-ci sur la chevelure relevée derrière en chignon banane, qui fait la tête étroite mais permet de porter aisément des cols de lingerie dressés autour du cou.

De 1917 à 1920, la ligne tonneau, plus ou moins accentuée, allant des épaules à mi-jambes et obtenue par une sorte de vertugadin ou par des drapés latéraux qui élargissent les hanches, remporte, avec quelques éclipses, du succès auprès des élégantes (ill. 412-413). À la ville, la taille redescend vers sa place naturelle, mais elle reste toujours un peu haut pour la robe du soir, qui est aussi courte que celle de jour (ill. 415).

De 1921 à 1924, les couturiers ont le choix entre deux tendances : soit ils suivent Poiret, toujours somptueux et un peu théâtral, soit ils suivent Chanel, très attentive aux nouvelles conditions de vie des femmes. Libérée du corset et du soutien-gorge – si, d'aventure, elle a trop de poitrine, elle la comprime dans ce qui est plus un aplatisseur qu'un soutien-gorge –, la femme voit aussi son buste s'allonger jusqu'aux hanches, et, pour faire équilibre, sa jupe, en 1922 et 1923, atteint la cheville (ill. 414, 417), le jour comme le soir. Le style se veut grec, peut-être en souvenir du succès de l'opérette *Phi-Phi*. La silhouette est tubulaire, elle obéit aux lois du cubisme : simple pour le costume de sport ou du matin, généralement composé d'une jupe plate ou plissée, d'un corsage-tunique et d'une jaquette à basque assez longue ; la coupe est plus recherchée pour les toilettes d'après-midi, dont la jupe s'anime, en 1921, de soufflets, de pans flottants, de fentes dissimulées ; en 1923, de volants plissés ou d'effets de tunique s'ouvrant sur un fourreau ; en 1924, de volants en

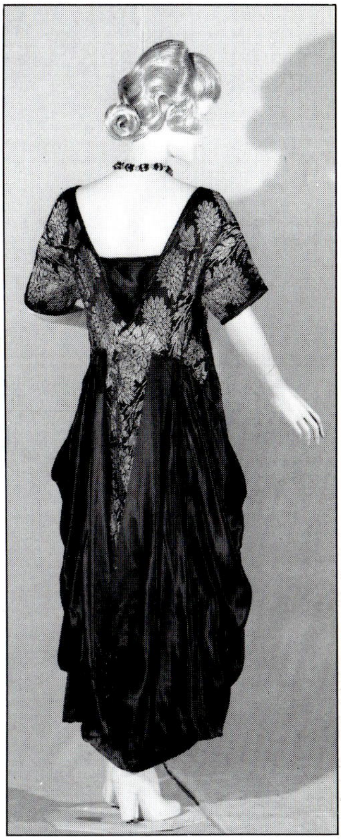

415. Agnès, robe du soir, v. 1919.
Musée de la Mode et
du Costume de la Ville de Paris.
Drapés latéraux.

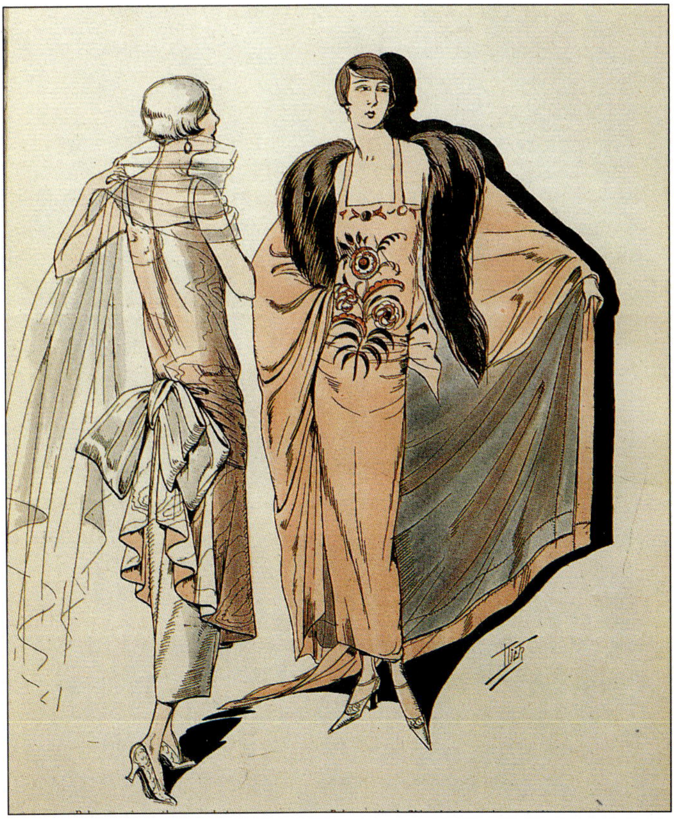

414. *L'Art et la Mode*, 1924 :
modèles de Paul Poiret.

À gauche : robe du soir en moire souple avec volant en forme sur fond de lamé argent. Gros nœud en lamé.
À droite : robe du soir en crêpe de Chine drapé, avec bouquet brodé de différents tons.

forme, disposés horizontalement, en biais, ou en arrondi. Quant à la robe du soir, très décolletée et sans manches, elle peut être croisée, drapée sur le côté, présenter des effets d'enroulements ou comporter, partant d'une hanche, un pan plus long que la jupe à effet de traîne curieusement placée sur le côté.

Pour les bals ou les cortèges de mariage, les jeunes filles préfèrent cependant la *robe de style*, chère à Jeanne Lanvin qui, par cette astuce, et sans désigner l'époque à laquelle elle se réfère, échappe à la silhouette tubulaire. Il s'agit en effet d'une robe à jupe ample, froncée au bas du corsage auquel elle se rattache et soutenue par

416. *L'Art et la Mode*, 1916 : robe du soir en faille et velours.

Petites manches de tulle bordées de jais.

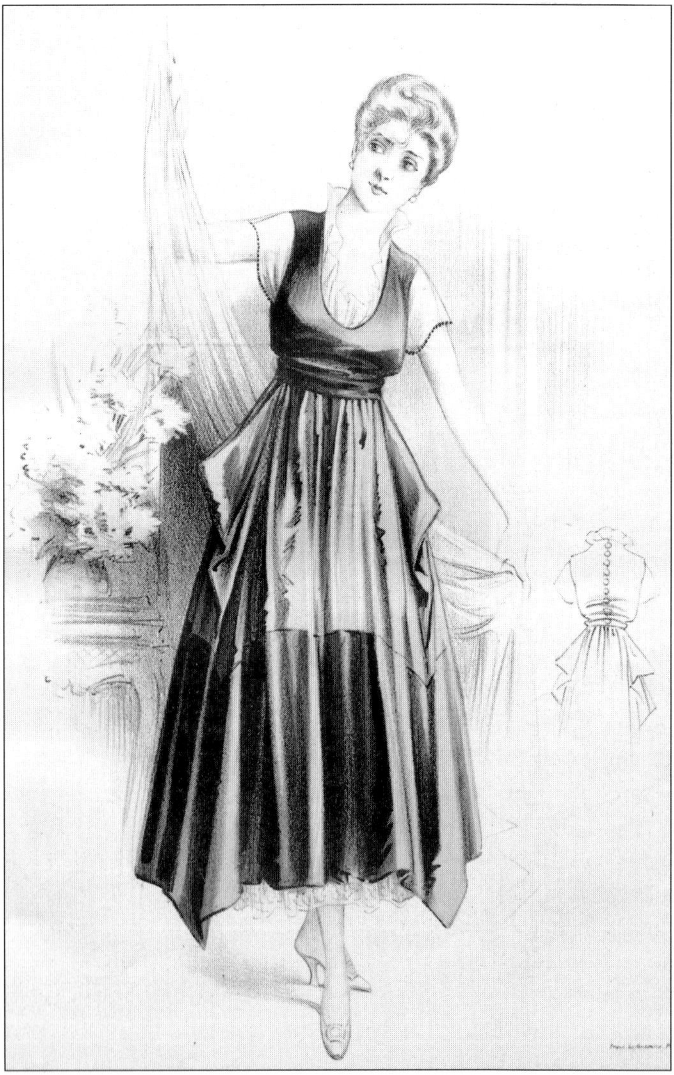

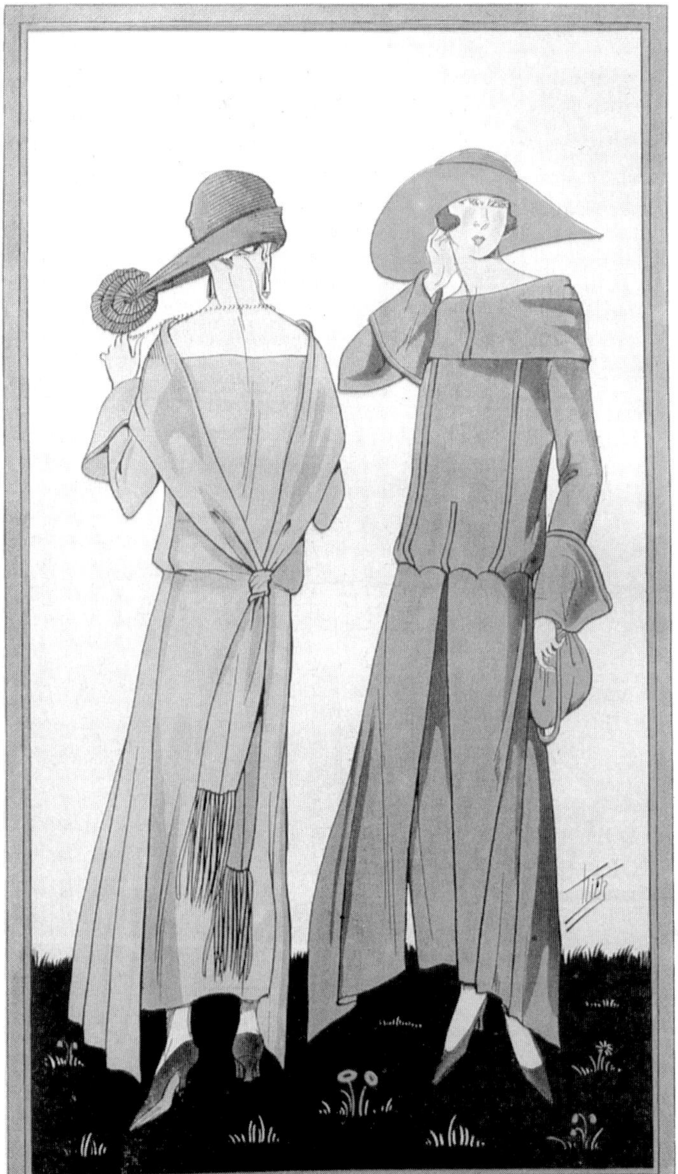

417. *L'Art et la Mode*, 1923 : modèle de Premet.

La jupe est allongée jusqu'aux chevilles. Grande capeline sur cheveux courts.

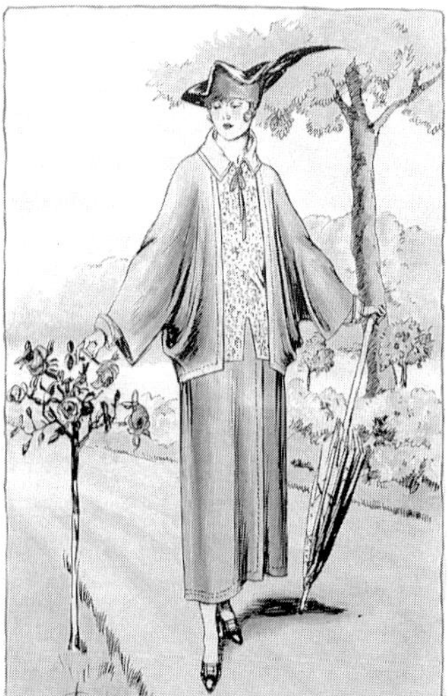

418. *L'Art et la Mode*, 1922 : modèle de Jean Patou.

Robe trois pièces en crêpe athénien noir garnie de jours cordonnet. Blouse-gilet en cloquella et crêpe athénien blanc.

des cerclettes, réminiscence des paniers du XVIIIe siècle ou de la crinoline du Second Empire. Cette jupe est parfois garnie de volants, tandis que le corsage s'orne souvent d'un grand col plat ou d'une berthe qui enserre les épaules. La cape, courte ou un peu plus longue que la toilette, parfois assortie à la robe d'été, se porte à toute heure (ill. 419) et en toute saison, mais n'empêche pas l'usage des manteaux, à longue écharpe, croisés devant ou, pour le soir,

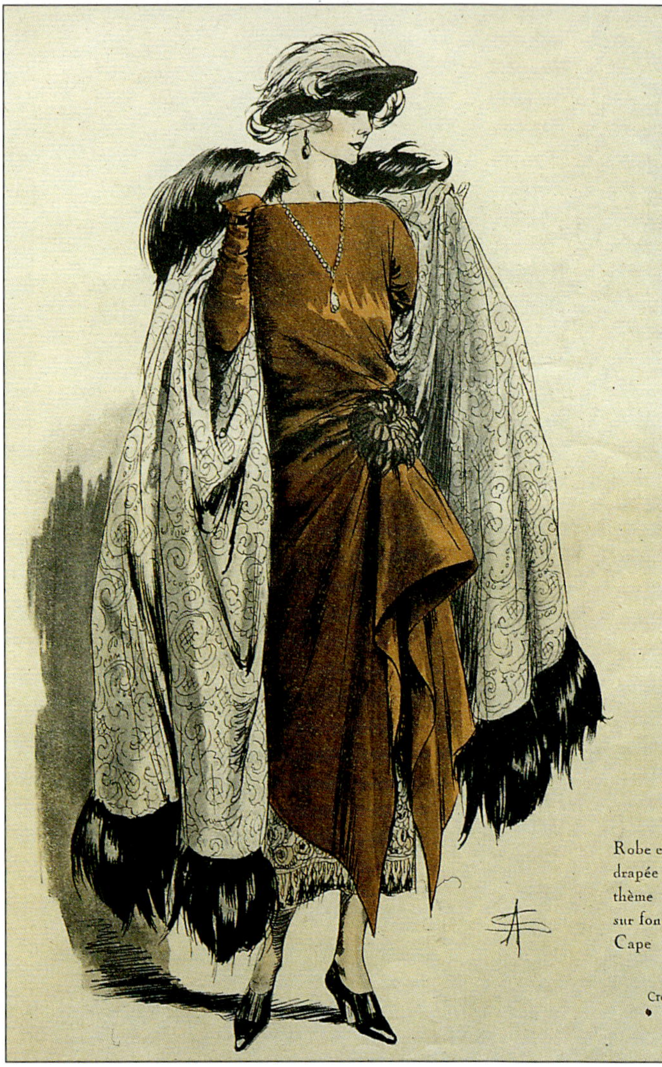

419. *L'Art et la Mode*, 1921 : robe en satin abricot drapé par un nœud en chrysanthème en même étoffe sur fond de soie brodée.

Cape garnie de singe noir.

vagues sur le buste, blousant aux hanches, pourvus de larges manches, et à col boule. Le châle de soie, carré, brodé, à frange, sert pendant plusieurs années de sortie de bal pour l'été. À la ville, robes-manteaux, paletots droits, jaquettes longues, tailleurs à veste russe ou polonaise, sont également en vogue.

Le chapeau, à large passe ovale, accompagne la robe habillée, mais le tricorne (que l'on appelle *marquis*, ill. 418, 420), la toque, le chapeau cloche à bord relevé devant, derrière ou sur le côté, ont aussi un grand succès. Tous ont une haute calotte, un peu arrondie dans sa partie supérieure, et se portent enfoncés jusqu'aux sourcils,

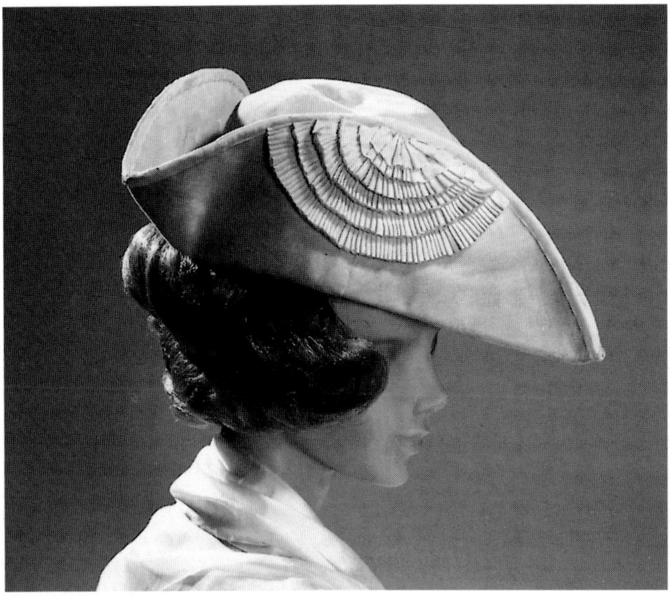

420. Chapeau « Marquis », v. 1921. Musée de la Mode et du Costume de la Ville de Paris.

Ce chapeau rappelle le tricorne du XVIIIe siècle.

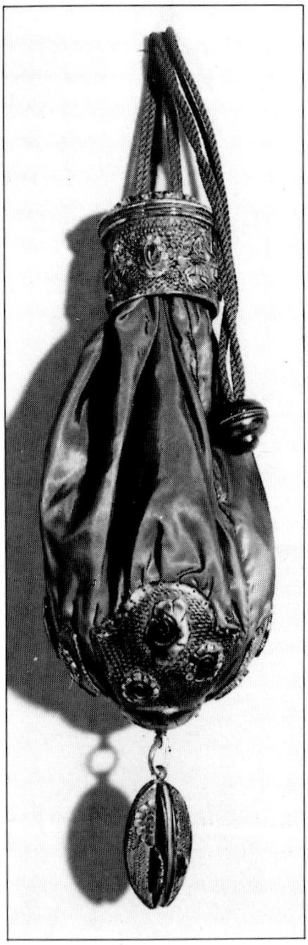

421. Sac à main, v. 1919. Musée de la Mode et du Costume de la Ville de Paris.

Il adopte la forme du réticule à la mode sous le Consulat et le Premier Empire.

d'autant plus facilement que beaucoup de femmes se font couper les cheveux ou, si elles gardent un chignon sur la nuque, en détachent, pour les faire rogner aux ciseaux, deux mèches qui, de chaque côté, couvrent les oreilles et avancent sur les joues.

En 1922, la haute bottine à tige de drap accompagne encore le tailleur, mais le soulier décolleté, à talon Louis XV, est de rigueur l'après-midi. Le soir, on le porte dans le même tissu que la robe, ou bien en lamé or ou argent (ill. 422).

Le sac à main devient indispensable, car les toilettes, légères et transparentes, ne comportent plus de poches. C'est un réticule, une bourse perlée montée à un fermoir métallique et suspendue à une

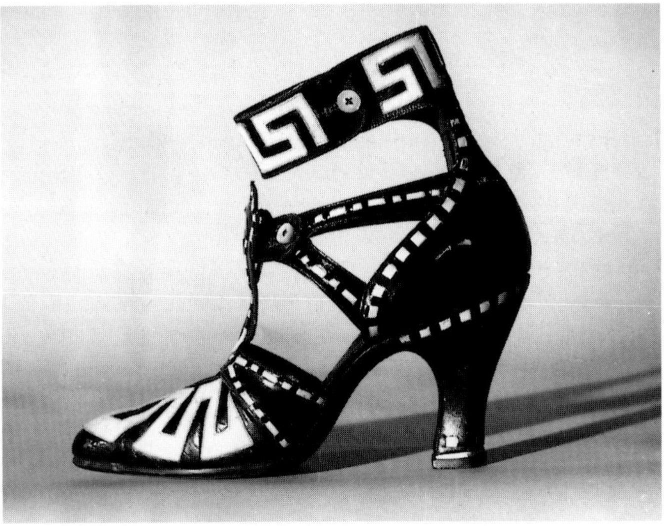

422. Soulier, v. 1920. Musée de la Mode et du Costume de la Ville de Paris.

Largement décolleté, à talon Louis XV, ce soulier est décoré d'inscrustations géométriques de cuir.

424. *L'Art et la Mode*, 1925 : jupes-culottes transformables de Dobbs.

La jupe raccourcit de nouveau, la ligne est verticale, avec une petite tête aux cheveux courts enfoncée dans un chapeau-casque.

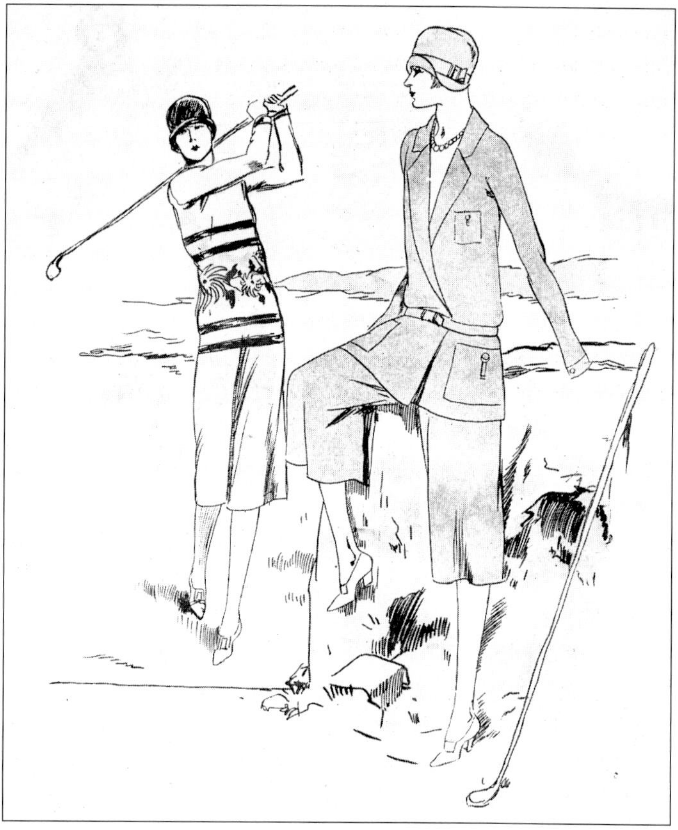

423. Margaine Lacroix, robe du soir, 1922. Musée de la Mode et du Costume de la Ville de Paris.

On y relève l'influence de la tunique à la grecque.

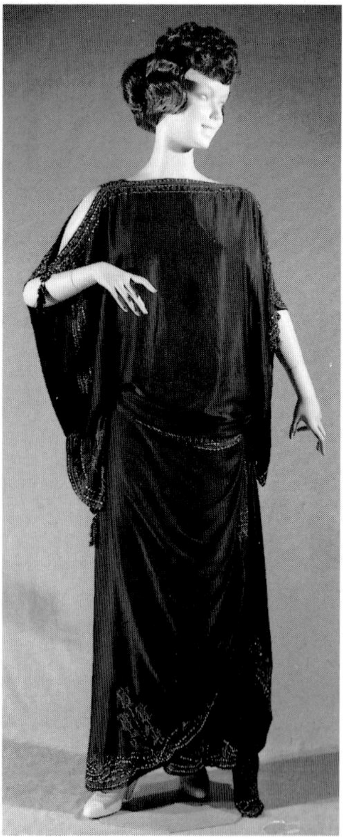

chaîne, ou une pochette plate, à la forme et au décor géométriques, que l'on porte sous le bras et qui restera en faveur jusqu'au début des années 30 (ill. 421).

Les gants sont courts et ornés de broderies pour les circonstances élégantes.

À la maison, le déshabillé peut être drapé à l'antique ou comporter de longs voiles qui font office de manches sur les bras. De 1925 à 1927, la jupe raccourcit progressivement pour s'arrêter juste au-dessous du genou. Les lignes restent droites, notamment pour les petites robes de jour, les tailleurs et les redingotes, qui subissent l'influence des tenues de sport (ill. 424). Pour le soir, c'est la vogue de la *robe-chemise*, toute droite, tendue par le poids des perles dont elle est brodée, sous les bretelles qui la retiennent aux épaules (ill. 423). Mais ce succès est de courte durée. Très vite, les fanfreluches et les godets reparaissent sur les robes habillées. Dès 1926, des fronces, des tabliers, des panneaux en forme, compliquent la construction des jupes (ill. 425) ; les manches longues élargissent du bas ; les manteaux sont légèrement cintrés au-dessus de godets qui partent des hanches ; des effets de taille haute sont donnés par des empiècements et des ceintures qui remontent devant. À la robe-chemise, trop facile à copier, les couturiers préfèrent, pour les cérémonies et le soir, les jupes à pointes irrégulières, les pans noués dans le dos, et les robes de style, qui ne se démodent pas, ainsi que la cape ou le manteau, garni soit de plumes, soit de fourrure (ill. 426).

La mode des cheveux coupés gagne du terrain. Certaines femmes audacieuses adoptent la coupe masculine, *à la garçonne*, qui leur

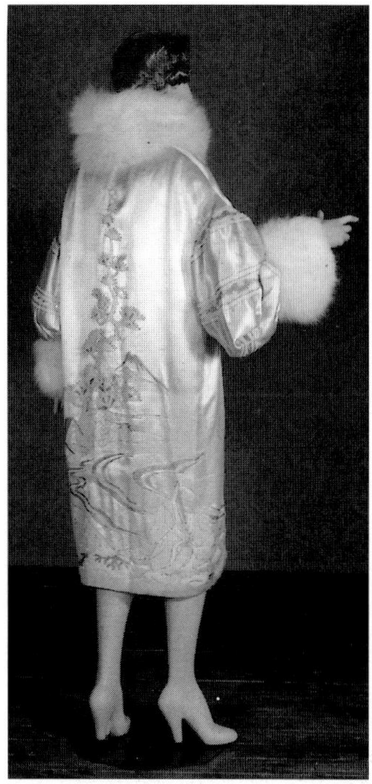

426. Eugénie et Juliette, manteau, 1925.
Musée de la Mode et du Costume de la Ville de Paris.

Col boule, grandes manches, croisé devant.

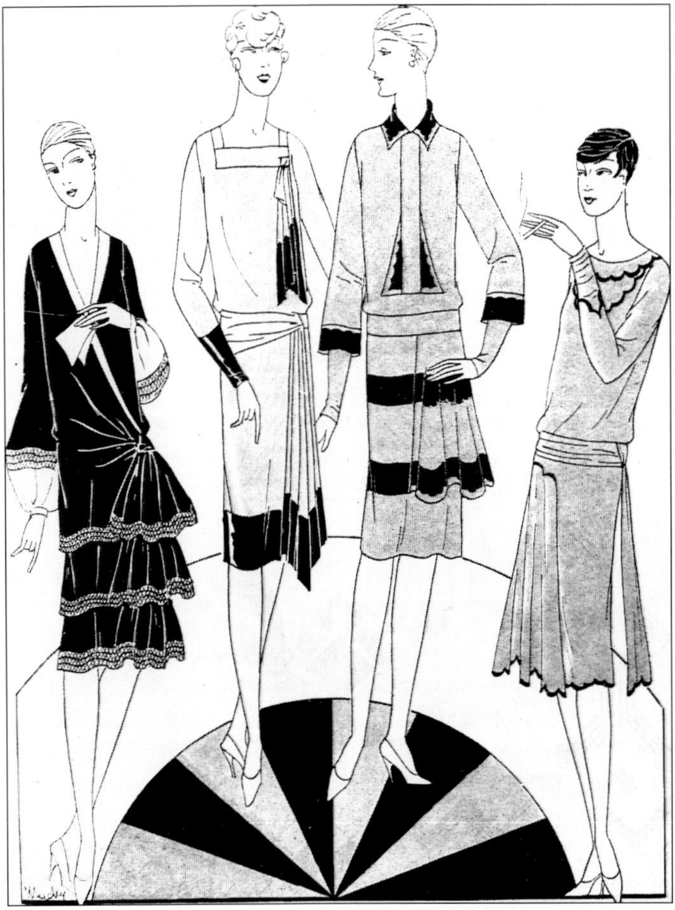

425. *L'Art et la Mode*, 1927 : l'ampleur d'un seul côté.

De gauche à droite : « Libellule », robe en taffetas ; « Magunga », robe en crêpe ; robe en « Crepella » ; « Crapote », robe en crêpe.

428. *L'Art et la Mode*, 1924 : modèle de Martial et Armand.

Ensemble trois pièces. Ligne tubulaire, jeux du biais dans la coupe du manteau ; chapeau cloche enfoncé jusqu'aux yeux et chaussures à talon Louis XV.

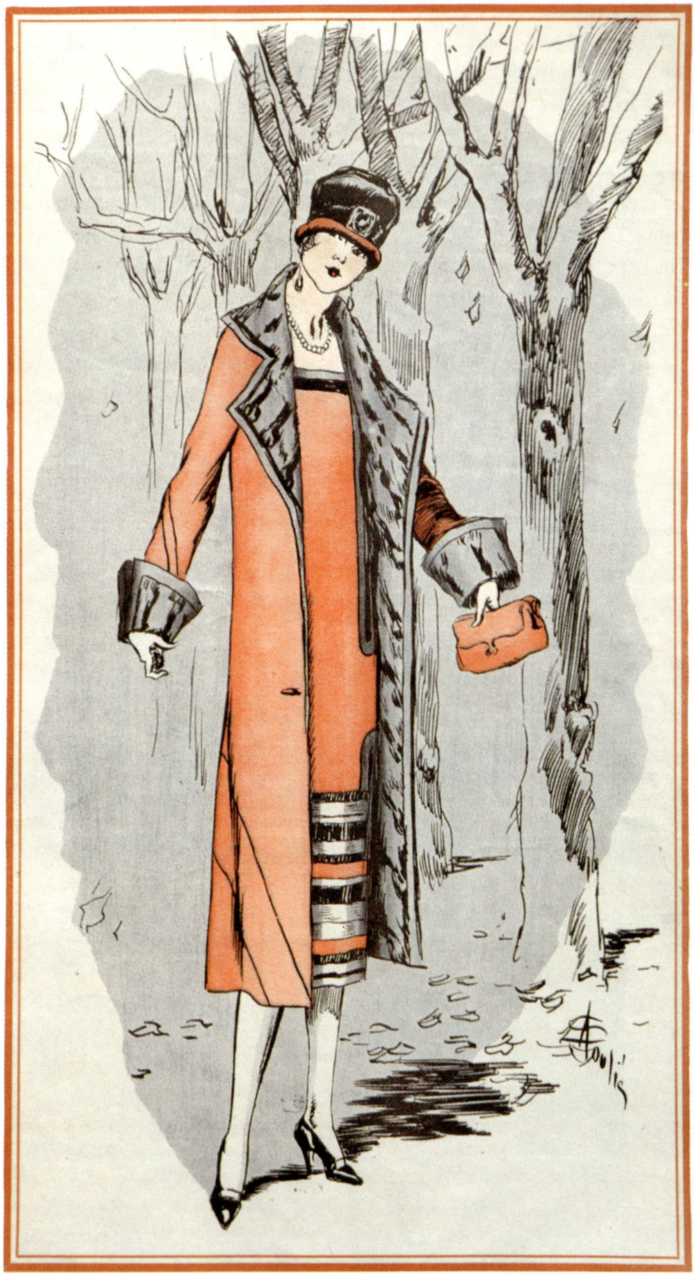

427. *L'Art et la Mode*, 1925 : modèle de Nicole Groult.

Ensemble noir, blouse, col, revers et poches intérieures en reps vert.

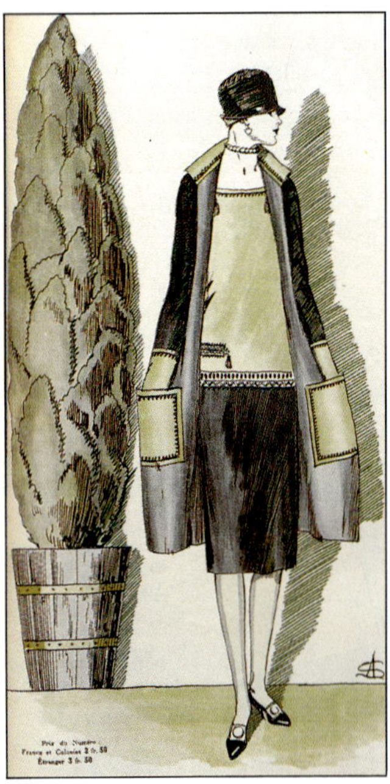

fait une toute petite tête, facile à mouler très étroitement dans un *chapeau casque* (ill. 432) bien emboîtant ou un *chapeau cloche* (ill. 429) à haute calotte cylindrique dont le bord étroit tombe sur les yeux, car l'habitude persiste d'enfoncer le couvre-chef jusqu'aux sourcils (ill. 428).

Parmi les accessoires, s'opposent assez paradoxalement, en soirée, le fume-cigarettes, viril, et l'éventail, très féminin, qui prend parfois des allures de music-hall avec ses longues plumes d'autruche dégradées qui retombent en pleureuses.

À la ville, le sac en forme de pochette à rabat, le parapluie *tom-pouce*, court et plat, qui se donne l'air d'une ombrelle japonaise, les petits gants courts, les souliers bas à barrette, demeurent en usage.

Les élégantes prennent l'habitude de porter des bas de soie couleur chair, même dans la journée, car, bien visibles grâce aux robes courtes, ils s'intègrent à l'ensemble de la toilette.

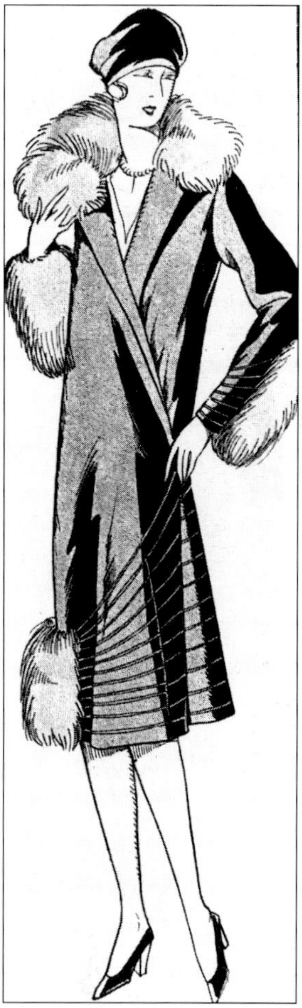

430. *L'Art et la Mode*, 1927 : modèle de Martial et Armand. Manteau en satin noir garni de ganse avec col, parements et bande de renard gris.

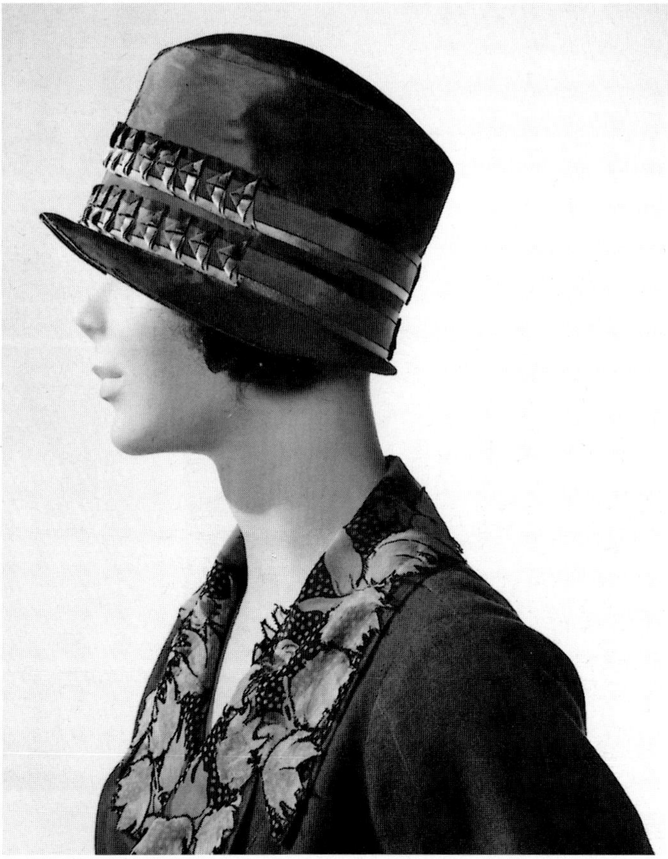

429. Cloche, v. 1927. Musée de la Mode et du Costume de la Ville de Paris.

431. *L'Art et la Mode*, 1927 :
chemises-culottes.

La lingerie doit être invisible sous les robes fluides. Elle est blanche ou rose, en coton ou en soie naturelle ou artificielle.

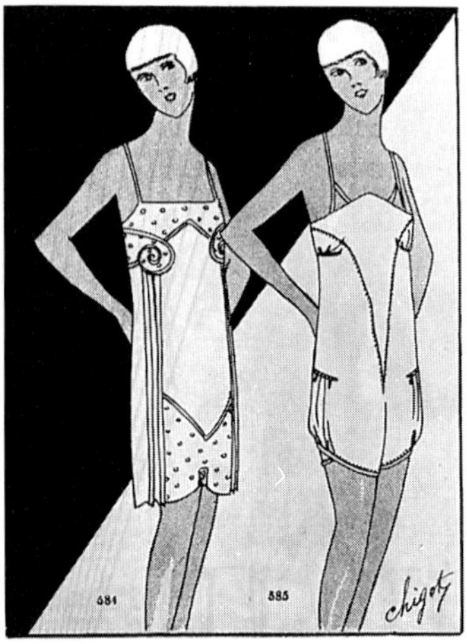

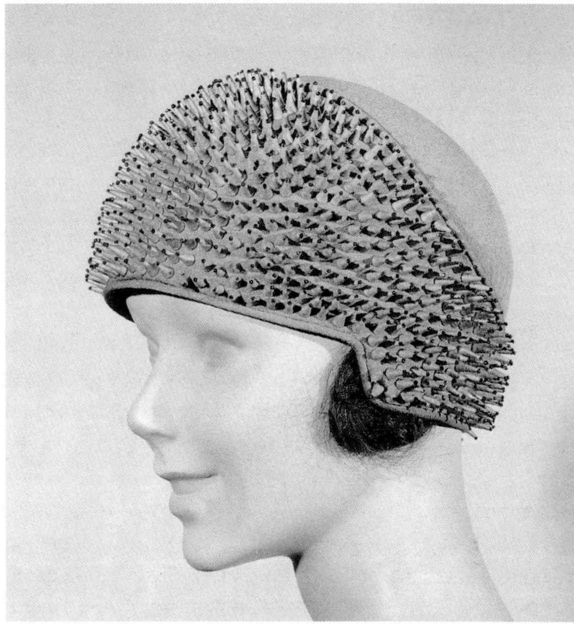

432. Chapeau casque, v. 1925. Musée de la Mode et du Costume de la Ville de Paris.

433. *L'Art et la Mode*, 1927 :
de gauche à droite, modèles par Jenny, Jean Magnin, Martial et Armand.

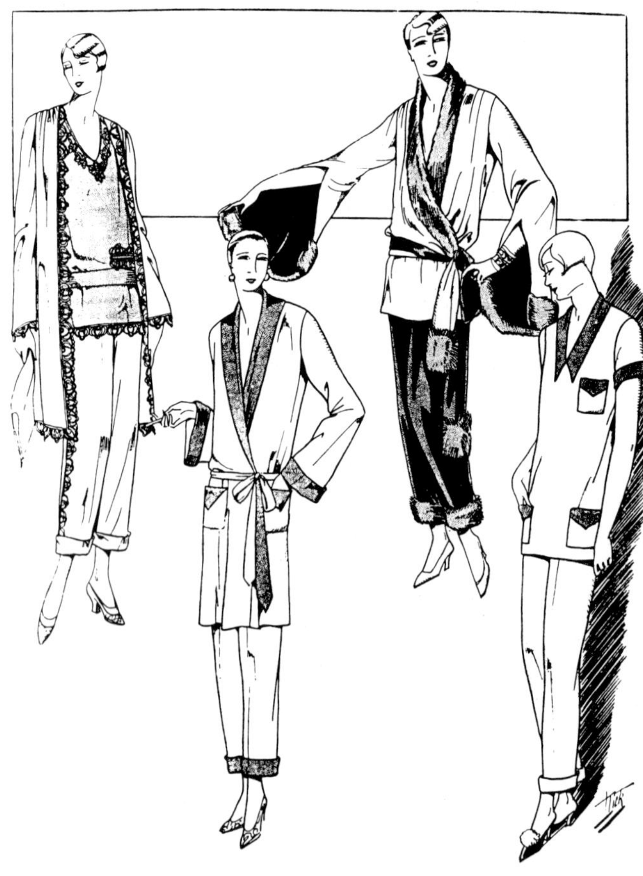

Le linge enfin, si abondant jusqu'à la guerre, se réduit à sa plus simple expression, sous la forme de la *chemise-culotte* (ill. 431), une petite chemise à épaulettes, pourvue à l'entre-jambes d'une patte déboutonnable. La *chemise de nuit*, droite, reste assez large. Le *pyjama* de nuit sert surtout en voyage et ne fait pas encore beaucoup d'adeptes (ill. 433). Les toiles de soie, crêpe de Chine ou crêpe Georgette, souvent blanches, quelquefois noires (mais cela fait plutôt mauvais genre), surtout rose chair, se substituent de plus en plus aux cotonnades et aux linons blancs d'autrefois.

Le rallongement des jupes

1928 et 1929 représentent une transition entre les Années folles et les années 30. Les couturiers commencent à remonter la taille par des effets de drapés transversaux assez larges, qu'ils placent au-dessus des hanches. Ils rallongent aussi la jupe, timidement en 1928, et seulement pour le soir, par des mouvements plongeants, soit à l'arrière de la jupe, soit sur un ou deux côtés. Ils la rallongent beaucoup plus nettement en 1929, où toute toilette habillée descend de cinq à sept centimètres vers le sol, et la robe du soir, encore écourtée devant, vue de dos, tombe jusqu'aux pieds. La coupe en forme reparaît, compliquée de panneaux incrustés et de volants irréguliers qui se superposent. Une version nouvelle de la robe princesse, légèrement pincée à hauteur de la taille, laisse présager un retour prochain du respect des proportions naturelles du corps.

Le succès de la confection masculine

De 1914 à 1919, le costume et surtout le linge commencent à s'assouplir. La confection se répand grâce aux complets distribués par l'armée aux démobilisés. On renonce à la redingote et c'est le *veston* qui s'impose, croisé ou non, un peu raccourci. Le pardessus est très légèrement cintré. Le chapeau mou devient courant (ill. 445) et, pour l'été, le *canotier*.

De 1920 à 1930, ce sont surtout les vêtements de sport qui voient leur usage se développer : costume de cuir pour la motocyclette, culotte courte avec chaussettes de laine pour la bicyclette, tenue blanche avec pantalon long pour le tennis. L'*ensemble sport* est choisi indifféremment pour la marche, la campagne, le voyage (ill. 439). Son veston a deux larges poches plaquées (ill. 440). On le remplace, au bord de la mer, par un *blazer* rayé, jaune et noir (ill. 441) ou rouge et noir. L'imperméable est une cape ou un manteau vague, à capuchon.

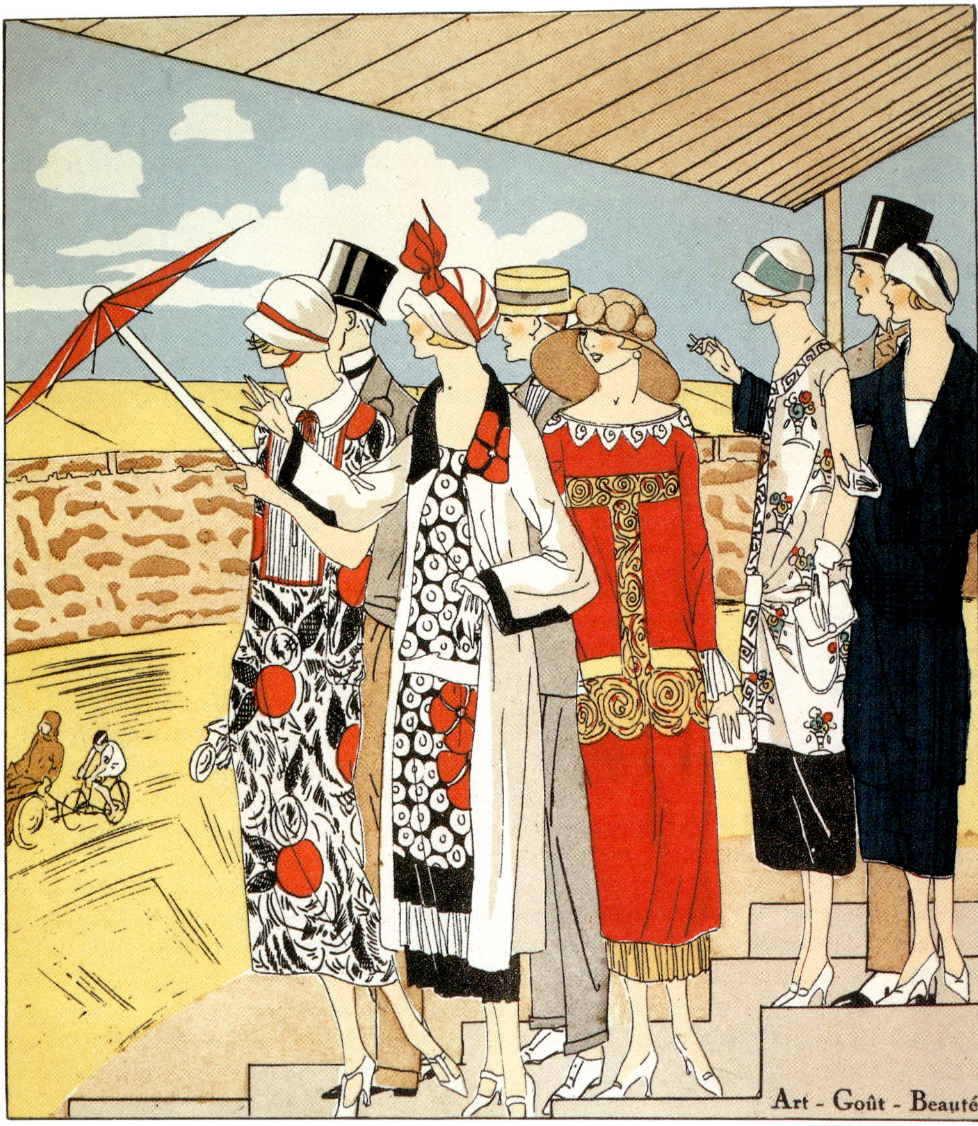

434. *Art, Goût, Beauté*, n° 6, 1924 : motifs orientaux.
« Ève », imprimé en crêpe de Chine rouge et noir, création de Philippe et Gaston ; « Jonglerie », robe en crêpe de Chine imprimé à motifs de grands coquelicots rouges, création de Martial et Armand.

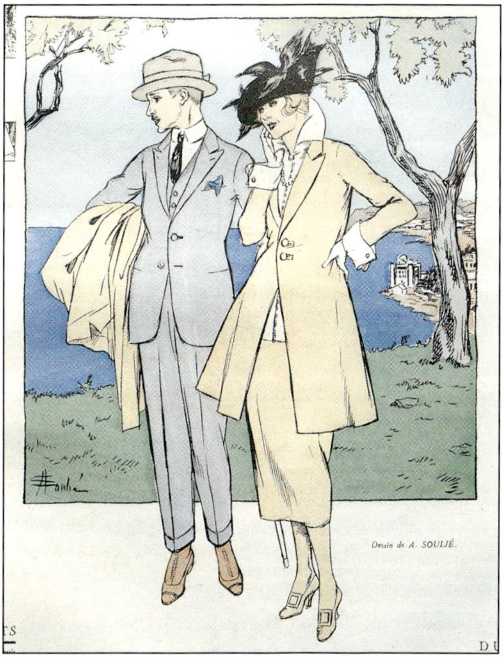

435. *L'Art et la Mode*, 1919
modèles de la maison Crabette.
Veston et chapeau mou.

436. *Les Maîtres tailleurs*, 1922-1924 :
blazer. Les vestes sont cintrées à la taille,
le pantalon, à pinces, a plus d'ampleur en haut.

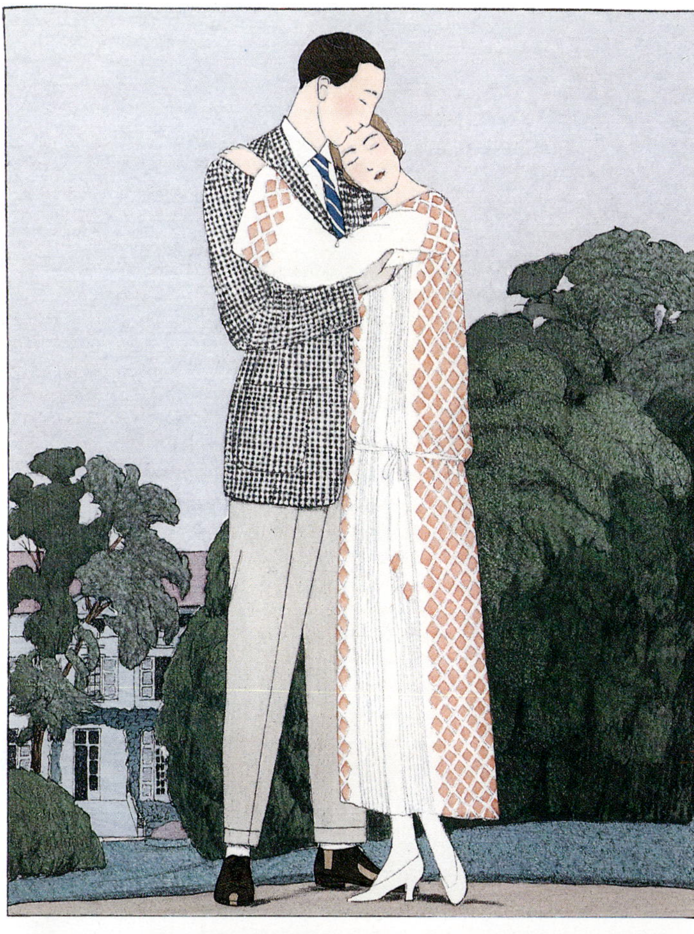

La *jaquette* est un vêtement habillé que l'on porte les jours de cérémonie, en l'accompagnant du haut-de-forme dans les grandes circonstances, et parfois d'un simple chapeau melon.

Pour les soirées, le smoking, à revers de soie et à un seul bouton, remplace de plus en plus souvent l'habit (ill. 438). Les jeunes danseurs de charleston aiment les pantalons un peu larges du bas, terminés comme tous les autres par un revers, mais qui flotte autour de la cheville dans l'agitation de la danse.

La cravate-plastron fait place à la *régate* et, pour le soir, au *nœud papillon*, blanc avec l'habit, noir avec le smoking (ill. 437).

Les chaussures sont lacées sur le cou-de-pied et très souvent recouvertes d'une petite guêtre en drap noir ou gris qui leur donne l'aspect d'une bottine.

La canne est encore employée pour se donner une contenance.

À la maison, on aime porter le *veston d'intérieur*, souple et moelleux, en soie ou lainage, ceinturé par une cordelière.

La chemise s'amollit mais le faux col reste empesé. Le caleçon, encore long pour les hommes âgés, commence, pour les plus jeunes, à s'arrêter à mi-cuisse.

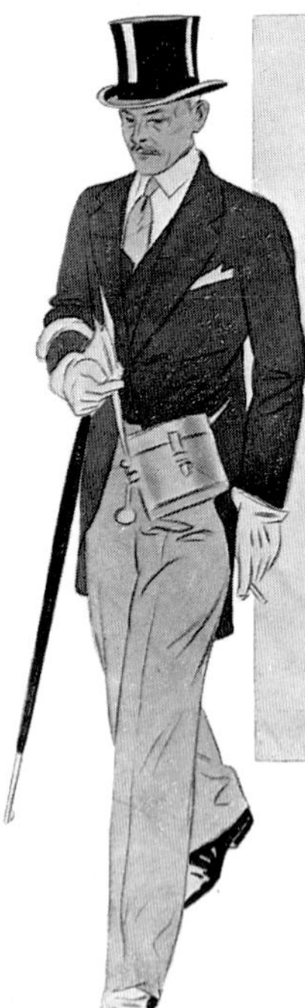

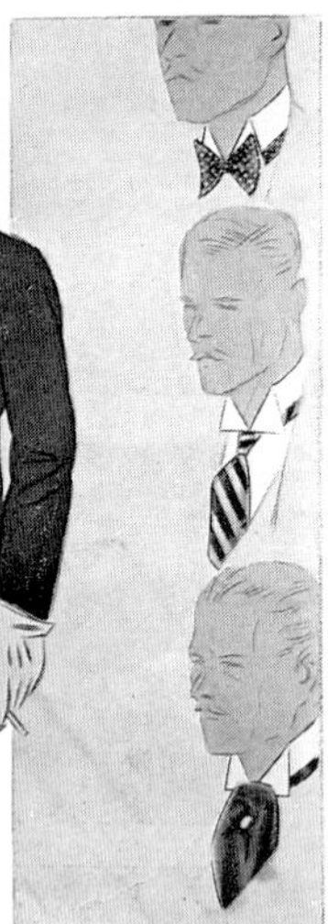

437. *Adam*, 1931. De haut en bas : nœud papillon, régate et cravate-plastron.

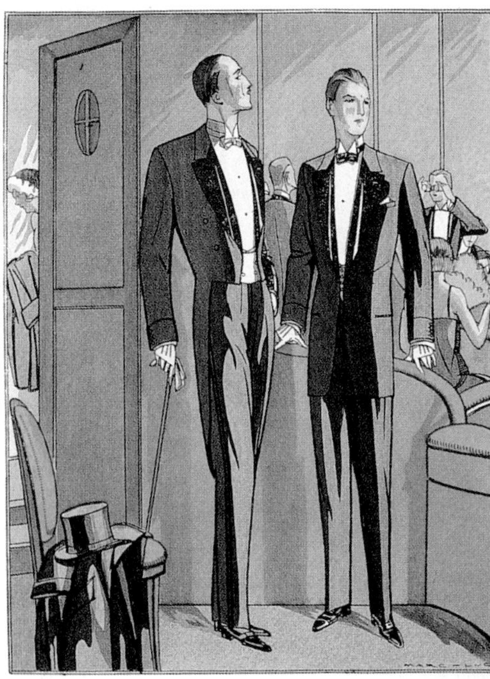

438. *Les Maîtres tailleurs*, 1924-1925 : habit à revers de soie et smoking à revers de soie mate. Collection Union française des arts du costume.

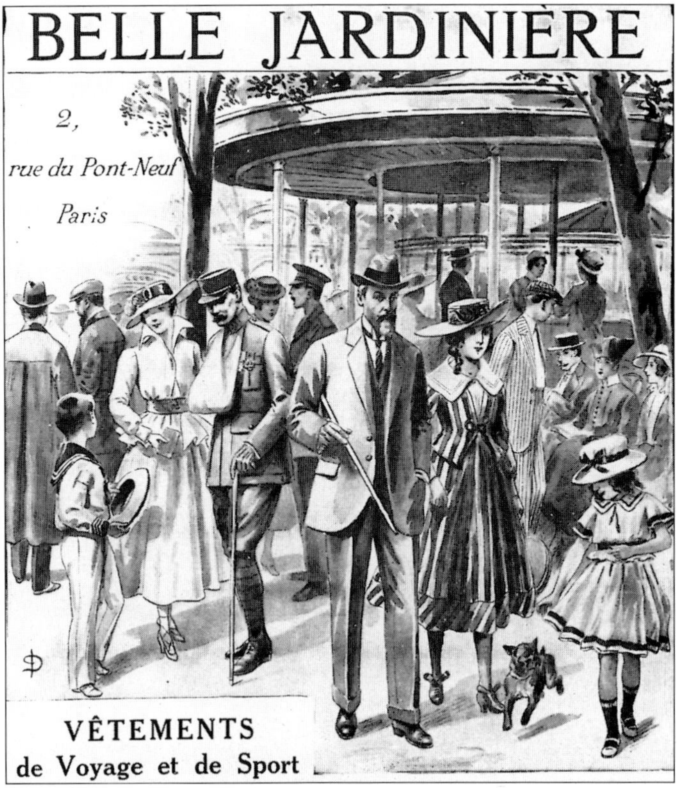

439. Catalogue de *La Belle Jardinière*, 1916 : costumes marins pour garçons et fillettes. Ce sont les grands classiques du costume d'enfant depuis la fin du XVIIIe siècle.

Mode enfantine

Pendant cette période, et jusqu'en 1939, la mode enfantine est très spécifique, sans pourtant s'affranchir complètement de l'influence de la mode féminine. On retrouve, pour les fillettes, les étoffes souples : tulle, voile, mousseline de soie, à la mode pour les femmes aux alentours de la guerre, la taille basse et la silhouette tubulaire des années 20, la robe de style de Jeanne Lanvin (ill. 442), ou le chapeau cloche très enfoncé sur la tête. Mais pour les jeunes enfants, les couleurs sont choisies tendres et claires. Les jambes, dégagées jusqu'à mi-cuisse, sont recouvertes en hiver par de longues guêtres boutonnées, en cuir ou en lainage, qui parfois grattent désagréablement la peau (ill. 445). Les bras sont souvent nus et les cheveux coupés. La vulgarisation du tricot permet aux mères de famille la confection à domicile de vêtements chauds, souples et peu fragiles.

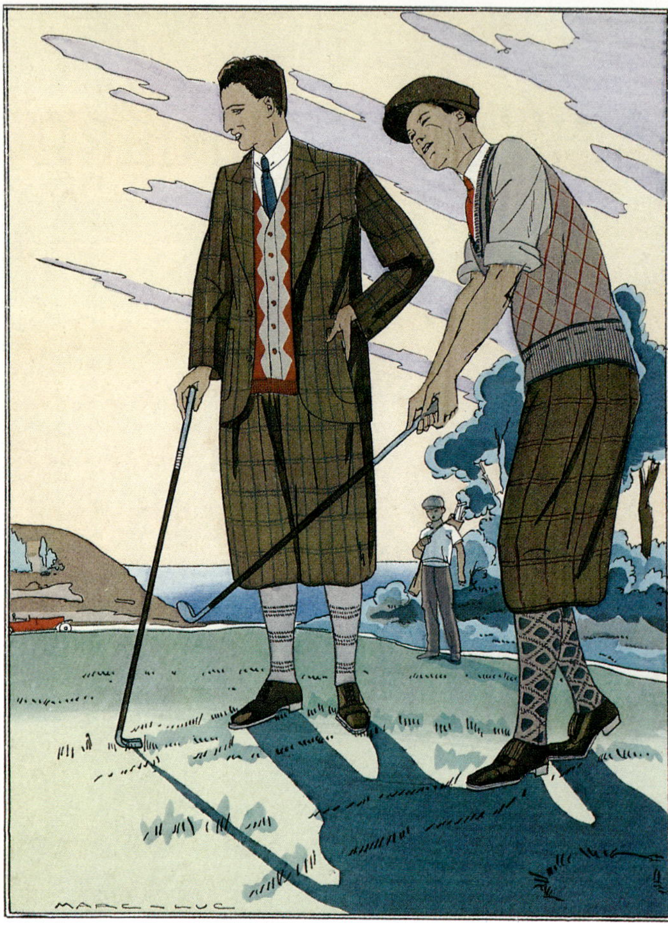

440. *Les Maîtres tailleurs*, été 1926 : costumes de golf.

Pantalons à carreaux et pulls jacquard, qu'accompagne toujours une cravate.

441. *Les Maîtres tailleurs*, été 1927 : tenue de yachting.

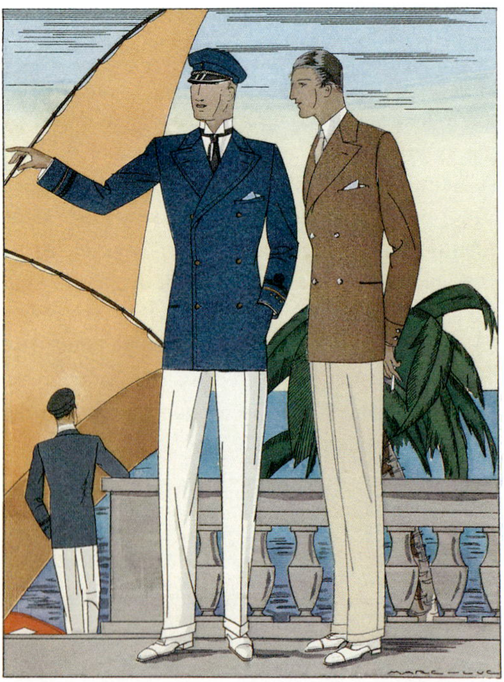

442. *Femina*, 1925, dessin de Georges Lepape pour Jeanne Lanvin : robe de style pour petite fille. Collection Union française des arts du costume.

femina-noël

Ce Numéro, Consacré à la Mode de Grand Luxe, Traite, en Outre, de tous les Sujets qui ont Assuré à Femina la Première Place parmi les Revues Féminines du Monde Entier.

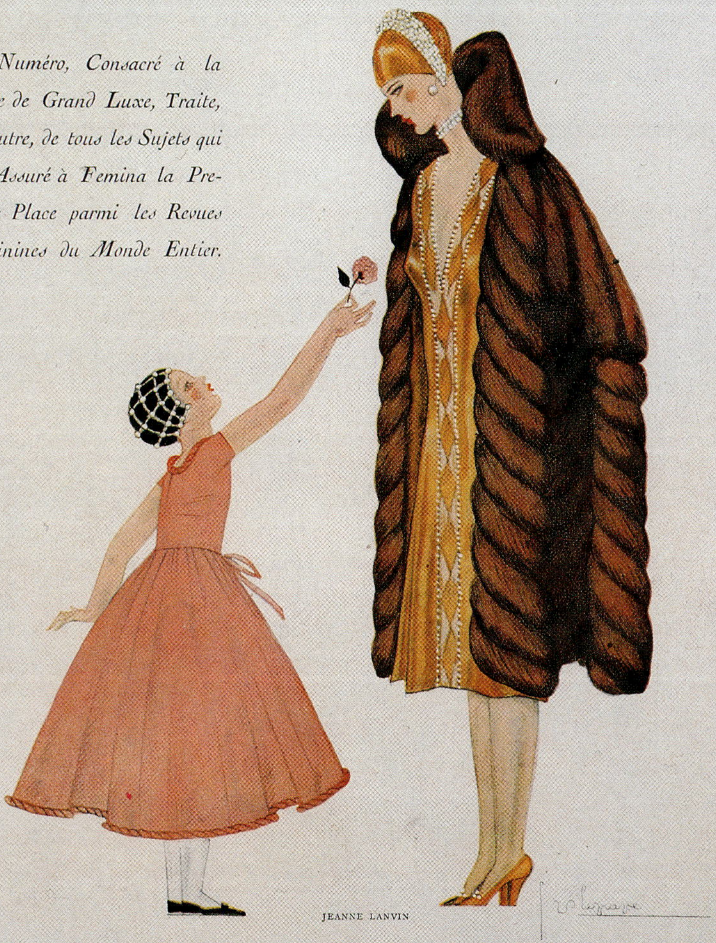

La Rose oubliée

Le grand fourreau de lamé, épousant légèrement la forme du corps, est brodé de perles blanches dans le style byzantin. Il forme, avec le grand manteau de vison, un ensemble d'une harmonieuse tonalité. La robe de fillette est en taffetas bordé d'une cordelière.

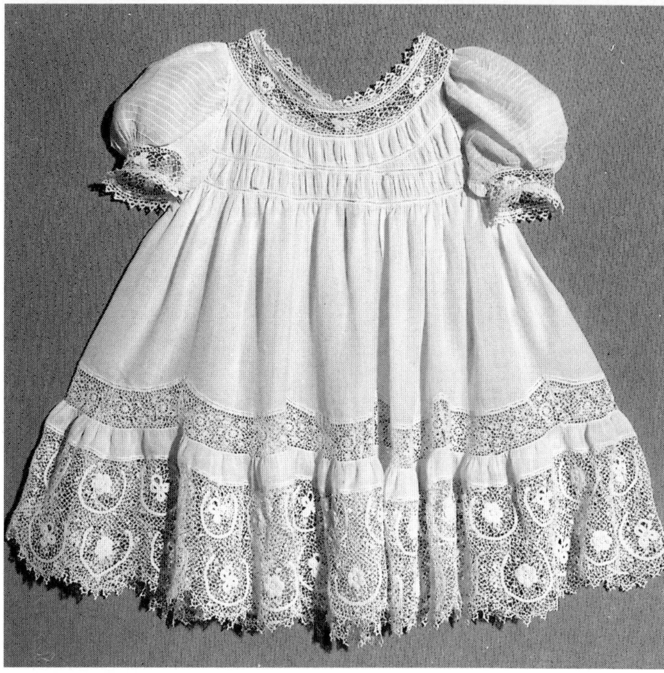

443. Robe de petit garçon,
v. 1915. Musée de la Mode et
du Costume de la Ville de Paris.

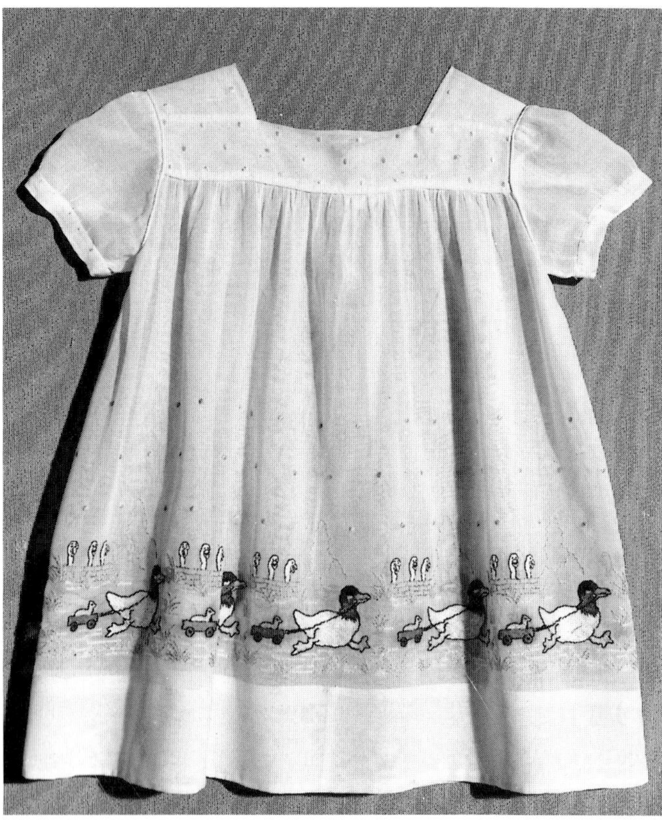

444. Robe de petite fille, 1927.
Musée de la Mode et
du Costume de la Ville de Paris.

Avant l'âge de 4 ou 5 ans,
les petits garçons portent encore
souvent la robe. Après la guerre,
on préfère des tissus d'entretien
facile (coton) agrémentés de
broderies à motifs animaliers.

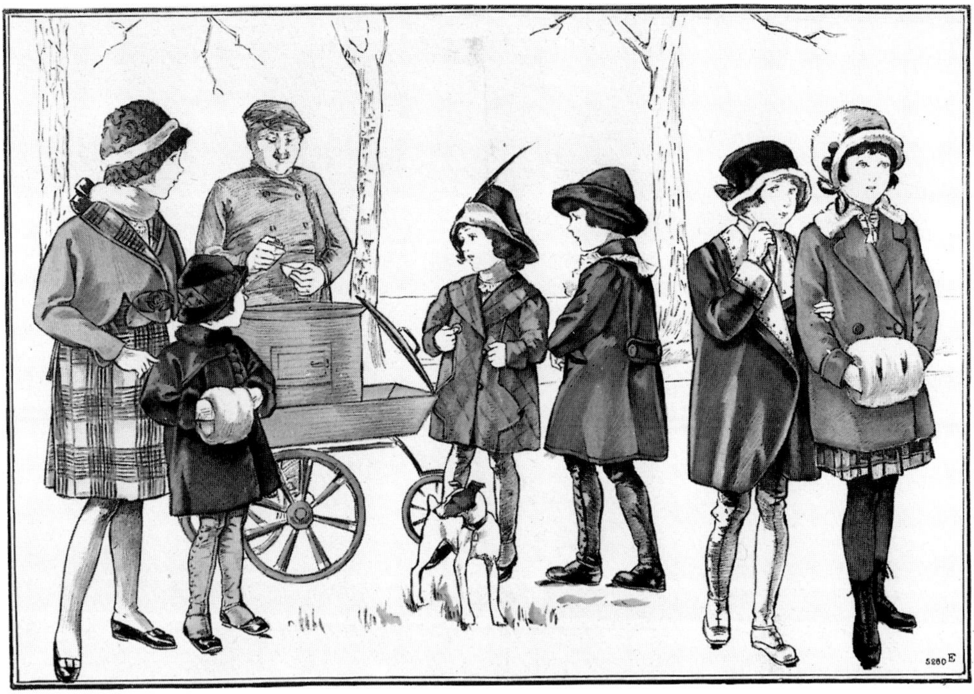

445. *La Mode pratique*, 1914 : « Nos enfants à la promenade ». Musée de la Mode et du Costume de la Ville de Paris.

Une véritable mode enfantine apparaît, indépendante de celle des adultes.

Jusqu'en 1920, les très jeunes enfants portent, en tenue de cérémonie, de petites robes en tulle soutaché et garnies de guipure d'Irlande, accompagnées d'un bonnet assorti, qui diffère peu selon les sexes.

C'est vers cette année 1920 que s'instaure aussi, pour les enfants un peu plus âgés, la coutume des cortèges de mariage où les fillettes sont en robe de soie courte et les garçonnets en chemisette blousante, avec culotte courte, veste de velours et ceinture drapée en soie. Pour la vie courante, les étoffes choisies sont d'un entretien plus facile et les formes plus simples.

De 1920 à 1929, s'affirme l'usage du costume marin, que les garçons portent avec une culotte courte et les fillettes avec un petit bout de jupe plissée apparaissant au-dessous de la marinière longue (ill. 439). L'été, on voit les petites filles en robe de cotonnade claire à manches ballonnées, froncées sous un empiècement, et que décorent en bas des représentations d'animaux. L'hiver, règnent le pull-over et le paletot de laine.

La soie blanche, rose ou bleu clair, est en honneur pour les vêtements élégants des bébés, que l'on continue à faire selon les anciens patrons, mais plus courts et avec une ornementation plus moderne, des jours aux lignes géométriques ou de petites roses en ruban (ill. 443-444).

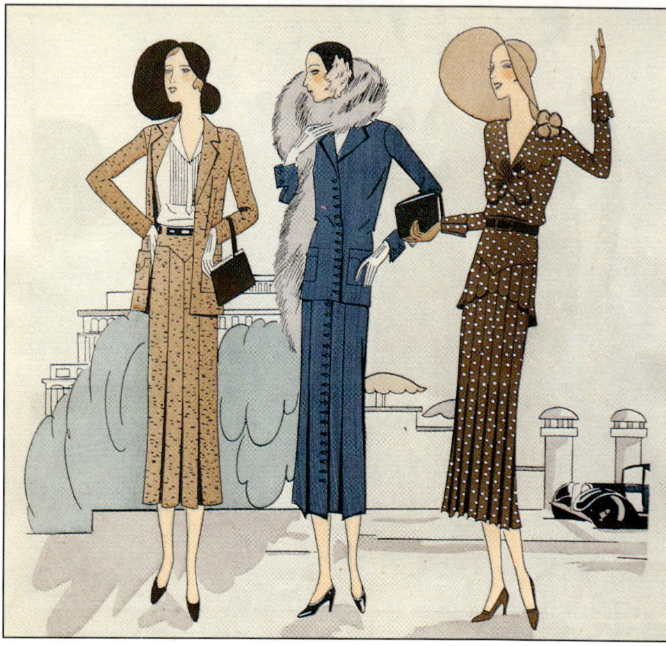

446. *Art, Goût, Beauté*, 1930 : créations de Jean Patou.

De gauche à droite : « Pullmann », tailleur du matin en tissu chiné, blouse en crêpe, chemisier ; « Cruiser », ensemble pour la Riviera blanc en crêpe de Chine, jupe de lainage ; « Gamine », robe pour le matin en lainage fantaisie.

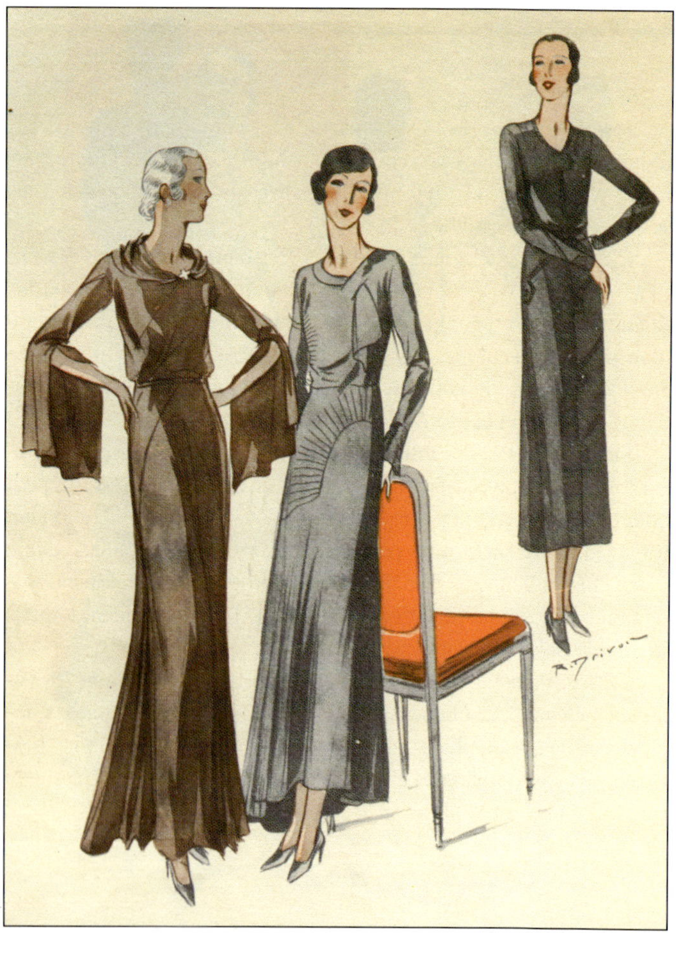

447. *Art, Goût, Beauté*, 1930 : modèles de robes d'après-midi.

De gauche à droite : crêpe-faille par Augusta Bernard ; crêpe marocain par Philippe et Gaston ; tissu de lainage fantaisie par Jane Regny.

LES ANNÉES TRENTE

Classicisme et féminité

Dans une société durement éprouvée par les répercussions de la crise boursière survenue brutalement aux États-Unis en 1929, et que la Seconde Guerre mondiale menace, le costume féminin retrouve de la gravité en retrouvant de la longueur (ill. 446-447).

Classicisme et féminité lui reviennent aussi. Lasses de jouer les garçonnes dans des robes courtes et plates qui leur donnent un peu l'air de petites filles et les rendent toutes semblables, les élégantes éprouvent de nouveau le besoin de mettre en valeur leur corps auquel la pratique du sport a donné des muscles et rendu des formes sans qu'il soit besoin pour cela de recourir à des instruments de torture ; tout au plus faut-il une gaine élastique, née des progrès de l'industrie du caoutchouc. C'est ce corps à trois dimensions que les couturiers, à l'exemple de Madeleine Vionnet exploitant les ressources du biais, vont mouler, avec souplesse et naturel, dans des toilettes qui prennent, pour certaines, la majesté du drapé antique. La taille reprend sa place naturelle, la poitrine ne se dissimule plus, et la toilette, abandonnant les fanfreluches, tire sa beauté de sa seule coupe.

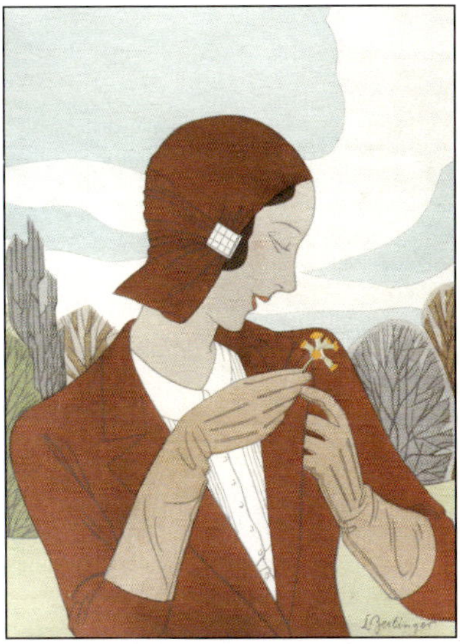

448. *Art, Goût, Beauté*, 1930 : chapeau casque.

Toujours enveloppant, il dégage le front. La frange de la coiffure à la garçonne a disparu.

449. Raoul Dufy, *Les Patineurs*, gouache, v. 1920 : modèle pour tissu.

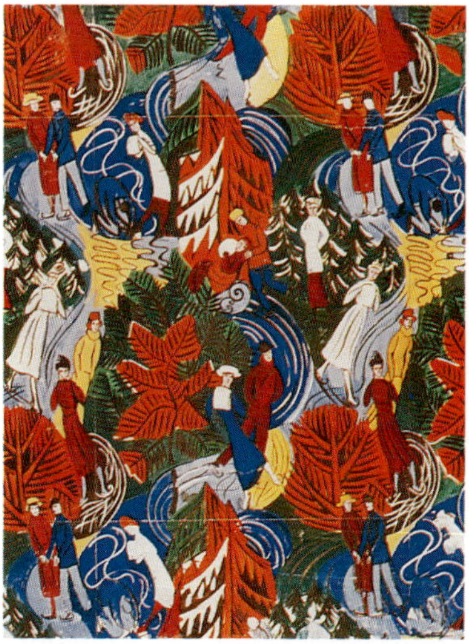

À partir de 1935, un courant romantique fait renaître le goût des lignes évasées (ill. 450), qui entrent alors en compétition avec la silhouette tige du début de la décennie. Ce courant préfigure l'évolution de la mode d'après-guerre.

Les étoffes s'accordent à l'esthétique de l'époque. Ce sont des satins, des crêpes, des velours chiffons, des mousselines, des dentelles mécaniques en grande largeur qu'on emploie comme des tissus, toutes les étoffes molles et fluides qui se prêtent au drapé. À partir de 1935, viennent s'y joindre les taffetas, les failles, les moires, les organdis et les organzas, plus rigides et mieux adaptés à la confection de jupes qui doivent avoir de la tenue. Les tons peuvent en être variés, du plus discret au plus violent, suivant l'audace du couturier qui les choisit (ill. 449). On aime les unis, mais aussi les imprimés : compositions florales, jeux de lignes et rayures et, parfois, petites scènes anecdotiques comme

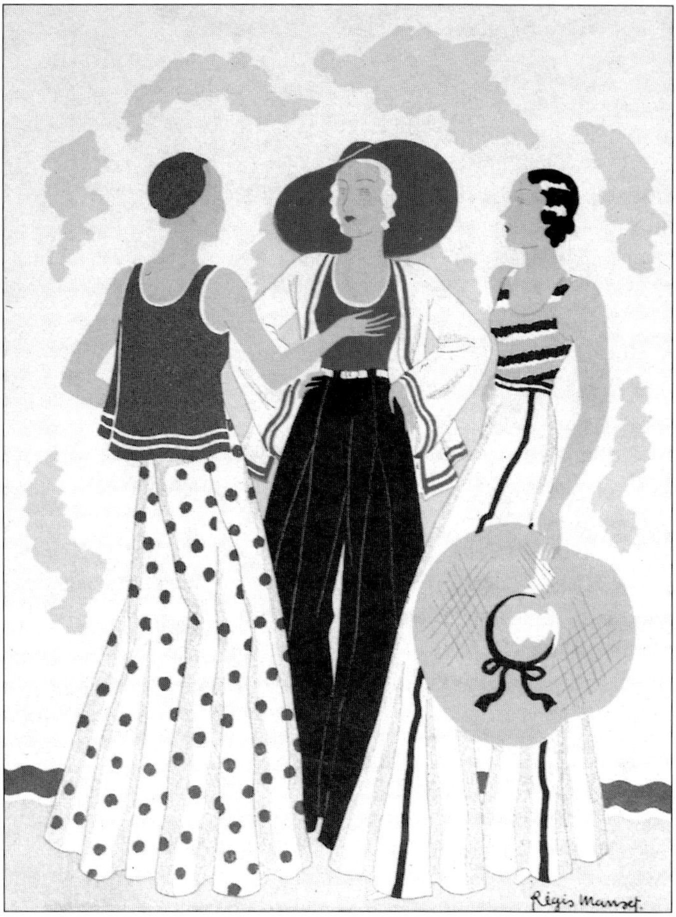

450. *Art, Goût, Beauté*, 1931 : pyjamas de plage, créations de Jean Patou.

La Fête aux lampions, ou l'illustration de la chanson *Tout va très bien, madame la marquise*. On recherche également, dans une même toilette, les oppositions géométriques de noir et de blanc, de brillants et de mats.

Les journaux de mode changent encore de style. Ils abandonnent le dessin et reviennent à plus de réalisme, à une meilleure suggestion des reliefs, grâce à des artistes comme René Bouet-Willaumez, Christian Bérard, Vertès. *Vogue* français et *Vogue* américain, ainsi que *Le Jardin des modes*, continuent de paraître (ill. 455). De nouveaux périodiques, comme *Mode chic*, *Votre Beauté*, *Marie-Claire*, viennent se joindre aux anciens.

Costumes féminins

De 1930 à 1934, la taille retrouve sa place naturelle et la jupe s'allonge. C'est maintenant sa longueur qui indique la destination de la toilette : un travers de main en dessous du genou pour le sport, à trente-huit centimètres du sol pour le voyage, trente-quatre seulement pour le thé chez soi, juste à la cheville pour le dîner, recouvrant les pieds pour les grands soirs. Élargie par de multiples découpes, cette jupe tombe droit le long des jambes et ne s'évase qu'à la faveur de la marche. Les manches courtes sont parfois ballonnées, les manches longues sont collantes ou en pagode, les épaules se couvrent de berthes et de bavolets. Des pans que l'on rejette dans le dos entourent souvent le cou. Les décolletés en pointe sont à la mode, tantôt plats, ouvrant sur des plastrons ou des guimpes, garnis de cols et de nœuds, tantôt faits d'un drapé muni en son milieu d'un plomb qui le creuse en *V* (ill. 446). Le soir, ils plongent dans le dos avec grande audace, parfois presque jusqu'à la ceinture, mais sont voilés par un petit vêtement assorti à la robe : veste légère ou sorte de châle agrafé sur une épaule et tombant en pointe devant et derrière.

Les manteaux, droits ou animés de découpes, s'ornent pour l'hiver de grands cols de fourrure qui bannissent les chapeaux à large bord. Les coiffures sont donc encore de petits casques très emboîtants, ou des bonnets, et, pour l'été, des chapeaux dont la passe molle se relève au-dessus du front et tombe sur la nuque. Les calottes restent profondes et arrondies car la chevelure, même si elle s'orne d'ondulations bien marquées mais très plates, a toujours peu de volume, et quand elle comporte un rouleau, c'est un rouleau bas, qui va d'une joue à l'autre et demeure en dehors du couvre-chef. À partir de 1932 pourtant, la calotte rétrécit. Elle ne couvre plus guère que la moitié de la tête, ce qui donne une grande mobilité au chapeau, que l'on penche à volonté d'un côté, ou très en avant, au point de cacher un œil quand, en 1934, des rangs de bouclettes commencent à s'étager au-dessus de la nuque.

Les nouveautés

Quelques nouveautés apparaissent, tout au moins dans la terminologie, comme : la *robe habillée de cinq heures*, que l'on peut porter l'après-midi pour une réunion très élégante et garder pour une petite soirée, ou la *robe de casino*, genre de robe de garden-party si elle est portée l'après-midi (ill. 454), ou de robe de soirée d'été si

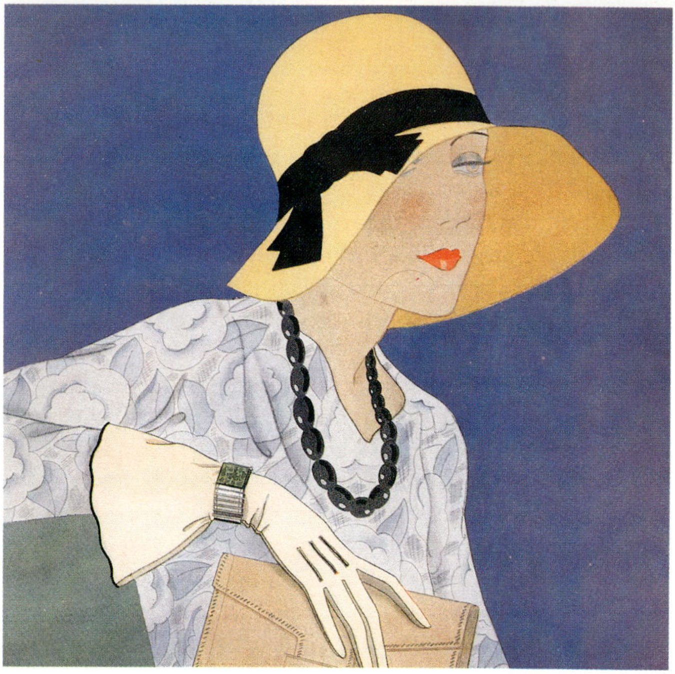

451. *La Femme chic*, mars 1930 : chapeau-cloche.
Collection Union française des arts du costume.

La calotte profonde et arrondie annonce déjà la capeline.

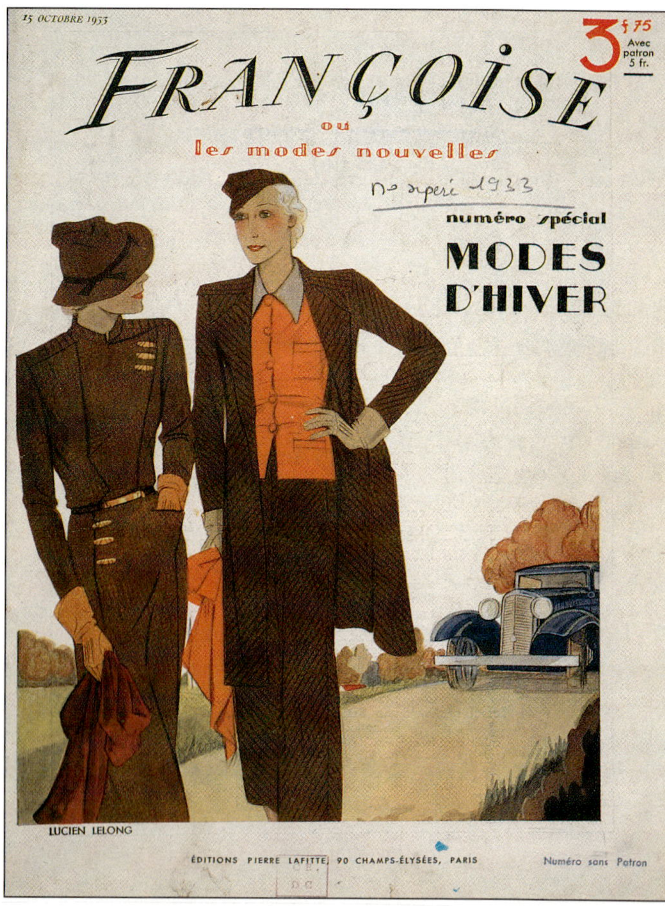

452. *Françoise*, octobre 1933 : chapeaux de feutre, calotte rétrécie.

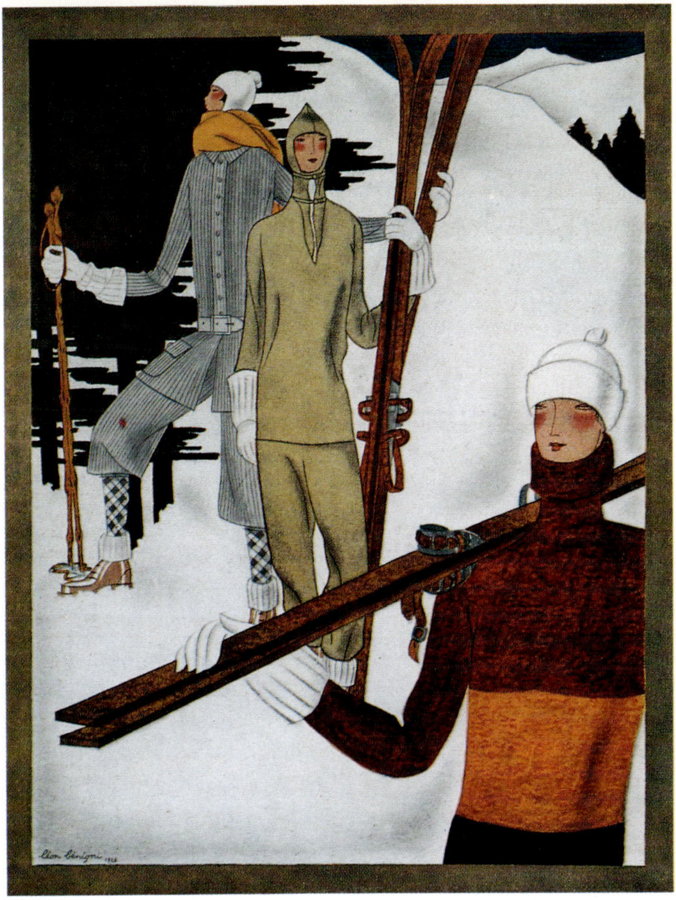

453. *Femina*, v. 1930 : ensemble de ski par Jane Regny. Collection Union française des arts du costume.

454. Studio Mainbocher, dessin, février 1935 : robe d'après-midi.

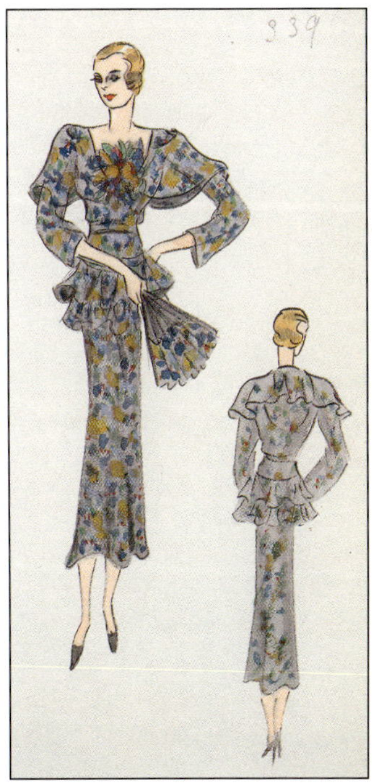

elle est portée pour une réunion du soir. Apparaît également le *pyjama de plage*. Lancé au Lido de Venise à la fin des années 20, il accompagne, à partir de 1931, les premières saisons d'été sur la Côte d'Azur. On le confectionne en toile de soie, en tussor, en cretonne, enfin en satin noir pour les dîners où, avec ses jambes souples, élargies d'incrustations en biais, il prend l'allure d'une robe du soir.

Les tenues de sport évoluent à mesure que se répand la pratique des exercices physiques. Les nageuses arborent un maillot de bain en une seule pièce, mais qui paraît en comporter deux, car il est de deux couleurs différentes, la taille servant de ligne de démarcation. Le *paréo tahitien* de Jacques Heim, apparu à Biarritz en 1934, permet de multiples combinaisons et se montre très gai avec sa cotonnade aux impressions bariolées. La *tenue de ski* (ill. 453) se compose d'un blouson ou d'un chandail, d'un bonnet et d'un pantalon qui peut être un *pantalon norvégien*, rentré dans des chaussettes de grosse laine, et parfois recouvert d'une petite jupe fendue du haut en bas par des sportives soucieuses de ne pas se masculiniser.

Après avoir lancé les petites jupes courtes pour le *tennis*, Suzanne Langlen, directrice du département sport de la maison Yvonne May, en propose une plus longue, plissée, qui descend au-dessous du genou. Un bandeau de tête et une veste l'accompagnent.

Le *golf* requiert une jupe de tweed, plus ou moins épais selon la saison, un sweater, une veste masculine en jersey gris, des mitaines mi-cuir, mi-crochet, un béret et une canne pliante. Une veste imperméable est indispensable les jours de pluie.

L'*amazone* n'est plus qu'une jaquette qui copie les vestons d'homme. Elle s'accompagne d'une jupe courte pour les rares femmes qui montent encore en écuyère, et plus souvent d'une culotte pour toutes celles qui montent en cavalier. La *bombe* remplace sur la tête le tricorne ou le haut-de-forme.

Il y a enfin la mode sportive pour les femmes qui ne font pas de sport et dont l'influence s'exerce fortement sur les tenues de jour, surtout sur celles du matin qui font appel aux gros lainages, au tricot et à la *jupe-culotte*, apparue dès 1931 et dont le succès ira grandissant.

De 1935 à 1939, la mode de ville reste assez longue (elle ne commence à raccourcir qu'en 1939) et son style demeure stable. Notons l'importance prise par le costume tailleur dans les garde-robes féminines (ill. 457). Issu d'un ensemble assez sombre et très classique dont les coupeurs anglais s'étaient fait une spécialité, il est devenu un tailleur de couturier, qui voit à chaque saison son col, ses revers, ses poches, la hauteur de sa taille, varier quelque peu (ill. 460). À cette époque, la jupe est longue et la jaquette, assez courte, marque la taille un peu haut. Ce vêtement connaît une telle vogue qu'on l'adapte pour le soir en lui conservant sa jupe courte accompagnée d'une jaquette qui est une transposition féminine du frac ou du smoking. On le réalise alors dans un tissu brillant qui renvoie la lumière. En 1937, il peut devenir aussi un tailleur de gala, à jupe longue, que les invitées aux réceptions données à l'Exposition internationale portent avec un grand chapeau à panache (ill. 456).

C'est en effet la tenue de soirée qui subit le plus de transformations (ill. 458). Dès 1935, apparaît une ligne évasée, qui entre en concurrence avec la silhouette filiforme, née probablement du désir d'équilibrer l'élargissement des épaules obtenu par les *manches-mandolines*, ou les *manches à gigot* qu'inspire aux couturiers une exposition d'art Italien présentée au Petit Palais. La ten-

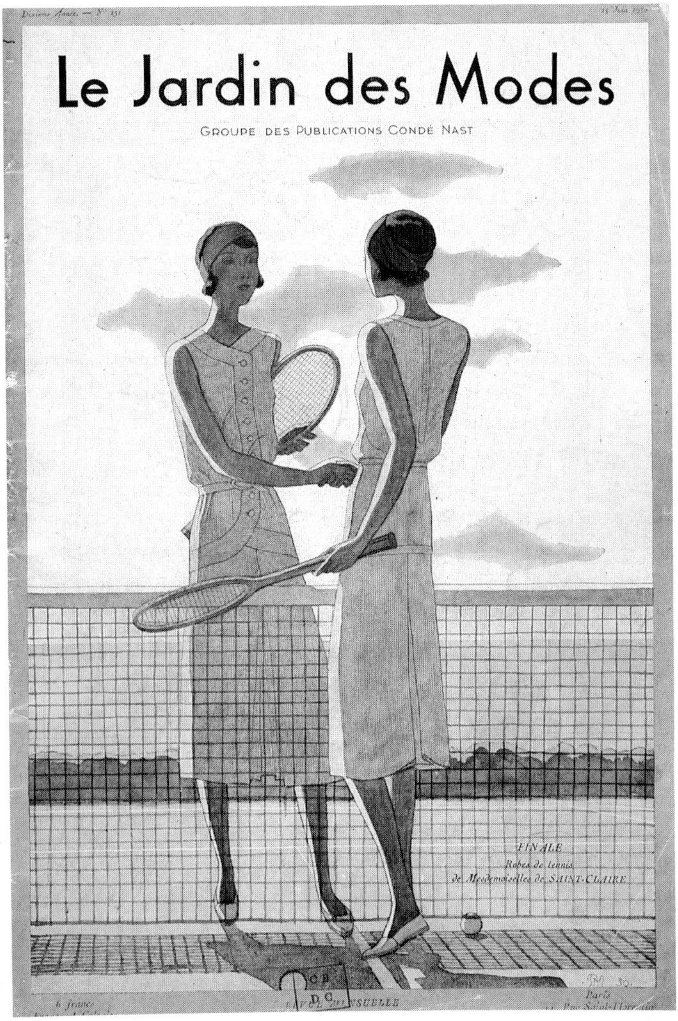

455. *Le Jardin des modes*, juin 1930 : robes de tennis. Collection Union française des arts du costume.

dance ne fait que s'accentuer au fil des années et l'on voit en 1939 de véritables crinolines gonfler les jupes des robes comme sous le second Empire.

La gamme des toilettes habillées est variée car un souci d'élégance et de féminité, réminiscence d'anciens usages, complique le code des mondanités. Il y a des robes de petits et de grands soirs, de gala, de cinéma, qui sont longues mais montantes et à manches, et que l'on porte avec un chapeau ; des robes de garden-party, avec col Claudine, manches ballon, jupe longue un peu évasée, accompagnées d'une ombrelle, d'une capeline et d'un réticule ; des robes de bal blanches, pour les jeunes filles, qui n'ont pas droit au décolleté ; des

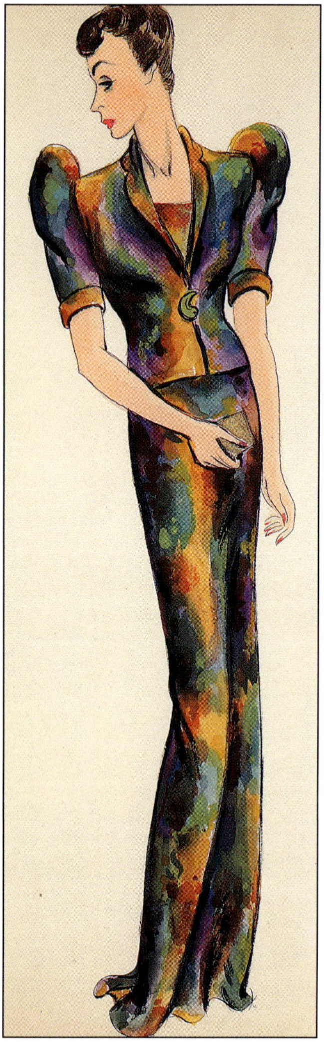

robes blanc et rose pour des bals où figurent aussi des jeunes femmes qui peuvent montrer plus largement leur gorge.

Tributaire de l'ordonnance capillaire, le chapeau conserve sa mobilité avec la *coiffure à l'ange* ou *à la page* (un rouleau qui, vers 1936, se met à faire le tour presque complet de la tête). Ces coiffures permettent de basculer le chapeau, en avant ou en arrière. Mais, en 1938 et 1939, lorsqu'une petite masse de bouclettes s'installe au-dessus du front, au bout des cheveux qui sont relevés derrière, le chapeau devient une minuscule *boîte à pilules* de quinze centimètres de tour, que l'on plante très en avant. Les formes les plus fantaisistes sont admises : en éventail, en chou, en tronc de cône posé sur la passe comme sur un plateau. Elsa Schiaparelli ira jusqu'à coiffer ses clientes d'une chaussure renversée, talon pointant vers le ciel (ill.

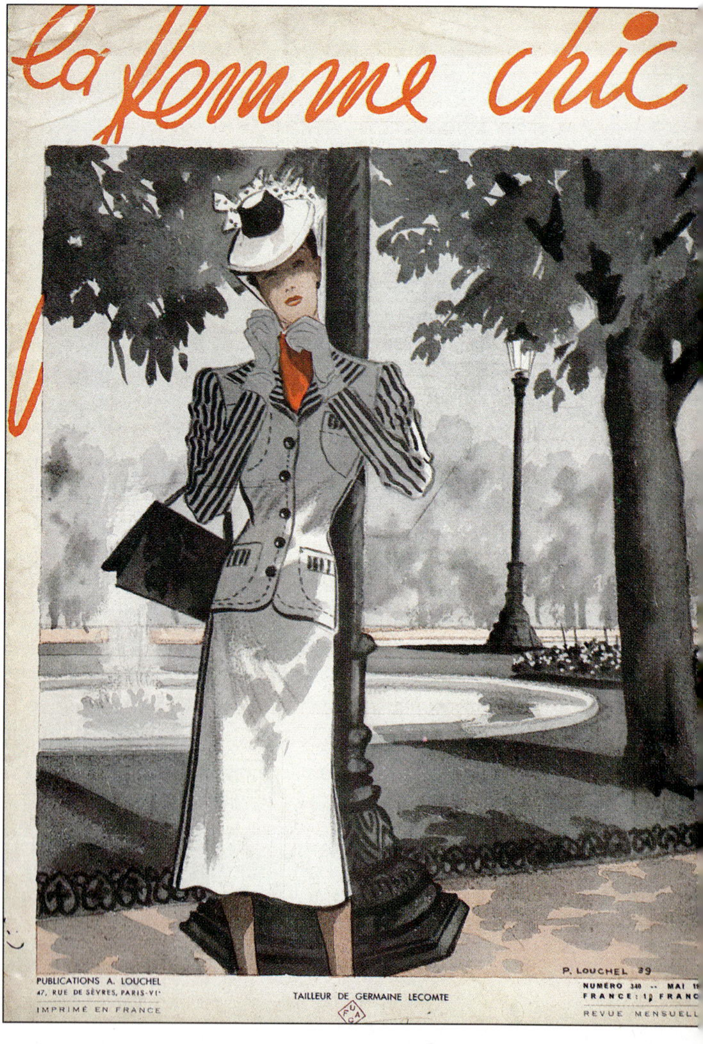

456. Studio Schiaparelli, dessin, automne 1938 : tailleur du soir long.

457. *La Femme chic*, mai 1939 : tailleur de Germaine Lecomte.

458. Chanel, dessin, v. 1930-1935 : robe du soir ; dos nu, gants longs assortis.
Paris, collection Union française des arts du costume.

Retour au long pour le soir.

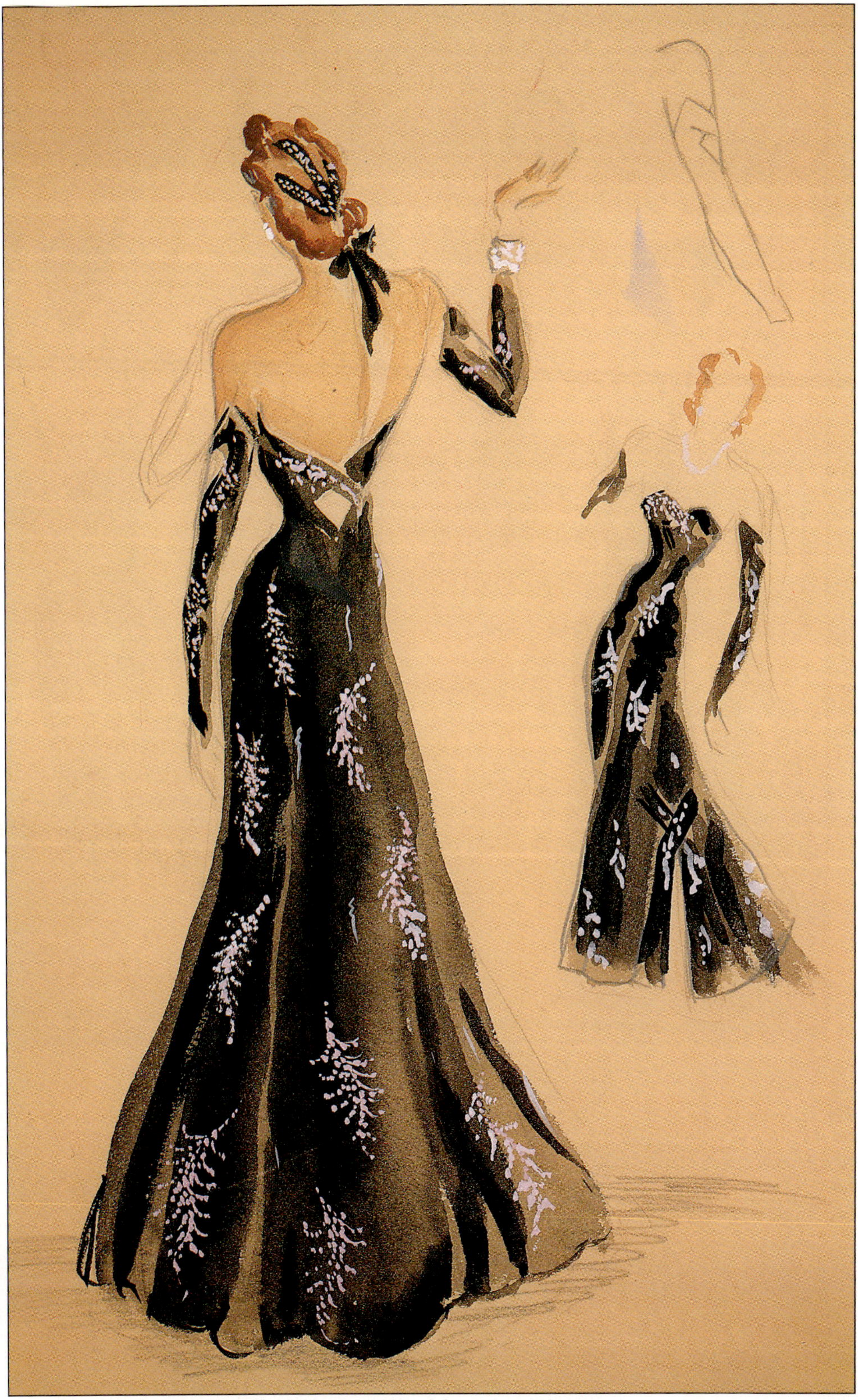

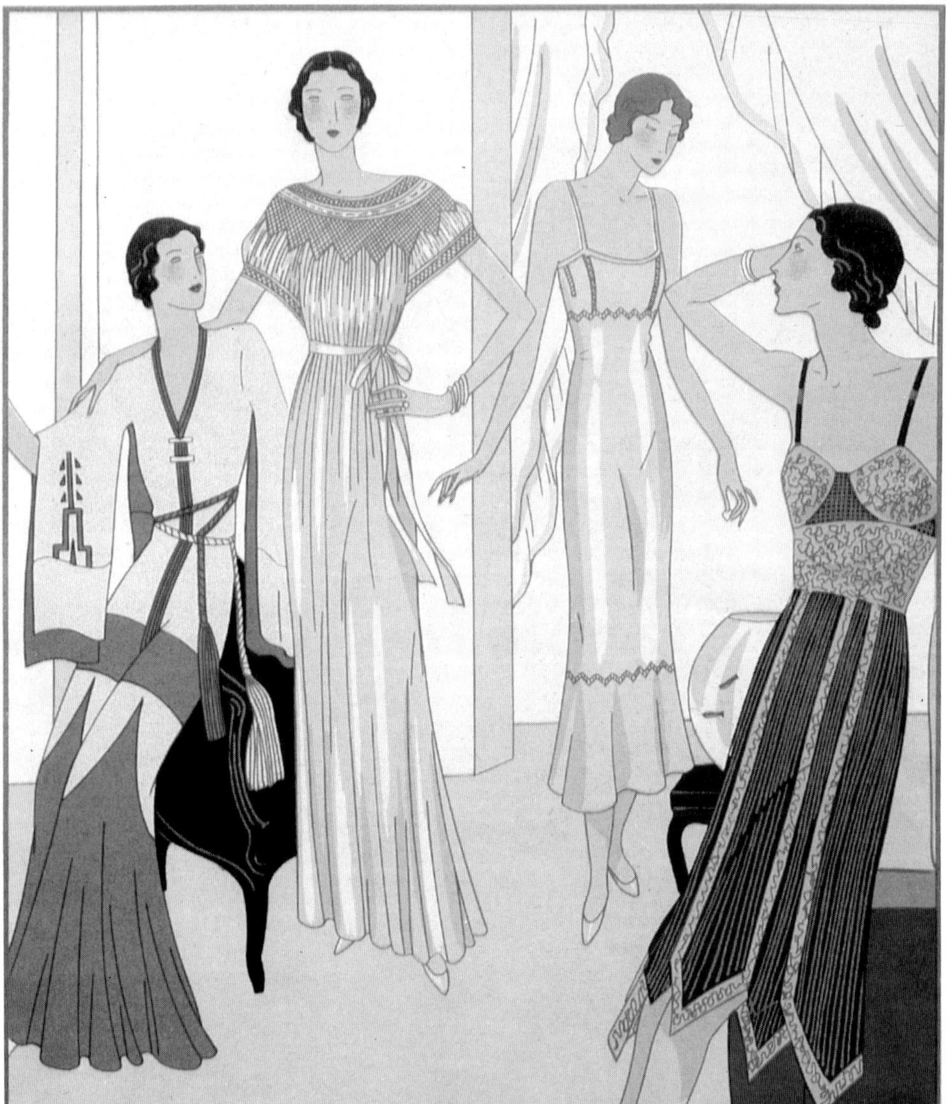

459. *Art, Goût, Beauté*, 1931 : chemises de nuit, combinaison et pyjama par Dupuy-Magnin, Rouff et Premet.

462). Des formes plus classiques continuent cependant de régner, s'inspirant, par exemple, du chapeau mou pour homme.

La chaussure s'affine, le talon s'élève pour accompagner les toilettes élégantes et les brides tendent à disparaître. Toutefois, en tenue de sport, on aime les talons plats, les semelles de crêpe ou de caoutchouc. La semelle compensée apparaît dès 1936 chez Ferragamo, le bottier italien, confronté, un peu avant les bottiers français,

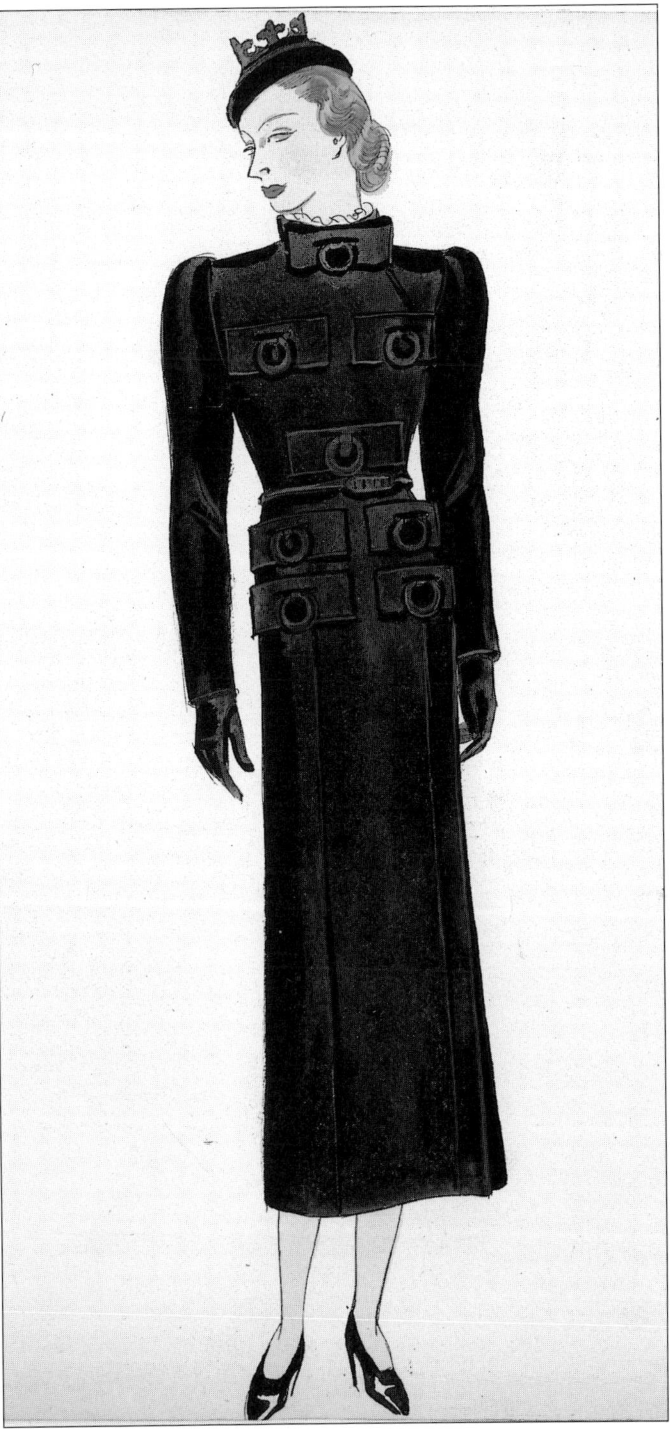

460. Studio Schiaparelli, dessin, 1936-1937 : tailleur avec poches à effets de tiroirs en trompe-l'œil, chapeau surmonté d'une couronne. Collection Union française des arts du costume.

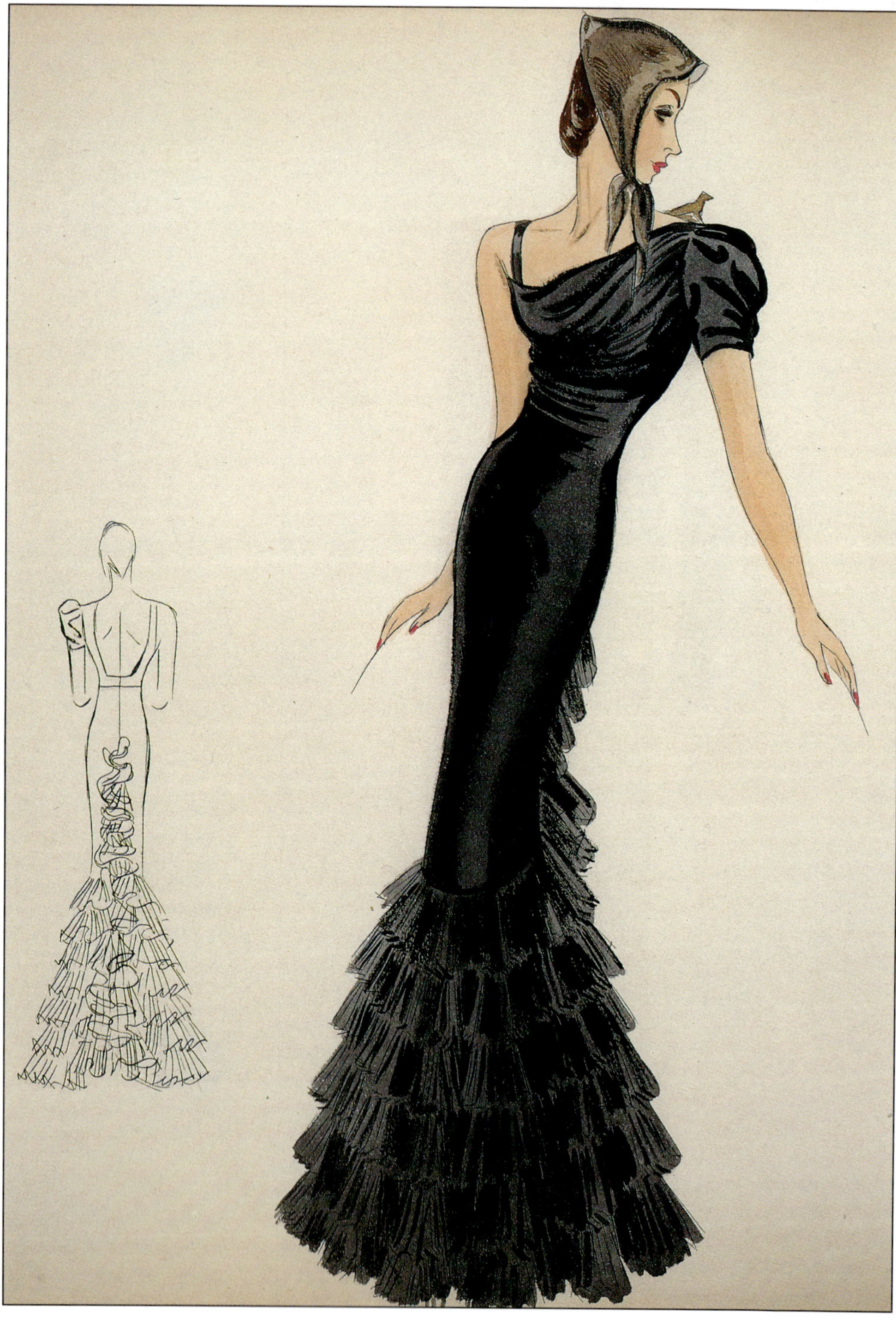

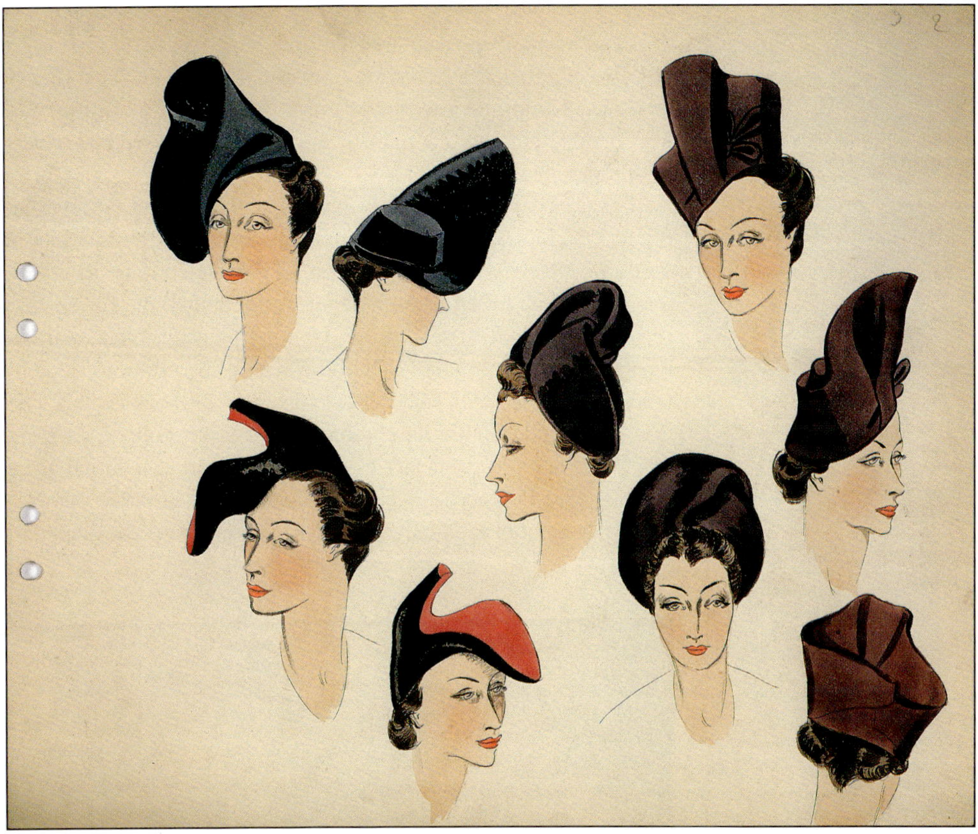

à des problèmes de raréfaction de matières premières traditionnelles, et dont l'idée est reprise à Paris dès 1937.

Les accessoires qui accompagnent et parachèvent l'élégance, gants, sacs, parapluies, sont l'œuvre, soit d'artisans qui travaillent pour la haute couture, soit de fournisseurs de grands magasins, qui diffusent très largement ce genre de produit.

À partir de 1930, se développe la ganterie en tissu (laine, feutre, duvetine, pour le gant de jour, taffetas pour le gant du soir), que l'on peut orner de cuir, de métal, de soufflets, de volants, de piqûres, d'effets de manches ballonnées.

Le manchon fait sa réapparition en 1931 et devient un *sac-manchon*. Les sacs peuvent prendre des formes insolites : pot de fleurs, carton à chapeaux, poire à poudre, panier de paysanne, sacoche de postier ; la plupart sont très classiques, de taille moyenne, raffinés pour l'après-midi, souvent en daim noir orné de marcassites. Le soir, se répand l'usage des minaudières, qui sont essentiellement de petits nécessaires à maquillage.

462. Studio Schiaparelli, dessin, hiver 1937 : chapeaux en forme de souliers. Collection Union française des arts du costume.

Schiaparelli subit l'influence des surréalistes ; Salvador Dali et Jean Cocteau lui ont créé des modèles d'accessoires.

461. Studio Schiaparelli, dessin, automne 1938 : robe du soir à bretelle et manche bouffante ornée d'un oiseau sur l'épaule. Collection Union française des arts du costume.

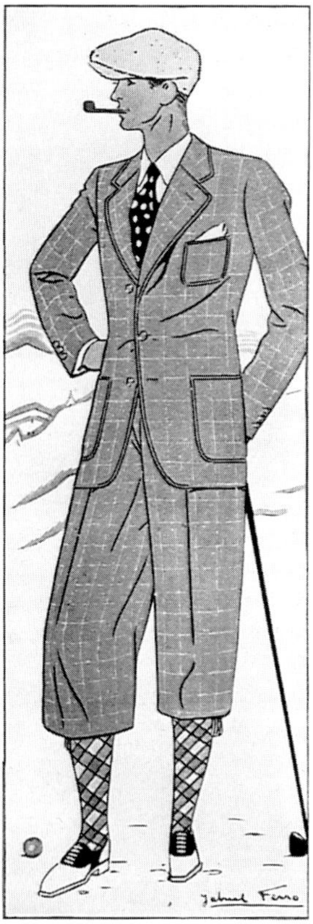

463. *Adam*, 1931 : costume de golf.

Les parapluies peuvent être soit le *tom-pouce*, héritier de celui des années 20, soit au contraire, à partir de 1938, le long *Chamberlain*, à manche recourbé, ainsi baptisé en l'honneur de M. Chamberlain, Premier ministre anglais, qui ne se séparait jamais de son parapluie.

Les accessoires reflètent, bien sûr, l'actualité. Tout est au point d'interrogation quand Coste et Bellonte traversent l'Atlantique à bord de leur avion ainsi nommé, ou à l'entente cordiale, en 1938, lors de la visite à Paris du roi George VI et de la reine Elizabeth.

Le linge devient très raffiné. La soie, blanche, bleue, surtout rose chair, ornée de jours et de broderies, d'incrustations de dentelle, a vaincu le coton (ill. 459). Comme la robe, sous laquelle elle doit rester indécelable, la combinaison est soit coupée en plein biais, soit faite de panneaux assemblés qui marquent la taille. La chemise, que l'on accuse d'épaissir la silhouette, disparaît, remplacée par la combinaison-culotte, avec sa petite patte d'entre-jambes,

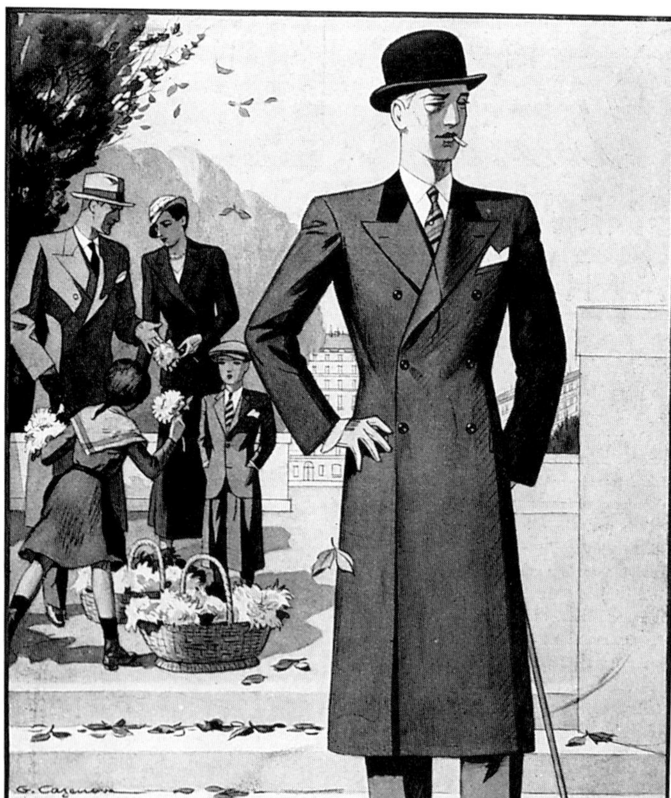

464. *La Belle Jardinière*, septembre 1932 : manteau croisé et chapeau melon ; à l'arrière-plan : culotte de golf et casquette souple pour petit garçon.

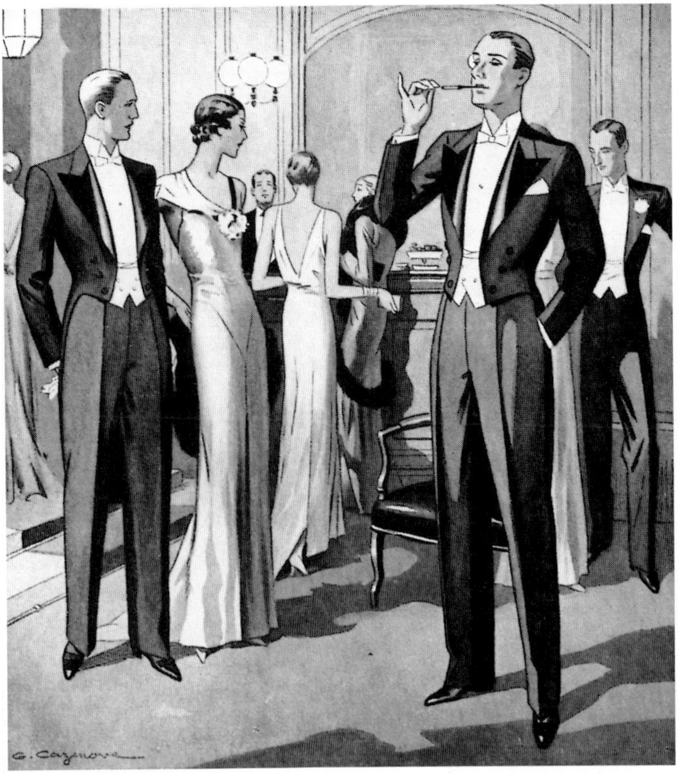

465. *La Belle Jardinière*, octobre 1933 : habits.

466. *Adam*, 1931 : veston de sport à martingale. Poches plaquées à pattes et pli à soufflet formant une poche pectorale.

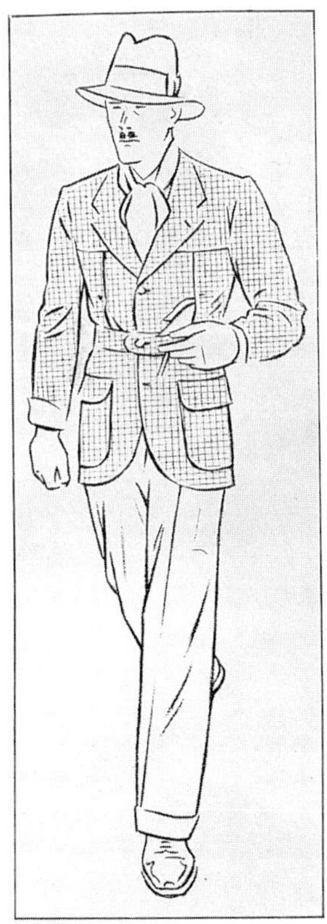

ou, mieux encore, sous les robes du soir, par ce qu'on appelle un *slip*, alliance d'une combinaison lingère et d'une petite culotte en maille, très collante, qui finalement conservera ce nom. Pour tout-aller, les femmes commencent à préférer la culotte Petit Bateau, en tricot de coton, lancée pour les enfants dès 1910, qu'elles trouvent plus pratique que le pantalon en étoffe, qui fait cependant encore souvent partie des trousseaux classiques de mariage. Parmi ces derniers, c'est le triomphe des parures : association d'une combinaison et d'un pantalon assortis par l'étoffe et la décoration.

Les chemises de nuit, encore amples et vagues en 1930, deviennent, vers 1935, de véritables *robes pour rêver*, avec taille ajustée, fronces et drapés. Les déshabillés se rapprochent des manteaux du soir, avec large col châle et grandes manches pagode qui s'évasent en plissé ou dont l'ampleur est, au contraire, resserrée au poignet.

Le style sportif

Les tenues de ville des hommes demeurent très classiques : complet trois pièces (le tissu, cependant, s'allège, et les couleurs s'éclaircissent dans une gamme toutefois limitée aux gris,

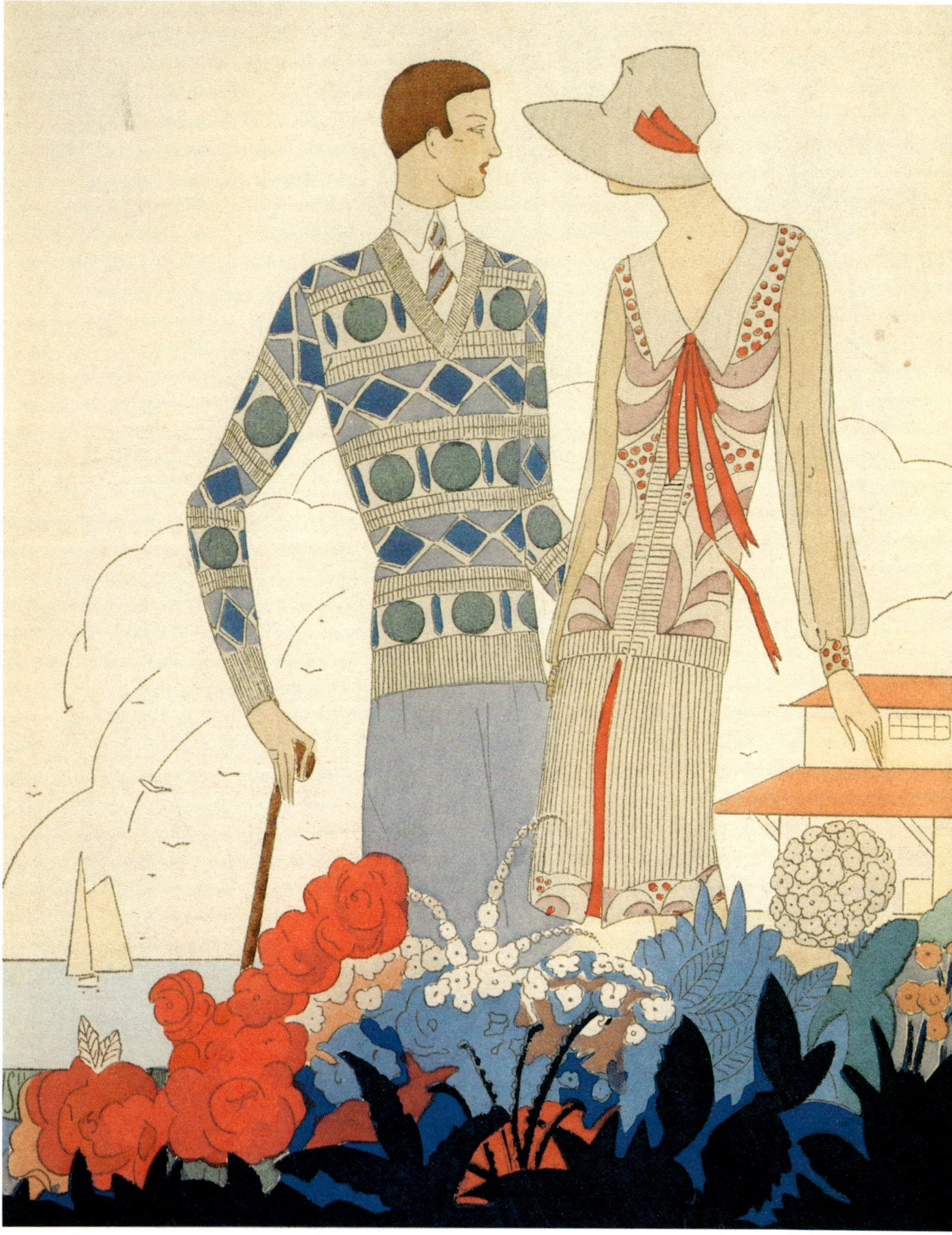

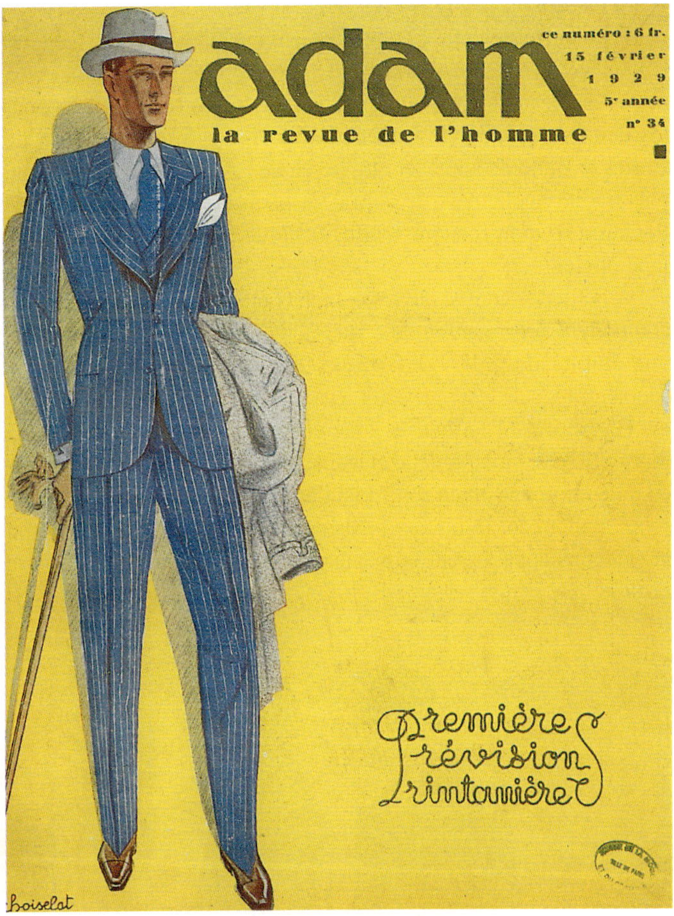

467. Pull-overs. Lancés par Chanel, leur succès est immense et perdure après la Deuxième Guerre mondiale.

468. *Adam*, 15 février 1939 : « Première prévision printanière ». Costume de ville à la veille de la guerre : costume rayé bleu, feutre mou et imperméable.

beiges et bleus), pardessus croisé, chapeau melon ou chapeau mou (ill. 464).

Ces nouveautés concernent principalement les tenues de sport : pantalons de golf (ill. 463), sahariennes à quatre poches plaquées (ill. 466), chemisettes de cellular à col tenant et manchettes courtes, pull-over et sweater en laine tricotée (ill. 467).

La redingote disparaît. La jaquette, accompagnée du pantalon rayé gris et du haut-de-forme, dont le cylindre diminue de hauteur, est encore utilisée pour les mariages élégants. L'habit, à très longues basques tombant sur les talons, avec cravate et gilet blanc, est la tenue des grandes soirées, mais l'usage du smoking se répand de plus en plus (ill. 465).

Les enfants

Pendant toute cette période, les enfants élégants sont généralement vêtus en bleu marine : redingote droite, à martingale, en ratine, chapeau cloche pour les filles (ill. 469) ou béret marin pour les deux sexes dont le ruban porte le point d'interrogation de Costes et Bellonte après leur traversée de l'Atlantique en avion ou, plus traditionnellement, le nom d'un paquebot. Car l'uniforme de l'enfance reste le costume marin, à culotte courte ou longue, ou la jupe plissée.

À la fin des années 30, les complets fantaisie des petits garçons comportent, à l'imitation de certaines tenues de sport des hommes, une culotte de golf, bouffante, accompagnée d'une casquette souple.

Garçons et filles font un large usage de pull-overs tricotés à la maison. L'été, ou en toilette élégante, les fillettes portent des robes, en toile imprimée ou en soie, dont l'empiècement est à smocks. Ces robes s'allongent jusqu'aux pieds pour les cortèges de mariage où les garçons apparaissent en pantalon long de velours et en blouse de soie.

469. *La Belle Jardinière*, novembre 1930 : chapeau cloche pour petite fille.

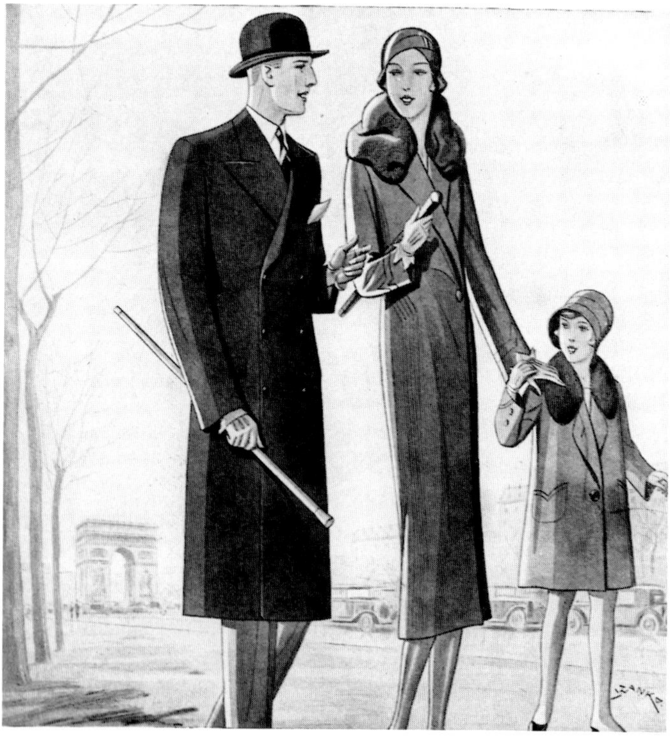

La tenue de première communion est toujours, pour les filles, la robe de mousseline blanche, qui se pare d'un col Claudine, un voile assorti posé sur un bonnet bordé de roses en mousseline ou orné d'un revers qui s'élève en diadème au-dessus du front. Pour les garçons, c'est toujours le traditionnel complet bleu marine, parfois remplacé par le *costume Eton*, à pantalon gris, spencer noir, gilet gris ou blanc et col rond blanc empesé se fermant sur une cravate grise.

Pour les très jeunes enfants, la nouveauté consiste en une *barboteuse*, petite combinaison à manches ballon et culotte courte bouffante. La layette, où le tricot à la main domine, est en général rose pour les filles et bleue pour les garçons.

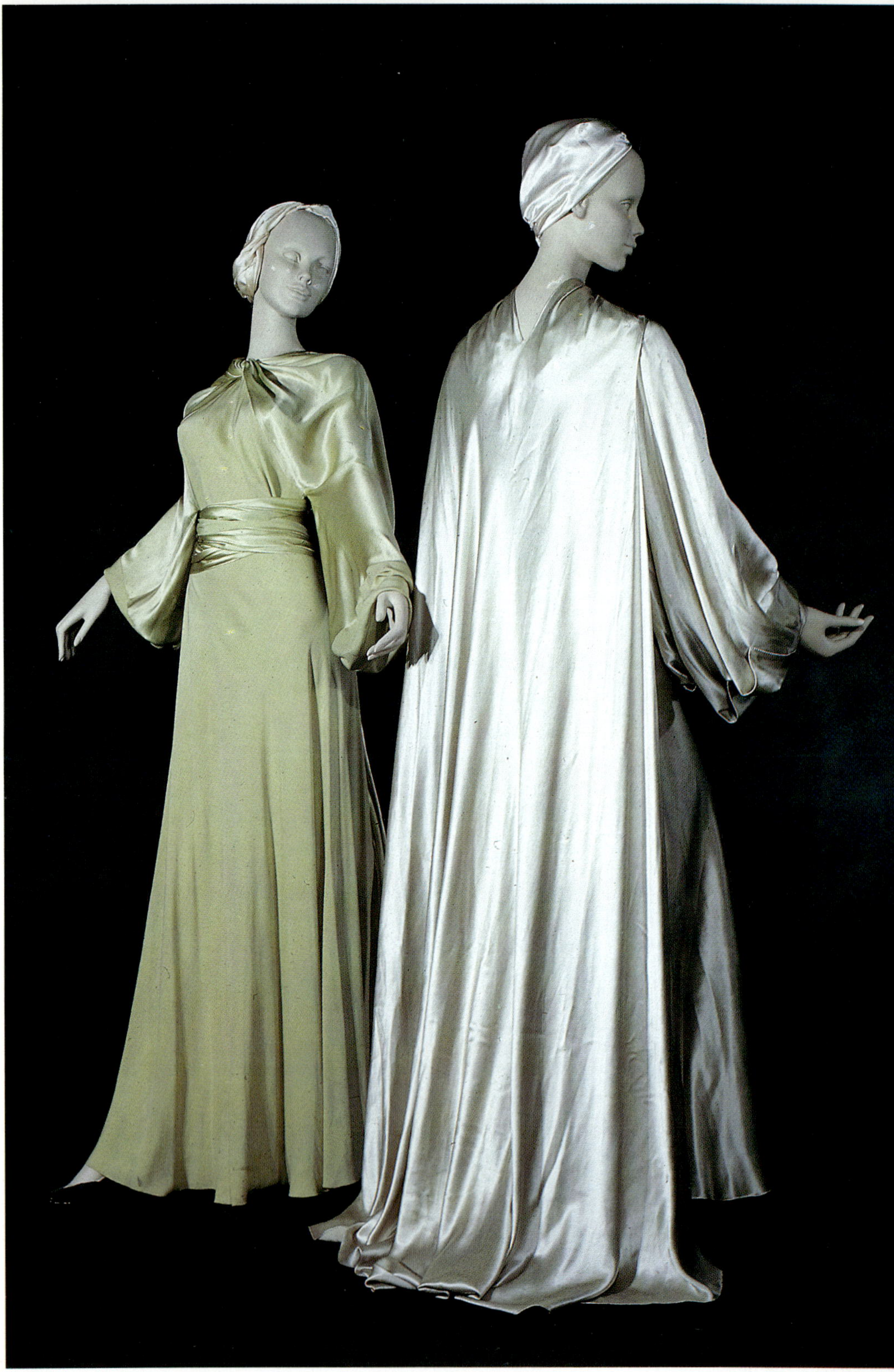

LA HAUTE COUTURE DE 1919 À 1939

Après la guerre de 1914-1918, la haute couture se trouve contrainte à une première mutation. Par suite du bouleversement des fortunes, sa clientèle habituelle se raréfie, d'où une perte qu'elle doit compenser par la vente de modèles aux acheteurs étrangers, notamment les Américains. Il lui faut par ailleurs faire face au problème de la copie frauduleuse, qui menace de la priver d'une partie de ses revenus, et Paul Poiret est, dès 1913, à l'origine du Syndicat de défense de la grande couture française et des industries qui s'y rattachent.

Paul Poiret donne également le signal d'un déplacement vers l'ouest de Paris de son quartier général, qui passe de la rue de la Paix et des grands boulevards aux Champs-Élysées, en venant s'installer, dès 1909, au 26, avenue d'Antin (devenue avenue Victor-Emmanuel-II puis avenue Franklin-Roosevelt).

La plupart des maisons vedettes d'avant-guerre qui sont restées en exercice jouissent encore d'une grande renommée et d'une belle clientèle, sans toutefois demeurer à la pointe de l'actualité.

- Worth, 7, rue de la Paix. À partir de 1935, 120, rue du Faubourg-Saint-Honoré.

Après la guerre, la maison est aux mains des deux petits-fils du fondateur, les fils de Gaston : Jacques, l'administrateur, et Jean-Charles, modéliste de 1910 à 1935, qui fait des efforts pour remettre la taille à sa place et crée, dès 1930, un pyjama du soir. Son successeur sera Roger Worth, l'aîné des trois fils de Jacques. La clientèle est toujours aristocratique et internationale, mais la maison commence à vivre sur sa réputation.

- Doucet, 21, rue de la Paix.

Jacques Doucet maintient, après la guerre, une tradition de classicisme et de bon goût. Mais un peu dérouté par les nouvelles orientations de la mode, il s'intéresse davantage à sa collection d'art personnelle qu'à sa maison de couture. À sa mort, en 1928, celle-ci est réunie à la maison Doeillet, fondée en 1898, puis à la maison Mirande.

- Paquin, 3, rue de la Paix.

La maison créée par Mme Paquin, la première femme grand couturier, poursuit sa carrière. Elle est réunie à Worth en 1954 et disparaît peu après.

470. Madeleine Vionnet, robes du soir, v. 1932-1935.
Musée de la Mode et du Costume de la Ville de Paris.
Spécialiste du biais, la coupe a pour elle la primauté sur l'ornement.

- Callot Sœurs, 9, avenue Matignon.

Expropriée à cause des travaux du boulevard Haussmann, la maison quitte la rue Taitbout en 1914 pour s'installer dans un immeuble construit pour elle et garni de boiseries anciennes. À la mort, en 1927, de Mme Gerber, celle des quatre sœurs Callot qui était modéliste, ses fils Pierre et Jacques dirigent la maison jusqu'aux environs de 1935, où Pierre, modéliste comme sa mère, rachète l'entreprise.

- Chéruit, 21, place Vendôme.

Mme Chéruit garde sa maison ouverte pendant la guerre. En 1923, elle s'intéresse au cinéma, en 1924 à la broderie, en 1925 aux robes peintes à la main et aux décors cubistes. Ensuite, elle perd de la notoriété.

- Paul Poiret, 26, avenue Victor-Emmanuel-II de 1909 à 1924, 1, rond-point des Champs-Élysées de 1924 à 1929.

471. *La Gazette du bon ton*, 1922 : modèle de Paul Poiret, « La biche apprivoisée ».

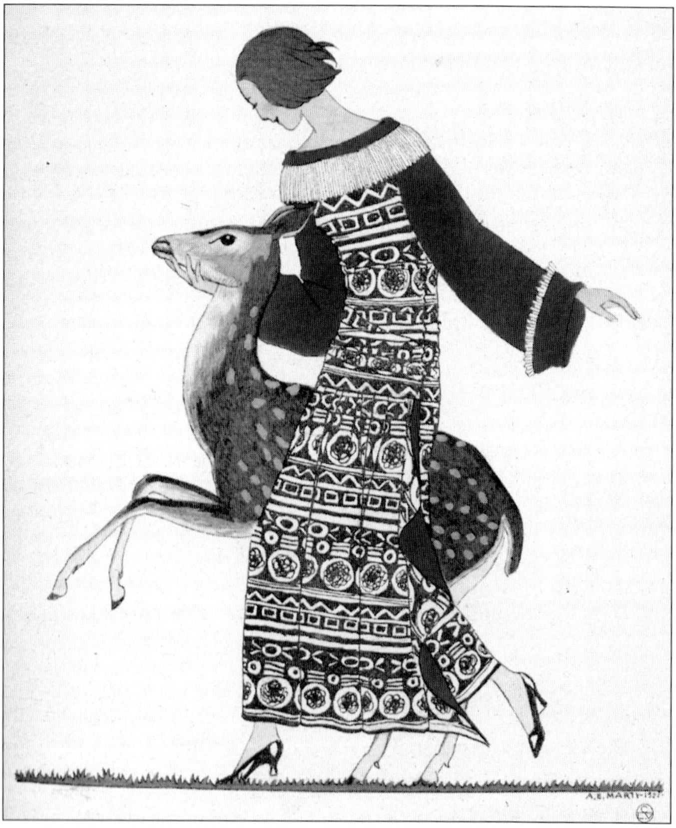

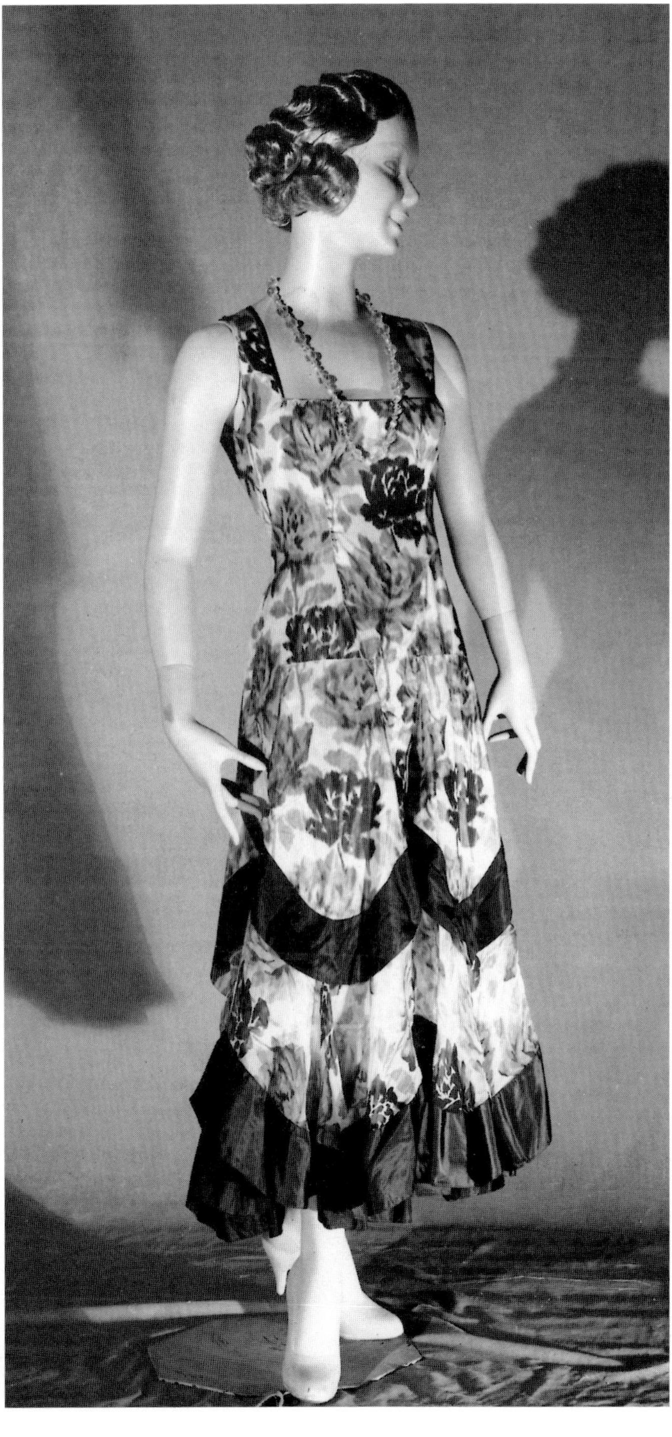

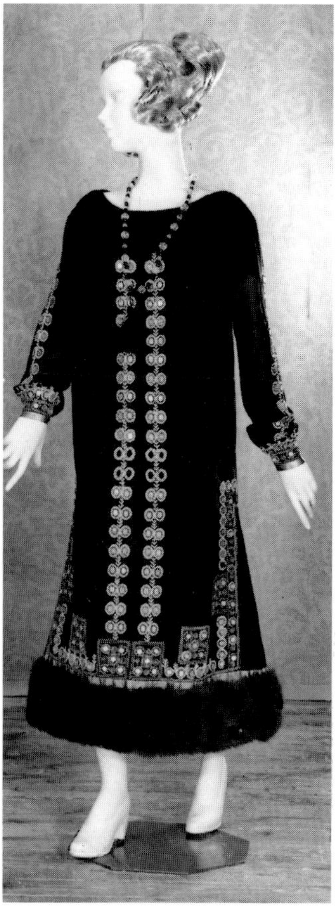

473. Paquin, robe, 1921.
Musée de la Mode et
du Costume de la Ville de Paris.

472. Paquin, robe, 1934 (?).
Musée de la Mode et
du Costume de la Ville de Paris.

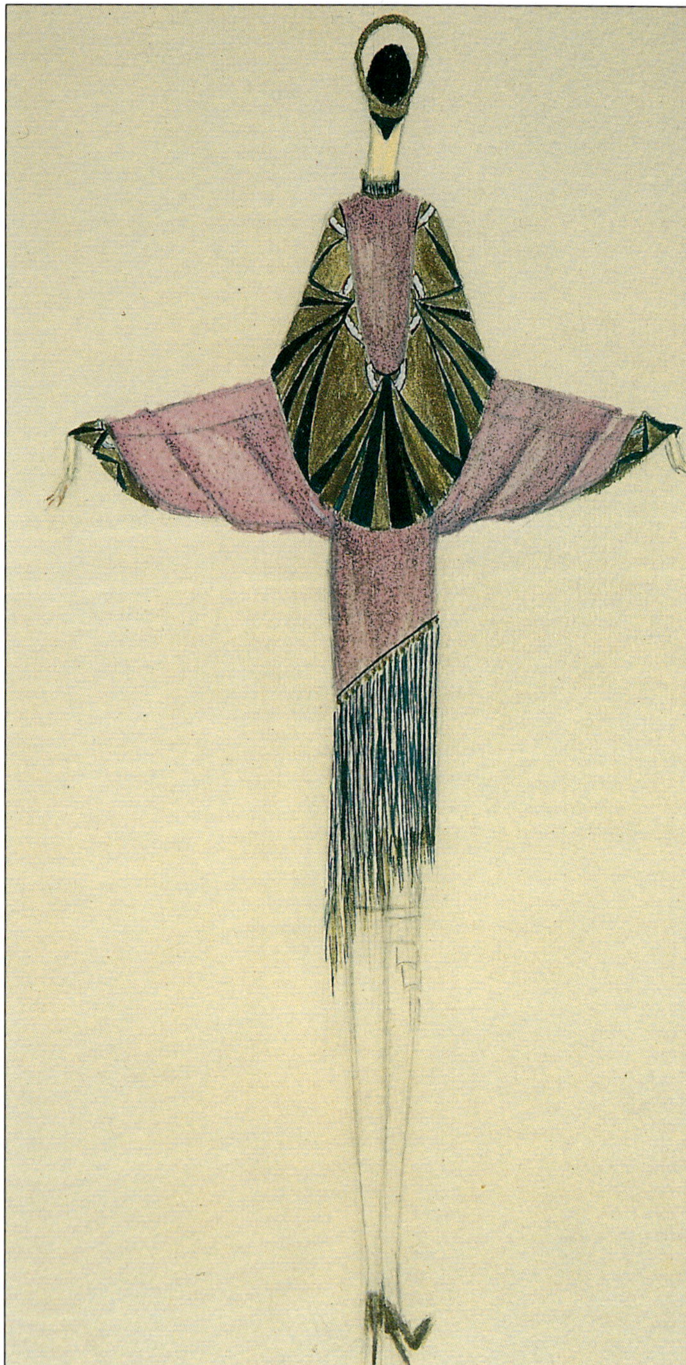

474. J.M. Cavalié, dessin, 1925 : manteau de Paul Poiret. Musée de la Mode et du Costume de la Ville de Paris.

Rouvrant sa maison après la guerre, Paul Poiret ne se rend pas compte de l'évolution de la société, et, en dépit de son grand talent, propose souvent à sa clientèle des toilettes jugées trop somptueuses, ou peu pratiques. Amateur de fêtes et de réceptions, il s'entête dans des fantaisies coûteuses qui ont des répercussions désastreuses sur ses finances. Sa participation à l'exposition des Arts décoratifs, en

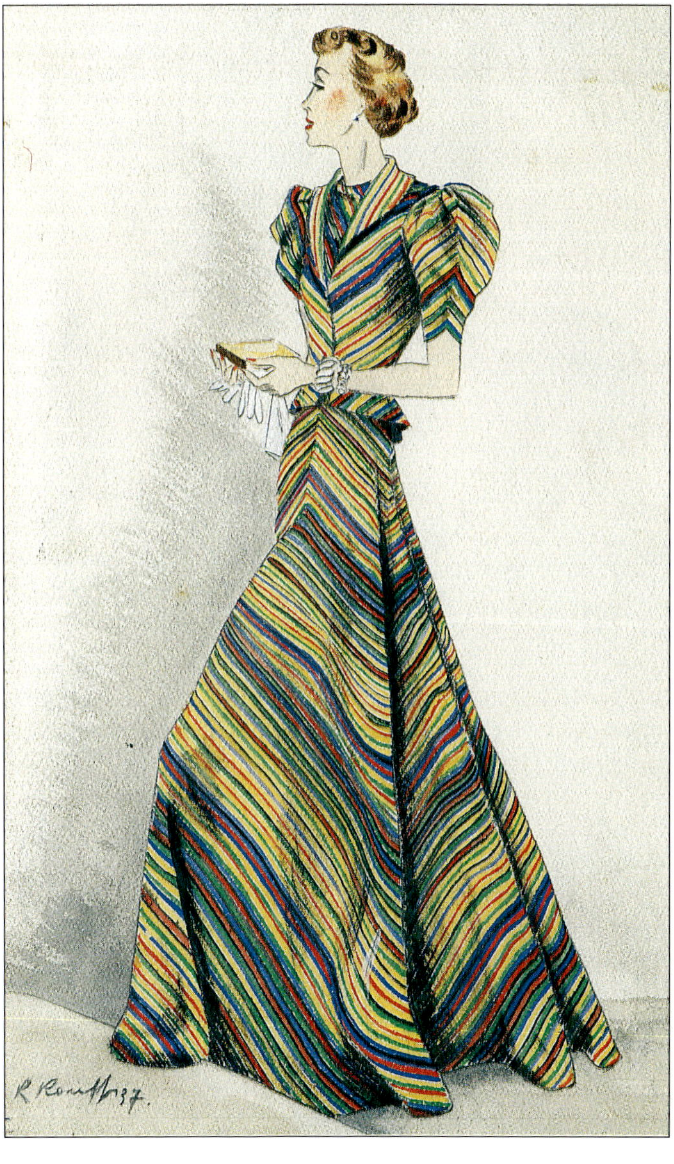

475. Roger Rouffianges, dessin, 1937 : ensemble rayé « Bayadère » de Lucien Lelong. Musée de la Mode et du Costume de la Ville de Paris.

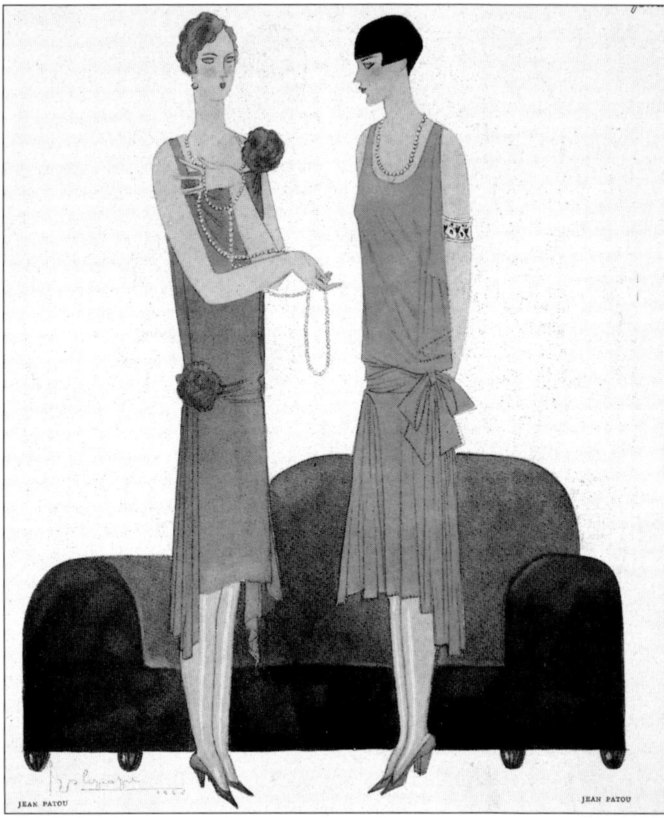

476. *Femina*, décembre 1926, dessin de Georges Lepape, modèles de Jean Patou : deux robes d'après-midi à taille basse et pans plongeant à l'arrière. Collection Union française des arts du costume.

1925, avec les trois péniches *Amour*, *Délices* et *Orgues*, précipite son déclin. Mis à la porte de sa propre maison par les financiers auxquels il a fait appel, et n'ayant pas le droit de créer une maison de couture sous son propre nom, il en ouvre cependant une à l'enseigne de *Passy 10-47*, son numéro de téléphone, dans le quartier de l'Étoile. Il travaille ensuite à une collection de prêt-à-porter destinée aux magasins du Printemps. Ces tentatives, aussi éphémères l'une que l'autre, se soldent par de nouveaux échecs, ainsi que la création des *Croisières de la mode* (défilés de modèles sur des paquebots). Paul Poiret meurt dans la misère, en 1944, après avoir été non seulement couturier, mais aussi peintre, protecteur des arts et fondateur de l'*École Martine*, où de frais talents de jeunes filles s'éveillaient, sans contraintes, à l'expression artistique.

- Lanvin, 22, rue du Faubourg-Saint-Honoré.

Jeanne Lanvin, modiste depuis 1890, couturier depuis 1910 seulement, est encore à la tête d'une maison jeune et dynamique. Jusqu'à sa mort, en 1946, elle signe des toilettes d'un raffinement extrême et d'une impressionnante virtuosité technique. Elle multiplie les broderies, les incrustations, les petits biais gansés, les bordures faites de petites brides ou de dents de scie. Ses célèbres *robes de style* lui permettent d'échapper, quand elle le désire, aux lignes tubulaires en vogue durant les années 20. Elle est considérée comme une « institution » par une clientèle fidèle, soigneuse, éprise de beau travail.

- Jenny, 1, rue de Castiglione en 1908, 76, avenue des Champs-Élysées en 1916, fermée en 1939.

Ayant conquis une belle clientèle où figurent de riches étrangères (surtout des Anglaises et des Argentines), Jenny, à l'exemple de Paul Poiret, installe dès 1915, aux Champs-Élysées, ses vingt ateliers dans deux immeubles de six étages. Sa renommée grandit pendant les années 20, où elle habille notamment des comédiennes célèbres, Mary Pickford ou Elvire Popesco. Elle aime les robes aux lignes simples, étroites et courtes, perlées pour le soir, en parfait accord avec le style de l'époque. En 1925, elle engage un jeune homme originaire d'Arménie, pour principal puis unique modéliste, Ara Frenkian, dit Ara, qui la quitte en 1930 pour fonder sa propre maison. En 1931, elle cesse elle-même ses activités dans la maison, qui passe aux mains d'une autre direction.

- Vionnet, 222, rue de Rivoli de 1912 à 1922 ; 50, avenue Montaigne de 1922 à 1939.

Madeleine Vionnet, qui a appris la coupe anglaise chez un tailleur de Londres, travaillé chez Callot avec Mme Gerber, puis chez Jacques Doucet, est la prestigieuse technicienne du biais qui a profondément révolutionné l'art de la coupe (ill. 470), auquel elle a donné la primauté sur l'ornementation. Elle a formé des disciples comme Marcelle Chaumont, avec qui elle partageait la création de ses collections, et Jacques Griffe. Pour elle, l'art consiste à placer sur une femme un tissu qui mette en valeur son corps et dont le mouvement ne déplace pas les lignes.

- Chanel, 31, rue Cambon depuis 1919.

Gabrielle Chanel, qui fonde sa maison en 1919 après quelques essais, durant la guerre, dans la mode et la couture, est la véritable libératrice de la femme. Elle comprend beaucoup mieux que Poiret

477. Molyneux, robe du soir, v. 1935.
Musée de la Mode et du Costume de la Ville de Paris.

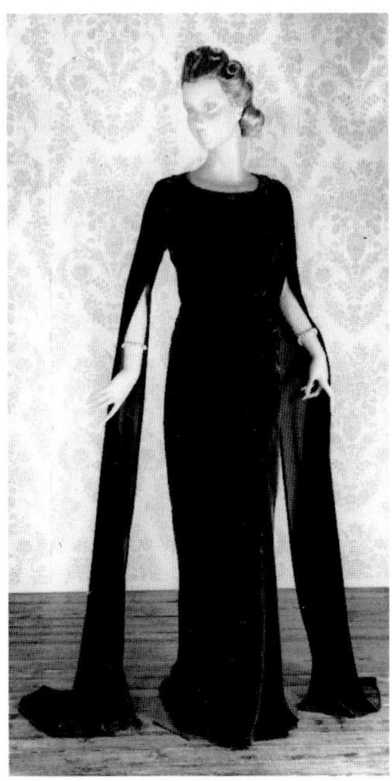

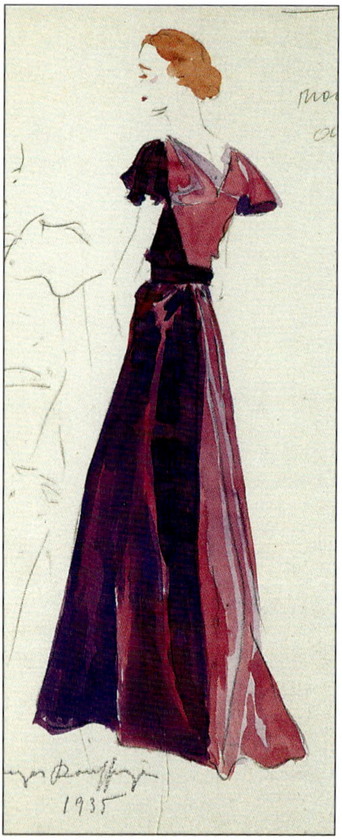

478. Roger Rouffianges, dessin, 1935 : robe du soir, manches en biais de Louise Boulanger. Musée de la Mode et du Costume de la Ville de Paris.

dans quel sens s'opère l'évolution de la condition féminine. Elle s'inspire des modes sportives masculines anglaises et met à la mode le jersey, les marinières, le style dépouillé rehaussé de bijoux de fantaisie (presque aussi chers que les authentiques), les cheveux coupés, la peau bronzée, la maigreur, une sorte de misérabilisme de luxe que symbolisent ses célèbres petites robes noires. Combative, elle sait encourager les artistes, notamment Serge Diaghilev avec la création du *Sacre du printemps*. Son parfum, le célèbre *N° 5*, lui permet de vivre, de 1939 à 1954 pendant la fermeture de sa maison.

- Molyneux, 14, rue Royale de 1919 à 1924 ; 5, rue Royale de 1924 à 1950.

Edward Molyneux, Anglais venu travailler à Paris dans la succursale que Lucile y avait ouverte en 1911, doit à la guerre le titre de « captain » qui lui reste quand il revient en 1919, dans la capitale, pour y ouvrir sa propre maison. C'est un tenant de l'élégance classique de très bon ton (ill. 477), dont la clientèle la plus célèbre est la princesse Marina, qu'il habille en 1934 pour son mariage avec le duc de Kent, et, en 1936, pour le jubilé de George V.

- Patou, 7, rue Saint-Florentin.

Jean Patou avait ouvert une petite maison de couture, Parry, et préparait une collection en 1914 quand éclata la guerre, qu'il fit comme capitaine de zouave. En 1919, il fonde sa maison, et, en cinq ans, il multiplie son chiffre d'affaires par trente. Il installe chez lui des ateliers de broderie et fait créer des tissus qui lui sont réservés. Ne sachant ni coudre ni dessiner, il improvise des modèles en drapant sur mannequin. Il doit en partie son succès au fait qu'il saisit exactement à quel moment il convient de remettre la taille à sa place et de rallonger les robes du soir. Il meurt en 1936, mais son beau-frère, Raymond Barbas, lui succède à la tête de la maison.

- Lelong, avenue Matignon de 1924 à 1948.

Lucien Lelong entreprend en 1919 de transformer la maison de couture de sa mère qui, place de la Madeleine, n'employait que douze personnes. En 1926, avenue Matignon, il en emploie mille deux cents. Ne connaissant pas la technique de la couture, il travaille avec des modélistes (dont Dior, Balmain et Givenchy), et son épouse, la princesse Nathalie Paley, met en valeur, en les portant, les créations de la maison. Ses clientes vont de la duchesse de Windsor à Marlène Dietrich et Jacqueline Delubac. En 1934, il lance la *robe-édition*, accessible à un plus grand nombre de femmes que ne l'étaient les modèles de haute couture.

- Heim, 50, avenue des Champs-Élysées de 1931 à 1933, puis 15, avenue Matignon.

Jacques Heim, à partir de 1920, transforme la maison de fourrure de ses parents en lui adjoignant d'abord un rayon de manteaux, puis toute la couture. En 1925, il a un stand à l'exposition des Arts décoratifs avec Sonia Delaunay. En 1934, avec ses paréos, il introduit le coton imprimé. En 1935, il crée le rayon Heim jeunes filles.

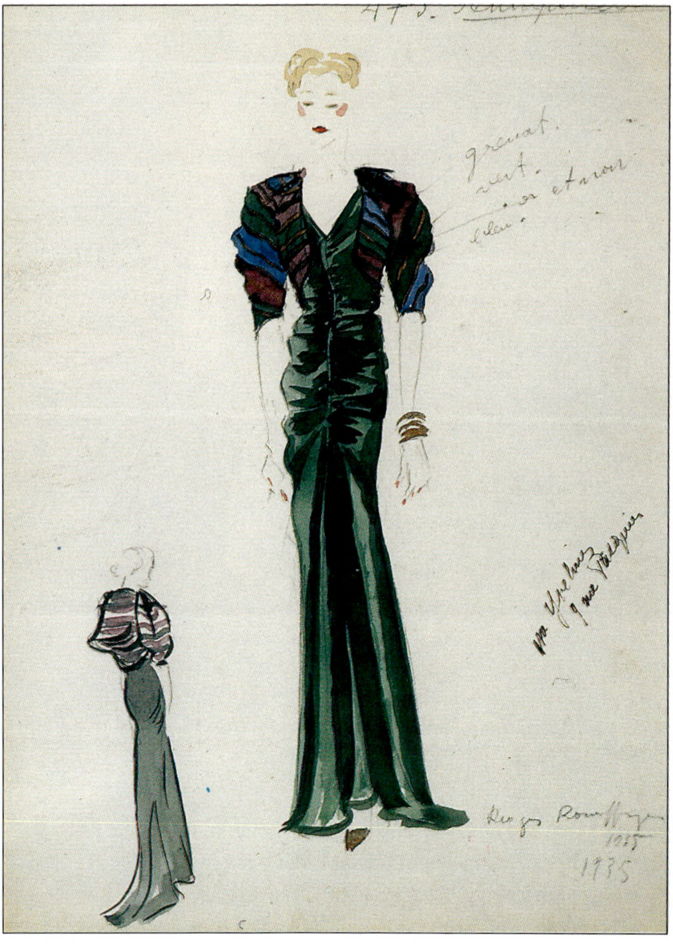

479. Roger Rouffianges, dessin, 1935 : robe du soir froncée devant, manches à gigot par Schiaparelli.
Musée de la Mode et du Costume de la Ville de Paris.

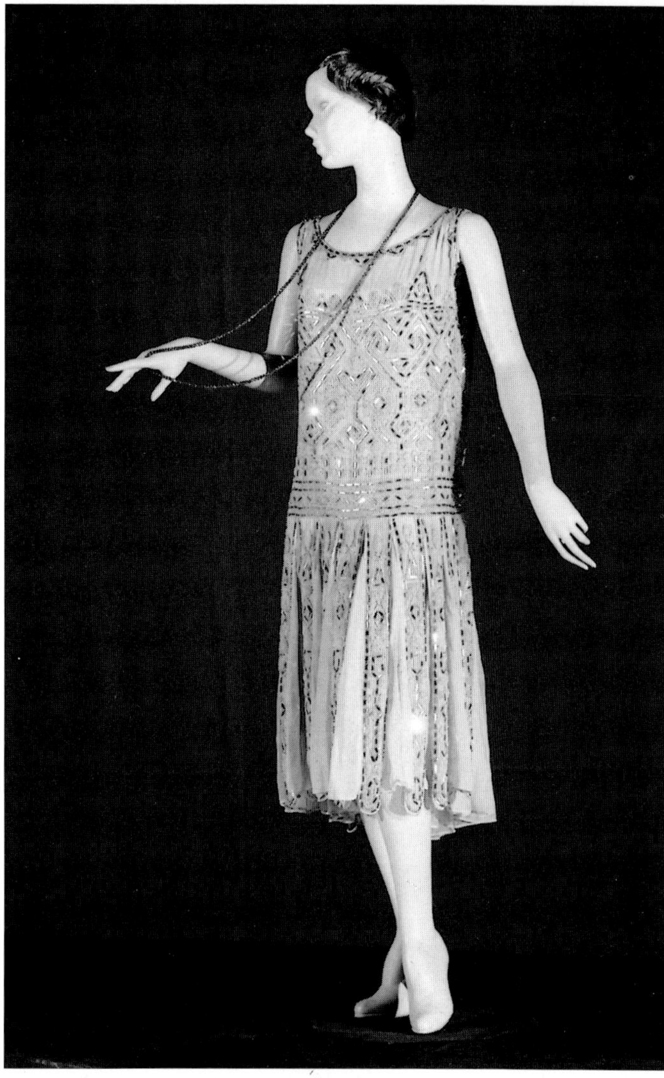

480. Maggy Rouff,
robe du soir, 1926.
Musée de la Mode et
du Costume de la Ville de Paris.

- Louise Boulanger, 3, rue de Berri de 1922 à 1939.

Louise Boulanger, ancienne modéliste de Chéruit, enrichit la mode par un certain nombre de trouvailles. En 1928, sur la suggestion d'un créateur de costumes de cinéma, elle crée des robes plus longues derrière que devant et, dès l'automne 1928, des robes du soir longues (ill. 478). Elle habille plusieurs reines de l'élégance, Mrs. Reginald Fellowes ou Spinelly.

- Rochas, place Beauvau en 1925, 12, avenue Matignon en 1931.

Marcel Rochas ouvre sa première maison à vingt-deux ans, et Paul Poiret, frappé par son talent, lui prête son premier mannequin. Il propose une silhouette de femme sobre et précise, des ornements de fourrure aux points forts du vêtement, des épaules élargies, toute une gamme de créations : robe Bali, robe cambodgienne, tailleur de laine, grand chapeau, jeux de rayures, dos nu. Dès la fin des années 30, il pressent l'arrivée du *new-look*.

- Maggy Rouff, 136, avenue des Champs-Élysées en 1925.

Maggy Rouff, fille de M. Besançon de Wagner, directeur de la maison Drécoll, décide, en 1918, d'apprendre la coupe et de faire de la couture. En publiant *La Philosophie de l'élégance*, elle se révélera également en tant qu'écrivain.

- Schiaparelli, 4, rue de la Paix de 1927 à 1934 ; 21, place Vendôme de 1935 à 1954.

D'origine italienne, Elsa Schiaparelli (1890-1973) cherche à tout prix l'originalité. À ses débuts, elle fait tricoter par des femmes de la colonie arménienne de Paris des sweaters au décor cubiste, surréaliste ou inspiré de l'art nègre. Par la suite, chacune de ses collections sera une variation autour d'un thème : le néo-classicisme, les papillons, le cirque, la comedia dell'arte, les tournures, la musique… Ses matériaux sont inattendus : toile de sac, toile cirée. Ses tissus ne le sont pas moins, comme cet imprimé « coupures de journaux ». Ses boutons sont des cadenas, des pianos ou des animaux ; ses sacs à main des téléphones ou des boîtes à musique. Salvador Dalí, Christian Bérard et Vertés sont ses grands inspirateurs. Sa couleur préférée est un rose violet qu'elle baptise « shocking » comme son parfum. Ses clientes sont des femmes audacieuses, comme Mrs. Reginald Fellowes et la duchesse de Windsor, ou des artistes, car elle travaille aussi pour le cinéma, réalisant notamment les costumes du film *Moulin-Rouge*.

- Madeleine de Rauch, 27, rue Jean-Goujon.

Fille de M. Bourgeois aîné, qui fabriquait des couleurs pour aquarelles, Madeleine de Rauch aimait le sport et, ne trouvant pas dans le commerce ce qu'elle désirait, avait pris l'habitude de composer elle-même ses toilettes, ainsi que celles de ses sœurs et de quelques amies. En 1927, elle fait de la couture son métier, donnant ses croquis, ses « gribouillages », comme elle les nomme, à réaliser à ses « premières ». Elle restera toujours fidèle à son genre initial : le sport élégant.

- Mainbocher, avenue George-V.

Nommé en 1924, par les éditions Condé-Nast, éditeur de *Vogue* France, il résilie ses fonctions cinq ans après puis ouvre, en 1931, une maison de couture dont la duchesse de Windsor, qu'il habille notamment pour son mariage, est la cliente la plus célèbre. Ce couturier américain, le premier à s'installer en France, aime la grande élégance et, comme Madeleine Vionnet, la coupe en biais. En 1939, il quitte Paris pour New York, avec l'intention de revenir en France après la guerre, mais, finalement, il restera aux États-Unis, où il fermera sa maison en 1971.

- Nina Ricci, 20, rue des Capucines.

Née en Italie à Turin, mais fixée dès l'âge de douze ans en France, où elle commence très tôt son apprentissage de couturier, Nina Ricci aborde la création dès l'âge de dix-huit ans. Elle vend ses modèles à des maisons étrangères. En 1932, elle fonde avec son fils, Robert Ricci, sa maison de couture qui, rapidement, occupera cinq cents personnes et habille surtout la bourgeoisie française. Elle crée aussi une entreprise de parfums, qui lui donne une dimension internationale et prend quelque peu le pas sur la couture.

- Piguet, 5, rue du Cirque de 1933 à 1938 ; 3, rond-point des Champs-Élysées de 1938 à 1951.

Né à Yverdon, dans le canton de Vaud, Robert Piguet (1898-1952), fils d'un banquier suisse, est d'abord modéliste chez Poiret, qui le considère comme son seul disciple, puis chez Redfern. Il ouvre sa propre maison en 1933. Il doit son succès à l'apparente simplicité de ses modèles, inimitables, et à leur élégance discrète.

- Alix, 83, rue du Faubourg-Saint-Honoré.

Mademoiselle Alix, qui aurait aimé être sculpteur, apprend la coupe en quelques mois et commence par réaliser des toiles qu'elle vend à des acheteurs étrangers. Avant la guerre, elle exploite avec des associés une maison où se retrouvent à la fois le grand monde et le théâtre. Cette maison ferme en 1939. Ses parts d'association passent entre des mains étrangères, et elle recommence sa carrière sous le nom de Grès.

481. Schiaparelli, cape du soir « Phoebus » rose *shocking* et grand soleil brodé de paillettes or, et veste du soir en crêpe brodé d'or, 1938.
Musée de la Mode et du Costume de la Ville de Paris.

D'autres maisons ont eu aussi leur importance entre les deux guerres :

- Drécoll, 4, place de l'Opéra en 1906, réunie en 1930 à Agnès, située 7, rue Aubert, que dirigeait Mme Havet depuis 1912.

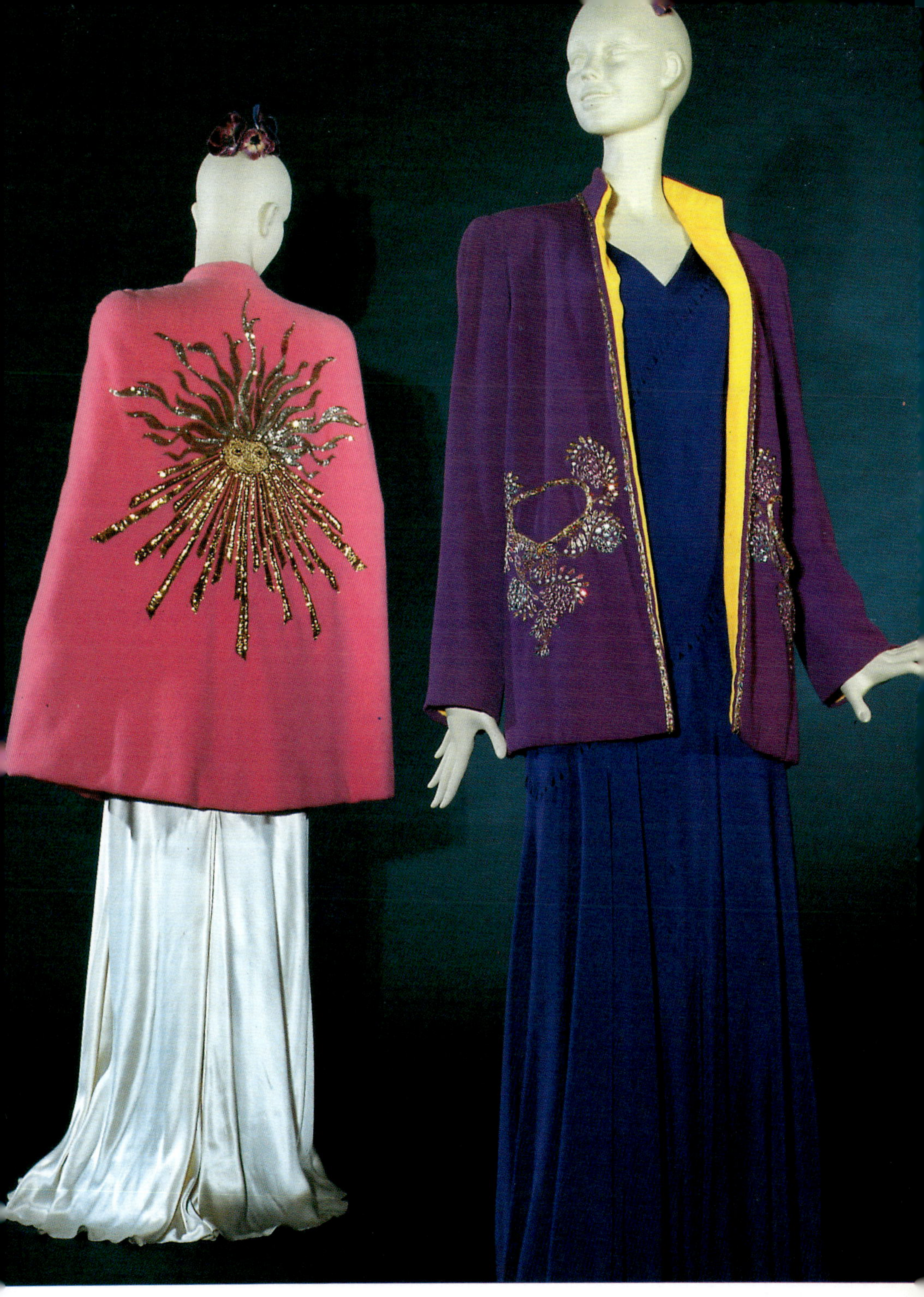

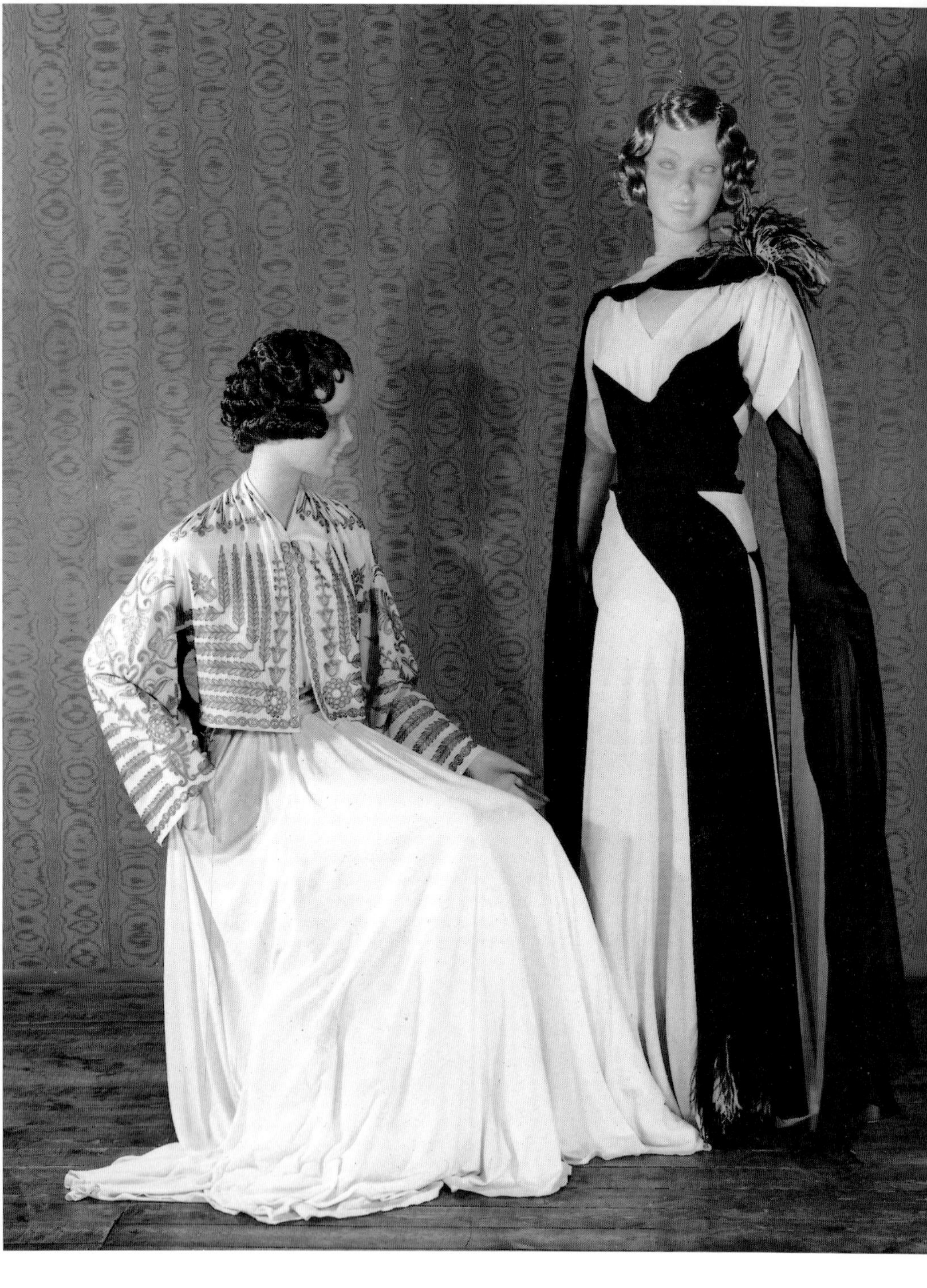

- Boué Sœurs, fondée en 1809, 9, rue de la Paix depuis 1907, transférée en 1930 au 73, avenue des Champs-Élysées, jouit d'une importante clientèle américaine.

- Martial et Armand, 10, place Vendôme en 1907 ; 13, rue de la Paix en 1921.

- Premet, 8, place Vendôme en 1912, y était encore en 1927.

- Madeleine et Madeleine, aux Champs-Élysées, maison qui joue un rôle important dans la transformation de la silhouette entre 1919 et 1922, et qui est réunie à Anne en 1926.

- Philippe et Gaston, 120, avenue des Champs-Élysées en 1922, Philippe venait de chez Bechoff-David et Gaston de chez Jenny.

- Germaine Lecomte, rue Royale en 1922, puis 9, avenue Matignon.

- Bruyère, 4, rue de Mondovi en 1924.

- Jeanne Lafaurie, 10, rue de Richelieu en 1925 ; 52, rue du Faubourg-Saint-Honoré en 1939.

482. Robes du soir : Bruyère (à gauche),
Nina Ricci (à droite), 1935.
Musée de la Mode et du Costume
de la Ville de Paris.

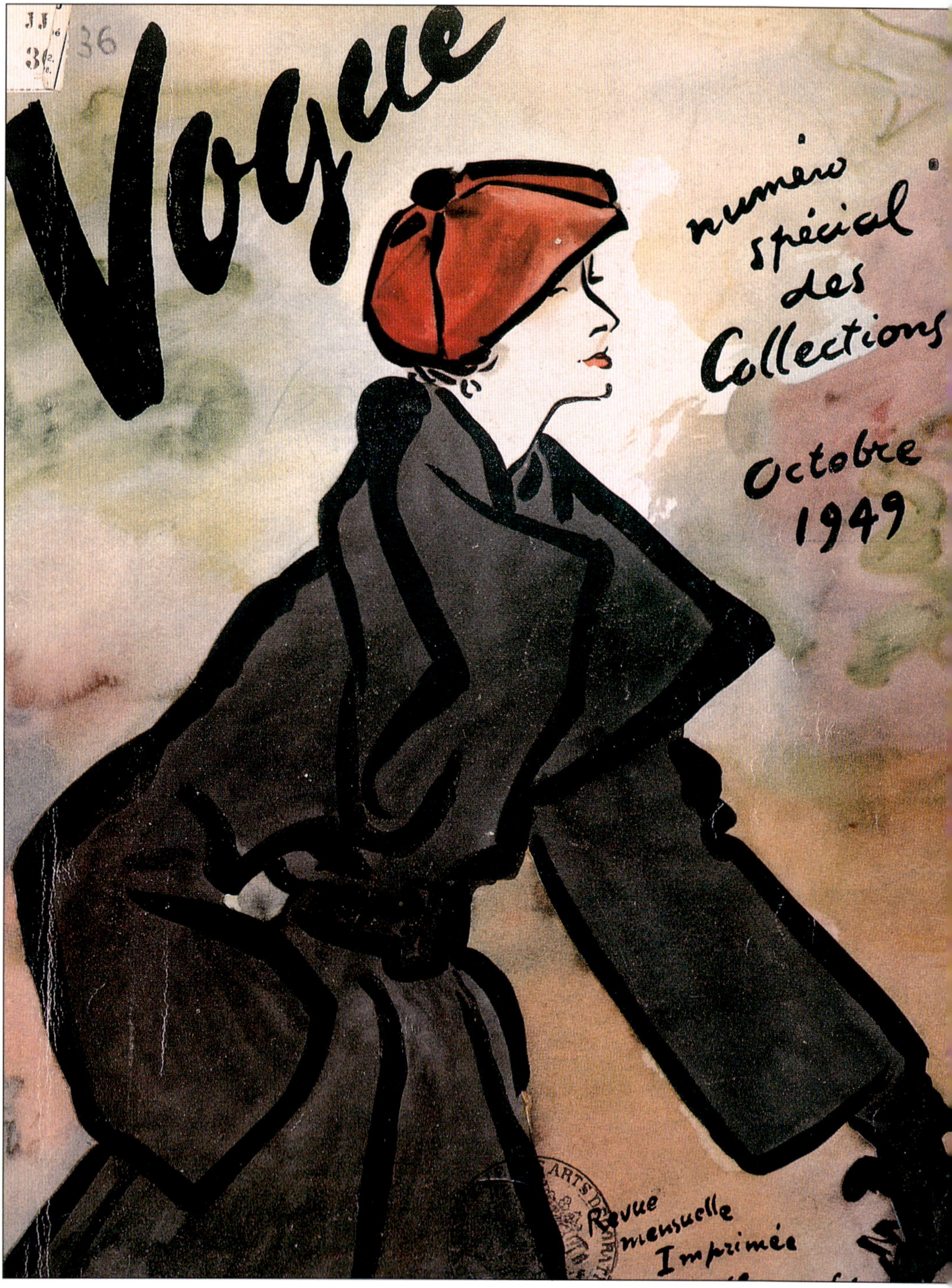
Vogue
numéro spécial des Collections
Octobre 1949
Revue mensuelle Imprimée

DE 1940 À NOS JOURS

Les lendemains de la Seconde Guerre mondiale

Avec son cortège d'angoisses et de privations, la Seconde Guerre mondiale n'est guère favorable aux grands déploiements d'élégance. Toutefois, même dans la vie courante, l'ingéniosité française excelle à trouver des matières de remplacement, en pleine pénurie, et à défier l'occupant avec des accessoires pleins de fantaisie. À la fin de cette guerre, comme en 1919, s'instaure une période d'euphorie qui prend cependant une direction opposée à celle des revendications garçonnières des Années folles. Les femmes ressentent en effet un besoin de féminité somptueuse et raffinée, que vient combler le style « new-look », lancé par Christian Dior, en référence au XVIIIe siècle et à 1900, deux époques qui ont exalté l'élégance féminine.

La haute couture, revigorée par l'ouverture de maisons jeunes et dynamiques, est encore toute-puissante et impose ses lois à une société où se mêlent anciens et nouveaux riches, au goût moins sûr. Couturières de quartier et confectionneurs imitent de leur mieux les grands maîtres pour une clientèle aux moyens financiers plus modestes. La rapidité de la diffusion, par la presse et la télévision, hâte la tendance à l'unification entre Paris et la province.

La vogue des robes longues et larges favorise l'emploi des étoffes de bonne tenue – tulles assez raides, taffetas, failles, ottomans, gros

483. Couverture de *Vogue*, octobre 1949. Paris, bibliothèque des Arts décoratifs.

satins – délaissées à la période précédente. Mais, pour les toilettes moulantes, on recherche des mousselines, des velours, des toiles de laine. Les brodeurs s'emploient à décorer les unes et les autres de motifs souvent empruntés à la grammaire décorative Louis XV. L'apparition des fibres synthétiques, ces compositions entièrement chimiques, marque les débuts de l'après-guerre. Le Nylon, créé aux États-Unis en 1937 et connu en France dès 1939, mais caché aux Allemands, y est lancé à la Libération. C'est un polyamide comme le *Rilsan*, apparu en 1956. Le *Rhovyl* (1950) appartient aux chlorofibres, le *Tergal* aux polyesters, le *Crylor* aux acryliques. Ces fibres, qui donnent des tissus à la fois légers et chauds, résistants et faciles à entretenir, vont modifier l'aspect et le poids des garde-robes et libérer les ménagères des problèmes de nettoyage et de repassage.

La presse de mode, élégante et raffinée, s'enrichit, pour l'illustration, de travaux de photographes comme Richard Avedon, Henry Clarke, Willy Maywald, Harry Meerson, Arrik Nepo, Normann Parkinson, Irving Penn, Philippe Potier, et de dessinateurs tels que Bouché, René Bouet-Willaumez, Erikson, dit Éric, Gruau, Blossac, Bosc, Delfau, Demachy, Eden ou Rouffianges.

L'arrivée du new-look

De 1940 à 1946, les Françaises, en jaquette longue aux épaules larges, jupe étroite et courte, jupe campagnarde froncée ou jupe-culotte pratique pour monter à bicyclette, haut turban ou sorte de capote, chaussures à semelles compensées en bois et sac en forme de sacoche, porté en bandoulière, défient l'occupant et supportent le régime des tickets d'étoffe dû à la guerre.

De 1947 à 1954, le *new-look* de Christian Dior comble leurs aspirations à une débauche d'étoffes et de broderies après les frustrations subies. Entre un corsage à basque, aux épaules arrondies, et une jupe très allongée, qu'un jupon en crin de Nylon, inspiré par la mode du Second Empire, maintient évasée du bas, la taille s'étrangle dans une *guêpière*, ainsi baptisée par son inventeur, Marcel Rochas, afin de ne pas rappeler le fâcheux souvenir du corset. Un grand chapeau, à passe ovale ou circulaire, couronne le tout, à moins qu'une petite coiffure, dont les découpes jouent avec les bouclettes de cheveux, n'accompagne un tailleur cintré aux poches décollées (ill. 484). Les manteaux, ajustés à la taille ou vagues, sont très amples. La robe de cocktail, courte, est souvent noire. La robe du soir, qu'elle soit *sirène* et appelle l'attention sur les hanches, comme en 1900, ou qu'elle s'évase majestueusement, est presque toujours richement brodée. Son corsage *bustier*, baleiné, dégage complètement les

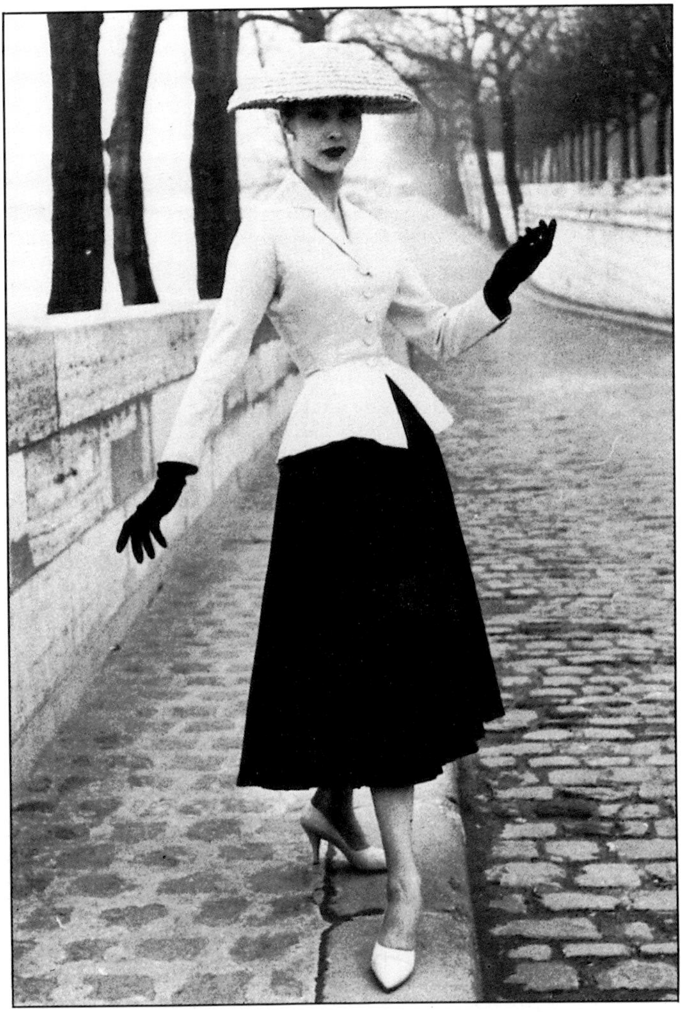

484. Christian Dior, tailleur « Bar », ligne « Corolle », 1947. Archives Dior.

Dior lance le « new-look », qui remporte un succès de scandale immédiat : nouvelle longueur, nouvelle silhouette très féminine.

épaules et met la poitrine en valeur. Le jour comme le soir, les accessoires : gants à manchettes, brodés ou pailletés à la main, petits sacs en daim ou en peau, souliers décolletés ou sandales à lanières découpées, sur talon Louis XV, et bas en Nylon,.sont extrêmement raffinés.

De 1954 à 1960, la robe du soir, longue ou courte car, pour danser, on préfère avoir les jambes dégagées, et dont, en 1958, on essaie de faire ballonner la jupe, reste largement évasée. Toutefois le drapé à l'antique, de Mme Grès ou de Jean Dessès (ill. 509), maintient aussi le succès de la ligne droite.

À la ville, Mme Grès est entrée en lutte, depuis 1950, contre la ligne new-look. Le raccourcissement progressif de la jupe et l'effacement de la taille avec l'apparition de lignes blousantes, dont Balenciaga a donné le signal, annoncent un retour à la conscience de réalités économiques et sociales assez sévères. En 1954, Christian Dior lance la ligne A, à la taille un peu descendue, et, en 1955, la ligne Y, aux épaules larges au-dessus d'une jupe étroite (ill. 489). En 1957, Saint Laurent, chez Dior, adopte la ligne trapèze, et Guy Laroche revient à des tuniques perlées, style 1925. En 1954, Chanel rouvre sa maison, fermée depuis 1939, et, en dépit d'un échec initial, connaît à nouveau le succès avec son style dépouillé et son

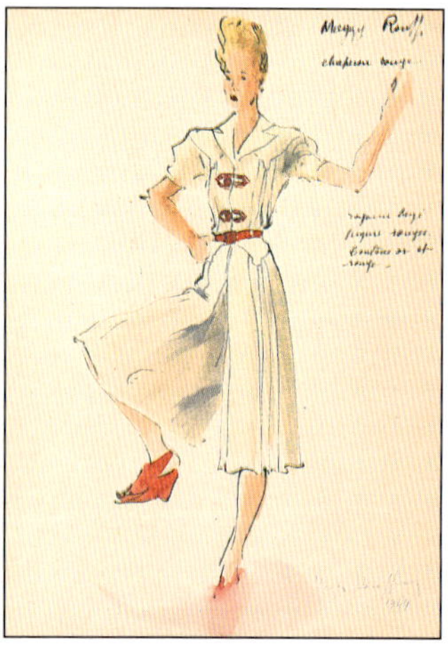

485. Roger Rouffianges, dessin, 1944 : jupe-culotte de Maggy Rouff. Musée de la Mode et du Costume de la Ville de Paris.

Adaptation aux pénuries de la guerre et au nouveau mode de vie imposé : jupe-culotte pour faire de la bicyclette et chaussures à semelles compensées.

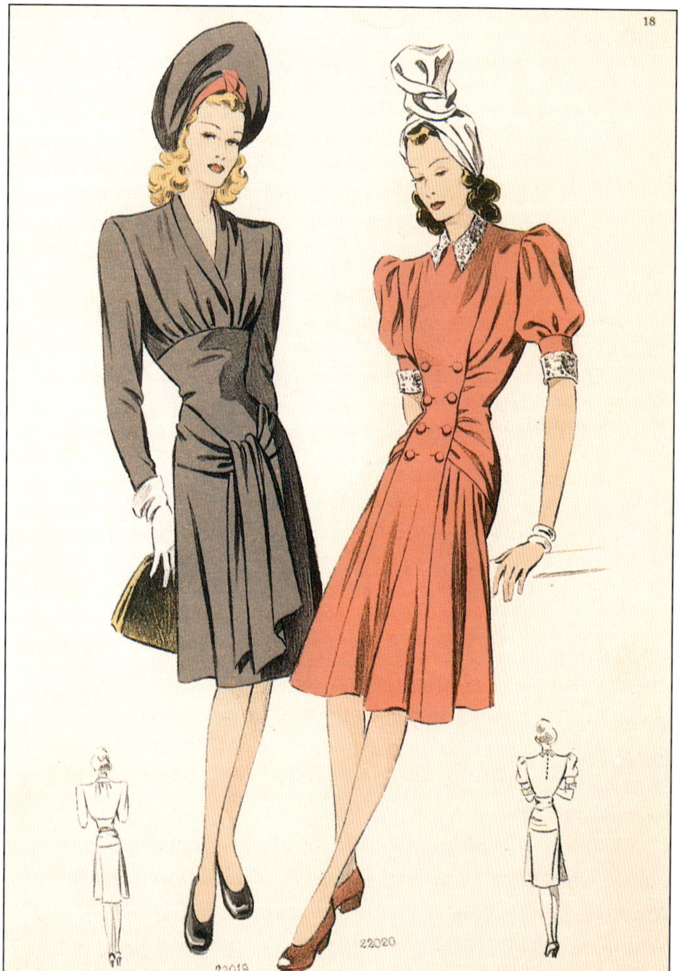

486. Robes épaulées et turbans, 1945.

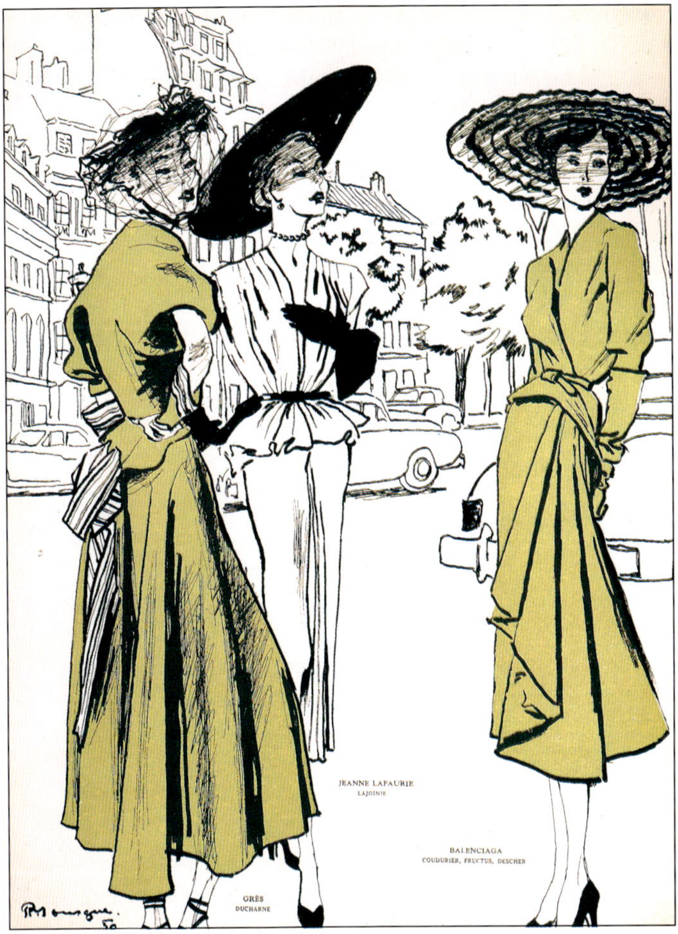

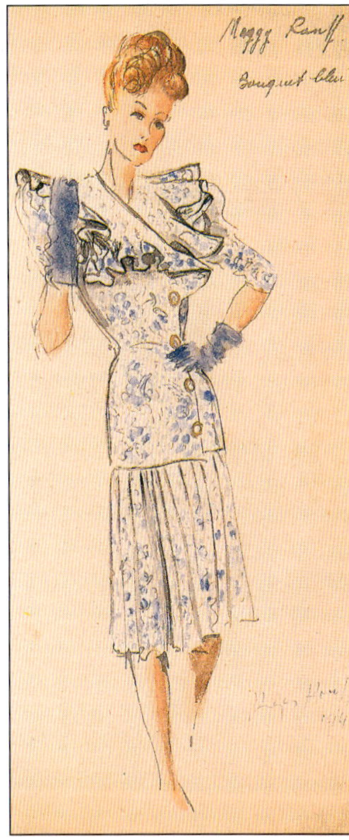

petit tailleur aux lignes droites absolument indémodables destiné aux femmes actives. La disparition complète du new-look est proche.

Costumes masculins : la décontraction

L'allégement des étoffes et l'utilisation de couleurs plus claires, particulièrement en été, sont très appréciés. Le complet-veston perd son gilet, remplacé, l'hiver, par un pull-over, quelquefois imité de celui que Jean Marais portait dans *L'Éternel Retour*, film de Jean Delannoy sorti en 1943.

Sur la chemise désormais en Nylon, la cravate apporte sa note de couleur, mais on commence à la supprimer dans certaines

487. P. Mourgue, dessin, 1950 : jupes longues et corsages à basques de Grès, Lafaurie et Balenciaga.

Après la guerre, retour à la féminité, avec l'allongement des jupes et la multiplication des drapés.

488. Roger Rouffianges, dessin, 1944 : jaquette longue de Maggy Rouff.

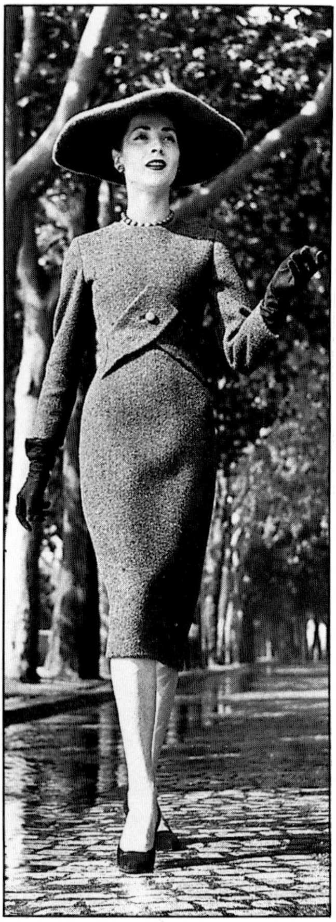

489. Christian Dior, robe « Bleu de Perse », ligne Y, 1955. Archives Dior.

circonstances ou à lui substituer un foulard, notamment dans les tenues décontractées conçues pour le sport : *blousons* de chasse et de golf, vêtements de ski, *duffle-coat*, *survêtement*…

Dès 1942, les premières modes marginales apparaissent, avec les *zazous*, qui portent veston long, pantalon large et cravate de toile ou de laine (ill. 491). Leurs cheveux, un peu trop longs, vont vers un col souple maintenu par une épingle transversale. Une *canadienne*, qui caractérise les amateurs de swing, complète presque toujours l'ensemble. Dans les années 50, les beatniks, surtout aux États-Unis, abandonnent la pensée occidentale et ses fausses certitudes pour se tourner vers l'Orient. Ils portent la barbe, mais avec les cheveux courts, des pantalons kaki, des sweaters amples et des sandales.

Les enfants

Pendant la guerre, la nécessité de lutter contre le froid dans des appartements mal chauffés donne l'habitude d'habiller les petites filles, à l'inverse des coutumes anciennes, de combinaisons chaudes et de pantalons.

En 1950, l'habillement des enfants, surtout en milieu populaire, est particulièrement soigné, par réaction contre la pauvreté des années de guerre. Les fillettes, comme leurs mères, suivent la mode new-look avec d'amples jupes à volants.

La haute couture

Pendant la guerre et sous l'Occupation, la haute couture, privée de matière première et menacée en outre d'un transfert à Berlin puis à Vienne, est soumise à rude épreuve. Mais Lucien Lelong, président de la Chambre syndicale, tient tête aux Allemands et parvient à maintenir l'activité à Paris. La profession n'a pas un seul déporté en quatre ans, et une solidarité sans faille s'établit pour faire face à la pénurie de tissus.

En 1945, la haute couture française, coupée depuis cinq ans du reste du monde et trop démunie pour pouvoir créer ses collections habituelles, reprend contact avec l'étranger par l'exposition du *Théâtre de la mode* qu'organise Lucien Lelong. Renouant avec l'ancienne tradition des poupées de mode, elle présente, sur six cents petits mannequins en fil de fer, créés par Jean de Saint-Martin et Éliane Bonnabel, avec des têtes sculptées par Reboul, et dans des décors de Bérard, Cocteau, Jeoffroy, Malclès, Terry, Grau-Salla, Wakiewitch, Beaurepaire, Douking, Touchagues et Dignimont, les modèles de 53 couturiers, 38 modistes, 29 bottiers, 8 paruriers, 7 fourreurs, 33 bijoutiers, 20 coiffeurs, qui constituent la quasi-totalité des maisons alors en activité. Ouverte au pavillon de Marsan en mai 1945, l'exposition quitte ensuite Paris pour Barcelone, Stockholm, Copenhague, Londres, New York, San Francisco, Vienne et Leeds, ramenant à la capitale française tous ses anciens clients.

Pendant les années 50, la haute couture est à nouveau prospère. En 1959, elle représente 94 millions de chiffre d'affaires (dont 20 millions pour l'exportation), 700 millions avec les accessoires et les parfums, 5 000 salariés, 3 000 ouvriers, 100 000 heures de travail par an. Mais ses prix sont inférieurs à l'augmentation du coût de la vie depuis 1938 et ses bénéfices sont en diminution, ce qui annonce un avenir plus difficile.

Un regain de vitalité lui vient de maisons soit nouvelles, soit créées peu avant les hostilités, qui prennent le relais d'un certain nombre d'autres, fermées en 1939, sans espoir de réouverture.

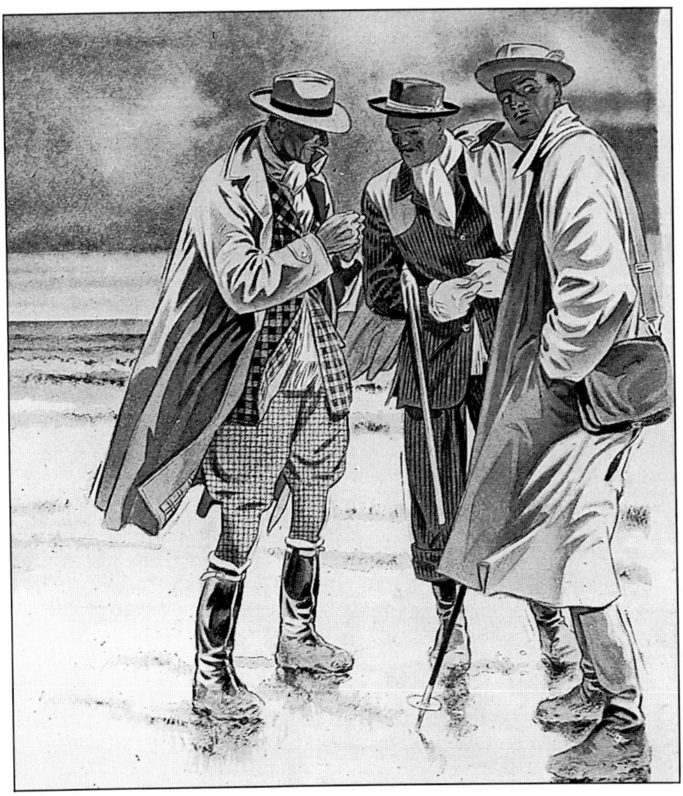

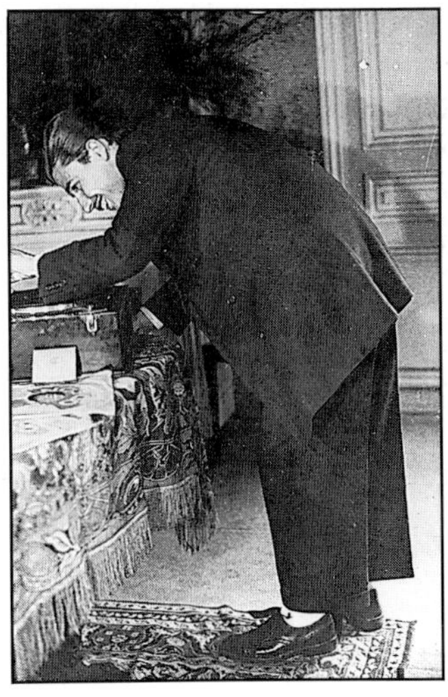

491. Veston long et pantalon large, mode « zazou » des années de guerre.

490. *Adam*, 1948 : tenues de chasse.

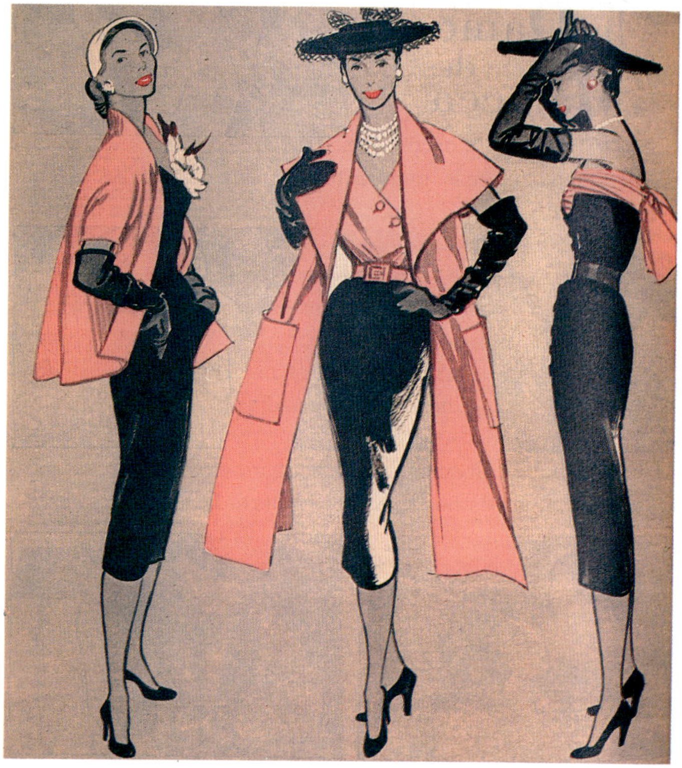

492. Lafaurie, Piguet et Paquin : robes de cocktail, v. 1950.

Principales maisons de couture

- Lanvin, 22, rue du Faubourg-Saint-Honoré.

Fondée en 1890 comme maison de modes, venue à la couture en 1910.

Jeanne Lanvin meurt en 1946, mais sa famille garde l'affaire. En 1950, sa fille Marie-Blanche, comtesse de Polignac, engage comme modéliste Antonio del Castillo. C'est un authentique grand d'Espagne, chassé de son pays par la guerre civile et qui s'est retrouvé à Paris, entre 1936 et 1940, dessinateur d'accessoires et de bijoux, puis illustrateur de mode. En 1941, il a remplacé Dior chez Piguet, puis donné de somptueux modèles à Paquin chez qui il a travaillé de 1942 à 1945. Après une escapade aux États-Unis, il arrive chez Lanvin, qui prend le nom de Lanvin-Castillo, et à qui il apporte sa note personnelle tout en respectant le goût subtil et distingué de la maison. Il se fait remarquer par sa prédilection pour la dentelle, aussi pour les tons de rose et de gris, ou encore pour le

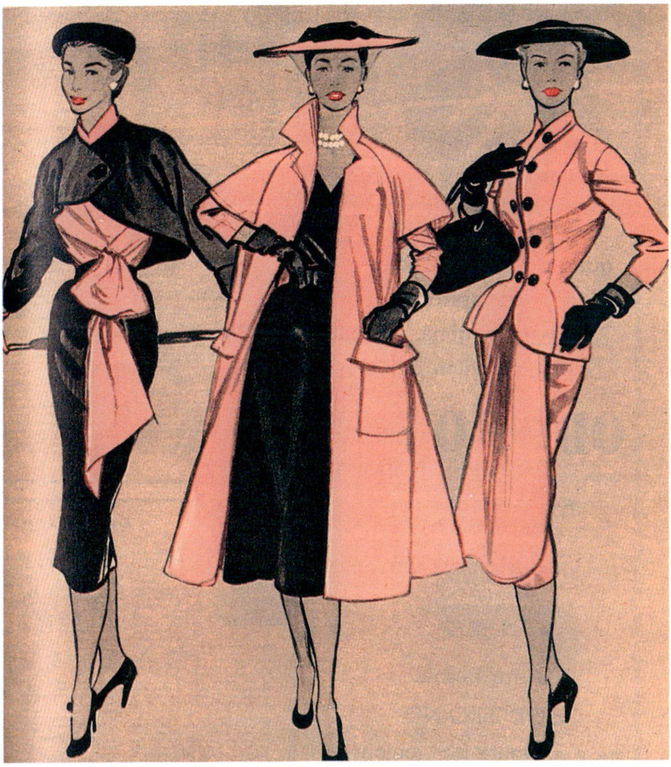

493. Balenciaga, Piguet et Dessès : boléro, manteau et tailleur, v. 1950.

Le new-look est caractérisé par la taille fine, les hanches marquées et la longueur à mi-mollet.

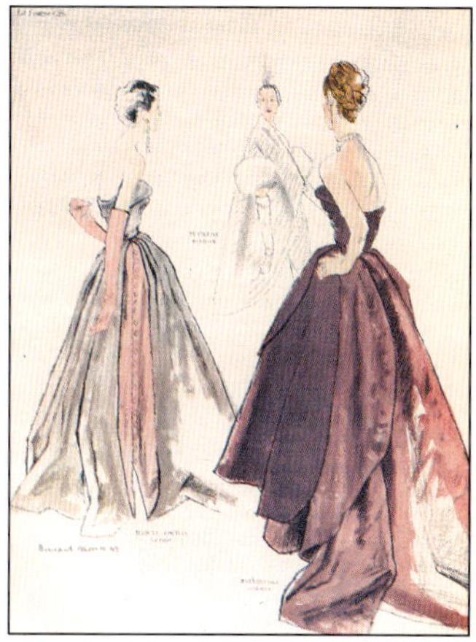

494. *La Femme chic*, 1949 : trois robes du soir de Rochas, Revillon et Balenciaga.

bleu invisible, c'est-à-dire un bleu ciel très clair. Après le décès de Marie-Blanche de Polignac, c'est Mme Yves Lanvin qui prend la direction de la maison. Ses rapports avec le modéliste s'aigrissent. En 1963, Antonio del Castillo quitte la maison après avoir créé, en 1960-1961, la ligne *goutte d'eau*, et, en 1962-1963, la *robe repliée* (en fait retroussée et enroulée).

- Patou, 7, rue Saint-Florentin. Fondée en 1919.

Dirigée depuis la mort de Jean Patou, en 1936, par le beau-frère de ce dernier, Jean Barbas, la maison a successivement plusieurs modélistes dont Rosine Delamarre de 1942 à 1949, Marc Bohan, assisté de Gérard Pipart, de 1953 à 1957, Karl Lagerfeld de 1958 à 1963.

- Lelong, 16, avenue Matignon depuis 1924.

Président de la Chambre syndicale de la couture de 1937 à 1945, Lucien Lelong défend la profession pendant l'Occupation. Il est aussi l'organisateur de l'exposition du *Théâtre de la mode* qui permettra une reprise de contact avec l'étranger.

Il se retire en 1948, ayant eu Christian Dior, Pierre Balmain et Hubert de Givenchy parmi ses derniers modélistes.

- Molyneux, 5, rue Royale.

Edward Molyneux retrouve sa maison en 1945 et essaie de lancer un style sportif. En 1950, il est contraint de fermer pour raisons de santé.

- Jeanne Lafaurie, rue Quentin-Bauchard en 1947, 12, rue du Faubourg-Saint-Honoré en 1960. Maison fondée en 1925.

- Maggy Rouff, avenue Matignon de 1945 à 1961, avenue Marceau de 1961 à 1965. Maison fondée en 1925, 136, avenue des Champs-Élysées.

- Jacques Heim, 15, avenue Matignon. Maison rénovée en 1925.

Entre 1946 et 1966, Jacques Heim est un des premiers couturiers à créer des chaînes de boutiques de prêt-à-porter griffé. Par allusion à l'atoll de Bikini, où se déroulent en 1946 des expériences nucléaires américaines, il baptise *bikini* le plus petit maillot de bain du monde (ill. 495). Il a été président de la Chambre syndicale de 1958 à 1962. Il est mort en 1967 et sa maison s'est alors orientée vers un prêt-à-porter spécialisé dans les robes de mariée.

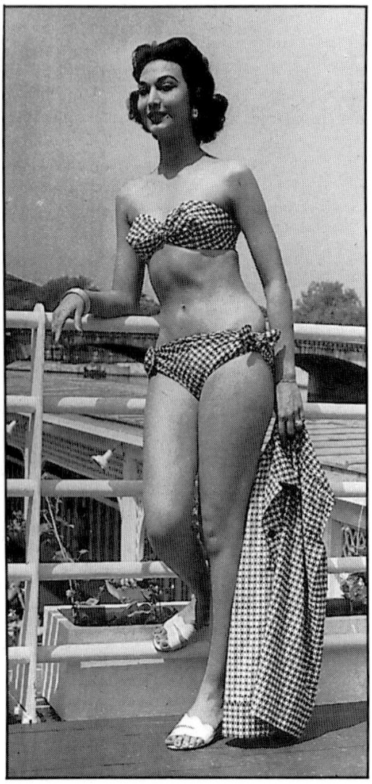

495. Jacques Heim, ensemble de plage, veste et bikini, 1954. Collection Union française des arts du costume.

- Marcel Rochas, 12, avenue Matignon depuis 1931.

C'est lui qui prépare le plus activement l'éclosion du new-look en proposant la jupe allongée dès 1941, le bustier dès 1943, la guêpière, renouvelée du corset, en 1947, la ligne sonnette en 1946-1947. Il lance les poches dans les jupes, les basques décollées, les manteaux deux-tiers étoffés ou cintrés, la ligne sirène en 1950. Il meurt brusquement en 1955.

- Madeleine de Rauch, 27, rue Jean-Goujon depuis 1926.

Reste fidèle au style qui lui vaut son succès : le sport élégant.

- Schiaparelli, 31, place Vendôme depuis 1931.

Elsa Schiaparelli retrouve, après la guerre, qu'elle passe aux États-Unis, sa maison parisienne qu'elle fermera en 1954, ne gardant que le département des parfums. Elle a employé Givenchy.

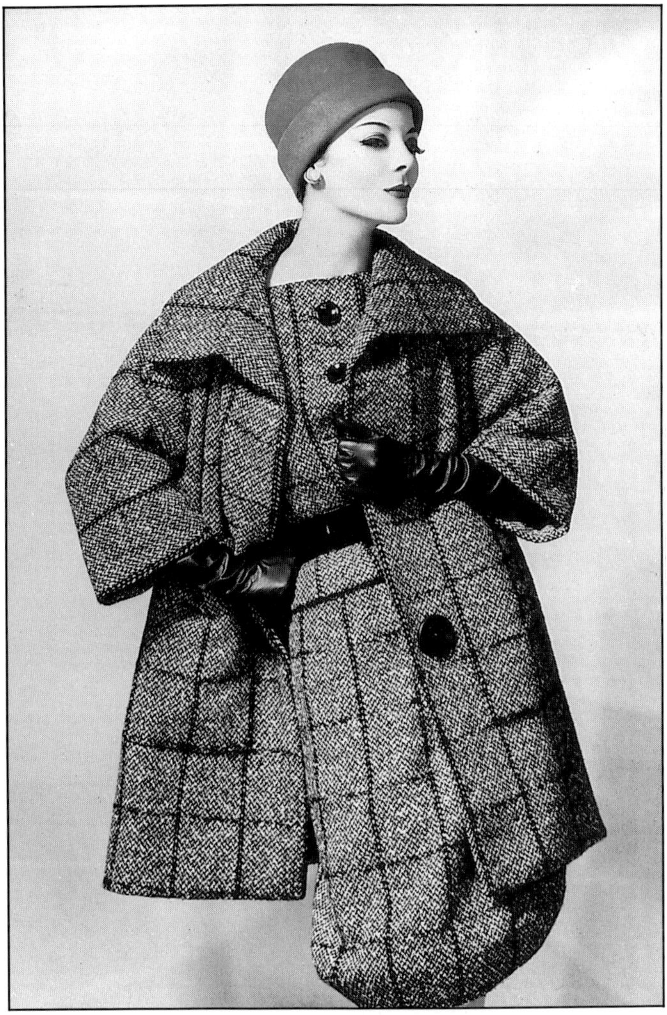

496. Antonio del Castillo pour Lanvin, « Boeing », ensemble de lainage à jupe repliée, 1962-1963. Collection Union française des arts du costume.

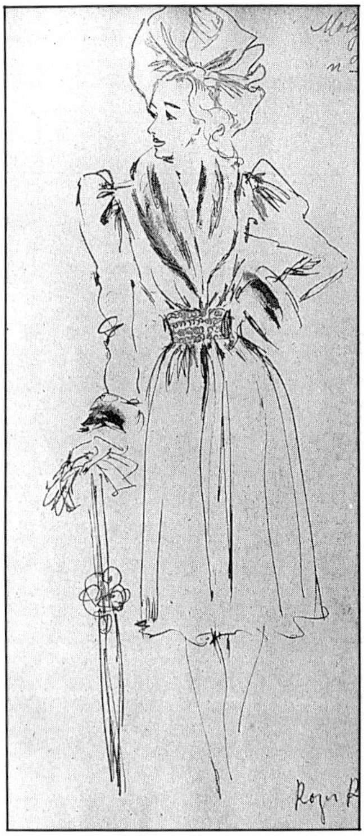

497. Roger Rouffianges, dessin, 1946 : manteau serré à la taille de Molyneux. Musée de la Mode et du Costume de la Ville de Paris.

- Nina Ricci, 20, boulevard des Capucines.

En 1951, elle engage Jules-François Crahay comme modéliste, qui, de 1959 à 1963, signe la totalité de la collection.

- Robert Piguet, 3, rond-point des Champs-Élysées depuis 1938.

Pendant l'Occupation, Robert Piguet remporte un grand succès avec de petites robes en apparence toutes simples, faites dans du tissu que lui apportent ses clientes. Il a aussi été le premier couturier à ouvrir un rayon « boutique ». Dior, Castillo, Givenchy, Bohan ont été ses collaborateurs, mais aucun d'eux n'a voulu prendre

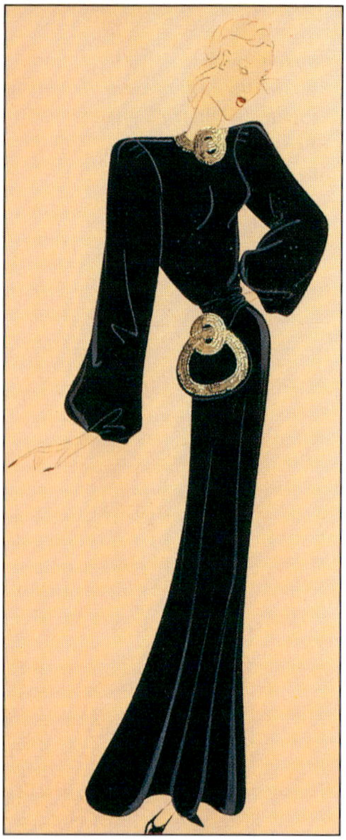

498-499. Jeanne Lanvin, robes du soir, « La châtelaine » et « Idylle », 1940.

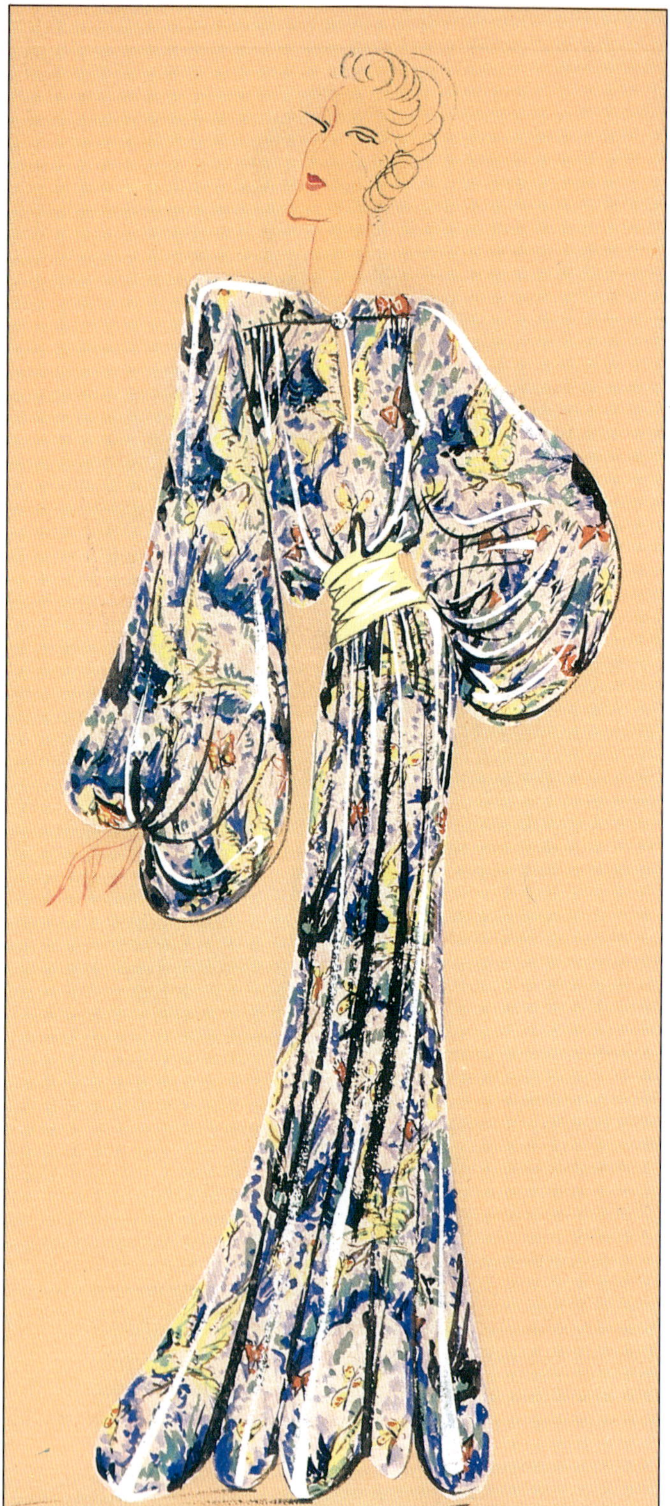

500. *La Femme chic*, 1948, dessin de Lourmel : veste trois quarts sur jupe étroite de Maggy Rouff.

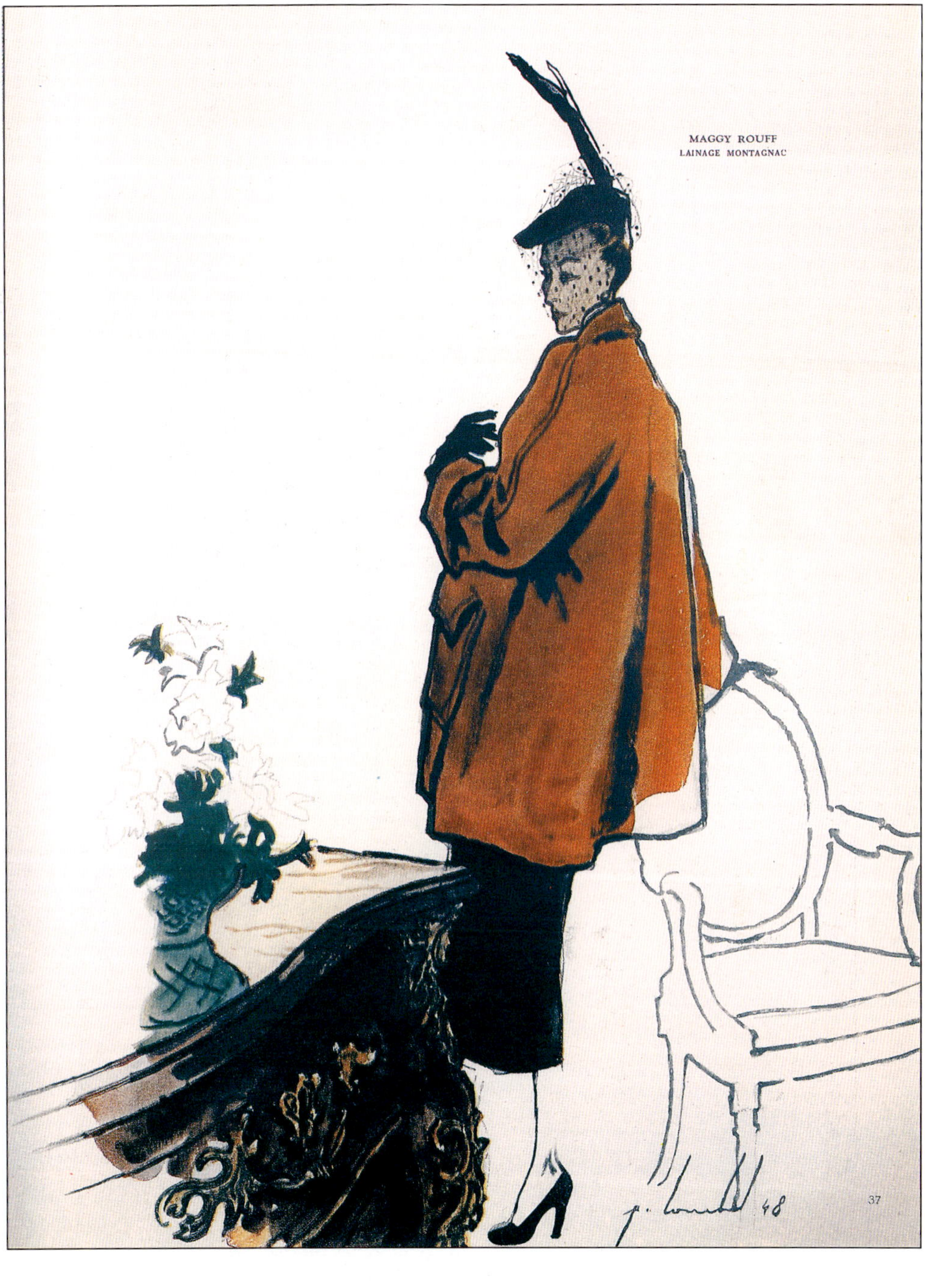
MAGGY ROUFF
LAINAGE MONTAGNAC
48
37

501. Roger Rouffianges, dessin, 1944 : sac en bandoulière et semelles compensées, pour Robert Piguet. Musée de la Mode et du Costume de la Ville de Paris.

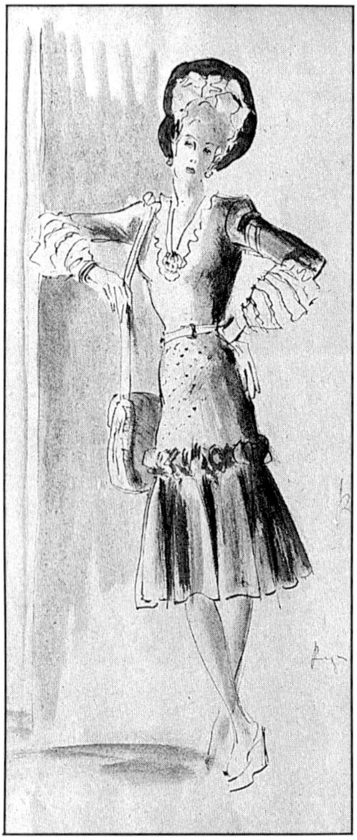

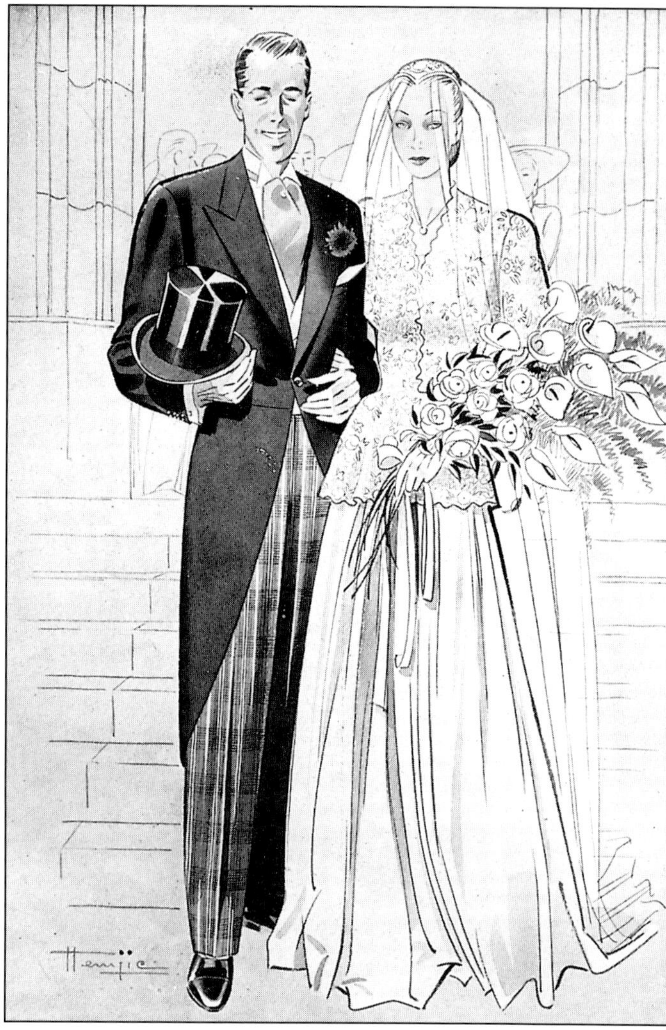

502. *Adam*, 1947 : robe de mariée de Marcel Rochas et habit à très longues basques.

503. Nina Ricci, tailleur avec veste à emmanchures larges, 1956. Archives Nina Ricci.

sa suite. Il ferme sa maison en 1951, pour raisons de santé, et meurt un an après.

- Balenciaga, 10, avenue George-V. Maison fondée en 1937.

Cristobal Balenciaga, cet Espagnol qui a déjà remporté des succès à Barcelone et à Madrid, est chassé de son pays par la guerre civile et privé de sa clientèle. À quarante ans, il ouvre une maison à Paris. Pour lui, un couturier doit être « architecte pour les plans, sculpteur pour la forme, peintre pour la couleur, musicien pour l'harmonie et philosophe pour la mesure ». Il élève la couture au niveau

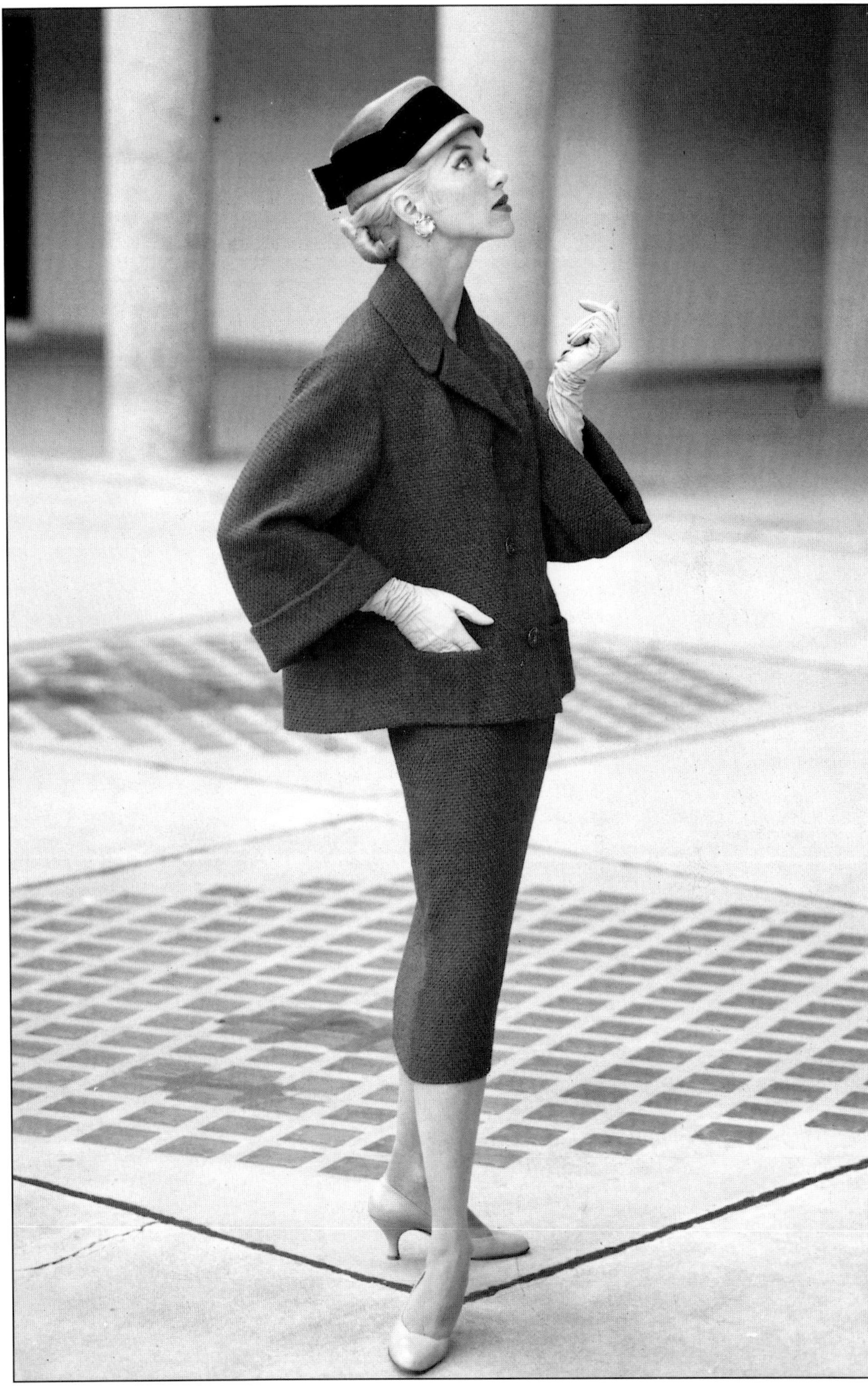

504. *La Femme chic*, 1947 : Schiaparelli, robe à poches décollées ; Bruyère, corsage à basque sur jupe longue.

505. *Modes & Travaux*, 1949 : J. Demachy, dessin, robe de Jacques Fath.

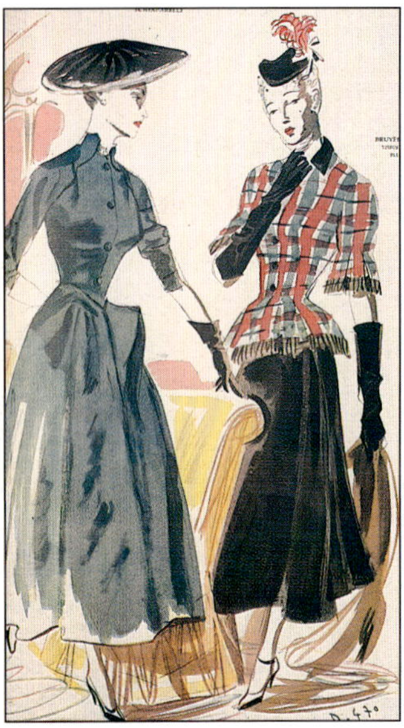

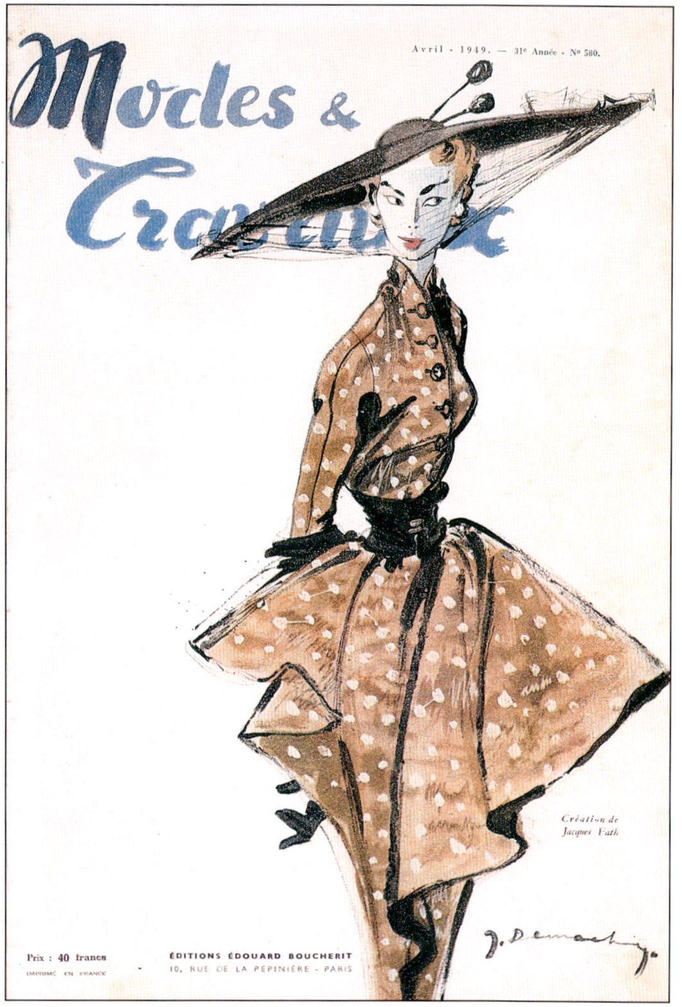

506. Balenciaga, robe du soir « Scarabée bleu », 1958-1959. Musée de la Mode et du Costume de la Ville de Paris.

Somptuosité qui doit tout à la précision de la coupe et à l'abandon de la surcharge ornementale.

du grand art. Il lance des révolutions avec un instinct infaillible de l'évolution du goût comme en témoignent ses réalisations : la manche trois-quarts, la *robe tunique*, la *robe sans taille*. Son style peut être sévère ou somptueux, sombre ou coloré. C'est un des plus grands créateurs de notre temps et ses clientes sont parmi les femmes désignées par la presse comme les mieux habillées du monde. Givenchy, Ungaro et Courrèges, qui ont travaillé avec lui, lui doivent leur sens de la construction.

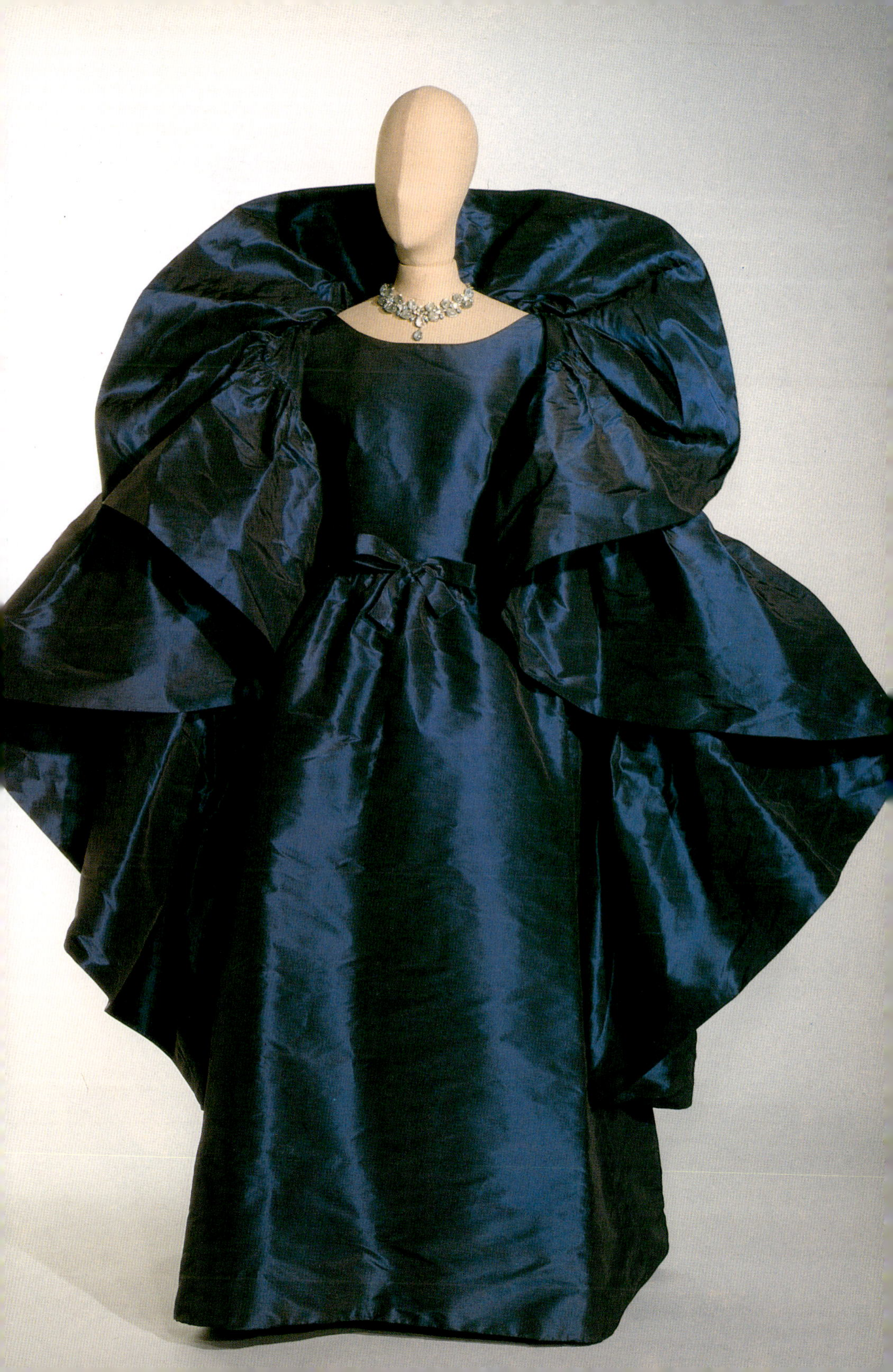

508. Christian Dior, robe « Portorico », ligne H, 1954. Archives Dior.

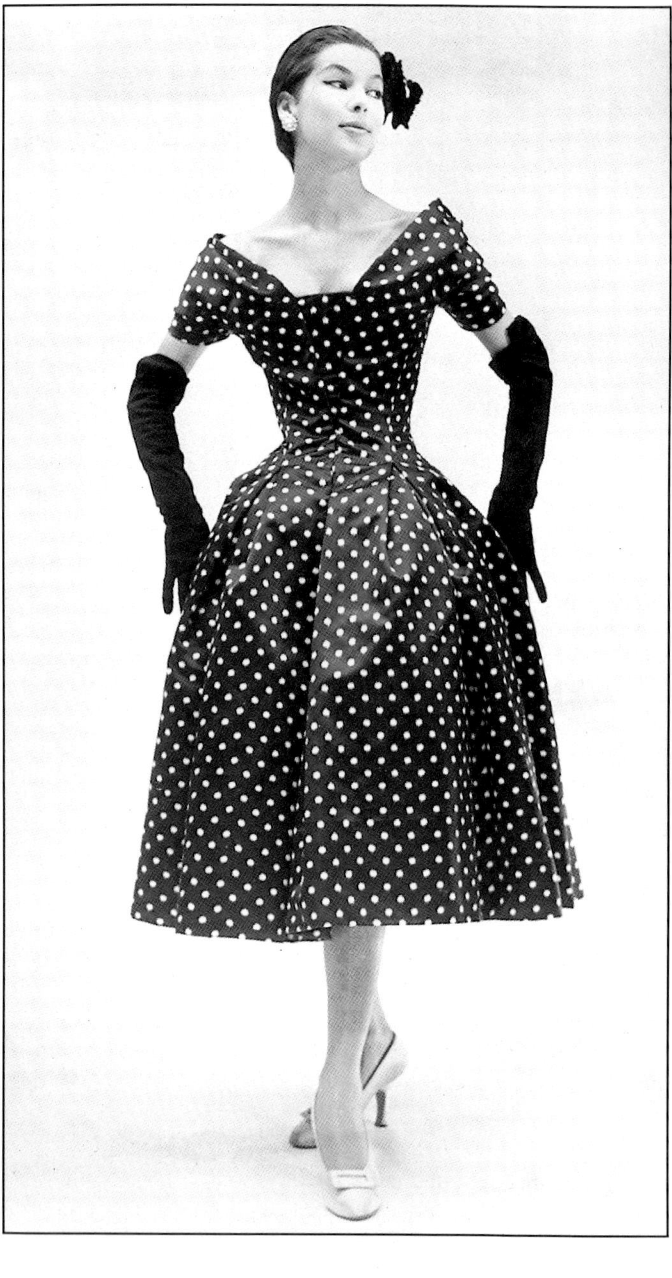

507. Pierre Balmain, robe de lainage « Benzine », 1956. Archives Balmain.

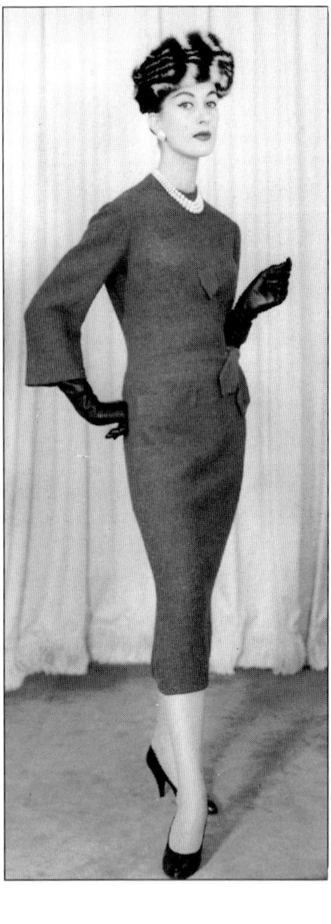

- Dessès, 37, avenue George-V en 1937, avenue Matignon en 1948, 12, rond-point des Champs-Élysées en 1958.

Célèbre par les drapés que lui inspire sa Grèce natale (ill. 509), Jean Dessès habille l'aristocratie et les artistes. Il ferme sa maison en 1963 et s'installe en Grèce, où il travaille encore quelque temps, avant de mourir en 1970.

- Fath, 32, rue La Boétie en 1937, rue François-Ier en 1940, 39, avenue Pierre-Ier-de-Serbie en 1944.

Petit-fils d'un peintre paysagiste, arrière-petit-fils d'une grande modéliste du second Empire, Jacques Fath doit son succès à son sens des affaires, joint à sa gaieté et à son goût pour les fêtes qui servent sa publicité, mais surtout à son grand talent de créateur et d'improvisateur, qui drape « sur le vif ». Il est l'un des premiers, à la Libération, à revenir à une mode très féminine, il donne alors du new-look une version très personnelle. Après sa mort prématurée, en 1954, sa maison, un moment dirigée par sa veuve, ferme en 1957. Elle ne se consacre plus qu'aux parfums.

- Marcelle Chaumont, 19, avenue George-V. Maison fondée en 1940.

Disciple et collaboratrice de Madeleine Vionnet dont la maison ferme en 1939, Marcelle Chaumont s'installe alors à son compte et engage Pierre Cardin comme responsable de l'atelier « tailleur ». Vers 1950, elle lance, sous la marque Juliette Verneuil, un rayon « boutique — haute confection ». En 1953, elle est contrainte, pour des raisons de santé, de prendre sa retraite.

- Jacques Griffe, place Gaillon, puis rue des Saussaies, 29, rue du Faubourg-Saint-Honoré en 1947, 5, rue Royale en 1951. Maison fondée en 1941.

Jacques Griffe tient de Madeleine Vionnet, chez qui il a travaillé, son sens de la coupe et du tombé des étoffes.

- Grès, 1, rue de la Paix. Maison fondée en 1942.

Recommençant une carrière entreprise dans les années 30, sous le nom d'Alix, Mme Grès applique ses dons de sculpteur au modelage du corps par l'étoffe, qu'il faut, dit-elle, « laisser vivre et prendre le chemin qu'elle doit prendre ». Ses créations les plus célèbres sont de grandes robes drapées, réalisées dans de fins jerseys de soie très larges, qui sont des créations intemporelles.

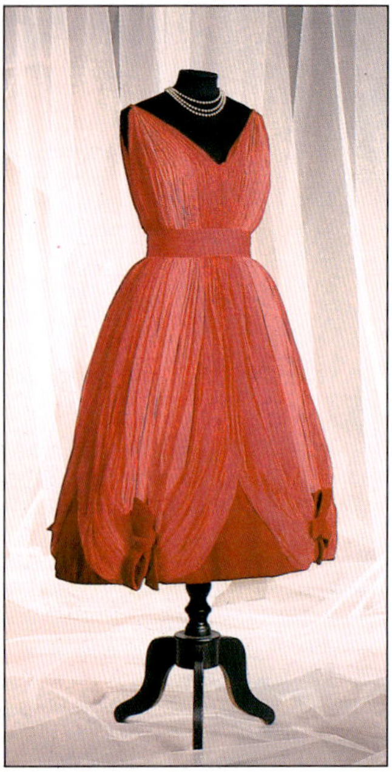

509. Jean Dessès, robe du soir drapée, v. 1955.
Musée de la Mode et du Costume de la Ville de Paris.

- Balmain, 44, rue François-Ier. Maison fondée en 1945.

Pierre Balmain se destinait à l'architecture, mais il choisit finalement la couture qu'il considère comme l'architecture du mouvement. En 1934, il entre chez Molyneux, en 1939 chez Lelong, avant d'ouvrir sa propre maison. Baptisé « le couturier des reines », il a toujours continué à habiller la « jolie madame » de ses débuts, discrète et raffinée. Il a aussi habillé les hôtesses de l'air et du rail.

- Carven, 6, rond-point des Champs-Élysées. Maison fondée en 1945.

Carmen de Tomaso, épouse de René Grog, grand collectionneur, membre de l'Institut, a choisi d'habiller de préférence les petites femmes comme elle. Elle est aussi spécialiste des uniformes d'hôtesses et d'équipes sportives. Le vert est sa couleur fétiche.

- Christian Dior, 30, avenue Montaigne. Maison fondée en 1947.

Christian Dior ne vient à la couture qu'à l'âge de trente ans. Délaissant la carrière de diplomate, il devient directeur d'une galerie de tableaux. En 1935, il dessine pour *Le Figaro illustré* ; en 1938, il est assistant chez Piguet ; en 1941, modéliste chez Lelong. En 1946, répondant à l'appel de Boussac qui se déclare prêt à financer une maison de couture, il s'installe 30, avenue Montaigne et présente, en 1947, sa première collection qui, cristallisant, avec le style que les journalistes américains baptisent aussitôt *new-look*, toutes les aspirations féminines du moment, lui vaut immédiatement une célébrité mondiale. Il en profite pour inaugurer, dès 1949, un système promis à un développement considérable, celui des licences, en faisant fabriquer sous son nom, d'abord des bas, puis diverses pièces de lingerie, et finit par habiller la femme de la tête aux pieds (ses souliers sont signés Roger Vivier). Zig-zag, Trompe-l'œil, Sinueuse, Tulipe, Muguet, A, Y, Fuseau, autant de lignes et de thèmes qui firent le style Dior. Il meurt en 1957 à l'âge de 52 ans et c'est le seul assistant qu'il ait jamais eu, le jeune Yves Saint Laurent, engagé depuis deux ans, qui lui succède au studio de création. Ce jeune homme très doué, né à Oran en 1936, qui est venu à seize ans apprendre la coupe à Paris et qui a remporté en 1953, avec une robe de cocktail, le premier prix du concours du Secrétariat de la laine, connaît tout de suite un énorme succès avec la ligne *trapèze* de sa première collection, mais, appelé au service militaire, il quitte la maison Dior en 1960 où il est remplacé par Marc Bohan.

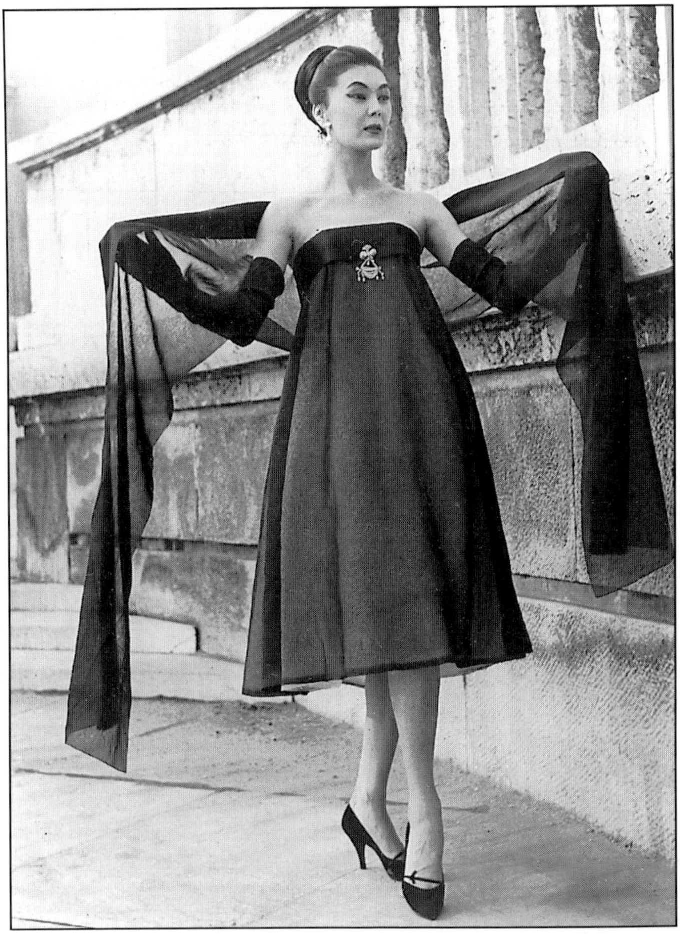

510. Christian Dior, robe trapèze, 1958. Archives Dior.

Première collection d'Yves Saint Laurent, assistant de Dior, puis son remplaçant après sa mort en 1957.

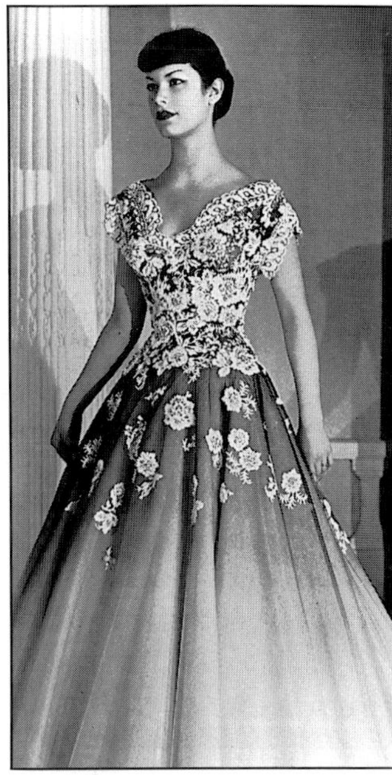

511. Carven, robe du soir en tulle rebrodé de dentelle, 1952. Archives Carven.

- Hubert de Givenchy, près du parc Monceau. 3, avenue George-V depuis 1959. Maison fondée en 1951.

Petit-fils d'un administrateur de la Manufacture des tapisseries de Beauvais, Hubert de Givenchy entre chez Fath à dix-sept ans, puis chez Piguet, enfin chez Schiaparelli. En 1952, sa première collection personnelle lui apporte la célébrité. Son admiration pour Balenciaga lui inspire un style d'une distinction raffinée.

- Chanel, 31, rue Cambon. Réouverture en 1954.

À soixante et onze ans, Chanel rouvre sa maison fermée depuis 1939, et cette femme à l'énergie farouche, après l'échec de sa collection de réouverture, parvient à imposer de nouveau sa concep-

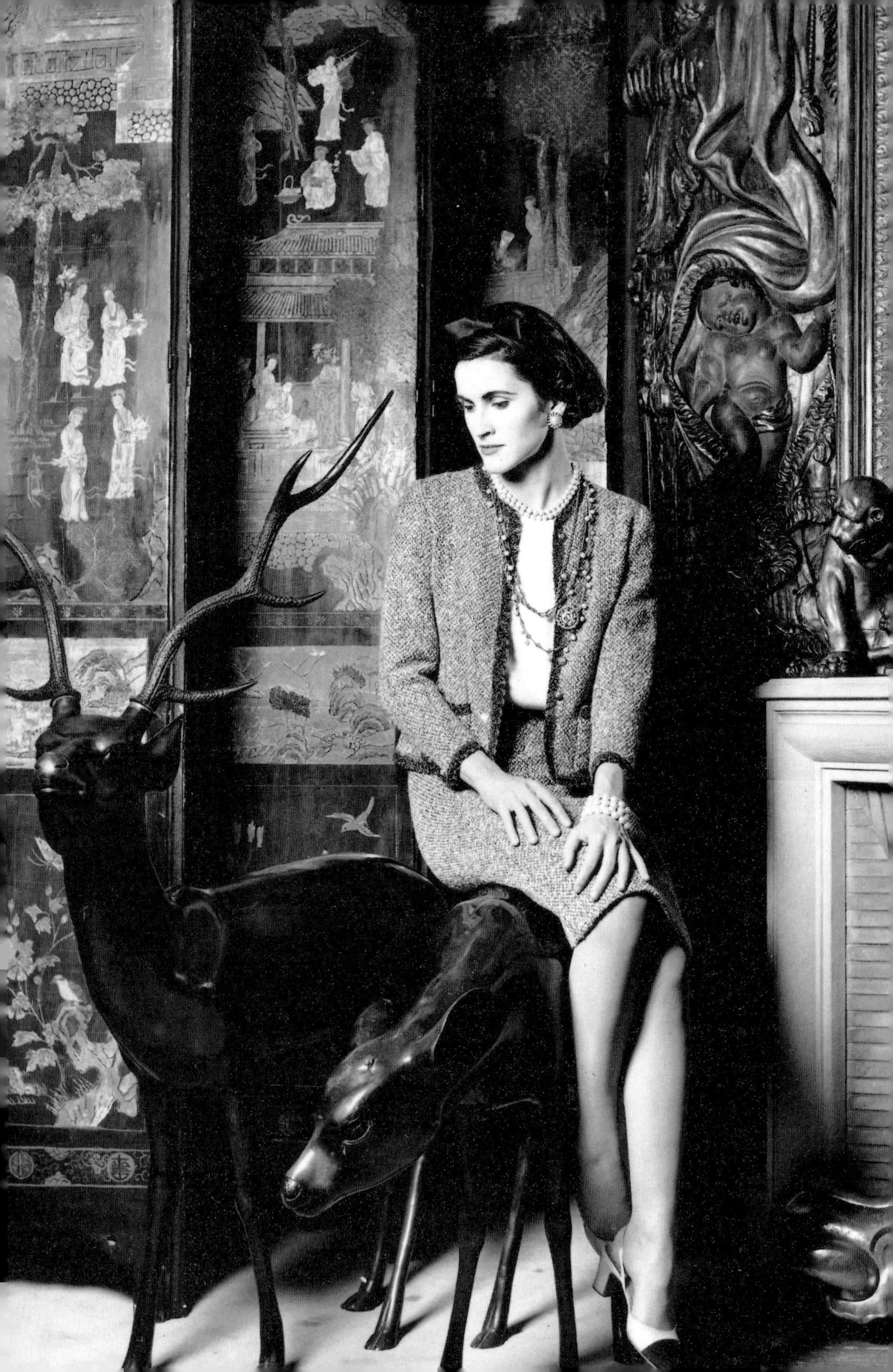

tion de l'élégance : la liberté de bouger, qui est à l'opposé du style new-look, joli mais assez contraignant. En 1956, elle met au point son célèbre *tailleur*, un classique international devenu l'emblème de sa maison.

- Pierre Cardin, 118, rue du Faubourg-Saint-Honoré. Maison fondée en 1953.

Ayant commencé son apprentissage pendant la guerre, à Saint-Étienne puis à Vichy, Pierre Cardin est, en 1945, à Paris chez Marcelle Chaumont, puis chez Paquin où il réalise avec Castillo, sur des maquettes de Bérard, des costumes et des masques pour le film *La Belle et la Bête*. En 1946, après un bref passage chez Schiaparelli, il entre chez Dior, qu'il quitte en 1950 pour ouvrir, 10, rue Richepanse, une maison de masques et costumes de théâtre qui réalise trente costumes pour le bal Beistegui. En 1953, il présente sa première collection « haute couture » et très vite, il entreprend la fondation d'un immense empire commercial.

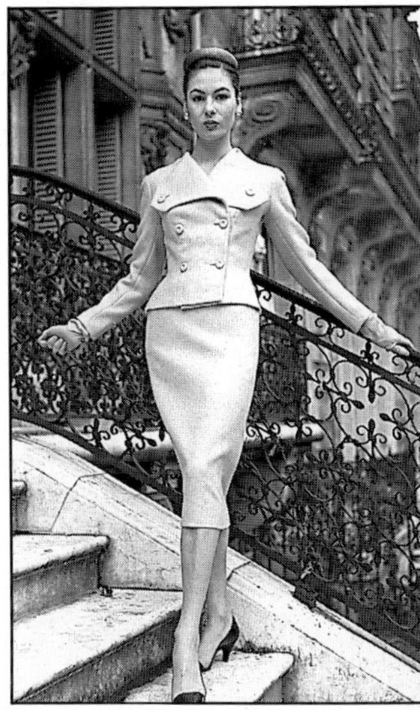

513. Givenchy, tailleur à basques écourtées, 1954. Collection Union française des arts du costume.

Les modistes

La haute mode reste prospère jusqu'en 1960, contribuant à une création extrêmement raffinée.

Les modistes sont nombreux :

- Albouy, 3, rue d'Anjou en 1938. 49, rue du Colisée jusqu'en 1964, qui, pendant l'Occupation, fait des chapeaux en étoffe et même en papier journal ;

- Balenciaga, 10, avenue George-V de 1937 à 1968, qui fait lui-même ses chapeaux ;

- Jean Barthet, 35, avenue Matignon en 1949, 39, rue François-Ier en 1955, 3, avenue George-V en 1957, rue du Faubourg-Saint-Honoré en 1959 ;

- Jane Blanchot, 11, rue du Faubourg-Saint-Honoré jusqu'en 1959, qui devient présidente de la Chambre syndicale de la mode création ;

- Jean-Charles Brosseau, place des Victoires ;

- Simone Cange, 61, avenue Franklin-Roosevelt de 1937 à 1955, qui poursuit sa carrière chez Claude Saint-Cyr de 1955 à 1960 ;

512. Chanel, tailleur en tweed, 1956. Archives Chanel.

La maison fut fermée de 1939 à 1954. En 1956, création du célèbre tailleur Chanel, devenu immédiatement un classique de la mode.

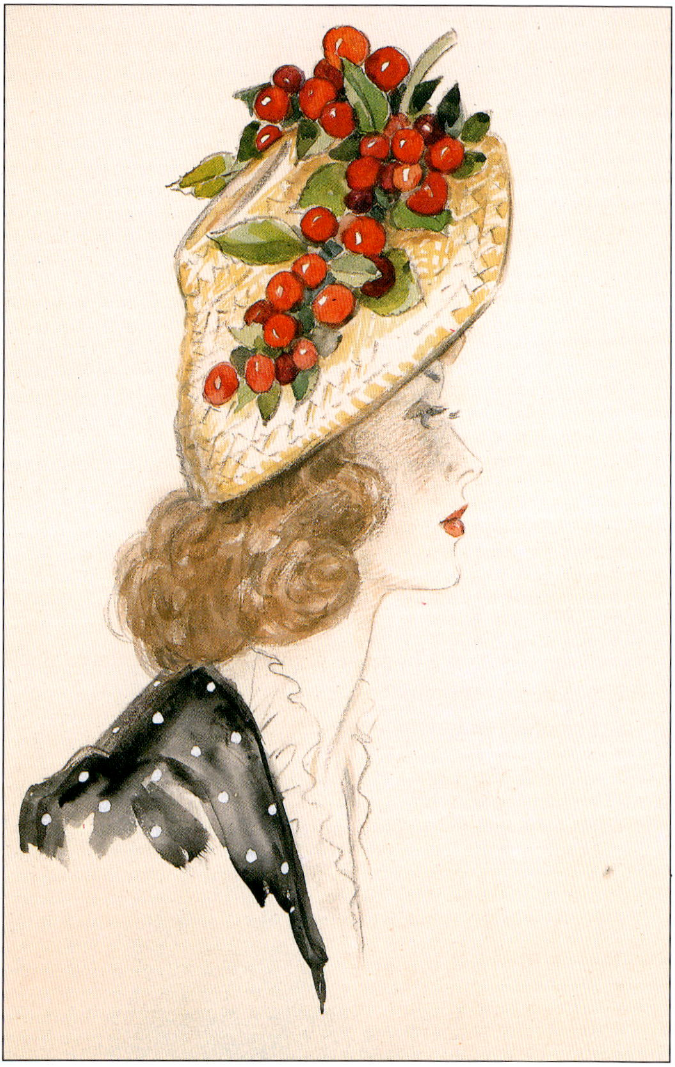

514. Legroux Sœurs, chapeau de paille garni de cerises, 1940. Collection Union française des arts du costume.

- Christie, 10, rue La Trémoille vers 1957 ;

- Rose Descat, 25, rue du Faubourg-Saint-Honoré ;

- Bernard Devaux, qui travaille chez Madeleine Vramant de 1954 à 1955, chez Le Monnier de 1956 à 1959 et pour Cardin de 1958 à 1960 ;

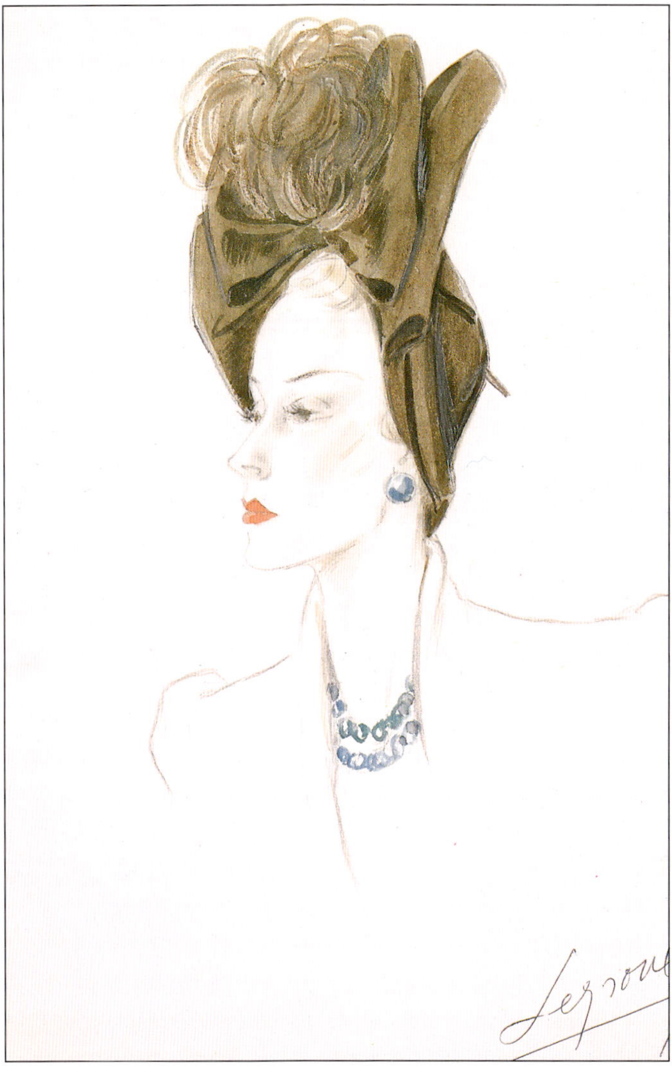

515. Legroux Sœurs, turban, 1940. Collection Union française des arts du costume.

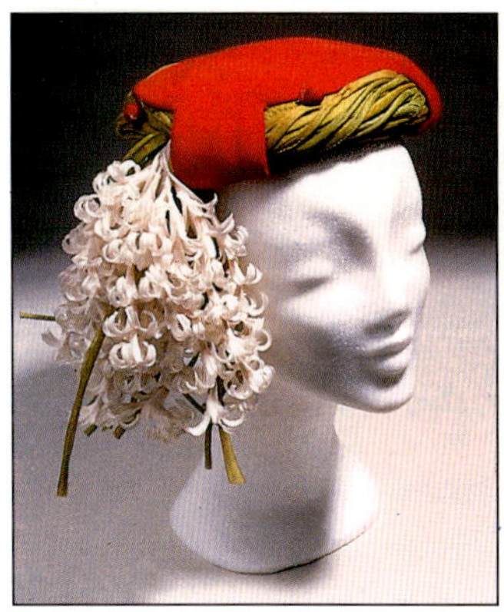

516. Rose Valois, toque en ottoman, 1950. Collection Union française des arts du costume.

- Givenchy, 3, avenue George-V depuis 1959, qui, comme Balenciaga, fait ses chapeaux lui-même ;

- Legroux Sœurs, 4, rue Cambon jusqu'en 1959 ;

- Le Monnier, 231, rue du Faubourg-Saint-Honoré jusqu'en 1959 ;

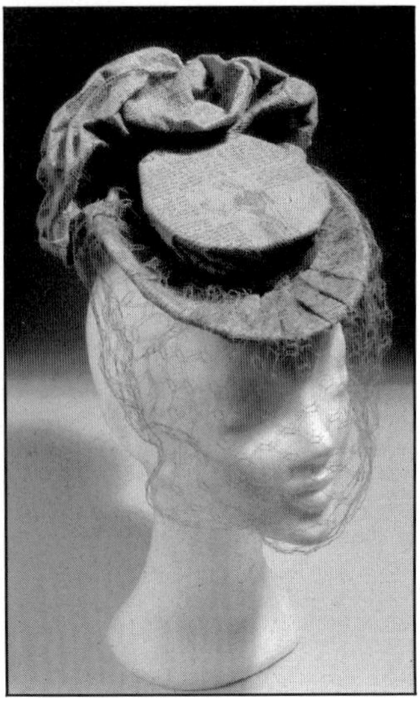

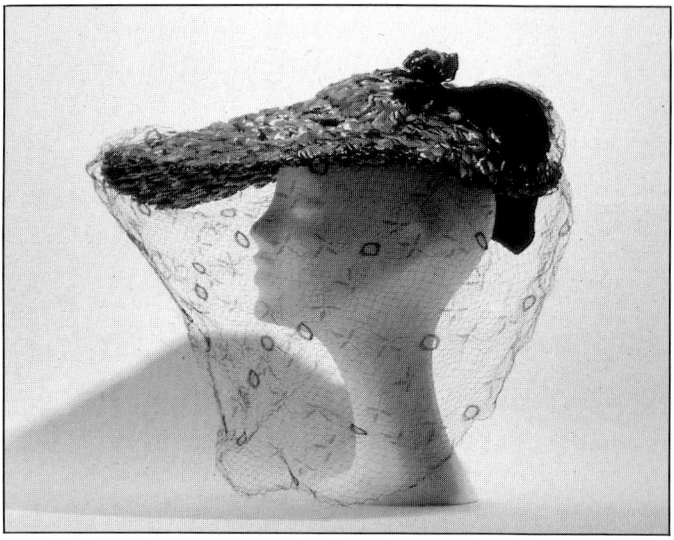

517. Albony, chapeau en papier journal et tulle jaune, 1941. Collection Union française des arts du costume. Pendant la guerre, tous les matériaux sont utilisés : copeaux de bois, papier journal, tissu, etc.

518. Maud Roser, chapeau en paillasson, 1948. Collection Union française des arts du costume.

- Marthe, 12, rue de la Paix ;

- Maud et Nano, 107, rue du Faubourg-Saint-Honoré de 1942 à 1964 ;

- Gilbert Orcel, 5 *bis*, rue du Cirque de 1938 à 1960, qui reçoit en 1953, à Dallas, l'oscar Neumann Marcus ;

- Thérèse Peter, 10, rue Royale ;

- Caroline Reboux, 2, avenue Matignon jusqu'en 1960 ;

- Maud Roser, 50, rue de Ponthieu de 1944 à 1954, qui lance en 1948 une collection dite *Les Toits de Paris* et travaille pour Dior pendant ses deux premières saisons ;

- Claude Saint-Cyr, 122, rue du Faubourg-Saint-Honoré de 1937 à 1966, qui s'est formée chez Gaby Mono, Marguerite Paraf, Rose Descat, et qui, par l'intermédiaire de sa succursale de Londres, travaille pour la reine d'Angleterre ;

- Svend, qui débute avec Erika, travaille chez Fath de 1947 à 1951, est 50, rue de Ponthieu de 1952 à 1957, chez Jacques Heim de 1957 à 1962, chez Jacques Griffe de 1962 à 1964, aux États-Unis jusqu'en 1967, et est toujours en avance sur son temps ;

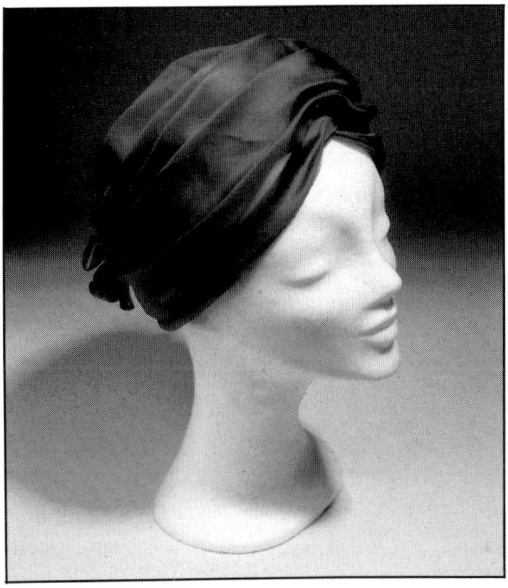

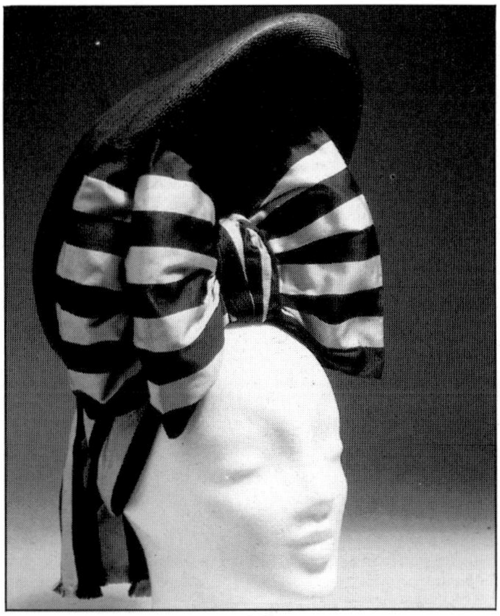

- Suzanne Talbot, 14, rue Royale, qui poursuit sa carrière jusqu'en 1956 ;

- Rose Valois, 18, rue Royale, spécialiste des fleurs et plumes, qui travaille jusqu'en 1970.

- La plus célèbre, celle qui résume le mieux la mode de cette époque, est Paulette, 63, avenue Franklin-Roosevelt à partir de 1939, qui, après avoir débuté chez Lewis, avait ouvert en 1921, rue de la Pépinière, sa première maison, qu'elle avait en 1926 transférée 6, rue Ventadour. Pendant la guerre, elle imagine de draper autour de sa tête une écharpe de jersey qu'elle fixe avec six épingles d'or. Toutes les femmes veulent l'imiter. C'est l'origine de ses fameux turbans qui restent en vedette jusqu'à la Libération. Elle est aussi l'auteur d'une infinité de créations qui expriment à merveille le goût et l'esprit de Paris. En 1957, elle devient pour six ans présidente de la Chambre syndicale de la mode.

519. Paulette, turban en organza, 1950.
Collection Union française des arts du costume.

520. Le Monnier, chapeau à calotte cheminée, 1943.
Collection Union française des arts du costume.

HAUTE COUTURE ET CRÉATION DE 1960 À NOS JOURS

L'expression d'un mode de vie

Décontraction, liberté dans le choix des vêtements, apparition pour les jeunes d'une mode spécifique qui devient facilement un emblème idéologique et se fait parfois provocante, fin de la dictature exclusive de la haute couture qui doit désormais partager son rôle de donneuse d'idées avec les jeunes créateurs et le prêt-à-porter : telles sont les tendances essentielles du costume contemporain. Devenu l'expression d'un mode de vie plus que celle d'un choix purement esthétique, ce dernier cesse d'obéir, chaque saison, à des tendances bien marquées, pour offrir à chacun la possibilité de se vêtir selon son goût sans pour autant paraître ridicule. Cependant, la mode française conserve ses rapports traditionnels avec l'art décoratif, orienté maintenant vers des formes épurées, des tons vifs disposés par grands à-plats et des jeux de lignes géométriques.

À part quelques étoffes en fibres naturelles, encore employées par les grands couturiers et par des groupes écologiques prônant le retour à la nature, l'usage des fibres synthétiques se généralise. Leur gamme s'enrichit avec les *polyamides* (comme le Rilsan, apparu en 1956) et les *acryliques* (comme le Crylor, 1955, et le Courtelle, 1961). On les emploie seules ou mélangées à des fibres naturelles dont elles conservent les avantages tout en simplifiant l'entretien de ces tissus.

Elles remplacent même, avec plus ou moins de bonheur, la fourrure, à la grande satisfaction des ligues pour la protection des animaux. Toutefois, un tissu de coton, le *blue-jean*, teint dans l'indigo puis soigneusement délavé, revenu en 1947 des États-Unis en France (où il est né dans la région de Nîmes) sous la forme d'un pantalon pour mineur ou cow-boy mis au point par Levi-Strauss entre 1853 et 1873, connaît un succès constant entre 1960 et 1980. La bonneterie se développe considérablement, le tricot évitant les frais de montage d'une chaîne sur le métier. À noter enfin la vogue des *tissus thermocollants*, pour les entoilages, et l'apparition des *étoffes non tissées*, fabriquées par les mêmes procédés que le papier.

Les journaux de mode changent d'aspect. L'illustration photographique, cédant souvent à l'érotisme, perd son caractère documentaire, repris par le dessin.

La montée du prêt-à-porter et du stylisme

De 1960 à 1965, le costume féminin connaît une période de transition annonciatrice de nouveautés. Pour la ville, un rajeunissement général se dessine dans les collections, avec une allure de garçon manqué que les mères n'hésitent pas à adopter pour imiter leurs filles. Robes aux lignes déjà très épurées, jupes fortement raccourcies, petites jaquettes, manteaux droits, souliers d'abord pointus au bout, dont les talons aiguilles labourent les parquets. Mais la botte, réapparue en 1964, va bientôt ramener à l'usage du talon épais et du bout carré. Les coiffures gonflées imposent au chapeau, avant de signer son arrêt de mort, une haute calotte arrondie. Tels sont les attributs de la femme « dans le vent ».

Pour le soir, la taille remonte légèrement tandis que des fronces arrondissent sur les hanches une longue jupe un peu resserrée du bas. Le costume cède la place à une robe princesse, près du corps sans être ajustée.

De 1965 à 1968 souffle un vent de révolution qui commence par la bombe Courrèges et se termine par la contestation estudiantine.

En 1965, le couturier André Courrèges, reprenant une idée lancée en Angleterre par Mary Quant, propose aux femmes sa *mini-robe* ultra-courte et son *collant* blanc, réalisés dans des matières synthétiques encore jamais employées par la haute couture. Destinés à des êtres neufs, ils sont en parfait accord avec le monde moderne (ill. 522, 523). En 1965 et 1967, la mini-robe à mi-cuisse, assortie ou non au collant voulu par son créateur, se répand parmi la jeunesse, souvent accompagnée d'un *maxi-manteau* qui rase le sol.

À la même époque, Yves Saint Laurent propose le *pantalon féminin*, qu'il emploie même en toilette de soirée, quelquefois sous la forme d'une combinaison noire en tricot pailleté. Paco Rabanne crée des robes en matière plastique ou en métal, qui rappellent les cottes de mailles du Moyen Âge (ill. 526). Enfin, le goût de la géométrie reparaît avec les jeux de lignes en noir et blanc de l'*op'art* et les robes que Mondrian inspire à Saint Laurent (ill. 523).

De 1969 à 1980, la mode impose davantage un style de vie qu'un choix de lignes précises et ses deux courants opposés, modes officielles et modes non alignées, sont l'expression de ceux qui se partagent la société.

Les *modes officielles* traduisent un besoin d'assagissement et de respectabilité chez les femmes cadres d'origine bourgeoise (dès 1969, la jupe rallonge, atteignant le genou et même le dépassant de quelques centimètres), la recherche de l'indémodable (le rythme des change-

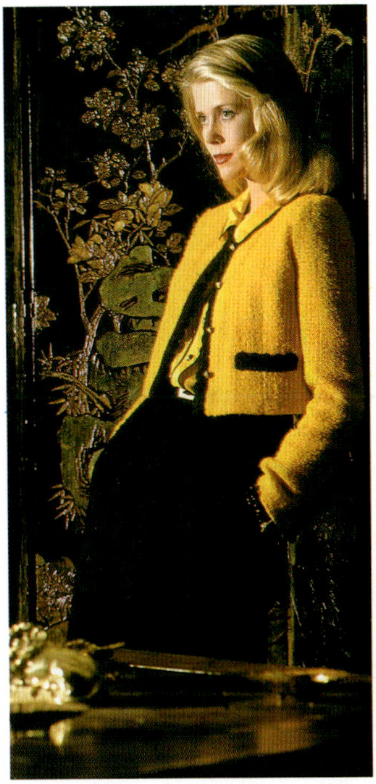

521. Chanel, tailleur, 1980. Coco Chanel meurt en 1971, mais ses premiers successeurs perpétuent son esprit dans les collections suivantes.

522. Courrèges, combinaisons, 1969.

Les tenues des cosmonautes ont inspiré deux couturiers d'avant-garde, Courrèges et Cardin.

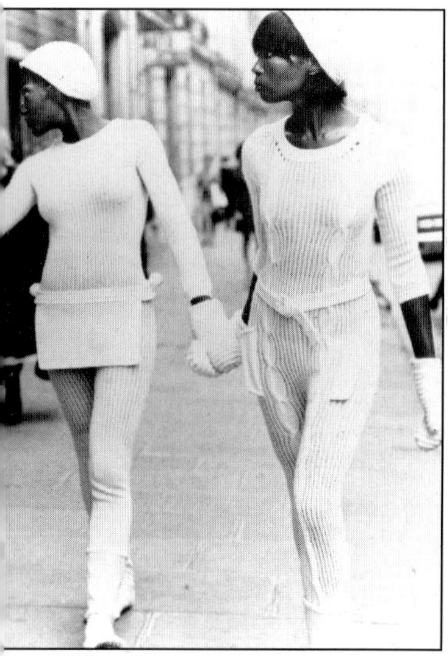

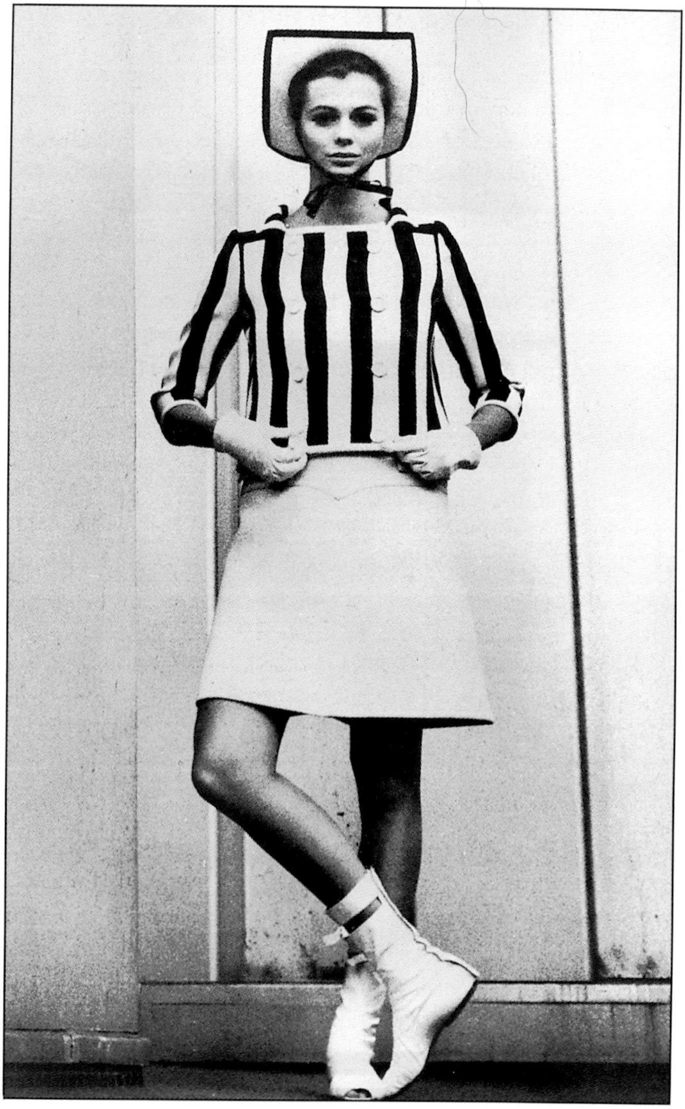

523. Courrèges, mini-robe et bottines, 1965.

Le raccourcissement des jupes, venu d'Angleterre, une tendance à la géométrisation et la prépondérance du blanc sont les caractéristiques de Courrèges.

ments se fait plus lent), un désir de se vêtir non pas selon les ukases des couturiers mais selon l'humeur du moment (des choix de vêtements sont proposés, que l'on peut associer indifféremment les uns aux autres). Les valeurs sûres du passé sont appréciées : on retourne au goût des années 30, on fait des emprunts aux folklores gitan, péruvien, mexicain, arabisant, indien (ill. 529, 530). Parfois on « élégantise » : gabardines et chapeaux mous, vêtements unisexes style

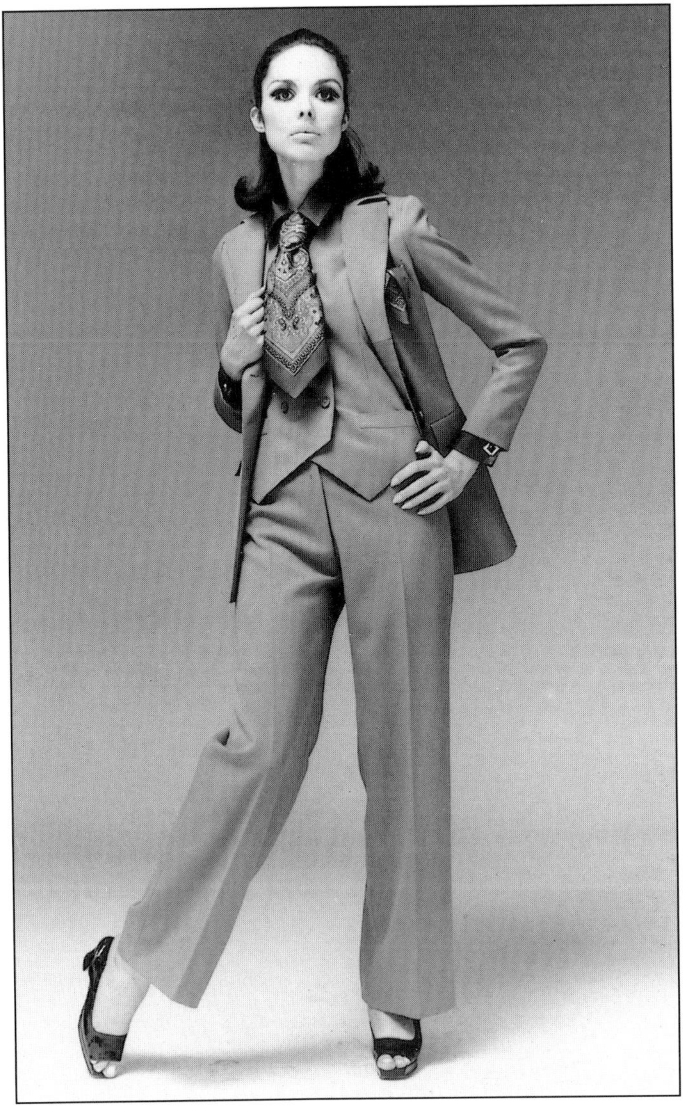

524. Yves Saint Laurent, tailleur-pantalon, 1967. Collection Union française des arts du costume.

Yves Saint Laurent est le premier à proposer le pantalon en tenue de ville pour les femmes.

safari ou au contraire néo-romantique, pris à des secteurs marginaux ou au vestiaire masculin.

Les *modes non alignées* sont le fait de classes jeunes pour qui style de vie signifie idéologie. Elles apparaissent dès 1968. Il y a la mode pour « intellectuelles souvent de gauche » (jean, pull, ceinture cloutée, écharpe), la mode des vêtements de travail (pantalon de pâtissier, salopette, combinaison de pompiste), la mode *hippie*

525. Yves Saint Laurent, robe « Mondrian », 1965.
Archives Saint Laurent.

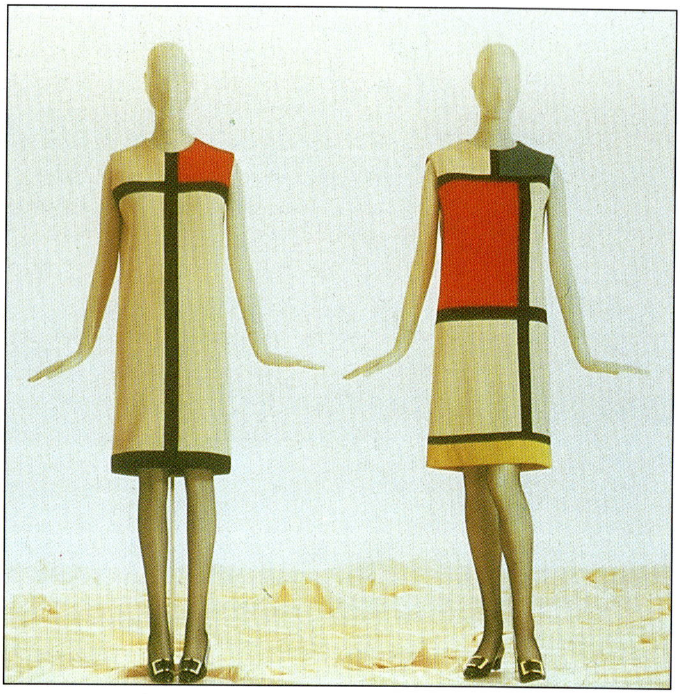

526. Paco Rabanne, mini-robe en métal et plastique, 1968.
Musée de la Mode et du Costume de la Ville de Paris.

Abandon des matériaux traditionnels au profit d'autres, inhabituels en haute couture : métal, plastique, cuir, etc.

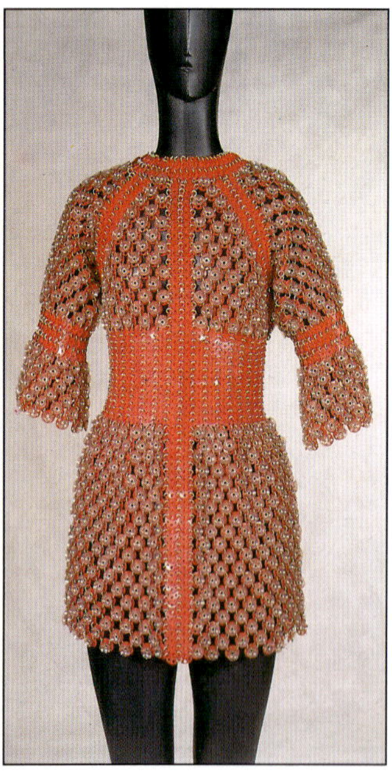

pour marginales non violentes (robe indienne, jupon à dentelle, poncho péruvien, fichu de paysanne), enfin la mode *punk*, apparue à la fin de 1976 (mini-jupe ou pantalon très serré en cuir sombre, imperméable tombant, cheveux dressés sur la tête, chaînes, clous et épingles de nourrice transformés en accessoires de mode). Le besoin de communiquer s'exprime par des tee-shirts à devises imprimées.

En résumé, les années 80 s'ouvrent sur la diversité des « looks » et un certain mépris des conventions.

Le costume masculin

Sous son aspect officiel, le costume masculin reste assez classique, tout en évoluant vers le pratique et le confortable. Les couleurs s'éclaircissent, allant parfois jusqu'aux impressions bariolées pour les tee-shirts et les chemisettes d'été, portés avec des jeans. Les sous-vêtements se colorent eux aussi. Avec le goût du sportswear et celui de la simplification (dès 1968 on voit des chemises de smoking à col roulé), on s'achemine vers la disparition de l'« homme pingouin », simple faire-valoir de la femme.

Les *modes non alignées* existent pour les hommes comme pour les femmes. Au début des années 60, les Beatles deviennent les idoles de la jeunesse qui copie leurs cheveux longs et, pour le soir, leurs vestons de velours côtelé et leurs jabots de dentelle.

Entre 1956 et 1977, beaucoup de jeunes gens s'identifient à Elvis Presley, qui chante le rock en costume blanc brodé et couvert de bijoux. En blouson noir, de cuir ou de plastique, blue-jean délavé, chemise phosphorescente, foulard bariolé et ceinture de cuir, les cheveux sur les yeux, pris d'un délire collectif, ils saccagent le palais des Sports.

Les adeptes du twist expriment leur joie de vivre en pantalon à *pattes d'éléphant*. Les *hippies* portent ponchos, djellabas, chemises de moujik, caftans, vestes à la Mao et font appel aux folklores anciens pour lutter contre la civilisation du plastique. Enfin les *punks* sont en cuir noir, les cheveux dressés pour les garçons comme pour les filles.

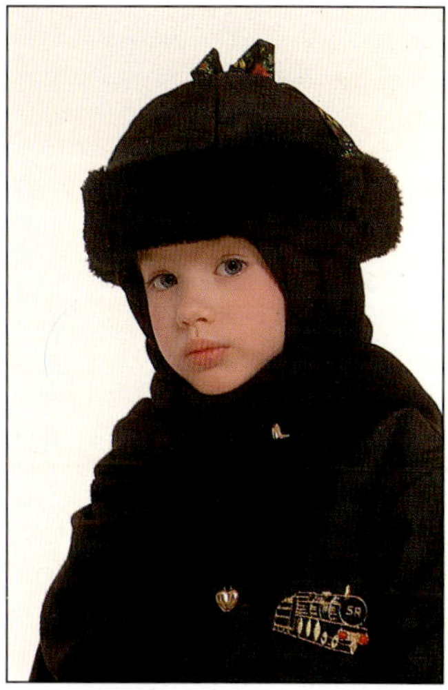

527. Sonia Rykiel Enfants, toque et manteau, 1989. Archives Sonia Rykiel.

Enfants : le rejet des contraintes

Dès 1955, les habitudes américaines commencent à s'implanter en France où *anoraks*, *blousons*, *pulls* et *blue-jeans* remplacent, même le dimanche, les vêtements élégants auxquels on était jusque-là resté fidèle. En 1971, on voit aux filles autant de pantalons que

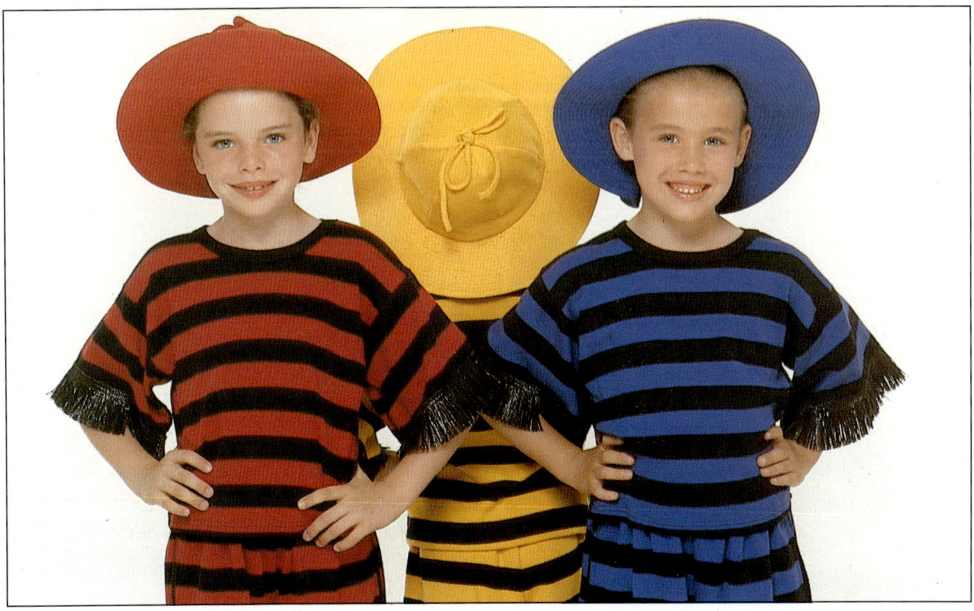

528. Sonia Rykiel Enfants, costumes de plage, 1990. Archives Sonia Rykiel.

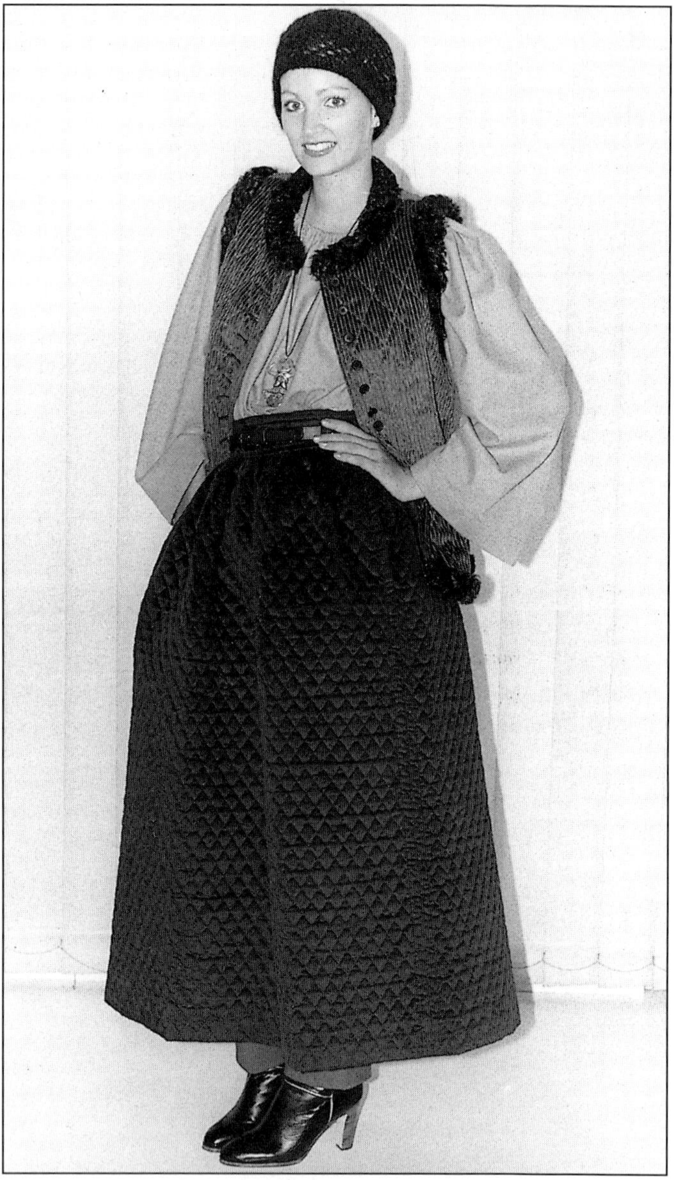

529. Jules-François Crahay pour Lanvin, « Paysanne d'Asie », 1977-1978.

530. Scherrer, « Bal vénitien », 1984-1985.

Folklore, orientalisme et nostalgie inspirent la mode des années 1970-1980.

de jupes et de robes. L'évolution des textiles transforme la layette, et le bavoir disparaît. Le rejet des contraintes conduit à nouveau petits et grands à l'usage des mêmes vêtements, devenus pratiques et confortables pour tous.

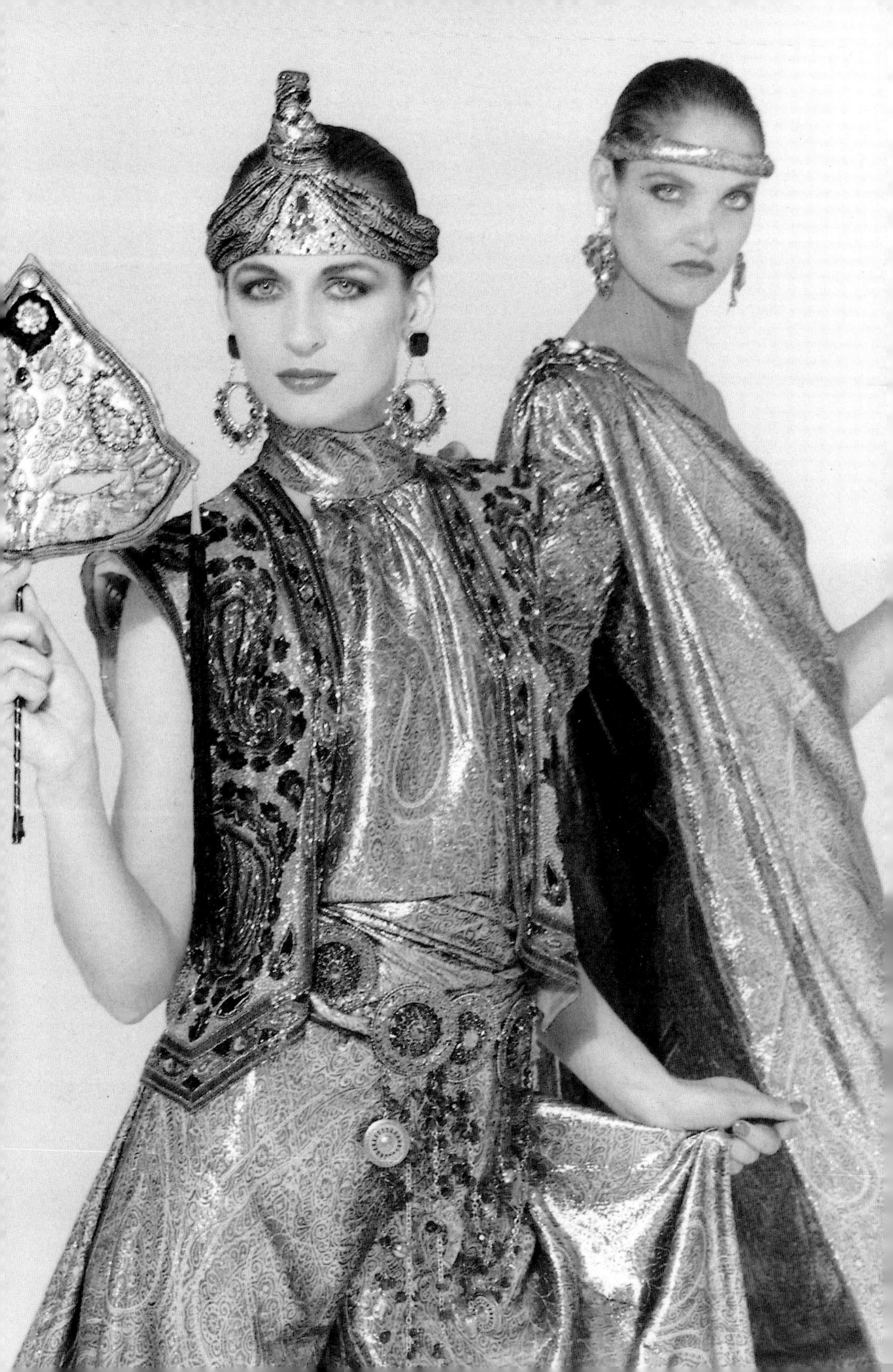

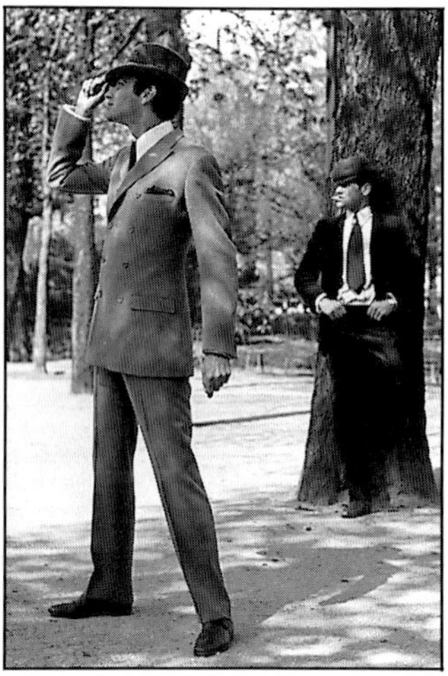

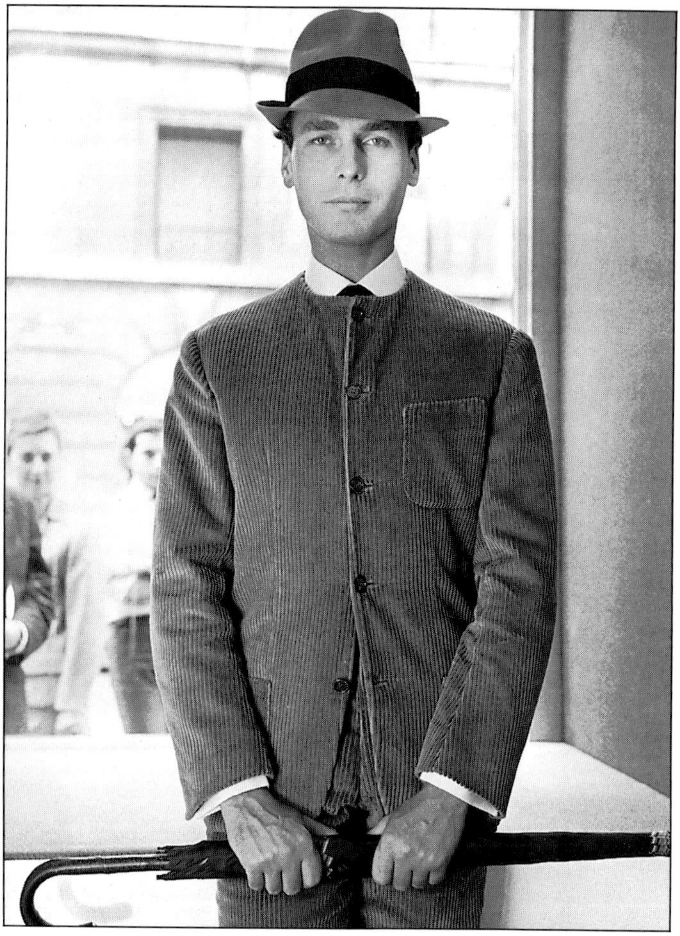

531. Pierre Cardin, costume à veste longue et cintrée, v. 1970. Collection Union française des arts du costume.

532. Pierre Cardin, ligne cylindrique, 1960. Archives Cardin.

Cardin tente de modifier le costume masculin, quasiment immuable depuis bientôt un siècle.

Une industrie nouvelle : le prêt-à-porter

En 1948, les industriels français du vêtement voulant, à l'exemple des confectionneurs des États-Unis, améliorer l'image de marque de leur production, adoptent pour la désigner, sur proposition de C. Weill, l'expression *prêt-à-porter*, traduction littérale du *ready to wear* américain. Cette expression va mettre une dizaine d'années à s'imposer.

Albert Lempereur mène pourtant avec ardeur le combat en faveur du prêt-à-porter de qualité. En 1955, il dirige un voyage d'étude de vingt mille kilomètres à travers les États-Unis, pour des professionnels, des journalistes, des chefs de publicité et des représentants du gouvernement. Il est également le président de l'Association des maisons françaises de couture en gros, qui exige de ses adhérents des salons luxueux, la présentation des modèles sur mannequins vivants, leur impose une marque : les *trois hirondelles*, signe de qualité, et publie un journal : *Collections, documents officiels de la couture en gros*. Après le premier Salon du vêtement féminin, à Paris en 1956 (devenu en 1963 le Salon international du prêt-à-porter), Albert Lempereur fonde le Comité de coordination des industries de la mode chargé de diffuser les tendances de la mode auprès des industriels.

Parallèlement, les progrès des moyens techniques (machines à coudre passant de cinq cents à deux mille points par minute, couteaux électriques coupant plusieurs épaisseurs de tissu à la fois, machines à repasser automatiques) permettent d'améliorer la qualité du travail, de gagner du temps et donc de diminuer les prix de revient. La clientèle potentielle représentée par la jeunesse issue de l'explosion démographique d'après-guerre, qui dispose d'argent à son gré, offre à la nouvelle industrie tout un éventail de possibilités. Plusieurs secteurs se dessinent.

Le *prêt-à-porter classique* (50 % de la consommation nationale) que vendent les grands magasins, les grandes surfaces et les détaillants de quartier, fabriqué par de grandes entreprises comme Weill et Bidermann. Il reste peu différent de l'ancienne confection.

Le *prêt-à-porter de style* (20 % des ventes) apparu vers 1963-1964, d'abord destiné aux jeunes, avec des formes audacieuses et des couleurs souvent agressives, dont la clientèle s'élargira ensuite. Il est vendu à des prix élevés, dans des magasins d'un genre nouveau.

Le *prêt-à-porter de luxe* (20 % des ventes) destiné aux anciennes clientes de la haute couture, qui ne peuvent plus en assumer les prix devenus exorbitants. Les grands couturiers viendront petit à petit le rejoindre.

La *mode du Sentier* (5 % des ventes) enfin, que réalisent une multitude de petits fabricants, et la *mode de la vente par correspondance* (La Redoute, Les Trois Suisses, Quelle France), qui représentent la plus forte progression de la distribution.

Le stylisme

Les premiers stylistes (1962-1968) sont des industriels comme Jean Cacharel, fabricant de chemises à l'origine, qui décide de réaliser des chemisiers pour femmes agréablement colorés, comme Daniel Hechter qui, dans le genre sportswear, fait un prêt-à-porter

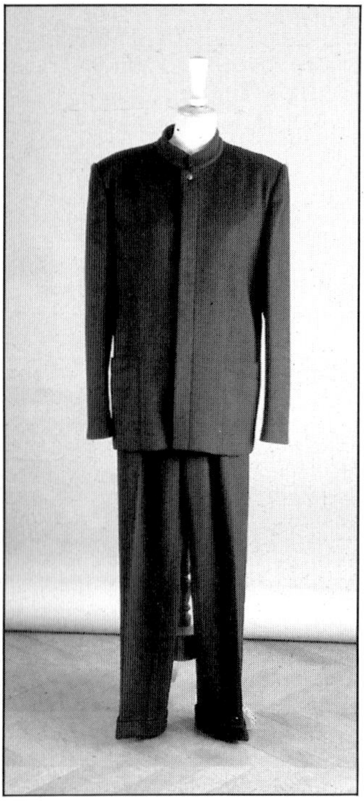

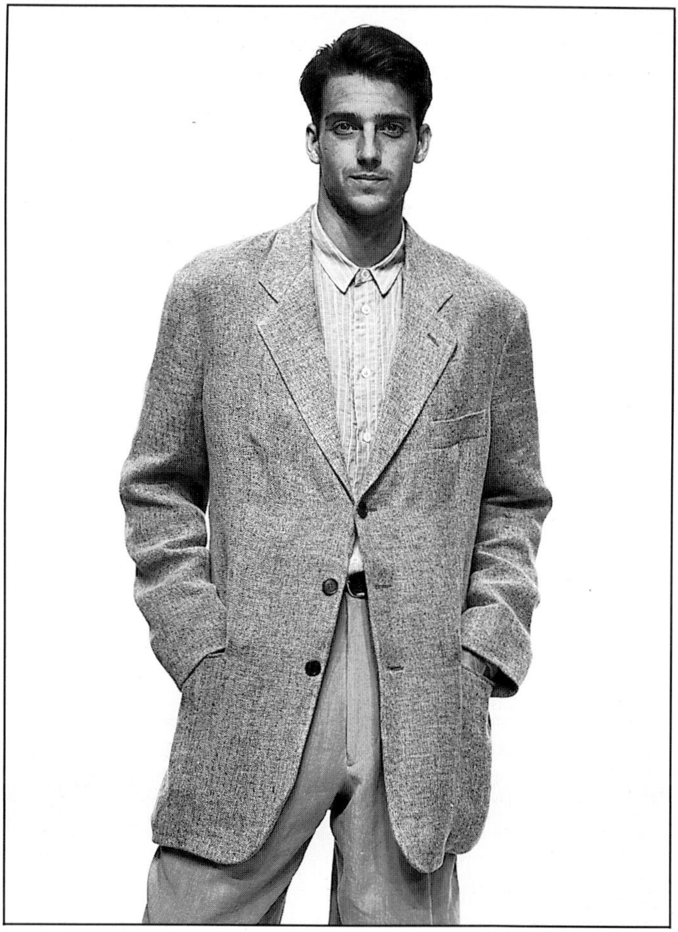

533. Giorgio Armani, veste et pantalon de lin, 1991.

534. Thierry Mugler, costume de lainage, 1985.

Tous les stylistes ont créé une ligne de prêt-à-porter pour les hommes, les Italiens privilégiant le travail de l'étoffe, les Français celui de la coupe.

pour femmes et enfants, ou encore Élie Jacobson, l'un des premiers à réussir pleinement, en 1962, avec la création de la marque Dorothée Bis. Ce sont aussi des isolés comme Emmanuelle Khahn, ancien mannequin de Balenciaga, qui se met à dessiner blazers et blousons, Anne-Marie Beretta ou Sonia Rykiel qui, ne trouvant pas dans le commerce les vêtements de jersey qu'elle voudrait, les dessine, les fait fabriquer et les vend dans sa boutique de la porte d'Orléans, Michèle Rosier, qui révolutionne le vêtement de ski, Jacques Delahaye, qui propose ses emmanchures carrées, Christiane Bailly, qui lance le style junior.

Les boutiques se développent, à l'image de Carnaby Street à Londres, et la plupart des stylistes y font vendre leur production.

Certains ont leur propre boutique. D'autres travaillent pour des industriels, mais vendent aussi sous leurs marques.

Les jeunes créateurs (1970-1985), fantaisistes mais manquant parfois de pratique commerciale, présentent leurs créations dans des endroits inattendus ; ils n'en sont pas moins accueillis comme des vedettes par la presse qui leur reconnaît une valeur culturelle.

En 1973, la Chambre syndicale de la haute couture s'associe à la Fédération du prêt-à-porter des créateurs et les pouvoirs publics leur accordent pour leurs défilés des emplacements aux Tuileries et dans la cour Carrée du Louvre.

Le stylisme pénètre dans l'industrie (1960-1980), dont la production, dans la catégorie prêt-à-porter classique, s'améliore beaucoup. Des bureaux de style s'ouvrent : en 1961 celui de Maïmé Arnodin, en 1966 celui de Françoise Vincent, *Promostyl*, qui, en quinze ans, passera de trois cent cinquante mille francs de chiffre d'affaires annuel à vingt millions. Dès 1956, Maïmé Arnodin avait déclaré que le travail de styliste consistait à « faire la navette entre la fantaisie et la raison, la légèreté et le sérieux ». En 1971, c'est le *Journal officiel* qui donne une définition du styliste industriel, consacrant ainsi cette nouvelle profession.

La haute couture

Avec les années 60, la haute couture entre dans une période de mutation que précipitent les événements de mai 1968. Ses traditions étaient restés à peu près inchangées depuis sa fondation par Worth en 1857. L'évolution sociale, économique et technique les rend désormais complètement anachroniques et l'oblige à pratiquer des tarifs inaccessibles à la plupart de ses anciennes clientes. Aujourd'hui, elle survit comme une vitrine qui sert par son prestige d'autres activités plus lucratives (parfums, prêt-à-porter, ventes de licences) auxquelles, sortant de sa tour d'ivoire, il lui faut s'ouvrir. Elle compte deux mille employés, autant et même un peu plus que de clientes, pour ses activités spécifiques, mais dix-sept mille avec celles qui lui sont rattachées. Pour obtenir le label « haute couture » à la chambre syndicale, il faut employer plus de dix-neuf personnes, travailler exclusivement sur mesure, présenter deux fois par an une collection d'au moins soixante-quinze modèles et la montrer à la clientèle au moins quarante-cinq fois.

Le prêt-à-porter des couturiers, après une expérience avortée, en 1953-1954, de production en commun, est lancé par Pierre Cardin, qui présente en 1959 une collection de prêt-à-porter féminin dans un grand magasin et crée, en 1963, un département dans sa maison.

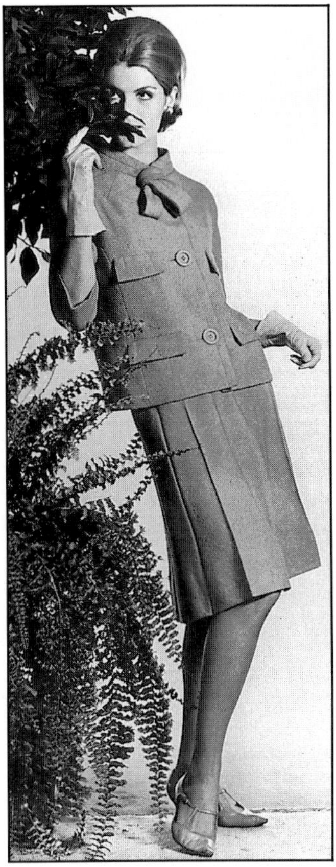

535. Pierre Cardin, tailleur en prêt-à-porter, 1968-1970. Collection Union française des arts du costume.

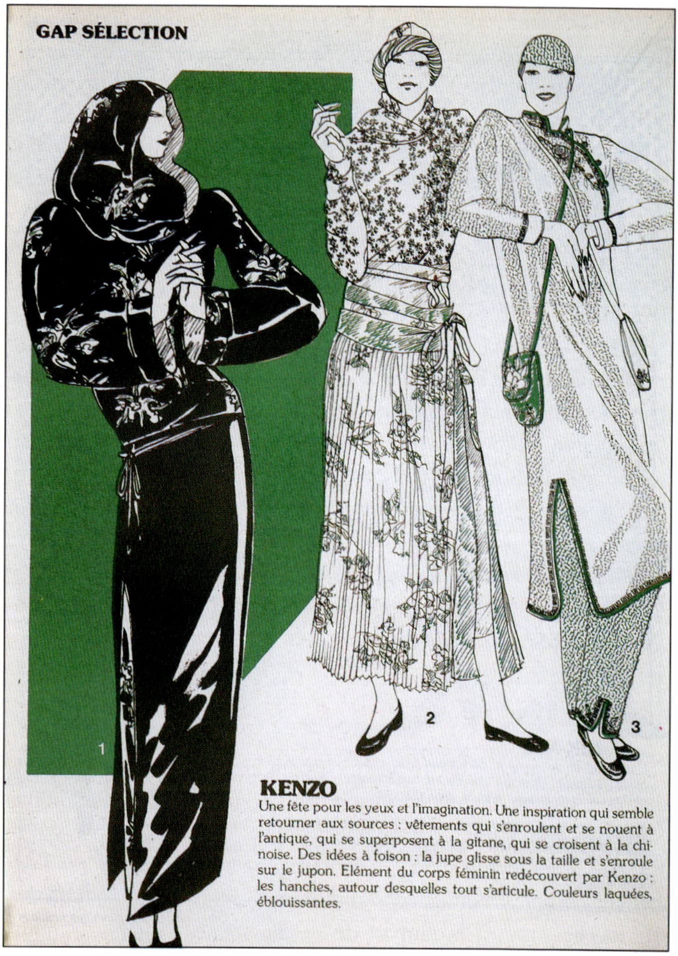

536. Kenzo, robes, 1970.

En 1966, Saint Laurent ouvre sa première boutique : *Saint Laurent Rive Gauche*, en même temps qu'il crée sa première collection fabriquée industriellement. Dans l'hiver 1983-1984, il lance *Saint Laurent Variation*, à 40 % moins cher que les vêtements *Rive Gauche*. Dior les imite, étant lui aussi gros producteur, et petit à petit tous les autres, y compris Mme Grès en 1983, en dépit de ses réticences.

De nouvelles maisons s'ouvrent. D'anciennes trouvent de grands stylistes pour les conduire au succès quand leur fondateur vient à leur manquer.

- Lanvin, 15, rue du Faubourg-Saint-Honoré.

Au départ d'Antonio del Castillo, en 1963, c'est Jules-François Crahay qui prend la direction du studio. Fils d'une couturière de Liège, chez laquelle il avait fait ses débuts, il quitte sa ville natale en 1951 pour venir à Paris. Après avoir été modéliste de Nina Ricci, il l'avait quittée pour répondre à l'appel de la maison Lanvin. Sa connaissance parfaite du tissu et de la coupe lui a fait rechercher les lignes simples. Il s'est retiré en 1986. La maison est alors dirigée par Maryll Lanvin, qui reprend la haute couture de 1985 à 1989. Elle est remplacée par Claude Montana (1990-1992). Les collections homme sont confiées depuis 1992 à Dominique Morlotti.

- Chanel, 29, rue Cambon.

La fondatrice de la maison meurt en 1971, mais l'activité se poursuit, d'abord avec ses proches collaborateurs : Jean Casaubon

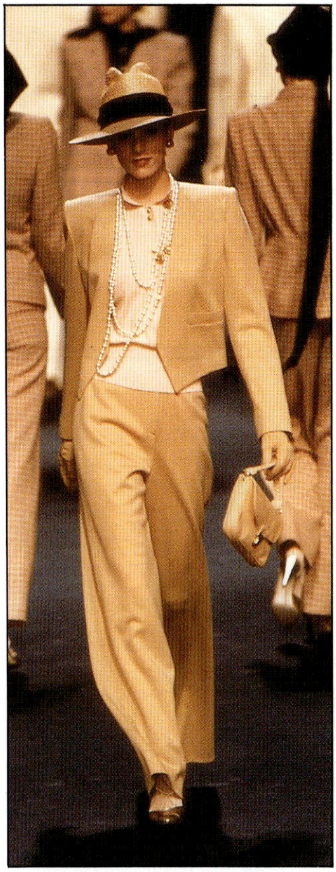

538. Sonia Rykiel, ensembles pantalons, 1990.
Archives Sonia Rykiel.

Le prêt-à-porter des stylistes est souvent plus inventif que la haute couture. Il est à l'origine de véritables mouvements de mode.

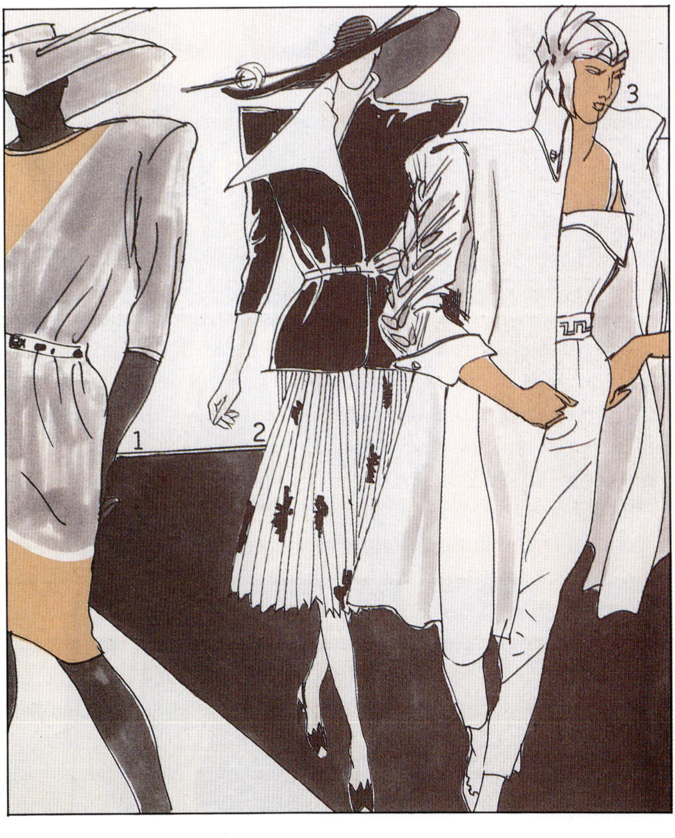

537. Claude Montana, ensembles d'été, 1980.

540. Chanel, création Karl Lagerfeld, ensemble grand soir « Atys », 1987-1988.

Clin d'œil, humour et interprétation somptueuse sur un thème d'opéra baroque.

et Yvonne Dudel, puis avec Philippe Guibourgé et, à partir de 1983, avec Karl Lagerfeld. Ce jeune homme d'origine allemande s'était senti très tôt attiré par la couture et avait été, en 1954, lauréat, ex-aequo avec Saint Laurent, d'un concours organisé par le Secrétariat international de la laine. Accueilli chez Balmain, où il reste trois ans et demi, puis chez Patou, où il ne passe qu'un an, il travaille ensuite pour plusieurs maisons italiennes et surtout pour Chloé, une maison française, grâce à laquelle il a exercé une grande influence sur la mode. Il a réactualisé le style de Chanel tout en respectant son esprit.

- Nina Ricci, 20, rue des Capucines, puis 39, avenue Montaigne.

Nina Ricci disparaît en 1970, mais les activités de la maison se sont poursuivies sous la direction de son fils, Robert, qui en partageait déjà la responsabilité avec elle. Jules-François Crahay, modéliste à part entière de 1959 à 1963, est remplacé par Gérard Pipart. Les modèles servent surtout de support à une vente importante de parfums.

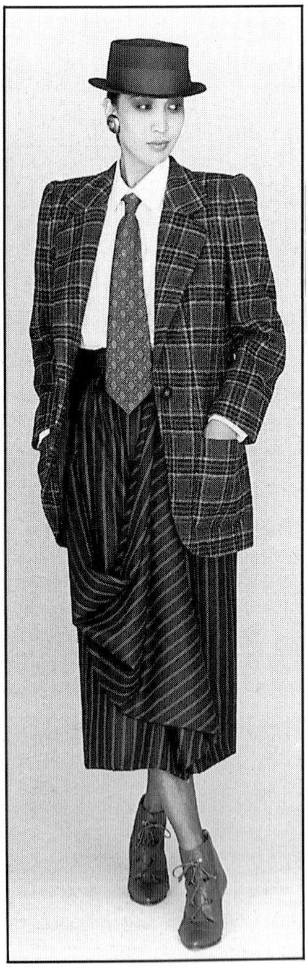

539. Jules-François Crahay pour Lanvin, ensemble « New York », 1984-1985. Archives Lanvin.

- Balenciaga, 10, avenue George-V.

Balenciaga, dont Dior disait, comparant la haute couture à un orchestre : « Nous autres couturiers nous sommes des musiciens et nous suivons les indications qu'il nous donne », affirme son influence au cours des années 60 en revenant à la tunique sur jupe étroite qui en dépasse, dont il avait déjà proposé une version dès 1953, et réussit à l'imposer. En 1960, la presse internationale le désigne comme « le roi de la haute couture parisienne ». En 1961, il crée une mode du soir d'intérieur, avec robe tunique ou manteau en satin, à porter sur des pantalons étroits en satin. En 1962, ses redingotes à taille haute font le buste menu et ses tailleurs, sans col ou à petits revers, ont des manches kimono ou carrées. En 1962-1963, il aime les tailleurs de campagne en gros tweed, avec une écharpe nouée dans l'encolure. En 1963, il superpose des manteaux à cape et des tuniques longues sur des pantalons. En 1965, il crée un surprenant imperméable en plastique transparent et un ciré matelassé brun en laine et fibres artificielles car, curieux de tout, il recherche les matières nouvelles. Sa dernière collection, en 1968, comporte d'étonnants ensembles de plage avec shorts, jupettes, vestes, blouses, petits paletots. Puis il ferme sa maison de Paris et, en 1969, celle de Madrid. En 1971, il fait sa dernière apparition en public à l'enterrement de Coco Chanel, dont la carrière présente une certaine similitude avec la sienne, tout au moins pour ce qui relève du dépouillement et de l'intemporalité. En 1972, quelques mois avant de

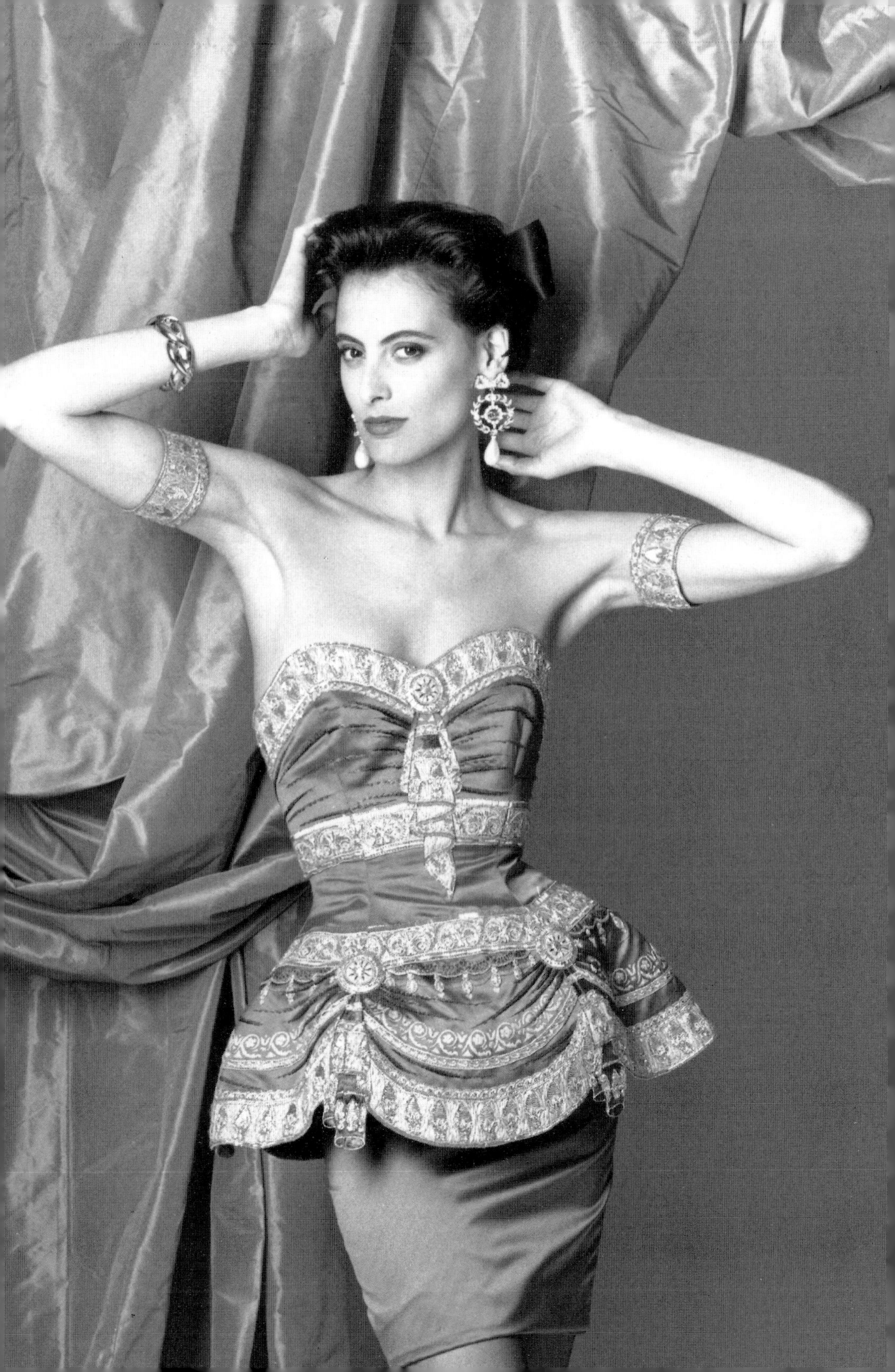

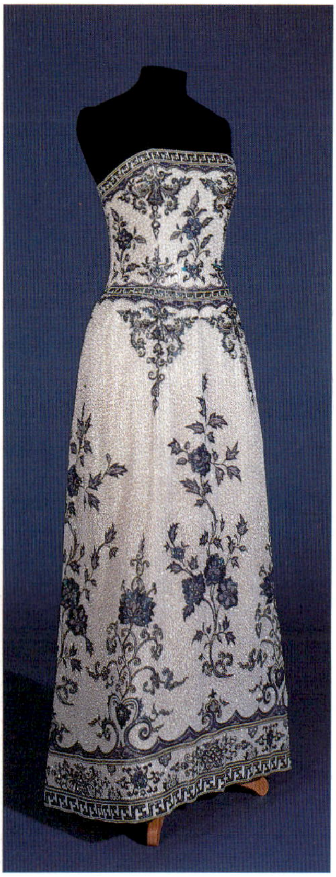

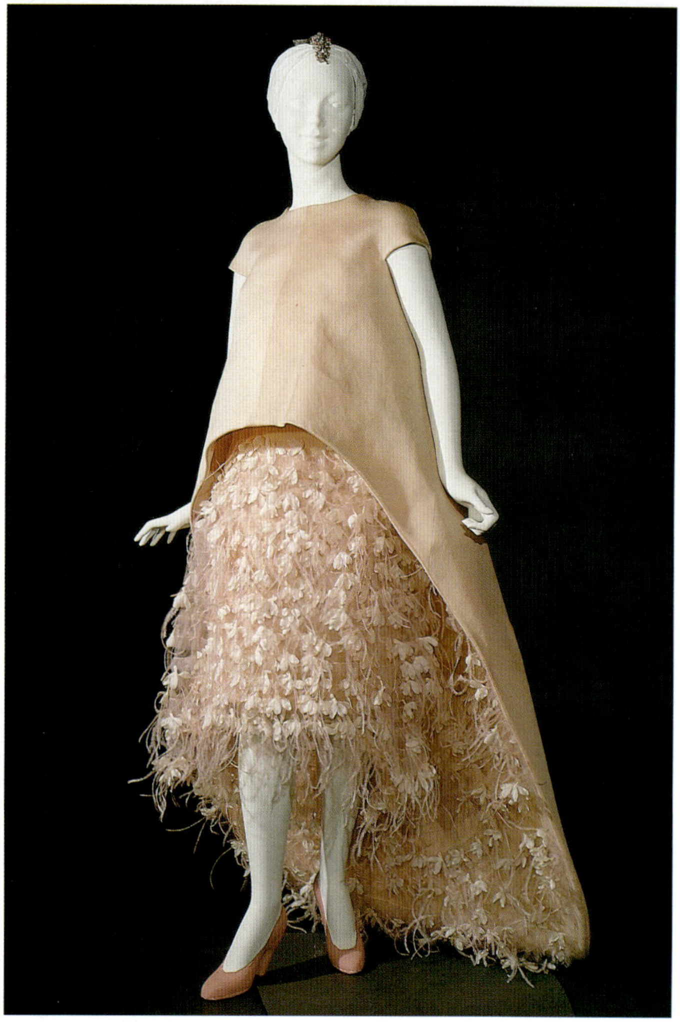

541. Chanel, création Karl Lagerfeld, robe du soir « Bleu de Chine », 1984. Musée de la Mode et du Costume de la Ville de Paris.

Chef-d'œuvre de technique, cette robe est entièrement brodée dans les ateliers Lesage.

542. Balenciaga, robe du soir, 1967. Musée de la Mode et du Costume de la Ville de Paris.

mourir à Valence, il dessine la robe de mariée de la duchesse de Cadix, petite-fille de Franco. La maison actuellement installée sous son nom et dans ses anciens locaux est une maison de prêt-à-porter.

- Grès, 1, rue de la Paix, puis 422, rue Saint-Honoré. Maison fondée en 1942.

Animée par sa fondatrice jusqu'en 1993, elle resta fidèle, tout en traduisant l'évolution de la mode, au style qui a toujours fait son succès. En 1983, en dépit de ses réticences, Mme Grès, elle aussi, aborda le prêt-à-porter, mais un prêt-à-porter dont elle fut entièrement l'auteur. Sa succession y est assurée par Frédéric Molénac.

- Pierre Balmain, 44, rue François-Ier.

Après la mort de Balmain, en 1982, sa maison fut dirigée par Eric Mortensen, qui était son plus proche collaborateur, puis achetée par un groupe. Le directeur artistique est aujourd'hui Oscar de la Renta.

- Carven, 6, rond-point des Champs-Élysées.

Conservant la direction de sa maison, elle en a fêté, par divers défilés rétrospectifs, le quarantième anniversaire en 1985, et continue d'entretenir une image fraîche et créative.

- Christian Dior, 30, avenue Montaigne.

À partir de 1960, Marc Bohan succède à Yves Saint Laurent à la tête du studio de création. Né en 1926 d'une mère modiste, Marc Bohan entra chez Piguet en 1945, puis chez Molyneux. En 1954, il était responsable de la collection haute couture de Patou, et en 1958 des collections Dior à Londres. Il devient en 1960 directeur artistique de la société Dior et crée, outre les collections de haute couture, celles de prêt-à-porter masculin et féminin. Gianfranco Ferré lui a succédé en juillet 1989 pour la collection automne-hiver 1989-1990.

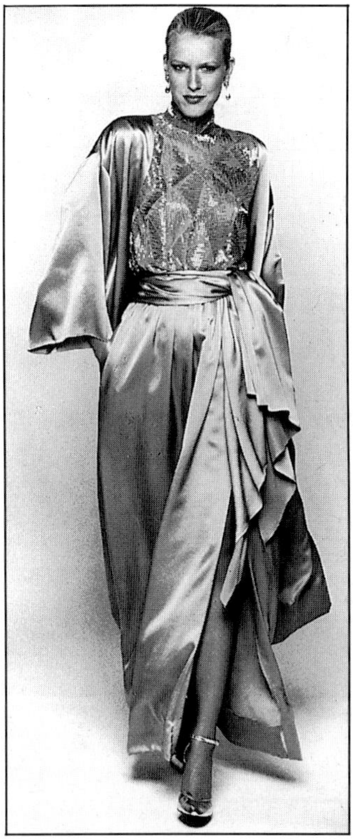

543. Christian Dior, jupe et manteau en crêpe satin or, 1978-1979. Archives Dior.

- Ted Lapidus, 31, rue François-Ier.

Fils d'un tailleur russe émigré, Ted Lapidus se forme dans une école technique de Tokyo et, revenu en France à la fin de ses études, ouvre à Paris, en 1949, une petite maison de couture qui travaillera pour une clientèle privée. Ted Lapidus est avant tout connu pour son prêt-à-porter, ayant su, dans les années 60, renouveler le vêtement masculin, qu'il veut élégant et confortable. Il a participé également au lancement du style unisexe.

- Hubert de Givenchy, 3, avenue George-V.

La haute couture et le prêt-à-porter de Givenchy sont très respectueux des traditions françaises de qualité. En 1992, le quarantième anniversaire de la maison a été marqué par une exposition au musée de la Mode et du Costume à Paris.

- Pierre Cardin, 27, avenue de Marigny.

Fondée en 1953, cette maison est toujours dirigée par son fondateur dans une voie résolument moderne, aussi bien sur le plan de

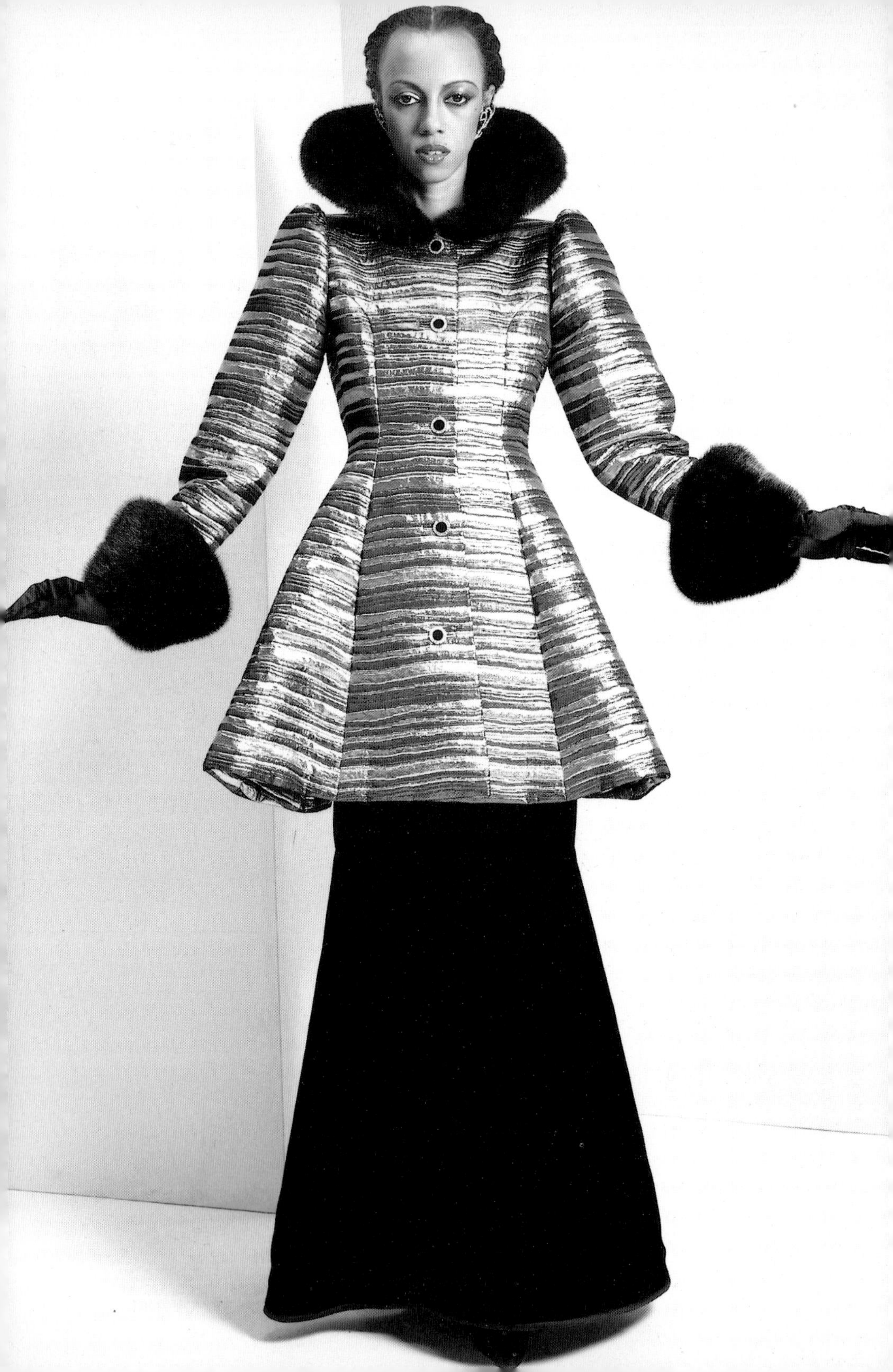

la gestion que sur celui de la création. Créateur de modèles futuristes, Pierre Cardin est aussi à la tête d'un immense empire commercial (700 usines qui emploient 1180 000 personnes dans 130 pays). Il reçoit en 1977, 1979 et 1982 le « Dé d'or » de la haute couture et l'Oscar de la mode 85 pour l'ensemble de son œuvre.

- Louis Féraud, 88, rue du Faubourg-Saint-Honoré. Maison parisienne fondée en 1960.

Venant de Cannes, où sa première boutique, ouverte en 1955, bénéficiait de la clientèle de nombreuses stars de cinéma, et surtout celle de Brigitte Bardot qui a fait son succès, Louis Féraud présente à Paris sa première collection en 1960. Signataire de nombreux contrats avec l'étranger, amateur de grands voyages, il projette sur ses créations diverses influences, y mêlant aussi ses souvenirs arlésiens. Ses imprimés, réalisés chez lui, constituaient une partie très caractéristique de sa production.

- Jean-Louis Scherrer, 182, rue du Faubourg-Saint-Honoré en 1961, 51, avenue Montaigne en 1968. Maison fondée en 1961.

Quand il s'installe, Jean-Louis Scherrer a déjà été modéliste chez Dior, de 1956 à 1958, puis chez Louis Féraud, après avoir accompli aussi un voyage d'études au Japon. En 1961, il réalise seul, sans soutien financier, sa première collection, qu'il présente dans une cave aménagée en style Napoléon III, rue du Faubourg-Saint-Honoré. Son style élégant et somptueux lui a valu une clientèle prestigieuse.

- Guy Laroche, 37, avenue Franklin-Roosevelt en 1957, 29, avenue Montaigne en 1961, puis 22, avenue de la Tremoille.

Quand, en 1961, Guy Laroche ouvre ses salons de l'avenue Montaigne, il a déjà passé sept ans chez Jean Dessès, puis travaillé pour les États-Unis, enfin présenté, dans ce qu'il appelait « la plus petite maison de couture de Paris », ses propres modèles. Parmi ceux-ci, des manteaux plissés, des bonnets en peau blanche, des robes perlées, des robes bénitiers, qui ont remporté un grand succès. On lui doit ensuite les premières robes découvrant le genou (1965), les premières robes longues pour le jour (1967), le short-ville (1968), la teinte de cheveux assortie à celle de la robe (1973), la robe-bijou (1975). Dès le printemps 1968, il a commencé à développer une vaste entreprise de prêt-à-porter. Décédé en 1989, il a été remplacé, à la direction de son studio, par Angelo Tarlazzi.

- André Courrèges, 40, rue François-Ier.

André Courrèges lança en 1965 la mini-jupe et le collant, dont le succès lui imposa de quitter le 48, avenue Kléber pour le local

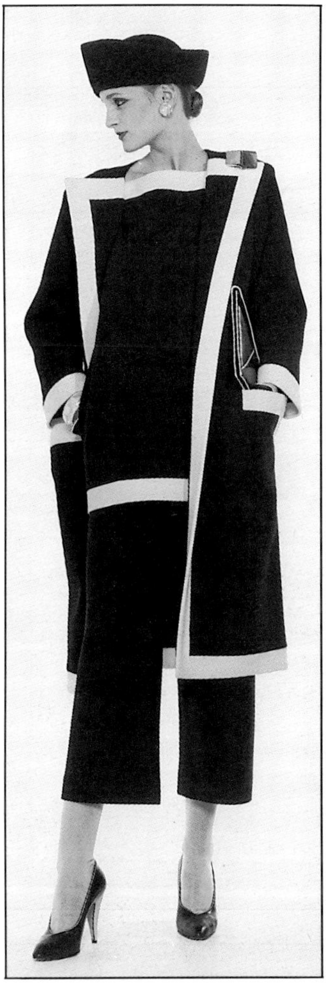

545. Nina Ricci, manteau et marinière sur pantalon tube, 1980. Archives Nina Ricci.

544. Givenchy, veste du soir garnie de vison noir, 1979. Archives Givenchy.

plus grand de la rue François-Ier. De ses études chez Balenciaga, il tenait une science de la coupe qui, alliée à son goût du blanc et des couleurs pures, lui permit de créer des modèles jeunes, d'une structure originale et d'un style nouveau qui ont influencé toute la mode des années 60.

- Yves Saint Laurent, 31 *bis*, rue Spontini en 1962, puis 5, avenue Marceau en 1974.

Maison fondée en 1962. Ne pouvant, après son service militaire, retrouver sa place chez Dior, Yves Saint Laurent décide de fon-

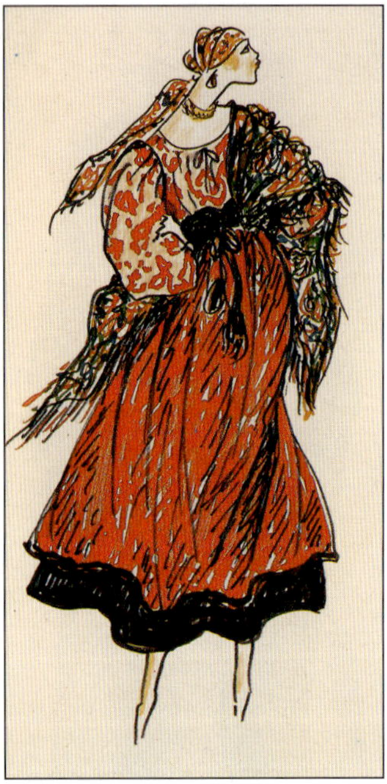

546. Yves Saint Laurent, dessin, 1976-1977. Archives Saint Laurent.

547. Grès, cape sur robe du soir, 1980-1981. Archives Grès.

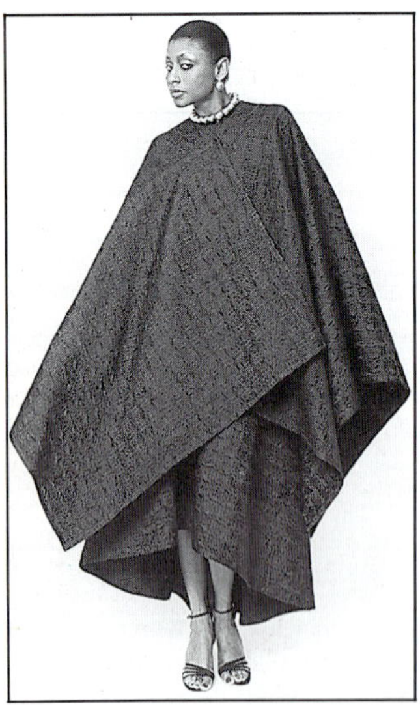

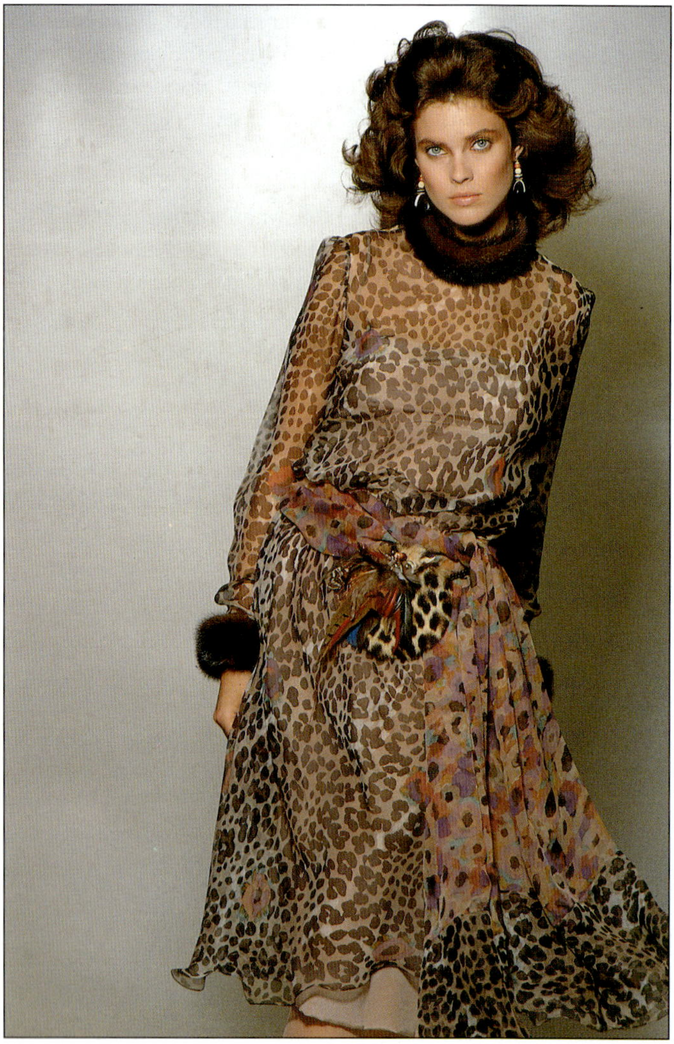

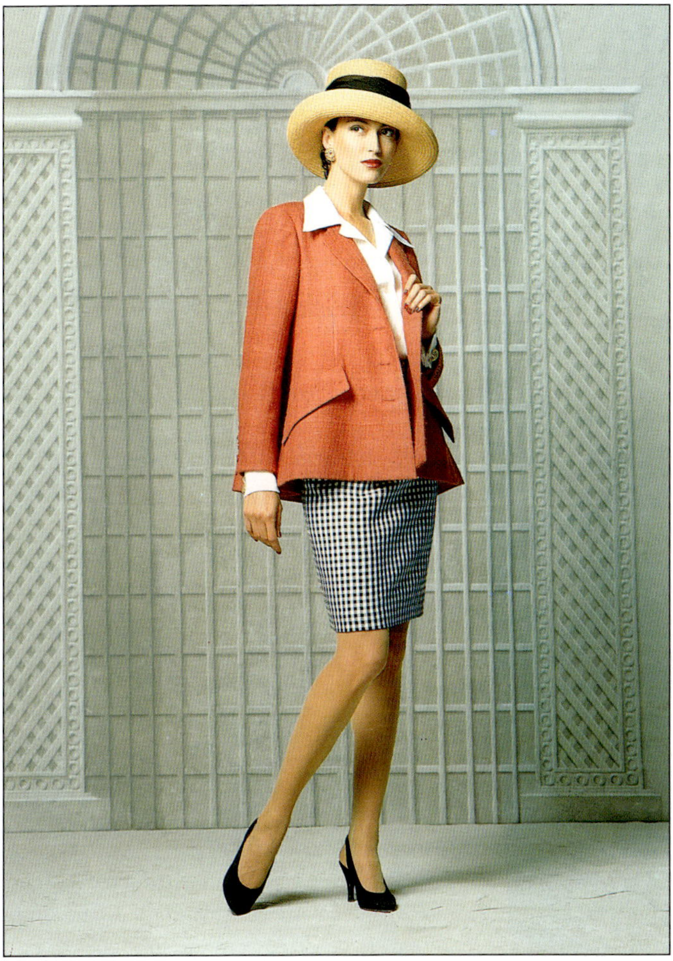

549. Christian Dior, création de Marc Bohan, veste de lin sur jupe courte. Archives Dior.

der sa propre maison, dont Pierre Bergé sera l'administrateur. En 1962, il présente sa première collection, et se fait tout de suite remarquer par la qualité de ses créations « tailleur ». Au diapason de la jeunesse, il « élégantise » blousons de cuir, sahariennes et blue-jeans. Rejetant comme elle les conventions, il choisit des tissus simples pour les robes habillées, impose le pantalon féminin même en soirée, crée des chemisiers transparents, des robes profondément décolletées dans le dos voilé simplement d'une légère dentelle. La peinture nourrit aussi son imagination. Les toiles de Mondrian lui inspirent le décor géométrique de courtes robes tubulaires en jersey (1965) et le pop'art des toilettes audacieusement ornées de soleils

548. Louis Féraud, robe en mousseline de soie imprimée, 1978. Archives Louis Féraud.

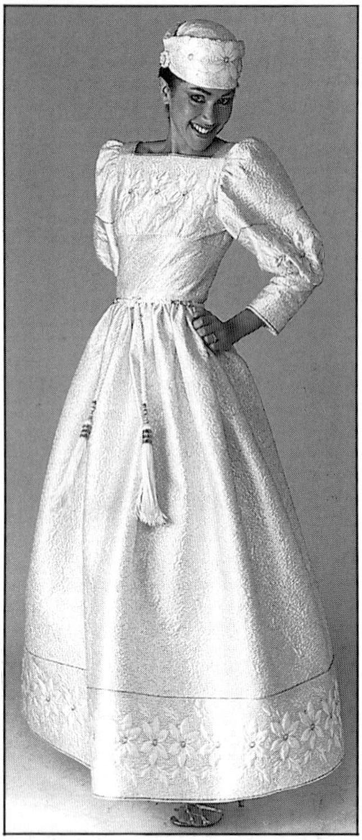

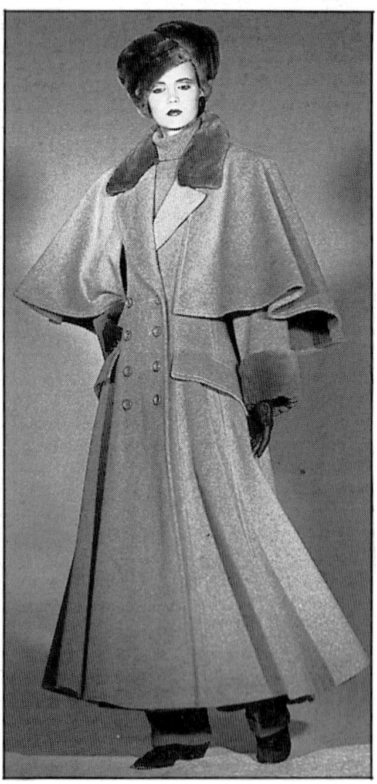

et de lunes, de profils et de corps de femmes (1966) ; en 1979, il dédie à Picasso des robes au décor abstrait et très coloré. Les folklores africain (1967), gitan (1971), russe (1976), espagnol et chinois (1977) l'influencent également, l'amenant à des lignes tantôt étroites, tantôt évasées, toujours renouvelées. Le romantisme n'est pas oublié avec ses tissus vaporeux et ses châles imprimés. Il travaille aussi beaucoup pour le spectacle : ballets, pièces de théâtre et films. Dès 1966, il ouvre *Saint Laurent Rive Gauche*, 21, rue de Tournon, magasin qui vend un prêt-à-porter spécialement conçu pour l'exécution à la machine. Depuis, il a développé une entreprise considérable de prêt-à-porter féminin et masculin.

- Emanuel Ungaro, 2, avenue Montaigne. Maison fondée en 1965.

Formé par son père au métier de tailleur, Emanuel Ungaro quitte à vingt-deux ans sa ville natale d'Aix-en-Provence pour Paris où il entre chez Balenciaga. Il y reste six ans, allant ensuite passer deux ans chez Courrèges. En 1965, il réussit à présenter sa première collection dans un local loué avenue Mac-Mahon. Le succès lui permet de s'installer en 1967 avenue Montaigne. Pour lui, la robe doit se faire oublier et mettre en valeur le corps, le mouvement, la personnalité. En 1968, il crée *Ungaro Parallèle*, prêt-à-porter très étudié, qui est le prolongement de la haute couture.

- Paco Rabanne, 33, rue Bergère en 1965, 7, rue du Cherche-Midi en 1972.

Né au Pays basque espagnol – sa mère était première main chez Balenciaga en Espagne –, Paco Rabanne commence par faire des études d'architecture à l'École des beaux-arts de Paris. Mais, attiré par la mode, il se met à réaliser des accessoires pour la haute couture. En 1965, il crée ses premières robes et se rend célèbre par sa façon d'utiliser des matériaux inattendus, comme le rhodoïd ou le métal, qui donnent à ses modèles l'aspect de cottes de mailles. En 1966, il imagine une robe en papier dont l'exécution ne demande pas plus d'une heure. Depuis, il n'a cessé de s'intéresser aux nouveaux matériaux et d'entretenir une volonté de diffusion populaire (patrons dans les magazines).

- Torrente, 9, rue du Faubourg-Saint-Honoré, puis 1, rond-point des Champs-Élysées. Maison fondée en 1970.

Mme Torrente-Mett avait en 1969 ouvert une boutique de vêtements réalisés de façon artisanale. Devant le succès obtenu elle fait en 1970 sa première présentation à la presse, est reçue l'année sui-

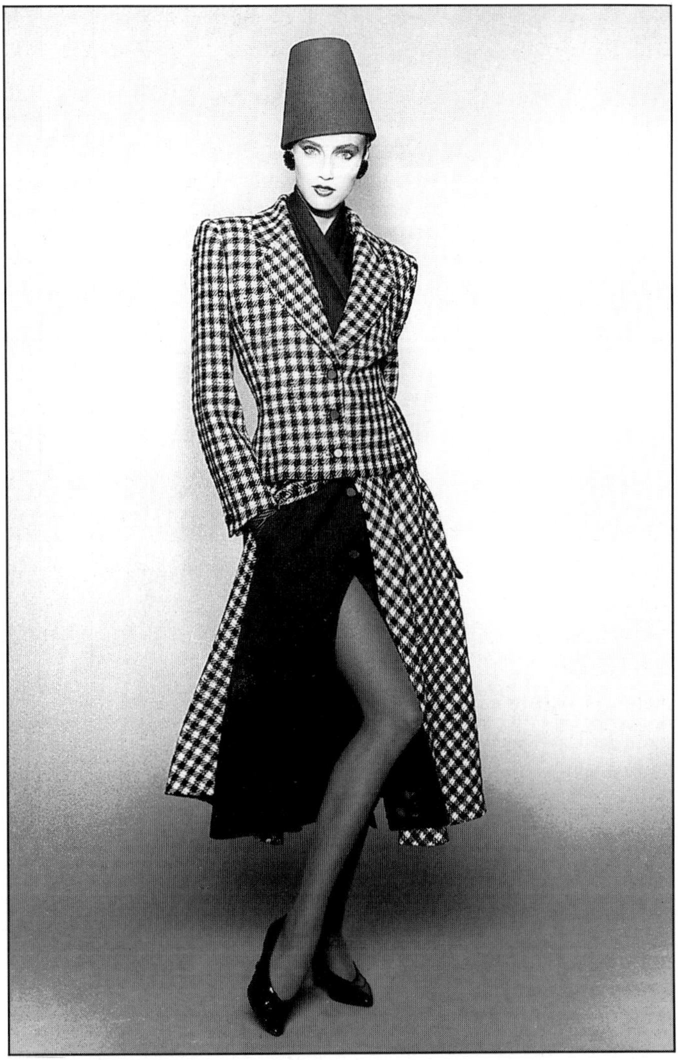

550. Carven, robe de mariée « Renaissance » en satin matelassé, 1982-1983. Archives Carven.

551. Jean-Louis Scherrer, manteau à cape, 1986-1987. Archives Scherrer.

552. Guy Laroche, tailleur à jupe longue, 1986-1987. Archives Laroche.

553. Philippe Venet, robe du soir en jersey de soie, 1976. Archives Venet.

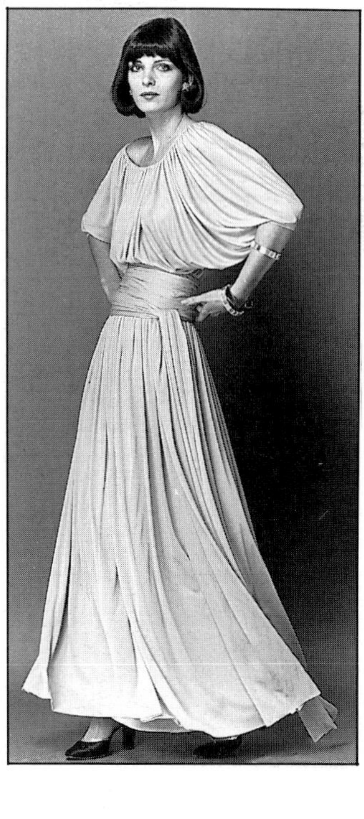

vante à la Chambre syndicale et transfère sa maison 9, rue du Faubourg-Saint-Honoré. Elle fait alors des robes de cocktail et des robes du soir très soignées.

- Per Spook, 18, avenue George-V. Maison fondée en 1977.

Originaire d'Oslo, Per Spook arrive à vingt-trois ans à Paris pour compléter ses études à l'École des beaux-arts puis à celle de la Chambre syndicale de la couture. Après avoir travaillé chez Dior,

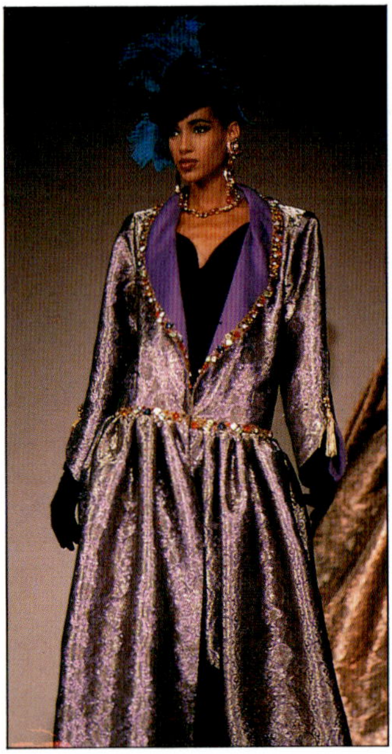

554. Emanuel Ungaro,
manteau du soir, 1990.
Archives Ungaro.

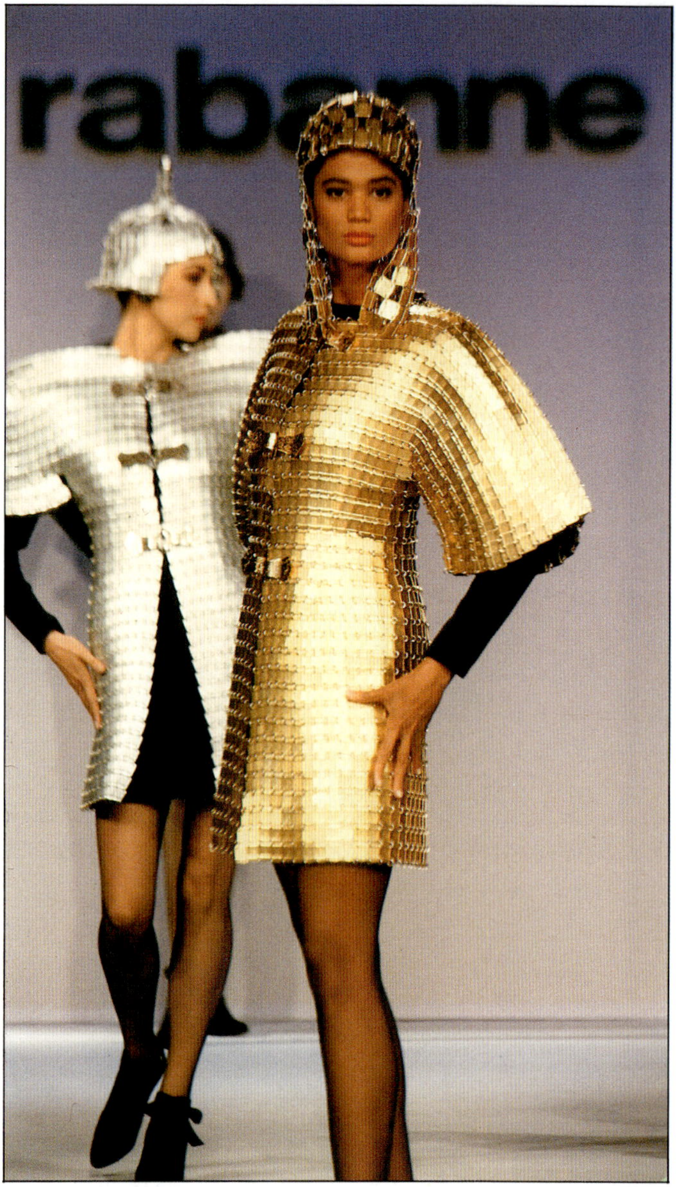

555. Paco Rabanne, robes métalliques, 1990-1991.

Paco Rabanne reste fidèle à son style et aux matériaux employés dès ses débuts.

chez Saint Laurent et chez Féraud, il présente sa première collection en 1977. En 1978, il s'installe rue de l'Université, dans un tout petit appartement, qu'il quitte en 1981 pour l'avenue George-V. Son style, fait de simplicité, se marie très bien avec les matériaux naturels qu'il emploie.

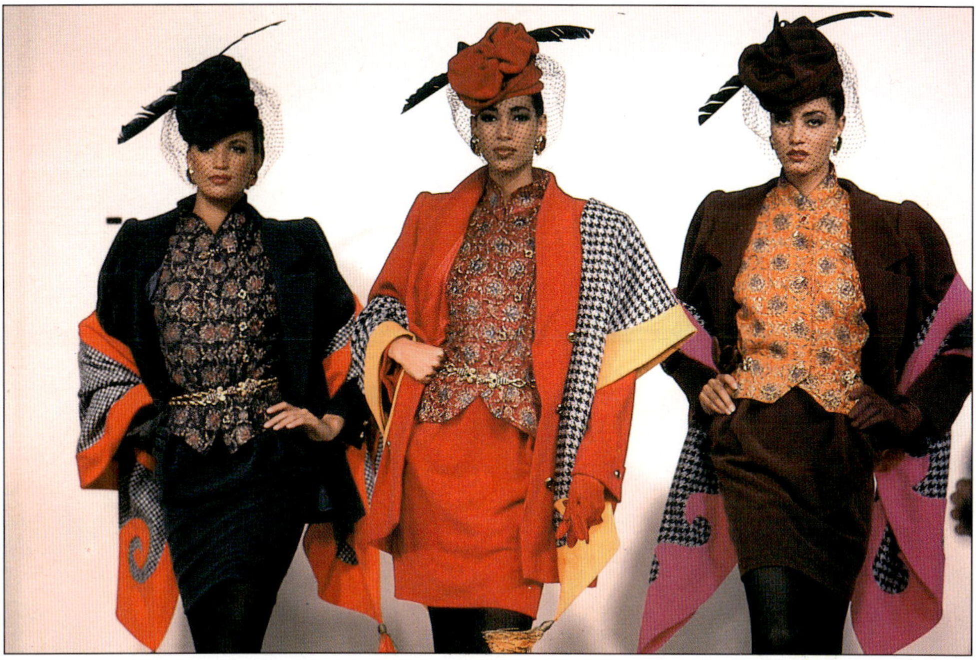

556. Emanuel Ungaro, 1990. Archives Ungaro.

Photo de défilé : mise en valeur du corps et du mouvement, coloris très forts.

- Hanae Mori, 17-19, avenue Montaigne.

C'est à l'occasion d'un voyage en France et d'une rencontre avec Chanel qu'Hanae Mori ressentit le besoin de transformer son activité de costumière de cinéma, exercée au Japon depuis 1950. Son studio devient une maison de couture et elle se met à créer des lignes de prêt-à-porter. À Tokyo, elle occupe un immeuble entier, mais, cherchant aussi la consécration parisienne, elle s'installe avenue Montaigne. En 1985, elle est reçue à la Chambre syndicale. Son style d'abord très japonais, tant pour les formes, issues du kimono, que pour le décor et les couleurs, s'internationalise progressivement.

- Lecoanet-Hémant, 84, rue du Faubourg-Saint-Honoré. Maison fondée en 1982.

Didier Lecoanet, né en Champagne, se forme à l'académie d'art Roederer, puis à l'école Camondo, enfin à celle de la Chambre syndicale de la couture. Il fait ensuite un stage chez Lanvin. Hémant Sagar, né à New Delhi de père indien et de mère allemande, étudie en Allemagne le patronage et le dessin de mode puis, dans une maison de prêt-à-porter, s'initie à tous les stades de la fabrication. En 1978, il suit, lui aussi, les cours de la Chambre syndicale. Les deux jeunes gens se réunissent et dessinent des modèles pour des socié-

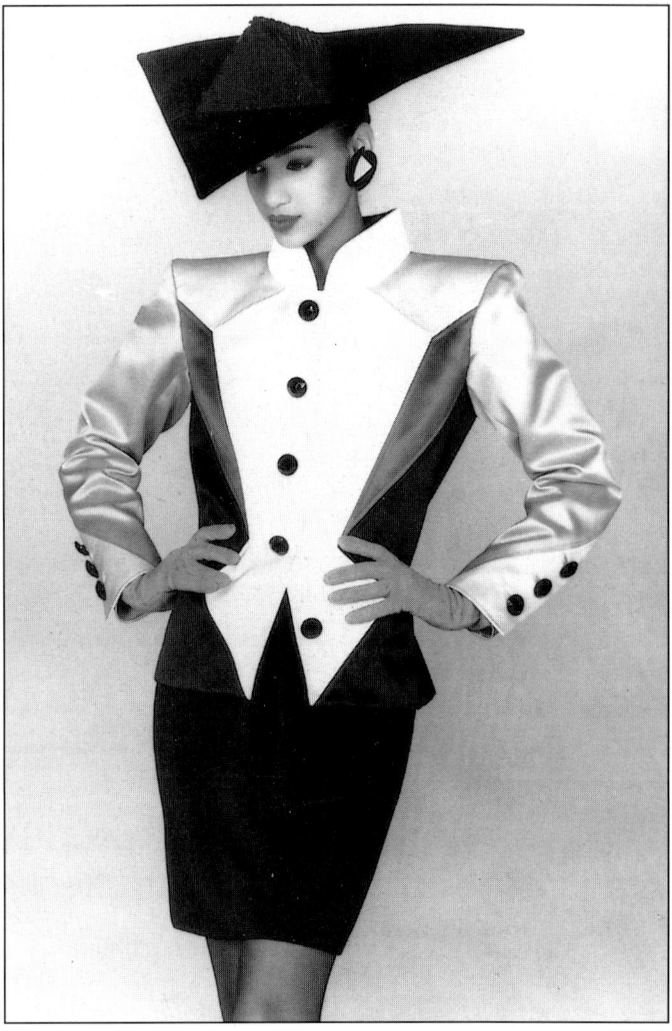

557. Saint Laurent Rive gauche, ensemble, 1988-1989. Collection Union française des arts du costume.

Géométrie des lignes pour un tailleur de réception dans une ligne de prêt-à-porter.

tés allemandes. En 1982, ils s'installent rue du Faubourg-Saint-Honoré et présentent leur première collection. En 1984, ils obtiennent la qualification « haute couture ».

- Christian Lacroix, 73, rue du Faubourg-Saint-Honoré. Maison fondée en 1987.

Le dernier en date des couturiers reçus à la Chambre syndicale a été, de 1981 à 1987, modéliste chez Patou, qu'il a quitté pour s'installer à son compte. Très inspiré par la Provence, son style gai, coloré et audacieux renouvelle la haute couture.

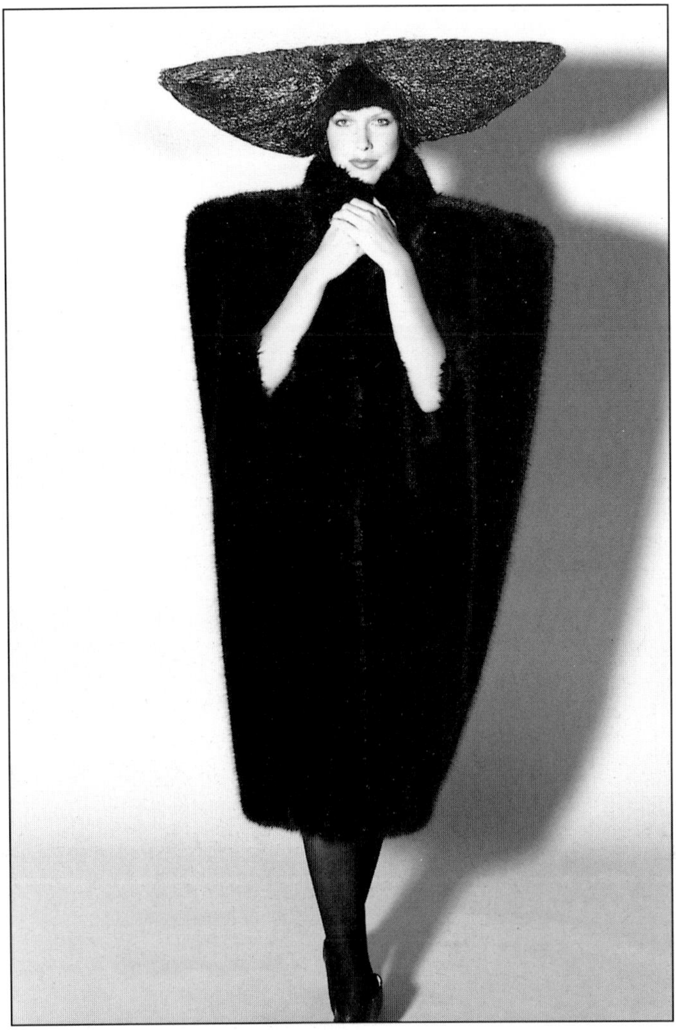

558. Paco Rabanne, cape trapèze en fourrure synthétique, 1979-1980. Archives Paco Rabanne.

Les chapeaux

À partir de 1960, la désaffection pour le chapeau contraint presque tous les modistes à fermer boutique, et ne sont restés que Rose Valois jusqu'en 1970 et Paulette jusqu'à sa mort, en 1984. Jean Barthet, 13, rue Tronchet ; Jacques Pinturier, 10, rue Cambon, depuis 1968, qui a travaillé chez Gilbert Orcel de 1949 à 1964 et chez Castillo de 1964 à 1968, ont maintenu l'étendard de la haute mode.

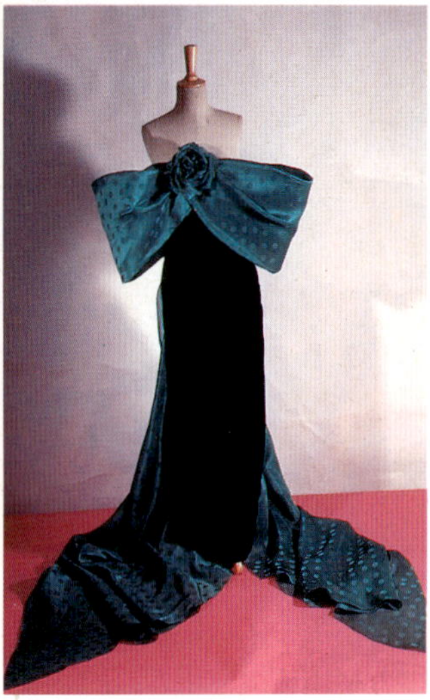

559. Torrente, robe du soir sur fourreau, nœud en rhodoïd, 1986. Collection Union française des arts du costume.

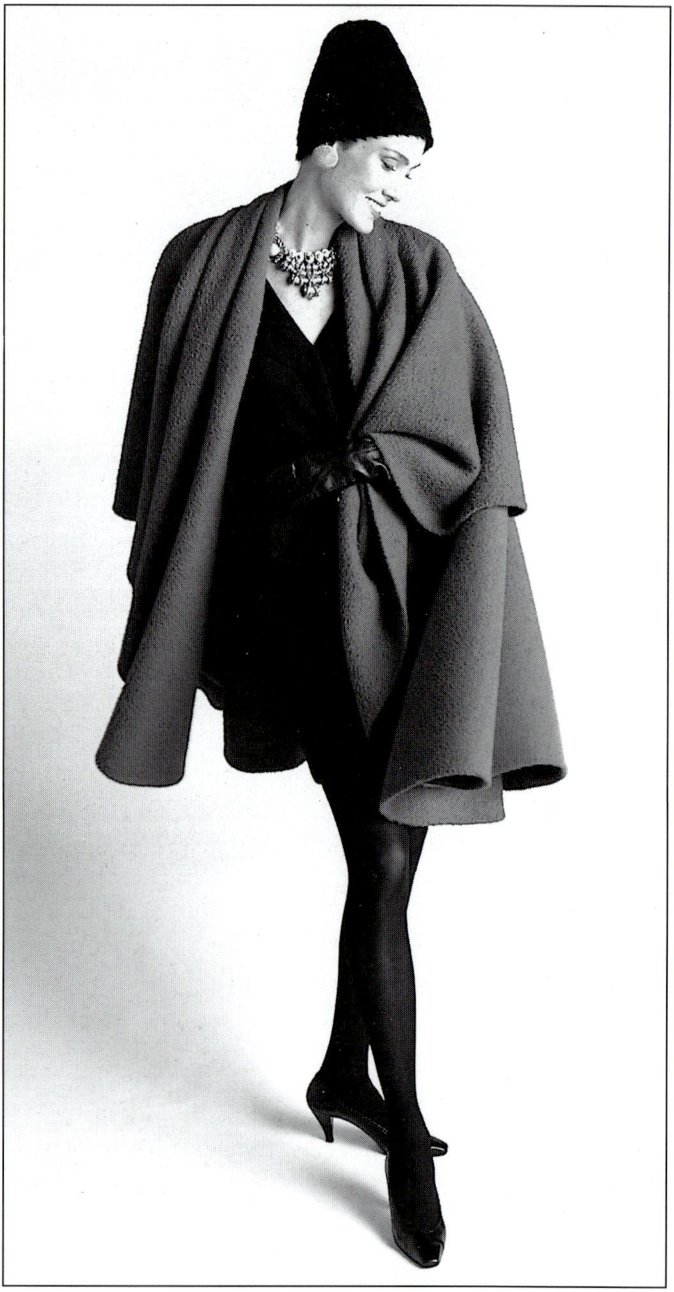

560. Hanae Mori, manteau-pèlerine, 1990-1991.

561. Hanae Mori, ensemble du soir « Le paon », 1985-1986. Musée de la Mode et du Costume de la Ville de Paris.

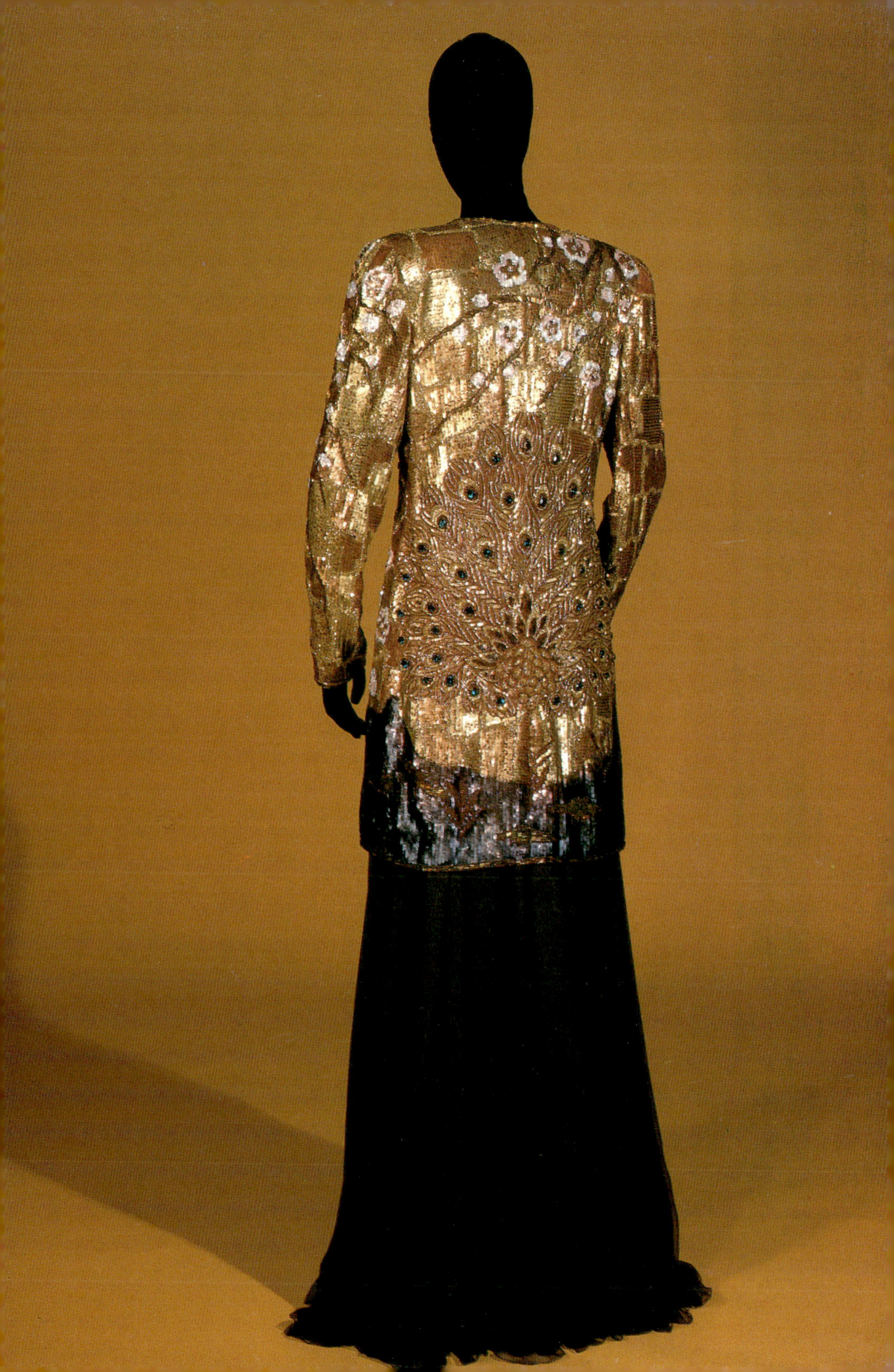

LES ANNÉES 90, ANNÉES DE CRISE

La haute couture de la fin des années 80 et du début des années 90 est placée sous le signe de la restructuration. Restructuration financière avec l'entrée, dans le capital et à la direction, de grands groupes financiers qui possèdent quelquefois plusieurs maisons de couture et de prêt-à-porter, comme le groupe L.V.M.H. qui contrôle en particulier Christian Dior, Christian Lacroix (ill. 567), Givenchy, Céline et Kenzo. Restructuration à la tête d'autres maisons, après la mort de leur fondateur (Balmain, Guy Laroche), ou la vente de leur nom qui était leur raison sociale (Givenchy, Carven), lequel passe ainsi de main en main : cela ne contribue pas peu à déstabiliser les anciennes clientes et à démoraliser le personnel hautement qualifié, souvent licencié. De brillants stylistes peuvent être appelés à rénover une maison d'ancienne renommée : Montana en 1990-1992 pour Lanvin, John Galliano pour Givenchy, à partir de 1996, Gianfranco Ferré pour Dior, ou Karl Lagerfeld pour Chanel, essayant de mener à bien, de concert, leur propre entreprise et celle dont ils sont les directeurs artistiques.

Rares sont les maisons qui ont su préserver leur indépendance. Parmi elles, les plus solides, Yves Saint Laurent, Pierre Cardin, appartiennent encore à leurs créateurs. D'autres, parmi les plus grandes, renoncent à la haute couture : Courrèges, Patou arrêté en 1988, Lepage et Venet en 1991, Lanvin en 1993, ou Per Spook en 1995.

Les problèmes financiers qui mettent en péril la survie de tous ces établissements sont à l'origine de la création de lignes de prêt-à-porter parallèles à la haute couture, idée qu'avait déjà eue Poiret à la fin des années 20. Mais la pesanteur du système est telle que le prêt-à-porter lui-même est devenu trop cher et qu'une ligne « bis » doit alors être créée. Et aucune grande maison ne résiste à la tentation de s'ouvrir le plus largement possible sur le marché. Chacune d'elle comprend donc aujourd'hui une ligne couture, une ou plutôt deux lignes de prêt-à-porter, une extension en mode hommes ; les accessoires, parfums et lignes de maquillage ne tardent pas à suivre, étant les bases solides sur lesquelles reposent les ventes quotidiennes. De plus, afin de se diversifier et d'exploiter le prestige de la griffe, nombreux sont ceux qui abordent la décoration d'intérieur, le linge de maison et les arts de la table. Les grands stylistes se sont aussi assignés ces objectifs, et, s'alignant sur le même système, ils risquent d'être privés de la souplesse qui leur était propre. Aux mêmes causes les mêmes effets : beaucoup perdent ainsi le contrôle de leur entreprise au profit de capitaux extérieurs. Ajoutons à cela l'ouverture des frontières européennes et l'installation concomitante d'entreprises, surtout allemandes ou italiennes, à la politique commerciale de choc, sans véritable originalité mais qui savent copier et commercialiser ce « je ne sais quoi » qui est la marque du créateur.

Le renouveau du prêt-à-porter : Japonais et Français

Les années 80 voient le succès des Japonais qui savent répondre à l'attente de consommateurs blasés en quête de nouveautés. La sobriété des couleurs (noir, gris), la simplicité de la coupe inspirée du kimono, le raffinement des détails répondent à cette attente : Yohji Yamamoto, Rei Kawabuko (Comme des garçons), ou Issey Miyake avec ses plissés apportent ce dépaysement subtil dans des boutiques qui sont aussi des manifestes esthétiques.

Les créateurs français ont commencé à travailler il y a déjà une ou deux décennies et ont su se renouveler : Azzedine Alaïa, Thierry Mugler (ill. 562), Claude Montana (avec un passage en haute couture entre 1990 et 1992), Sonia Rykiel et surtout Jean-Paul Gaultier (ill. 565) sont devenus les valeurs sûres du prêt-à-porter français, tant par leur influence que par leur réussite en matière de gestion d'entreprise. Les premiers, ils ont fait du défilé un spectacle à part entière. Gaultier est le plus provocateur, Mugler (ill. 562) et Montana allient une grande technicité à une coupe parfaite, le goût des détails et des couleurs rehaussé par l'humour. Sonia Rykiel, reine de la maille, a osé mettre en évidence la couture de ses tricots. La nouvelle génération, avec entre autres Corinne Cobson, Mariot Chanet, Sophie Sitbon ou Véronique Leroy, paraît pleine de promesses.

« L'école du Nord »

À côté des Japonais, un certain nombre de créateurs venus de Belgique ou de Hollande, passés par l'école de stylisme d'Anvers, sont parmi les plus originaux : Martin Margiela, Dries van Notten ou encore Anne Demeulmester. Eux aussi se retrouvent dans le goût d'un minimalisme tendant cette fois au misérabilisme : récupération de vieux vêtements, textiles usés ou troués, défilés dans une atmosphère post-nucléaire... Ils rejoignent les Japonais dans la recherche des non-couleurs : gris, noirs, blancs, ainsi que les beiges ou les marrons ont leur faveur ; gommant la féminité, ils prônent la séduction de l'androgyne.

À l'opposé, les Italiens Roméo Gigli ou Dolce Gabanna harmonisent matières, couleurs et coupe dans des tissus qui s'enroulent

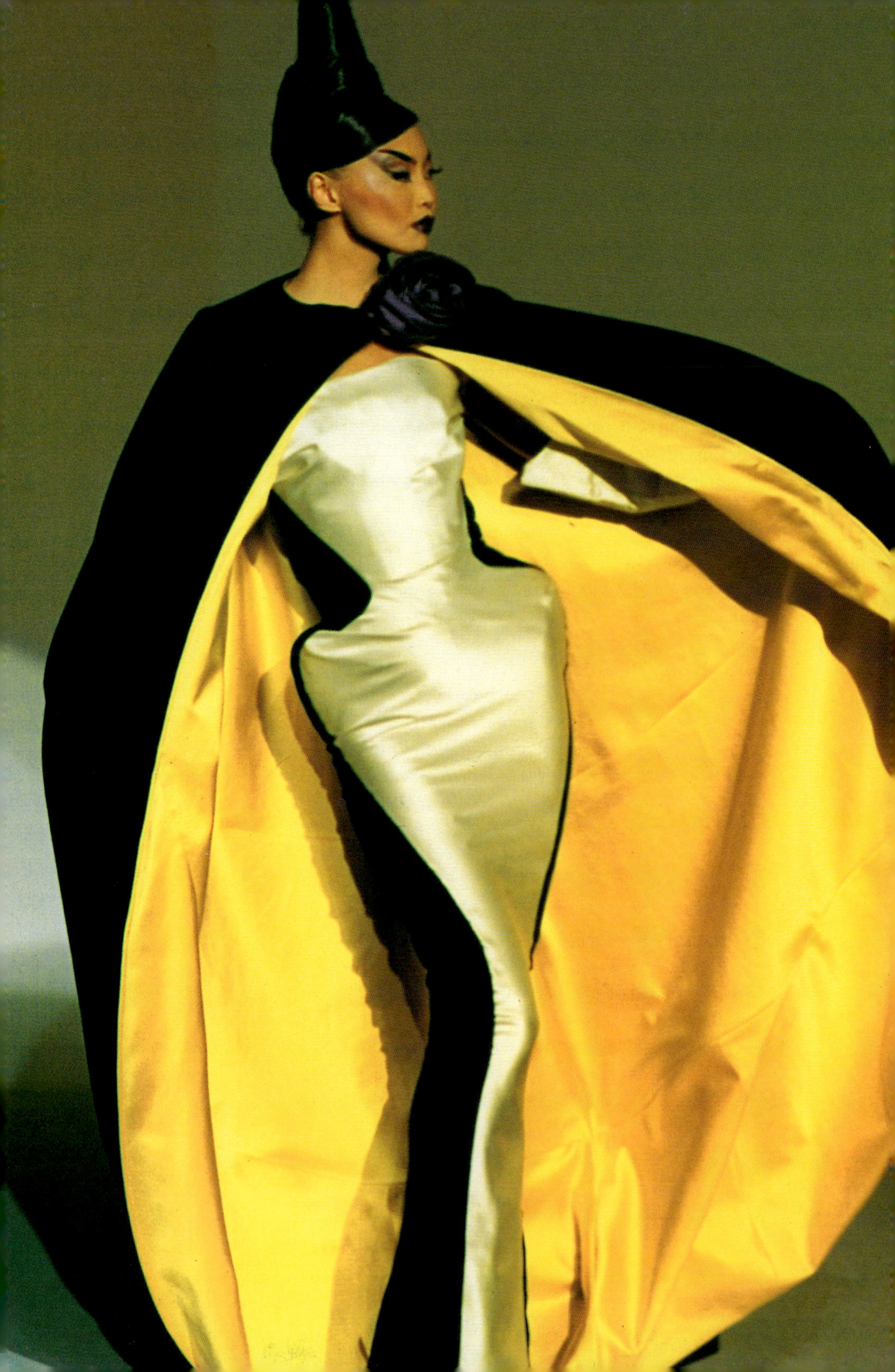

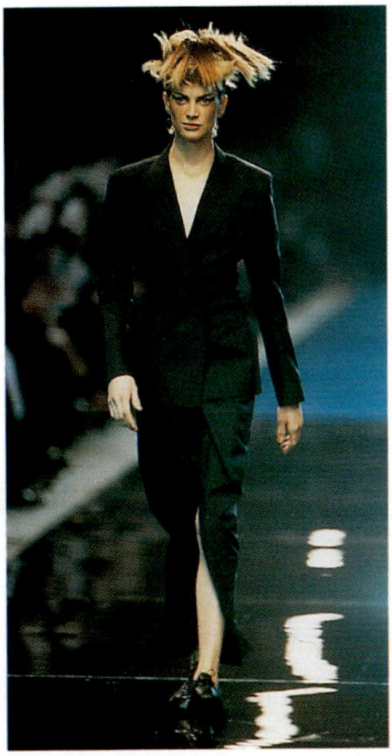

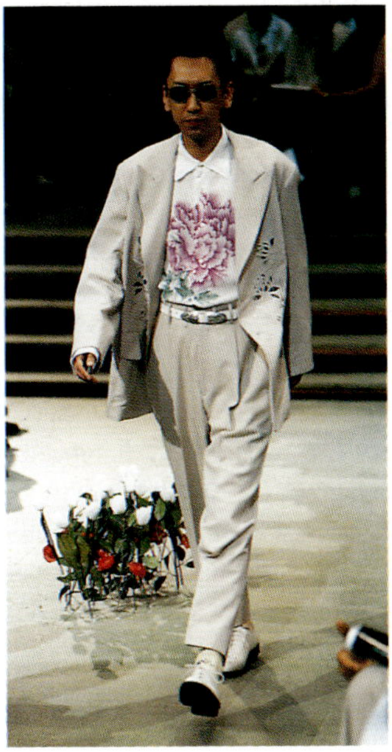

562. Thierry Mugler, robe-fourreau et cape de satin, hiver 1995. Archives T. Mugler.

563-564. Yohji Yamamoto, collection 1995-1996. Archives Yamamoto.

565. Jean-Paul Gaultier, collection femme, été 1996. Archives J.-P. Gaultier.

autour de leurs modèles. Quant à l'Anglaise Vivienne Westwood, elle est influencée par l'historicisme du XVIIIe siècle et la peinture de Boucher ou de Fragonard. Nombreux sont ceux qui tentent leur chance à Paris, année après année, rares sont ceux qui réussissent.

Certains ont su allier création, tendance et gestion. C'est le cas d'Agnès B, référence atypique en matière de mode, dont le « chic » simplissime et faussement populaire a fait la conquête des rédactrices de mode.

Le dénominateur commun des années 80 et 90 est le refus du chic engoncé ; les formes sont souvent déstructurées, les doublures supprimées, les superpositions de vêtements s'imposent même contre toute logique apparente. Autre nouveauté : cette mode ne se donne pas qu'à voir, elle s'entoure d'un discours théorisant proche de celui des arts plastiques contemporains.

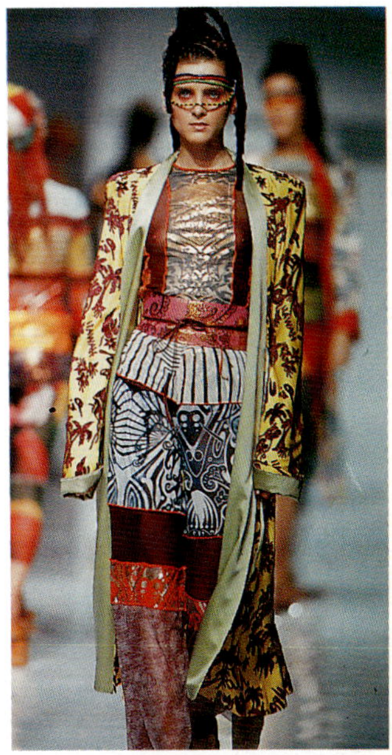

Le crépuscule de la haute couture

Après 1992, la crise de la haute couture, latente, s'accentue. En janvier 1996 ne restent plus à la chambre syndicale de la haute couture, au moment des collections d'été, que dix-huit maisons. Certaines, importantes comme Carven ou Cardin, renoncent même à

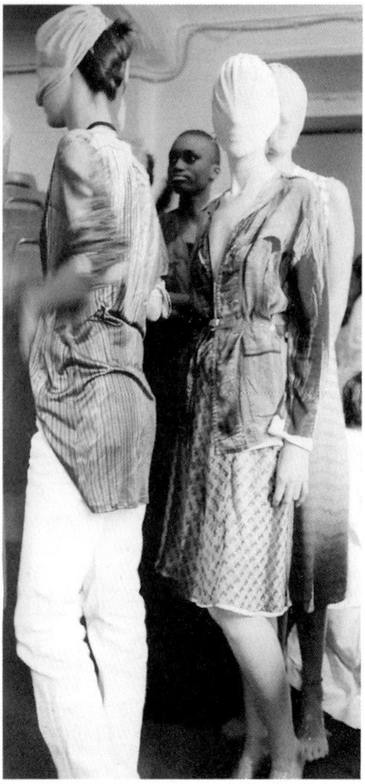

566. Martin Margiela, collection printemps-été 1996. Archives M. Margiela.

présenter leurs modèles. D'autres noms prestigieux réapparaissent, mais ayant licencié leurs ateliers, leurs maisons se consacrent au prêt-à-porter de luxe, sous la houlette de directeurs artistiques. Réapparaissent ainsi des maisons qui ne survivaient que par leurs licences sur les parfums et accessoires : Balenciaga, Grès, Rochas, Fath... La haute mode a elle aussi quasiment disparu, les grandes maisons créant leurs chapeaux dans leurs ateliers ; ne subsiste en 1996 que J. Pinturier. Il est vrai que ce type d'accessoire est en voie de disparition dans la vie quotidienne.

La haute couture française n'est plus le laboratoire d'idées en matière de mode, le flambeau est passé aux mains des nouveaux créateurs, à l'affût des nouveautés technologiques et de l'air du temps. Il ne reste plus que quatre mille employées au savoir-faire incomparable, condamnées à se répéter dans des collections qui ne parviennent pas à s'émanciper de l'esprit de la « jolie madame » du new-look.

La création de mode aujourd'hui est un phénomène global, qu'on ne saurait restreindre au seul vêtement. Le devenir incertain de la haute couture, la valse des créateurs sont préoccupants pour l'avenir de la mode française. La censure financière exercée par les grandes firmes internationales qui paraissent incapables de suivre une politique de création à long terme, est de mauvais augure, alors que les jeunes talents n'ont jamais été si nombreux.

CONCLUSION

LA MODE FRANÇAISE, ENTRE RUPTURE ET CONTINUITÉ

La multiplicité de la réalité vestimentaire contemporaine ne répond plus aux classifications élaborées par l'histoire, qui se survivent jusqu'au lendemain de Mai 1968. Ces dix siècles restent pourtant présents dans la mémoire collective et resurgissent à l'appel des créateurs en une source d'inspiration toujours aussi féconde.

Le costume occidental d'aujourd'hui est la résultante de cette extraordinaire variété de formes et de lignes qui se succèdent, gouvernées depuis plus de trois cents ans par l'influence française. Le goût du changement, l'assimilation immédiate et totale des apports étrangers ne se retrouvent pas hors d'Europe à cette échelle. Et si le costume civil s'impose partout à travers le monde à partir du XIXe siècle, dans la foulée des explorations coloniales, cet impérialisme ne fait que refléter l'expansionnisme politique et économique, qui a tôt fait de reléguer au rang de curiosité ethnographique et sentimentale les anciens costumes des sociétés traditionnelles, tant en Europe que hors de celle-ci.

Démocratisation des apparences

Il y a environ cinq siècles, avec la Renaissance et les Temps modernes s'effectuait insensiblement le passage de la notion de costume à celle de mode : le vêtement tentait de se dégager de la pesanteur sociale, rendue par les lois somptuaires, et de gagner l'aspect ludique, mais néanmoins ostentatoire, qui est celui de la mode. Cette évolution collective du goût ne masque ni les angoisses ni les aspirations du corps social qui s'expriment dans le vêtement. C'est que permanences et ruptures ne sont pas immédiatement discernables par les contemporains.

Si le paysan médiéval n'avait bien souvent pour tout vêtement que ce qu'il portait sur le dos, l'industrialisation massive et le prêt-à-porter font du vêtement un objet dont chacun possède maintenant plusieurs exemplaires. Dès lors qu'ils ne sont plus réduits aux fonctions primaires de protection, les types de vêtements peuvent se diversifier selon les besoins, les goûts et la fantaisie, et devenir purs objets de mode. Il y a déjà longtemps que l'aristocratie n'est plus prescriptrice ; elle a dû céder la place à une nouvelle élite, caractéristique du XXe siècle. Vedettes de cinéma à partir des années 20, vedettes de rock aujourd'hui, familiers du monde du spectacle, tous et toutes sont jeunes, beaux, riches et célèbres. Ils sont les reflets médiatisés de l'apparition d'une nouvelle classe d'âge, au pouvoir d'achat souvent élevé. En quête de modèles, les adolescents ont investi un domaine que personne ne songeait à leur disputer : celui de la mode.

Création spontanée, détournement ou récupération par l'industrie, les nouvelles tendances s'imposent avec de nouveaux codes qui ne sont que conventions aussi normatives et absolues que celles des parents, tant il paraît impensable que le costume, élément de communication par excellence, s'affranchisse de toute signification sociale ou morale. L'un des effets de la démocratisation sans précédent qui s'instaure est paradoxalement l'établissement d'une véritable uniformisation. Après 1968, le *jean* (ill. 567), le *tee-shirt*, les cheveux longs portés indistinctement par tous les jeunes gens d'une même classe d'âge, traduisent l'émergence du courant unisexe qui se diffuse dans la société tout entière. Le contrôle de l'apparence est toujours aussi présent et coercitif, la recherche de la distinction vise implicitement à l'exclusion des éléments hétérogènes, mais elle ne peut s'exercer que dans les marges étroites de liberté laissées par l'uniformisation du vestiaire des adolescents et des jeunes adultes. C'est dans cet espace de liberté que s'installent les signes d'appartenance quasi tribaux des groupes. C'est dans les limites de celle-ci que vont jouer les nouveaux codes identitaires qui se mettent en place dans la société actuelle.

Cette uniformité du vêtement et des comportements sociaux, à l'origine propre aux jeunes citadins occidentaux, se développe au

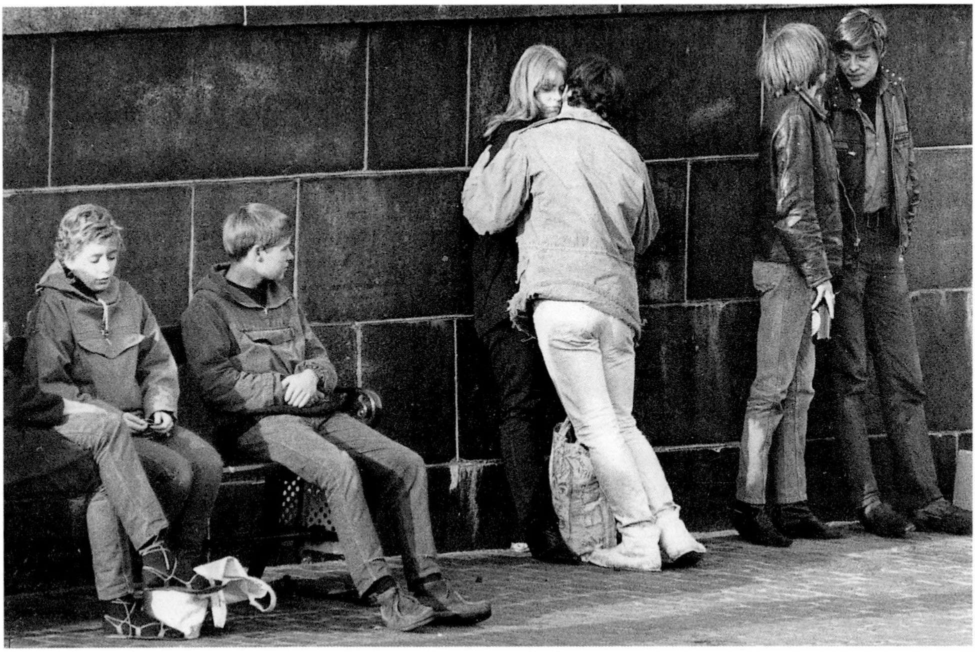

567. Jeans : d'abord emblème d'une certaine jeunesse, il s'est étendu à toutes les classes d'âge.

moment où la défaveur des autres types d'uniformes qui jouissaient d'une ancienne reconnaissance sociale semble irréversible : uniformes civils et ecclésiastiques, uniformes militaires en perte de prestige, vêtements de travail traditionnels qui avaient pourtant l'avantage du fonctionnalisme, et surtout uniforme bourgeois par excellence, l'ensemble costume-cravate, remplacé par un autre uniforme aussi contraignant, le jean et le tee-shirt, porté quelles que soient les circonstances.

Vers une simplification du costume

Les détournements de fonction des vêtements ne sont pas chose nouvelle en matière de costume et de mode. À la fin du XVIIIe siècle, les garçons portent des costumes « à la matelote » copiés sur ceux des marins de la flotte royale, composés d'un pantalon à pont et non d'une culotte à la française. Les femmes empruntent aux hommes une grande partie de leur vestiaire, d'abord pour chasser ou voyager, ensuite pour la vie quotidienne : costume-tailleur, cravate, chapeau, pantalon... L'inverse est rarement vrai. Ces détournements touchent à toutes les activités, et d'abord aux sports : chaussures, survêtements, caleçons, etc. Quant au costume d'enfant, pour tendre vers la simplicité et le fonctionnalisme, il se sépare progressivement de celui de l'adulte, au XIXe siècle et pendant la première moitié du XXe siècle, le mouvement s'inversant vers la fin des années 60 ; il perd ses caractères propres lorsque toutes les classes d'âge semblent adopter la panoplie de la jeunesse. Le jeune enfant – et même le bébé... – est vêtu comme ses parents d'un jean, d'un tee-shirt et de baskets. La différenciation sexuelle de la tenue enfantine, récente, a aussi été des plus éphémères : dans leur petite enfance les garçons étaient souvent habillés en fille (robe et cheveux longs), ce sont maintenant les filles qui suivent l'habillement masculin. Et la petite fille d'aujourd'hui est réticente à porter robe ou jupe dans les circonstances ordinaires de la vie quotidienne, la plupart attendant l'adolescence pour accepter de mettre, selon un nouveau rite de passage, robe, collants et chaussures fines.

La simplification du costume s'accomplit aussi par la disparition (définitive ?) des accessoires qui qualifiaient l'élégance. Gants, chapeaux et cannes ont disparu des garde-robes. La mode « habillée » est passée de mode avec l'« endimanchement » : la coutume de revêtir ses plus beaux atours le dimanche est en effet une pratique révolue. Les notions d'élégance et de bon goût, qui étaient fondatrices de celle de distinction, ne sont plus revendiquées. On leur préfère celles de l'allure et du style fondé sur le refus absolu de toute contrainte : il ne reste plus que des tendances créées librement par chacun à l'aide d'éléments divers, incorporés selon la seule règle du bon plaisir, et qui visent toutes à l'affirmation de l'individu par sa différence. Si le dandysme est le soin extrême porté à ce qui ne se voit pas, le dandy a disparu, balayé par le culte des griffes apparentes, marques étiquettes et inscriptions affichées à l'extérieur, qui confèrent au vêtement les qualités qui le font rechercher.

Nouveaux acteurs du théâtre de la mode

À la veille de l'an 2000, en matière de mode, tant du côté de ceux qui la portent que de ceux qui la font, les rôles ont été redistribués. Le paysage connu change très rapidement, mais déjà quelques lignes de force apparaissent. La haute couture ne joue plus le rôle de locomotive qu'on lui a reconnu pendant plus de cent cinquante ans. Plutôt que de lancer les tendances, elles les suit pour les réinterpréter en version luxe. Devenue par bien des aspects anachronique, elle traverse une crise profonde. Sa clientèle vieillit et disparaît peu à peu sans être remplacée. Si la haute couture survit, c'est grâce au prestige hérité du passé et à une politique de licences sur les parfums et autres accessoires qui permet ainsi à une nouvelle clientèle d'accéder à sa part de rêve. Prise dans un implacable tourbillon financier, chaque maison propose des lignes de prêt-à-porter et développe, en parallèle, une mode hommes, autrefois dévolue aux seuls tailleurs.

Par ailleurs, le succès des créateurs et des stylistes les entraînent à s'écarter progressivement de leur clientèle d'origine, avec pour conséquence les mêmes problèmes financiers que leurs aînés de la haute couture. Pour que ses clientes puissent juger des toilettes dans des conditions proches du réel, Worth faisait défiler devant celles-ci, exclusivement et sur rendez-vous, ses mannequins. Devenus des événements mondains, mais encore réservés en priorité à la presse professionnelle et aux clientes, les défilés à partir des années 80 sont de véritables spectacles avec mannequins-vedettes, mis en scène et en musique, où le vêtement est presque secondaire dans la réussite d'un spectacle retransmis par la télévision. Les créateurs sont les responsables de ce fossé, qui s'élargit encore, entre les types de vêtements portés dans la rue et des costumes dont la création tient plus du processus artistique contemporain que de la couture ou du prêt-à-porter. Ce faisant, ils contribuent au prestige de leur griffe, mais habituent le public à considérer la mode comme un événement de type expérimental, sans rapport avec la vie quotidienne. Relégués ainsi dans le ghetto du luxe et de l'élitisme, couturiers et créateurs délaissent par force tout un marché, vite conquis par les modes italiennes et américaines.

La mode française reste encore la seule référence en haute couture, et c'est vrai qu'il n'y a de consécration pour les créateurs étrangers qu'à Paris et que les jeunes stylistes sont attirés par les écoles professionnelles de renommée internationale. Mais la concurrence est de plus en plus rude et sa position dominante s'affaiblit considérablement. Faute de propositions adaptées à la vie d'aujourd'hui, la mode française, dans un contexte de crise générale, donne l'impression d'avoir abandonné la rue à ses rivaux, dont la puissance financière et commerciale, plus assise, tient à une politique de vente plus agressive qui passe d'abord par la grande distribution et moins par les boutiques d'exclusivité.

La presse de mode

Au moment où la génération du *baby-boom* arrive à l'adolescence, durant les années 60, le théâtre de la mode subit des mutations décisives. Les créateurs ne sont plus les seuls acteurs. Ils travaillent désormais en étroite concertation avec la presse.

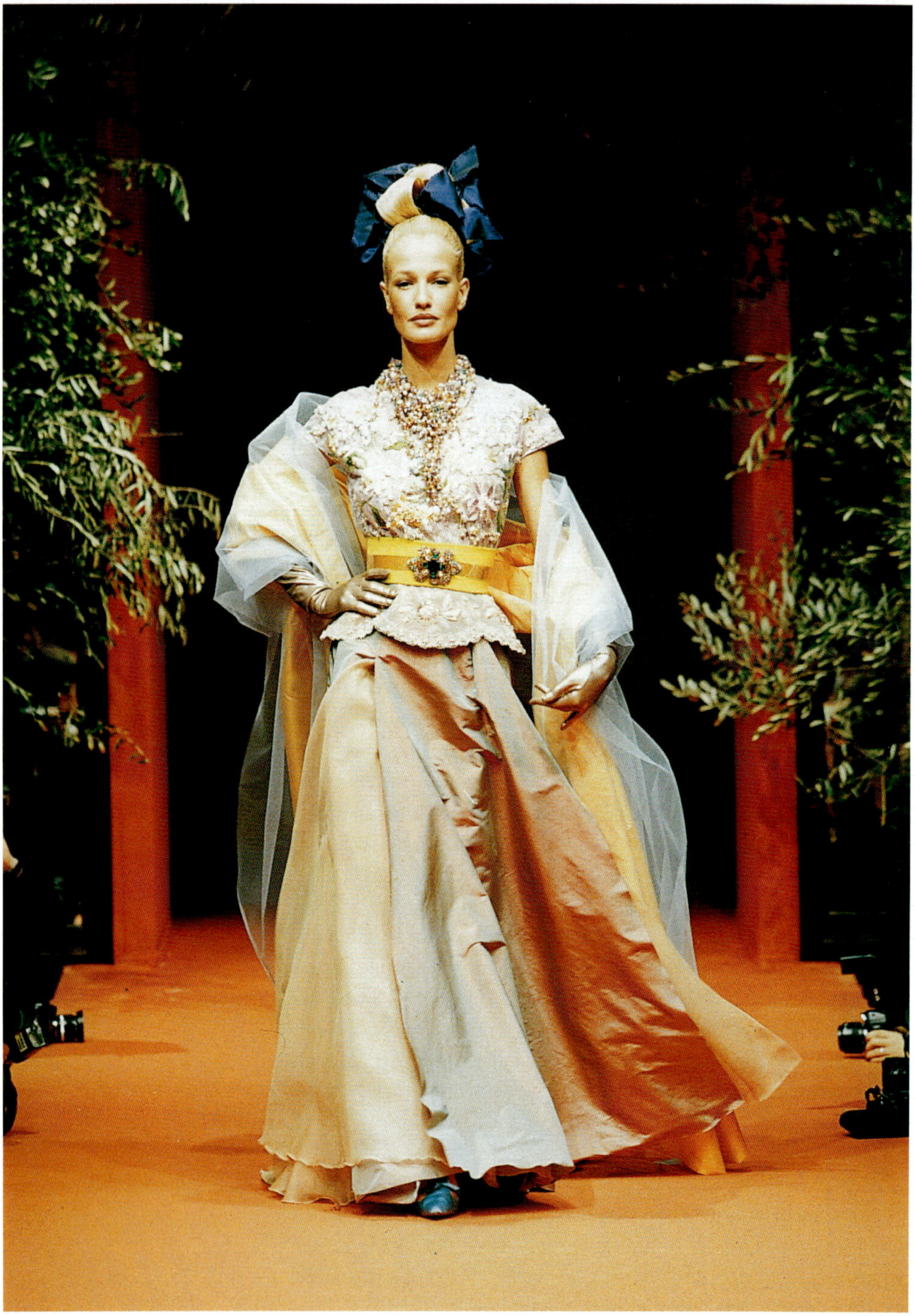

Dès son apparition au XIXe siècle, par son influence considérable sur ses lectrices, la presse de mode féminine sait instaurer une étroite collaboration, rédactionnelle et publicitaire, avec les couturiers et les maisons de nouveautés. Après 1945, de nouveaux titres apparaissent et rénovent le genre (*Elle*, ill. 569). D'autres, plus anciens, se modernisent (*Modes & Travaux*). Les magazines ne se contentent plus de diffuser les tendances, il leur arrive même d'être à l'origine de créations inédites. Ces périodiques deviennent alors une riche source d'inspiration, déclinant les tendances parmi lesquelles chacun peut piocher selon son désir pour en faire une synthèse personnelle, le discours nouveau de la mode, moins normatif, valorisant la liberté. Parallèlement, cette presse concourt à la banalisation de tous les courants, modes alternatives ou marginales qu'elle récupère et diffuse largement.

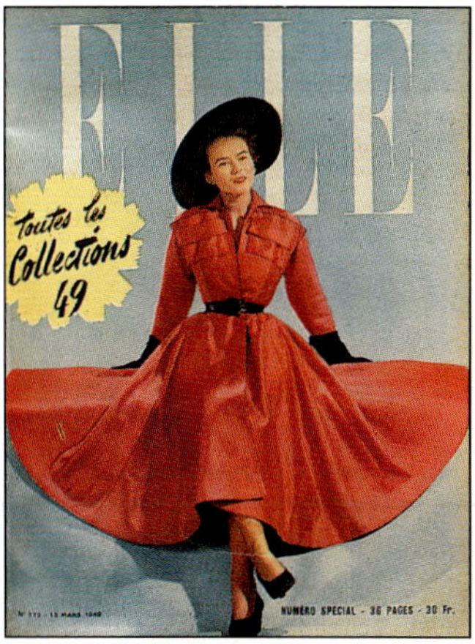

569. Couverture de *Elle*, 1949.

Quel avenir pour la mode française ?

L'hégémonie de la mode française se maintient difficilement. Non que sa créativité soit émoussée, mais elle a désormais affaire à une forte concurrence qu'elle pouvait se permettre d'ignorer auparavant. Elle souffre de la crise économique et du marasme du textile : 1994 et 1995 ont été les années les plus défavorables dans le domaine du prêt-à-porter depuis plus de vingt ans. Il lui faudrait s'interroger sur ses pratiques industrielles dont elle ne parvient pas à rester maîtresse (délocalisation), ses pratiques commerciales problématiques (l'importance des soldes qui dévalorisent la marchandise), et peut-être entamer une réflexion sur sa clientèle. Pendant longtemps, femme et mode ont été synonymes dans le registre de la frivolité. Ce n'est plus vrai, les lignes hommes, adolescents et enfants contribuant aussi au prestige des marques. Comment faire face à la segmentation d'un marché en évolution permanente qu'on ne connaît plus, qui est tenté à la fois par le retour à la nature et le progrès technologique, par le sophistiqué et le naturel, par l'unisexe et la provocation érotique, par la haute couture artisanale et le prêt-à-porter industriel ? C'est de cette réponse que dépend l'avenir de la mode française. Derrière la simple apparence d'un vêtement se cache une réalité autrement plus complexe, aux enjeux plus vastes.

568. Christian Lacroix,
collection printemps-été 1996.
Archives C. Lacroix.

BIBLIOGRAPHIE

Histoire générale

Actes du Ier congrès international d'histoire du costume, Venise, 31 août - 7 septembre 1952, Milan, 1955.

BARTHES Roland, *Système de la mode*, Paris, 1983.

BOUCHER François, *Histoire du costume en Occident de l'Antiquité à nos jours*, Paris, 1965, 2e éd. 1983.

BUTAZZI Grazietta, *La Mode : art, histoire et société*, Paris, 1983.

Collectif, *Mille Ans de costumes français : 950-1950*, Thionville, 1991.

DESLANDRES Yvonne, *Le Costume, image de l'homme*, Paris, 1976.

DU ROSELLE Bruno, *La Mode*, Paris, 1980.

GAUDRIAULT Raymond, *La Gravure de mode féminine en France*, Paris, 1983.

GUILLEMARD Colette, *Les Mots du costume*, Paris, 1991.

HALL-DUNCAN Nancy, *Histoire de la photographie de mode*, Paris, 1978.

KYBALOVA Ludmilla, *Encyclopédie illustrée du costume et de la mode*, Paris, 1970-1989.

LELOIR Maurice, *Dictionnaire du costume et de ses accessoires, des armes et des étoffes, des origines à nos jours*, Paris, 1951-1961.

TOUSSAINT-SAMARD Maguelonne, *Histoire technique et morale du vêtement*, Paris, 1990.

Le Dessin sous toutes ses coutures. Croquis, illustrations, modèles, 1760-1994, cat. exp., Paris, musée de la Mode et du Costume, 1995.

Histoires du jeans de 1750 à 1994, cat. exp., Paris, musée de la Mode et du Costume, 1994.

Antiquité et Moyen Âge

BEAULIEU Michèle, *Le Costume antique et médiéval*, Paris, 1974.

BEAULIEU Michèle et BAYLE Jeanne, *Le Costume en Bourgogne de Philippe le Hardi à Charles le Téméraire, 1364-1477*, Paris, 1956.

Collectif, « Le vêtement. Histoire, archéologie et symbolique vestimentaires au Moyen Âge », *Cahiers du Léopard d'or*, vol. 1, Paris, 1989.

HARMAND Adrien, *Jeanne d'Arc : ses costumes, son armure. Essai de reconstitution*, Paris, 1929.

HEUZEY Léon, *Histoire du costume antique d'après des études sur le modèle vivant*, Paris, 1922.

PIPONNIER Françoise et MANNE, Perrine, *Se vêtir au Moyen Âge*, Paris, 1995.

ROBERT Jean-Noël, *Les Modes à Rome*, Paris, 1988.

ROCHE-BERNARD Geneviève, *Costumes et Textiles en Gaule romaine*, Paris, 1993.

Tissu et Vêtement : 5 000 ans de savoir-faire, cat. exp., Guiry-en-Vexin, musée archéologique départemental du Val-d'Oise,1986.

XVIIe-XVIIIe siècle

BREDIF Josette, *Toiles de Jouy*, Paris, 1989.

DELPIERRE Madeleine, « Robe de grande parure du temps de Louis XVI », *Bulletin du musée Carnavalet*, juin 1966, n° 1.

DIDEROT et D'ALEMBERT, *Encyclopédie ou Dictionnaire raisonné des sciences, des arts et des métiers. Arts de l'habillement. Art des textiles. Art de la soie*, Paris, 1751.

GARSAULT François A. de, *Art du tailleur [...]*, Paris, 1769.

GODARD DE DONVILLE, *Signification de la mode sous Louis XIII*, Aix-en-Provence, 1978.

RIBEIRO Aileen, *Dress in Eighteenth Century Europe 1715-1789*, Londres, 1984.

– *The Art of Dress. Fashion in England and France. 1750-1820*, New Haven et Londres, 1995.

ROCHE Daniel, *La Culture des apparences : une histoire du vêtement : XVIIe-XVIIIe siècle*, Paris, 1991.

ROTHSTEIN Nathalie, *Silk Design of the Eighteenth Century*, Londres, 1990.

Revolution in fashion. European clothing 1715-1815, cat. exp.,

Kyoto Costume Institute, 1989 ; trad. fr. *La Mode en France 1715-1815, de Louis XV à Napoléon Ier*, Paris, 1990.
Modes et Révolution, 1780-1804, cat. exp., musée de la Mode et du Costume, Paris, 1989.

XIXe siècle

PERROT Philippe, *Les Dessus et les Dessous de la bourgeoisie : une histoire du vêtement au XIXe siècle*, Paris, 1981.
SEGUY Philippe, *Histoire des modes sous l'Empire*, Paris, 1988.
Au Paradis des dames. Nouveautés, modes et confection 1810-1870, cat. exp., Paris, musée de la Mode et du Costume, 1992.
Femmes fin de siècle, 1885-1895, cat. exp., Paris, musée de la Mode et du Costume, 1990.

XXe siècle

BATTERSBY Martin, *La Mode Art déco*, Paris,1976.
CHENOUNE Farid, *Des modes et des hommes*, Paris, 1993.
Dictionnaire de la mode au XXe siècle, dir. Bruno Remaury, Paris, 1994.
DESLANDRES Yvonne et MÜLLER Florence, *Histoire de la mode au XXe siècle*, Paris, 1986.
GINSBURG Madeleine, *Années folles de la mode : 1920-1932*, Paris, 1990.
MILBANK Caroline Rennolds, *Couture : les grands créateurs*, Paris, 1986.
VINCENT-RICARD, Françoise, *Raison et passion, langages de société : la mode 1940-1990*, Paris, 1983.
Paris-couture Années trente, cat. exp., Paris, musée de la Mode et du Costume, 1987.
Nos années 80, cat. exp., Paris, musée des Arts de la mode, 1989.
Le Monde selon ses créateurs, Jean-Paul Gaultier, Romeo Gigli, Vivienne Westwood, Sibylla, Martin Margiela, Jean-Charles de Castelbajac, cat. exp., Paris, musée de la Mode et du Costume, 1991.

TABLE DES MATIÈRES

Crédits photographiques

Bibliothèque nationale, Paris, p. 117g, 117d, 161, 175bg ; Centre régional de documentation pédagogique, Clermont-Ferrand, p. 27g ; Chantal Fribourg, Paris, p. 169, 189, 284, 293, 297, 300, 352, 356, 364, 385, 388, 400, 412, 425 ; Giraudon, Vanves, p. 10g, 24h, 25h, 37, 54, 62, 264 ; Musée des Beaux-Arts, Orléans, p. 26g ; Musée de la Civilisation gallo-romaine, Lyon, p. 26d ; Musée des Beaux-Arts, Lille, p. 75 ; Musée des Tissus, Lyon (M. Basset), 46h ; Photothèque des musées de la Ville de Paris, p. 34m, 308 ; Réunion des musées nationaux, Paris, p. 2, 20d, 21g, 23, 34, 47h, 50h, 112, 113b, 124, 136 (H. Lewandowski), 152, 181, 193, 232-233, 247, 303 ; Marc Walter, Paris, p. 104.

Dessins de Claudine Caruette

Mise en pages : François Abegg

TOUT L'ART

Le projet de la collection TOUT L'ART est de constituer une bibliothèque universelle de l'art à l'usage de tous les publics, depuis les débutants jusqu'aux étudiants ou aux connaisseurs.

Il n'existe pas à ce jour de collection d'ensemble permettant à tout un chacun de s'initier à une civilisation ou à un mouvement artistique, de consulter un dictionnaire pour éclaircir un terme technique d'architecture, d'approfondir dans tous ses aspects sa connaissance de l'art d'un pays ou encore de vérifier quel personnage de la Bible ou du Panthéon égyptien désignent des attributs comme la roue ou la tête de faucon.

À ces attentes comme à ces questions TOUT L'ART garantit la bonne réponse en s'attachant à satisfaire tous les besoins et tous les niveaux d'acquisition des connaissances grâce à ses différentes séries.

Les séries :

TOUT L'ART Grammaire des styles

Le premier palier d'apprentissage des mondes de l'art, avec le parti pris de clarté et la mise en évidence des notions essentielles qui ont fait l'immense succès de la Grammaire des styles.

L'Art égyptien
L'Art romain
La Renaissance italienne

TOUT L'ART Contexte

C'est la série d'initiation et de synthèse par excellence, axée sur l'éclairage des conditions historiques, économiques, politiques et culturelles de la création artistique.

L'Artiste impressionniste
La Renaissance dans les cours italiennes
La Renaissance dans les pays du Nord
Le Corps photographié
Le Japon de la période Edo
Le Monde roman
Le Siècle d'or en Hollande

TOUT L'ART Histoire

Les grands sujets d'histoire de l'art traités à travers de grands textes de référence, eux-mêmes écrits par les meilleurs spécialistes.

L'Art de l'Inde et de l'Asie du Sud-Est
L'Art égyptien
L'Art italien
L'Avant-garde russe

TOUT L'ART Monographie

Les grands écrits monographiques irremplaçables par l'apport de leur texte à notre connaissance de l'artiste.

Brancusi
Caillebotte
Calder
Courbet
Cézanne
Soulages

TOUT L'ART Encyclopédie

Tous les guides et dictionnaires indispensables dans une bibliothèque pour se repérer dans l'univers de l'art et de la culture.

La Bible et les saints
Les Dieux du bouddhisme
Héros et dieux de l'Antiquité
Les Dieux égyptiens
Les Ordres religieux